DISCLAIMER

The author and publisher are providing this book and its contents on an "as is" basis and make no representations or warranties of any kind with respect to this book or its contents. The author and publisher disclaim all such representations and warranties, including but not limited to warranties of merchantability. In addition, the author and publisher do not represent or warrant that the information accessible via this book is accurate, complete, or current.

Except as specifically stated in this book, neither the author nor publisher, nor any authors, contributors, or other representatives will be liable for damages arising out of or in connection with the use of this book. This is a comprehensive limitation of liability that applies to all damages of any kind, including (without limitation) compensatory; direct, indirect, or consequential damages; loss of data, income, or profit; loss of or damage to property; and claims of third parties.

Extra Graphic Material From: www.freepik.com
Thanks to: Alekksall, Starline, Pch.vector, Rawpixel.com,
Dgim-studio, Upklyak, Macrovector
& Freepik.com Designers

This Book Offers Free Bonus Puzzles

Available Here:

BestActivityBooks.com/WSBONUS20

Ready, Set... Go!

Did you know there are around 7,000 different languages in the world? Words are precious.

We love languages and have been working hard to make the highest quality books for you. Our ingredients?

One part easy-to-read print, three parts entertainment, then we add some challenging words and a pinch of rare ones. We brew them with care to serve you lots of fun and an opportunity to solve the best puzzles.

Your feedback is essential. You can be an active participant in the success of this book by leaving us a review. Tell us what you liked most in this edition!

Here is a short link which will take you to your Amazon orders review page.

BestBooksActivity.com/Review50

Thanks for your fidelity and enjoy the Game!

Delta Classics Team

Puzzle 1

```
D O C G F B N L A L B R I O Z A Z
W F O L A F F U B B A B P U F T B
L Q M J I J Y U L T V W X O I Y B
H E M Z F T W L Z S G C Y W S Y L
X B I M X U F A U K D C Q E S D I
X H T I W X V D A O T D D R R K S
O G T A U K V Y A A F L X I E D T
G M E L T R U T N E C E R F S C F
V N E R B L O C K I S Z T C U O E
Q D B L A C I T N E D I I C O I R
V Z D O O T I U Q S O M N D R N O
S I L Y Y R U T N E C C O G T Q B
R X T A I N A W Y E X C G J L D I
V D Q L B J Q J M Y F F A H I E N
Z N E U W K A R B Z C W W D D F S
```

ROBINS
SINGLE
COMMITTEE
TROUSERS
IDENTICAL
TOAD
LAWYER
RECENT
LADY
WAGON
CITY
COIN
LIST
WITH
TURTLE
MOSQUITO
BLOCK
CENTURY
BUFFALO
FIRE

Puzzle 2

TAUGHT
MAKE
MEAN
DAUGHTER
DENOMINATOR
CHALLENGE
SCHEDULE
DECIMAL
EXAMINATION
DESPERATE
BROKE
GOLD
WATCHED
SMELL
THREE
WHERE
FRESH
REALLY
REPEAT
MANAGEMENT

```
T D E C I M A L W L K K T G O L D
N H V G H S W R P G T P A W S R V
G M R M E A N M Y I Z P U B S O T
L P Y E R E H W X I O W G V Y T J
K P Z D E I K R L R E T H G U A D
M A N A G E M E N T W I T Y S N E
S M E L L I Y R J O E X A B C I H
D K U L Y C M W D X T G E R H M C
R W U X L I L Q N I P X P O E O T
F H E F L K V C Q H M N E K D N A
U R C H A L L E N G E A R E U E W
K Z E D E S P E R A T E K S L D N
O Y N S R M H F M Y E E M E E E K
Q F T B H E X A M I N A T I O N V
H F C Q G S R T M Q F L H X B J U
```

Puzzle 3

```
F W R R I G H T O M C S V S M Q D
F L O W Y P L U R W N Y S L P S R
T Y L A I T N E S S E K G H B A E
R H E Y K X P T C I R C U L A R P
Q T R N D S P A H R E P F R I T R
U Q A O I P C G N I T N I A P P E
U W G K U F R U B B E R W O Z S S
I I P E L G E W O R S T P C V E E
L T R V F S H D S A Z V A L F V N
F F X U P C W O E U L K U Q U E T
H I G H W A Y J U T K P G F A N P
Q P M H A Y E X J T N O V E B T G
C I R C L E Y R J U L A O E A H B
T H J A Y B A I I L S U W D K V Q
M U L T I P L I C A T I O N T X W
```

SEVENTH
CIRCLE
WORST
FLUID
HIGHWAY
PERHAPS
GATE
DEFINE
PAINTING
REPRESENT
ROLE
WANTED
THROUGHOUT
CIRCULAR
RIGHT
WOLF
MULTIPLICATION
FEED
ESSENTIAL
RUBBER

Puzzle 4

BABY
UNDERSTAND
ALWAYS
REQUIRE
POSSIBLE
BROCCOLI
RING
YARD
AUDITION
ABSORB
RAINBOW
SYSTEM
OCEAN
DENSE
COMMENTARY
CAPITAL
FELT
CARRY
SOME
SIMPLY

```
U W B P D D I Q B W R K T A D Q L
P A R Y N Z G A A P P P M G N X G
O U O C A Q X N H Z T A U W V R B
S D C A T R C O M M E N T A R Y S
S I C P S R D V E F E L T C D M G
I T O I R A K G T G R E Q U I R E
B I L T E I O C S L T O O B S E K
L O I A D N S J Y P K C S O M E J
E N A L N B K I S Y D E C U H D V
O E P B U O Z H M U N A L Z D Z D
R Z C V S W C O C P G N I R E K R
H P L L B O S Y A W L A R I N K D
Z J M C C K R A R X V Y U H S H F
T L K M S K I B R D B O J Q E W F
C T O I Y J J L Y B A B P M B O O
```

Puzzle 5

```
H F F G S R Q R N A F G F J E Z X
M V A Z T T S A Z D O A Q S F G Y
Z F T Q O D S N B X U G B F X O I
O O A Q R P E V O R N O I W S O E
L Y L G M G N A D W D I U Q S G P
O E Z I S M I J T O M U Q R S B I
H L S T V G S S H Y Y A K E T K L
K S M S L V U A Q Y B H N D A R M
X R V X O C B V Q I C Z V U G A V
Y A T J H N J O U R N E Y C E P B
L P P R I V I L E G E Q T E V U P
Q V T N V L R H C N M D S D E M J
Q A Q P I L Q K Q I A M E U B O Y
E X T R E M E L Y E I C N T Q J J
A V B T B A H M Z B N W D Y V G N
```

BUSINESS
JOURNEY
MAIN
LESSON
SNOWMAN
FATAL
DUTY
REDUCE
PRIVILEGE
BOY
BEING
EXTREMELY
FOUND
PARSLEY
SQUID
SHY
STAGE
SEND
SIZE
STORM

Puzzle 6

REFORM
BREAKFAST
ANIMAL
LOWER
SLEDGE
EDIBLE
SKELETON
DEDICATE
DESCRIBE
ELSE
IDENTIFY
TURKEY
HURRICANE
SOLVE
WHEAT
BLOOM
WON
TROUBLE
SPACE
RIVER

```
A R Y N M H R M J E U T J X P G T
D N F X Z M U E L B I D E S L E I
Q O I P F C S R F A R B P C Y C L
F T T M O O L B R O L N J I H A O
F E N W A E E E B I R C S E D P W
D L E F P L D L S T C M F S J S E
D E D R E Z G S W B P A Q O W M R
U K I L U Y E K R U T B N V H N X
K S T R O U B L E F X L O E E X A
R I V E R U J D B E N I W V A Z R
L L U G S R H T R Q K J R K T N Q
F V V M L B R E A K F A S T R T D
E J S Z L D G R V U I Q B G E S X
E U H Q K R S O N I N Z N F T R Q
S O L V E T A C I D E D C J Y I I
```

Puzzle 7

```
R E I G N D I M Q P P B W I A C W
D R U L H J H T A K Z N I H G O H
P Y L F M O G U V I L Y N X G N R
V L T N E M N O R I V N E E R D E
Y T H I B J O E H I S K G G E O J
T N G B R F C Z F E D Y I I S R E
D E I R W O P P A E A I Z C S M C
P C E N A O H U W P M R G Z I E T
T E H O S H S T W I L L D O V G D
O R G F P H K I U L S Q Z P E I B
F F E F F V P L E A S E D S S G F
S E P A R A T E K S X Y P P Z E A
I L Y D K T H E R M O M E T E R V
C S O C I A L G C I D X A I D F U
R O A D N J M M T O W Z Z H E O M
```

HEIGHT
THERMOMETER
AUTHORITY
DESIGN
ROAD
PLEASED
FLY
HIT
AGGRESSIVE
WILL
REJECT
ENVIRONMENT
SEPARATE
CONDOR
SOCIAL
RECENTLY
LYNX
REIGN
HOOF
HEARD

Puzzle 8

PROGRESS
SILVER
PETROL
THEM
SOMETHING
ACCUSE
BREAD
GIRL
HURRY
TURN
GONE
TREATMENT
CONSTRUCT
DELICIOUS
BALLOON
LIE
SAYS
START
SUDDEN
FILL

```
T C U R T S N O C Q E J O O K E L
G U D E L I C I O U S P K C H R R
X I R I I Y C E F U R I C V G O
I E R N F R U J Y K C O O G B U D
P Q E L I V B P H W C G T R A T S
L C V F L I K N U H A R L Z L F F
P G L O L O I A R C A E T P L T J
H D I R O F I I R G D S P M O R S
A F S X R R J K Y I F S Y Z U F P
G P T T R E A T M E N T A W N H R
B R E A D T Y F T Z S A Y S C C R
Z P E T R O L S O M E T H I N G C
A U I N X V T H E M I V E J I F J
P C L F O R I P C S M C S F Z Y C
A D R I G G S T D S U D D E N Y E
```

Puzzle 9

```
D P D N O Y E B T O S Y R L R H Q
D L I W L M J M I H T N M E F I L
K A N H I M E E G T S U J D A Z U
B C N O O H S B E R F A P O S L O
V E E N N W M O R A U F N M V W S
V O R E T S A M E E K O H Y Q X P
B O C P Y W Q M V H E O U I O T B
Z L G A P C A U O T B L V Z L N H
Y R P L B U J T C L R V S E E Z E
G E L G T U C C S A I I I B D V T
P L A Y E R L W I E D S K M F I G
W B P Q G Q H A D H G I H E R V A
Q O W Z F C D W R H E O S T Q J D
D Y T A I D L L I Y D N J P X V Y
L X K N A N G X W F K C M Y D I Z
```

FOOL
BRIDGE
BEYOND
REAL
DINNER
PLAYER
DISCOVER
ANYONE
VISION
MASTER
VOCABULARY
ADJUST
LIFE
WILD
LION
HEALTH
PLACE
HEART
TIGER
MODEL

Puzzle 10

WOMEN
REMAIN
INSPECT
FATHER
IDEA
FRIENDLY
THEY
MUCH
DELICATE
RIDE
CRESS
THING
CONCLUSION
APRON
HER
CARROT
ORGANIZATION
OLD
NUMEROUS
FACE

```
N E M O W I C T T U V A W Y U M O
U M U C Y E R E H H K A O P X U L
M O F N U H E K K Q I X Z O Q C O
E F V N A L S B Z P B N X Q V H L
R O H I T O S H A N Y N G X T C D
O C G A D E L I C A T E C A F Z O
U P M M P I F I N S P E C T W P Y
S I D E A R T R E X C E Z Z P Z V
O Y K R Y E O N I N W C P J A A S
M S X E C H R N L E Z P O T G Q D
R W L D B T R O J N B E E R H L
I A T K S A A N O X L D K K G U X
D D Z G Z F C E E I K R L K Y O V
E O R G A N I Z A T I O N Y E H T
C O N C L U S I O N Q N Q H O G X
```

Puzzle 11

```
N Q H H W Q Q S A L W V C Z X N O
Z K U L E D Y Y Z I W I I V J Q A
O Y G N I R B C H A P T E R O I A
A L G O Y B W M L B B M S F C J R
G H E P F N E H W O S H N M A T H
J F D D L C L A I C I F F O G R V
O A I R I O L C O O K F N O R E Y
Y X F U A B C M D A D D Y R O H M
Y H K M H Q G A L R J S Y H O T T
A P S K C O H S T N S H O S M I W
J F G N L H J X V E S H K U K E E
C F J G J R A D T K W C Q M N E W
H I P V L S E I L I M A F G P Q F
C H S U Y G J P R Z L A Y B I O O
X J J G I Q L C Y I D W E A H A H
```

DRUM
OFFICIAL
CHAPTER
BRING
ROOM
SHOCK
FAR
HUGGED
WELL
LAY
NEW
WHEN
COOK
LOCATE
DADDY
MUSHROOM
HAIL
FAMILIES
CHAIR
EITHER

Puzzle 12

COMPANY
DISH
ADOPT
REACHED
MERE
BIKE
TITLE
WILDERNESS
VOLUME
DROP
KNOWLEDGE
CELL
RUSH
SENTENCE
ALLOW
CATEGORY
WORM
EXPECTED
MAKING
GINGER

```
A S L S U A D T W I D R U S H L Y
U D E H C A E R I G I N G E R S M
D M O U S U T K O T E C Y W W I K
Y N A P M O C X J I L G K M L J I
R L W X T S E R E M H E O A R W I
O E I P I E P V O L U M E K L O P
G J L A U N X A Q D E O K I Q N W
E V D X S T E G D E L W O N K L L
T U E C S E D K G D V A X G K F N
A F R Z N N I Q K H Y K C I R D F
C W N Z S C S Y B K W K X K M P B
I G E F T E H B I K E D G X Q I L
C W S A L L O W K P T C E L L B I
M L S O D R O P F J E C C W A I C
I O B A J Z S E J F L F O O N Q B
```

Puzzle 13

```
V F O Z Z R F B P D C S R H J A P
P H L T L U I P A C H W N G Y M T
D E T A I L T L C R M I U T O B R
L G A N I M A G I N E S E H R I E
M Q E P O A I R R W V J X E Z T A
K W B Q H R E G A N A M T S L I T
G P R S X E F S M S T D I I A O Y
S B P J X L I E A G E R N S N N S
X E I X Q L N Y D V U H C L G Q Z
T R N W Z E K A F W A N T Z U U N
E U Y D Z S N A L P R X W A W H
N B H Y I D M Q N G R O E K G U K
N H H S V N W T C V T Y I J E S C
I V C R Y F G Z X A J A I A N K J
S U O I R U C N Z F W L C F K F M
```

LANGUAGE
BEAT
MANAGER
EXTINCT
SENDING
KNIFE
BAR
SELLER
FIT
CURIOUS
AMBITION
THESIS
DETAIL
IMAGINE
PLANTS
ROYAL
TREATY
TENNIS
FRONT
EAGER

Puzzle 14

TREES
ADMIT
DISCUSSION
MATURE
TEETH
BORN
PERMIT
CLEARLY
CONTROL
SLEEPY
SHOOK
RUDE
INVITE
TODAY
SERVICE
WATER
ERROR
PRIMARY
SOON
SIMPLE

```
E L P M I S P T O D A Y P E E L S
D Q E D U R K R M T R E E S R K Q
J I R S D H N L I I O E W S R J T
H S M E I Q U L V M W Q Z S O N S
P M I G S C J W A R A D M G R H J
C G T Z C T N I A B V R B X H T M
O Z Z Z U Q B O T T T J Y Z T E U
N E W W S A D M I T E C I V R E S
T R H B S N S R Q V T R M U K T U
R U O R I H O O D Q I Q L D M S G
O T D B O T Z C J S V S O O N H W
L A J M N E X R A A N I J F R O Q
N M E P V J H F F F I J D J S O J
C L E A R L Y B Y T T P G C P K L
X Q U Q N O V H K T M Z B O Y P V
```

Puzzle 15

```
J F Q M P T H U P Z R K X K D X R
V C G I T J J A R O O L F I A T K
V I L L A G E F O Z R C X V I R M
L O N A C K M T B O J A Z E S S R
L E J J D O K E L G N P F R Y O A
V G G H L N R R E A L A S D H J V
P D B S I L F B M N X B W I Q I L
A E D K W M X Y I Z D L R C W Z Y
R D E E P T D B Y T V E O T V Y W
T Q M D L W C U L S B P U F F I N
R Y O G M I X M F E N U X T R A M
C B H E N C Y J E O N W U W I K S
F X K O A E F M R X I D I R L F Z
S R T K L E G T I N R L Y H P O I
Y K R Z S J B J F L H H Z T S M B
```

AFTER
WILDCAT
FLOOR
PROBLEM
TWICE
VERDICT
PART
EDGE
TRAM
ORBIT
JOB
LEGS
BLEND
PUFFIN
FIREFLY
VILLAGE
DAISY
HOME
DEEP
CAPABLE

Puzzle 16

ATHLETICS
PARTNER
LOOKED
BEDROOM
AMONG
WHATEVER
LEAVES
BONE
KIND
LEMONADE
BECOME
SUPPLIES
CONCEIVE
PRISON
INCREASE
TUBE
OCCUR
WASTE
CORNER
MISERABLE

```
P L Z I L C O P Y T C M E Q Y S L
L R L V T P C A Z K H K Y Z V U O
E Q I J H Z C R X S U Z Z T N P O
A V I S E B U T Y A Z Z T O F P K
V L J E O M R N A Z H F T G H L E
E E D L E N R E S A E R C N I I D
S B V Y M O O R D E B W K O S E N
M I S E R A B L E A F R E M Y S I
C O N C E I V E W Z N L R A Y K K
I Q J B U J H F A U Z O X K P G S
P K K E E G Z E S A X E M N F S Z
O A N Q G C I Y T N T R U E N O B
C O R N E R O K E W A Z Y Z L C Z
Z P O P H K Z M A T H L E T I C S
G H T F G D P G E W H A T E V E R
```

Puzzle 17

```
P K G N J O S K I Q G K Y F M Z M
D I S S I M I L A R G F C P Y L Y
C N O J D Z X T A O L F O N G M S
J P Q F M B R H S A E M Y G H L T
W P M O R M M I J E E H S Y Z K E
I T M T C Z Y N O P R V U U E L R
P N T Z D H G K G N I T T E G Y I
H T C E P X E I L K K Z V U A Y E
A L I H N N B N O G H S S O F T S
N E S T E S W G S G J X G O T I S
U M M O D S I W S T E P B T W R P
P R A C T I C E Y E N E L R S U B
P U R S U E D J B U H I F E Y C O
O R D I N A R Y E M H G A E C E E
I B G H A W A B Q S F I T P D S K
```

FLOAT
MYSTERIES
PRACTICE
INCHES
SECURITY
REST
EXPECT
PETS
TREE
NEST
GETTING
TOO
PURSUE
DISSIMILAR
PAINTS
ORDINARY
THINKING
GLOSSY
WISDOM
SOFT

Puzzle 18

RESULT
MALE
FIERCE
MINE
RAINFALL
ATTACH
WEARY
SHIRT
ANTIQUE
SUCCESSFUL
CAN
RELATE
FOX
SQUARE
SORRY
STAMP
DOMINANT
PENNY
CUPCAKE
NAVIGATE

```
E L A M R A I N F A L L C M I V Y
R S X T M I N E Y F M A A I J M Y
A N E N T R I H S W L F N G M E F
U L T A F A N S U C C E S S F U L
Q Y K N S R C A F I E R C E F V F
S N L I N S S H V A N T I Q U E W
S R P M A T S A E I M Z Z O J F R
B O N O Y W X Y I D G K F N Z N M
V U R D N D Z M Z L D A P N G H R
G L E R V T S R D H Y I T O C K I
N J S N Y P E N N Y R R E E M L K
S S P J R J J R R Q X Y A R F U V
R M O U A K R E L A T E J P D P F
F O X V E T Q C U P C A K E A B Z
T L B A W R E S U L T C T Y P R X
```

Puzzle 19

```
P L A N E T S X H M O M W I I B U
D X V I V K V X O E H C E Z O E H
S X Y Z I M W U S L U Q F P Z A W
H G G X G S A G T T Z T Z S D U M
P R I V A T E R N A M T S O P T N
B O D T G N O K P I L L U A Z I U
W O A Q N A J M A N N A N R F F T
J D N O R W A E M E Z E V I Z U M
U L C O P P O S I T E I V H L L E
M E N O L S B N B U V T Z E U X G
B L F Q M K Q N F Y E L H H X O P
B A G K G B U E Q W G E F Y U T M
M M T W K K I Q C L J T N M R P J
V I E C A X C N Z G R O A U Y G O
Z M E S H T T L E R U T C A R F S
```

BEAUTIFUL
MELT
POSTMAN
PLANETS
DOOR
GIVE
FRACTURE
PILL
MAP
MEN
EVENING
WANTS
TIE
OPPOSITE
COMBINE
PRIVATE
LUXURY
BATCH
NUTMEG
HOST

Puzzle 20

FALSE
INCIDENT
MANUAL
HIGHLIGHT
ABBREVIATION
NATURAL
CONFESSION
EYE
LAWN
HIS
GRANDFATHER
PEACH
EVERYONE
SKIING
MONKEY
COTTON
FEAT
GOODBYE
GIRLS
TEAPOT

```
M G T E A P O T Z W H P W M H J J
O I P E Y E A R B W I Q T Z C I M
N R I E M U R W L R G G N I I K S
K L U U A P E P P X H B E Z R A G
E S K D I C K P K Q L Z D C Q B R
Y P L R Z W H M W K I M I G C B A
T N I I B V H I U U G D C O P R N
B F L A U N A M G W H T N O C E D
T B A E S U U B J D T P I D H V F
D S R E L E V E R Y O N E B N I A
P W U S A X X U A J T D I Y E A T
I N T L W A K L T A T U Q E K T H
Y B A A N T O G R S R A R B Q I E
C O N F E S S I O N O T T O C O R
Z E H I B F S T Z Y W N M H B N Z
```

Puzzle 21

```
C L R X A U L A E T S S E M O C G
V R V O T N L E N O T S Y K C O R
O D A E R P S L A W G E L P D U P
F J O B L Z I N C V M C N I E N U
H A M B U R G E R O E C E C S T S
H W O P N E C B A T M A A K T Y H
W S T H J V Z N W N C P R E R N E
Q I I D Z E O B E O L M L D O O D
I Z S P N W H Z Y G Z F L E Y U K
Y P O E M O E M P L O Y E E T N D
C O L O R H W J B O X S E E D E X
A N J R P R Z E D G A J B G X X F
Y K O K J O A O C G K U X I D W B
G L V T V G Q K A F C M I U R A M
G T P N Q Z I C M K O K G X X N Z
```

ACCESS
ONTO
COLOR
COMES
SPREAD
LEAVE
COUNT
ROCK
NEAR
PUSHED
EMPLOYEE
HAMBURGER
NOUN
CRAB
DESTROY
PICKED
STEAL
HOWEVER
COMPLETE
STONE

Puzzle 22

DISTRACT
ACTUALLY
DRAMATIC
PUBLICATION
TECHNIQUE
STOCKING
KNEE
ACCORDING
GENEROSITY
BRIEF
ALREADY
INTEND
ITS
GENTLE
ZEBRA
RABBIT
SAW
RELIGIOUS
HALLWAY
SOIL

```
G P E Y O D A D I S T R A C T G D
F U U M K R C N R Z B D R Z E E A
O B Q V H A C E K A B D B G H N L
F L I O S M O T I N B C E Q A E R
Y I N M X A R N R T E B Z D L R E
T C H C R T D I E I S E I D L O A
C A C A L I I E L S A W V T W S D
S T E V E C N G I P M G O D A I Y
V I T M C A G L G Q P E C C Y T X
C O C H L Q A L I J T N Q X B Y Y
G N I K C O T S O S J T A O F Z Z
P Q B B R I E F U Y L L A U T C A
V Q L B T R B S S B Z E D J C N G
F D V G T X F U N J Q L B K C C I
M B M U E Z R S R X W B V J H N I
```

Puzzle 23

```
D N W H D H M X S E M G A A M M Y
F M M T C O V M N F R R S S A O Y
P A R R O T Q Y B S Q B O C I D F
W O L L I W A K F Y H G Y E L I Y
X U W I U D B M C A N A U N P F I
N Y T I N U T R O P P O K D M Y C
M Y N W E E H L J W Z Q N E L S U
F O A Z O R G F S E I R E S V Q X
L R H R K I I O K M O T H E R P Q
O P P X C S E D I M H N S C D U X
O H E C B E W N R O B V C F G R R
D J L I M D N F T J N X A O K P V
N I E O C R A Z Y V L T R V E O G
Y P Q Q R M D H B W W L F D W S G
U N T I L H L O X C T Q N T B E U
```

MAIL
SCARF
PURPOSE
FLOOD
SERIES
SHAKE
OPPORTUNITY
CRAZY
DESIRE
UNTIL
MOTHER
ASCEND
WEIGHT
LINE
MODIFY
WILLOW
ELEPHANT
SKIRT
MATCH
PARROT

Puzzle 24

ASSUME
SUNSHINE
PUPIL
LITTLE
WEEKEND
ASSORTMENT
HUMAN
WARM
DIRTY
ROUND
ALSO
SON
STARS
WHY
SEEK
WELCOME
ACTION
ILLUSTRATE
CAMPAIGN
STOVE

```
A K Z W M S V U R V T W A V D Q S
S A H H N L U R G H C A Q S I Q Q
S N N Y L C W Z K X A R K U R Z O
O S L A P R W B H Z M M A N T V Q
R C U Y I O A H U M A N C S Y D L
T S E E K U W E Q L H J T H W C I
M G G T X N B E L A S R I I P I Z
E V O T S D W Y E Q S Y O N I Q V
N W E L C O M E Z K N S N E T P D
T C P S N F H L P D E Q U R M O U
B F U O U F J T S C I N S M A A H
N N P R D R N T T X O P D O E Q D
R E I N F N G I A P M A C L N C M
R H L J K W X L R C B B U D Q H C
B L A E T A R T S U L L I S Q M L
```

Puzzle 25

```
C N V D Y C D E T R A T S F M F C
W O N M T O M X U E Y R A I B Y W
I E N K E D E A S G V W H G G U F
F P Z T Z N B M U D E V Q H Z H L
E U M C A K H I A A R H N T X A L
Y G T E K C S N L B S X Z I S Z H
C V G K W A T E L Y I R I G I D A
R M T B L L U S Y D O A F B T M N
S E N S E B N B H R N I I X W Q D
Y G F U W Z T V V I P Q E C M X L
Z F P E O C S F J U N U L V P H E
X E Z R R I E P F Q L E D W J D P
M I N U T E H O D E P R I V E L O
X C R D L I C U R C C O W N P D O
B W D Q N Y U R V D H G L U E K L
```

VERSION
DEPRIVE
MINUTE
CONTACT
USUALLY
SENSE
EXAMINE
SHINE
BADGER
GLUE
CHESTNUTS
BLACK
POUR
FIELD
FIGHT
WIFE
RIGID
STARTED
HANDLE
REFER

Puzzle 26

COACH
REMEMBER
DOLPHIN
AFRAID
NEGATIVE
OVER
OPTION
CONFERENCE
REUSABLE
CAP
EMPTY
ACTOR
FACT
SHOE
PARENTS
TOTAL
MURAL
EMOTIONAL
FINE
COLLAPSE

```
J R E V O T J T O W T S H O E C C
N E R O T C A E P T O T A L N O O
Y M B E U A M I T C B V K R I L N
R E S Z U I I D I A R F A J F L F
X M N Z M S L W O F B V N F W A E
V B B K X L A M N I H P L O D P R
L E C M N V N B Z G J M A F G S E
M R M U B K O A L V J Y T P M E N
T A C I W G I H A E V P M A Z V C
K N O F F H T X R V V N X R G I E
Q A A V W P O A U S C U Q E J T B
C T C K T P M G M O E Q W N C A P
M P H S A H E E X F O N X T C G C
A M A Q G C N S I B L D M S X E D
G O Y T P U N G E P S O F P C N W
```

Puzzle 27

```
L M M M U G A B L O O H C S G C N
A B P W W R O T S E C N A C R Q W
T M E E T A M I L C J T A O I X H
L S S E R P X E R P E P D U C X J
S V Z J C H N M C K L T C P E W H
Y O P U K A P C P U G A X L G O T
K M D R A Z I L R Q N E Y E O K F
B U T A O B E C F E A S E F B E F
D I S M I S S U I E D U I K U W K
M E D I C A L E G N G V P Z J L Z
D D L C P W L W Y W I H D V K Q G
Z A K R H H Q D X J N C M K A Z F
E H E T U F B B M I I L F X Z C T
P S U P H C H L A D D R E S S I S
Q U A N T I T Y S W F S B U Y M X
```

ADDRESS
MEDICAL
PLAYFUL
BOAT
EXPRESS
SHADE
LIZARD
ANCESTOR
CURLED
RICE
COUPLE
DANGLE
GRAPH
WOKE
CLIMATE
SEAT
DISMISS
QUANTITY
SODA
SCHOOLBAG

Puzzle 28

SITTING
HESITATE
CRISIS
CONTAIN
MARRIED
SEQUENCE
CONSTANT
SEVEN
MOISTURE
SAUSAGES
GOAT
DEW
CYCLE
POVERTY
HAIR
DIRECTION
STICK
ARCTIC
DEAR
CURRENT

```
M G B I X N H P S C U T A X O S C
O S E C R W E D E I R R A M Q Y Y
I I T N A T S N O C H V G X X V C
S S N I S A I D I R E C T I O N L
T I E S C I T C R A M H H G Y R E
U R R A E K A P I E A D N Z O D S
R C R U F R T L A Y C L Y Q S A K
E Q U S R A E D H C O N T A I N T
C X C A W D S Z E L B V R P F U N
N V I G N I T T I S S Y E N D Y E
E R V E S P P O L Z S G V J T X Q
U B U S A E X E W S L D O N M L E
Q Q P K N C V O L L F B P O D K S
E M J O F M X E W T O R B J H G S
S N H C E K V J N I T H E L F V S
```

Puzzle 29

```
U P J W N J B Q G Z P X T A A U P
Q N A O O Y E R H T O O T S C Z A
E T S R I P G P E S I K O S H Q R
A S W T T E I T R D N C Y U I A T
K F J R A I N J H C T U Y R A V I
B L W X L B E S R U O H H E N B C
C R L U U J L S A Q Z M F X V A I
Y L V S G U Z E E U N G P Y V L P
Q B P G E V Z R T H Z H D A E H A
L O D B R Z H P W F B P K M C M T
L O T Z P E R E H W E M O S Z T E
I K Q W D T H D C H F V E B C U Z
P E A C E F U L Y X N O V U J W K
L A S S O W A L L X U S E S A B X
W M I Z X P Q V Q Q C E S W Y R C
```

ASSURE
COMPACT
BASE
REGULATION
PARTIES
DEPRESS
SOMEWHERE
BOOK
TEAR
POINT
PEACEFUL
UNSTABLE
BEGIN
BUS
WALL
PARTICIPATE
HOURS
LASSO
TOOTH
HEAD

Puzzle 30

IMMEDIATELY
TALKED
ANCIENT
PHONE
FLUFFY
GAME
EXPERT
RISK
AGREE
ANT
PICTURE
CONCENTRATE
EXPEDITION
TOMATO
WITHDRAW
CURTAIN
VOLTS
HUNGRY
DECADE
OBEY

```
T Y B S R P Y F R D T Q Q V E V D
P A L N T H L O H P E X V O L T S
I L L D W O N S K E B C L Q W O H
C T D K R N A C S X S M A R Y B E
T M Q G E E N I A T R U C D L E X
U N M W E D C E X P E R T X E Y P
R J V X R O I T B Q O V K N T F E
E G P O G E E E H O J H V R A F D
S Q O C A G N Y N R P Z G T I U I
N G S Q T H T O S M I D G O D L T
H K L X C H M Y Z C O S C M E F I
C O N C E N T R A T E R K A M C O
W I T H D R A W G A M E G T M A N
H U N G R Y Q V R B G L H O I T J
W O A K A A R U S K L G D F D Q B
```

Puzzle 31

```
B Q E O A Z K H D U O R F I D O X
I Y C W U S M D D E A L B I M L Z
C P E R F O R M A N C E A O Y X Y
W O R R A N A B Y D W Q M B N K G
L R M B Y W H T R M E E K L E C Q
H E Y P R L Z R X W D C U Q U E E
S Q G H A T R O P P U S E L C H T
P U P A R S D A W N M B Q I I C A
E I R O G N S T P V Y V P A V N H
L R T I T I D I H K R U D F J E C
L E H G I A B A O U N I T L P X U
E D S L Y G C Z Y N G C E F F C O
W A S A C A Y I E C B Y O Z O I T
P Z R K G O B L I N X G B K L G F
T D G E A Q W O Q I U W E G D M S
```

SPELL
FOLD
ONCE
AGAINST
GOBLIN
NARROW
DECEIVE
LAKE
COMPASSION
PERFORMANCE
HATE
REQUIRED
WAS
FAIL
TOUCH
UNIT
CHECK
SUPPORT
DAWN
DEAL

Puzzle 32

FLOWERS
EXTEND
COWBOY
STRUCTURE
DUCK
DUST
THANKFULLY
MAGAZINE
SHEEP
INCH
BEETLE
SMALL
LEAD
SCENARIO
ALOUD
COOL
SAND
ERUPT
INTERNAL
STORY

```
Y A I S T W P E W H H C N I R M F
D N A S F U X X H N A O T S M A K
A U S H E E P T F Q J W T A C G X
E L C D F S O E P D F B E M T A E
L G J K S C I N K U Z O I W Y Z J
S R U N E H X D T O R Y N J Z I Y
S T R U C T U R E L D E T S U N R
S R K D L N R O T A U L E V T E W
C S E M I T I X G J S T R X B S F
E T U W J R N G I L T E N C T F N
N O P A O S E Z M E J E A Q X X X
A R B V N L L A M S P B L D Q B
R Y R B M O F T H A N K F U L L Y
I P U T Z O L G I S Z Q Y T T P T
O H W S R C C H X L Q S S S T P Z D
```

Puzzle 33

```
V A L S I Z W R S F G P D I T C G
E M W A O H P W G J I A O U U S B
E S U U R W K R N B B S U O B G P
M I Y S A E K I T T E N H N D Q B
E O S J N O I T A R E P O S Q F D
P E K I G H K C X A L G O E S E L
O K I R E O Z F W M B Z K L I M V
C U S T O M Z N A V M Z U T N F G
S R C S Z W P J D O U T F T I G Q
E Y W E O W S K Y V H E Y O J I H
L D C R D I F F E R E N T B T J D
E F I O E N O T F W G Y F R U I T
T L U F E R A C E V A K K M Q E T
E A Q L Z E Q L P W Y K Y X W Z A
J K B U M K C Q Q R G U E S S A D
```

KITTEN
DIFFERENT
MILK
CUSTOM
GUESS
EASY
FOREST
HUMBLE
GOES
LAND
TELESCOPE
BOTTLES
OPERATION
SKI
SKY
WORK
CAREFUL
ORANGE
FRUIT
FISH

Puzzle 34

MASK
PHYSICAL
QUOTIENT
IRIS
OTHER
FURTHER
LABOR
SUBCOMPACT
CORRECT
INVESTIGATION
COMPUTER
PULL
NEIGHBOUR
EXCITED
TOUGH
GRASSHOPPER
BURST
PROCESS
ARRANGE
APOLOGY

```
S Z N U E N E I G H B O U R A W X
T M M W U X I R I S R K C A P D P
V V D R L A C I S Y H P I N O V A
H D V S A P S I H N Z C N E L D R
B I L Y X M E R T Y G O T X O D R
C U T O U G H E D E Z R L E G R A
O K R L R S N P S C D B L A Y L N
R W D S E M D P L A K M U O B Z G
R L M J T P R O C E S S P T E O E
E T V J U W B H P B A U X H M S R
C Q J H P R C S L Q M Q I E X L P
T A L C M D T S K D R M H R Z Y O
S U B C O M P A C T N E I T O U Q
C V L D C B G R E H T R U F O K L
V T N O I T A G I T S E V N I D I
```

Puzzle 35

```
Z L O C E F Z X W V G Z H G L T H
U R N Q M M C Z B W Q C S B B N I
R H Q V L Z E F R O G D U S A E H
I F N Y I V W R L R M E C M L M F
A M I O B N H P T E R R O R L E W
Y V O E Z E L O S E S J R E O R M
R U M C C E C G N E E Y C T O U W
A L C N U D G C K T Q E M D N S L
S U Y Q P L A I D N U S Q H S A C
S I R G L E U M A I R P L A N E O
E B M O P W A E J O E N E M Y M L
C O O I L A W D J P X C A R R V L
E I M D L Y T A U P E Q L X Z W I
N X R V W A N C M A V C P H S J D
V R I C H X R A N R U W K V C V E
```

NEEDLE
TERROR
MEASUREMENT
COLLIDE
AIRPLANE
TERMS
SUNDIAL
APPOINT
RICH
PECK
CAR
CROCUS
BALLOONS
LAW
SIMILAR
ACADEMIC
LOSE
ENEMY
NECESSARY
MYSELF

Puzzle 36

WORRIED
CHORE
BEAR
HOTTER
RESEARCH
COMPETITION
SCORE
INSTEAD
ARRIVE
POLICY
BIRTH
SUBSTITUTE
FORMULA
NEXT
PEN
ADMINISTRATION
SHOW
HIDE
POTATO
MOVEMENT

```
C M Z X J C R U F J H P B N U P I
O C C M Y I Z I F O T I C I F O N
M N I C U M T K W R R Z D Y X T S
P M O V E M E N T Z I M E E G A T
E W O R R I E D E K B I U E T T E
T O O L E D T C F P T M L M O A A
I H K M D N T J A A X I Q E A E D
T S E V U E E F N T B P A V A I T
I U J E I X R G Z Y L Y C I L O P
O F P M T T G U G J C H O R E K W
N D K G I I P W R E S E A R C H B
H O T T E R S A L V M J D A J Y E
A V A D M I N I S T R A T I O N A
S U B S T I T U T E R F B Q G T R
Q F R L H Y U F P E E J S C O R E
```

Puzzle 37

```
M H A B I T D N H R C A F F E C T
U I Q M Z Q A U J V A H B G W I G
Q C L V M A H W S Y T C T J I X P
U O E L N L E V G U T X Y H A D O
Y M L O I N A T P B L U I B O N J
M P Q L A O D T C Q E G E L L O C
E L O S T I N N R W D R C S E C O
A I R V S T A E Q G Z C R K H E I
S C U Y U C E U E U C K A D F S N
U A R O S E B Q A R A W C B L K M
R T O A S L Q E F E G L S H K N I
I E X W F L H R A B U V I V G A X
N D R H B O V F N Z G L N F D H F
G O R W D C F A M I L I A R Y T D
M E N T I O N C V N J W F Z X X B
```

MEASURING
BEAN
HABIT
MENTION
COLLECTION
COLLEGE
FREQUENT
CATTLE
SECOND
MILLION
QUALIFY
MIX
AHEAD
THANKS
COMPLICATED
GREEN
FAMILIAR
SUSTAIN
AFFECT
SCARCE

Puzzle 38

ALTITUDE
SUGAR
GENTLEMAN
ART
HIMSELF
BADGE
OTHERS
REMAINDER
EMPLOY
RUN
BAKING
CHANCE
FAMOUS
ANEMONE
IMPORTANT
SKIN
DIRECTIONS
STILL
CONVERSATION
GROWL

```
O D L S X F L E U O K R E C O V H
P I A L K X M A L W O R G H D X C
A R I J N I Y E Q L T R A A I X G
E N M F H J N M I S H K F N R J H
N N P B X I P G X M E N N C E O F
S U O M A F J E W N R B Q E C W R
K T R A G U S N G F S G I Q T S E
T K T A R Z P T U D P S S T I T M
E H A P Q O T L Y K A S Q H O I A
W G N I K A B E L V K B R V N L I
Z L T D B E L M E M P L O Y S A I
H I M S E L F A E A N E M O N E D
X P G N X S Y N A L T I T U D E E
C O N V E R S A T I O N N Q D J R
U B G W A H V P A L O P V O Y Y Q
```

Puzzle 39

```
T D U L T R H I O R S U D L R A L
F H E M W A L N Q E X H T O B R O
V F N A U R F S J V N W O G A E U
Q S Y V W X N E B I A Z T W P N D
S P O T T E D R M E M O C E E A E
Q C Z S S K G T U W E B M E D D R
P E N C I L S X X G R K Y A I B O
F V O X M S S T J L I G Z U F B N
R R M A L Q P L H B F B Z U F C I
C U E O G U C Y A I H E N R I A M
S C L N H H D K N G R I A H C E H
Z A U D H G I V A I W D W R U B H
C V X L Y H M G E R D A S Y L N D
J L A U T R Q U L C O M Q U T S S
L I D R G B A L C O N Y E M G Y I
```

CURVE
SWAN
BOTH
REVIEW
ARENA
PENCIL
DIFFICULT
MINOR
AGO
INSERT
LEMON
THIRD
SPOTTED
COME
CLEAN
FIREMAN
BALCONY
SHOWED
FEAR
LOUDER

Puzzle 40

STUFF
FOOD
FREEDOM
DOWN
RANGE
TEXT
ELECTRIC
AMERICAN
VIOLET
ELLIPTICAL
PARK
TRIP
DURING
FIX
NATION
PIG
EYES
TEN
SUNGLASSES
CHOOSE

```
H N P H W Q E U D F Q K K S H X E
A H I S R E L H U O Z P B N L K J
R T M A I N L M R F O O W N Q B B
F C N Y R X I F I Y T F I E L C I
V I O L E T P R N G X P I R T H A
N R I Z G X T F G J E J A V Z O R
Y T T S N E I Z I K R V S R M O E
A C A D A T C F P U R K O D K S S
L E N F R N A C I R E M A O F E K
U L T K M Z L F J M I O H W F C O
Z E Y Z J Q J T W M G D U N V T I
U U M G P U E Y E S G E D Z E O X
S U N G L A S S E S S E S P J A T W
S T U F F S X D F S M R P I M W L
O H N P R F X O R V B F P H I V Z
```

Puzzle 41

```
Q E U N B S Q G M N D O S I A L E
I D Y O B P I W L I S A F Y P U X
V Y C B Q O P K L A R T N E C Q P
N A I L A M R E H T D O Y G L V E
P P L E L X J P G E Y L K P E W R
H P Q N K K X Z I R V X L U S R I
H W S J N C U L E A R E I S O N M
T L A W S H H O W A W L S H L B E
V L A A E A S Z P X I T T T U V N
P E A S W A R D R O B E E X T U T
P D S I M P R O P E R X N T I S T
W E U O B I R A C N N S Q L O R G
X L L Q H O C C T H A Y E E N X V
D G D X J W M Z X Y S J B F P W N
C R E A T E Q I C H I A X T N E T
```

CREATE
SOLUTION
EXPERIMENT
THERMAL
RETAIN
TENT
WEIGH
WARDROBE
PEAS
GLAD
NAIL
CARIBOU
LEFT
LOT
DANGER
PUSH
LISTEN
CENTRAL
IMPROPER
WHOSE

Puzzle 42

MILITARY
ADVENTUROUS
INVITATION
AVOID
OBVIOUS
WITHOUT
INPUT
CINEMA
TWELVE
HOBBY
TAKING
CANDIDATE
CALCULATE
EXECUTIVE
EXCEPT
SAT
GRAPE
DIVING
CERTAINLY
DISAPPEAR

```
E T A L U C L A C D M W R T Z A Z
P X I Z B C I N E M A E P A V D C
A B C T U D R T C X J V Z Z K V H
R I S E C E R T A I N L Y M H E U
G E N T P H P E Y C X E X I J N C
C X B P T T U O H T I W T L D T A
T E Q S U O I V B O V T A I K U N
I C X Y S T S A T Q B N K T H R D
R U D I V I N G G C W R I A O O I
J T S R A E P P A S I D N R B U D
H I B F I V I L R E Y V G Y B S A
W V T O R I O U Q I D Z Y V Y I T
C E C G B N R I A A F Z K U S X E
K I K T E Y C V D X M V J L L O O
K U M S I N V I T A T I O N D G B
```

Puzzle 43

```
I G I V M D F I U B C Q D S G F R
T A Z Z K U H N Y L L A F P J V S
U T A X Z L F D W V E J A O K E P
W V D G K U D I D C V M I W S X K
G I F T S Z O C B H E Z A E H U I
P K N E W L T A D R R S N R A K J
U C C I T P U T J O Y E S Y M B S
R A O E Q Q N E Y D N A C P P C T
C R B R N F H U D C A K K H O R R
H E K I Y T I R O J A M B H O E A
A L Z T P S E G B T U U S O S S N
S E C N A K Q R E T S I S L X P G
E S P E B Z F S M V G O P D R O E
I S C O F T E K O O B E T O N N S
R E C O V E R Y S J C E W E C D T
```

SISTER
RESPOND
KNEW
ENTIRE
CENTER
PURCHASE
POWER
INDICATE
RECOVERY
GIFTS
SHAMPOO
SOMEBODY
CLEVER
CARELESS
FALL
MAJORITY
CANDY
HOLD
STRANGEST
NOTEBOOK

Puzzle 44

GLASS
COMMUNICATE
SKATING
CERTAIN
FISHING
MOON
OFTEN
REASON
BYE
GOAL
MAXIMUM
WALKING
GAS
DISEASE
LONELY
YET
INVOLVED
STOAT
SORE
TOOTHBRUSH

```
D P E T A C I N U M M O C M Y G D
C E R T A I N E T F O S P M O E H
W Y O B H O E H S U R B H T O O T
X B S S T O A T W A L K I N G T N
C Q A M K M D V I X M L B I F H M
L L G F R E A S O N G P X F W I X
K X Z T A U M T R Q Q O C A I H M
I Q G N E C P P V D Z Q D F L P A
C O T Y I E M R O O O Q W X L I X
E Y I P O P V S H I K X X V I W I
G N I T A K S P L O N E L Y S L M
F L A M N H J Y D E P Y P O H Y U
T A A Y U U R V Q W Z G W L I Q M
Y O E S A E S I D E V L O V N I H
O G V S S Z C K V K U X P J G L J
```

Puzzle 45

```
B W E A P O N E C S A A H T A B H
E O B R O Y N D K D R A H T U R T
C A R D Z E X E Y H T L A E H P M
N A T E C N X F Y T I N U M M O C
I B V I D J K E U J C V E W C G A
R L P R N G A N Q D L O B P J Q D
P E Y M B G N D R F E P Z H S P V
Q W G V C P Y V E X S J G R P M E
D I S A P P O I N T E D P H O Y X
S W I P A R T I C I P A N T R V G
O P E N E R L O P M M F Q T D K N
U Z G F A E N B L I M L H X W G A
W C X R B O T N V L Q U G M O D Q
O E Y T X N X J G T Y G R E N E K
Q K W J Y O H P P C S C I Y S B M
```

EATING
SPENT
OPENER
WEAPON
BORED
TRUTH
BOLD
LIMIT
PRINCE
ARTICLES
HEALTHY
ANY
DEFEND
ENERGY
COMMUNITY
ABLE
HARD
PARTICIPANT
SNOWDROPS
DISAPPOINTED

Puzzle 46

MUSEUM
ABILITY
COWARD
HUNTING
WATCHING
ACT
SHOUT
HELPFULLY
FOR
SOURCE
OWN
SPRING
CONTRAST
ARMY
CHEERFUL
FOURTH
TANGLED
HEDGEHOG
STOCK
MONITOR

```
M L Q L L X S U H U N T I N G Y X
U U J X Q K I B N Y O A A K Y A G
F F S B N W A T C H I N G G W M K
O R N E J O E U U V A S P R I N G
R E C R U O S O D R L C J T I W E
B E X E Q M E H C C X H T Q M O Z
N H S K F V E S O H E D G E H O G
N C C L J V O C W T F N F K H D R
G C T Z I X X C A R A T O Y M R A
D M O N I T O R R U X N S T O C K
C O N T R A S T D O W O G I R C L
H E L P F U L L Y F Y W G L V R W
U F J B L Q X N Z N V S L I E Y L
W Y H L I X G Y R N N K U B M D K
W V P F Z T Y V M L W B D A K B V
```

Puzzle 47

```
C L P I N T E R N A T I O N A L B
U F A I T C U F E T U B Q H B E D
L U T E R R E F L H K R H J O B B
T I I U J J A G B T E N S E P G X
U T E L I K E M A P Y F R D N N W
R G N O L J E I T F R E T R A U Q
E M T C A P T U R E E O I W I M I
A R G U E O A F O D T S F N B A L
P O L I C E C V F E T I O I J I S
C L I P S L I Y M P E K B N T N N
P M W H E I L O O I B Q G D G T T
M E T W V M P M C T A S R K S A W
I Q Q W Y S U P D N U V T S Q I A
S Z T Y Z J D H Y E Q P N W Y N L
J J V F T A Z N S C S R O O Q S J
```

BETTER
DUPLICATE
COMFORTABLE
INTERNATIONAL
CULTURE
PATIENT
TENSE
MAINTAIN
ARGUE
POLICE
BED
QUARTER
CENTIPEDE
FERRET
LIKE
CLIPS
LONG
CAPTURE
SONG
PROFIT

Puzzle 48

OUTDOORS
FROM
PRESERVE
DISCUSS
BEHAVE
READ
TOLD
METHOD
STOMACH
WEDDING
WEATHER
FORTY
SUFFICIENT
DETECT
SIR
SAVE
WORN
FLOWER
AFFORD
HERSELF

```
M E T H O D W L A V U T Y Z X S F
T A L L U L W O K M E B B Q G C R
E T T M G R P S R O O D T U O J O
G N H E R S E L F N B O F E S F M
K E I V T M V D E T E C T O O P B
J I D A W X A L T B M J V N R I S
S C V H E T S O T Q A R E A D T L
S I G E A S C T K T K W V Q S Q Y
A F R B T S T O M A C H R E K O M
A F E T H U A W T E F F E O T S W
I U Z M E C T H H T I M S R P S A
C S J W R S I Q C T F V E O A P E
S O A X V I F L O W E R R A S A I
A F F O R D T E H X D V E N M D D
I V Q V W E D D I N G J X Y Q Y Q
```

Puzzle 49

```
I  N  T  L  A  J  F  B  Q  H  U  O  Y  Z  G  M  Y
N  B  H  Q  J  V  B  L  W  T  V  S  Z  X  G  I  C
T  S  I  T  N  E  D  A  H  J  N  A  Q  U  A  I  L
E  L  N  T  H  E  I  R  S  O  R  T  R  T  F  U  P
R  N  K  C  Z  R  G  N  T  E  V  A  W  I  T  H  N
A  I  I  Y  F  C  J  J  R  V  S  B  L  B  O  G  D
C  R  S  L  H  K  D  E  S  I  R  P  R  U  S  U  I
T  V  H  E  C  E  A  L  B  T  P  M  E  T  T  A  S
M  F  B  R  S  N  D  I  Z  A  R  R  O  O  R  L  C
F  G  J  A  T  V  I  X  Z  N  L  Q  L  A  R  B  D
X  O  U  R  P  Y  O  U  J  R  L  F  O  I  M  W  A
A  R  R  A  S  B  J  X  N  E  L  O  L  Y  Q  N  Y
I  T  U  M  L  A  N  O  I  T  I  D  A  R  T  P  L
N  A  P  L  A  E  B  I  Y  L  N  E  D  D  U  S  D
J  D  U  U  N  T  T  U  F  A  Y  S  P  B  D  E  P
```

ATTEMPT
QUAIL
SUDDENLY
SURPRISED
FORMAT
VARIOUS
DENTIST
INCLINE
RARELY
THEIR
THINK
DAD
HAD
WAVE
TRADITIONAL
INTERACT
LAUGH
ALTERNATIVE
YOU
SORT

Puzzle 50

BESIDES
TIMID
BALL
HAMSTER
SPINACH
DRAGON
GLASSES
TEND
THUS
EFFORT
CYCLING
TRUE
OUTSIDE
LIKELY
HOE
SIGNIFICANT
SCISSORS
PARSNIP
HERE
TOWEL

```
T  D  R  E  I  V  K  L  H  Q  P  B  G  H  S  I  T
I  T  E  W  I  Y  S  E  I  E  U  R  T  A  C  Z  H
M  Z  R  Q  F  U  K  W  C  K  R  S  E  M  I  T  U
I  R  N  Z  D  I  T  O  Q  D  E  E  R  S  S  E  S
D  O  K  N  I  K  X  T  H  Q  O  L  E  T  S  N  E
G  H  Q  H  S  D  P  R  R  P  H  Y  Y  E  O  D  S
O  U  T  S  I  D  E  W  T  F  C  F  Y  R  R  B  S
S  I  G  N  I  F  I  C  A  N  T  C  C  Z  S  Z  A
O  B  E  S  I  D  E  S  S  Q  K  I  L  R  P  N  L
E  F  F  O  R  T  H  T  Y  E  F  W  K  O  I  O  G
K  V  V  N  R  C  A  F  U  C  Y  C  L  I  N  G  U
E  L  C  M  B  W  E  N  E  G  T  X  Q  I  S  A  V
E  A  K  H  C  A  N  I  P  S  W  A  S  N  R  R  J
S  R  N  F  H  P  L  I  W  N  N  W  P  E  A  D  A
O  V  W  T  Q  A  P  L  R  R  U  N  A  J  P  Q  S
```

Puzzle 51

```
K D H P W V F N D F T I Z E A F E
Q Z N P R E I T T E R P N R R I T
Z E W E S E V I T C A G R I M Y N
P O M R G Q S R W W M H F Y C V Q
L P P F C T W S P D O E L T H Z C
S T L O T Z E L U R S D D I A C Q
D W O R Q O N P F R T G L R I W S
O N I M U U O R X G E E I O R T E
W K Q O X Z L T X V A G O N C F Z
S P O R T S S E H U O S B I U K W
O R G A N I Z E Z P X X M M W P
Y Q H R E V I R D Y A B O T O S N
G R Z P V Z P T E S K S V L U I N
Q A F Z E C J S T E Z N T T T Z Y
E N T E R T A I N I E Z T E H M N
```

SPORTS
DRIVER
PERFORM
BOIL
MOUTH
MOST
TOOTHPASTE
NEWS
STREET
PRESSURE
EVEN
MINORITY
SEW
PRETTIER
ENTERTAIN
LOCK
ORGANIZE
ACTIVE
ARMCHAIR
HEDGE

Puzzle 52

CHILLY
ATTITUDE
MADE
CONTENT
EVERYWHERE
MISS
MECHANIC
SHARE
PAIN
MIDDLE
EXPLAIN
GALLOP
EAR
VALUE
MEADOW
NOSE
FOUNTAIN
PURPLE
HUSBAND
TRANSFER

```
C G C C Z E C Z Q O B M I D D L E
M P Q A N I A P B B Z X C A M C D
C F Q K O D C E U C B X Z H W M A
X Q B S S G S D H S T C K U N Q M
N V T N E T N O C E P I A S A R M
M I S S P E A W I D O N T B Y W M
M U A Z L S R D E U L A V A O D I
N E V T K T U Y A T L H U N N X A
I Q A L N I T B R I A C J D K K S
A M B D I U H T K T G E R A H S G
L J I H O B O S J T B M L R S E G
P T U G F W J F L A T I L P D A X
X B H H T R A N S F E R L C R C A
E V E R Y W H E R E O Q J O O U M
C H I L L Y G W H H J Q B X C R P
```

Puzzle 53

```
C R A D L E M W W X O D O A P U F
L R I Y L T P N R C D O O S S A P
E E S H A I W O Y Y B U O S V E O
C Q E Q B R Y R I X P P L E X S P
U V E M T O C H G U O N E M G T E
H G R K O V A U G U X Y I B S A R
Z N F I O A S O Z J Y I E L Q B A
F I L M F F E E M V O S L Y J L T
F K K I Y R T S U D N I C B U I E
S L E E P H R W P I F O N Z D S D
H A E V E N T K M O K H U Q G H O
H T N Q W T X Q P C O J O Y E K Y
B O L D F Z T Y Y S K N J P S X C
P B Z Q F I P O P E R B T Z Q P P
E F W B G C Q U J P Y M K I X R A
```

UNCLE
SPOON
FREESIA
SLEEP
FOOTBALL
INDUSTRY
ESTABLISH
PASS
JUDGE
CRADLE
EVENT
CASE
ENOUGH
GUYS
TALKING
OPERATE
ASSEMBLY
JOIN
FILM
FAVORITE

Puzzle 54

OPINION
FORM
FICTION
PARTICLE
CHILDREN
NUTRIENTS
PARTICULARLY
PEAR
WORKING
DANGEROUS
PREFER
GONNA
RED
HARE
PARDON
WIN
ATTENTION
SUPPOSED
CURRANT
VICTIM

```
O S C V R V U T P M Y M R O F U N
D V C W X K G X Y A L T A E A L U
D Y N D S S H N N C R H E M D Z T
N C O D Z G F E R H A D P D H T R
G V I C T I M D P I L E O Q S J I
N O T F G H U A R L U S P N I W E
I Z N J R X D N E D C O A O O D N
K R E N Y D H G F R I P R I N G T
R Y T M A Q A E E E T P T T W O S
O U T U K Z R R R N R U I C R T C
W W A D K I E O K J A S C I M A F
C U R R A N T U T I P C L F I Q Z
P V O G B D X S J G A W E U L M W
U H Q O B A E V H P Q M A F E N N
Y V E O K O P I N I O N K S Y Z U
```

Puzzle 55

```
T R Y I N G Q D E W L A V X T L I
X G E K U E T C A X E E V A W Y I
R E U U Z R N O S I B R R F K H O
V H L V R R E T C A R A H C S Y M
C C I N K N R U R Q T W H B W G P
A A S N V A A C M Q A D E F C G X
Q T R J O Y P Z M O O Z A M X N U
L K X Q Z C S D I Y N V T Q J E R
N I D Q M I N U T E S S U B P B X
I N J W L L A E P T E L T T E K E
Z H E U W B R O K A I B F E G E H
X K L C N U T S F T K L A W R T Y
D F L I E P X K A I F X S Z A T A
U D Y L E C I N B M E Y T C T Z V
T E R R I B L E Q I H W T K S M O
```

STAR
MONSTER
IMITATE
MINUTES
JELLY
EXACT
RHINO
TERRIBLE
BISON
PUBLIC
BEE
NICELY
CATKIN
TRANSPARENT
HEAT
ZOO
FAST
CHARACTER
KETTLE
TRYING

Puzzle 56

FORTUNATE
RELIABLE
FINGER
RATE
PAST
PINK
FORCE
FURIOUS
EXPERIENCE
RADISH
LAUNDRY
EMPTIED
REQUEST
DOWNSTAIRS
CALCULATOR
CLOCK
NATIONAL
READY
UPON
OFFEND

```
Z B U I B H S N O V S P M Z Y C F
Y V F X P I Q E P U R E A D Y A U
F O C X N R L L G K G Y S H L R
S Q X C C Y U G F V W L E D Y C I
B J X E O W R E L I A B L E T U O
F O R T U N A T E U Q Q A I D L U
E X P E R I E N C E P A D T B A S
T O F S W N P W R O R O S P B T N
H S I D A R V K U I F X N M B U R
G K N I P M N J F W M F C E K R V
O C G L A U N D R Y C Z E X Z B V
T O E M R C Z Y P P A S T N B J Q
W L R T S E U Q E R Q S M L D S P
J C X L A N O I T A N N P R W B Q
M R B U S R I A T S N W O D S V C
```

Puzzle 57

```
H T S I B R M E I P T U C X S U I
A E H O L Q I L S P E C I F I C H
U P E X L B L E N C T S E T T T E
C E A S E O L M E U A F N T Q S G
H E R O N Q L E T R U Y I V O X F
T V R R E I K N T T L L A H S R B
T A O Q R A Y T I A A B T S M O P
S H R N U I S A M I V A N O D T V
G I Y D D A B R J N E B U E E A J
T R B J E N D Y Z S N O O A U R Z
Y U J N C K J K S U L R M G T E X
B S L I O T G U J N I P S L F M A
X K X I R P R L P M F W O E K U I
B S M W P P D R Q H H Y S Q G N I
P A L G T J Q Z L V B J W G S E E
```

ELEMENTARY
CURTAINS
MILL
HERON
PROTECT
PROCEDURE
PROBABLY
TEST
SHALL
NUMERATOR
SPECIFIC
BAD
TULIP
CEASE
EVALUATE
HAVE
MITTENS
MOUNTAIN
EAGLE
SOLO

Puzzle 58

COMPLETELY
STYLE
VAST
FUNCTION
RECOGNIZE
ACCOUNT
TALL
KING
YOUNG
SWEETS
CAKE
PINEAPPLE
PLAN
EIGHT
USE
HELP
GARDEN
SHOULD
RIDING
SOAP

```
X U G A R D E N I Z T S Q C K S F
K D N N J O X L L V B Q Y K Y W U
B T U U I P L A N L S P R E G E N
V X O U C K B R G J E L Y T S E C
V P Y S V M B I Q I Z V Q P T T T
Q I Q Y S Y S D E E I G H T P S I
F H Z B L F E I L S N H M N S T O
U K E L F B F N P U G O M U A A N
C L Q B Z X N G P X O F Z O B D V
I R E O P R K G A X C H J C W B V
C A K E F O F C E O E T S C T D M
S N T Q X B N R N G R B M A A S Q
B M H R M N E F I S O A P P L E H
C T Y L E T E L P M O C O O L G U
J I V Q G Y R P E K X R Q W O Q H
```

Puzzle 59

```
U K S C F Y Y Q E L N X N F Y X A
I B X Q G H K H J A M K N L Y G N
R E Q G K R C I M O N O C E T U N
A L E T R N H H W C I V P W R P I
C O D U T A E M R A F Y F D W G V
U W V N N M E N I H C A M A S Q E
S U K Z E K S W M V G D M V F D R
T I T X V Y E T U B I R T N O C S
O S S L E H Z K N K P E T Y V L A
M T M M R M K D A E L T T O B V R
E A A F P T I N Z T W S W S V A Y
R N R I J V N O I T S E U Q K Z M
L D T G X V N O M H A Y B L D Y A
J V E R E S P O N S I B I L I T Y
I A R Z J A G Y C O P D N B G Y O
```

YESTERDAY
MEAT
BOTTLE
TAKE
PREVENT
CONTRIBUTE
CUSTOMER
CHEESE
MACHINE
QUESTION
ELF
BELOW
ECONOMIC
WEAR
MAN
ANNIVERSARY
RESPONSIBILITY
STAND
SMARTER
FARM

Puzzle 60

FENCING
CAREFULLY
STUDENT
MEAL
DOLL
RUNNING
HELICOPTER
VITAMINS
CREAM
FAT
MUDDY
NEITHER
OUTCOME
HALF
SALT
SKILL
CHAIN
HIGH
CONGRATULATE
FEEL

```
C M I Y I O L A L A E M P M D H C
Z R E T P O C I L E H E R Z G I H
K E E M O C T U O Q F P F E F G A
K H I A E O L A D Q B E P H P H I
G T Y C M F C A R E F U L L Y X N
K I Z M Q J A M U D D Y A Q S E X
K E E Y K S C T L A S Y H Y P D A
R N A Z Z L Z L E E F K W C H S H
I U I U Q I O L V J S M J O A Q L
C S N I M A T I V T W F Q Z L A M
T K Y N M Q X K B G V B E C F W F
Q C I K I L O S X R Q L J O J G N
R M S H T N E D U T S V A J R H X
X I M R I J G N I C N E F N O X D
C O N G R A T U L A T E U W F N M
```

Puzzle 61

```
Y D O B M I L P M D S W M G P J G
E H E V I T I S O P V J O S Q R Z
E V J M H N H K I W Q I O H T Y L
N X E Y O P A U P N C T S M T V B
V S O R B C D N E L A S E L Q W D
I M W S Y A R G O N M E K X Y Y B
R B G P M T K A D T E L A U N N A
O I E M I S H B T B H F T E F N N
N P A R E N T I E I X E E H U U A
M P Z G Z S Z N N V C G R X L B N
E F L F U T U R E G K A N S L V A
N W E S T E R N O M G R D I Q P B
T S E C R E T A R Y G E W Z H E C
A S R O C I C I Z V C V N P Z O F
L D T B V Z F F S X U A V R Z T J
```

AVERAGE
DEMOCRATIC
MOOSE
FULL
FUTURE
BODY
ANNUAL
CAME
BAG
WESTERN
LEND
POSITIVE
SECRETARY
ENVIRONMENTAL
ANOTHER
PARENT
BUNNY
EVERYTHING
BANANA
ITSELF

Puzzle 62

BARN
INTELLIGENT
MEET
ABOUT
RELATION
MARKER
INDEX
SETTLED
PRACTICAL
CRIME
MET
INVENT
CORN
POSITION
HANG
BASIC
LOCAL
DEPEND
SELDOM
ANIMALS

```
I X U L N A N X S M C Y L M X Y Q
W Y T R S H F F Q Q E G V S H M Y
N N B S V W M D H S Q T O J A S P
Q F T A T O S R E K R A M S N L O
V H B B R O U X M P U S F G G A S
D L Y L F D U K I Q E B X A E C I
S E T T L E D Y R N T N E V N I T
L P L W F C E U C G R R D F R T I
A A R E H S K X I X J A N L E C O
M C P A M E E T S F H B I O L A N
I I V B P U H B A U H W C C A R R
N E Z O J A O Q B A M X U A T P O
A S L U N Y M S E L D O M L I S C
G D C T N E G I L L E T N I O V V
X J D O K M K M F W Y D P A N I I
```

Puzzle 63

```
O P S H G T E W P I G M N F A J P
I Y A K H K U T R J J Q A L F K A
C V M O R N I N G J O Y U Y E Q W
L A S I L L Y B F Q N T S J B J A
G E R K Q N E E W T E B E S P E Y
V H E R W A D R A C V Q F W X G X
E T H A I V I A X W A D U S Q F Y
R P T D N E T T A A R J L Y O C K
R Y E A L N D D E C A Y C Z T O T
L O G N E M O D E R N M I W B Z W
P B O I A T Q Q S B S A A I U M C
C T T N S P Y D G S A D I N K H C
R L I O T C U D N O C B N D I M U
Q A H C R Y H M J Y T T G J M T Z
T C W Q W A E L F J Q J H R L T Z
```

CONDUCT
LEAST
RAVEN
ATTEND
EDIT
TOGETHER
CARD
MORNING
CRY
DECAY
BETWEEN
MODERN
WIND
USEFUL
AWAY
MAYBE
SILLY
DARK
HEAVY
CARRIED

Puzzle 64

SWIM
BASKET
SIXTH
EXPENSIVE
FACTOR
EXERT
ASK
ANGEL
THOUSAND
LENGTH
SUBMIT
TRAGIC
FOLLOW
OBSERVING
RHYME
CROSS
SIX
SATISFIED
PROUD
CHILD

```
S V Z E I W K M A F S H J S I R H
S A H G I O S I X A V U V W N H S
O B T N N L A W Q C E E B H S Y Z
R S X I F L E S V T W S W M T M V
C L I V S O C X J O M Q C H I E F
E P S R C F L N P R O U D T V
K X R E X N I L Y E B A S K E T O
M V N S G F Q E U L N N Z L N N J
S N A B B Z F G D N A S U U H I L
Z P F O G L W N L U Y F I V J V H
Z H V G L M N A I U R P R V Y A L
E X E R T S J Q H T G N E L E V O
S C M F I Z T T C I G A R T Z M I
E C R G E K K R U Q N S R I Z N I L
K C O O Z U C E M B M G R S N H I
```

Puzzle 65

```
M O C K O M D O N E S W M A O S T
R J C T F B A H O Q M J T Q F O A
Y O M Q M L N G Y M M U M A M O X
N H E A R E F U N E L X L Z D K I
S O R H A C I O N I R M A R R Y T
J E C I T O N H U C F A L P Z L K
Q Y Q Z Q N A T F E K I S W O C E
R W O F T O L L E D R I C E Y A B
O H Y U C M N A T A L K B E R V O
S O C X O Y V X U V D E R D N U H
T M O E M M P D F E I G M I C T L
Q N O I N A P M O C X C S S J H I
N G Q K D U Q Q Y C R A S H H I W
O K V P E W A T E R M E L O N B S
U S H O R E P Y E U J F L Q H R S
```

HUNDRED
MAGNIFICENT
DONE
WATERMELON
FUNNY
TALK
TAXI
MOCK
COMPANION
NOTICE
CRASH
ERASER
SHORE
ECONOMY
MUMMY
ALTHOUGH
FINAL
HEAR
SMOKE
MARRY

Puzzle 66

ENTER
STAY
SUCH
OKAY
RECOMMEND
KEEP
CINNAMON
HOMETOWN
MOVE
VOID
POLITE
VARIABLE
ATTRACTIVE
TASTE
PLUM
STATION
PRODUCTION
OIL
JUMP
AMOUNT

```
E R T M B A R E C O M M E N D H E
O A O J U C F E P S V W T O I P N
I U P U Q Y S N V E T L S I O X T
L W A S J A P Y C P B M A T V F E
P Z E S J E O N W R V R T A W O R
R Y V T J B V W U U N E E T D K H
O C I N N A M O N C M Y V S C A M
D V J U M P O T M P O L I T E Y D
U X U O A E S E C P Q T T Z D G I
C B Y M P E G M A B W Z C Z U D O
T K Y A F K C O V A R I A B L E M
I G Q W T T I H P L U M R N Y W V
O F S U K S A V C K Y V T F N G Y
N A Q V P I T F P U U X T N D N I
H M Z O Q J E V D E S O A U I E M
```

Puzzle 67

```
X E F K X Z Y R O M E M F Z T E A
U Q E G T R C O Q G C Y W Y F F R
G I Q U S G M V G Y N W O T N Q U
D Q M B E E R W Z L A C I S U M K
A D U L T N I H M T R L L W U P C
B O I E A E Y I H G A F R R I Y O
R O C V L R J T H H E P V I X H U
G T A A O A I E L Z P T L X G F L
G S Y R C T V W F M P X U A A H D
A D L T O I M I R G A L G C N U T
N S U Z H O B E L I E V E U H E N
D S C N C N R E A C H O M E S V U
E N I T N E L A V T U R N I P T A
R M D B O A C H J U D L U H J E T
W I P P Z P F Q H Y Y X G T J R A
```

MEMORY
GANDER
ADULT
CHOCOLATE
MUSICAL
ALRIGHT
COULD
TOWN
TAUNT
GUST
BELIEVE
TURNIP
TRAVEL
VALENTINE
GENERATION
WHITE
APPEARANCE
PLANE
REACH
STOOD

Puzzle 68

PREVIOUS
OFFER
AGAIN
ANXIOUS
FAULT
TEAM
GAVE
INDIVIDUAL
INTO
SUNNY
SCREAM
YEARS
BUY
PERSONALLY
LIP
SIGNAL
INDEPENDENT
WHEEL
ADVICE
CAUSE

```
I U G U A O Y N V R M L A W Z A I
H N I A G A J L A N W M R Y A N N
V D D T Q A R F V R H Q T E A X D
D R C E C I V D A Q E J B J U I I
Q C M U P S U N N Y E J O H L O V
D Q A E I E P O S W L B U Y G U I
S Z E U L W N P R E V I O U S S D
S C T U S I N D A E L R U K C V U
I G R F U E X X E D P O F F I K A
G B E E T G C E Y N M B F H U G L
N E F U A H I W X X T L U A F A D
A V F K G M T A F I T H L Y I V B
L T O O K G U Y J M I N T O H E I
X P E R S O N A L L Y N M B Z P O
H S Q B J Y D I S B T L E Q G Z S
```

Puzzle 69

```
S  B  S  J  A  Q  D  D  U  N  H  G  Y  S  G  Y  Q
F  O  C  J  R  E  I  D  L  O  S  G  N  E  C  W  Y
Y  B  H  M  T  P  E  C  R  E  T  N  I  T  C  I  M
C  X  O  H  I  N  T  R  T  A  I  E  A  T  O  N  Z
A  F  O  X  S  D  A  G  E  L  O  V  R  L  N  F  B
J  T  L  R  T  W  P  T  H  S  F  A  Z  E  N  O  Y
O  F  U  K  Q  A  U  A  S  Y  P  X  R  R  E  R  O
X  O  G  W  B  N  U  H  U  I  X  E  B  S  C  M  Z
T  E  D  D  Y  T  Q  Z  R  S  D  F  C  A  T  A  B
M  E  O  P  P  I  H  G  T  H  E  M  D  T  I  T  Z
T  O  I  Y  P  S  K  A  C  O  I  F  R  V  O  I  N
S  X  R  A  H  Y  Z  H  O  N  O  K  P  H  N  O  T
Q  X  E  U  N  I  T  N  O  C  H  W  I  R  E  N  K
L  G  P  D  N  V  S  F  Q  Y  N  E  L  J  Z  I  G
B  A  S  K  E  T  B  A  L  L  Z  F  M  I  T  Z  N
```

INFORMATION
SOLDIER
TEDDY
RAINY
PAUSE
INTERCEPT
BASKETBALL
VOLE
ARTIST
FEW
WANT
SCHOOL
RESPECT
DISTANT
SETTLERS
CONNECTION
WIRE
PERIOD
CONTINUE
HIPPO

Puzzle 70

SPEND
QUEEN
PROVIDE
PERMISSION
EIGHTY
BUSY
FORGOT
GRAVITY
RICHEST
CAMERA
COMMON
ELK
POND
PAY
SCOOTER
WHO
PREPARE
CHIPS
JURY
DESK

```
N  G  O  E  B  C  Y  T  H  G  I  E  X  S  C  Z  X
A  X  K  U  X  L  C  P  D  O  X  W  L  L  T  G  R
G  B  K  P  T  V  N  I  W  O  G  P  A  K  O  T  W
S  P  E  N  D  D  O  R  Y  E  U  R  C  R  U  M  H
P  O  T  E  N  E  I  I  Y  A  T  O  G  R  O  F  O
I  G  B  E  O  S  S  C  B  S  Q  V  Y  K  D  K  V
H  K  Q  U  P  K  S  H  Q  Y  T  I  V  A  R  G  R
C  J  E  Q  E  O  I  E  O  S  C  D  F  R  P  Q  L
O  V  F  J  D  P  M  S  T  U  O  E  U  E  Z  U  D
N  C  K  I  S  T  R  T  P  B  M  G  E  M  D  P  T
I  H  O  D  T  M  E  E  P  X  M  Z  N  A  H  P  S
F  V  I  M  R  I  P  L  P  A  O  H  D  C  N  H  B
M  K  Z  H  A  N  V  U  M  A  N  J  U  R  Y  Y  V
A  A  H  K  X  D  Z  V  V  P  R  E  T  O  O  C  S
M  Y  H  T  N  V  E  S  B  D  A  E  W  S  A  E  Y
```

Puzzle 71

```
H X C S W F Z B O X E D N C N M C
R N B Q I J I J Z O T A O C O A U
F M D R O U E P G H I Y T O B N P
B E N I M R E T E D R G E Z L U I
H Y S E V R E S E R W S N W E F D
L A U D K I O G Q M F U D X L A M
D X O X Q T S O H G Q P E J B C H
N E R A T S G I C A L M R Z A T R
Z P S B L U O T O R P R L L R U Y
Z A U P B R C D I N E S Y J O R M
J H C D I T S B Q I D I P X V E U
V S M L N T V C W S N E G A A Z P
D O O L B D E V W I N H X X F T M
D J L I W B E Y P Q S Q D A N C E
M B A W H D B D C Y B H T R H M C
```

NOBLE
FAVORABLE
DIVISION
TENDERLY
TRUST
SHAPE
RESERVE
WRITE
DETERMINE
GHOST
CALM
BOX
DAY
MANUFACTURE
COAT
WISH
STARE
DANCE
DESPITE
CUPID

Puzzle 72

STRIP
SWEET
DIGEST
THAT
PROHIBIT
CAGE
ATOMIC
GRADUAL
SILENCE
GROW
DISTANCE
PILOT
SHADOW
TOP
HAWK
SING
CHEAP
QUALITY
STRAWBERRY
GROUP

```
P I L O T I B I H O R P O T F S G
U T A N A T H W O W A V T T D T Q
O P U S H C H E A P V G T P Y R R
R C D C T Z D R X N Y Y Z L A A J
G N A E D R M I X R M S W S T W U
L I R E H D I L G L N F E J O B O
D R G O C J J P P E S I N G M E X
A J J G Y Y M C Y G S P H W I R B
Y D I S T A N C E A H T I Q C R R
M P K N I E M M G C A E D W Q Y A
U J O C L J E H U T W G R O W B Y
X J Q I A N X W X I K H Q D U B X
P T Y B U L N D S F C I M A I P A
E M T D Q S I L E N C E P H O S P
G T F Y P I W V A F T L Z S J K F
```

Puzzle 73

```
I Y N A P M O C C A L S H J H F K
L A A Z V S T O R E S P A S A Y I
O L X U D A C R B X S A P I P J W
S P W E Q M I E E E A R P M P C I
T D I H O X T L E O C K I P E Y A
T E N P E M A I A W E L E L N S N
I C D J I B M B M B E E S I Q B A
P R O Z R T O O C O L R T F A E L
W E W G F E T M I R R E E Y B D Y
J A S E L Y U O M T F P S I G N S
N S R L U I A T D V C P S O Y S I
G E Y Y N N U U Z K X I I H Y H S
N N A D A H E A S U Z L S O E V T
E B R F R T K C Q K Z F L F C L Q
O S U C A U L I F L O W E R B E L
```

HAPPIEST
WINDOW
HAPPEN
ACCOMPANY
SPARKLE
AUTOMOBILE
CAULIFLOWER
AUTOMATIC
SHELL
AVAILABLE
PLAY
LEAF
DECREASE
SIMPLIFY
LUNAR
LOST
SIGN
FLIPPER
ANALYSIS
STORE

Puzzle 74

UMBRELLA
RELAX
SNAKE
SNIFF
MONEY
TIED
PERSON
RELEASE
DISTURB
TREASURE
FRAGMENT
THOSE
STRONG
FRIEND
HALL
LAUGHED
PLASTIC
DEGREE
PULLED
ZERO

```
R Y Z Z R T D A C M Z T X M L M
G J E G T E E R G E D L Z A P A S
M A R M N L K N U N U D E L L U P
Y O O P K E A B Q M T D R E A G A
D X N V D A N U Q A B I F R S H N
I K O E L S S V Q B G R H L T E Q
L F S L Y E F R I E N D E L I D M
Z F R K R L J A I S O U F L C F J
Y I E B F B A D H O R A E K L N T
U A P I R H A L L H T H N F V A S
M I D P F U I X W T S S N I F F T
N Z Q F P H T N E M G A R F C Z I
G O L T R E A S U R E C D L I P E
R Q W L A S V O I K N X P E P V D
R F L N E U H D N D X I A Y U T P
```

Puzzle 75

```
C U C U M B E R C V U V E W O D N
H E L L O A S V D I I A Y T M D V
A U L F F Y B H R D I O X O F N A
M S L Y D F J H C N U L L S Y Q T
I S Q L J P P I M V A Q X E W O W
C I O X Z E D L S T A I R S N D Q
P H N M U I X L L H M P M Q L C W
I O T K T E E R U T I N R U F A E
M X D Q H W C B E V I V R U S T R
L A R U T L U C H F T R A I N T M
S U R M N P R A S D L W D U D A Y
P J L K O G C F Q S D E S U O C L
K S K R M L S E W P S N C H F K Y
O S D O W Z L A C I P O R T K S L
K Z G F U O N R K U W N K Z Y H J
```

MARK
FORK
HELLO
MONTH
VIOLENCE
ATTACK
TROPICAL
STAIRS
CULTURAL
FURNITURE
REFLECT
ISSUE
NONE
SHE
SURVIVE
LUNCH
HILL
USED
CUCUMBER
TRAIN

Puzzle 76

KITCHEN
PHASE
WORLD
FIGURE
LILAC
HOCKEY
GLOW
IMPACT
FREEZE
CROWN
ELEVEN
SEARCH
WINE
PARAGRAPH
CHANGE
MARRIAGE
LOVE
YES
RESTAURANT
SOCK

```
Q O V V L B U F W J R M C D I F X
V H J A O J B I C L Q M R Q F N L
E E L U V C R O W N F I G U R E I
V W H M E F C W K H F N W Y L S L
A I V A X Y R B I P P L P F A A
S N K R H N E F D D I Y R T H C C
N E K R Q T L K E Z T D O L N P D
Z P Q I T S D C F Z O I M P A C T
P A F A P O R O L C E W C T R S S
W O L G Z J S H Q H E O N J U E O
H N N E H C T I K A L R Y H A A C
I W Q V H B T O L N E L V E T R K
Q T M Z Y U J R I G V D U B S C B
P A R A G R A P H E E A W Z E H E
E T N L G I F K V I N X T S R E W
```

Puzzle 77

```
C H Y T M G O N S S M Y Q P Q F H
J A B H F O N R U O L O C I U P J
Q C V C I U A U J O H K W R I W U
K O D I Y N B T E K C O R O C R O
T V M T T H E I R S C U Y K I T
O E A Q R Y T R I H T X G U V N R
O R D J E T U B I R T S I D D K X
T E S I P Y Q V I E W F T O E L N
Y D X B O U D Z Y O C Q N H S E K
B M J X R E M I N D S K E B C W C
E C A L P E R I F A W A D D E V W
L O C W B K V F P C M W T H N W G
O Y P C N B E E N R F O Z B D G B
R S K C X Q Z D B D O N W O R Q F
A W W G B Q X B O O K C A S E F P
```

REMINDS
WOMAN
COLOUR
BEEN
PROPERTY
WRINKLE
QUICK
VERB
VIEW
CAVITY
BOOKCASE
COVERED
DISTRIBUTE
ROCKET
ROW
FIREPLACE
THIRTY
DESCEND
RETURN
THEIRS

Puzzle 78

CHICKEN
PRODUCT
PARTICULAR
LIGHT
THEME
PRONUNCIATION
COLUMN
CANARY
SUMMIT
DREAM
BLEED
WEEK
CONDITION
SPELLING
CROCODILE
COLD
FRIDGE
CROW
GRAPES
GIVEN

```
I L P R O N U N C I A T I O N G X
X O T Q F D M F N I I A E M Q C K
P R O D U C T Z I V C H I C K E N
Z R T E W U G J C D X X W H A W Y
V O F E R Z L I C R V M E H L G P
Z L X L D R I S I C O L E Y G D A
V W V B Y U G J U I P W K F S R R
C O L U M N H B H M E F R R P E T
G R A P E S T C W S M A A I E A I
T E C O N D I T I O N I E D L M C
T H E M E L L L O H Y F T G L T U
G Y X L A O S O J V A N S E I M L
C A N A R Y X F C D B U T U N H A
Y I C S T C K K H G I V E N G R R
W E C R O C O D I L E O J C K T E
```

Puzzle 79

```
A B J J M T C M P X X A V B P Q M
T Y H H R M X H M A X W K S R F M
I D E N T I T Y G N I O G Q O X P
W U O I A Q A R T Z G N N U F M X
W O T T H S T D V W H K T I E D C
K L L Y W M I Z K P O M I R S A H
C C S O L I B Z G N H F X R S A P
J C C K Z L A H J K O X R E I B A
J V Z T N E H C B P H T U L O D K
X O Y A Y R P M C Q Z H O L N S I
I O W B R A F E O E R A S E A E Q
Z K M E U P D H S U P G R S L F V
A E G E K M U L B C S T V I C R L
Y P E R Y O C Q O S W V T H K Z C
R T M R O C T M Q D T W K T U J D
```

COMPARE
BEER
ACCEPT
KEPT
CLOUDY
THIS
KNOW
KNOT
GOING
DRY
IDENTITY
HABITAT
HAT
HAS
PROFESSIONAL
SQUIRREL
SMILE
TOE
SELL
PAINT

Puzzle 80

DESERT
NUMBER
TIRED
LEARN
AFTERNOON
FAMILY
ALMOST
POINTY
SOMEONE
EMERGENCY
WIDE
HOUSE
CALLED
ONION
CAMEL
ROOSTER
PUNISH
TALLEST
SLED
DISPLACE

```
H T S E L L A T D O L J N O A N T
I O J A M R E B M U N Y K N B P B
A I U Y D E R I T R C B X I P O H
H W P S C T R D E S E R T O B I S
I R O F E S Q G D S E D K N A N T
P B B Q C O N Q E O P D G W E T F
U B G Y A O N O O N R E T F A Y D
N B Q K L R L S S Q C B S I J E L
I Y I E P U G B L I V Y U U Q U F
S B M X S M L N E J E K M E P C D
H M A P I A L Z D I D L L W I D E
D R V B D B X D T L N R A E L K L
M H K J Y V D P V A A A T S M B L
I G L H J O I R U X V C K K P A A
S O M E O N E F A M I L Y F K Y C
```

Puzzle 81

```
E L I T U E J Y K O G Y Z C Z Q D
H A W P L W T W P R E S S O U R M
I T S E E T O V E D C X X Q W G Y
F E Z C A N T H E T U C A R P E T
R R I E A S N F G Y D I T M Q N S
G B F T T R E I X K O O T X S G U
C E N O H P E L E T R S H Z F K D
G R A N D P A C S S T T I R O Z V
X N M R E O M Q R H N R U U U L W
V U I N V H O D Z O I A T E R A D
S U W Z Z M F K O C W N B O W Q H
C P C X U F M E B E M G K L R X U
H R B W S U I V I F M E G R H Y Z
Q H B G O O D J Q H F X F Q U U M
N E V E R O F F C U T R I T W U T
```

FOUR
DUSTY
WEASEL
TIDY
TOOK
STRANGE
GOOD
DEVOTE
TELEPHONE
CARPET
PRESS
GRANDPA
OFF
OUR
SCARECROW
INTRODUCE
PENNIES
LATER
CUTE
NEVER

Puzzle 82

SERVE
TELL
SNOWBALL
NIGHT
BEACH
TWENTY
CURRENTLY
AGE
BAY
BIG
SHREW
HAVING
PRESENT
POOR
LEG
SITUATION
PAN
SOMETIMES
PIZZA
FELL

```
Z N R N I G H T A Y U R J M A D T
O F H I H F I J I T D Y B J D X J
Y L I P U Y X R K O H I I T L E G
U M J Y E V L O V H G G G G Z G K
T R V W N H H L A S O Y P H P X T
X A Q O O A Z Z I P G T S A E H M
U C E B I V I N Z R H R R H X M L
P A N L T I L L A B W O N S R I L
R J G F A N L D Z Y O O J G Q E K
T Z Q B U G E A S M P N J N I W
W W Q A T F T S E M I T E M O S K
P Q E Y I H F F E V L O E F V C Q
Y C J N S U E E V R E S P S C X P
R Q Z L T Z B L X A P B E A C H O
A E V P N Y Y L T N E R R U C S T
```

Puzzle 83

```
J N T Y J E L B A T E G E V D D M
K D I A X T K S R S O C I T O U I
L A F O E A S Y O A A P C H C C N
K G R O C R W Q Z L N A K R T K D
Q X W H N E T H I N S C G O O L W
N I C E E P U I C O N I H U R I G
K Y Y U I O E E W K B X G G A N V
U K F O C O D L T P M G K H L G I
S D I L S C P M E K P S M H U W S
P E R I S H L A E C G Y B O G B I
Z G A P B L A N D P T J T R E B B
C A L L W E Y Y D D E I W V R D L
V F C V A I I C S O O X O R R I E
S W M D M Z N K V G C U S N I T N
V H E T Z K G C X S W E G H Z T O
```

MANY
TREAT
DOCTOR
MIND
VEGETABLE
PLAYING
THROUGH
THIN
ELECTION
CALL
COOPERATE
BRANCH
LAST
DUCKLING
NICE
CLARIFY
PERISH
SCIENCE
VISIBLE
IRREGULAR

Puzzle 84

TRICK
POUNDS
KIDDING
PROFESSOR
POPULAR
GIGANTIC
CONFUSE
BLOW
REALITY
CONSIDER
TRIANGLE
COMPLEX
INGREDIENT
NATURE
SUM
GRASS
ASKED
TOPIC
AUNT
PROGRAM

```
G R M S A X D R W W T S E R C Q N
N A T U R E I P O U N D S E V A M
I L T W J U K U L I U S P A Z O M
D U R W U M G V B E A T F L R X R
D P I C O N S I D E R W F I Y G C
I O A T E U K F W M C T L T I G O
K P N C A S K E D E G F X Y T C N
A I G O I T R I C K Q V B R W V F
S J L M P P I N G R E D I E N T U
P U E P R Q O P R O F E S S O R S
C U M L O C I T N A G I G A D V E
Q Q O E G H J D C K C J D Z R Y N
H D P X R V X I X C C O K M W L R
Q I C I A P P J M S X G F T S O W
E L B I M Z F E G N T N M T Z R F
```

Puzzle 85

```
R T J U R S D D A L T W P P V U D
D E K A W W O L S H E G A M I J K
R V P C D I N N H C X V X A T I V
T I N L O M A L B I T R U O C O F
I R O L Y M B G U W E I Y A F P J
O D I P R I R Z C D R A O B P U C
H Q T E Q N W E N N P S D G U B
F C A R J G L R A A A E Z Q V I O
M B V F O L D R E S L R U M T U W
A Y I J D X I C O D O S N A I L C
Y C T R E L A J Z M O R F D A Q I
Z L O L I P D U U Y T Z G Z O Q V
H T M R J X M N I S X C H T T L I
B U R N N O B T X G T N A L P A L
R N U A H S P O C K E T L H V O E
```

SNAIL
REPLY
CUPBOARD
SWIMMING
POCKET
BURN
COURT
TOOL
ALERT
DRIVE
CIVIL
IMAGE
REPAIR
PLANT
MOTIVATION
SLOW
EXTERNAL
ACORNS
JUST
SANDWICH

Puzzle 86

BRIGHT
QUITE
BIRD
BOTTOM
NETWORK
ACCURACY
CONCERN
VOTE
GRADUATE
CAVE
RELATIONSHIP
BIOLOGY
GUY
LATE
ANYTHING
HURRIED
STATE
TWO
DIFFERENCE
MUSIC

```
O O P G V B D G R B I R D V A Z U
M L A S U O F Y C J I A B J C V H
H U F X R T Q S U O C Q P J G Q P
D U S S E T A U D A R G Q O B T P
I N R I F O G W O V E T A L G U Y
F G Q R C M O N G E L A W A U E K
F H G N I H T Y N A A V O T E Z X
E V A C Y E C G C N T E V S M T P
R J N H I T D O O E I B R I G H T
E T I U Q A G L N T O U T A Q V B
N W O X N T C O C W N I F W G U P
C Y M D T S U I E O S R P C O B A
E V J M A E A B R R H Y V T C A D
A C C U R A C Y N K I I I L K A K
Z W P M R E R W J N P N O F X O U
```

Puzzle 87

```
G O V E R N M E N T X X G J T F F
B M Q S L E E K P F I U W A D E N
V U A X B G I U Z E V O R P R Y B
S X D A T N E M E E R G A Y A A U
B E L T W I D F U D E S P X W L T
I D R A G O N F L Y E S O T E O T
S N O Y A R C O H L R O X N R S E
X B C A T F P P L E A L Q E A Z R
V A A L K I D S Z V C F U L H L F
J P N S U H H M E O S V I A K K L
F X P J N D Y L G L B C E T W S Y
D Y K I P I E D A V N I T H F T D
K P B Z A P P K N K J F J U J R V
Q I B O X C L R A L P H Y S E K Q
Q G U I N J M J M V R R N M U D B
```

BELT
QUIET
MANAGE
INCLUDE
KIDS
PERSONAL
GOVERNMENT
DRAWER
DRAGONFLY
AGREEMENT
TALENT
LOVELY
COW
LEEK
BUTTERFLY
CAREER
INVADE
CRAYONS
LOSS
PROVE

Puzzle 88

EFFECT
SEARCHING
RESPONSIBLE
REMIND
RANDOM
DRAW
INVISIBLE
MESSAGE
WHETHER
PROMISE
THANK
PACE
EAST
WORKER
COMMERCIAL
NOW
SEA
BROKEN
CAUTIOUS
REGION

```
I G F D K H L V J D I T P J V F T
W T E H V F U O Q B Y L H Y W U B
O I I D H S T X R X J T C E F F E
R T V R U T E L B I S N O P S E R
K W C E F E S I M O R P M X X G I
E P H M O D N A R E E G M D L A N
R Q N I J J O E E D H P E A N S V
K H N N S H I S A R T A R R Y S I
B Z G D P N G Y V A E C C B T E S
W F V F K A E G N W H E I W B M I
F R Q F K O R K R J W Y A N M H B
C A U T I O U S O C O C L N O Z L
W Q A O G N I H C R A E S I I W E
K X Q D N T H A N K B U D K A A V
F U A H W O S Y O W O L U Q T S L
```

Puzzle 89

```
D X R W W M C F P P Y N W S G E H
S A B D N A L S I C P E L O R B R
F L O N D E K Y L D N E M U A U X
M Z F S G R E E S J Q D F N N I T
H D U H Q T V R E F E D I D D L D
S O Y V A S R T U C J P N Z M D Z
P Q R T Q U R A T T P M A C O I P
T S L S X Y P E M W R S L L T N V
H W X U E T S H T J E K L A H G I
M U O W Z H A T G T S D Y Q E L S
W A K E I I O Y J G O T I I R E Z
X U R C L C R V A H U J T K D Y D
P W S L A K W L Z P R V W S I W J
C R R Z E T I K H U C R C I D L U
K L N G R Z B P U U E R I P S N I
```

INSPIRE
RESOURCE
REALIZE
KITE
ISLAND
THEATRE
GRANDMOTHER
CAMP
CUT
FINALLY
THICK
STREAM
NEED
WAKE
DEFER
OTTER
BUILDING
HORSE
SOUND
SLIP

Puzzle 90

BARK
BATH
TOWARD
FINISH
AUTHORIZE
INSTANT
WRONG
ARE
ANGRY
DRAKE
KNOWN
NECK
TONIGHT
ANNOY
LEAK
ALONG
NEGOTIATE
SAIL
SIDES
BORDER

```
N L Y S A V N S B A T H B I B T Z
S Z Z S L S T G W M H S O N A A I
C J S Q P L R F E H G I R S R B Q
D J F P I G U Z O H I N D T K W V
S B E K A R D V P Y N I E A A Y J
C A Z H F J S O A J O F R N G B B
O U I L X J O I C N T E X T P R A
U U R L N W P T D R A W O T W S E
G X O K N O W N Y E R A L E A K I
Y A H Q O A N G R Y S Y A A T Y A
M K T Y R A H M L W A T L N H L O
A D U U M L F I J N E C K O N N Y
E T A I T O G E N A Q C W P Y O P
W R O N G N Y B U H D Y X M J G Y
I F E N B G N L P L E N N P Q Y W
```

Puzzle 91

```
W R P M P O S S E S S B S C F G S
S G N I Y L F T Y P I C A L I G M
E M G S H H A Z A R D O U S R F H
N P Y T N I H T I W E M E S M Y A
I T Q A R V G E Q D N O A P Q D Y
L N S K C I I H D Z R R T O P F J
E E C E Y X V E E Z U E Q K V Y Q
D D H L P U V Y E S B W K L P C R
I I C D U O U E X Y T M E Y L E I
U S V H C D O O L B U F L A T Z A
G E Q N C P I T R M Q Y D W G K E
G R O I O Y M N E A C H N N O G U
E V I D E N C E G G K V A S L B J
Z F D L A Q K W K U C M C Y K Q Y
V Y M U F K C F W H A Z S Q V U E
```

HIGHEST
OCCUPY
MORE
BOWL
INCLUDING
EACH
FLYING
TYPICAL
WITHIN
HAZARDOUS
EVIDENCE
BURNED
GUIDELINES
CANDLE
RESIDENT
BLOOD
POSSESS
MISTAKE
FIRM
FLAT

Puzzle 92

HOSPITAL
REACTION
PAPER
REVEAL
BRILLIANT
EARN
RATHER
RISE
THESE
APPLY
ISOLATED
COMB
ENORMOUS
EVER
PRICE
RAPIDLY
CATCH
SNOW
GUILTY
OFFICE

```
R S V N A E J O G P K E E N H Q P
A N V D D P S W B T A H P S D I R
P O S X F Y P B R I L L I A N T I
I W H J B N B L I J R A O D V B C
D E E C Z L U R Y Y G T H E S E E
L U D Q I G U I L T Y I E T S O X
Y L G G O E V E R R E P F A X I E
G C T U A H G E N S S V L C N R
T R N B Y R Z D P O C O T O S J C
M K Y L I G E K A I A H Y S F U H
C A T C H F R V P T X E M I U V T
J Q I L B K R P E C O F F I C E A
E N O R M O U S S A M S F C T L R
N T G J O V P Z Z E L H V E A R N
E H Y L C V E U M R I I J C A B A
```

Puzzle 93

```
N E B K X Z L F Z K G D K F N S P
B E S U O M O P V I J O N V V T R
I S W Z S J R D U J K C D A A U P
R A T S E R R A V J K C F J V D N
T E A O P U Y M F E E L I N G I X
H N E E N A M G J T N P F L J E K
D K R F S P P L Q Z I D Z J F S Y
A U H G K U G E E C R H H H G C
Y X T B E F M H R W I D T O K N H
D E F E N S E M L V D D M Z T I A
A X P Y F N K T A V E O I G S V R
P A G E G V D E P R M K S O F A G
N D B M I A K A D T I W J O N E E
P Y J U I H K C I O F Z M T W L C
N W Y O Q I Q H V A H Z E K M R W
```

TEACH
STUDIES
LORRY
MOUSE
NEWSPAPER
ARREST
BIRTHDAY
PAGE
EASE
SUMMARIZE
CHARGE
HOT
LEAVING
MEDICINE
MAD
ONE
THREAT
FEELING
DEFENSE
SOFA

Puzzle 94

BACK
NURSE
STUDY
ASSIST
DRUG
HONORABLY
PAIR
APPEAR
ACTIVITY
EGGS
AND
DRIED
SAY
VAN
WORD
STEEL
SITE
DATA
HOLE
FIVE

```
W B Z F S C G T A A T A D R O W C
Y M V Q R W R Z K P I S N A V G B
B Q J P A V Y D I P R O A Y A C V
I S Q S Q V L W X E T I S Y D Y D
R Q M T P P A X O A I M F B R Y C
Z P V A G S R H T R V Q S A I R A
H Q F Q C T T M O F I V E C E R B
S O L E E T S G M L W X Z K D J Z
F H N A F L I U N W E D B Q G H
J V Z O T B S V O Y V R H U V U D
F V M S R X S G I I R U N U R S E
O O Q P M A A G G T C G I U S V L
U J L A N C B W K K Y A S E X M E
K H O I S K D L D K X P U G J H U
I V M R N C Z J Y D U T S G G E I
```

Puzzle 95

```
S P E L L I N G S F M X Q M P T D
I A E L Z V E I E T Z R M G T R E
F F K F K V V U I Y O F C W X T S
I J G Z L F A D C G T P W F A E T
W M D D T Z E J E J B T P C A C R
G I F T C R H G P R V U D E X H U
F W P U T H N R S M B A F H D N C
I H C Y R A S S O L G N Y J Z O T
N O J R E W O L F N U S J X R L I
A M R E E E G T N V O K K H G O O
N W T L Y T P O L I T I C A L G N
C M L E Y Y A D I L O H U I S Y H
I S I C U R B E H A N D R T H T B
A G O U T A S H W I Z D T P X C E
L U S C F V C H A S E D M I P C A
```

CELERY
SPELLING
STOPPED
TECHNOLOGY
TRUCK
POLITICAL
GIFT
HOLIDAY
HEAVEN
GLOSSARY
WHOM
PUT
HAND
SPECIES
FINANCIAL
SUNFLOWER
CHASE
DESTRUCTION
CHICK
SWEATER

Puzzle 96

DISASTER
FEVER
CABBAGE
INVOLVE
VISIT
LIVES
BOUGHT
EXERCISE
THEMSELVES
LAMB
FOLKLORE
WERE
DEVELOP
EMERGE
THUMP
SUN
SAME
SUITABLE
GOOSEBERRY
OWNER

```
Q L N W W Q A J U O N C D B E V G
X I I H U S X R I P X N E R E W O
F Y H V J H E X F G I I V E R N O
M A R U E G Y T G C P Y E N O U S
K C Y S R S W H Y E Z C L W L I E
T L B L A M B C E M L A O O K K B
H H E M E R G E X A D B P G L J E
G E E P W X N O E S I B A U O V R
U T V M B D K K R V S A R T F L R
O P L U S S U N C Z A G N I I Z Y
B F O H F E F N I K S E B S K U O
D P V T P S L W S R T K B I F S S
L F N P H R E V E F E F Q V O L W
D H I X V C O L E B R E Z I M L E
G S D L L O T L Q S F X O H J X Z
```

Puzzle 97

```
H C T A W Y Y U Y R T W D G R Y F
T H R B A Y O F A E J U W E G Y R
S B U K L A G E L Q L S L V S Z I
E U N P K Z G N W T S L H N X B E
R F K V R P E A C E J L O N G Q N
W U B M E O E S C A P E T W G G D
A G W J M G D L U W G B U D H G S
R Z H S R E R U P C P Q E M A N I
W A V P O S A H C E E E X I X I R
W B S A F E D G Z E J M W G S Y A
V I X B N C N K F O M F Y H X U D
X K S F B T A U Y G Q R J T W B M
G G H E L I T E F P T Y I B D U B
W Z Q R S O S Z T X U P A Y P N P
C I L B P N S C I E N T I S T H D
```

SECTION
BELL
PRODUCE
ESCAPE
TRUNK
SCIENTIST
MIGHT
FORMER
STANDARD
LEGAL
NAME
WALK
FRIENDS
PEACE
YELLOW
WISE
TRY
WATCH
WAR
BUYING

Puzzle 98

WORTH
POURED
LARGEST
MORAL
BENEFIT
SHARP
NORTH
SWORD
DIRECTOR
SOCIETY
BROWN
PROJECT
WHAT
THE
SUCCESS
FIRST
DONKEY
BEHAVIOR
ROTTEN
WARNING

```
X O M J X J X C B Y P R A H S L J
Y H S V V Q A D T U O O O T S A H
R H Y S O C I E T Y U I R R E R Z
P R O J E C T H S E R V N O C G Y
T W D S T Q F T R K E A X W C E G
L H A I W R B M I N D H Y W U S C
X Z Z R R O G O F O Q E B C S T H
N O V J N E R G U D N B E C Y S X
P C F Q W I C D H C O V N P J I I
B H V R O F N T T H R Z E K K W W
L F B K R N A G O R T E F S J W O
J T X H B R W L Z R H G I T Y H M
H Z S B B U Z H N S G U T K G A R
R O T T E N H O S E Q R S M X T H
M O R A L L P C Z K Q D M S U L V
```

Puzzle 99

```
N V F J E P G G N O B H M H Z U A
B G N F Q R M O K X P F M A J I Y
A K J D F I A S V J V P W H W N Q R
C F A Y H Z W S T G R U O H B S T
K K F J Q E Z A K I R E S N F X F
C C W E G R A L D D E T U E E R Y
A O Q C C R Z C U L B K Z X P N G
L D M I H T U O S H P F R Y U P T
B K B M D D I H T L S K C O L B S
A D U E I H D O G R A D E Z B J U
U B E S T T C S N J R W N A I G M
C Z U E N W M A P P R O A C H Y M
X F E O E O J E D I C E D E S U E
Q V M D W R J G N I L H F T M H R
B Y L O G G K T O T J S W B I Z N
```

OPPONENT
BEST
DOES
AFFECTION
APPROACH
GROWTH
BLOCKS
LACK
ICE
RASPBERRY
WENT
CLASS
PRIZE
GRADE
LARGE
DECIDE
SOUTH
SUMMER
HOUR
COMMITMENT

Puzzle 100

BANK
BROUGHT
NOISE
KISS
LIKED
FOREIGN
INSIDE
ITEM
SHORT
MEASURE
KID
THROW
MAY
COAL
WHILE
SHOWER
GENERAL
SOMETIME
SINCE
NARRATOR

```
D R C J V C V W P J G Q D O Z D I
X C N F T S K R T C S S D U L C N
O F P C O T E Y A F C H J D W S S
J C P R R E W O H S I N C E I I
I H S H T O E A J G S D J R C D D
G R K O L H M I U F I W X K M I E
H U A T P S D E G L K D D T G N M
I J E O L M A Y A N U C T P H Z I
N W P A A Y O K D S X L L L X G T
R O T A R R A N Y M U F D I K I E
M R I N E G G A Y A N R L T X F M
C H Q S N Q C B U R W B E E H F O
Z T U D E K I L A O C B Z M O R S
R I T H G U O R B W H I L E J G K
X Y G H O M J I Z C P A J A H V J
```

Puzzle 101

```
S S E R P M I P W U L V O N Z H A
C B T X L J E A W C S D R I B U H
E Q H H E U W B Z Q I T E R M G S
E N K S N G I S S A N R N N X E T
T U O U T W P V U G K P A T H Y Z
M H X R Y D O B Y R E V E I G D W
W O E B E R C P T D U R A T I O N
T O T N I C B X J I V X U V N S J
F J R E D W O P M N K E G H M X S
H X O V L T R W T N L U Y U Z P
R Y G Z X M C M D E E T H O U G H
Y A U K L M V I H R V V A E J N Z
M A T T E R E D A E L D X I B Y L
L K W S F Z H O L S Q U S P V B J
L A P M Q Z D O N T O S A T P T K
```

HUGE
MATTER
THOUGH
ASSIGN
MOTEL
TERM
THEN
POWDER
IMPRESS
PATH
BIRDS
PLENTY
INTEREST
BRUSH
RECORD
OUT
EVERYBODY
DURATION
SINK
LEADER

Puzzle 102

COYOTE
ABOVE
BLUE
SHAKY
TAKEN
DISCOVERY
SHOOT
PAINFULLY
READING
GOT
NOR
ALONE
CABIN
SAID
GRAND
LADYBIRD
SAFELY
PLEASE
SENIOR
POINTLESS

```
S S E L T N I O P G Q O M G B Z D
L A P K N I B A C R A L O N E K Y
S X F R O I N E S A G I U I S M U
G S Z E R M R U J N O D W S Y M F
P S H Z L Y R L U D T K D J A Q A
K A W O L Y F B J V D Z E Q B O V
Q I I A O P L E A S E R T B O U W
X C L N M T D F R Z U G O N V J F
J V U E F W D B S H A K Y M E A H
T S I K Y U J C Q Y A T O P H L N
P X S A G N L K B X L H C J L U O
D O Z T I W P L J S E F V P I V F
L A D Y B I R D Y R E V O C S I D
U U X Y I E S A I D R E A D I N G
Z K U Z P G V H A O X H B U L T H
```

Puzzle 103

```
X V L M W K S H S G P W U M I D H
Y X K W R O H O T N E M E T A T S
E U V Z L T Q B E G V Y Y X F M E D
D V E W R H D Q P M I F B C J E A
N M E Z L E Q I J N W S B Y L H N
R O E R J R C H E R R Y L L O H G
B V T O Y E D S R M I D U B S B E
S N E N Y V G A F F A T S A E R R
T H E O R Y O W U C X J B T V E O
T A B L E L P H J O H P O I E A U
W Y H S T U P I D M L D K R R K S
J L M D G K M Z S I A R G R A X L
L U K S Q D G O F N F O C I L S Y
N Z G S W J P D U G C L R Z E I X
I N T E R E S T I N G I L X A L V
```

STEP
STUPID
TABLE
CHERRY
BREAK
THERE
EVERY
AIR
DANGEROUSLY
THEORY
WASH
IRRITABLY
HOLLY
NOT
STATEMENT
MAJOR
COMING
STAFF
INTERESTING
SEVERAL

Puzzle 104

FREE
QUOTATION
TASK
COPPER
INVESTMENT
PORTION
SCRUB
CONSECUTIVE
COVER
GLANCE
CUP
END
GET
ANSWER
MERRY
ATTENTIVE
SEEN
STEAM
TRADE
CLOTHES

```
C O P P E R E V O C F G U U P S L
S H U F E P O R T I O N E X I C Q
I X C R R A N S W E R G V T N R V
F R D C F S Y S E E N L I N Q U M
Q N V D G Y G Q V N O A T E U B Z
Z H W U N C K F I X I N N M R K G
C L O T H E S E T D T C E T B E D
T K N R J K A H U D A E T S I Y X
W B H Q R C T N C X T S T E G Y K
O X F A N J H N E M O R A V D F W
D V L O S D O W S E U J W N K U O
C Q D L W U Z Y N T Q U D I J T T
B L L E Y C U N O G E B I A C K O
J O J Q T V F X C J F A M E R R Y
G K W F T R A D E B I F M Y J N L
```

Puzzle 105

```
E P D E R A C S D L Q D Q B Z A I
A E I S E T S E W O O E X I T L Z
T R S H W Q S B Q P G E Y T B N Q
O X O L R Z K G A W E R O E C B N
M W R B Z V S H H O X P Y S O R P
W M D N U O R A R L D E F R C B L
X W E T E I B Y H W S X U E O G X
T K R U Q B U W T D E F L V A B Q
T R A I N I N G H T N C L E D X O
P S Z M Z C O Z I V T U Y R N R I
Z S A I E U V M R B E J O J I I F
W F L K G N Y B S H E E G R Y R V
A U T U M N T V I G H H F K G G I
Q Z Z H R F N A G I S R R W R T W
K H T H G L V B L S U B J E C T V
```

COCOA
REVERSE
JOYFULLY
BITE
TRAINING
SHEET
AROUND
GROUND
DOG
EAT
WEST
PER
DISORDER
SET
SUBJECT
SENT
DEER
MENTAL
AUTUMN
SCARED

Puzzle 106

JUMPED
IMPROVE
SPORT
MARKET
SHOULDER
ADD
SPONGE
BUT
GUN
HOP
DRINK
MODEST
BROTHER
TEA
SICK
CHECKED
BOARD
SOUP
SPEAK
LADDER

```
U H N T O S Y H A L I E I S K P M
A S Q U A I M E P C R M O K L S Q
V Y P U O S O U W S G T P N O X X
C S O O Y D D U X R Y Q Y R O S W
U Q H S R R E D L U O H S K O B Z
I N O J E T S B O A R D Q F O V V
S I T M H E T S P O N G E B W S E
C G L Q T K U Z W R T N B S H P F
X B B O O R B I M L A D D E R E O
P K N J R A I X G B Y E D Q X A L
M W U O B M F B L E I P P A A K M
R I C H E C K E D S Z M R U Q T K
A N H S S C I B Q I N U G P U T W
E G U J D N W M X C H J G Z K E A
S Z X P H I W M K K N I R D Z A P
```

Puzzle 107

```
L O E K I R A N A A H T F L N G E
P H E A S A N T S B B Z B X X X D X
A Z E X H S A Z E D M S M D V T P
A N H X W A G M H L W X O F B Y L
P O Y X I J T X N Q E H O L M P O
Z I L B N R E V E R T S R R U B R
Z T T Z O O V W H A L E S E I T E
D U C H C D P E T F K D S S D R E
E T A K S C Y X B Q L V A I E O S
D I X H R F U H L B V U L S M P T
G T E F L L I I K U B G C T Y M M
S S Q D L E J B F O R G E T N I F
G N R G E M L I S V W E O M A I O
W I K I U C T T I Z K N J K Q O T
J A C K E T H I S T O R Y P C O Q
```

ANYBODY
EXHIBIT
REVERT
EXACTLY
MEDIUM
EXPLORE
CLASSROOM
RESIST
FORGET
ABSOLUTE
PHEASANT
JACKET
INSTITUTION
HEN
LESS
WHALE
SKATE
SEE
IMPORT
HISTORY

Puzzle 108

PERIMETER
PUPPY
VERY
RECEIVE
BUNS
DEBATE
MEDIA
MEETING
THOUGHT
PIANO
BAT
SHARPENER
SOCKS
AUTHOR
LOW
TREMENDOUS
DOUBLE
VAMPIRE
HOPE
LIVING

```
A I D E M N S Y S W M Z L Z N W T
U B O V P B H R Z M I P S Y M F Y
T A B E G R A Y M Z U S G N O Q L
H S H Y V R R Z X U L U G T N Q Q
O H O P E I P H M E F O D U U A G
R R N P S T E T A B E D A A W Z U
B G Y U Q Z N C S V G N I T E E M
I S Y P M F E M E K Q E L B U O D
L I V I N G R P E R I M E T E R P
V E R Y A R S A V P D E T H U Q I
V A M P I R E O E A T R Y G F W A
B U P H Y M J S C R M T M U K U N
U B W N B E D L C K T J Z O B J O
N R H M I L Y O Y W S C W H D X X
S N Y G I Z O W J E I R Y T D C W
```

Puzzle 109

```
M K E I W R M C A W N E A K W S V
N J X W D R D L M H J S I I P V T
X D Y C B E J G W I F I X L S P H
L E D K U M E N H C S R I N I F I
B R Y V P O S P O H J X G D J F N
Y U J N M V O Y S H P A A K U U G
W T A R G E O F O R M A L L Y N S
B A S E B A L L I A N U I D D G
S R V D I L T V I A L N O S A E S
U E H I B V Q U N O Z D M H C R X
P P M P L Z O V T K H Y N O X S L
P M E S X O H M A O P D X E O T U
E E E N F S O U T H E R N S E O W
R T R U H Q G M W R Y R T N U O C
J Y I V C U M F O R G I V E J D V
```

SPEED
LOOSE
HURT
SPIDER
UNDERSTOOD
REMOVE
SOUTHERN
MOVIE
SUPPER
COUNTRY
SHOES
LAMP
LAZY
SEASON
BASEBALL
FORGIVE
WHICH
THINGS
TEMPERATURE
FORMALLY

Puzzle 110

STOP
TELEVISION
MISERY
COLORFUL
ICICLES
ELIGIBLE
COUPE
BLUEBELL
POPULATION
SURFACE
EDUCATION
GREY
NOTHING
SAD
MISSION
TAX
WINTER
DEMONSTRATE
VOICE
BOXING

```
M W B J U C M J H U P A Z P X W M
B I P X U D Q I G O C A S E N I D
D O S K Q Z G W L H L S G N O N I
B E X S C O U P E A U B P O T T J
L C M I I N T E D R U C Z L H E R
U I P O N O I T A C U D E N I R H
E O U J N G N I S G W D P E N U D
B V E Q B S C O L O R F U L G I S
E W Q N O I T A L U P O P B G C T
L U P N F Z O R X Q E K Z I T I O
L W X H K U E C A F R U S G R C P
X L M E A U Y Y T T Z U F I J L D
G R E Y R E S I M D E V E L V E F
T E L E V I S I O N W D K E O S T
D E Y G D H S M T K Y D L D B U U
```

Puzzle 111

```
X U W R V P C W T H E R K P G P E
N T Y T N E D I S E R P C X Y B Z
K N Y G O L H W C R P D K V W D R
W M L B S C R I L I E D H Y A A F
C Y T W G Y C D C Q Y E L C Z V L
W U L A I C E P S L R W H K C C P
H A P P Y R E D R O E L I M X I I
C L O S E O Z E T Y T D C G O G Y
B E L B A T R O P L S T O N G M R
J B M B A O Y O U R Y C N I W L D
P S W H Q M P S Q A M E F K X I E
J Z N Y X R Q Q A E K L I O O H K
R E C R E A T I O N A L N O X J R
N C I T I Z E N Y N B O E L H M E
J J S H N N J S E H S C P J H L J
```

RECREATIONAL
PRESIDENT
MYSTERY
PORTABLE
LOOKING
HAPPY
COLLECT
WIGGLE
MOTORCYCLE
ARM
ORDER
VEHICLE
MOM
YOUR
SPECIAL
JERKED
CITIZEN
CLOSE
CONFINE
NEARLY

Puzzle 112

RAISE
QUIT
OPEN
TOLERATE
EQUAL
IRON
CRIED
TYPE
NATIVE
LETTUCE
COOKER
DITCH
NOTE
ACHIEVE
BUILD
HOTEL
INTERVIEW
USUAL
SILKY
PROCEED

```
E T L G M B P F X M A I R O N J A
D X E P K O D U Y Q V C Z Y E Z W
U V D E B O I H D Z I N H W P H O
S G V U N K R E K O O C D I O Z Q
J W N C N Y L H Q N E U K U E I H
L V P B H N O T E U Q C A H N V J
Y P E D O M L Q P R A C R I E D E
V M U F T B F T Y A E L D I T C H
N A A R E I M D T I U S U A L Y X
Y N I D L I U B R S U N A T I V E
K C J O J P A Q W E I V R E T N I
L E T T U C E T A R E L O T S P J
I H E A T D P H O C K P W W C B A
S P A G Z R R U U Q O M X K Q B M
P R O C E E D E V G V Z Y J O Q J
```

Puzzle 113

```
R N S U A U J X Q C T P S Y M J A
S E H S I D L E W O R R O B Z I C
A O V X Q U Z P W F Q S A E D S I
J L A C I T I R C F K X S T B N E
W C L P W P O Z P E X F D T I Q S
U D F U Y U B A A E O O U U A M R
B G H G P V Y P A T T E R N V F E
Y G K B F O R W A R D B E X A V U
Y O U R S E L F B O K R B B Q O G
R X H M N I N E M P E E M V N W C
S U N S E T S R V S T A E R G N H
N Q X W D V A O T N Z T M Y R O B
H J T D Z E F N U A M H J S K C V
P J Y D R C E G H R I E W P N P N
E X E G G W P I I T R O F M O C K
```

SUNSET
CRITICAL
BORROW
MEMBER
PATTERN
IGNORE
FORWARD
BREATHE
TIME
COFFEE
SOAPY
NINE
MUG
DISHES
ROB
SAFE
TRANSPORT
GREAT
COMFORT
YOURSELF

Puzzle 114

DECLARE
WIDTH
TOMORROW
GEOGRAPHY
COURSE
BELONG
VOLUNTARY
EXCEPTION
FUN
WAIT
BEFORE
PLAINS
CLUB
PROPER
ACCOMPLISH
CLOTH
CIRCULATE
SANDCASTLE
FIND
CONFLICT

```
V C U Y W F A P F I L B O Z A Z A
X V L P C J U L N U T M V I X L C
S S N O Z Y J A U G N O L E B T C
D I J X T Z F I D G C F T W D E O
Z W I D A H Z N O I T P E C X E M
P O O K J Z P S Z W U H P X C Q P
Q R F F U M Y H P A R G O E G G L
W R O F K O K B M I J P O B H N I
I O T P F V Y U J T G I U I T Y S
D M E X E R A L C E D N I F O J H
T O Z P S R D C I R C U L A T E Q
H T X K R S A N D C A S T L E M B
X Q K D U V O L U N T A R Y X Z K
B B E F O R E X M U V R G R Z G W
A E N T C I L F N O C H F R W D K
```

Puzzle 115

```
J U W Y Z V D I N Q E V S F E E Q
M W Q I T X I A B D T O L P N X Z
F H Y U F W P N A Y B W I A C P M
D E W E V E L P M A X E D K X O Y
E V D O O W O O T X S D E G O R F
V A N E G J M G H N Q D K J I T I
E R A E R G A P A I N T B R U S H
L B P T A A R K P A J S Q Q N U J
O V X A A R L A I R T O U I Q C U
P L E C E P L X H I R C R Y G O I
M J G R Z M E Y G T H X L Q T F C
E D P M B E H I N D L U N H Y F E
N C Y U P X C K J U T S J C W L S
T Q W J X G X I R W I O K W N D J
A A G I W J O E I Y D S Y J A T B
```

PAINTBRUSH
TRIAL
EARLY
FROG
FEDERAL
TAPE
SLIDE
BRAVE
RAIN
FOCUS
EXPAND
DIPLOMA
DEVELOPMENT
CAT
JUICE
EXAMPLE
EXPORT
COST
BEHIND
WOOD

Puzzle 116

OUTSTANDING
DISPOSABLE
WORRY
INTERRUPT
OFFICER
KIWI
INDEED
TEACHER
NEAT
SNOWFLAKE
HEY
HOW
PLENTIFUL
KANGAROO
LOOK
SEAL
SHOT
LUCK
PEOPLE
FLAG

```
X E K C Z U P Q U J T O H S U C O
E L B A S O P S I D E E D N I Q V
L E Z Z N N X T Q H A H F R O U O
P Y U F R G C P V X C X N X W L O
O T X H Q H A U G O H U E B Y O N
E O S J V K Q R Z Y E H K K A O A
P F R Z D Y R R O W R D A K T K S
Y F Q C C Y D E S O Z Q Y L I Z Z
H I K X W S Z T S Z M H N M S W L
O C O G N I D N A T S T U O E T I
W E F H E N D I F V B F K W A K T
F R C K A S N O W F L A K E L Z B
Z L A P T P L E N T I F U L U D K
E H L U C K F L A G T F R C P R K
K M S D U F D Y E N A I F M W B H
```

Puzzle 117

```
K C R D Z O W L Y E A R I I D Q A
U O N A V P Y F P L P U Z N Z N K
J N T V D Q X S M B N M Y T U N M
C F C U G I N W K A Q F O E S Y G
Z I D H B N O E R H H S D R N I Z
W D T Q V B U D L G R D O A S W T
A E S M E Z B E R U F D U C U L A
P N O D J P O V P A J U F T B T C
R T N E G A U R Y L P C F I S B E
E H P R J W T E W V S O D O T D L
D G O O J R F S N A T T E N A R O
I I O H R P H B G M F O B L N U P
C S X Y A U B O R E P O R T C L B
T P H D C J K W H A P F T L E E G
M Z A A E C Z G U F O X L I L R W
```

LEOPARD
FOOT
RADIO
CONFIDENT
SWEDE
AGENT
RACE
OBSERVE
RULER
PREDICT
YEAR
REPORT
INTERACTION
NET
NUT
SIT
POLECAT
SUBSTANCE
SIGHT
LAUGHABLE

Puzzle 118

PERFECT
FEMALE
COMPLIMENTARY
MOMENT
KNIGHT
INDEPENDENCE
EXIST
MULTIPLY
APPLE
PORTRAIT
GRANDMA
OWL
PIN
SURPRISE
STRATEGY
EVACUATE
MIRROR
PLATE
COMBINATION
UPDATE

```
G P I N D E P E N D E N C E W C R
W R L W O V F K E U E V Z M P O B
D M A A H B P S E P Z G F W O M C
K H X N T S I X E D W Q G E X P E
N N N K D E L P P A A V H N S L V
W C F P N M S L D T N E M O M I A
U E A Y P I A R R E V Q E I M M C
A G D Z O Y G E T A R T S T W E U
G Y J F R L K H E P Y U I A A N A
T K L D T P D Z T G W Q R N H T T
N R O R R I M T V R P M P I C A E
X B N T A T S I V P D W R B J R H
G N V K I L A F G P I N U M G Y R
N M T K T U F E M A L E S O M S J
N C R Q X M P E R F E C T C C S X
```

Puzzle 119

```
B T Z R Q P O O R N Y J R D H S D
C W Q V U I S V Q L X E B W Z U A
O P I O I T V E T I D B F B S Z P
Y M S T C E J B O D L D L Z A F O
J X I G K P A R T Y D R E H S K L
M U O E L J G C O Y D K X G R X I
N F R M Y U N Y L Y S J I S O Q T
A N J Y E N I G N E Q K B R P M I
W E A K K E W I V T C E L E S S C
I R N W J W S K N O T N E N F H S
S E N S E L E S S M B N E T Z I S
D D B K V T P O O L R D B F Z P N
I N P O E Z N A R F O R W D X P O
N O E U L Z I E Y A J G N Z T S Q
S W G N J G A R T I C L E A H G N
```

ARTICLE
PARTY
SENSELESS
SWING
GLOBE
ENGINE
QUICKLY
RENT
OBJECT
POLITICS
POOL
KEY
WEAK
WONDER
SEEM
HERD
SHIP
FLEXIBLE
FENCE
SELECT

Puzzle 120

SURE
DECISION
COCKTAIL
SCENE
ONLY
LIBRARY
ANYTIME
SERIOUS
BUTTER
DRESS
FOOT
LEVEL
ESTIMATE
CLEAR
WRAP
FUNDAMENTAL
SIDE
ENJOY
MIGRATE
DROUGHT

```
Q T W J M C R L V A D R G Q D L R
W H Z M O V X A G K E U G S L I L
C G R F H U K Y U P C O M W X B H
E N E C S V B D F Z I G D Y C R C
T S T A N Y T I M E S S Q Y R A V
A Z T S E R I O U S I O N L Y R Z
R J H I Y L P K W X O L I E E Y X
G A G I M B D Y P T N C C V N M E
I Z U I R A E L C O C N O E B U A
M D O U P N T M Z W F Q C L H H N
P X R Y A C U E R P E R K J X S E
L O D R E S S N D F R E T T U B N
Y C S A H I V R I I U P A R W B J
D L V T P E B J C V S F I Z G A O
F U N D A M E N T A L H L M I W Y
```

Puzzle 121

```
M C W E R G H O Y H N A U G N B F
C O O D Z B K F L E C X E D F K F
D N U P Z N A S L F H M C N O A M
H V L V I R T U A L G I R A F F E
S I D I Q J O Z I E X X F M Z B G
C N O S I O P H C H O I C E O T A
K C E R M I J G E S X H A D H V T
S E I E Y B S U P L Q L A Q F N N
I Y P Y L T D O S P C Y X O E Y A
M L I I H E E P E P I B B Z J M V
S C C Z D B L G V B R E H I J P D
N H T R A E E R D G D E C F B N A
O W O Z E D T W H O L E T E S J B
I T W P B E C A U S E N Y T B G A
L D U W H J W E D Y H T T M Y B J
```

VIRTUAL
EARTH
WOULD
PRETTY
EXCEL
SHELF
DEMAND
ESPECIALLY
CONVINCE
ADVANTAGE
GREW
PIECE
LET
POISON
GIRAFFE
HELD
SHOP
WHOLE
BECAUSE
CHOICE

Puzzle 122

ACROSS
MILE
MOTH
SUFFER
UNDER
ASSESSMENT
MUST
TINY
MATERIAL
ALL
CARE
BIT
CRITICISM
HIM
GOOSE
REWIND
FEATURE
WAY
FROST
FEET

```
S L G N M F U I R T V O T N E J F
A I W O A L W L F R W K S P Q X E
P H W U O J M I M X L T O L A G A
L J X X P S T Q O Y S A L L H G T
W Q V C T B E L I M V F H W S V U
F R O S T X R E F F U S M O T H R
R W Y O R I A Z E K L C H I M B E
W V S B E Y C T X C C R E D N U G
L A M A T E R I A L F I W C I A N
Q U Y D I Y O Q B Z E T X X R A H
J H B N B L F U H A E I Z R H O Y
Q T R I I F A V F Q T C V J K M W
K T S W D T G G T Q S I S U F A R
A S S E S S M E N T U S I B Z N Y
N K Q R A C R O S S M M A I I S W
```

Puzzle 123

```
C C P I C P K H H W F Q R T I L J
H T T V A O Q T A R A I U E H X P
U O P I Q T I L A K R D L W R A M
R P M H M T X U R Z M C E F G T N
C K P P A L C W P A E H S S F Z U
H N C A Q Z K L P Y R I U S H D J
O X W R G A J N I V J L O W H W X
B R H G A E V A C M K O L I U K M
S U A O F U G M E R B Y B T O N H
P O S T P O N E Y B D A L C R W Y
T L T O C G I C I K P L M H R E A
O F R H K E G I K C F H N S W W R
R B B P I U N L L I V E H B I V E
U P P D F C I O E N T R A N C E A
J E L A X F S P O P C L O U D Q A
```

ENTRANCE
FARMER
FLOUR
LOYAL
THAN
WITCH
PHOTOGRAPH
POLICEMAN
SINGING
RULE
CHURCH
LIVE
POT
BLOUSE
CLIMB
WET
POSTPONE
AREA
CLOUD
NECTAR

Puzzle 124

FUND
VARIETY
LATELY
PRECIOUS
PEPPER
LOVING
WRITER
PICK
KNOCK
EGG
PONY
TRANSMIT
HAMMER
PEA
THEREFORE
SPEECH
WOOL
HERS
STOOL
SUGGEST

```
S G V F G L I M R H N B G W E B P
A U H S U O I C E R P K N O C K I
P L G M G N I V O L B I W T J W C
N O A G G D D B D O N Q I K W O K
D O E T E T C F R O L P X M R P A
X W P I E S W R E T I R W P V R A
V R J M R L T V P S M K X F L O T
W T W A O Q Y A P Y G E K B L L J
B P T V F P V R E M M A H F N S Z
H O O E E F Q I P H S H F E I S V
W N E X R H C E E P S S Y I Q H Z
K Y G A E L S T H E R S O H K G A
B W L H H V K Y H Z M C V G C Q G
X Q S D T T R A N S M I T G F B S
I D Y E F O D Z V Y H Q Y K W C H
```

Puzzle 125

```
S L O M R H Q D X F L H V C L T I
I I J O B E K A T K E D F R C R D
E K E C J H F W J Y B T E N O O S
W E Y E K A M L P N V T D O L P S
S D I K F V W G E L P M A X E I U
U E N G K I B H E C F O R C E C B
O V R K R N W D H R T N G D W A M
I O C V H G P O S I T I V E O L I
C R J I I F H H O G J O Z L E Y T
E P N P W C S V V V W P Y R T B C
R L R V K G E A W G G J F U F A C
P D R E A M H Z E R L W I C X C H
Y S B G K Z L P E F W X K Z I Y I
S H G Q M U S N W L G H E T O P O
M O Z P V G X Q B V G K O E I N O
```

MAKE
SOON
SERVICE
JOB
WIFE
CURLED
SHEEP
FORCE
TAKE
POSITIVE
SUBMIT
REFLECT
TROPICAL
DREAM
HAVING
PROVE
GRADE
LIKED
EXAMPLE
PRECIOUS

Puzzle 126

JOURNEY
ORDINARY
SQUARE
HIS
GLUE
POINT
CHORE
COLLECTION
OTHERS
FREEDOM
SPRING
COWARD
TRYING
STAR
WHEEL
CROW
ARE
INSTITUTION
MULTIPLY
SWING

```
T A W R B G L U E X S E B F K A M
I A P J E N E M K P U W M G C M U
D U Y L P I T L U M F N I A T T I
I N S D J Y I W L Z M J X N X D A
N S V D Y R A N I D R O Z S G L F
S P X C Y T O Q C O O C D R A G Z
T R X A T O R C H R A V E E O D V
I I D I E J U I O Q F B U H E V Q
T N I O P K Y E R A U Q S T A R B
U G O U F W E Z E L W E O O I S F
T C O L L E C T I O N M Z Q B J Y
I C L E J O U R N E Y H K F I R P
O U W E F Y X H D C R O W P L B Y
N S Z H W H I S R L A A U L P E G
K T M W S H N T E C O W A R D O X
```

Puzzle 127

```
H C N E C H N V R R G C T K D A T
J B K R U E T A I T O G E N Z P R
X M O O R D E B M A E T I O O P A
H S O W R K L H L R O C K W V R N
K A I M E S U D D E N K O L E O S
W F L D N E P E D O B Z V E H A P
S B O Y T P M E Y Y I H O D I C O
J I B C L C A N D L E I E G C H R
P A N V Y H A P P I E S T E L G T
V G U C U I C S I S Y S M V E G K
B H O Q E S J A T F E E Q I X C E
S B I X A I U O M B Y C Q G N H H
S E W E M J G G A O B C W R N E C
A G G R E S S I V E T U M O M Q U
V V R Q Y D P C H J K S S F Q M V
```

AGGRESSIVE
SUDDEN
KNOWLEDGE
BEDROOM
MINE
ROCK
EMPTY
STOMACH
SEW
DEPEND
HAPPIEST
CURRENTLY
NEGOTIATE
CANDLE
SUCCESS
APPROACH
SINCE
FORGIVE
VEHICLE
TRANSPORT

Puzzle 128

ANYONE
TWICE
WILDCAT
GIRLS
GOODBYE
CERTAINLY
FLOWER
CRADLE
FREESIA
FAT
FOLLOW
QUEEN
COLUMN
DOCTOR
CAREER
SOUND
BEHAVIOR
SHELF
GOOSE
ALL

```
B E H A V I O R Z U G J X T L P Y
L L N C H K A B J L I B T V Q G I
T D M O G K Z S J I R O T C O D A
T A U H Y T M P L W L N N A J I Q
F R L Q G N K U S Z S P E G N W Y
R C O U Q O A S O U N D H F T O R
E B C E D M O T T G P K J A A L L
E C Q E N M X D P O F U G Y C L S
S T I N L S A C B E B N U Q D O M
I H Y W K S A U H Y R D S F L F B
A U B L T A F D G R E Z T V I L B
G Y T S U T Q B O W W O J E W E G
O N W N K N C G M G O R Q O Z H Y
K O A C E R T A I N L Y V L A S Z
Q A G B Q G O O S E F C A R E E R
```

Puzzle 129

```
F V P L G O V S A Z Y P I X Y C T
E D I O I N R E H T U O S E O Y K
M D R T L I L H T L W U C C L L T
C A S E S I N C X P Z L A G M L P
H E K R U H T N A W Y O S E A A G
C T E A G E R I T R V J T Y D B C
P S C T D M O A C F L F O C U T F
V N O C D X F E E S I L U F H E R
O I D E V W M E F T Q C W I B K A
R O V N B H O Y R R K F M C U S G
E I B L A I C R E M M O C O J A M
S D A C C U G B P E M O K W Z B E
H S Y M K J C D X H T H S E R F N
C P G R B I K C F B L E A Q Z T T
I N D I V I D U A L O V Q J J Q I
```

FRESH
HOOF
EAGER
INCHES
ITS
TEAR
INSTEAD
CASE
INDIVIDUAL
WANT
BASKETBALL
FRAGMENT
COW
COMMERCIAL
CUT
SOUTHERN
COMFORT
PERFECT
POLITICS
NECTAR

Puzzle 130

ORGANIZATION
WEARY
TOTAL
PLAYFUL
TERROR
CAPTURE
ENOUGH
NATIONAL
TREASURE
MONEY
TIRED
HOLIDAY
RECORD
IMPRESS
EQUAL
BEHIND
DIPLOMA
MIRROR
CONVINCE
WET

```
R J H B N E V M E R U S A E R T Q
L E D Y E N O M Q J S S E R P M I
W Y D X C J E P U R K C N I L Z L
B E H I N D Z Y A D I L O H A X B
T R P P I S R L W F O U Y Y Y T
P K O O V U B A W A Y U G B F G D
T G R B N H G E Y C T R H C U E X
K I O W O T P W N T D O D B L Y I
L F R V C B Z N U E I R T J C Z G
S L R E R U T P A C P R E C O R D
L I E O D L Q H M V L I W U V E O
N A T I O N A L V Z O M H I T W W
S V Y K Z H S E X T M B Y E E I D
E F S L Q W P L A W A L S U X B J
O R G A N I Z A T I O N D J Z P N
```

Puzzle 131

```
Y P W D V B E E Z O P J F I F G Z
P Y E L S R A P P T P E K L I K F
O U C K P O I U V L R L H A G H W
K T K E O I T C U S U A K M U P O
I Y K P N R E C N O C C M B R R C
I R O N G Y Z D S I G G K M E E M
M O N T E G D U J M G T X R S E E
Q V D H X G F U W P L E H A Q L A
L E Z E Z Q N T M O H E D D M E X
A W H Y G F E A V R R Q G F Z C W
S H O U L D Y M R T A T J W G T P
M S I M O W N U G O P N O A D R Y
D B Y O R W U C J U X T A U U I M
O U H X X K H H N U W I D T H C R
T A L L E S T J Q P B D S E V X V
```

PARSLEY
MUCH
THEY
TRAM
ORANGE
ELECTRIC
JUDGE
SHOULD
HELP
FIGURE
KEPT
TALLEST
CONCERN
LAMB
CUP
SPONGE
IMPORT
IRON
WIDTH
LUCK

Puzzle 132

ROLE
LESSON
FAMILIES
MAXIMUM
ABILITY
CULTURE
AFFORD
INCLINE
ENTERTAIN
MECHANIC
DOOR
BARK
BLOOD
DECIDE
MENTAL
SET
PAINTBRUSH
NUT
OBSERVE
MOMENT

```
I N C L I N E L O R H V H O J D U
A I W P E E K K Y F G E P B Q F T
I F M O M E N T U N Y G D S T W J
V D F P G S F C I N A H C E M R I
H J H O K E A W V C Q D R R O O P
F F Z W R T M D V G B I U V Z M Y
C M X B A D I F J A X Z A E M P X
S U C R B O L V Y H B U O P Q Q T
B M L E W O I T O O B I G L S V I
M I A T G L E Q L E R C L F P H G
U X T L U B S Z I U O G K I W H E
A A N B N R E K M K I L A G T I J
S M E D I C E D Q I K X N L D Y T
X B M E N T E R T A I N O S S E L
H O G H S F I P A I N T B R U S H
```

Puzzle 133

```
M I P F N C P F N J Y L R V R G I
L M K R D V A E C K L P E Q S R H
Q A Z I S O M E T H I N G T U O F
L S G D V K W C A U O T X Z V W U
F T H G E S K T C N B H S G E H L
O P W E K Y E Y N L W Y X R A L
O J Y W D A I S Y O J Y C Q Y S B
T H I G E H H C D I P R D K Y I U
C O T H I N W N A T V E W X G E I
U O B I R A C U L A W S V A Q U L
D U T I C W A M Z T A J A H P H G
O A N N O D J B Q O S R J M C F T
R V S A I L D E A U H O M G M W S
P Q E Z X N T R Y Q N P G O Q F Q
V E R R A C B I Q C D F W J M V I
```

LADY
SOMETHING
DAISY
CARIBOU
FULL
GROW
FRIDGE
PRODUCT
HAS
NUMBER
TWO
SAIL
WASH
QUOTATION
HOPE
VERY
CRIED
CAT
FOOT
LET

Puzzle 134

ASSORTMENT
EXECUTIVE
HERE
DEMOCRATIC
STATION
SPELLING
DEVOTE
VEGETABLE
LATE
THEATRE
EGGS
GIFT
NAME
SAFELY
THOUGHT
PUPPY
LOOSE
MEMBER
INDEED
VARIETY

```
T N E M T R O S S A S N Q Q S P N
I H S C F X M A F M N J O G P M C
Q M O Q I U J R Q Y N J U K E E I
E H O U D E M O C R A T I C L M L
T X L U G D S E O S J M P W L B V
O Z E R E H Q A H N Z S C R I E A
V Q M C L Q T B F E V H X W N R R
E T A L U J O V C E B R Y A G S I
D F N O I T A T S J L R J G Z A E
E L U S K D I G I F T Y P P U P T
E Z V G D U W V T H E A T R E Q Y
D K E P H X R W E L B A T E G E V
N A G Y T U X Y J M G N S Z G F R
I B G T A O M T J T P Y H V I Q D
X M S A M G B G Q X U B Q S H N E
```

Puzzle 135

```
Z Q J H F P N T F Y H A Z B X D S
P D F J C O U E E N P G H D T I I
S C O O T E R L C R C F S M B S M
Y Y S J Z P P Z L K V I I E N E I
M P E K A C P U C E J T R S Z A L
T N I O D S O T J I D J K B H S A
D M R W D C C F V Y B D N P N E R
P J E N O I S U L C N O C H G Z Z
D Q T E X J B R I E T N E O A P F
O V S R A F E L L U F R O L O C I
F C Y H T F F Q Q W W E I G H T I
Q D M K O I O G X E I G M J J F T
E T K K M R O T B N E X A M I N E
B L W P I S D M Z T I B O Y A X R
M A P T C T Y H C H L M U M M Y G
```

CONCLUSION
MYSTERIES
CUPCAKE
WEIGHT
EXAMINE
FISH
SIMILAR
FOOD
DISEASE
MUMMY
SCOOTER
ATOMIC
PULLED
FELL
NECK
OWNER
FIRST
WENT
ADD
COLORFUL

Puzzle 136

DECIMAL
ADMIT
NUTMEG
SHADE
FOLD
AIRPLANE
LEMON
SPECIFIC
NUMERATOR
SUNNY
INGREDIENT
DATA
GLOSSARY
ESCAPE
BROWN
SWORD
SEVERAL
BAT
BUNS
STOP

```
M P S F O L D Z H E D B J C D F O
N R E N L V V N K Y G Q W C E A G
P E V O U Q Z V X U J E T P C S C
B S E M Z B T E Y K I V W L I Y J
T C R E B A T G K T J L P M M Y A
P A A L M B Y R A S S O L G A A S
O P L E L F I O Y S W D T L L I U
C E B R O W N T K E H C R M T R N
F I K E R U B A Q K Q A U I A P N
F D F A K G C R K F X P D N M L Y
C F A I N G R E D I E N T E U A S
Z O H T C C S M S Q L V I L S N W
D A T A N E O U B P O P M W T E O
N U T M E G P N X P K A D Y O A R
H G W Q X R P S K A V K A B P M D
```

Puzzle 137

```
F E T Q O V P U E J G D D E C A Y
Z L S B Z N L O Z T G Q U L M P W
F R Y C R U W A I R O B E T D A I
H W L L Q V T K R N P R O I R I J
M P B D R Z X R W L T X S T D N J
N F A M L R W V E E C L H N P T V
B B T V O I C E E Q Z O E A A I S
C H I P S N I A T N U O M S L N I
P T R K S E S A E R C E D A S G D
A R R K E R S D I S H E S E N X E
R I I B C O H S L L W Z T H N L S
R B G F C L F D A Z R V F P H M V
O B E W A P Q S V L X D C Y D U Y
T O Q P J X O F S I G D N C J U W
B L O O M E Y M Z X F F C Y S V W
```

MOUNTAINS
PAINTING
BLOOM
FLY
TITLE
FOX
ACCESS
PARROT
BIRTH
GLASSES
DECAY
CHIPS
DECREASE
SIDES
POINTLESS
IRRITABLY
PHEASANT
EXPLORE
VOICE
DISHES

Puzzle 138

CARRY
RING
EDIBLE
BREAD
EXTINCT
DESTROY
ACTUALLY
FIX
TRUE
INDUSTRY
WIN
EXACT
ALTHOUGH
NOBLE
STRANGE
NETWORK
MOVIE
BELONG
GLOBE
BLOUSE

```
Y W E A B D G M V D V J B N K R A
W N E X M E I V O M U Y R R A C C
H N X G U H L A U L N Y E F J M T
N V A X B K R O W T E N A I H Q U
D C C D E Q G F N K C E D X W W A
P E T N M V L L E G P N I Y R B L
X S S A J W O V Z N E D I B L E L
X U T T I I B V R I M P P T X U Y
I O Q Q R N E H W R P K D E X X A
C L Y H Y O I N D U S T R Y N E Z
K B F S C U Y A L T H O U G H L I
R H R W A F S T R A N G E C T B X
X Y R W Y S Q V M N W E Y Y R O V
V A X E N F K F R N I Y A F U N T
K Y B Z D E H L Z V I O T E E G P
```

Puzzle 139

```
C O W B O Y S C V U T Z W Y L Q M
F D J U Y H P O X Q I R S H F W J
O L A A Q S G O W G G E M A R I C
V K O O L H C B N R Y G P C I T R
U Q N O I T A S R E V N O C E H F
T R S F R Q A A V H L I G S N Y F
F C O N F I D E N T E G B A D P X
H U G E S U O M A O D E S E L H X
I N T R O D U C E M E V I T Y T G
E X I S T T U O L V T I R G O H W
A L O N E O F J C L Y L P V H C R
P F M F R W P P E W H U N N U T K
R J H P Y N M K C F G D E K M O Y
U H P G Y I X V S N D R Q S O Z E
U C O A D J Q I G M Z F C M F C P
```

WITH
FRIENDLY
GINGER
FLOOR
MOTHER
COWBOY
CONVERSATION
CLEAN
STOCK
TOWN
EIGHTY
INTRODUCE
MOUSE
HUGE
ALONE
TEA
LOOK
CONFIDENT
EXIST
LIVE

Puzzle 140

GONE
MERE
ACADEMIC
COLLEGE
PUSH
DANGER
DANGEROUS
CAME
INFORMATION
PLAY
REGION
RATHER
SPECIES
INVOLVE
SHARP
LADYBIRD
SCRUB
CLOSE
SAFE
HERS

```
M A C L O S E R E M S A F E T U W
J U C J T I R A A I P S R E H P A
G T Y N D D M Q C O U U M N O U C
O S P E C I E S S A G O L D W S C
N F R E H T A R B E D R S R L H F
E K E G E L L O C X D E V W N X V
O H G L O U A A J F Z G M K V G A
Q M N X O E G D J Y O N S I F V S
X B A S K Y P Z Y R G A C I C C E
N Y D A P B B V W B E D R N I A V
O E F T L Y G G S H I N U V X M Z
I N F O R M A T I O N R B O C E P
G V W Z R U B L V W O T D L M N W
E Z C E N C J W P R A H S V A N S
R H G E S W S E J E W L T E E C E
```

Puzzle 141

```
H J X O H Y U V Y G B F Z Y U K V
M I X E E J A K C H E I L H J E B
Y Y R T Q C Y I H P S Z D O O W A
R B A K Q V W E R N T K P P U O N
X R G Y U G Z R R O K Q A H I R A
E E H X E B I F E I N H A Z M E N
M L D S T L A C I T P I L L E K A
J J L D V Y V Z N C U A Q I G O L
A D I Y Q S W K W A H R U G O O H
I K J N N G B Z I R O D N O C C T
N O N I C X Y S W E C A V I T Y Q
Y F E T H I E F M T Y Q A S W H W
Z V W D A T N E M N R E V O G W S
G X S N S O N L Y I V C U L O P Z
F G C U E C N E L I S U B N P J F
```

LYNX
CONDOR
BUS
ELLIPTICAL
BYE
NEWS
BANANA
HAWK
SILENCE
RETURN
CAVITY
GOVERNMENT
CHASE
BEST
COOKER
WOOD
INTERACTION
ONLY
TINY
FLOUR

Puzzle 142

LIST
ROYAL
RUDE
BLEND
SUCCESSFUL
GROWL
RUN
ARGUE
GUYS
CAUSE
DESPITE
STORE
PROPERTY
TELL
MOTEL
TRADE
GET
BOARD
OBJECT
REWIND

```
R G R R C O T U Q M S N J H E Y U
D U A O H W E H A I U L J W E M R
T B N Y S X L P E D C Q A W U W E
E W E A J T J J Z F C K R U D E W
L N V L T Z P N L Y E U G R A D I
L F T S O H O T P X S R Z U D A N
C E N A L E T O M H S D Q P C R D
Z X Z B P B L E N D F O X D L T A
R S S V R C W T G R U C H P P P E
G L R Z O L O I H A L K R G Z H K
U U J C P T R P U O P F A W L M R
I C Y L E H G S O B J E C T B K S
S N B S R K Q E S T O R E S U A C
I X O U T E F D X L S H X I J T J
H S J P Y S S Z A Q I W C L Q V H
```

Puzzle 143

```
A S B O T T L E W D R T F Q F U D
W V P T M A C T A O E H H F Q R E
X L A E U O K O I W J R E V O C F
P R R I L B L Y Y N E O N I S A I
Z K E P L L R O Z S C U L N T M N
V L Z Q W A I C P T T G O V I P E
D I G E S T B N A A V H V I L M B
G M O L G K O L G I E O E T L T Z
F E A T U R E W E R U U L A S O Q
P A I N J B E T S S S T Y T U S E
U D F H O T C X Q I R I B I B G L
R E V E A L B K J G F E S O W H G
I H V K G C U H O K Q D V N E G P
Z X Z D J F O I V T R I I E O M L
Y V V Y Z H Y R R O O B N Q Q R H X
```

THROUGHOUT
DEFINE
REJECT
OVER
BOAT
MILK
STILL
INVITATION
PAIN
DOWNSTAIRS
BOTTLE
DIGEST
AVAILABLE
LOVELY
CAMP
REVEAL
SPELLING
COYOTE
REVERSE
FEATURE

Puzzle 144

RESPONSE
TURTLE
OCEAN
EITHER
FIERCE
HOST
USUALLY
REMAINDER
LISTEN
PEAR
SWEETS
WHITE
DEGREE
FAMILY
BLOW
DIFFERENCE
RELATIONSHIP
COMB
HONORABLY
SUBSTANCE

```
H H E U Y F Q U L Q F Q P B K V C
T O C T Z G Y S W E A K G E N A O
G R N Q D L K U L I M R Y X A M M
R Y A O C B R A I R I E E F W R B
E H T A R F Q L S E L H A I D L L
M W S N Y A F L T L Y T M E O D R
A O B H R O B Y E A H I O R N A F
I H U D E M I L N T U E Q C Y P U
N H S A S X J A Y I S T E E W S W
D O Z C P F F G Y O M I U E D L I
E S I G O O U C X N H H T R A A I
R T X Q N D Q G O S J W L G T M Q
U Q R H S M B J H H C O T E E L S
D E C N E R E F F I D L Z D O B E
O C E A N D M X T P E B J A N C M
```

Puzzle 145

```
S C I V T P Y S E W E L L M G K W
I H P V M X U X X R G N U O Y D A
S T O Y Q P N Z P U N O D I J C T
I I L O E R U X E J I X E S Q E E
R Y Q S K O E X C D T K S T M D R
C N G V S P P P T C N U P U W I M
S O U T H E D A P L U N E R A T E
H C Y H O R B C N E H H R E V J L
N L L I K S Q G C P P S A M E P O
H A E E M A I N T A I N T T A J N
M B J S G E L O Y H A R E N Z B J
O N E Q T X V Z S D W Q T F W W G
T H P V E J W J V U P J F L K C T
K G S Q Z C G L Q J S I G N A L Z
G I V E N D H V J B L U X G K S F
```

DESPERATE
WELL
SHOOK
EXPECT
MOISTURE
CRISIS
BALCONY
HUNTING
MAINTAIN
WAVE
YOUNG
SKILL
SALT
EDIT
WATERMELON
SIGNAL
GIVEN
SOUTH
PROPER
PEPPER

Puzzle 146

BEING
REDUCE
PLAYER
PILL
FLOOD
ACTION
WELCOME
SEAT
PROCESS
EXPLAIN
BODY
WIRE
SLOW
BOWL
WERE
SCIENTIST
GRAND
SHAKY
KIWI
WAY

```
M J Q C P Y V L E C U D E R W R W
B A A N T T N O X M V N M F I W E
M B B H A S D F P F M A O W R U R
K L I D E I E V L C V R C P E Y E
S H A K Y B W C A E K G L Q A H M
T Z H P U P F S I W I K E F L O E
F D I K J J E G N I E B W O L S Q
P R O C E S S W S E A T K T R L D
F D P I L L Q Z A V P M O I Q M A
O J S A Z D X J A Y P L A Y E R T
W S U T C B O D Y B G V Q C A H W
M P L P S T S I T N E I C S K V C
Q X M V J U I A M R G W I L J J L
V F U J X Q X D O O L F B O W L F Q
E E C U G J K M N N X D Y F Y K G
```

Puzzle 147

```
R V E H E M C O M H Z J V Z D D R
E E U I V L Z Y U U B X X E R I I
X H S U R R I U C M A L E W A R A
P Y C T D G G G V L L R W P G E N
E V N I A M U U I K E P Q H O C M
R T L A O U Y T R B A H K S N T B
I W T W C O R V L W L Q W I F I M
M E P S O S M A J W G E O L L O E
E N D F C D M G N M Z Z R B Y N L
N T H G U O B I G T C R E A T E T
T Y D I R E C T O R S W Y T C V T
H E S I T A T E O B J S A S A U F
D E D I C A T E T X C C Y E G U G
X P L W U E O U O D D P Y Z R P W
S U V W V D F I G M O W W S C M L
```

MAIN
DEDICATE
RUSH
MALE
MELT
DIRECTION
CYCLE
HESITATE
EXPERIMENT
CREATE
ESTABLISH
RESTAURANT
TWENTY
GUY
DRAGONFLY
BOUGHT
DIRECTOR
COCOA
ELIGIBLE
WAIT

Puzzle 148

AMONG
COTTON
RABBIT
BLACK
OPERATION
FOREST
MILITARY
TRANSFER
SHARE
EMPTIED
SIX
CINNAMON
DIVISION
CANARY
EXTERNAL
MAD
POLECAT
FUNDAMENTAL
SCENE
HAMMER

```
A A K P A U O N A P J A L H C L G
M G T C O O U Q M V M C A X O E B
Z S A D S L S Y O M F E N P T U V
F O R E S T E O N A C C R R T D M
C Y X I S I E C G D B D E Q O C N
T Z J T H B R N A Y N V T S N O U
O R I P A B I F B T X L X Y N M S
S Y S M M A F U N D A M E N T A L
B H A E M R Z Z Z Z W B Y E Y Z W
L M A C E S C I N N A M O N W I S
A J N R R W C O U U P Z A F E E A
C H G K E Z R E F S N A R T M Y N
K C A N A R Y W N O I T A R E P O
D I V I S I O N T E S T Q N J I I
M I L I T A R Y P V P Q V C F B E
```

Puzzle 149

```
E G Y R V I D L Y D G F W A O R Y
R E F O R M D O T M E R I T N E K
Y T G C C T Q K Y H N H A H W K L
O U L P D E C A D E E K I G O I E
M G E A A E T I U Q R H Q I R Q I
N T T C E T O R P T A P O M S G N
T A P E U A S O S P T N B Z T W X
V P O D D R I E H T I D S E K E G
M M H B C T R V M C O Z C L O N L
W E S B C S W E K I N E H C T I K
S S V U D U N L N K L G E R M N E
F I L L N L V O U T P L I K H T A
Q M W M O L Y H R N I K J T Y C B
V L S J C I Z W T C V X D Q L X P
Z F B O K A L J V F G E Z B W U Y
```

WORST
REFORM
FILL
ILLUSTRATE
CAP
CURRENT
DECADE
ENTIRE
THEIR
PROTECT
MILL
GENERATION
KITCHEN
QUITE
SUN
MIGHT
TRUNK
TAPE
WHOLE
SHOP

Puzzle 150

PRISON
GLOSSY
LINE
GAS
DRAGON
NUTRIENTS
GARDEN
OBSERVING
TAXI
BUSY
FIVE
POLITICAL
DONKEY
BASEBALL
NOTHING
MUG
BREATHE
VOLUNTARY
RACE
ESPECIALLY

```
P O Y B U S Y Q L C N G A P M V Z
N O T H I N G T T M U L M W N O T
Z T U M N E D R A G E O A W D L E
M B G N O G A R D X V S A G P U R
L A V O S T O A I N I S E D O N N
O I E R I M U G U O F Y K A L T W
B B N Q R A D X Q U C L N C I A M
G P S E P B A S E B A L L L T R U
Y L D E E S F L C N Z A P W I Y F
P U G H R S E P A A Q I Q W C Y Y
Y M N G A V Y N R B J C T I A L F
I R P C A O I A K E H E G U L U C
D O N K E Y A N L E I P O F G U S
X G Z R J E G B G W S N V X K N
B R E A T H E P S T N E I R T U N
```

Puzzle 151

```
O T O O B Y M H M Z D C R C E S J
R E R E D R O S I D P O O L F L N
Z L P A C Y V G E F L M S N F B B
G O F A V G E Q B W Q P H G B T L
V I C V T E G R O U P A L F Q G B
P V B Y O T L Y L U U N B A G P M
I N D E X A I A D L E I B N S U X
E L G D C R H T E J T O G C G D M
B A H Q O T R U U P B N W F F V D
Z A U Z U S J O H D F E N C E T H
D C K O N G R H O R E S O P R U P
W M I I T V E T L O Q L I U D R I
I N C E N N K I L W X Q Y R Y K Q
C D M E Z G M W Y O L P M E D E Z
S W N A R R O W V N D U I W L Y L
```

TURKEY
COUNT
PURPOSE
NARROW
BAKING
EMPLOY
VIOLET
WITHOUT
ATTITUDE
INDEX
COMPANION
MOVE
TRAVEL
GROUP
NOW
WORD
HOLLY
DISORDER
STRATEGY
FENCE

Puzzle 152

BAR
SPREAD
CONTACT
SODA
SAUSAGES
BADGE
PIG
FOURTH
EVENT
CLOCK
YEARS
INTERCEPT
CAMERA
THAT
BOOKCASE
SMILE
TOPIC
POWDER
COMING
MUST

```
Y E H S X T Y M A Z G Q C E X U K
R K O E A W H X O M K F M V A F J
I Q A M D D A Z Z G K F Q X R R L
Z O H F Z X H Z V I I G N H O D F
L S V H U X N G O E A P L B G R U
S T M H T Z J K I A K C O L C R V
E T O P I C W M R L S H Z W A F E
S V W K R T P E C R E T N I D B B
A R E M A C B L O B G C R U O E W
C V D N H Y P I M A A A R M S G R
K T A H T S U M I R S T V N R D C
O V E M R L J S N L U N Y T A A G
O R R J U B N P G E A O B A E B N
B Y P H O B K G R I S C P N Y M C
B E S K F Q D J L N U V K L Y V J
```

Puzzle 153

```
D X S G J L S D B Y O S R T B H H
P L I L G U Q H J T T E E H S U I
K E S C E X G B T U L R D U B N S
A O R B A U P J W D K V I K Y D V
M T M I R R D A T E D E A D F R X
O H N S S Y S F P Z U H Z R X E U
Q B O A T H F K S E C I N B K D F
C H I C K W K O N X K P A R E N T
Y P S D B Z H D R O L H O U R S D
G E I S V I K U W C I S I M P L E
U L V H X S C L C H N S U M J L Z
S V E R R W F V G A G W G A J U F
T M L E V E R Y W H E R E X H X B
I H E C O M P L I M E N T A R Y O
C L T D P E W E A U P V E T M M V
```

DUTY
SIMPLE
LUXURY
DIRTY
HOURS
FOR
EAR
EVERYWHERE
PARENT
HUNDRED
GUST
SERVE
PERISH
NICE
DUCKLING
SUM
CHICK
SHEET
TELEVISION
COMPLIMENTARY

Puzzle 154

MEAN
WOLF
PROGRESS
BRING
CLEARLY
SOMEWHERE
STRUCTURE
STRANGEST
RECOVERY
BEHAVE
FOOTBALL
KETTLE
CATKIN
THIRTY
DISTRIBUTE
THREAT
NEWSPAPER
COVER
ENGINE
SUFFER

```
P C P H R B X S M F A E R E S M C
Z B H V Y R E V O C E R O F J E G
D P T O D I B T R Q F U Q O O T O
L I M G E N S S E R G O R P Z W D
G T S E K G J T N E W S P A P E R
L O W T E K S L R E V O C A B D D
S J Y L R A E L C U C A T K I N E
H U M A E I Z X W O C L H S J T C
M K F Z H B F K M M M T U Z Q H J
E E L F W G C U I K X C U N R I B
A T O L E H D B T W M V D R J R E
N T W X M R Q Y B E N I G N E T H
T L F U O T H R E A T L M G Q Y A
P E Q T S E G N A R T S J J N X V
F O O T B A L L F Y Q N Y L Y Q E
```

Puzzle 155

```
C R L S L G C P Y B J E S K W H X
E E I D S L O O P D H H W A O E A
X P S C D A U P L N X J E C A L A
P A U S H N P U A S Y R E O L D P
T P V S W C L L N J F D T M T O A
I I H M G E E A E T P K W M I C V
B J I F N O S R A T K S E U T Z M
O Z H O K R J T I S I V W N U J S
S O M E B O D Y A U F T Q I D X U
P I R T W E H V V R W E N C E J N
N I I A G R O U N D E D U A E K D
H D F V L I V Y G M B D A T F S Y
S N O I T A C U D E R Y N E Z X R
G X G R L J Z D P A Q T A B W F M
F K Q P W V Z Y N J C H P C X V R
```

PRIVATE
COUPLE
RICH
ALTITUDE
TRIP
SOMEBODY
COMMUNICATE
PLANE
TEDDY
STARE
SWEET
POPULAR
FIRM
PAPER
VISIT
GLANCE
GROUND
LAZY
EDUCATION
HELD

Puzzle 156

WAGON
TOAD
COMPUTER
HOLD
KNEW
STOAT
SECRETARY
KEEP
CUPID
STAIRS
COLOUR
COLD
CONDITION
DUSTY
ANGRY
HEAVEN
BENEFIT
EAT
JUICE
LOVING

```
C A Z S E F E K J Z P V K J O H G
S O U Z C W G E O U H W E N K I Z
E Y L T W A G O N D I F E O C B A
C T A O T S Z B M B V C P J U Q S
R O S M U Y V R E E X U E V P V T
E T E A T R X Z R N Y Z T S I Q A
T T F L A E E K N L E V K N D C I
A F L K I T N A E O U F H O L D R
R G S Q E U B N E V Y H I I M L S
Y T S U D P R G C I I B M T I O C
T X J G L M T R L N D I N I R C Q
K J O M N O D Y T G A C L D A O T
R B N S S C H E A V E N S N L N I
P W J R L E Y J M H M W N O M H X
D D P U Y T H Z H F I S S C A S S
```

Puzzle 157

```
X P R S I T Z Y N G H N S I Q E M
J E Q P H A M E V L O S L I K V Q
F R X O I O E F Z K S H N H W M N
T F T R E C W D Y P P Y I Y C H C
K O T D R I E E L O I A R N Q C W
C R T W S U Z C R L T H U S N V A
L M M O D Q T N A I A P A M I C K
H A K N E P O A L C L N V L E R W
B N Z S S Z Q R U E A T Q K F Z B
W C J D A N F A C M E S T I C K O
H E N O D M L E I A R C Y H N R L
E K F E N S O P T N A L O F W Q H
A Y R O C A U P R O F I S N F T O
T C E O E T C A A P L F W W E E P
O N U D B C W U P U E E T V P O A
```

SHY
WHEAT
SOLVE
LIFE
REAL
FAR
STICK
PERFORMANCE
MASK
PEN
SNOWDROPS
PARTICULARLY
UPON
HALF
DONE
APPEARANCE
COAT
HOSPITAL
SHOWER
POLICEMAN

Puzzle 158

RIVER
DESCRIBE
FRONT
CORNER
DANGLE
OBEY
WARDROBE
OPENER
STREET
JOIN
ANNUAL
CRY
CHILD
OKAY
QUICK
SOMEONE
SOAPY
KANGAROO
THAN
WOOL

```
O Y N M E F K R X O B E Y J Q K U
J S F B C Z N A R U B E L V E Q A
O P E N E R I O N K B X O V B M X
S Z L B X E C T H G S G K C I U Q
O H G X O N I O J H A X A J R B O
A B N V E R F R O N T R Y R C N C
P V A N T O D C R A N E O F S I I
Y Y D O N C L R Y H W V V O E G D
Z F G Z N T I G A T E I Y H D Y U
M P X K S Q H K G W V R L F C K X
J J T Y M G C I W X V Y H D I T M
X S G G O W I R D O F G K A I O A
S O M E O N E D P P O K X K Z V S
L O T Y C P I R T X S L A U N N A
Z W V B A S T R E E T R P S F W I
```

Puzzle 159

```
A H A R S E D E R E H T R U F R D
B S E D T H G I R Z X M U I G E G
X W V B R E T P A H C P E I K S P
C Y F J O E R P O X N I E J H U P
L Y L A N Z B U A V C V T C Y L F
H J V Z G S E T T L E R S C T T R
F E N C I N G A G I O B G Y S E N
P G I P C Y N M S Z N Z R M Y N D
J A H B F E I H K K U R A C L O N
L U T Z H M D F B O E T U C G H A
R G I A A I D J R N H D L F L P L
L N W S D T I J U Y N V K L X W S
K A W U B Y K O W L E N H O H J I
A L K F I N D E P E N D E N T H Y
O U T S T A N D I N G R C H W T T
```

RIGHT
CHAPTER
EXPECTED
LANGUAGE
RESULT
PHONE
FURTHER
FENCING
INDEPENDENT
SETTLERS
STRONG
FURNITURE
CUTE
ASKED
KIDDING
ISLAND
WITHIN
OUTSTANDING
OWL
ANYTIME

Puzzle 160

REQUIRE
MEN
HEAD
CURTAIN
NAIL
EATING
HEDGEHOG
HIGH
SETTLED
ASK
JURY
HOCKEY
KNOT
RESPONSIBLE
DEFER
OCCUPY
MEDICINE
SPORT
CLASSROOM
LOOKING

```
S Y M L G C A S N E M E F C G J O
D P I F Q I F Z L A N Z Y F N Z L
X L O Y J M W Y E O I W H J L K Q
E K R R E F E D A E O L D X R G F
H Q G W T I Y Y T O G K J U R Y S
C K N O T O U S I G S S I U M P G
M E D I C I N E N B V A F N Y P U
C H O U B Q H F G R D I C G G P O
Z X C C L A S S R O O M D O N T D
S H C R E Q U I R E D A E H I G H
B J U R E S P O N S I B L E A S L
L J P K B Z E L K I H N T G T W Q
T F Y E K C O H C V J D T D R O X
Q E X Q J I S M Q O L K E E U W J
S G F G N R Y U I B D G S H C Z X
```

Puzzle 161

```
A A X B L X M P Y P G V X V E V R
C N M B E K W O N E V O B A M R A
L K N Z D D R I H T B L H E U A R
F D J I J F E N A S X H M B O R G
S N H O V I V T V Q O O E P O E W
Q H A Y J E E Y X V N W T B M L Q
N S E C W R R O S S E F O R P Y D
N O A L L O E S E N I L E D I U G
M E X R L M T P A Y S Q N E A R P
F M P P N T A E C R N K I P R H N
U F B R A Q L S U E Y L G P B Q S
P C J S U D D E N L Y M A O D G U
I N T E R N A L F E E W M T E V Z
H A M S T E R B Y C E J I S R B Z
A B B R E V I A T I O N E I X R Y
```

IMAGINE
PETS
ABBREVIATION
INTERNAL
THIRD
RARELY
SUDDENLY
HAMSTER
ANNIVERSARY
SHADOW
SHELL
POINTY
LATER
PROFESSOR
GUIDELINES
MORE
EVER
STOPPED
CELERY
ABOVE

Puzzle 162

PRIVILEGE
HEARD
CRESS
FIT
LEAD
EXCITED
IMPROPER
HEAT
PINEAPPLE
ANOTHER
SWIM
TEAM
PLASTIC
ATTACK
CUPBOARD
BLOCKS
PER
WHICH
ROB
PORTRAIT

```
Q E G E L I V I R P M I W S U M J
K X Z E I H E A T I A R T R O P O
H C I T S A L P I F E S S E R C O
B I A P T H D H L K T L H S O F X
Q T U I C D R K E Z E G G B B O
G E P B T N Y L U Y A Q Q V J X A
G D R E Y A E R H Q K D W V P X B
R D I E Y H A A F A O G L A N T W
P F I T H P G U P K E C L T V G H
E P Y K E D K T L P B J C U H M I
R X B X A V F C X M L R U X V P C
A E S Z R F K N Y J J E P C Q V H
U K Q K D R A O B P U C Z I U X I
I M P R O P E R B L O C K S H H G
Q X T Y E N I U A N O T H E R S H
```

Puzzle 163

```
T Q R E B M U C U C S D U I Y U J
L V S K A V W C G O T J O R S K C
U Z K Y I R R T S L A P D E V C S
C I Z S K R Q U T L F X B V S N X
I W T A C P Q A G E F W O E D F M
F I I C O F F E R C R E C W T R X
F O I I L M X J E T P S X O R F X
I X O B L Y Q E T C P X Y H O O C
D N J L I N D O S V H V Z O M K O
T A L E N T R G A C E N T U R Y L
N Z X Y H O H X M A E R C S O E A
A A E U Y E G A R E V A T T F K K
A H F T C K S Q C B X E W N R C N
V D K Y R Q C A N D I D A T E U Y
G H O S T C L I E D M O U D P A A
```

CENTURY
MASTER
FOOL
HOWEVER
DEAR
MIX
DIFFICULT
CANDIDATE
LOCK
PERFORM
AVERAGE
SCREAM
OFFER
GHOST
CUCUMBER
TALENT
EASE
DOES
STAFF
COLLECT

Puzzle 164

LETTER
RUBBER
HIGHWAY
THERMOMETER
DRUM
CAMPAIGN
ACTOR
BEGIN
PICTURE
NECESSARY
POLITE
ALRIGHT
HELLO
DESERT
CLASS
DISCOVERY
EXPORT
PLENTIFUL
PREDICT
INDEPENDENCE

```
C A M P A I G N P G P P E D H E A
T H E R M O M E T E R Z M N E X S
R A U E R N L X K C D G B L L P N
E D K B W O P I B N I G E B L O C
S S P B O J F Q U E S D M K O R N
E H I U F T E W G D C D E Z S T E
D M C R A L V P M N O U C R C D C
F T T P O R Y K V E V D R O P P E
B L U F I T N E L P E T Y T M C S
P A R D R U M I H E R Q W C G W S
W O E D H Q G C C D Y C L A S S A
O C L O R H R R R N B G M L A I R
D K H I Y A W H G I H M I N L L Y
V L G Z T A L R I G H T W S K J H
D S B C M E L E T T E R M B R V K
```

Puzzle 165

```
R R D A D E P M U J G I X L G E I
I O E B I K V U P B E M E H T C N
G R L M S X K H O L O S N N G O T
I L K D A J L V Z A G A O O A N E
D I R A P O H S I D R S I L E O R
N R J R P W T S F X A Y T C G M N
E T P Y O T E W A D P W C P X I A
C T C U I S F I B K H L I A M C T
S G T H N J Q S G I Y F F S A Q I
E U N L T G M F H H E B K S C G O
D R A E E V R E S E R P U U L V N
L P I P D W S N I F F Y N R R U A
Q F D U X D O W P N V J J E J J L
L N E V P Q U T Y D P S D O E X X
Q K A R G V L V Z M H Y N M T V R
```

IDEA
DISH
MAIL
RIGID
ASSURE
LOSE
WEIGH
DISAPPOINTED
INTERNATIONAL
PRESERVE
TOWEL
FICTION
SOLO
ECONOMIC
SNIFF
DESCEND
THEME
HOP
JUMPED
GEOGRAPHY

Puzzle 166

WILL
CAR
QUALIFY
HABIT
ARMY
MOST
CHARACTER
CAREFULLY
MODERN
ACORNS
INVADE
WAKE
HAZARDOUS
THROW
MISERY
OFFICER
EVACUATE
BECAUSE
ASSESSMENT
CLIMB

```
S C B B C J C P A N T K H M O G J
F N I N H W L T H R O W A I F P O
Q P B Y R I I N G E N E Z S F V Q
R C E P O L M M S D A Q A E I N R
Z Q A M I L B Z Y O J R R R C B V
Q U A L I F Y C L M A U D Y E R D
B E C A U S E K A W K O O L R V V
L F D S D F Q Y W R U A U L G Z A
Y P K Y E F H O U E P C S U W Q D
C H A R A C T E R U X O I F I L U
M O S T R F U N D H I R C E I A N
T N E M S S E S S A W N U R W K C
E G F A R M Y F J N V S G A R B O
E V A C U A T E V N B N V C A N M
V E J S U W Q V C Y O T I B A H G
```

Puzzle 167

```
U A O M S J D T D F Z A A M J W B
D S N X F C Z C G R U Z W E M O U
C O L O R T B I E I O C O A T A I
U C E L L Z N L L E M A K S C R L
L I Y X B A T H S N E O V U A B D
C O L L A P S E E D F R S R S W I
S U T M W X P A C S B R M E S E N
Y H V C C X N K U T P Z R M I A G
D D A O N O R T D N E P S E S T O
N N M P X W B R O F R A M N T H R
O X A I E L F O R N E N V T U E G
D E E R A L Y U P P I N R U T R I
T H U M P P R B A R G Q Y U J I Y
L O D Z A Y B L A X N X A T O E R
Z J R X B Z T E W B I N C D H Y F
```

BABY
TROUBLE
ELSE
REIGN
CELL
COLOR
COLLAPSE
MEASUREMENT
WEATHER
TURNIP
SPEND
SHAPE
BUILDING
BATH
ASSIST
THUMP
FRIENDS
PRODUCE
DEER
YOUR

Puzzle 168

TROUSERS
WON
CONFERENCE
BOOK
SAND
SUBSTITUTE
SCISSORS
ACCOUNT
CHEAP
HALL
BIRD
SEA
INSTANT
WATCH
TASK
TREMENDOUS
DEBATE
FOCUS
WITCH
EGG

```
S Z I H H S O K X L P K P I T M C
V L O X L K W Y Q K K D W E R P O
V M G M Y T G I W E V E W K O M N
H W V W Z W A T C H U B G Q U Z F
A F W A S W E N W P S D G G S H E
Q D K D C K S U S W O N O D E S R
I N S T A N T O S Q O A M M R I E
C N A O G W J C O F N S G D S H N
C H T S O L Z C S C I S S O R S C
P D E P D W E A T B W I T C H I E
T M T A F O C U S O H F Y Y G K B
Q J A O P K I S U O D N E M E R T
I I B V X T K P X K V H A A R S C
M Z E J P E U V U P D P G H A L L
G W D Q S U B S T I T U T E S D E
```

Puzzle 169

```
V D E M B W D N M U A B S N G I C
Y G G N Q O A H X O H E R O W N O
R E T N E C W M M D E T A I L V N
R G N D N O N H N U D J M T A E G
E Q E O S S K Z O T G D E A G S R
M Y M Y S Q X G K U H I U N N T A
B U T T E R F L Y Z H S Z I P I T
P K I H N C Y G E T N C Y B C G U
X T M G I X N Y K B W U X M X A L
A O M I S X S O N G N S H O M T A
Q I O N U W T J O M J S V C N I T
J O C K B C U N M P P I M N Q O E
H W B X A E O E X K T O Y B O N T
I N T E R E S T I N G N U G C I X
G I G A N T I C T R A N S M I T I
```

BUSINESS
DETAIL
DISCUSSION
MONKEY
DAWN
ONCE
INVESTIGATION
CENTER
CONGRATULATE
GIGANTIC
BUTTERFLY
COMMITMENT
INTERESTING
AIR
MERRY
GUN
COMBINATION
KNIGHT
ENJOY
TRANSMIT

Puzzle 170

START
WILD
CONTROL
FRACTURE
CONTAIN
CROCUS
REVIEW
ARMCHAIR
LENGTH
FACTOR
BELIEVE
SOLDIER
WISH
CALL
LOSS
OTTER
BRILLIANT
ICICLES
COFFEE
GRANDMA

```
S S O L P C C S L K H T G N E L F
Q T O B U O C R O C U S N R K G R
K K A Y U N U I R G K E I N B C D
M P G R U T B A T R U L H W E A P
W V Q O T A W H N A Y C X E L Y T
Z K Q T W I C C O N U I F I I T R
J R O C U N A M C D Z C H V E C M
Z F V A Z W L R N M H I N E V N B
O L A F N L L A B A W B L R E D M
G S J N C S D S F Q O T D X T W C
Y W M R S O L D I E R D D J S I R
C O F F E E R U T C A R F I Q L V
F N Y Y W T N A I L L I R B Y D Z
S N L M U U T E U H L Z R W Q S Y
X E Z A J X Z O S E L X Y E H R S
```

Puzzle 171

```
S S N P A C E J E S P M B S L F T
N U P W Y X A N X L I Z A A A A O Q
Y F P R O B A L Z I Z R H N W R T
B F R E O M Q D K B Z A D N U G V
E I O P B N Y W J R A I M E T O J
T C J P E M U S S A V N D K S T L
M I E U S I T N S R O Y I P E M R
E E C S L K S W C Y G M K Q R P C
H N T H J K I O E I C O M M O N B
S T V M Z C Q N Q W A D W W K H I
I O X I O X L K J I L T L U L M T
N T C R N T A C I R S W I Q K A N
I O G K W K C D H S U T L O Z Z V
F R A C S Q J R N P X X E Q N D W
I Y R E L Y N K V U E P K J J L B
```

REST
SCARF
ASSUME
LABOR
SUFFICIENT
MAN
MET
RAINY
COMMON
FORGOT
PRONUNCIATION
PIZZA
PACE
KNOWN
FINISH
PROJECT
SOCKS
SUPPER
SIT
LIBRARY

Puzzle 172

SMELL
BORN
BECOME
MANUAL
RELIGIOUS
FACT
COMPASSION
EXTEND
SHOWED
GLAD
TENT
LONG
INTERACT
USED
BACK
ASSIGN
THOUGH
SCARED
PORTABLE
PATTERN

```
P I O W O V E T B O R N G I S S A
O U P K S I M Y Y Z S I B I K G U
P T T Y V D F G R O H C Y D B J N
T G C O M P A S S I O N A O F V X
S M E L L O C E N B B R P R F G D
E C T G V B D N E T X E O D E S U
F Y L P R T H O U G H T R J D D T
M D A N D E W O H S U T T C A F W
B A P V I B L V A Z R A A F L Q U
E I N B A C K I B D B P B L G L C
C W K U V O L N G I D Q L M E K C
O Q T C A R E T N I S F E L O N G
M L K Y B L J B T O O P L L Q J L
E I H R X R K B B J U U S S K N N
T E N T U O D P W S Q N S K T V Q
```

Puzzle 173

```
W O A I J N E A R L Y E V F P F S
T A J A I O V D W J L S C Y N R K
A P N B H O A P Y Y B E C R W O I
T U O T H L R T P O D A O E A M B
H N T V S L I E J N F R M M F C I
E P E H M A A X A Q T C P I L T S
R C L C O B B C F S V H L N Z F N
E Y E U O R L E T T M I E D L F C
F C K R R O E P E S T N X P C H N
O L S O H D C T R Y Z G R H Y M E
R I N C S Y O I T V E B W Y P U Z
E N T N U B O O P B P H V R M O A
N G M Y M F Z N P X Z R K W F T Q
M I T T E N S B A V P D Z Q J T L
A O A I S S L M Z T H R D Q Z Z X
```

SKELETON
BALLOON
MUSHROOM
ADOPT
AFTER
WANTS
SKI
SCARCE
FROM
CYCLING
MITTENS
RHYME
VARIABLE
COMPLEX
REMIND
SEARCHING
AUTHOR
NEARLY
EXCEPTION
THEREFORE

Puzzle 174

FACE
CHAIR
COMPANY
SELLER
HANDLE
SEVEN
LASSO
WITHDRAW
CORRECT
ADVENTUROUS
ENERGY
TRADITIONAL
BASIC
AGAIN
HAPPEN
TOOL
FEELING
AND
HURT
ESTIMATE

```
B G B X D W Y L O O T S N P N B E
A E C A F G G A T V T T F Z N S N
Y S U O R U T N E V D A Z P Q N E
C T A N D R J O I W F I L I U O R
B I A S B U J I C L I C H A I R G
F M S E V E N T M K E T F E Z C Y
B A K A M S M I W I I E H C H N J
G T I I B G C D Y S G R F D R R V
A E R K Q L H A N D L E M L R O J
L N H O I U W R A S W L Y F T A X
K O U L C T X T P A G L A S S O W
I N R Y H K G J M G U E I W L W W
O X T B V S A N O A J S J V H L Y
X P D Y N R P F C I F W N F D B L
C O R R E C T C J N E P P A H A N
```

Puzzle 175

```
R U E I Z X A D A L U R H B A P O
B E A T S E G N E L L A H C S Z R
R T M F T P S E N I L B O G S V X
E Z F A Q R O E M O D L E S E K F
F P G R L Y Y R I Q Y O P C M O M
Q U A R T E R G H X R D X S B D Z
L B O O Q E Z Y A F T B Q M L E I
M M U E S U M S A G U N P F Y A P
G H L Z G H I B C C X N P Y E R Q
I N D I C A T E N A W O R T H L Z
B X K L U N M O B R H O E L X M I
M W V A N B W O B R O T H E R R S
E Q E E C X F E V O S H R E W C M
V V P R E L N C F T M O N T H E S
D Q F L E C C I D P R X I F G D J
```

CHALLENGE
CARROT
BEAT
GOBLIN
OTHER
GREEN
BOTH
INDICATE
MUSEUM
QUARTER
ASSEMBLY
SOAP
SELDOM
MONTH
SHREW
BIG
REALIZE
ANNOY
WORTH
HIM

Puzzle 176

REPRESENT
HURRICANE
THING
ANCIENT
AGAINST
AGO
DOWN
CONTRAST
SOURCE
OPINION
THOUSAND
LIGHT
PROFESSIONAL
NEVER
FOREIGN
READING
AUTUMN
RESIST
SAD
RULER

```
A F A C O N T R A S T A F B S I S
G H U R R I C A N E K N T V F C O
A L E E W R A T R X M C H V A I U
I U O K A L U O G N O I N I P O R
N R L P U A A L F F R E P L A Q C
S H E F O L Q T E G W N K D U S E
T C Z P K D O W N R Z T X H T D Y
K H H Z R R N F O R E I G N U W N
J D W V O E D A S A H B Q O M U E
L I G H T T S I S X R U P E N C V
T M N U P A H E X U R E S I S T E
N R I A J Z G X N P O G A G O P R
J B H V C K B J W T F H D Z F G Q
S D T R E A D I N G W Y T J P N V
O P R O F E S S I O N A L Q N Q A
```

Puzzle 177

```
V R M U Z R A Z O H Y R U I D P P
G J Y F Q E M I R C L K I T E R L
N D J H Y A S U R F A C E C S O I
K K Z Z T C J F K I Z W V E I H B
N Z W N Q H Y G N S Z A M F R I E
H Y C O R Z K H N F C M A F P B E
P A S I P D I Y Y L K D F E R I T
M A B T X K B K B E C M O X U T L
I E Y I M A N Y E S O O H C S D E
S T G T T S A V Y R M G A L L O P
S J K E X A A X O E B A J U C U W
I K V P V K T T N H H A L I D P T
O C C M W R O N D V K I Y L S U J
N E G O I I M P O R T A N T A W A
I D D C N R P H C V P E V Q Q P H
```

BEYOND
SMALL
BEETLE
COMPETITION
IMPORTANT
CHOOSE
HERSELF
SURPRISED
GALLOP
VAST
CRIME
REACH
PAY
PROHIBIT
HABITAT
MANY
EFFECT
KITE
MISSION
SURFACE

Puzzle 178

BUFFALO
PLEASED
TREATY
ROUND
REUSABLE
ENEMY
THANKS
TRAGIC
RECOMMEND
ENTER
VALENTINE
SELL
HOUR
MAJOR
HEN
EXHIBIT
BLUEBELL
FIND
BEFORE
COCKTAIL

```
X Z H F W I W R E T N E R S E C R
C E F O B I G E O R Z H E Z O O H
W L Z L L E S C I U D L U S Y C K
L P M A J O R U O H N R S E L K W
N L W F U E H O P V I D A H B T I
X E J F G F T W F Q F N B R L A L
J A S U K U X F O E G E L T U I L
S S S B T N W W J R B M E H E L V
F E C S Y E L P C B S M B A B G Z
C D T C T G N U T L T O Z N E H O
E X H I B I T E Q A E C D K L O O
K M J G W B B B K M O T E L S L G V
R V M A M A L P Z Y Z R G C D X Y
W Q M R R T I A O R F R J X B I F
M J Y T A E R T V A L E N T I N E
```

Puzzle 179

```
P T U Z Y P W O L L A I I J K H K
A R Y S B O F F L B T W R O N G Y
R M J I L S T C S I T A S I R M F
T P Q Q L T L N O U E H O M F S R
I L J D E P S E H Z N J E L C E C
C K I F W O P V A Q D E I T F V B
I P X M J N C E L D E E N L U L U
P D E W X E M R E F S W O D U E I
A T O D A B S Y C A U T I O U S S
T C A M N F C O F R O Y T U Q M L
E K P T Y Z B N T Y R M C B X E E
A D X G G O W E C B E W E V Q H E
T H I N K I N G A X M V L M E T P
W O F R S O G N J P U L E O A R Y
K T H U S B A N D G N I R U D N B
```

NUMEROUS
RIDE
ALLOW
SLEEPY
THINKING
FLOAT
EVERYONE
DEW
PARTICIPATE
NEEDLE
DURING
HUSBAND
ATTEND
TIED
VERB
ELECTION
CAUTIOUS
WRONG
THEMSELVES
POSTPONE

Puzzle 180

YARD
EYE
POUR
LIZARD
BASE
HUNGRY
SUBCOMPACT
OWN
BESIDES
OFFEND
RADISH
CREAM
ANGEL
CHOCOLATE
SOCIETY
GROWTH
OUT
CITIZEN
CHURCH
SUGGEST

```
S M C E V F D R G T C R Y U O S C
C U Z F O A Z S R W T C D Y U O I
B T G D M P K S O R U A Q A T C T
I L N G A E X Z W E I U X R F I I
S Y S B E V P I T D G I R D W E Z
U K Y C R S B B H O G A K W Y T E
B E T O C S T E K D Z O O Z E Y N
C O F F E N D F T X D B C T O Y V
O B E S I D E S R A D I S H W K E
M O O R Y R G N U H L Y L B N P B
P B A S E A V Y O Q B O T M J A N
A H H X Y Z Z G P U D H C R U H C
C X F A Z I A Z U L Q V H O G G I
T M C I H L E G N A B Y M F H S O
D N U M X L O I W U O W O C V C Y
```

Puzzle 181

```
G P D O N P M L U V M Y A S T H V
D E T R A T S O L T M A T T E R I
G G N M O Q C M N D F D R K L T L
R A O E K Y H A F I M O A C L C L
A C I T R C K K I E T T V P D D A
S C S S L A H I R S T O C M R N G
S I S Y I H L N E B R M R A B O E
H D I S T Y M G F X R H E R V P N
O C M Q T D I T L A Y Q I C Q S Q
P L R I L J J C Y F B E S T M E C
P H E K E R E C O G N I Z E Y R H
E N P Q E T W R L G E B P U S H A
R J K I J K L R P C O P C C N D N
J M A T E R I A L C A R R I E D G
C O N N E C T I O N E W X U N H E
```

SYSTEM
APRON
MAKING
TODAY
VILLAGE
FIREFLY
LITTLE
STARTED
GRASSHOPPER
RESPOND
MONITOR
RECOGNIZE
CARRIED
CONNECTION
PERMISSION
CAGE
CHANGE
GENERAL
MATTER
MATERIAL

Puzzle 182

NEW
DISTRACT
MODIFY
ARRIVE
DISAPPEAR
GLASS
ALTERNATIVE
PASS
WORKING
PAST
UMBRELLA
ALMOST
TECHNOLOGY
SAME
SOMETIME
NOISE
EVERYBODY
ANYBODY
HOTEL
QUICKLY

```
G X E V I T A N R E T L A Y Q T S
C A S B M K K D U I M Q R J U E O
U U I M A Z C O F W K B R L I C M
M U O O K J R G S P R Y I W C H E
F H N D H T L L K J A S V O K N T
B H B I E O J Z C E E S E R L O I
L C Z F V P T N B B P S T K Y L M
B O B Y E S W E N O P A S I P O E
S Z B D R S A M L N A L O N Q G N
L B B O Y A I M P O S G M G T Y V
D O J B B P R M E K I P L Z G R R
F X D Y O G F K X V D Q A T A V N
T L R N D D I S T R A C T D K U K
A U F A Y U M B R E L L A X M E J
C E D Z U U W K Q H V V X S T C C
```

Puzzle 183

```
A H F U N R S B W U M X I W Y F D
F N U K F R A T K X C M T T L E C
H C T I D Y C V O Z G S U N S E T
A Y F I R A L C E R E V E F P Z D
S N T A Q Q F S T N R A W T X F
T A I A V U Q R N R G L Y K Z X K
E P E F T B E I D E N T I C A L O
R M T Q R R O E U J P X Q O P C N
R O P E N E C H B J P L R N L O E
I C E E Y E S T E R D A Y K A N G
B C T Y V Q K S R A H D F T N F J
L A R H Z O B F C W K Y A J T U P
E E B I N F G B N H V U A H S S W
D I I T K K S K C P X Q Y B K E I
Z V H V O P S T S C H O O L B A G
```

IDENTICAL
STORM
PLANTS
ANTIQUE
TIE
WARM
SCHOOLBAG
TERRIBLE
YESTERDAY
RAVEN
ACCOMPANY
THEIRS
CLARIFY
CONFUSE
ONE
FEVER
DITCH
OPEN
SUNSET
KNOCK

Puzzle 184

DADDY
WASTE
FLOWERS
PHYSICAL
APPOINT
MENTION
SORE
ANY
BEE
WOMAN
SLED
GUILTY
SOFA
DESTRUCTION
PUT
LIVING
COUNTRY
TYPE
QUIT
UPDATE

```
C N A M O W L W Y N I E K F K J A
C O K L A C I S Y H P Z O L F L P
F I U M K J V M R T E A O O H Y P
V T B N E A I A N Y A V G W T U O
W C N R T E N G U I L T Y E E B I
X U T L A R G J S K A D I R X Q N
V R J T D Y Y C R R Y Z A S F P T
J T I B P P T V K P S V F L T G K
M S P D U O E P Y K F R B I Q D E
O E R E A E R E B A Q V G H S Y H
Q D X L A D T Y P E D I F W O G E
I U L S S V D M E N T I O N R Q Q
Y D I J O N L Y W A S T E E E G K
D D B T F T O E J V T H W Q Q N E
O T D U A P U T W A G G I B O D X
```

Puzzle 185

```
S I Q U Y M T V T P I C S H K X H
T D G G Y I H H O O M N L W Z E X
O J A C L L G V R C L Y W K C L Y
V K X V R L U Q A O A E X K E B D
E Z Z F E I O F E E U B R K V A U
C P F F D O R H Y N Q G U A I I Y
K A H U N N B U B O C Z H L T L Q
W R I T E R E M O T S U C S A E C
Q W L S T B S P I Z Z M N J G R W
J S T A Y O N M Q U N O X W E O Y
L G L S Q X P W G O X T L W N I U
D U C K M I E X P E D I T I O N U
M C F V Z N R O O M G C B U I K U
P K S V O G W I L D E R N E S S E
F G X R K D F Y L C Y Q D W H S C
```

VOCABULARY
ROOM
WILDERNESS
STOVE
NEGATIVE
EXPEDITION
DUCK
MILLION
STUFF
RELIABLE
CUSTOMER
STAY
TENDERLY
THROUGH
BROUGHT
BOXING
TOLERATE
YEAR
WRAP
WRITER

Puzzle 186

SEND
SQUID
LAND
COME
INSERT
LOT
AVOID
ATTRACTIVE
HIPPO
AUTOMOBILE
MARK
PHASE
ONION
DRAWER
APPLY
STUDY
KID
NOR
SEEM
FEET

```
A C F D N B I M F R A I E N T M P
P O C R O N K I M W U S T U D Y H
P M Q A I P D N A X T C R V I P A
L E D W N J P V R W O K E Y U E S
Y V V E O D F I K T M J S C Q R E
G I I R T L K W H U O D N E S G S
M T F M K O I L T U B K I Q X Y Q
J C G J Z S P H I A I G E K U U M
R A Y V W Q J R X O L P M R L Z Z
L R U H S J F M E B E W C R L D E
G T F E O Q G E C L V B I G S I V
J T F Y V J B E E U K K I D N A L
C A C K I Q B S S T A V O I D F F
G M R I L Y A E W N O Q S Z L R V
F N W T P T D M V B M L G Y M K C
```

Puzzle 187

```
Y S A W S P I R H Z D T R A K N C
I T U F H X T A L K E D O Q A E L
S E U N I T N O C R E A C H E D O
T P G Z P X O I J S S N S G C G U
W T T A C P X Y D C A O I L O Y D
T A K T T K X C Y W E D T W N A Y
V I C K K S U K Z H C O D H C L B
G R A P E S L F H Q S M X C E D H
N E B W W E W P Y U P I P I N J C
I T S X T N N E N I S N E P T E V
K N L O J I L E S Q M A A F R Y R
C I W N G F A N G T F N C L A E S
O W U X J I C N M U E T E D T F O
T J O D P R O G R A M R G K E I U
S G U E D C L O O H C S N C O R N
```

STAGE
REACHED
DOMINANT
STOCKING
CONCENTRATE
TALKED
WAS
CEASE
WESTERN
LOCAL
CORN
CONTINUE
SCHOOL
WINE
GRAPES
CLOUDY
PROGRAM
PEACE
STEP
WINTER

Puzzle 188

SIMPLY
ABSORB
BRIDGE
DEEP
SUPPORT
SPENT
FORTY
CONTENT
READY
CALCULATOR
DAD
KING
PREVENT
OIL
TELEPHONE
GRADUATE
ENORMOUS
SECTION
WARNING
RADIO

```
F T U G I P O I L J M S A C Z S S
O E D R X R E J R O G E T A J P U
R L Y A A E U Y A K L C B L U E P
T E D D X V C K D W S T B C H N P
Y P N U T E T J I I I I A U A T O
D H J A G N I K O Q M O B L Q K R
V O X T Y T D E E P P N S A B S T
V N E E O W A R S W L H O T R P T
W E P L Z E B M U K Y Q R O I C B
Q A R E A D Y Q O P U X B R D L I
U Q R E H Z Q D M W L C X W G Z J
K G E N A T W A R Y W G A H E T H
I C B H I C O C O N T E N T X G D
H T Z H D N T K N M U C S F K L U
D O H V T X G H E R X W O J B P T
```

Puzzle 189

```
M E I C Q Y V B E T F T J P S Q N
I B T H Y C I R H V P S V Z S P N
G F I E T C C Q J H G G R W W U A
R M F E I R L J E R E W A H S I F
A V O S N N W J L O O C L T T G X
T E C E U U W J L O P G R F O N A
E S K G M D F N Y D B J E A O O G
V A C F M M A X W G J J A L L R B
P E T R O L K Y Q I O T D L F E A
N R N E C A P U X N G I Y O A N F
U C L D U I K X I V P G M C P C Q
P N A U J C V R G U V A L A X T Y
G I L O P E R I M E T E R E S M O
F Z R L M P X P Q N I T L A K E D
T X X L Y S P E R M I T E X D M W
```

PETROL
PERMIT
INCREASE
DOOR
ALREADY
LAKE
COOL
LOUDER
FALL
COMMUNITY
JELLY
CHEESE
DAY
PERIMETER
SPECIAL
WIGGLE
IGNORE
FUN
MIGRATE
STOOL

Puzzle 190

ANIMAL
THESIS
KNIFE
PART
CRAB
SKY
BOTTLES
HOE
BOIL
VICTIM
HARE
BISON
LEND
SOCK
FIREPLACE
IRREGULAR
EMERGE
CIRCULATE
CLOTH
SINGING

```
S H E Y C F W G Z S O W E Z C O X
K O G N I G N I S E T O R B A R C
Y E A W R A L U G E R R I Y N A V
T G P Z C H R T Y W R F L P I V R
C T C P U T O F M W L T T A M I G
E R A H L O H M V I N T Z R A C J
D M E C A L P E R I F E D T L T L
P R E Z T C A U S X H I X D I I F
B Z M R E C L L E I K C O S O M R
L D K Z G N E J L N S N W K B K C
R W H N Z E N I T M Y O I E R Z D
L W D G U J D B T R O R R F A S L
C H M E K M E R O A V S B R E Z E
W N T E G O Q G B B I S O N G B B
J L C E Q N G X K Q C Z H M Y T V
```

Puzzle 191

```
O T I P D O Y Q V I K B R I S N G
A O J O V Y B P I H S F Q G N L W
B L R C N S W H S Z D M S Z O J T
T A V K D Y A M I F T T B K W L A
F E G E X A D W O Y M X G M F N Z
V D R T E S V K N I J U H O L Z T
T E C E B N A K I W H O S E A N N
N P A R D A N A A A F M M Y K Q E
E I J Y H I T O T L E V E L E F M
M T N C D L A G N G A A L T A R E
E N J E K O G S U L O W E R Q E G
V E E L F O E E O F T Z L O L P A
O C L F C P M M M T E I F F O P N
M A J C F B M W V X A A K F B O A
A H T I J B B G M Q Z V R E D C M
```

MANAGEMENT
LOWER
VISION
MOVEMENT
FEAR
WHOSE
CENTIPEDE
EFFORT
MOUNTAIN
POCKET
SNAIL
MAY
COPPER
GREY
NINE
SNOWFLAKE
SHIP
POOL
LEVEL
ADVANTAGE

Puzzle 192

PROBLEM
PARTNER
MAGAZINE
LAW
OBVIOUS
METHOD
ATTEMPT
PROBABLY
CHAIN
ADULT
IMAGE
DRAKE
REACTION
DEFENSE
LEAVING
VAN
BIRDS
SPEAK
EXPAND
DISPOSABLE

```
A F S D R I B D E F E N S E V L F
T E T R E N T R A P N P V O W A L
T Y L B A B O R P C B S I M L G N
E H U G C Q E K A R D O P X S N F
M B D Z T M A G A Z I N E E T D K
P D A M I E X P A N D K E L A X K
T M Y D O H T E M M W F L C G K Q
O F S U N C W J A N I M G C R S Z
D I S P O S A B L E L E A V I N G
K F O B V I O U S C L L K E R B S
X X O B U I J L C H V B M W Q V G
Z A O U L W Y J G A R O M O Q U B
X O O W I V F B C I A R R C D H E
V I O Z L J Q X P N W P Y N I J H
T T R B X Y I U N L T Y M T U U V
```

Puzzle 193

```
R A L U C R I C C H I C K E N L I
G D W T O T N E D I C N I S P U V
R J J O U E Z T U F J A J O A N C
E U Q M R B S E C J I C E B I C P
U S V W T R E S T V B Z X P N H J
M T T N A C I F I N G I S Z F K D
Y A B V U Z U E F L A G E V U S P
C R I T I C A L D W S X V D L P U
B R E A K F A S T O U Y I R L E N
G W G Q T C P J C U Z B L E Y L I
D I S P L A C E M L O H L D O L S
F U D N I A E J G D G H U P Z Z H
D V P Z W U C R T T X V P U V A A
J F R G Q Y U Q M X C N Z J L M P
J Y D M M R N M N A K P N G I I G
```

CIRCULAR
BREAKFAST
ADJUST
TUBE
PEACH
INCIDENT
SPELL
PULL
WORRIED
SIGNIFICANT
RED
LUNCH
CHICKEN
DISPLACE
PUNISH
LIVES
PAINFULLY
CRITICAL
FLAG
WOULD

Puzzle 194

IDENTIFY
SENDING
POVERTY
CATTLE
CANDY
SHAMPOO
BOLD
SILLY
POND
RICHEST
GOOD
BEACH
EXERCISE
CABBAGE
YELLOW
AROUND
FORGET
COUPE
FEMALE
GREW

```
O F G B H E G A B B A C J M D U G
W Q O C E Q O Y Q O E D X B T H R
H B O R A T O T J L H E W Z N D Z
B V P J G N D T F D C A T T L E J
C T M K J E D N O P F E M A L E S
F Q A W F B T Y J X K X S Y X Y A
N Q H D V Q S J L X D B E P U O C
Q W S V V W E R G L J R N R Q P O
A R O U N D H H Y I I N D C M O C
C N B D G H C A E B B S I E W V Y
J F P F H C I A L P E Z N Z K E E
G A F S G K R Q A R A N G Q S R L
O W V A V P R I D E N T I F Y T L
E X E R C I S E Z L D C L J L Y O
G M T J D N S V M W K Z Q O V R W
```

Puzzle 195

```
D I S T A N C E R I P S N I K I Q
C G S Y K A W A J D X W I D I C S
S U N F L O W E R Z M J O S V A E
J W R Y A W P F Z U Q K D J H B N
B N C W G B H E L P F U L L Y I I
P R O C E E D L O L V G Y I X N O
X Y R T L M V P V P U T K A A O R
L Q B S P M N P T Y W H M K M N E
W O K E J O P A N E I G H B O U R
T P M U S I C A L P S E Y R H I H
V M O Q O N O O R M L H V B I P Y
K A T E Z I N A G R O E O E F U L
P P S R Y A Q E C I I L A C N K E
U H U S I T T I N G L P T S K I S
I Q C Y G K H Q Z J E X F Z E I V
```

SHOCK
MAP
WOKE
SITTING
CUSTOM
NEIGHBOUR
HELPFULLY
ORGANIZE
EVEN
REQUEST
MUSICAL
DISTANCE
INSPIRE
SUNFLOWER
LEGAL
SENIOR
PLEASE
CABIN
PROCEED
APPLE

Puzzle 196

WATCHED
AUTHORITY
DELICIOUS
EVENING
HAMBURGER
DOLPHIN
GOAT
GRAPE
SPORTS
USE
PILOT
CROCODILE
CRAYONS
TYPICAL
WHOM
DRINK
LAMP
POPULATION
MOTORCYCLE
NEAT

```
G R A P E L I D O C O R C S P G A
C H B H S A H G Q X D H O T I B U
R A T K U C W N O Q I O D R L Z D
A M I D X I G I X A E T L O O F D
Y B G U L P O N W J T H G P T X C
O U D X L Y J E W H O M H S H N M
N R W E R T O V O O R K Z E Z I H
S G J T L D D E O L U A T Q F X N
B E O J K I A C R N Y V J U A M E
Q R O P J M C J W E W A T C H E D
D R I N K B Y I M A U Y J A P H U
V R E L C Y C R O T O M T N Z F G
K X N A M A Z C Q U J U F L J E V
P O P U L A T I O N S L A M P A A
A U T H O R I T Y Q W Q B T R J O
```

Puzzle 197

```
E E K O J Y O U M E C A Q C C C D
E I U U P T E N A B A D L Q H K Z
O Q Y K L I S C N J Z R M R V Q J
A R E N A R L X A D A N T E O F B
O S W O O O A V G N N Z H H F J T
T E W I U N K Z E T Z M G R Q Q O
L R G L N I V X R W Q I I P E A O
W P U N Z M W L G W H N N R B C T
N R M S P A H R E P Y D O R Q H H
E O I D T R A P I D L Y T T A T B
E X O T A L D L J T D Z W Y L G R
N S Q R E H T O M D N A R G Y D U
H R W E R C O M M I T T E E R S
T Q F Q T N E I T A P J T X O U H
U Z X U T V I I Z O P A G J U L X
```

COMMITTEE
PERHAPS
LION
MANAGER
ARENA
TOOTHBRUSH
PATIENT
YOU
MINORITY
WRITE
TRUST
MIND
TREAT
GRANDMOTHER
TONIGHT
RAPIDLY
SILKY
NET
EARTH
PEA

Puzzle 198

COMES
MATCH
EMOTIONAL
DEPRESS
NEXT
COMPLICATED
FIREMAN
MAJORITY
CERTAIN
WEDDING
EXERT
WORLD
WIDE
ACCURACY
RANDOM
LARGE
NARRATOR
INSIDE
ABSOLUTE
POISON

```
D A N W Z S W M M N M H M M V I D
A F I P N Y Y L Y C A R U C C A E
B L A N O I T O M E T M D T U V P
Z N T C S U U W J G C R E C G D R
N P R W I I E H C R H A A R I W E
C S E M O C D F O A D R N N I J S
H G C K P X P E M L B N Y K D F S
W E D D I N G G P B Z A E T S O S
A B S O L U T E L K C R J P E N M
P T U R L S H Q I O S R N E X T I
A T M O M L N F C F C A J V E D W
G Q W I D E E R A D U T R E X E O
C J V S N Q G Y T I R O J A M E R
I Q U R I R E A E F E R Y Q V K L
Z L F X P N E B D D Y L X G R Y D
```

Puzzle 199

```
B S X M I W U P B I W Z L T D J O
U C J P Q E L U R A O F X L E O F
Y C X O D A I N U H D Y A L X Z O
I L L R Y S A E T A N B O G V N R
N V L I A E F C S T J I Z Y Q U F
G U M A P L H T I P S S L I D E O
U T Q P E S Y Q D F J D F K A D R
C Y A Y C R X M T E S L T A N I M
E H F R K S V Y J T N E C P B S U
Q Q C X Z H X A Y B B O H Q V T L
R O U Z K S I S T E R P O T A U A
I Z Q L M X E L H E U S I R E O E
O G L S I R X I G L E D C I N Q O
U S Q E R J Z W I X W M E H O J L
O O E P S M Q C E G C S L S K K T
```

REALLY
SHIRT
EASY
FORMULA
HOBBY
SISTER
CLIPS
SIR
OUTSIDE
EIGHT
MEET
TOP
DISTURB
HAT
WEASEL
PAIR
BUYING
SLIDE
CHOICE
RULE

Puzzle 200

INVITE
PLANETS
WALL
GAME
PRINCE
PROFIT
OUTDOORS
TEND
MIDDLE
MADE
STUDENT
SPARKLE
CULTURAL
FORK
EAST
POURED
WEST
HERD
ARTICLE
MOTH

```
K U C C J G C U L T U R A L S I B
Y A Q G T L A Z E F R F R V T W W
O A K B Y U H M W A L L Y C U C E
P U L G B O A Y E T I V N I D M S
R X T P L N J E G D R E H S E O T
O P L D E R U O P Q A K D D N T S
F J L Q O T E N D I J M J B T H D
I O A C W O A R T I C L E Y F A S
T S W Z G K R O F I C U E M S U P
R M N D X U Y S T E N A L P J C A
U K E A S T G Q O L W L X M G H R
I N O S U K X V Q D P R I N C E K
P H D P P S O P K D D I X O C F L
H Q J D S M Q X R G I K M D X V J E
M X D T M N G Q B M V H V M I Y J
```

Puzzle 201

```
M A H F V G N S T Y G J A C Y M R
R I A P E R W Q R A M E N R Z G M
A V S G K Z M A V D Z H Y A F T H
O C C E L B M U H Z E X T I W O S
U S C M R B E C S H B C H N F S A
X N A O A A T C A T C H I B A A T
D T H S M Y B K F N D N O Q G I
Y P B P A P H L H E D I G W S S S
Z E B R A D L N E V E G A L O W F
S W E A T E R I W E G A K P Y P I
N E I T H E R A S S L C T E S N E
O K B W G K Q M X H D O P L X D D
M I A Q U R P E G W I B W V X W X
A L V U A A Y R R E B W A R T S W
C G B N L N E X Q F O D O T I T X
```

SEVENTH
SOME
RAINBOW
REMAIN
MISERABLE
PAINTS
ZEBRA
HUMBLE
LIKE
LAUGH
NEITHER
SATISFIED
STRAWBERRY
AGE
REPAIR
ANYTHING
CATCH
SWEATER
LOW
ACCOMPLISH

Puzzle 202

DAUGHTER
WORM
REMEMBER
HAIR
ACT
BAG
INTELLIGENT
HEAVY
CONDUCT
PROUD
TASTE
TAUNT
ROW
DRAW
KISS
SENT
BITE
IMPROVE
MYSTERY
FORWARD

```
R O W L R H R Z B M I O K M G E T
A G C U X A E T I B M R O W I V L
E Z E P Y I M N B V P U O M K W G
Y H Y V M R E U N K R A L H Z Q H
Z O Q L T T M A B S O B J L H C B
A Q T V N N B T D Z V W I N B Y E
Y K V K E L E T R A E F Y R C H E
D T J E G F R S O W U Q T L M T G
Q H C I I T X S P M M G P R O U D
D R A W L I G I I Y P Q H U C D B
J X J P L R G K N E V H N T C A A
M Y S T E R Y F O R W A R D E C G
N F Z I T C U D N O C Q E F D R J
C P X F N T A S T E R R Q H K C V
P Y B O I Q B O K R Y B P E M K N
```

Puzzle 203

```
I K C V X A B J P G P D B E S N M
G N O S U Z I G H Y I Q S M M A R
V A C R X C K Y W F N J N L U P R
I B F L O V E F Y H K Y J W N F B
F M D A U T S N A T I O N G Q Q V
G U F M S D E T A M I L C E S R D
F I E R F U E S I R A E L C Y J A
R D A E A A R R E A L I T Y J O Z
T E T H B X T P H N S S N L V J X
X M C T Q B P H R E T T E B V E U
L D M E W H A D S I Z T N J P J V
N V M G N K R I I C S D O N T X I
F I P W T T T F W P D E P V G F F
F I N A L H U J D C Z W P C K J R
Y Y M B Q X K P O M R E O M W Q Q
```

RECENT
BIKE
TREES
FEAT
CLIMATE
NATION
THERMAL
SONG
BETTER
HAD
PINK
FINAL
REALITY
INCLUDE
RISE
OPPONENT
BANK
MEDIUM
SURPRISE
CLEAR

Puzzle 204

THREE
BROCCOLI
DISCOVER
LEGS
NEAR
REFER
BADGER
ANT
GUESS
SPOTTED
CHILDREN
MONSTER
RESERVE
ROOSTER
LEEK
WORKER
STUDIES
BUILD
HOW
POST

```
V S K Z S L Q V L B W U Q G X K T
F U X R R E T S N O M X L Q P Y S
D R D P P E N P E E R H T B J D L
B S O R J K A M A B N R P W R S G
B U W L J I Z W R E F E R J C U A
D A I R O O S T E R S P O T T E D
Z I D L M D S S K I G C R L H F O
X L S G D T E O R Y E H E B R C O
E O W C E X U P O Y L I S Z C A K
L C H E O R G F W O H L E G B M U
J C X O S V X I T C J D R K H U Z
H O V U G T E U Z L E R V U X Z B
S R A H B Y N R K Z P E E D C K R
V B S T U D I E S D V N O P V F L
D L J Z M G N I F D Q S W Q S U H
```

Puzzle 205

```
E N V I R O N M E N T O L U S L H
R E R Y Y T W O L A R F D H D L Q
A J D D B R H R C M H V N V K J T
L B N C O O P E R A T E T I G E R
C T W I C R V Y D N S Y P P Y W B
E B O Y G N I K L A W B Q O K Q X
D S T N U O M A A V M L A C L A E
Q U E P R I L B L L A F N I A R C
V B M R D O U J Y O E A N Y R K N
O J O J U B N O L U L X I S E F E
L E H Q C S L B W O J C N C D M T
T C F E E D S C I N H D O W E I N
S T H S Z N L E N A X S O U F Y E
I X A G E X P E R I E N C E R P S
G I R A F F E T H P P G L L J T H
```

FEED
ENVIRONMENT
TIGER
SENTENCE
RAINFALL
VOLTS
WALKING
PRESSURE
EXPERIENCE
CAKE
AMOUNT
HOMETOWN
COOPERATE
COURT
DRUG
SUBJECT
PIANO
DECLARE
FEDERAL
GIRAFFE

Puzzle 206

GOLD
WANTED
ALWAYS
UNDERSTAND
SPACE
FATHER
ERROR
VERDICT
STONE
GRAPH
IRIS
BUNNY
ENVIRONMENTAL
POSITION
STATE
POSSESS
WALK
TERM
SEE
JERKED

```
P U N D E R S T A N D A L W A Y S
E O Q P E P E C F R O D I T K G O
N Y S X S Z B I E M O V X P Z D Z
V P J I V O A D I U I F F Y K V W
I I D W T O B R E H T A F Q N H N
R R G O S I H E O T Z Q A G B F I
O T S C L F O V S R M A Q J P F S
N A S B Y M L N J E R K E D I W D
M I M P Q N T M F I E K O U D U C
E G V D A Z F I O V T R P F C C W
N R S E X C S W N U T J E K G S G
T A L T R Y E A L G L I R I S T O
A P R N G R U L P O S S E S S O L
L H U A C X O K B U N N Y Y F N D
Y H D W U A M R S T A T E T H E O
```

Puzzle 207

```
T A P O D F I C J F I Q R W I V S
W O N K U E T A H P A R G A R A P
A C G D S W S M I A X G N I Y L F
E S N E T F E J C I R H E B V U M
B F O D T I L M B D D X T V E E V
B Q S S R H F X Y U J P T V A S D
Z S A J W A E B O B P R I W K S H
M A E S O B Z R T P D E K C I P D
F V S S T R E A M O A D Q S K L S
N R F S Q I C D Q C E N F C I C I
D G F E G L E W F G H A I Q C R D
Z U W E W I N D O W A G V F T P Q
V N X N R T Z J X C L W W R H G A
Y Q H F F E R A S E R O M H I J P
N E D I T H Z N M N P J N M S L V
```

PICKED
RISK
DUST
KITTEN
AHEAD
TENSE
SAVE
VALUE
ITSELF
TOGETHER
ERASER
GANDER
WINDOW
PARAGRAPH
KNOW
THIS
STREAM
FLYING
SEEN
SEASON

Puzzle 208

COMPLETE
GENTLE
DIFFERENT
HIDE
SOLUTION
WEAPON
TRANSPARENT
NICELY
PAUSE
STRIP
NIGHT
TOWARD
LACK
DURATION
PORTION
FREE
YOURSELF
RAIN
SIDE
PIECE

```
A V O R U X Y T N G N Y X W T N Q
X V T S B N R N O N O I T U L O S
T I N M Z Y F E I W P I R T S I W
X N E O M A X R T M A A S N U T E
K L R M R J H A R R E R U C I A O
I C E W X N H P O S W N D S K R N
W Q F M X I Z S P L R L X Y E U G
X J F A O C R N C F C Z F H E D V
R A I N W E I A O K S P S E R Z I
S I D E A L Y R O X N M F R F V T
E B Q Z K Y C T Y O U R S E L F N
H G P I E C E L T N E G E N L L I
I O V P D P A K A Z W F T H P J G
B Z T P I S W L C O M P L E T E H
H K N Q H V R P I K J N R O W R T
```

Puzzle 209

```
J A L M V Q D I F P R U Q Z C T F
C L D H A K E N N R U O T E L Q R
C X Q B F T M C F E I R B G O G Q
N C G L G E U D U P V S H U T F L
C M E X H K T R E A U I V K H I E
H H D V G S R H E R N F V Z E E A
B L E P Q A A P D E I X N R S L D
Z M T E Y B I B A Y T S O L U D E
Y J A R R T N L O O K E D B W S R
W E C O Y F A T O U G H I X J C U
D K I H K G U X H K U O E D E W Y
E L L S J C B L V M I T B E K I U
D L P M I N U T E S G T F B C K P
B R U P U B L I C A T I O N D T O
E V D P X S C Z G T P Z U O P M J
```

MATURE
LOOKED
BRIEF
PUBLICATION
FIELD
UNIT
TOUGH
CHEERFUL
DUPLICATE
MINUTES
BASKET
SHORE
PREPARE
LOST
TRAIN
SURVIVE
OUR
LEADER
CLOTHES
CLUB

Puzzle 210

FLUID
COMMENTARY
SAT
CINEMA
REASON
PREFER
WEAR
CRASH
JUMP
STOOD
PERIOD
FEW
COVERED
HORSE
SITE
DEVELOPMENT
BRAVE
SHOT
PLATE
SERIOUS

```
U A B B N J H S A R C B W J R W C
G P M U J C W E V A R B H K N D O
C W R U D Z G R Z W Y V R S H C M
O Q P E S J T I S Q R M Z P O K M
V Q P T F A D O I R E P X N R A E
E G T A W E W U G J F E W J S P N
R U U L E C R S F O N J E H E B T
E G O P A D E V E L O P M E N T A
D S D P R S I T E S U V Q W O O R
O E T J Q Y Y U L V A L Y F S H Y
O J G I U Z X N L M X T L F A S F
T J N T I U X R Z F A P M F E V L
S D D C I N E M A G C S Y G R B S
Z G Y E R G J T K Y O Z C F Q Q Y
T Y E U U C Y N U J G U T G Y H V
```

Puzzle 211

```
K B I F F V Y F C X B H E A R T R
C W I G S Q Q S H M W U T Z V T K
R O J R A T A O G A T P T M A D B
F E T A T I M I E N D I H T O C B
G P P L C H M O D E L Q G R E W P
Z O T I P K D M M K U D I K L R V
B C E M L I F A R O N Q E G P Y A
D S S I D I K Q Y R K L H S O S D
B E L S G N A H L B S I W L E P M
L L J S D C A F L B U T Z R P K G
K E L I N H Q J A E Q N B E M O D
E T Y D T U Q B N O O P S I Z D T
P L E N T Y H F I Y E U P X T D M
D T G E B H E N F S H C U S Z A I
H L J G O Y S O P T I O N G N C F
```

BROKE
HEIGHT
MODEL
HEART
DISSIMILAR
OPTION
INCH
TELESCOPE
FILM
SPOON
IMITATE
HANG
FINALLY
BIRTHDAY
PLENTY
END
BUT
PEOPLE
BUTTER
BIT

Puzzle 212

SCHEDULE
FELT
DENSE
BOY
CONSTRUCT
TOOTH
TERMS
POTATO
PENCIL
LONELY
UNCLE
FORM
CARD
QUALITY
SIMPLIFY
SITUATION
INVISIBLE
ARM
INTERRUPT
LAUGHABLE

```
D X F Y L O N E L Y Y L Y H L C B
K Y Q J E B E J E L B A H G U A L
V F L T B S I L E U Q B Z G U R A
Y U Q Y C O H H C W G A T A X D I
F I K N Q Z Y M K F X H T O O T M
U T S R I F L U E Q Y S C P N L D
N B B I O C P N R L P L U H L E K
C T P T M T E R M S B D R A A F M
L I C N E P J Q U A L I T Y R K D
E B P O Q E L U D E H C S U M Q E
U F C C E S R I F I L C N I X W N
W N I B M F X M F W B M O X V F S
I N T E R R U P T Y F D C C M N E
P O T A T O N X I F O R M Z T M I
S I T U A T I O N M J C S S N G H
```

Puzzle 213

```
F N E D G V J I B P J Q H Q G X G
M D E T N Q X Z Z N O Q Z J W A E
P F Y V O L U M E M I M Y S A M N
O O O N E T A G I V A N P H N M E
S D L U H S I E K E L Y T S K O R
S D P F N I L K H I N N B E R C O
I G M O P T A L E R T S F E N K S
B K E Y F R A O X R H P P S E D I
L U J Z O A M I Z N G Q S R K N T
E Q D I N N E R N U I C I U A E Y
D M I T X L T D L F R J C O T C G
Z X O W B D E C T H B T K C V S N
L C V L S V N Z B P T N O S Q A A
T V T F K G M U D D Y N J B R K W
I O X N I I Y H V A A I Y F H R G
```

POSSIBLE
DINNER
VOLUME
NAVIGATE
EMPLOYEE
INTEND
GENEROSITY
ASCEND
FOUNTAIN
STYLE
MUDDY
MAYBE
MOCK
VOID
ARTIST
ALERT
BRIGHT
TAKEN
SICK
COURSE

Puzzle 214

PLACE
AMBITION
WHATEVER
SKIING
CRAZY
COLLIDE
FISHING
FERRET
THUS
ELF
PLUM
BUY
POUNDS
MESSAGE
ALONG
EACH
ARREST
DRIED
THE
SELECT

```
D I Q P Y Q A P R I D V Q F W A D
D V N P E E F W O J T C X Y H R A
Q T O L D Q E V W U V J Q X A R F
V Q U U A K H L Y P N B C L T E F
J O G M M P U O N D B D S T E S Z
P J X N B F E R R E T U S H V T U
A F L J I G G I M I C X Y E E H Z
K F O J T H A U M R E A K C R O R
D X G Q I C S F C D L G V A Y X P
L T A J O A S I B Z E O I L T C P
O Y K E N E E K F F S E T P G R Z
A L O N G F M U L T H U S F R A C
Z V E E B R Y J E D I L L O C Z J
Y M O Z T M L B V C O Z W M V Y X
C B S Y K S K I I N G R N I H C E
```

Puzzle 215

```
D I H D A A T F N R A V N E X Q W
E S E R E G X F Y E J C I O K L R
C O F A V N E S F L R E C Z T S Z
I L W H E I T X B A E C H E N O K
S A I F I N S I P X C H V S P P H
I T S M H I B I S E S O H T N T J
O E M U C A N P V T N B U R N E D
N D I B A R O S P C V S F A P R C
X K V X F T E N A S J O I Y W N C
P R O V I D E O R W A G G V Q R I
P A R E N T S W D R C S H U E X S
C H R P H C V M O C K R I D I N G
X E U B F K H A N E E T G P T I G
E H V E N R X N Z V T D N C V Y N
D H C O M B I N E S A E L E R V B
```

SNOWMAN
COMBINE
PARENTS
TEXT
HARD
DENTIST
PARDON
RIDING
EXPENSIVE
PROVIDE
THOSE
RELEASE
RELAX
ACCEPT
BURNED
ISOLATED
TRAINING
JACKET
ACHIEVE
DECISION

Puzzle 216

DENOMINATOR
ACCUSE
ATHLETICS
KNEE
SHAKE
HATE
SCENARIO
ABLE
SORT
SHALL
MEAL
TIDY
NEED
HAND
TRY
DANGEROUSLY
LADDER
REVERT
DEMAND
UNDER

```
W P Y E G P K S W K O O W U M M F
A N Q H V O N Q U A N U M Y S E A
L L N X U U E L B A E U X B A A U
N E H A T E E S L Q E K K F A L G
A O C R L V Y H Q A D F V Y J U Q
T I A V Z D A A Y Z H S K C M Q N
R R E D D A L K I J Z S J P P M R
E A Y D I T R E S U C C A Y T Z S
V N Z E O Y D E N O M I N A T O R
E E D A N G E R O U S L Y S G D
R C N S O R T M J R G K G A O P Z
F S A V H Q E A T H L E T I C S G
F M H I T H Z D N A M E D J X F D
I Z V D M E T K N K V A I C F J L
D B Y O E K J X J U M P Y Y D D L
```

Puzzle 217

```
R E T A R X P T K A Q M V S M C V
L V G A A L M T H C R A E S W A I
A A T I F R A S C W P R Q V M G O
Y L R A E L T L U P X P G E L H K
S U M G V N S L S B I O L O G Y P
A A K D I T A Q D O L F J X P G A
W T G I T S E G R A L F R O L O E
P E V G N I V I D P E A C E F U L
X V S I E A O Q T K E L Z R F R T
F A X H T E W R N U R S E S G J P
E H H P T O L S D D B W W E M G O
Y D Y A A U U L Y E S K I R T T E
G J Q I P P A U H G R W X G F S L
L E G N E T F O U E P I I O V E Z
D U C T Z N K G H P L X Y Y W O A
```

STAMP
SKIRT
ALSO
PEACEFUL
SWAN
DIVING
OFTEN
RATE
HAVE
EVALUATE
SUCH
SEARCH
PAINT
LEG
BIOLOGY
NURSE
LARGEST
ATTENTIVE
ORDER
EARLY

Puzzle 218

BLOCK
EXTREMELY
COOK
LAY
PUFFIN
SOIL
AFRAID
FREQUENT
GOAL
PARTICIPANT
ZOO
RHINO
FORTUNATE
EVERYTHING
FUTURE
ANIMALS
CAULIFLOWER
CROWN
FREEZE
NATIVE

```
N E V E R Y T H I N G L S E V U F
K A H A F R E Q U E N T I G M E O
Y I T P A R T I C I P A N T R O R
V W X I J I Y Q N C O H Y N S C T
Y D A C V E X T R E M E L Y O R U
X X U M R E W O L F I L U A C O N
W L X M D H M N V Z P S M Q N W A
A F R A I D E I F S N K O O C N T
C R T F C K J H N Q H I O I S E E
F V U T Q C F R E E Z E Z B L J A
X U K L G O A L P U F F I N A M F
P T T I J L A B L Y U K B V M G A
G U C U K B V W Y H Z E V V I O D
E I H B R P L D M U L A Y Z N M O
W J K L T E Y K A D G U A P A Q G
```

Puzzle 219

```
J S D H M O P F V T A E P E R L T
O T R Y W Y O C M E N O N W A A O
M E A S U R I N G N H N E I E W O
N U D E B F D W D T B R U S H Y T
H J S Q M J W R P H B M W S W E H
H N C H M O O S E U V E I O T R P
T A L L U O H M O U P Z A R O V A
S T E A L R S Y V A F I I C C I S
S M Y M V B R P E W C G L A P P T
U K J E E B Q Y T R A P R I I H E
I D U L W B H E N U Z U Q W S M R
Z I R R T K Z K B N M V B H L R K
D R D S H D I V U T U P Z U M M R
K R J Q Q N Y D S F I R E X J F G
G I I K N F O U J V Z W X A P K C
```

TENTH
FIRE
LAWYER
REPEAT
HURRY
STEAL
PUPIL
SHOW
MEASURING
BED
TOOTHPASTE
TALL
MEAT
MOOSE
HEAR
NONE
BRUSH
KEY
PARTY
ACROSS

Puzzle 220

TENNIS
FINE
MURAL
TEN
CALCULATE
NOTICE
PERSONALLY
DANCE
PAN
BAY
JUST
HOT
LORRY
APPEAR
FOLKLORE
WHILE
SHOULDER
MEETING
FLEXIBLE
WONDER

```
P G L S I I B V W F E B O W Z P P
F Q E H M H H I C O X X M Q D P E
H Y G N N X I Y A L A R U M X O R
J R N E T S Q K L K M V K K D F S
P R I C J R V Z C L F C L H X O O
H O T N U V S Y U O F O R N Q J N
N L E A B R R G L R L Q B V L U A
S R E D N O W R A E P P A B Y S L
N H M T A H A U T S F X L N A T L
I V O W P Q A A E C I T O N P Y Y
W Y M U E G G T W M N N R O R A O
O O A P L V Z A B O E S N E H D D
F V Q K I D R R R O S P P E F F R
G Q L C H X E L B I X E L F T W Z
U V H U W A Z R N I G H Y D P R R
```

Puzzle 221

```
W M D S P L N E X T D S L A J J O
C H N U I O E B O R D E R B N Q E
L O Y M C S L A M T O E Z M E C A
P D T M L E G I S C B M T M Z V V
Q O S A G N M W C T L E R V N M E
X A A R V S L J U Y Q R H E D G E
N J A I I E T F U S R G H G Z U D
F A Q Z S L T M Y U A E H M P S K
E L B E I R P N O F N C Q J S I
H O L Q B S U N O I T C N U F M M
V U P F L S S B K V K Y G O N N A
H D O E E O B K C E S I N G L E C
T E M P E R A T U R E H B U Z W R
V A M P I R E O R P H E A L T H Y
E E S I Z E B D T W A T C H I N G
```

SINGLE
SIZE
WHY
ALOUD
POLICY
HEALTHY
WATCHING
HEDGE
GONNA
FUNCTION
LEAST
PREVIOUS
EMERGENCY
VISIBLE
BORDER
SUMMARIZE
TRUCK
VAMPIRE
TEMPERATURE
SENSELESS

Puzzle 222

EXAMINATION
CHECK
RESEARCH
AMERICAN
TAKING
PURPLE
FAST
GAVE
ISSUE
ELEVEN
GOING
COMPARE
GRANDPA
GRASS
TRIANGLE
OFFICE
ICE
WHALE
SPEECH
PICK

```
X O H C R A E S E R Z A F C F E T
J F L V D M N A Z C O M P A R E T
V F O C Y E V A G P J H I J S L Q
T I U S Q R P U N Y S Y J Y B A I
R C X Z H I G C I N G A U V O H A
I E G M O C L Y O N S R W K O W K
A E A R S A W T G A E V B Q V T F
N L S E A N Z S A P U R P L E H D
G E E P V N C A R K C E H C U W Y
L V E Q E D D F E C I G N T S L Q
E E H E Y E I P O I H N O G S N B
F N S E S G C G A P J L G Q I K N
W T S S L W B H S G R A S S U R B
E X A M I N A T I O N Q Z O P G V
L A O Y H B M E T L K W W B C A D
```

Puzzle 223

```
K S H T H K Y C F A V Z S X K U W
E W E F F Q Z W A Y R Q U B E A R
F A O K Q B Q C P E X W N S E K I
P E G L S H U M O U T H S Q R E K
O F Z L G N I Y A L P T H X E F O
L R F A E L E S N E S A I B C T N
E U B T N R T A E R G P N I B U A
V R F I N M E T R E E Y E G V L T
E Z O P T C R T A U N T X A X I U
D S F A J U G K F D I P U T S P R
N L V C O O B D I E B V J Q Z F E
V M S Y P G L V N T L R A F C I H
O U H Z A A I K R E T V F B V K G
B S X T R W R D T C R Y K X O W B
A T H O J A F U D T I G V L G U R
```

CAPITAL
ORBIT
TREE
SUNSHINE
SENSE
BEAR
DETECT
MOUTH
EAGLE
TULIP
LEAF
GLOW
PLAYING
AUNT
NATURE
QUIET
DEVELOP
PATH
STUPID
GREAT

Puzzle 224

CIRCLE
DEPRIVE
VERSION
MARRIED
CAREFUL
BURST
BALLOONS
SUGAR
TRUTH
FURIOUS
FINGER
WIND
MEMORY
INTO
ANALYSIS
LUNAR
WHETHER
HISTORY
SKATE
RECREATIONAL

```
X W Q Q S A N Q S M K K M T T G X
N A I M Y V U N L W W Q H P S G S
D I M N K O E T J B F P U E H X N
C O Z K D C Y R O T S I H T U R T
F U R I O U S A S I S Y L A N A S
N M R V F J N N F I T W U K F G K
B Z G S I G O U D G O I F R D U A
I N T O N E O L Y H J N E A I S T
D Z I N G T L D P H D E R R R R E
B J A N E R L D E I R R A M Z O U
Y P R J R V A F H P G Y C P E I U
M E M O R Y B A B U R B U R S T N
W L L S C N O M P G I I D Q G H U
R E C R E A T I O N A L V G K O H
W H E T H E R C I R C L E E Y S N
```

Puzzle 225

```
T H G U O R D O C B M T R U J U D
R N D T G H W D E A E I Y A W A D
E F A M I L I A R R O C N H O C R
A A B O U T N P F N T W O O Y O E
T P O W E R D R Q D C W P N R A S
M P Q K Y A D E M E O I E X O L S
E G I P Z R J S W H Z L J A E M P
N E Y E S F C E O F F R L K H B Y
T F B K U L S N I A T R U C T R U
E S K F O M Z T H C Z R G Y Y Y N
N M H J M C N P B F V I T K Z H U
L P O K A G H E J H R H B Y Y E S
L N R O F D B O H P R E J D F X C
R W U I K O H F H X B L G O D G R
Q H W H S R J B G V O D V F C U E
```

TREATMENT
FAMILIAR
FAMOUS
MINOR
EYES
POWER
CURTAINS
DOLL
ABOUT
BARN
AWAY
ECONOMY
TOE
OFF
PRESENT
COAL
THEORY
DROUGHT
DRESS
PONY

Puzzle 226

MOSQUITO
ROBINS
SOCIAL
ROAD
GIRL
LEMONADE
GETTING
POSTMAN
SECOND
INVOLVED
FAVORITE
VITAMINS
TALK
KIDS
BELT
INCLUDING
RAISE
TIME
REPORT
POT

```
L N K L W I H P R X V S F Q V R F
A O F G L D N I Z O B O D O I E A
I U Q U G G A C T A B P L K T P V
C N S G A L M X L V A I M U A O O
O G V D G T T U L U Z O N K M R R
S E O O V D S K E W D Z P S I T I
V T B T L B O I D U C I T G N W T
Y T G I R V P R O A D Z N G S N E
Z I O U I T E M I T L E B G Z H A
V N P Q G J S D I K G S J M U I Z
N G O S J A I N W C T Y D Q I E A
O O T O A I A O K I H D W K X R O
Z S V M Q U R C I H L G I P F D E
U A L C Q D A E D A N O M E L H U
F K Z D N E D S T A L K D M J H C
```

Puzzle 227

```
M A R R Y B K M H U G R R R Q S L
E U N A U Q W E V A C L B J Y E E
A T H N C Q U X O N T O M K D P O
B U O I G E F P N C E F T O K A P
E S N M F K Q R H M C K F E T R A
A Q O B A A A E S G V C O A B A R
U U I A D T W S E L C I T R A T D
T I T Y F S O S E L F G O W B E V
I R C H D I R E C T I O N S O H M
F R U T E M R R K C S M A R T E R
U E D E W M O D E C E I V E R E H
L L O E S V M L W L S L S W Z F G
D M R T Z G O N K Y A J T P G Q W
P I P H H E T Y L W T H H M I S T
T O R X P H D A S E O M S E Y Z F
```

SEPARATE
THEM
TEETH
BEAUTIFUL
ONTO
EXPRESS
TOMATO
DECEIVE
DIRECTIONS
ART
ARTICLES
SMARTER
MARRY
PRODUCTION
SQUIRREL
CAVE
BROKEN
MISTAKE
TOMORROW
LEOPARD

Puzzle 228

TAUGHT
DROP
KIND
SOFT
HIGHLIGHT
SON
SHINE
SEQUENCE
DEAL
FAIL
GENTLEMAN
DISCUSS
STAND
DETERMINE
YES
HOUSE
PRICE
SUITABLE
FORMER
GOT

```
N A T S S S P G I R Y Z D K D I D
B I L U P E O H O Y I X N J V M O
V F R I K Q R L E T Z G T C S T I
D E V T X U D I S C U S S M H I J
W N F A Z E B G W D F L U Z Q X G
U I W B T N R E M R O F I T Y Y J
W M H L F C S N V Z H O U S E U M
A R B E I E C T H G I L H G I H N
Y E S S D A R L S H I N E C I R P
P T F O S T F E F Q O H Z O L T L
U E N N O A H M C P S I S J A A Y
T D N I K U J A A E L D Y T U Y O
K C C G N G R N F R Z E V L A O T
X H L N J H K I T D C A R R M N H
N D O P R T U X K L L L A P X N D
```

Puzzle 229

```
J B N C V D E C H J X X D U G Y D
J X C H K M S N X S G G M B J O F
R Y D M X N S T D P Q O I M I A S
C E K O R W S W I M M I N G Y E O
O A U P N O O N R E T F A E X R U
L X M V V I O J Y C I V L L H U P
T K Q E L B U O D M J J P B N T H
W O H W L S P I D E R C Z A O C F
Y O L F L A T F I G R V W P I A T
J T I D X A N C U A Y H H A C F E
J J A F N Y A F H P I Q S C F U S
M U L T I P L I C A T I O N E N P
I F Z P N R P T M Q J Y M T E A L
H P P A P Z U E W Y A U S P L M O
M A R K E T Z T E A P O T C R Q I
```

MULTIPLICATION
CAPABLE
TEAPOT
TOLD
PLAN
FEEL
WHO
MANUFACTURE
CAMEL
AFTERNOON
TOOK
PLANT
SWIMMING
FLAT
PAGE
THEN
SOUP
MARKET
DOUBLE
SPIDER

Puzzle 230

PRIMARY
CAN
GIVE
CONFESSION
HUMAN
SUNDIAL
SUPPOSED
PERSON
MOTIVATION
HOLE
WAR
ROTTEN
MORAL
PRIZE
BLUE
EXACTLY
SPEED
DEMONSTRATE
TAX
PHOTOGRAPH

```
B L U E D H H V W L N P P R Z H K
H N N D E E P S X A T E E B A U Z
P O J R M Q L E U R R T R D C Z Q
A I L D O E L Q N O T T S D J F K
R S J E N C G P D M Y P O S N D O
G S P S S G G B A D R L N A M U H
O E R O T I M L F I A O N D T L O
T F I P R V Z M O Q M X T U L A E
O N Z P A E X R P P I A O T K I X
H O E U T W A E B Q R Y K K E D A
P C C S E L N C G I P X C A N N C
M O T I V A T I O N A R H Q O U T
H D P Y V T S R O M K D W C P S L
F D M N U D P J D D U N C Z Q Y Y
I J A C S L G F X F S V Q A K F D
```

Puzzle 231

```
R T T A G O S N F C O A Z C D Q Z
E H M K H I C Y O U M U T X X O Q
N X M E Y T F X M R O T L U A F L
T A T T A C H T F I R H S D H U O
H O J M H Y R S S O N O Y E A J Y
G U I W F T U O S U I R J G N X A
I V E V W N M R T S N I Y V A A L
F P F F R E K F A W G Z Z S W Y Q
P R A C T I C E N Q Q E G R A H C
C Z W F V T P Q D Z D C K Q O K Y
L Y B L R O H X A B S I V R J M W
N Y K Q G U D E R C W L A G D F J
B L U P D Q A E D X O O U U N Z J
C A R E L E S S S S A P G B O L C
L A T E L Y T L F K A R O C K E T
```

CURIOUS
NEST
PRACTICE
ATTACH
FIGHT
QUOTIENT
CARELESS
GIFTS
POLICE
MORNING
FAULT
DESK
ROCKET
AUTHORIZE
CHARGE
STANDARD
RENT
FROST
LOYAL
LATELY

Puzzle 232

SLEDGE
PUSHED
STORY
COMFORTABLE
TIMID
PRETTIER
PUBLIC
LAUNDRY
INVENT
RESPECT
FAVORABLE
VIOLENCE
LOVE
TABLE
CONFLICT
AGENT
SURE
PRETTY
CRITICISM
ENTRANCE

```
C F K C H E I K J A W P Q W Y R R
O C B W R F J D E H S U P K G E Z
M S M W R Z B C Y D Q B E E Y S C
F U E E C N E L O I V L Y B W P D
O R I N P R M D M M W I C N O E H
R E N A T Y I F G I D C H Q B C G
T G V G Y R O T S T Y K Q E K T N
A D E E I D A I I C O N F L I C T
B E N N G N L N B C F E L B A T M
L L T T S U A O C P I E Z A A N P
E S W G U A C J V E I S D R R V V
U I N C R L D O K E L Q M O H D X
P R E T T I E R K R Q V O V S B G
P R E T T Y D U B F A E H A H B J
Q N K G X Y Q I L P P O X F I S J
```

Puzzle 233

```
A K O S Z T Q I C P Y S A D Q Q G
S N D I V H R T G N P H S Y D U T
C D X K C I T A M A R D P Q Y A K
A C X I K N A H T P G B O J G I Z
R C V Z O Y R R E B E S O O G L K
E I N F Q U V U E J E J K S U G P
C V Z A M P S Z T S E J B C S O R
R I I O C U D K A A C O U H I L E
O L X D I F G M R E D I S N O C S
W O Z K C I G B B P Y T E K A N S
T H A N K F U L L Y L H U N M X T
D I S T A N T B O R E D I U C R H
H G C P B Z K E A Y K R O O L E E
Q Y C P N T D F F V I S B Q T T R
H K Z R G V B D Q Y L P E R K P E
```

TURN
DRAMATIC
THANKFULLY
PEAS
BORED
QUAIL
LIKELY
ANXIOUS
DISTANT
SNAKE
SCARECROW
PRESS
SCIENCE
THIN
CONSIDER
CIVIL
REPLY
THANK
GOOSEBERRY
THERE

Puzzle 234

WHEN
HOME
OPPOSITE
UNSTABLE
MYSELF
SCORE
ANEMONE
DAD
TEST
VOLE
GRADUAL
AUTOMATIC
BLEED
PENNIES
HURRIED
LEAK
RASPBERRY
AFFECTION
USUAL
NOTE

```
M Y S E L F I N E H W H T U H P A
U F E G R A D U A L F L E S U N F
H O M E A I A B R V O B S U R O F
M K C T U N D P P L G V T A R T E
Y K F I T T E U Q M U U L L I E C
U U S S O B E E I S N T E O E G T
B B Y O M I L R I C S J A O D T I
A R R P A Q B N L N T E K Z T J O
X N R P T K A K N S A R I O G Z N
T W E O I E R J Z J B O J N X H B
C J B M C F W V E H L I E B N K Y
V J P N O V N I R C E B D Q R E P
Z G S N B N Y P W C S C O R E V P
H Q A F R X E M H Y U R M G W A L
O B R A F E A Z T O H W X T H F M
```

Puzzle 235

```
V S Z U W O E T O V S R Y B P T O
Z E T N G I H T R O N O H Y R D N
S B T H M L K O A H L I E F A S B
U S N G G O G N L R I Z L I C E N
V L A S R M O Q B T E E I N T E N
B V R A L U C I T R A P C A I K R
Q K R N T I T K M J L G O N C H E
J W U D H B T H S Q M C P C A X C
J B C C R H K E V X V J T I L O E
H U A A Z C V N M N U V E A Y Z N
N G O S W O R R O B C U R L F M T
I J D T N A T S N O C R L D L O L
S M J L A C I D E M M E D I A P Y
P N C E V I T U C E S N O C S Z O
W H Z L E V R D X V V D F P P K M
```

RECENTLY
SEEK
MEDICAL
CONSTANT
MOON
OPERATE
CURRANT
HELICOPTER
PRACTICAL
PARTICULAR
DRY
VOTE
FINANCIAL
NORTH
ITEM
NOT
CONSECUTIVE
MEDIA
BORROW
SANDCASTLE

Puzzle 236

CITY
GATE
FATAL
PENNY
WILLOW
SERIES
YET
NOSE
MEADOW
PROCEDURE
RELATION
DARK
LAUGHED
BURN
HIGHEST
EARN
SHORT
ANSWER
FROG
EXCEL

```
D E N L J Y V F V D J H D Y Q E P
P A O O A D V J Z S I R S B S I G
R Y R A F U B D E K N K F K N O D
O O F K A K G F A T A L C I T Y C
C D W N T J U H D M E T S F R U M
E N W K H P X S E I R E S W O N A
D F A E Y E T A G D L Y W K H O F
U T L R Q N R A E Q E A K L S H R
R H W G Z N R F U E K N R U B I O
E Y Z S T Y E X C E L S H H E G G
X B X W J U Y S Y S Y W L G N H E
W I L L O W V W O D A E M I M E Z
A A Q N I A F Z N N N R W S U S M
D N R E L A T I O N S O G N C T M
Y H G T U O R G C Q F U G H N J S
```

Puzzle 237

```
A K N X R E H T A F D N A R G L H
C P E N U L V U L Z K M R B O E G
T W U X C K P E P X P P Y E O A A
I H W Z C N I S R A T S B X X V C
V Q R Q O I M T P Y F R U I T E H
I L T E P R A C A L I L C V P K E
T U I R H W L A I T N E S S E T S
Y A F M P R T P C Y T I V A R G T
N M X I I I K M P M E U S R U P N
N O Z C L T U O D Y R P O F H H U
S U M M E R N C T I V H F H V G T
X V A B G I O Y J L I E T I S I S
C A P I A L S G M P E R C Q K K M
P T E S M B N U L L W O I R N N K
S E G X F G X K I T D N A K F Y L
```

ESSENTIAL
OCCUR
PURSUE
GRANDFATHER
LEAVE
STARS
CHESTNUTS
COMPACT
FRUIT
LIMIT
SHOUT
HERON
GRAVITY
LILAC
WRINKLE
CARPET
ACTIVITY
SUMMER
EVERY
INTERVIEW

Puzzle 238

COIN
DESIGN
NATURAL
TECHNIQUE
IMMEDIATELY
ATTENTION
ELEMENTARY
FLIPPER
FRIEND
BEER
SNOWBALL
LAST
SNOW
STATEMENT
STEAM
DOG
LESS
FORMALLY
CARE
AREA

```
T E N O I T N E T T A S Q U A A E
D O G A M O I R E E B X T C E Q L
N F I E T C O A Y K N Q G E W S E
E L S R E U C C Z Y V A N W A Z M
I I E A X T R T I X Y W E V K M E
R P D B T Z N A Y A U B Q G T M N
F P Z T S K V C L L A B W O N S T
F E S T A T E M E N T Y T O G V A
O R U Y L E T A I D E M M I N N R
R D N Q E U Q I N H C E T E J S Y
M W S D S B G R F F W F G Z D T K
A G D N S Y Z J N U Z C X A Q N V
L A H W L F X D R F H O F Y X S U
L C C J H A Z S F A I Y E Y I R P
Y R A F Y C R N M D L H Q L E P X
```

Puzzle 239

```
F Q V G A E T A K N E D B C V B D
V L Y V D U X K D R L B E N O R R
R A X W D U V P N S U S I N K A I
Q S X D R L B J E Y E H L C V N V
A U P H E Q D K R E M R A F C E
E S N W S C I N E R T M I S S H R
I T L Y S A G E E E F C W M H R B
Z A M Q E T J I W H E I O I E Y I
W I L I M E I W L C L L U W X K
N N N O I T I D U A N D E L L A C
M B O G T N G V J T R T B R K D C
I I J G E Z H U Z P N L C Z D B V
S P L K M H O M K C C V B M V F R
C T Y E O F O B F X Q Q O Y O C E
N D U O S G N I H T A B J K V Q Y
```

AUDITION
LOCATE
WEEKEND
ADDRESS
EXPERT
SUSTAIN
LEFT
DRIVER
MISS
BELOW
COULD
CALLED
SOMETIMES
BRANCH
SINK
CHERRY
THINGS
HEY
MILE
FARMER

Puzzle 240

WOMEN
HUGGED
OFFICIAL
COACH
ERUPT
APOLOGY
AFFECT
SKIN
HIMSELF
INPUT
NOTEBOOK
CLEVER
QUESTION
MAGNIFICENT
LIP
CALM
LEARN
THICK
SAY
SAID

```
W M B L O C S F X G S O U C Q O P
O A T E O L M K T H I C K N A F K
M G E A M E A O I S A Y R C S L T
E N R R F V W O K N O G G P Y E M
N I U N F E B B Q O N J T M F S G
U F P A C R I E S I L J S V Q M R
C I T U P N I T A T P H G P T I K
I C C J I O J O I S M S L I E H S
I E E N L C L N D E A D T X G C U
X N F A K I V O D U P Y O E A A Q
Z T F M W D B K G Q C T N I T O D
S A A H U G G E D Y E S P O I C R
O F F I C I A L B M S T A Z N F W
T X E D B J B F X C J V M G O G G
P V Y W I A V J O M U C C B W W W
```

Puzzle 241

```
T B W S O M B E F N V E W L P H A
M A R R I A G E V O S T E E L I D
H W B S W O M G T I U W Q S P G V
S E E G S R D A A T D R X S W X I
Q G A Z D Y U N L A Z E U O M M C
X N O L V I V A K R H H N R D P E
L A I C T I H M I T V T U C C L S
P R A J F H J E N S A O Z P E S A
R E L A T E R J G I S R S D N Y H
W U A K T C E P S N I B P T I A C
D E S I R E K J J I Z O I B H S R
O U B V W S I U P M P D N I C W U
O G Q D Y L M N M D I V A K A J P
K E Q A G U C I L A V Q C V M M A
B O T T O M U E G E W B H X L E T
```

HIT
HEALTH
INSPECT
RELATE
DESIRE
ADMINISTRATION
RANGE
PURCHASE
SPINACH
TALKING
MACHINE
CROSS
ADVICE
MARRIAGE
FOUR
BOTTOM
MANAGE
EVIDENCE
STEEL
BROTHER

Puzzle 242

SECURITY
SORRY
ACCORDING
MINUTE
ARCTIC
REQUIRED
HOTTER
BEAN
PARK
VARIOUS
PARTICLE
USEFUL
SIXTH
DRIVE
THESE
CHECKED
RECEIVE
REMOVE
HAPPY
PRESIDENT

```
W Y Q E A V A A B Y X G O A R B E
Z G S L H P E Q E S E H T Z E B S
M I N U T E A T A H A P P Y Q C E
K A H F O J E R N T L G Z R U H C
P I C E R I C U K X E K R R I E U
I H C S P R R O P I L K E O R C R
X A H U U Y O A H S C K M S E K I
J C E R U E F D V O I S O L D E T
V C O S Y R G X K C T E V W Y D Y
W O N J K E V Q K C R T E J A M R
O R F D L W X O H Q A W E G R B Z
Q D D R I V E Y D A P X S R C T S
M I N Q I K Z K M I J M B A T K L
D N P R E S I D E N T L N E I Q P
I G R E C E I V E A G H L O C W N
```

Puzzle 243

```
K U B A U B Y O K S I D W U V Z B
Y A T M U W B T D N U B P R T R E
I V L A W N R U H L E P W S Y W T
W H E R E N E S M R A N P Q X U W
D V C I O K A E W G S O O L B R E
Q O I Y E K K E X S A Y S U I C E
N I R O I R D G B X Y N C J N E N
B D E L I C A T E D X N E V N Y S
I T O B S K N F Y D A U R D N P P
N H I R L M P I L S R F B N I T M
R P N R E U J X L L I H F O I Y H
W Y E X D T H G I S P A R T I E S
B G V O U M A Q H I D E N T I T Y
Q V K B G H G I C F H G T X S M F
D E F E N D H T N E D I S E R G H
```

WHERE
SAYS
DELICATE
SUPPLIES
LAWN
NOUN
RICE
PARTIES
RETAIN
DEFEND
CHILLY
BETWEEN
FUNNY
HILL
IDENTITY
SLIP
RESIDENT
BREAK
SIGHT
WEAK

Puzzle 244

LIE
OLD
DISMISS
TOUCH
ARRANGE
PECK
FARM
ZERO
SHE
REMINDS
AGREEMENT
PERSONAL
TEACH
DISASTER
SHOOT
JOYFULLY
SHARPENER
MOM
PLAINS
TRIAL

```
J O Y F U L L Y P E P M H I S X P
L Y T T B A C T H C U O T Y G P E
F K Y P E G N A R R A M A E G D R
R E M I N D S S N I A L P Y Z F S
U G N I T X U S F U A T A Q O P O
E M J E B C C I T A M L X X H Z N
M O Z I T N E M E E R G A E K T A
R Q R G O K I S D H D M M O O V L
P I L Z O O V I L C C W W M I J Q
E H S E H L B D I U L G V L W G V
C C X R S N D U E D I S A S T E R
K A D O T S Z U P A I I M Q B A E
F E S H A R P E N E R C N W F I I
P T J O S B I A S H Z L X T R J J
W B W H A I O E J F R G U S Z S E
```

Puzzle 245

```
P C T Z J K V M U Q C L O U D S E
R U A M J Y A W L L A H H J W U X
O R N T G X G C E N I F N O C M C
M V G D Z R P L M E Q T L K E M E
I E L A G Y K E U K K F W U R I P
S F E Q O H H R W B R L T E T T T
E O D N G E E R G A T U E E L Z R
N Y K W Z D N W U L S F A J B V P
Q G L X E E B I M L E F C F A L E
O S J Y T W T B Y E R Y H A B O K
S L E E P S L U Y K E G E V K H N
R R L O G V K L X R T T R Q B J S
N B T H C T K W P O N R A L K D X
P A R S N I P F K Q I E B A S M N
Y R M G I H X I B B L J N T R W R
```

HALLWAY
SAW
SHOE
AGREE
FLUFFY
CURVE
EXCEPT
TWELVE
TANGLED
PARSNIP
BALL
SLEEP
WEEK
SUMMIT
PROMISE
INTEREST
CONFINE
TEACHER
SWEDE
CLOUD

Puzzle 246

CATEGORY
CONCEIVE
ELEPHANT
QUANTITY
REGULATION
CHANCE
SUNGLASSES
SKATING
ACTIVE
RESPONSIBILITY
BOX
SING
IMPACT
TRICK
RESOURCE
MEASURE
INVESTMENT
LETTUCE
COST
SEAL

```
Y C S H Y N N S V E N R B P J R U
Y A V L I N O I T A L U G E R O G
R T S O C O L N T D L E Q R P R Y
Q E V I T C A G Q W P E P U A R T
C G S P U P E C U T T E L H T L N
X O B K R E S O U R C E Q H A A E
E R B C A W C W V E A V J Y C N M
E Y M W O T W G W S P K Z M H B T
P E U T G N I Y L C M V H M A E S
Q M N U W U C N U S I T V W N V E
M E A S U R E E G T R I C K C E V
F T Y T I L I B I S N O P S E R N
Q U A N T I T Y O V S A B R U Y I
S U N G L A S S E S E P X C I Q W
T S O Q R I F J S B W Q F U H U I
```

Puzzle 247

```
A B C C F M W O O W P V I E W O I
J N W L N D H U S O I Y K K V P B
O C C P C D A C Q R N L U O N P S
P J T E L A T I I K L E F M B O F
W Q J Z S K U S C W N U F S W R F
O H P T N T S U Q Y D L A Z P T B
R U B Q U N O M R C D N L O R U S
R U M C E I M R O J K P A O G N F
Y D V V B U C T A G A I U S F I O
J D I A D D T R Q W Z A T E Q T U
M T O O P Y W M Q F L F R O U Y N
N Y S Q I A U I Q L T E I G W U D
E E O F G V X Q S S I L V E R G W
U L H M V O Q U W E M O C T U O Z
E D G E S L A F O Q K H M U S W Z
```

FOUND
SILVER
EDGE
TOO
FALSE
OPPORTUNITY
ANCESTOR
WORK
GOES
OUTCOME
SMOKE
ELK
VIEW
SANDWICH
MUSIC
WISE
WHAT
WORRY
PIN
VIRTUAL

Puzzle 248

HER
HAIL
WATER
BONE
LEAVES
WISDOM
BATCH
UNTIL
CENTRAL
WORN
READ
THINK
FORMAT
COMPLETELY
CONTRIBUTE
MARKER
SIGN
BELL
MODEST
SHOES

```
C C W W U N T I L N S P Z C I E Z
X O S E O H S W U T W T M K L G C
L M T T C R E H R J W W W X I H E
E P I U W E N S T M E P B V V A N
A L E B C K M O D E S T O Q Z I T
V E P I D R U K R L R D R T S L R
E T Q R T A M R O F B A T C H L A
S E Z T E M D W S T D E F A W E L
U L E N W A T E R I C R I P G B S
B Y R O P G D F M S G K T S B L F
X O R C F Z B W E K X N Y B B X N
T V N L B L V L S A C I M O K M M
K E R E R Z C E X F B H M K V U S
N F G R S W I R Q Q T T E D M M M
L R Y W I S D O M N U K K X L P X
```

Puzzle 249

```
H L G K C R E H T O R B P T M I A
C O N K T T E I U Q V E H I C L E
Y Q Z C O K G Q D Y S Q G C A M P
L T T Y G P G A U T A O B V W J O
F O R W A R D R Y I S M H N R S R
R G L Y L V Y T F R R L Z L A W T
E Q B Q F S E I T O Q E I E A O A
T G T P B T S C M J S I R D N C B
T J S N U E U L B A T T O W E O L
U G R K D A R E V M N H E T C L E
B Z E F S M P T H I C K Q E H L H
H Y K Z R J R A N T I Q U E L A M
M G S P T M I B P H C H M Z T P W
T T L W Z N S D M U T K F N C S I
T U R K E Y E C O M F O R T P E F
```

VEHICLE
COMFORT
BOAT
TURKEY
REQUIRE
COLLAPSE
BUTTERFLY
PORTABLE
ANTIQUE
FLAG
MAJORITY
SLIDE
ARTICLE
FORWARD
SURPRISE
QUIET
STEAM
THICK
BROTHER
STEEL

Puzzle 250

CHORE
DAISY
GINGER
TINY
CONDOR
ASSESSMENT
CONFERENCE
BEFORE
THINKING
OIL
HAD
TREES
COMPLETE
CRASH
HATE
MEMORY
BEAUTIFUL
QUOTIENT
PENNIES
RETAIN

```
F M X Q K T I V C G D A H H K L Y
M I B M U S K V H Z U A H A T E M
L E S K P O M S O M C L I O Z A E
O S M N I A T E R H W D S S H P S
Q O D O R Q G I E R O F E B Y Q B
X P E M R P N N E T R E E S N W E
O I A U O Y I N C N T M V G I W A
S G H F D X K E N E T G B F T I U
A D G G N D P E M C R A S H G T
X H B T O Y I P R S X X M L I I I
Z K H B C K H F E S L I W X H N F
C O M P L E T E F E W L T K V G U
J V M L Q I E C N S M R S X R E L
Y U U W X X V U O S D Y V S X R J
F Q L Q A N U O C A B A A S R G E
```

Puzzle 251

```
G K W H F S S U I R F W V Y C Q S
B L U E B E L L Y E V R E S E R P
H P J N Z D X Z P D N K F B N E X
P W S T W T S M N L H O N H T N T
J O I T T W W A I U K V L A I E N
R R M A J O R R A O H B X A P P E
C R N X S V M T R H W T M C E O N
P A T I E N T I Z S F X G K D L O
A N S S S B B C D R J D C S E B P
U G R X U Y R L S M E A S U R E P
M U I V F D P E Y P Q S U S G O
L A F H N U W S C N E O P Q Y R F
X G T K O V O L U M E E V Z T A S
L Y V U C P F K I H T L C J G L L
F R E S E A R C H J W H V H Z H R
```

FIRST
ALONE
NARROW
OPENER
PRESERVE
BLUEBELL
MAJOR
CONFUSE
CENTIPEDE
PATIENT
LARGE
OPPONENT
DUST
VOLUME
SHOULDER
SPEECH
RESEARCH
ARTICLES
OLD
MEASURE

Puzzle 252

IRON
REWIND
WAY
SOLVE
FIT
SEA
BIRD
PRONUNCIATION
ANY
BADGER
LOOKED
SELECT
MOUTH
SEPARATE
ROTTEN
PRIMARY
POLICE
CHESTNUTS
DRIVER
REGULATION

```
F G T S T R Y A H T S U B N N B L
V C N V O E O S T J E V L O S A O
O L N W Y G T E W W P Z P R T D O
M B O W Q U X L Y N A S R I U G K
T O S V K L X E A E R O Q U N E E
Y T U F H A V C W T A O E L T R D
R O B T P T T T S T T W T D S A C
A E E I H I D T M O E Q E R E E F
M V W E U O V B X R Y Q X I H W A
I C F I N N P I B K L Z V C V B
R D Z U N Z S R T G P K X E H D A
P B A K F D J D Q R D Y V R V U O
M N N O I T A I C N U N O R P D X
S D N U T D B V J P O L I C E V D
E R B M Z V B N N B A B Z I S C I
```

Puzzle 253

```
D S W U M O X B E N M R R P L Y S
P I L E Q R P U Z O X B A R I H Y
H A L L W A Y E P A I K C I T S H
E S E T C P Y R R N V Y H V T R U
S C R E A M B S F A M L A A L W R
S A N D W I C H N A T R I T E B R
P I L L U S T R A T E E R E I U I
E T U B I R T S I D R D F D D Z E
P S L P W C O N M O U N T A I N D
P D G Z U A T O P I C E Z K S O J
E O S Z G E K W V I V T H V C C Z
R H C X M P A E P A R A G R A P H
T J D I O Z H N U S L M U L Y R N
K I S S S O R C P V K Y O H D K Q
U A L O W E B H K J U Z T K K K H
```

SAFE
PEPPER
ILLUSTRATE
TOPIC
DISTRIBUTE
PRIVATE
SCREAM
WAKE
CHAIR
LITTLE
TENDERLY
MOUNTAIN
KISS
PARAGRAPH
TOUGH
HURRIED
OPERATE
CROSS
HALLWAY
SANDWICH

Puzzle 254

COLLECTION
CRADLE
LADY
BIRTH
DESPERATE
ABBREVIATION
CLASS
SIT
FEVER
CRAB
LOWER
MAGAZINE
MOTH
HAIR
EXPERIENCE
SKIING
MEDIA
LEAVE
ELEMENTARY
SUNGLASSES

```
K T T A E F M E D I A R B M C S X
B D Q P L S P G Z X D K I T M K Z
C E C N E I R E P X E M R P D B L
V R K Q M A S L B X S O T E L D N
A C C U E D F D K W P T H L W B I
W O N Z N Y E A Y I E H C T Y O Q
N K Q W T G V R R N R P W R Q S L
H A I R A V E C V J A J R J A Q L
W R S S R A R D Z C T X Q B U B E
T D N N Y S S A L C E Z P L F N A
M W L G N I I K S H O K P B T E V
P H A O S T X G M A G A Z I N E E
X V D A B B R E V I A T I O N K N
X D Y T S U N G L A S S E S W N C
C O L L E C T I O N X P I I J U F
```

Puzzle 255

```
X I D H N M P Z M L T N M C D Z B
N E N O I T A T S E H E C O F L F
O Z A T O U J G W M E A F M B S G
I W X W E D D Q N D M R E P O Q Y
T P L X S R F H E I C L V U D D N
A M F D O A A R H R F Y I T R S Z
N L S S O C C C U K I E E B K X
I U R E G P F W T K B Q C R M H W
M T E E N O B C I I U G E E R G A
A R S M A G T Y K T O W D P N O F
X G U A K D R K L V O N N B Z T L
E D O R N X Y M O T O R C Y C L E
H D R R E F F O C R I T I C I S M
L O T Y Q K U X Q E M L N R D R B
F P K Z L T Q E Q S I R C J D E I
```

GOOSE
STATION
INTERACTION
KITCHEN
COMPUTER
OFFER
TROUSERS
NEARLY
DEW
ALREADY
MOTORCYCLE
CARD
EXAMINATION
MARRY
DECEIVE
THEM
CRITICISM
MAGNIFICENT
AGREE
BONE

Puzzle 256

TURTLE
BREATHE
NUTRIENTS
LATER
BLOCKS
KITE
FIND
MAKING
ALMOST
ENVIRONMENTAL
RISK
BUY
DECISION
MEASURING
PRODUCTION
QUAIL
LEARN
ADVICE
INSPECT
ARCTIC

```
M O T A D V I C E R J K K K O F A
E H B U Z H P O B Q J S Q Y W J L
A U L I R M E E R J K T I K I T M
S L O I J T T F C Z T N B U Y C O
U X C Y G C L J J F E R M N B S
R O K J U K V E T I K I E A Q F T
I F S E F S Q B C D W R T K E W C
N Q N E G S W U R E Q T A I F L E
G U L W C K V V A L V U L N J U P
B O J P R D N A U I A N B G U B S
J L V F R Z V E J S L O Q K U D N
V J N O I S I C E D K H F T C U I
F I N D S B R E A T H E C D P O O
I E W F K P R O D U C T I O N S R
E N V I R O N M E N T A L U S Z Z
```

Puzzle 257

```
Q C Y R T H E W A W I H G K Y J G
J V O T B E R E S U O L B E K U S
Z C F L Y D A A K H T R O L W C O
Z A M J D G I S T P C H L B M A L
D H U N U E G E S A E C O A N I D
R D C A T H S L A G T R W R W Q I
G E H C S O P S R F O Q V E L S P
T O F Q S G A J T V R H K S A M L
J J F O Z M C E N A P P C I O C O
G L L U R C E A O R E P I M V R M
G V M H U M L A C I T M U D T J A
S D I N N E R X N O E B Q T Q A S
J S B S Z M U E B U J S O Y V A D
L X C K G Z A W E S K J Y H S I J
E X L Z E D M V A O L U A V T C M
```

DIPLOMA
LAMB
MUCH
BLOUSE
PROTECT
REFORM
COLD
MASK
QUICK
HEDGEHOG
AUTHOR
CONTRAST
STUDY
CEASE
WEASEL
MISERABLE
SPACE
DINNER
CALM
VARIOUS

Puzzle 258

TWICE
CAPTURE
LOOK
TEA
DIVISION
IMAGINE
COMBINATION
REVIEW
ENERGY
IMPORTANT
EVERYONE
EXERCISE
BOLD
COMES
HUMBLE
CONDUCT
GENTLE
CINEMA
VAMPIRE
DESK

```
H R G V A M P I R E D E E W Z C M
F E D E R U T P A C E Q Y L E O I
D V Z L N Y O Q Q W S W D G T N V
H I A R C T U A L S K E V R F D T
L E M I Q W L M V Y Z N N U R U L
D W E E Z A R E C Y D O L E A C O
I M P O R T A N T O X Y N H R T O
C E E F M N D I Z M M R O U N G K
M U S N B I A C Z A F E I M H I Y
C O M B I N A T I O N V S B Z M E
E X E R C I S E E V N E I L C A U
U T S F E V J I D K J H V E U G Z
H E R B O L D T E A T W I C E I K
M M Y J Y E K U P C A A D J Z N L
I E T U G P W E T E P P S L H E S
```

Puzzle 259

```
S T R I K B D M J P M A L K C F H
Y A S J J P E B H O C U Q R U M S
S J D C H S U R B H T O O T L D M
T N E V E T P O R T R A I T A N D
E I J A K I Z P F I R K A F W K Z
M G W P Q C K B V Y I W S D V Z H
C B H A T K E E L N K A J I L F E
L O B G L J T P E A Q L Y S T O B
N T M D H M T R A V M B R P E J W
E A E P R E L E V N P I X O A G K
E J G A A A E T E O J A N S C Z X
D R K E F N Z T S R S P N A H Y G
L G W H Y O Y I Y T U Z O B E Y C
E R E C E N T E W H N A Z L R E N
N I N E A V D R Z A Z J K E O B T
```

SUN
EVENT
KETTLE
STICK
PORTRAIT
CHEAP
AND
COMPANY
NEEDLE
SYSTEM
ANIMAL
NINE
DISPOSABLE
TOOTHBRUSH
LOW
RECENT
PRETTIER
NORTH
TEACHER
LEAVES

Puzzle 260

DISEASE
BAT
OBJECT
DECADE
BUSY
TELEVISION
GLANCE
STREET
FACTOR
HANDLE
HAT
WALK
LAUGHABLE
ANIMALS
NONE
ANALYSIS
GENTLEMAN
BELOW
PLAINS
READ

```
L D P K L A W O L E B U S Y W F G
A I H L F Z N T P N L F Z T Y A L
U S N L A F R I P O X D O X D C A
G E F Z N I I H M N O C N G J T N
H A Y R C E N F F A A J S A S O C
A S G T L L O S N F L T V O H R E
B E W W Z E I I K S S S Z B Z I Y
L X L Q J V S A B W I G J A Q G
E E V Q K U I Y O A C T E E R T S
O S F J K T V L H K M G G C S K U
H P J P K L E A J K P V G T A B R
T Z P B H E L N K D E C A D E H E
V J T K Z L E A H U L W A U Y W A
J O B B F D T A H P T D D K C Q D
T R J E B G E N T L E M A N V K O
```

Puzzle 261

```
V D S W J G U M B O Z W M X R U P
J J E C I R C Y G S T M C S E J A
H N N T E A I F Y E N T E R A G C
W A I J E C S L N U O H Y A C H A
X P M L R R R A M R O T P T T S G
X B G U A G M C M T M Y S S I M E
O K Y O G Z O I S J B T R W O N F
M N F T N W W S N W R G E S N M A
B E G I N E Q U F E I C H P T Y X
Z I R S U C H M J M X Y T H L A T
F S P E S P G S Q C S S O R V T Z
J C D T G N I L L E P S Q H T G O
N W K A Z I S I M P L Y X O G G Y
H I O X Y G O L O N H C E T Q B K
R O C K E T Z N E X P E N S I V E
```

OTHERS
HAS
SPELLING
TRUE
REGION
BEGIN
ENTER
CAGE
TECHNOLOGY
SIMPLY
REACTION
MUSICAL
EXPENSIVE
SUCH
DETERMINE
ROCKET
MOON
STARS
MISS
RICE

Puzzle 262

RUNNING
FUND
FORCE
NUMBER
GROW
THEATRE
LUXURY
AIR
ADOPT
TRADITIONAL
WITHDRAW
STORM
ONION
EFFORT
THERMAL
CAKE
YOURSELF
DIFFERENT
LOST
TEETH

```
F C K O V J A Z A L W J P Y B M P
O U M Z P S F E A K R D Y S X J T
R G R Y R U X U L R U N N I N G N
C M E O G T B W A K Q U O C A K E
E C M U H R W N N G B F D Z C W R
Z P E R R Q O M O X F O L R B I E
G D T S O L B W I N U M B E R T F
A I R E Q T R E T T O N I O N H F
C T H L L S S F I J H W K M K D I
I Q T F I O Z F D Q Y E U B A R D
V R T E E T H O A W V I A Z Y A N
T H E R M A L R R W E V W T O W Y
J R Q G F I G T T A D O P T R D B
O P U C D C P E G P Q G C L P E K
J Y X Q G N U E J F I Z R P S U S
```

Puzzle 263

```
S S K V S Q S H O E S T A E M U Y
N B Z Z W D G Q U R D N E S R U S
P T E D B N T X E A C E L N E M Z
G U F Z R I S E N U A L B O D J Y
A O V L D A D Q Y Q H A I O I H O
E T S E K T E V T S W T S L S Y O
H U V L H S I W S M T N I L N U F
U W Q G H U R V D F A W V A O D P
N V T I Z S R I T V B W Y B C L J
C H E E S E A D P O L L C E F D U
C B Y Q V B C M R O E O N L I G I
Q L W S I A L A M L U M U S I C C
K A T S X H I T B U E R R Y C U E
F C Z S T H R L U I M Q E H P K F
K K T W O Q D S R S F X Y D U E Y
```

SQUARE
TWO
BLACK
JUICE
TALENT
WISH
CARRIED
CHEESE
POURED
TEND
RISE
MEAT
VISIBLE
BALLOONS
TABLE
CONSIDER
YET
SUSTAIN
MUSIC
SHOES

Puzzle 264

STRANGE
CAUSE
REJECT
CHICK
SUFFER
AVERAGE
PERFORM
GEOGRAPHY
GIGANTIC
CHOOSE
POUR
CONTINUE
PETROL
LUNCH
MADE
SENSE
HOLE
WOMEN
GOES
WISDOM

```
P O U R S G F M D N L Q H M Q N O
J A V K E U I T N A V E R A G E C
W I S D O M F G G A G S O C O D F
C L C J G N Y F A C H I C K I A C
H O G J Q Y U G E N P R R R M M N
O H N M T E G N A R T S A C B P Y
L O Q T C H O O S E M I Y B Z P G
E F E D I D P G G T M T C E J E R
L U N C H N G E O G R A P H Y T U
S E N S E U U W O M E N S W Q R I
P E R F O R M E P B S B O H S O S
B G L J J O Q W S X U U Z K N L N
O X H B S G G I I S A I G A L W N
R N N C W R F W R D C P B X Y W G
V B M E G G A L V Y C Q B I P L W
```

Puzzle 265

```
S N W L C J S M O Q H T K S O K S
T Q N U D O W T W A U K N I G H T
A I H W X D Z F N B T E D A H S Y
N U R O X V M G E O G G S N V O O
D X H Y I K P L H O B U E T A I N
A O E G L P N C W K Z L H X I P X
R V C J U M P E D V U A S N X O H
D J Y O G M U J O Z U G I O P T N
I X A Q N G Y J H I A A D U R S Z
T O C Z O T D F O X K T M O O S E
D M Q O R L A U N A M E Y E N R J
A T V R W M E I L O V E R V Y M R
O X G P M M R S N M C Q J O F Y R
J E W I Y B J S N E G E L L O C Y
W J O M J I W B G W O C D N A M E
```

STOP
SHADE
DISHES
FOX
COLLEGE
JUMPED
BOOK
KNIGHT
CONTAIN
MANUAL
WRONG
OWN
ROOM
READY
MOOSE
STANDARD
LOVE
WHEN
GATE
QUESTION

Puzzle 266

ALL
INDIVIDUAL
PRODUCT
CLEAN
FIERCE
SOLO
MONKEY
RHYME
PHASE
TELEPHONE
FORTY
VICTIM
LAW
DECLARE
PEACEFUL
TOOTHPASTE
MISTAKE
CHERRY
HILL
DISMISS

```
A V R P S Q X E N O H P E L E T D
L H O X Z A Y M C L X B R Z V D E
L O M C K C F B I O V L K L T I C
O O K D H Q E E M S E M Y H R S L
O X R N A E L C K P T W H Q D M A
V I C T I M R O O E S A H O F I R
O M V G J T A R T A A L K I L S E
P R O D U C T O Y C P F W E L S E
M W V J L P U M E E H O T S X L E
K Y X B D L C M K F T R H A F W F
W G S I B K P L N U O T S H I Y S
S E O M H S Y U O L O Y C P E L R
I K I M R X H J M B T O H H R A O
Q C O J W I E G S F T N R E C J O
I N D I V I D U A L M U T E E Y I
```

Puzzle 267

```
L U T Y Z D S I H T P R A O L R V
N F L H K S P P O L I T I C A L F
P Z O E K Z E E F F O C F D R Y K
Z D X R A M C T W H X F O F F U X
B L A D K Y I A L P X T L P N O E
Y C M X J T E C U H E O D F P R X
Q K F Z F I S I F F N D K S X I C
G N I N E V E D K P F A G J N M H
U W A V E O D E T C K Y J K P N L
Y L E T A L U D K X Q S K O K A Z
S T M J O H S J R W I N V E N T Y
N J O V Z E T P B U H R E J W I U
P U V U U P Y T E G N E L L A H C
W A G O N A Y L L A I C E P S E N
N A P L T A Y F E C O B V L P O G
```

WHEEL
FOLD
SPECIES
GUYS
WAVE
DEDICATE
ESPECIALLY
POLITICAL
DUSTY
WAGON
COFFEE
CHALLENGE
PAY
TODAY
HIPPO
EVENING
HERD
THIS
LATELY
INVENT

Puzzle 268

FORGIVE
INGREDIENT
BEING
GLOSSY
MEDICINE
HOWEVER
RUBBER
BUFFALO
RAVEN
STOOL
SITUATION
TAKEN
MEAL
GOAL
ACROSS
BEAR
FAMOUS
WRINKLE
TECHNIQUE
CONCEIVE

```
M C G X E Z E A C F L Y C Y F R G
E O E O G Q D F M O P D D P A E F
D N O L A F F U B R A E B K M U D
I C P N X L K B W G T Y S S O L G
C E O R U B B E R I C A Y N U A N
I I W R I N K L E V H R K C S E I
N V E U Q I N H C E T X O E G M E
E E H K L H L L A R X Z M K N F B
R A V E N L O O T S S O R C A I Z
U U G Z V L E W O Q K Q E S Q Y V
M G P I X U T N E I D E R G N I Z
S I T U A T I O N V I R P W Z L O
M J U Y T M K D C C E B T T A V H
H A Z E A E P Z C Z V R Y H F P E
C C X H J T W L K J D N G D B Y N
```

Puzzle 269

```
E B Z J N R Y F H G N L X Z M P M
C S O T M E T A T S O N F Y U L I
L A M O C S N I A T N U O M S A R
U D Q S X T P N X L A U P O T Y G
F W V P W C U O G E R A G B E A T
S H V H K I O I R B O Z N A K Y D
S R J B J L C T P D D W T Z O C L
E H C Z M F P U S Y W O R C M J D
C V C U F N T L V H O O C S S J W
C P A C R O X O F W F M N S A I L
U R T C Z P S T X I M G S F J A
S I I O U B M K U C P T Z P P V Q
G N I O U A A T T A C K H B Q F J
Q C E U H C T Z Y Q F P N I A J U
Z E A B H P S E T N R I Q K N W M
```

ARE
CROW
SAIL
MOUNTAINS
PLAY
SUCCESSFUL
MUST
SNOWDROPS
WITHIN
ATTACK
EVACUATE
REST
BEAT
PRINCE
STATE
SOLUTION
STAMP
BELT
CONFLICT
SMOKE

Puzzle 270

LET
GLOBE
BANANA
CHARACTER
BECOME
UMBRELLA
ABSORB
SOCK
NARRATOR
SONG
PORTION
COVERED
LAWYER
TEN
PICK
BURST
EYES
HELICOPTER
CARE
RESPONSIBILITY

```
S O N G L W Q B A L L E R B M U L
C A Q O S Q Q X U T C Y E A D Z A
O T P O R T I O N R E U S N S A W
V O M A O B M K N S S N P A J E Y
E L R I T T E K C O S T O N Y H E
R K P G A M G C M T U W N A C E R
E O N C R J J I O B R O S B A L Y
D F N W R W X P W M X Z I L D I H
G K G Y A E Y E S I E C B D E C N
O T G N N B G H T P X A I X X O K
J A F F E O L X A O S R L G B P D
E N J Q D L F J Y L V E I V F T Z
Z Q P D H G Z B O E S Y T F E E B
C H A R A C T E R T U X Y G D R Z
W M F J B T K Y U R N M N F A G E
```

Puzzle 271

```
A G M Y I T I M B U S P L D C N C
Y C Q T P R D I C R N F Q A Z F I
W O L B N E S A U S A G E S U N B
E I E V G A G O T A L S O I L G Z
X B T C E T A I T O G E N M C I H
P O Q C J M F A R W M O B P B A D
E O B I H E I V W G N O R T S P A
D K A E W N A R T I S T R L K M N
I C M O K T O B A E K H K R H A G
T A G U I D E L I N E S H V O C E
I S S U N F L O W E R K U F U W R
O E M Q F L I R R P J E H F T J Y
N V W C U A K B L Y G B L G U U Q
H D N I G F Z E X S Z R W W F O B
I L Z H A E J L E H F G F K V O N
```

SUBMIT
NEGOTIATE
DANGER
BLOW
BOOKCASE
SAUSAGES
FAR
STRONG
GUIDELINES
CAMPAIGN
WITCH
SAD
EXPEDITION
SUNFLOWER
LAUGH
ARTIST
ALSO
TREATMENT
TOMORROW
WEAK

Puzzle 272

LIKED
SHEEP
WASH
NUMERATOR
EDIBLE
SHARP
PERFORMANCE
FRIENDS
COMMITMENT
REMIND
HEAVY
HOMETOWN
HEART
AMERICAN
SPIDER
FAULT
REPLY
SHOUT
DOG
NOTEBOOK

```
G M V Y V S L X H V H S A W T A Q
X C H C V H D L T S T E B Z J M A
G O T L U A F V Y V V Y A C E E C
Y L P E R R E D I P S D Y R E R R
C I P K Y P B H U I A D C O T I B
C K O O B E T O N Z N O X T K C F
K E M W L P H Q Z M Z G V A O A S
S D N E I R F A E D Y T R R C N J
C Y O S E C N A M R O F R E P S F
L T V H L V I T N E M T I M M O C
A R Z E B R R E M I N D T U O H S
R B T E I C U Z K L B Z U N H C X
Y A U P D G I W H N I T J V W E Q
R H O M E T O W N U W T I N C F Q
W D Y Q W P X X J W W U O T J D J
```

Puzzle 273

```
C O L A Q X X S Q N G A R F N D A
E J N N E E B W J Q T D E U X I F
N F D G W D M Y K J N M T L N F T
T B R E H T A E W C Z F E Z G F E
E N A L D D I G I R Z E M D G E R
R P O L L E M S A V H A O P F R N
C D F W L K Z A G B L P M E A E O
T U N L Y R R E B P S A R R L N O
R Y P H G E A U P C O E E M L C N
E N P I W J L I Z A R D H I M E T
A Z T Z D A U T U M N O T S I D Q
T R K G I P L C T D O R A S S B W
Y W F U Z X H C N N J J F I B M C
W G J S E L L E R V H X A O R E D
A U A Z Y V U S C W T T J N F I O
```

BEEN
RUN
DIFFERENCE
CUPID
THERMOMETER
RIGID
WEATHER
CENTER
SMELL
SELLER
AUTUMN
TREATY
ANGEL
LIZARD
PERMISSION
FALL
JERKED
AFTERNOON
RASPBERRY
BALL

Puzzle 274

PARROT
ELIGIBLE
EVERYWHERE
COAT
DISCOVERY
LETTER
AVOID
WAS
MOVEMENT
IMAGE
NIGHT
ALONG
PARENTS
ORDER
OFF
PAGE
GOOSEBERRY
SOMETIMES
PARK
OUTCOME

```
A G O J W E L G M Q T H G I N O W
D L V O S L D I O V A G O D O F Y
Y J O V P I G G V N O U O S L F E
E N N N Y G Q O E P C L S A W X T
V T R J G I E A M A Y S E G A M I
E C J T K B G J E R M D B E X T X
R G L A S L A P N E D A E C C J E
Y P A R K E E A T N G J R J U H O
W F U P Q E M O C T U O R N D D B
H L E T T E R I I S E U Y B K T S
E O R D E R U O T L S S B F E Y W
R J Y E S D X A R E V Q S Z G X X
E D I S C O V E R Y M P A R R O T
W N V V H B Z K M F S O X R C F J
B V U E F Z I E H U J O S D A V I
```

Puzzle 275

```
M T K M X K Y Y S U G N T P R W I
B F Q T V V D T L U S V W O E U J
Y N C M Q U L I M H W E D S I A G
R U D Y T T T N W S L C I T H Q U
K C N U Y K I U Z R A E F M R O F
C O M P E T I T I O N N N A P S J
O W A Q P S V R L N O O D N U O S
L W S B O B T O G A I W Q E R R K
B H S H H M U P S E T J K E X S H
Z O I P T F X P E T A L U C R I C
W M G K A E A O B O R N A K A U J
N A N W U D T C B U E N Y U D I A
U Y R A N U A E T N P G N G R E W
Y S G M T B L V V N O I T C E L E
W P U R W B D O W N S T A I R S U
```

SOUND
HOPE
DOWNSTAIRS
OPERATION
SAND
WON
ASSIGN
FACT
BORN
COMPETITION
ELECTION
WARM
CIRCULATE
GREW
WHOM
TAUNT
FORM
BLOCK
POSTMAN
OPPORTUNITY

Puzzle 276

BARK
NECK
USUALLY
SCENE
OCCUPY
LOSE
TROUBLE
DAWN
HEN
EVERYBODY
HARE
CABIN
CLEAR
ISOLATED
RAISE
SECOND
MOM
JOYFULLY
VIEW
WATER

```
P O Z A X T Q O H J E C U X N M I
W A T E R R Q D U Y L L U F Y O J
C F X V L O F X D M C E L R P M S
X I K N H U V E N I B A C C U L Y
H A R E T B T R E W E R F E C T U
A K I N V L X U H C A Y F P C D I
B W S L E E N S D P Q D G M O M Z
B V O Y S C R U Q H D O N C U B S
Y S L I O K K A H W A B G O F Y D
M D A G L A K L Q E A Y X S C R T
S F T L S D G L V B N R J H I E Y
S E E T C H T Y G F H E B Y I S S
V L D Q E W V I E W N V X T D I Z
G Z P F N W S T L D L E T E U A I
B A R K E I G W X H R M K R U R W
```

Puzzle 277

```
S W O R K E R P E A C H A D P F Q
D P S Z N Q L P Z B C T L R O R B
E W O L G U L M C S I C T A L A E
F A N T R A P G G W K R E G I R D
I U W G T T H D N L A O R O C E H
N L E V Z E K N A H T X N N E L A
E G V B S E D Y T T Y W A F M Y S
Z E L B I S N O P S E R T L A R S
S G T N E D N E P E D N I Y N U P
B X W G G N I O E Z C N V Q S U E
V S W R S D F R Z A O J E Z Z B L
F I C T I O N B V C U H X I O A L
O T L A C I T I R C P H H M R R I
K G Z S Q N Y T R B E B L E Y F N
F A B H O N G U R Y X K E F L P G
```

SPELLING
DEFINE
DRAGONFLY
BAR
POLICEMAN
INDEPENDENT
RESPONSIBLE
RARELY
FICTION
ALTERNATIVE
UPDATE
CRITICAL
PEACH
COUPE
WORKER
SPOTTED
GLOW
ORBIT
THANK
FRIEND

Puzzle 278

SPONGE
ADMIT
DESTROY
SWEETS
INTERCEPT
POINTY
SUDDENLY
FOOL
GOBLIN
LIVING
FEET
JELLY
LOUDER
LEAVING
BIKE
ICE
REPORT
MORAL
BORROW
ADMINISTRATION

```
C V N Z T L A R O M Z B I K E M P
I S K O R T E X V Y E U Z D R U C
J B Z N O I T A R T S I N I M D A
T Y C M P M E E V N G B T I Z Q U
R S Q R E D S T A I S M B J H S I
O M Z Y R A O P Z O N L O U D E R
G O B L I N T E O P Y G A V U A W
N S Z L O L D C L N J V P V N A H
I U K E W O R R O B G A I C C Q O
V D Y J J Q F E K E P E C R G M T
I D O B Q Y S T E E W S E F E E T
L E W R T R O N P B R N R W U O F
P N N W R H L I X L J M V V M E W
C L B U D E S T R O Y X B L S H K
N Y B N G V Z O K B M R Z W X U E
```

Puzzle 279

```
Y L J B F W O R H T Y O I N I E J
Q O V D P E Q E E F K T X E I L K
W A L K I N G F N A W I F W B E M
E L P K A U N S H Q L I R S I O F
S S T J K F E W O W O L L I W A P
V T B E N A C I R R U H Y L P A Z
H L C Q S Z U D N A P X E Q O J R
R M G A T C Q T T I K E P S N L S
T G Z N A M U H W H C T P N D U F
P A R T I C U L A R O N B A M G G
I N D E X R A F F Y N U N K S Y D
Z T E S E L D O M O K O G E S H A
W S D C S H K N P R W M Q H V K Z
S N I F F K H E K G P A Z O T W S
V T R A V E L L R I S A R H P O Y
```

WIDTH
THOUGHT
NEWS
TRAVEL
INDEX
SNIFF
THROW
SELDOM
HURRICANE
RIDE
KNOCK
EXPAND
POND
REALLY
AMOUNT
WALKING
HUMAN
SNAKE
PARTICULAR
WILLOW

Puzzle 280

NUT
NETWORK
BUS
STORE
PLASTIC
IMPROPER
FOCUS
TREMENDOUS
SAME
LAND
CROCODILE
LEGS
SUBJECT
BRAVE
UNCLE
BOY
CAPITAL
TOMATO
FORMER
SPINACH

```
J R D U B M R A T C E J B U S U M
Y V O D O R C Y R I L E G S U I M
O D V U Y C I Y E F P Q R T C C X
B B P S R W Z J M D O I O R O R T
L J B L X N A Z E Y Y R K N F O W
B L O C K C T A N I U M M O Y C L
C I T O M A T O D N M Y J E F O O
E B U R Y W E T O E E P S Y R D C
D E N S T O R E U T F V R V N I U
P L A S T I C B S W Y L Y O T L Q
S P I N A C H B W O N M M K P E R
L A T I P A C U A R O S W J V E K
N A B R A V E S R K X Q X A C M R
R I N K T Q H V E I H C G H A A B
J S H D U A U N C L E X O L I S W
```

Puzzle 281

```
D Q C I S N I W S U I T A B L E A
D I S C U S S O W X T P R M N K X
L P A P P S T R G L A S S O M R H
A A X G W O C K K H Q P D R L F C
G E D H I F A X O J F I R N I O A
G M G D W G S Y Y Z Z L I I D U M
R P M T E P M J F C W C B N M G P
E L T M L R U Y F I D P J G Z N S
S O A I C N D S R E L A X D B I R
S Y A A E O Q E H K I N R S N H O
I E V W V V Y S X E L B A P A C O
V E M V C H R O Y O D I O Z H R S
E S E R I E S C T S E L L A T A T
L Z P J H E C R V E P C D K O E E
P P T N E X H L B H A T J C P S R
```

AGGRESSIVE
TALLEST
WIN
COYOTE
CAMP
SEARCHING
GLASS
BIRDS
CLIPS
ROOSTER
EMPLOYEE
RELAX
LADDER
SUITABLE
DISCUSS
CAPABLE
MORNING
PUSHED
SERIES
WORK

Puzzle 282

DREAM
CERTAINLY
INTRODUCE
FRIENDLY
FOR
CRESS
VARIABLE
VALENTINE
OFFEND
COPPER
SIR
SATISFIED
TRANSPARENT
CRAZY
AFRAID
GRADUAL
PROCEDURE
HEY
EXPERT
CENTRAL

```
C Q J P T B E N I T N E L A V H C
P R O F D G X Y L N I A T R E C O
R I A C D U X S K E R H Z F U R P
O S T Z H E Y A B R A V Q J A N P
C W L D Y E I T L A R T N E C Y E
E B F G P O N I E P Q W O A G E R
D Z W A B C T S D S C O X Z D G O
U D I T D R R F I N R H P J M Y Y
R V R V E K O I A A E E X P E R T
E R L E B D D E R R S F V E A T R
Q N A M A U U D F T S W F G E V V
R Y V L M M C J A H F O I O F E A
V Q K D W V E G R A D U A L H B N
F R I E N D L Y V A R I A B L E O
B M E G D O P S U Z A N M V Z O U
```

Puzzle 283

```
M R G L Q B H I B B W T Q A F H W
L O M I U I V P E U I F H S I F O
O T U U F N U C S S L K I S A L P
A S H S D O L L I I D Z F U U H R
N E T R E L O Y D N C Z T M S W Q
B C F T T X D T E E A S N E L I X
V N Y X N A S E S S T N E P S L Q
V A N G I P A W W S P A R T A D J
P O A O O X R A A V X I P V I E R
R Z M F P E V L S D D T Y N I R Y
I T W N P A A L T M V S K T R N H
M R O F A Z M R E P R I C E X E Q
C H N A S P G I N U N T I L T S Y
U C S L I G C V H P F E E U K S N
X L O Z D O O T S K M O P E R W H
```

WILDCAT
FOOT
FISH
MOUSE
DISAPPOINTED
BUSINESS
ASSUME
BESIDES
WASTE
WILDERNESS
SPENT
PART
VAN
WALL
STOOD
SNOWMAN
PRICE
EARN
ANCESTOR
UNTIL

Puzzle 284

SUNNY
INDUSTRY
LISTEN
DISORDER
TEDDY
PEN
MAIL
THUMP
BALLOON
BIG
REACH
INSERT
LOCAL
SUPPORT
YOU
WANTED
HORSE
ITEM
PRACTICAL
COACH

```
R E D R O S I D M S U P P O R T I
C E L J K P C L F A M O N W Z R N
Y W A T A R G I B O I U T Z I Z D
I V C C L A S S P Y V L Z P Y V U
K Q O E H C O T A V O K H L B P S
T G L R C T M E T I K M B D N P T
I J U O A I Y N K Q N S O B H A R
V O F P O C M N Z F O A T A I O Y
H F R L C A Y D D E T X H L N E P
N I Y L L O H G B H K U L S A B
K Y W Y N N U S O P X T M O E P Y
S M V A N E I A H R M P O R I G
Z S Z K Q V P P M Y S F L N T M O
H S L Q N W A N T E D E Q T S L S
I K G C F T M X S U L F W F H Y A
```

Puzzle 285

```
B J C Y R L H Z K M N N M T J R V T
R K H L P Q Y V D U T Y R G N A R
O Y E D N I D D Q Z N R A D A S Q
C P E J V V A C S M I E M E U H D
C F R N G J T N N O O P S F S S W
O O F M T A L K O S P E R F L O H
L R U A G M U V U I L A M I C E D
I T L P R O D U C E P T R E X E N
Z X N O M E L I S E T O A K V X I
P Z W A U W T L I W B C S Q E P H
L U F I T N E L P R D E Y S M U E
E A R L R S M A U H K Z A R E U B
A L I V I L N S N U G V S E Y S T
S R S U I Q P I A H G J E M H K S
E U C M B I E H Q H I H F L R R O
```

POINT
BEHIND
TRAM
LEMON
DECIMAL
DUTY
ANGRY
PLENTIFUL
PRODUCE
INSTANT
PLEASE
EXERT
BROCCOLI
PIANO
POSSESS
CHEERFUL
SPOON
REPEAT
TALK
SAYS

Puzzle 286

FLOWER
GOVERNMENT
DIRECTOR
MAIN
FOREST
ISLAND
EXPECTED
EATING
ANNIVERSARY
EXPORT
HELLO
MONTH
ACHIEVE
SHALL
WATCHING
EAGLE
GETTING
RELATION
LIP
BELL

```
G A T S E R O F P R F L O W E R I
O I R C V A K P F O L L E H S B S
V N O T E Z G N I T A E C P K Y L
E J P F I B N L I C V Y B N D K A
R C X S H P I L E E Y G H E L Q N
N E E W C O H A N R Z G L V L M D
M X G R A L C H T I E X I F Q L Q
E P E T X X T S M D B V P B M B C
N E T F S I A W P A U H U G H J G
T C T A X Z W C N O I T A L E R J
O T I Y R A S R E V I N N A R K P
I E N F F L C W A I F O Q O J N L
T D G O N P C Q Y Y Q M V J P V Y
U S G K B W T A M W U S U L A R U
W N M F O W Z P T H K O J C M A B
```

Puzzle 287

```
X N F M D C U M P J I C B Y J A C
E R J V D I O E R E C O R D A S O
B G E H K J F M P R I S O N C K N
D V C M N H L F F B Z T D T K E N
Q K U K K E E X I O S R C O E D E
B D M W M I H K P C R R H T T J C
Y Q D W I G S Z A J U T G U S T T
L C W B Y H A B R E A L A X T L I
P A T H F T J T T Q I M T B Q H O
P V Y L I M A F N B S Q Q A L W N
A J S Z L W T N E M P O L E V E D
U C E M P O R L R L B V W P B M W
C O Y M M U M I D B S H O U L D B
X Q E L I W A V T A H G T M V E R
J F G U S G X X H E P N Q A F J E
```

SHELF
RECORD
SHOULD
MUMMY
FAMILY
PRISON
GUST
ASKED
DIFFICULT
EYE
CONNECTION
APPLY
PARTNER
WRITE
EIGHT
DEVELOPMENT
SIMPLIFY
JACKET
PATH
COMFORTABLE

Puzzle 288

FOLLOW
MYSTERIES
HUGE
GIVEN
SKILL
CONTACT
COLOUR
HOSPITAL
SNAIL
DEPRESS
BUYING
MONSTER
GIRAFFE
REASON
DRESS
BORED
ACTIVITY
HIMSELF
ERUPT
TRIAL

```
U X Y K H K Y V A Q L K L S A H I
D K L O N W F D R E S S U E N O G
P D A T D A F C E F F A R I G S B
M W V E I T L X T R W P U R C P G
H S S E R P E D S J O J O E V I H
M V N M N U S C N A H B L T O T C
K D R A H R M Y O C X Q O S I A J
B Y D N I E I Y M B T O C Y R L X
U U Y L N L H E X U C V N M X T Q
N A Y L A E I S U F A F P R A R J
Q A A I A C T I V I T Y W D Z I W
K Y L K N O S A E R N E V I G A D
N Q P S G G F W G W O L L O F L L
K E G D I J U V U U C E V J B F U
P W D W Y R N B H G O P X R S D O
```

Puzzle 289

```
U C I M I D H P H F C S J X B E Q
U O N E S D E L B O L C W B E L S
E I Y D O B D E T R O S W P T L L
H K S I D O O G P E T I F L W I S
P C R C I X R M Z I H K D A E P R
Q R A A Z F W M P G E I L N E T W
N O I L P E A S Y N S B B T N I X
P T N A K T M L H R C N Y S M C J
R C I T A M A R D F E L T U C A B
O C K M P W R P C N R V G O Y L Z
C Y R N E E T D O Q S B E Y X A O
E C A D S F Q K U U L M L X R K M
E J I E E O L J R I N D I C A T E
D K Z T S G D K T Z E M P I P O K
Z B Y N F M E C G C S D J T T T M
```

ELLIPTICAL
INDICATE
FOREIGN
PLANTS
DEEP
GOOD
PROCEED
COURT
RAIN
CLOTHES
FELT
SORT
TIME
PEAS
DRAMATIC
MEDICAL
EVERY
BETWEEN
LIE
BOX

Puzzle 290

SINCE
SIMILAR
PRIVILEGE
HIGHWAY
ECONOMIC
FROM
ROUND
ALLOW
BOXING
SHOCK
BRIEF
TELESCOPE
TEXT
HAND
PUPIL
TRIANGLE
IMMEDIATELY
ACCORDING
PARTIES
SHOOT

```
H O E Z I S N D C O L U S K P X O
C I L W Y I S R D P O Y I R R L C
U S G R B N H E F J T V M R I N V
V O N H W C O K C O H S I O V J W
M W A P W E O B F O K W L U I G J
H V I D O A T A A R N U A N L J H
Z O R D L X Y N C U O O R D E P L
B I T B L T A P C K T M M G G U I
B H H C A X S J O P A G O I E P J
P A R T I E S K R F C J Z F C I L
F V H L Z T W B D B U G A E J L G
W Q B Y L E T A I D E M M I M C S
N H P Q Y C R Z N H A N D R K B V
G S B D E X Y W G N I X O B C L F
A X C P R T E L E S C O P E Z R T
```

Puzzle 291

```
D M J W S J W L Z I D Z V L X J X
A H L M Z K K M U L B D Q N U Y Z
D J P W H M X K Z Y T V J Q U S J
A S V E M T S O D C Y J X X U P Q
Y P I I V J S P E R S O N A L A U
V A R I E T Y H C A V B I M A R A
P H N J K B M B A R O C E R E K R
R R E W A R D H E P R M A A D L T
F E K F T N Y X P D E F I L P E E
P P B Z P R Q X M A F J U S R B R
T N E D I F N O C N E J O Z O K R
C C E K J H T G C C R A W V J I U
B R E A K F A S T E L W V N E R Y
F L E X I B L E J L V K T C C T J
D I S C U S S I O N Z Q Y X T B Q
```

TAKE
VARIETY
CONFIDENT
LIFE
SHAPE
DISCUSSION
PROJECT
QUARTER
BEE
DRAWER
PEACE
DAY
BREAKFAST
PERHAPS
SPARKLE
REFER
FLEXIBLE
DANCE
DEAL
PERSONAL

Puzzle 292

FRAGMENT
MOMENT
SCOOTER
POINTLESS
HONORABLY
SIGNAL
RACE
LINE
LANGUAGE
PINEAPPLE
INDEPENDENCE
LIGHT
APPOINT
PHYSICAL
NEIGHBOUR
PAIR
RELEASE
NATIVE
PONY
LESS

```
N S X G H P X S H K P T H Z P I Y
A C T T T N T I C U O A X Y H N U
T H N Z L E N I L O I J I N Y D L
I J I Z R I E C A R O Q H R S E A
V P O N Y G M L S E R T Z R I P N
E C P M V H G I E S Q S E I C E G
S C P U X B A G K S I X L R A N U
A X A W P O R H E E O G L Y L D A
E U Z F J U F T X L L C N Q R E G
L Y L B A R O N O H F X B A U N E
E Q S C P I N E A P P L E C L C U
R E P R I N M O M E N T M C L E N
U U R O P G A W P O I N T L E S S
C G L G F Q R K O A I D V F U N J
K V H L M T G L X H W Z R H V T U
```

Puzzle 293

```
Z Q W N K H K R N E H C Q I D K C
S G Y Y Y I J I P I L H Q X K Z O
L R F L O O D K U K T I Q Y P Y M
I S A X R S T R I P K L B A B A P
Y R Y N J A D Q P Y N L E I U R L
E D G E G H E Q A O B Y U J N D I
R Z S R B E U T N G P M L D N P M
E Y F I A Y L I T I M M U S Y E E
M I R W Q M B H U H U J N X P R N
E A S T N E M E E R G A B L A I T
P R O G R E S S Y A G U X O K S A
I Z E E S M A S T E R U O Q E H R
M A H U S B A N D H D K Z R H J Y
Y P M O F I N W X F D M N C D R H
M N Z J M L T N E P X N Q L R L S
```

MERE
WIRE
FLOOD
COMPLIMENTARY
PERISH
PROGRESS
MASTER
HUSBAND
YARD
EAST
BUNNY
STRIP
EARLY
DROUGHT
BLUE
RANGE
CHILLY
AGREEMENT
SUMMIT
EDGE

Puzzle 294

HIS
YEARS
BEHAVE
HELD
DOES
FACE
OUT
SUBCOMPACT
MATERIAL
DISAPPEAR
TUBE
IDENTIFY
STUDIES
IRIS
GRAPH
HEALTHY
UNSTABLE
CLEVER
DELICATE
CLOUD

```
I C L E V E R H U F C A J N M U F
W R A T T X P R E N V M T F M Z Y
Y Q I Q T Y Y E M F S G E T P F H
I W R S G Z K J Z E K T V J N V D
D Z E R B K C I H E K S A T O V A
K O T A M D Z L X N P N H B G B P
Y T A E F H F C V B F N E E L W Q
H X M Y D Y E N L P A J B P Q E X
G N S J T C A P M O C B U S G T H
Q I D E N T I F Y J E O U T N A I
E A L B O D I S A P P E A R S C S
J L E U E D S T U D I E S L N I L
A Y H T L A E H Z W J Q M S N L U
O L A V M G I C I A S S O K D E Q
R P O C L O U D O G R A P H R D U
```

Puzzle 295

```
E G A T N A V D A U O F I M Q I L
M T L W O S F R F I I H B O E U Z
I V T H P J G B W D F I D N M N T
N W H I T G S R U Y T S A I Q H I
Q F O C Z B D X W K L S G T P Y K
H O U H I N Y G P T E M A O U L O
V M G C F J S E B X T Z I R T S M
F X H L A R U T A N R E N W O G I
F O B S E R V E Y G Q O G D L H N
U G V W K S H O T L A N I F I C O
L K N C W C W W U L E H S N P K R
T F C R S E K O J L H B E J E D I
E X T R E M E L Y B F Z D E T S T
A U D I T I O N Y B A T Y O U W Y
T H E E T T I M M O C W W I C U X
```

OBSERVE
OWNER
ALTHOUGH
BYE
WHICH
AGAIN
MONITOR
ADVANTAGE
SENIOR
PILOT
MINORITY
COMMITTEE
FINAL
SHOT
STYLE
THE
EXTREMELY
NATURAL
DESIGN
AUDITION

Puzzle 296

COMMERCIAL
MOVIE
LOVELY
REMAINDER
CINNAMON
NICE
OTTER
SKI
SOCIETY
SQUID
ADULT
SPELL
MATURE
COMBINE
EVERYTHING
TOE
GIRL
FIGHT
ANXIOUS
TEST

```
E V E R Y T H I N G S K S H J G U
C O M B I N E B Y M C O U L F I K
V R D C J C M I E D Z L R V M R F
F M N I C E U M V V Y L E V O L I
U F X W C T V C B O E L T H W A G
C O M M E R C I A L M E T L Y Q H
M F G K U R Q K O G G P O O U I T
A X Z P S E S N Z I B S Z Q Z D N
I S Q U I D U O Y P K G G D I X A
U H Y M E N O M C S K I G Z C Z W
R K F Z R I I A I I T E S T T V W
E M I E Y A X N U B E O H Q S H U
K J D N X M N N I H K T K U J T X
J F O L A E A I V Q V O Y K U S D
Y M X F O R N C R H O M H R B I A
```

Puzzle 297

```
X N Q S I S Y R E S I M P U Q A E
T S D X T E D C A C K D S S Q K M
Z R Q O M X D O H I P N W H R T Z
U L U Y B O U N S X N E E U Q C B
C N V C Q I M G I L Y F S N N O G
D D S R B A H R L S L E A H L N B
J X Z T I L R A P D T D J L K C M
W O Y D L Q E T M U D M W Q L E T
D X A G E P R U O Y U C U S G R S
D E I R R A M L C E R T A I N N J
G A S Q G W K A C A N A R Y I N U
T O D G U N C T A D H V D H D R X
X B A D N O Y E B J A F O S N Q W
P T Q T Y S U B S T I T U T E J C
F I N I S H V S T U D E N T S F U
```

QUEEN
CONCERN
CANARY
SHY
MISERY
YOUR
SUBSTITUTE
CONGRATULATE
FINISH
BEYOND
DADDY
SENDING
GOAT
CERTAIN
STUDENT
ACCOMPLISH
RAINFALL
MUDDY
MARRIED
DEFEND

Puzzle 298

ROCK
LUCK
HAMMER
NOTHING
PARENT
WILL
CALL
SUPPER
HOTEL
SCHOOL
POOL
NEITHER
LACK
OPTION
THOSE
BIOLOGY
RENT
PUBLIC
GRANDFATHER
EVIDENCE

```
B L P P G C P W R M U G D W H H B
T I L J U S Z I S E T C C X C G H
N H O W L B A L M Y V I A V T V P
E C O L V R L L Z F S F L U C K O
R A H S O K Z I W Y I P N E D K O
A L C U E G D I C R E V I U B U L
P L S U E B Y Y G G P W D A E N J
G R A N D F A T H E R E H T I E N
N E E V I D E N C E H O T E L S R
I M L A C K X M C K I O V N H U E
H M U K O X M C R A J E D Y K P N
T A G R Y Y S C Z Q B C F G T P T
O H N O I T P O K E B L Z G G E G
N M J C Q K J T N F D R Z K L R M
G E L K Q M V W G S F I D B X P O
```

Puzzle 299

```
T C Z R E H T I E X A M P L E P G
Z H D A N G L E N A W S F G C K A
C O E G J M Q H P T P U R S U E N
N Q Y R G N U H N N E U Q Z O X S
F X T T E K N I A H C R G S N J N
D E A R M F I L X A X N N J K G C
Q F D R E N O W P A L V I A P A Q
I J E D I U C R V R P Y L G L T D
C O N T R O L B E Q P P E P I A K
R A T E G S M G M C F O E S A B G
N C C O X L U O Q S J B F A H Q K
K S Z J N D X G Z K K J L I R D C
X C X T N H O W S W R G A B Z X Q
P O O R C I T I Z E N J H P H B O
N S R L I H C R E O D R M T Q M H
```

EXAMPLE
POOR
EITHER
HALF
DANGLE
INTERNAL
DEAR
CONTROL
THEREFORE
FEELING
CITIZEN
HUNGRY
BASE
CHAIN
RATE
SWAN
APPEAR
PURSUE
COIN
HAIL

Puzzle 300

CAREER
MONEY
BROWN
ENTIRE
OBSERVING
COVER
BENEFIT
HOLD
ANOTHER
BRILLIANT
GREY
CRAYONS
MANAGER
RULE
CULTURAL
RIDING
LEAST
TOOK
WAR
RELATE

```
W B A N O T H E R H H P F M C Z M
H E R I T N E L A V O F I O O O A
L N R O K O K U W F T L U N E Q N
J B U H W N O R Y E I O D E R B A
C O V E R N U K O T F B C Y S Y G
M D V T N S G O B S E R V I N G E
J Z X M P T R X T A N Y L E O N R
Q B V N G U E Y R E E R A C Y I P
B D H N G U Y A K L B K R T A D Y
H K R E L A T E B R X A U B R I W
B R I L L I A N T U Y F T G C R V
T X D M F P R R E G S J L L V S D
M E I D V R T P K X N E U Y E Q V
W M U J Q N F U B G C E C I H M E
I T I T W C Z C D O C I C N T A P
```

Puzzle 301

```
S C A T K I N K O S W U Z F L Q C
D T H G I R L A P H T N P C V L Y
M I A V B A B E P Y H A P I I V P
U A R N K Q Q R O O T E R R C Z U
Z O U E D D E B S S L C A T D B X
N A Q R C L E P I H S O E C P U T
N H S U K T S E T B E F Y E E B Z
M T W S T M I E E N G G W L X G V
M H X A B U M O P U L L K E Y G B
V U G E U G O K N D O M I N A N T
U N P R Y Z R R L R I B U O M I Y
I O W T P B P W Y X D D K T C W Y
Q F I R E P L A C E R U T U F S Y
Q Y F T S M O S Q U I T O T Q Y X
O K V Y V H G Y D A T A A S G X Q
```

SWING
TREASURE
ELECTRIC
DATA
OCEAN
DIRECTION
CATKIN
ALRIGHT
START
YEAR
DOMINANT
FIREPLACE
SHIP
PULL
FUTURE
MOSQUITO
STAND
OPPOSITE
BREAK
PROMISE

Puzzle 302

DEPEND
EMPTY
FREESIA
EQUAL
SOUTH
ACTION
THIRD
REIGN
ELSE
ADVENTUROUS
RADISH
REQUEST
BETTER
DRUG
FOUNTAIN
COLLIDE
HOT
FAMILIAR
SNOWBALL
REQUIRED

```
D R U G Q V A A R E Q U E S T O F
R C O L L I D E A I S E E R F Q M
M E M V G O Z C I D F L R F U R L
J R Q V U E P P L F N S E S D R I
U W W U B U K N I D U I H O E A A
U K E N I N R P M W A E L U P I D
E Q U A L R F E A U D B B T E W V
H H Z C O E E O F F R F R H N G E
H O D X U T G D U N I Q E B D K N
U T Z T K T B R E N H S I D A R T
V C U H P E K N M O T W G Z I M U
G N I E M B O E P I Y A N F K T R
S N O W B A L L T T V P I N O J O
Y K U H Q U Q E Y C A U Y N Q W U
U G Y M U H D T F A I L P M W G S
```

Puzzle 303

```
S I L L Y Y H P N E M W R P P T S
N N X I F P K N M G O P P B R S M
H Y W C S N O I T C E R I D I H Q
X W U P U O Y T U A B H T U Z M F
G N A N C C M M Z A R R E F E D J
S A L B O J E E G A L L I V M A T
O S T R R L N T T W Q B O Q V Q H
W M L Y C V E A V H T L A E H C A
O W L Z H K U E P H I D F Q F M N
D O C T O R C R O I I N A A M O K
A A D B I Q L C L X G E G W R M F
H H P S O X P A R T I C L E X M U
S P A A A H H Z B D G S K O L B L
N H M W N O I T A S R E V N O C L
Y K U R K C O L C B N D V N V N Y
```

JOB
DOCTOR
SOMETHING
CONVERSATION
HAWK
CREATE
CLOCK
DEFER
SHADOW
DESCEND
CROCUS
ENEMY
VILLAGE
SILLY
DIRECTIONS
PRIZE
THANKFULLY
HEALTH
PARTICLE
FARM

Puzzle 304

COWARD
TRANSPORT
CAT
ESTABLISH
EXTERNAL
KNEW
MOST
ARMY
LASSO
THANKS
MILLION
BRIDGE
FEDERAL
REVERT
CROWN
STEAL
WONDER
TAKING
PERSON
ESSENTIAL

```
Q Q L K R B Z R A Y J F B E O Y R
Y Y A Z U E W E N K V X R K S Q C
M I L L I O N V C X H P I W X N T
R P L A R E D E F R Y X D M O V M
A X H J E W D R A W O C G L O R L
L B X A N T W T V Q L W E A T S S
G S T O N O S R E P D G N I K A T
R K C A T B M O R K Z A U T J E N
L A S S O X W P L A T H E N A Z G
T H A N K S C S A C X H V E F Q W
B X T P Y L A N R E T X E S V E U
B C X G D R H A S O H S N S L O O
D K I B J U D R E D N O W E D V E
N D Q E H N F T E S T A B L I S H
O N D Y C A Y I U E S N M D K M J
```

Puzzle 305

```
T Z F R E C O M M E N D B Q F R N
C H I I I K I Q W C S A S B E K Q
A R E U R F O O D R B O M C N G J
X E N O R E H U R A C O M J C D Y
E G X H R V M O X C E X Y E E A T
Q N D I P Y R A S S O L G O O D T
T A X I L K P R N X T A T S M N W
A R K T Y H J T P E O N C E A E E
F R A C T U R E D F T T T R T I W
Y A X T U D R I N K F N I O T G X
S J F K P C N E M C A X P N E Z R
W Z W Z N Y O F G I R W X G R O W
B V Y Q I M C N B R O Z N I E B Q
Y T S V E J F C Y T E K S A B X G
P T A R B N I V F M J N J K N L Q
```

FOOD
GLOSSARY
EXACT
FENCE
SOMEONE
ONCE
FRACTURE
SCARCE
RECOMMEND
MATTER
IGNORE
DRINK
FIREMAN
BASKET
THEORY
TAX
HERON
INPUT
ARRANGE
TRICK

Puzzle 306

APPROACH
DECIDE
WOLF
CLASSROOM
STUFF
CABBAGE
MIND
VOID
HAVE
SKIRT
PAN
CHARGE
CARELESS
VIOLENCE
SCORE
GRAVITY
SIXTH
NOUN
FLUFFY
ELEPHANT

```
F L U F F Y D I T S D O D N D M T
L A G E V T P A N Q C N B O Z T E
S T U F F I S Y A S A O V U Y K T
V N H H N V C J H U E G R N S K K
E G A B B A C R P H O T N E Z D E
C Z W V J R U S E D I C E D I O V
N L Q K H G W O L F H P T J Q G D
E V A H T T C M E S S E L E R A C
L V I S V G J T A K Q G E H I Y H
O O W Q S M H T X I S R Y S K S K
I W Y C Q R B M B R A A K Z U X Q
V J Q B O Z O A I T R H A G A Z R
L U U Q R V A O R N T C L L W E S
A P P R O A C H M S D Z P U I O B
Q F F O X Y R S S D W Z L F G G K
```

Puzzle 307

```
F I P A K W Z C Q U Z F R D N Q V
D E O W O O L Q A S F A Y Q H H S
E F S Y E O O F E D Z D U A Y N T
C T S C L E R N A O K T H T R O W
A L I T G G F M X O L I K E A T K
Y O B I E L B O N R E M M U S E F
J K L S C N A P G W S Q L R S M Z
O M E I A E S D N U O R G W E H Q
T W G V C G X E Y U R C Y T C C Q
D E N O M I N A T O R A U A E P T
U K X E M F T N G V N S K L N F Y
G P B P Q U V J C H W E S K I C A
R R E W O L F I L U A C J I B S J
U S P A G S U K A I A H S N M S V
K X M Z A U K R C A M T H G I E H
```

CASE
DECAY
NOBLE
GROUND
VISIT
WOOL
NECESSARY
GLAD
WORTH
DOOR
PEA
LIKE
TENSE
HEIGHT
POSSIBLE
DENOMINATOR
CAULIFLOWER
NOTE
SUMMER
TALKING

Puzzle 308

HOOF
SPECIFIC
GET
FIVE
WORD
VAST
EXHIBIT
PLEASED
YESTERDAY
PREVENT
YELLOW
AUTHORITY
GONNA
VITAMINS
DROP
FLAT
FAVORABLE
CURRANT
INVESTMENT
MARKER

```
N H J E J R E N S L S R V F I H G
O O F P X R J F K L P V T A Y G V
J O H R A H K A A D E D F V T J Y
I F N E C P I A B W C A P O R D E
T I Y V L B W B G U I F D R O W S
C T T E Z U L D I W F I U A V O T
P U F N R A Q U F T I V D B I L E
L A R T U V J W C S C E U L T L R
E L T R X Y M N K A V Z O E A E D
A U G K A K G Z Y V F R H J M Y A
S G J A N N M A R K E R F F I F Y
E O E F N Y T I R O H T U A N L Y
D R F T O M J R Y H F W M Q S A J
K J R L G I N V E S T M E N T T W
O V S T U X E F U L C S S S X I M
```

Puzzle 309

```
W O Q I L Q D C I B G S A W I K D
R E D U C E F C V J Z R E O L V G
T C R B T I X H R I K O A L E Y Y
A N A D A N G I F D P O Y N L B V
T A O T S T C C S W O B V X D V B
I T B Y G E X K I E B I O P T M H
B S P S N R E E C A U T I O U S A
A I U C B R S N M I D D L E I E X
H D C C G U Y T T E R P U B N Q S
K N S V K P C I P E R I M E T E R
O C C U R T A T O F F I C E R V P
N G R B V W T L A T N E M E X O O
Z V Q J H Y C E U M I N T X Y M R
M W V N I Y H A W X X D Z Y K E A
X M Z A N G Y K D I U P B J I R R
```

MENTAL
TITLE
REDUCE
SIX
STOAT
CUPBOARD
OFFICER
GRANDMA
HABITAT
SELL
CAUTIOUS
PERIMETER
CHICKEN
DISTANCE
MIDDLE
CATCH
INTERRUPT
PRETTY
OCCUR
REMOVE

Puzzle 310

PRECIOUS
VOICE
HERS
GENERATION
ABOVE
TEAM
MIX
SLEEPY
RESPOND
WORKING
CANDY
ARENA
FEAT
TOWARD
PENCIL
INTO
LOYAL
MEADOW
PRESIDENT
CHANCE

```
V K R W U Q B Z N R P E N I U P A
N Q V O B S N W W Q E M J A L F Z
Z U V R V R H K V U N S L E E P Y
L V V K O G I A Y Q C R W O B S P
A G C I I X G P D N I E Y O A I R
Y R G N C A P E O H L H R F T R E
O M E G E C R C N M E A D O W E C
L H P N M A E N S E V Z F T M S I
E V Y A A B S A Q T R V Z N S P O
Z X C E E O I H S O E A I I W O U
U M O U T V D C S W B J T S X N S
C A N D Y E E J L A F U X I M D C
N H X J R I N D P R A E R L O B V
H U D O U Y T Y T D X I A K L N U
D L F C G J F P L P E V A T V E G
```

Puzzle 311

```
C U I U Z N H R S F P X W M X T J
O O T A T O P T T Y Q B L J C A A
O D R A E H S E R F B V E K U G K
E G P R Y J J G C L V O A S X S O
L V X E E L B A S U E R F J W A T
I T T V S C R D I R T G T Y Y S H
B R B I T E T F V I A A Z E Q S G
O G E R N O J C L H N I Y J Y E I
M O T I V A T I O N Y R D O F M E
O C R Y D O B Y N A T P F E C B W
T Q O O T L D H G Q I L D M D L M
U Q H T J Y O J E Q M A V I J Y R
A H S B A B Y S J E E N Z T P R N
W T A S S L M O D E L E L N Z G X
G P H U I Q O E E B L J W T Z G J
```

FRESH
WEIGHT
AIRPLANE
RIVER
ANYTIME
HEARD
BABY
SOLDIER
CORRECT
ASSEMBLY
REUSABLE
ANYBODY
AUTOMOBILE
BITE
MODEL
POTATO
JUST
LEAF
MOTIVATION
SHORT

Puzzle 312

NAME
THROUGHOUT
SHARE
PATTERN
RESIST
VERB
CHOCOLATE
RED
ORGANIZE
SISTER
RESERVE
PUBLICATION
SICK
KEY
PHOTOGRAPH
CONSTANT
FROG
RECEIVE
TOUCH
TANGLED

```
A T R P P U B L I C A T I O N X D
E Y F E A A K K T K G K V T T N F
P A X F S T U O H G U O R H T V D
N N D H E I T N A T S N O C S O M
F C E C H U S E M A N Y X K Y D P
O C L O H B U T R Z N S T E E C O
A G G J D O N B Z N Q L E Y X V R
R V N H E T C D V E R B V D B U G
H P A R G O T O H P W K R O C Z A
M U T R O U U J L R E C E I V E N
R E D O R C A O L A S I S T E R I
O M M Y F H S D G X T S E X I A Z
S S S L S T P V J R Y E R I N H E
Y G X I W H Q C K I K D I V G S L
A U X Y G J H U I Y A T T Q X M F
```

Puzzle 313

```
T K E O U G S G H P G C C Z X Y S
A H G I E W H Y R U H H H B Z W C C
V G E N J H O A E G U E C U A H A
S J T M K W W J D T X C F P X O Y
Z Q A J S Y E P W Q Q K H B S O S
W A G O V E D R O W S E A H X D X
K A I F I T L E P N X D F P D F X
G J V Z O A L V E I G H T Y I K W
V N A E L U F K E A Y Z V B R A
J E N W E L G O K S L O C K U X S
T Q N Y T A R K R S Y B K A T N B
D M E T K V E R E G H D M K T Z N
K B F P F E A E G Y O O J A E N P
I Y J N I A T R U C Z T E Y R U C
D W Y V N Q K N O T C N I T X E Y
```

SWORD
EXTINCT
EIGHTY
VIOLET
POWDER
KEEP
KNOT
CURTAIN
LOCK
WEIGH
FORGOT
SHOWED
THEMSELVES
BUTTER
NAVIGATE
EVALUATE
GREAT
SKIN
CHECKED
SHOE

Puzzle 314

CAME
TRANSFER
MORE
EGG
BASIC
RULER
TRAGIC
APPLE
INSPIRE
TREAT
STRAWBERRY
REMAIN
PROUD
MOCK
FERRET
FISHING
HURRY
DEPRIVE
PURCHASE
SIGN

```
U P A O U S B K F T M R Z O J Y I
T M R O A T G L E G G E E L P P A
G R T F J R B A S I C L V M C R O
M I E F O A G D M F B U I P A U B
T O R A R W A A A Y Y R R U H I N
R C R C T B T R A G I C P R L K N
A A E E Q E T C Y J B U E C X P I
N M F V F R P R O U D S D H K V X
S E O Y T R K W T G S S P A W A G
F L F T C Y X R A G N I H S I F U
E F G E E J P P S Z W G Z E Q F D
R K P I A O X N K J M N B N L K P
S H A J A R I T O B G D N S T W K
A H V E T M O C K I N S P I R E W
D C H V W R C V D F D H O Y G E L
```

Puzzle 315

```
A X S M Q O H X K V Z D S X S G M
H K H N P A S T A E H R E W O P I
C K M T O E N O U G H I M N Z U R
R H A N S W O G R G Z E L C H K R
A C T I V E H S R P Z D O C D S O
G R O A N D P M O O J M W X Z X R
R G S L A E L G G I W R S U E F D
W U R P V E A M Z X R Y B S G I E
B D B X T K S X S U O K T T D T X
S W C E M Z T R A L L D O N E K Q
I Y R K B K P E Y Y T O M I L F O
Z X H W B N I I K Y R E V A S B G
T D U E Y U P X U L A U D P B E A
W H E J H C R U H C D L U E L N T
H C O S P X B N H Y E A Q E I H U
```

MIRROR
ENOUGH
SET
TRADE
EXPLAIN
DONE
HEAT
CHURCH
PAST
WIGGLE
PAINTS
SAVE
DRIED
POWER
ART
SLEDGE
BURN
SNOW
LAST
ACTIVE

Puzzle 316

GRADE
CHIPS
COTTON
BECAUSE
MEASUREMENT
SUNSET
THESIS
SEE
FEW
ARM
NURSE
HEAR
BED
PLAYING
TULIP
MARKET
LAUGHED
IMPACT
QUANTITY
WORN

```
T Z P A J P C W P S K V H E A R V
N Y I U S I B B L U U N O X T J G
Z K L I X P X D A N X T N W E M L
K B U V I E R V Y S F N O T T O C
F U T C A P M I I E Q E E S U S X
W Q E B W Z G C N T U M W I D Z Q
U O K E B J F U G Z A E U S X S Q
K Y R D E H G U A L N R N E C V Q
Q S A N C G R A D E T U S H H F T
B N M A A F P Q Z S I S Z T I A E
R K S E U V Q A W R T A B J P J U
D P K W S E B Z F U Y E A G S O X
K Y D U E E P D Z N V M W R N Y Z
F I A Z Q V Q W J H K K U T M L Y
Z V X D N H G S W W H X J O X P R
```

Puzzle 317

```
R A F F O R D O L Y R E L E C B W
W E K W N C Q X E O Q S A W D E F
H K L W K V I C M U B T N E S E U
Q L P I E V E R O T X I O S O T Y
J B D B G M S F N D W M W S I L H
H X F V G I Z M A O H A E X T E S
S N B F Z H O P D O N T S Y I S E
P E R F E C T U E R Q E V O Z D N
V R Q O Z Q U T S S N S G D O T S
G R P G H T M H L O L M G O P N E
H I R E A L A C I P Y T G U E O L
O J R R I G H T U N D E R B Z R E
E O H L J V C D U Q Q X D L X P S
T N M S S N Y Y S B Y E N E O A S
P K F J Y S M L U Z L W Y O L M Q
```

SOON
GIRLS
PERFECT
AFFORD
REAL
RIGHT
CELERY
EVER
RELIGIOUS
ESTIMATE
BEETLE
APRON
HOE
TYPICAL
OUTDOORS
SENT
UNDER
SENSELESS
LEMONADE
DOUBLE

Puzzle 318

IMPRESS
HOLIDAY
PLAYFUL
ATOMIC
BUNS
SIDES
SHOOK
THEME
CLIMB
PROHIBIT
WEST
WINDOW
VALUE
PIECE
UNIT
POLICY
FAVORITE
PRESS
EXCEL
COMPACT

```
F D N G U M F R I F O A I Z V I S
A A X E H V A Y W S C L B K N R K
V W F I G E O D H S I D E S N U B
O L U F Y A L P X E J Y W C K Y S
R R H B C D T Y N R R J G C X O J
I S L V E R C O V P R U Z T Q E U
T T I N U P A B M I L C T A V T I
E H Z Q A D P K U I I M P R E S S
I E K N L J M O Y Z C S C Z T E O
L M N U F W O D N I W H P G Y W R
O E P K I O C F M V B O H M O G H
Q M T I H O L I D A Y O D J I F A
T O U V E E O I O T A K U F S F Y
C Y G X S C P R O H I B I T X S P
P O L I C Y E V A L U E L N H V B
```

Puzzle 319

```
P Z U D Q X N Q A A I B V H O U R
Q U C E N T U R Y H A A R A E Q X
S K N D Y N O C L A B U P I V C I
T W B I K X T R C K I T O A G A R
I D E O S H E J T N H H L J N H Z
L R R T B H R H V F X O I H I A T
L M E S W K M T W D L R T W D L B
S E W E S P O R T F K I E G A R A
I N D G M T T R L C P Z A E E E B
A T F I S U U J L Q G E V A R D L
X I R D A M O N G V C Y S Z B Z R
S O D I O J L I E V Y H V L W A L
Q N Y M O N O C E W A G J B I M Q
H T U I G N C L E Z G A O Z Q F Z
Z I C T Z C W P M V E V Q I V S R
```

WET
DIGEST
STILL
BALCONY
WERE
AMONG
SPORT
CENTURY
POLITE
READING
HOUR
MENTION
SKY
PUNISH
AGE
TERM
BRIGHT
ECONOMY
AUTHORIZE
TIMID

Puzzle 320

CUP
ENTERTAIN
GRAND
LAZY
PAPER
JURY
NAIL
MET
PARTICIPATE
TIE
WRAP
FREE
LONELY
SHOW
MEETING
CAREFUL
SPEED
LIKELY
DAD
AFFECT

```
C K F H D E E P S O T G D N I L G
A D V N Y A F E P W I N H S H O W
R P E E L Z D S B U E I R T W T Y
E E A Y E E A F F E C T P A P E R
F V G N N Q K L K E N E V D A M U
U M H Z O D L W O R I E B V R E J
L K Z Y L E K I L F A M C W J F J
T L L K C P D P Z P T E C U J T H
C X E O P U F U I J R T U W D R H
P A R T I C I P A T E F B C R O C
F K A W X Z W S W V T R R Z Y E Q
T Y F R B S V I S D N A R G V X W
X W R A P N A I L T E H B S A S U
O T X G X Q M X D E E T D O H E M
X B M O R E B B Z U D O P Z Z G K
```

Puzzle 321

```
E V I T U C E S N O C G J D T S V
F S T A P E T S R T N G T E F P V
Y A C F A Z Q M A K Y J K L I M X
R S X A C D W Z B M O S F I H C D
Y O P O P K P K O M U Q W C N V I
A M S C A E I S J O R F O I B I Z
V E A O X L D B E S T P W O B O N
Y N S C A A K Q K F A U B U V C J
Q W K C N R U J A S B U Y S T J R
H U X T V G Z H K N Z A X C Y Z O
G G I E T E R B M T M I H E N F L
Y B Q T G S S Y A S O M E B O D Y
D A G L E T W U D Y L I V E J K C
P R T E K C O P S T O V E K A E U
O U A M S Q O K L N U T F B B Y H
```

FAT
ESCAPE
LIVE
BEST
MILK
COCOA
MELT
MAD
QUITE
SOMEBODY
PETS
STOVE
POCKET
DELICIOUS
SOME
OUR
LARGEST
ZOO
BARN
CONSECUTIVE

Puzzle 322

BASKETBALL
TOTAL
HELP
PEAR
SMILE
THREAT
STRANGEST
WHEAT
THAN
HAPPEN
VOCABULARY
KING
BANK
BUILD
ARREST
TRAINING
PURPLE
KIDS
HIT
LETTUCE

```
J K T S K I D S P T H A N V T V T
Y X R W U I S P E B U I L D R O H
J B O U A B V A A L S B F B A C R
R Z Q R I S E R R N I Y E N I A E
S T R A N G E S T P W M A W N B A
B A S K E T B A L L I T S H I U T
N E P P A H H E L P D O P E N L E
H I T U F B E T S Z U T R A G A Q
G K S R R J A O Q E Z A H T A R K
N C D A C P K N W A F L D A N Y I
X C W Z X X L H K R W Q C Y H U N
H U Z Y S B B E D C A R R E S T G
B C E R H C T M M F X U O N O T H
S Q D W A E T H D L E T T U C E B
A G L Z M U A U X S F Z O C E P S
```

Puzzle 323

```
Q E E V F P B T V X Z Y P D G P M
Q T Y L J O E B Z M I H F D G V J
P Y A M A K U Q K X N S R I E H T
S D L V C J N N I U V R I T B G C
I I Q R A E W S D A O U D B X X E
M S C F A S O I E N L H G Y M A O
K S X T I E D E P C V N E V S U V
R I P D O H L H P I E M S U G A R
I M X G F C V C O E D Q C P O C N
L I Y U M N M R T N W H E T H E R
P L U K W I U A S T D J E C P A M
I A P M X Y Z E J I U Q Z U I O C
Z R C D W Y Y S V U R B X Y H I T
Z X E H U J Z S D P I S D Q E U S
A V Y Z D K C O N C E N T R A T E
```

INCHES
FRIDGE
CLEARLY
STOPPED
PIZZA
DOWN
ANCIENT
TIED
THEIRS
CONCENTRATE
MAY
MAP
WEAR
DISSIMILAR
SEARCH
WHETHER
SUGAR
POT
INVOLVED
FOUND

Puzzle 324

ORGANIZATION
MECHANIC
ABILITY
PROPER
BOUGHT
EMPTIED
SPREAD
STAIRS
OKAY
DRUM
TOWEL
CYCLING
SOMETIME
WINE
DISPLACE
HOW
LEEK
SAT
STORY
WEEK

```
C U B Z V S W I Z N K F R Q G K S
K Q F Q W K A N E X G W R A S I E
S T A I R S C T H G U O B V K E S
C Y C L I N G D I S P L A C E D A
O R G A N I Z A T I O N I V E V E
N O X A T O W E L Q G J S X W X M
E T Z H W A O S H W C O Z Q Z V P
C S S A P V H C R O J H J U J M T
N O R O X D T C O J X T U M L I I
Y T W E M U R D O C Y P Q L O Q E
G I U R R E P O R P X B R F E T D
I K R V X N T W O K A Y H S D E J
A Q F Y T I L I B A H L N P V K
K O Y A I W N N M S P R E A D T T
M E C H A N I C S E Z E D G R Y N
```

Puzzle 325

```
C B T Q G S Q T E J D C I R T H M
R A X C J V T Z L M R G N I E H B
R T P E C C A A A K Y D V C R U V
I C U N S S G F R S I G E H R D I
A H K T S J N O B T M G S E O C S
H S R E V E A L E K E P T S R W I
C S S C V M O D O L L D I T O F O
M G U O A O J N P O U L G D R G N
R J A P R V A S L Z X T A R P R N
A Y Y S B T Q J Y Y V A T I O O E
K G T A W Q M S D A Y Z I V S W G
S C I E N C E E L A H W O E T L B
F O L K L O R E N P S D N V T W Z
C Y S B G I N O I T A M R O F N I
I N V I T A T I O N B Z Y A Q S T
```

TERROR
ASSORTMENT
INFORMATION
ONLY
GROWL
REVEAL
INVITATION
INVESTIGATION
ARMCHAIR
STARTED
VISION
RICHEST
POST
ACCEPT
FOLKLORE
WHALE
DOLL
SCIENCE
DRIVE
BATCH

Puzzle 326

BEDROOM
ADD
RATHER
PLAYER
FOURTH
STRUCTURE
SWEET
PARTICULARLY
ROB
ASSURE
BELIEVE
SCHOOLBAG
STAY
WHOSE
CIRCULAR
EARTH
ACCURACY
PERIOD
CURTAINS
AGENT

```
R G L G G F F H O H U P R N Q B N
H G B X V A H Q F K I I B R O J I
G K Z Y P U K P S I L Y E S O H W
H R I G A B L O O H C S A V S K C
G E S E R U S S A R V N R T F E Q
A V W V T E E W S Z N I T N S Q F
G J H E I G B P N W L A H E E M N
O Z Y I C R E Y A L P T W G P O Q
X Z L L U E O K Q Q K R E A U O I
T P S E L H S B S T R U C T U R E
U V B B A T K Z O M J C N S I D G
M I R E R A P E R I O D R D F E G
C O F V L R P S W C H D H U G B S
M S T Y Y C A R U C C A O X B D O
C I R C U L A R M S C F O U R T H
```

Puzzle 327

```
O S O Z O P W T O R L R T R Z F Q
P R M U S E U M P L A N E B O S U
T Y A X C T U B X J D B V H T S O
L A W N O S T Y S H S Z W Z T H L
Z Y E Z G F E D B H S G V L W O C
B F T R S E X S A K I D E G Z B J
C V S E A T C W C K C R N U C B X
R Y K Y C P P M O P P A N I E Y H
M Y S T E R Y A R A Q P S H K P X
M N R A T C E N N I B O G Y H P G
S Z V W A K B A S N H E Q F Y U D
X U C U C V O G C T I L C R C P R
T J N E O J W E F I N A N C I A L
B N D Q L K F L D G F N I W Y J M
V N U S S M E Q E P Q H C N W W X
```

NECTAR
COW
ORANGE
PUPPY
SEAT
PLANE
ACORNS
MUSEUM
OTHER
KID
STEP
HOBBY
MYSTERY
BUT
PAINT
LEOPARD
KIND
FINANCIAL
LOCATE
MANAGE

Puzzle 328

CANDLE
TIRED
INCLINE
CULTURE
DEMOCRATIC
LADYBIRD
POLECAT
TOAD
SHOWER
WILD
SURPRISED
OPEN
USE
THREE
PRESSURE
QUALITY
TEMPERATURE
PREVIOUS
ISSUE
PRACTICE

```
V I W U E Q R K S K K O I M B T K
R N K X E R U T L U C H D D P E Z
J I P U S E K A L K H N E L R M V
Y O Z Q W T H K L X X W M P E P S
S O K T B V I I X I Q S O R V E I
E H V Y O F U R F Z T L C A I R W
L Z I T J Y B U E U A Y R C O A G
D E S I R P R U S D C Z A T U T Z
N J S H H I R T E L E Q T I S U K
A P U Z P U H D P I L H I C E R S
C R E W O H S R I W O B C E Q E S
P R E S S U R E E X P O P E N K V
L A D Y B I R D S E N I L C N I V
A V Z A N R T O A D Q S Z A N G U
A D U K M G F P U Q X C L E J G L
```

Puzzle 329

```
F E P A M K D D N E L B N X Y F P
L M Y F Z K D P R E S J E F L Y N
C T L A G E L Q F Y F Y A I P I J
K F K R E A T X E F Z M T R I H S
D E C R E A S E M I A G O B T G I
C U I G K M D A A D W N P X L I S
D T U Q A D O C L O B I A P U H I
R G Q Q R N E C E M H D E V M E R
L A U N D R Y V L F O D T X F A C
H O V K K S E G E E H E D E G Y T
T I U P R H J Q A L W W X J G P D
H V N X A C S I C T O J Y X U H N
C K O O B W L Z F Y R P R O X B E
C B Z M P G F G O T V A L F A G T
J O I M U Z R B B L J O R C L B T
```

MULTIPLY
DECREASE
BLEND
CRISIS
WELCOME
HIGH
AGO
QUICKLY
MODIFY
DRAKE
FEMALE
LEGAL
NEAT
WEDDING
SHIRT
DEVELOP
GOT
TEAPOT
LAUNDRY
DRY

Puzzle 330

FIGURE
REVERSE
KIWI
RABBIT
RICH
SOAPY
FURTHER
CAREFULLY
FIREFLY
EMERGE
LEND
FORK
GAME
BIT
MURAL
GRASS
PLANT
SUNDIAL
DESIRE
SHE

```
S F E Q A R M U R A L E R U G I F
S U J D P P I C K U Q S X W U P S
A E N E X A B C P S K R O F B Z U
R V B D X S C M H W B E A C I W O
G X R N I L J Q Q Q Z V A B T R T
W V Z V L A Y P A O S E H S B H D
L E N D O Y L L U F E R A C K I X
E M E R G E F F U R T H E R I B T
P I O S J I E H T V T X B U W N N
R L R L Z C R Z T E H B X C I Q A
K U Y H Q W I B E X Q H H I G F L
X V U A M E F A P S P V B W E G P
R M G Q J A V Q K Y L M O B E S T
T N G M G W P M K F G S V U F A Q
D E S I R E G A M E Z U A S W F C
```

Puzzle 331

```
S C D I L Q P D C W U E E E C M H
R E S E H T F I C H P Q N Q F Q Z
H B C T X O I C C Y F R O S T L E
Q D L U F R L S Y K B V S U P G L
R E Y F R X L Z U N E N I C E G O
E R A Y D I V G S I T D B O Z J Z
C R N A R G T Q Z P E O V V O T E
E O C I V I L Y G R A D U A T E W
N R R Q K N I E A C H W V Y U P I
T A K E P S U B S T A N C E K H N
L L A T S R U D E W R J B F P W L
Y K L I S P K E G S E O X P L S K
N P M J W V E U S E T T L E D J A
Z D L G Z C C C M E T Q A N B X S
O F Q B L K Y W T A T Y J H N G L
```

RUDE
SUBSTANCE
FILL
SETTLED
GRADUATE
BISON
SILKY
PINK
ERROR
PICKED
EACH
TALL
WHY
FROST
RESPECT
CIVIL
VOTE
RECENTLY
THESE
SECURITY

Puzzle 332

UNDERSTOOD
CONVINCE
ARGUE
COMING
STARE
MODERN
FLOAT
PUT
THROUGH
RELIABLE
SECTION
FUN
IRREGULAR
REPAIR
POSITION
KITTEN
DENTIST
HARD
STUPID
CITY

```
D O O T S R E D N U K C Y P V P E
E R A T S D O D J Y S I Y V J M B
N I P O S I T I O N K E T O L S V
T A O L F Y C P D V K C C T Z V V
I P H A C A I U Q O G O R T E Y K
S E U G R A T T B L W N E A I N H
T R P C U L Y S A G E V L I C O A
C B M B X O W B Z C E I I V O T N
J D L I I K R P K B H N A Z M Y S
M O D E R N L H K G A C B W I S V
D U M U X B N O T F R E L Q N K W
I R R E G U L A R U D L E Z G G A
G X L R C R W P Y N Y D C U Q M P
F H H B B G P G J V U T E N Q A S
R E M U E P E H E O V U P U T Z T
```

Puzzle 333

```
P M Q H A B I T Q Q Q X E T A P S
R A Y T R I H U U T F R P M V R C
C E R S S M O T A C R T N F W O E
K D T S F P H F T Q B P D Q T F N
C U E F L E Q O H A G E A I V E A
Z C U N O E X P X L Q C A I S S R
A A P G O F Y I L M W X A P N S I
S T E X C L V N A L P E V U E O O
M I Z C Z N O I N A P M O C T R J
A O J C S C L O F J W Q F H T R W
R N P T Q L L N W T K H Q H I P S
T V U S E F U L R E G R U B M A H
E L I H W I W Z A E E Z N V Y B G
R F A M I L I E S M X H M U A C Q
G V H M B W C F I D S R R T C N A
```

PARSLEY
FAMILIES
PAIN
COMPANION
EDUCATION
PROFESSOR
HABIT
MITTENS
OPINION
SMALL
COOL
HAMBURGER
MEET
ELF
SCENARIO
WHILE
SMARTER
PLAN
USEFUL
EXCEPT

Puzzle 334

RELATIONSHIP
SHOP
STRATEGY
ALTITUDE
HAZARDOUS
TURNIP
REALIZE
SOURCE
MISSION
WORLD
COMPLICATED
GOLD
PLATE
END
TERMS
ASCEND
DANGEROUSLY
COOK
BRUSH
SEQUENCE

```
V C U G Z L D T S K C E N F P O F
K O O C H D J A H A Z A R D O U S
Z M M U U X L L N F Y B D Z H B M
S P O H J P D T H G G D V T S S M
E L A L T I T U D E E T A L P O U
Q I T E P H S U R B T R Z X D U G
U C X C Y S W P O A A L O X J R U
E A T K Q N T O I P R P F U W C K
N T L A A O S M R E T O F A S E Z
C E A T W I M I X L S W B Y O L Z
E D T I R T W X I B D E N D I W Y
G B L O A A T B T V A S C E N D W
B O K K O L B L D N I T U R N I P
L N L U R E Z I L A E R K B P M N
S P D D S R M I S S I O N M X D X
```

Puzzle 335

```
Y H M W F T Y S A O K L P T F Q X
L G O Z A G G T D O P U N P A F I
T R U N K N X I J P R E P A R E C
N N V M T U T E U M D S N Y H V W
E T E D J O C S S A E N Q Z A I T
R A A R H Y A Z T H E E O Y P T A
R U V L R B S A K S R D S L Z C S
U G K B J U B A D G E I P D Z A T
C H A C Y Y C C U C U M B E R R E
S T W M I N E X Q Z U M O T F T J
I K M A A R M N O P L E Y A H T R
L X I Z W P A X Z O L T F X D A S
T A G N I V O L T Z V P C H O P K
J G S Y E P A R T I C I P A N T P
S D B R K T C A L C U L A T O R G
```

CURRENTLY
MINE
YOUNG
TRUNK
CURRENT
BADGE
LOVING
CUCUMBER
DEER
WANTS
ATTRACTIVE
CALCULATOR
ADJUST
SHAMPOO
NET
TASTE
PREPARE
DENSE
PARTICIPANT
TAUGHT

Puzzle 336

SOUTHERN
INDEED
CAP
PHONE
COMPLEX
MUSHROOM
TOOL
WESTERN
PROBABLY
HELPFULLY
REALITY
STONE
PLENTY
FIRE
FUNCTION
RECREATIONAL
SHINE
APOLOGY
DISASTER
REMINDS

```
H T B X Z B A F X I K V X Y S D R
M Y R F J Z O B U L B N L G H I E
C Y V R R D Q W E T P Y T O I S A
M U S H R O O M S Q Z Q W L N A L
C D F G J C Z P C O D E S O E S I
P R O B A B L Y O C U M I P Z T T
F K O Z B J G R M F G T P A C E Y
W U E B I E B G P I Q I H H O R K
E Y N T O O L I L R Y I F C O S W
S W C C Y N Y D E E D N I N R N X
T U R L T Q O F X R Y G P O K N E
E W A E N I R E M I N D S T B Y Y
R J N W E E O R O Z A B I S H F N
N E E I L L A N O I T A E R C E R
G H Q S P H E L P F U L L Y K R L
```

Puzzle 337

```
S Y V B D Q J L R T T R Y K Q T A
P L E G L P Q B M K K H L E V E L
E I Z D Z E S X R T P U O R G A E
A K I P U S E H C N A R B B A R R
K D N Q I L F D P E U R C T Z T T
J Z G P J V C B H G S G K O A D U
P W O Y D F Y N Z I E C W Z S T N
H B C K A Z N O I L G O Z T L Q X
J K E J C Q E P C L S J H M Z A
W S R I R N A U W E E T U Z X K H
R U S H V V R N A T L W S G L P H
A T T A C H R D S N W A S E N N U
D I W N R F T M L I O I C I N L D
Y M T M B O N P P G N C V X S J S
A U D T S M C K S B K B J C R U X
```

KNOWLEDGE
TEAR
RUSH
GROUP
UPON
RECOGNIZE
LEVEL
SPEAK
INTELLIGENT
INCLUDE
NEAR
PAUSE
ALERT
LEG
ATTACH
NEST
BLEED
BRANCH
SAW
COST

Puzzle 338

CURLED
MAKE
ITS
SEVERAL
RESPONSE
SWIM
GHOST
SPEND
WATCH
ENJOY
PACE
PAINFULLY
MINUTES
SCHEDULE
LORRY
TRUCK
BORDER
NATURE
CAN
SLEEP

```
G S Q H Q C S P K Z T T S S I Q R
E P E K J A V W E V T R D E N X E
J E E H R N E A I C U R L E D K S
X N G W V L G I O M S L E E P B P
J D C H W A W Z U U T S O H G T O
Z Y Q B S R P M M C C C S A U L N
M I N U T E S A C O Y H C T A W S
R Y S X H V P K C M R E D R O B E
P T K P V E I E R X R D P K O R G
K I E R J S S E C Q O U O H X A S
P A I N F U L L Y A L L F X I G X
M D X L A I I A O R P E U L V T L
T R U C K K X K J I H Q O F Y W S
X W B M M P C C N T Q S X K U U J
A W R S Y S U D E R U T A N W Z P
```

Puzzle 339

```
G N I H T Y N A X A U Z D W R Y K
R R L I R D T G E N O E F E D K P
U D A C H W Z Z P H D Q O N D E G Y
W C Y N Z Z Y F V D E R A C S Z B
S P O B D E G G U H U S E P U E Q
G H R M L M N P T Q E R R R O R F
A U R K U B O K B A O M A E H O F
S B G E O Q I T B O D Y H T D F E
L K Y T W C S R H N F E J P I L S
Z B R A B U U E X E Y B N A M O W
Y C R T X O L S W E R G O H J J N
R I A I Y I C E S E R V I C E K P
F U G M X H N D F O R M A T E X B
C Y X I L L O V C F R F L I P O F
R N D W N A C Y D I R E R E V A U
```

SERVICE
CONCLUSION
ROYAL
BODY
CHAPTER
DESERT
SCARED
SHREW
WOMAN
WOULD
GRANDMOTHER
ANYTHING
DURATION
IMITATE
HOUSE
AREA
HUGGED
SLIP
ZERO
FORMAT

Puzzle 340

THEY
SCRUB
DRAGON
RECOVERY
SHELL
TENT
AGAINST
SUGGEST
WINTER
PROGRAM
LAKE
KNIFE
DEFENSE
OUTSIDE
SUMMARIZE
LUNAR
HOME
HAPPY
IDENTITY
COMPLETELY

```
M F R E U V Q C A M J B S Q E P M
Y E H T O S M B K T N K H O P K I
L W D Y U M D U D S K L E M O H L
E I E T S K M R C E D O L R M L A
T N F I A X Q C A G R E L E U B K
E T E T Q C I S B G S F S C O V E
L E N N E D I S T U O I U O D L H
P R S E K N B R S S B N M V U L A
M R E D B D Z N Q A K M E Q R P
O D O I C M X C I H M N A R X S P
C T O G U G L L A K W Q R Y P Z Y
C A M M R S Z Y G T Q B I T K Z Z
G P U M O A Q Y A M J X Z N A F Q
R L U N A R M O T K B R E B B A K
K H O T H R Z D V G E W Q K C Y B
```

Puzzle 341

```
A X M L V D C X O C G S E X A Q S
M F C I Y W A D L Z R K R T S L E
H G T R S R B B D H P X E G E S X U
N U L N O I S S A P M O C U I B T
S U Y Z C V O T O O E U A M S B E
S T T K E D L P A R S N I P T I Y
Y L A M M L U F Y B J X M A E R C
M U L T E U T P Y O E X U Z X T R
R S F H E G E M I R C L M D X H N
X E Q R D M R D W M Z D I G Y D C
I R I G I V E A J A N Q X O A A L
O W M H S G H N T N N L A S N Y O
S U P P L I E S T R I N M R A K S
G R A S S H O P P E R S M A N U E
G A L L O P P Z U M R Q W O S B Q
```

MAXIMUM
HERE
NUTMEG
CLOSE
RESULT
ASSIST
MAN
COMPASSION
CRIME
GALLOP
CREAM
GRASSHOPPER
LION
ABSOLUTE
SIDE
BIRTHDAY
STATEMENT
SUPPLIES
PARSNIP
TOO

Puzzle 342

AVAILABLE
MILITARY
SHEET
SUM
OBEY
TRANSMIT
THING
NEGATIVE
CHILDREN
COOPERATE
NICELY
FILM
SKATE
VERSION
SUPPOSED
CURIOUS
THIN
PENNY
FARMER
CONTRIBUTE

```
C K K P A K W E B O C N C P A M T
T O Q E L J V E T L K E O H V I H
K R N L L Q O G O G C G O E A L I
C D A T E E H S Q J U A P E I I N
T H D N R E M R A F R T E H L T N
T I I I S I O B A Q I I R K A A D
Y L F L Q M B V L N O V A O B R A
Z D K V D P I U P U U E T J L Y T
F I L M Y R Z T T H S A E S E G H
O R A Y N N E P C E B S J K V F I
L H C B N I F N S U P P O S E D N
V M P O B E Y L E C I N T E D C G
X U T T T R B Q D C G F Q Z U I L
V S K A T E Q P I E V E R S I O N
K H M T V Q U L K Z C K P C J I Y
```

Puzzle 343

```
I B M G H A P F A E C D L E C V F
R R Y E C V X H J B E V S D F C G
R K S A T N D Y F G V V Q K S Z H
I D E C A J E Z C X F Y A T R T F
T W L O M U S Q U I R R E L S E W
A F F M E M O D E E R F Y A I S W
B L O B H P O M C N Z X X S O A N
L Z V U Z K L B A U O S U R E C Y
Y P Z F R C C X L M E M E K M I H
U G U Y D Z E C L F Z J E F K C K
G C B F H S L T E F Y C Q N U N V
I V N K F G S S D S X W K X A R X
Z Q Z E C I F F O R A N F B D D U
E A S E W O N O I A R O U N D V M
S C A R E C R O W F Q H X E W U E
```

FREEDOM
SEW
LOOSE
IRRITABLY
COMB
SALT
EASE
TASK
AROUND
MATCH
JUMP
PUFFIN
OFFICE
SQUIRREL
SURE
SCARECROW
ANEMONE
MYSELF
CALLED
FOUR

Puzzle 344

RETURN
LIST
DUCKLING
DISH
SCISSORS
DETAIL
LIBRARY
INTERACT
THOUSAND
WRITER
NOR
MARK
COAL
SON
SWIMMING
SEEK
DARK
ADDRESS
WHERE
CATEGORY

```
L C A T E G O R Y M D S D W H N X
A I U D F N O S R A U C S I B A W
O B S D M I O P A R C I A K S P W
C G J T Y L X X R K Z S B R H H M
G E M N S K Y K B R G S I L P E C
D L F M W C U Q I A B O W U K Z O
E Z A E I U Y X L D G R E T I R W
T G T A M D U O Q X R S W Z Q O E
A W R Y M T H O U S A N D H Z N S
I D X T I R E T U R N K C I E A V
L N B G N P S E E K M M U M I R B
F W E I G A D D R E S S X O P D E
R L S X S B P H X G E N E X T F H
N K H E M V S N Q I N T E R A C T
S C O U A F V Z R O D P I E A F P
```

Puzzle 345

```
C D C M S Q H A G C A L G S Z A D
K J E G Y T I V A C J V R Y T C I
F R T S T U O X J O A O A L L A S
H G Y Z P L U C P G A S P F E D C
J P A K G I F P K O W Q E I S E O
M L Q Q Y R T H J I U O Q E S M V
X W L L E W I E H O N N H L O I E
I N T E R E S T I N G G D D N C R
S A S T E D F R O N T N V S T N T
N P Z I H I R I L N Z I B W D I M
T X B H W V C O M E W D Z X K I O
Y A H W E O L C N F X D B W Y S C
B Y A Z M R Y B R V A I F Y C O U
Y V V W O P C K Z R Y K J W I Z T
E V G J S M I N O R U Q W D V A Z
```

LESSON
FLY
ACADEMIC
CAVITY
DESPITE
WHITE
WELL
GAS
SOMEWHERE
FRONT
KIDDING
INTERESTING
COME
STOCKING
GRAPE
DISCOVER
FIELD
POUNDS
PROVIDE
MINOR

Puzzle 346

SPRING
WOOD
MALE
MILL
EXCITED
NUMEROUS
IDENTICAL
GRAPES
REACHED
PROBLEM
INVITE
ITSELF
GENEROSITY
PARDON
RHINO
EMERGENCY
FINGER
GIFTS
SANDCASTLE
FORMALLY

```
E H P A R D O N U N V M F E D S X
T X K S U O R E M U N E L A M A S
I E C S F O X U M N I L E U R N P
V F P I Y W A Y O Q W B S Q E D R
N A I A T C G T K S B O T S A C I
I S L V I E F I N G E R I C C A N
J Q V O S R D T Y Z A P L P H S G
F A M O O H W I V D H S A E E T Q
O F E U R I X I Y Z V W C R D L C
R T B N E N R V Z F J U I R G E X
M P K I N O N N J K P Y T G L A H
A E X F E V X G V Z E E N I N G K
L B F M G W Y X X M T P E F T L K
L E M E R G E N C Y U O D T O F Y
Y R T T M I L L I T Q D I S I D Z
```

Puzzle 347

```
P A T H L E T I C S F W P I C F J
W L I W J W D P F B E T A M I L C
X Z A W R L K G O H A U D X S N L
G P A N V A S T L T R H J M Q T P
S X Q W E Z E E R F X O E V S Q G
T D Q A N T S E D O M A V H C M D
A V K C I C S G C S U O I R U F T
G E J E G E N Y T R I H T N D K C
E Y Q V N F S A U E W N U A C V N
Y Q O Z E F T S R G K R C S E H E
Q U G Q F E Q I T I M R E P U W E
P O I S O N R N K T H O X F E F D
Z F I K P L H W U O H J E C T R L
J M Q W H K E S I G H T J C Q J H
O I Z T P M K M K T B J Y U K C B
```

EXECUTIVE
GUY
ENGINE
THIRTY
EFFECT
STAGE
PERMIT
FEAR
POISON
PLANETS
CLIMATE
TIGER
INCH
NEED
ATHLETICS
FREEZE
FURIOUS
SAY
SIGHT
MODEST

Puzzle 348

COOKER
BOTTLE
WAIT
DIRTY
TRIP
KANGAROO
COMMON
ATTEND
NEW
TERRIBLE
ATTEMPT
WORRIED
POPULATION
INSIDE
UNDERSTAND
ALOUD
ELEVEN
MULTIPLICATION
MACHINE
RESOURCE

```
A Y W H N E P I O Z L K R X S T M
N T M A C H I N E C G W E A Q E U
U R T E Q V R E V N V H S L J R L
F I A E A Q B V U G B W O O N R T
E D I S N I L E C V T U U U R I I
C D S Q O D E L T T O B R D L B P
J L G Z I E N E T N R M C G E L L
L A I H T I Y A I E Z I E K T E I
K A N G A R O O T W V Y P H A K C
W A I T L R J F P S C O M M O N A
S J X A U O A T M J R D Q Y V O T
U R I H P W Z X E K N E C V W K I
V G J I O U J K T Z C B D H K P O
F D S Q P F R Z T N K Q B N N Q N
C O O K E R H D A A V C W M U N F
```

Puzzle 349

```
V X R I V H D L I H C L X D I G I
P V W G J A E G G C T W J Z N F S
H H O V S Q M L B O W M M B S R W
M O Y P Y K A H S M O P D B T G G
T C U R T S N O C P S X Y O I W S
C F K A J F D M Y A M L P N T A Z
I X E C B O D L P R W N E Y U T J
D T R L C R I E J E K U F D T E Y
E U O L H T P P T G A H Y U I R C
R T S R O U N U A E O P B J O M M
P Q X D I N Y S T P C C W M N E P
M A N Y C A O U D X F T L R M L X
Z G Z P E T C A R N D I V L J O F
T H B I O E A L Q H O U R S N N W
Z D E U C O N F I N E Q J F Y V M
```

INSTITUTION
WATERMELON
SHAKY
HOURS
CHILD
PREDICT
CAR
MANY
QUIT
SLED
SORE
CHOICE
CONSTRUCT
DEMAND
FORTUNATE
COMPARE
DETECT
USUAL
LEFT
CONFINE

Puzzle 350

MEMBER
GIFT
FIX
WITH
FUNDAMENTAL
NEWSPAPER
LEAD
BACK
AFTER
DURING
NOISE
MANAGEMENT
GANDER
SERIOUS
COMMENTARY
MAYBE
BAY
GAVE
WHO
BEER

```
K M G I Q G M A N A G E M E N T W
G A N D E R I A F T E R B X A W J
L M I M S X I F A Q C B T A I J Q
E Q R D O W L A T N E M A D N U F
A L U P H D A R H Y N O I S E C G
D S D E W V Y C G A V E U A B O G
H A A T F I U A N B F V T Z Y M O
H M H U W K T F T K L T Z F A M B
G E T O E S C H A G S T B I M E P
X M N E W S P A P E R E E B X N B
L B C X F X I R B K X B C X A T P
U E S E R I O U S O A V R Y A A M
I R N V N G U G Y F Y H S Z J R V
T H T P I Q D Q C F C Z M H T Y F
Z A Z T K K K B W E Y V D Q I Q L
```

Puzzle 351

```
A O N H W T K I B I D P P Z H K S
X D L S E H H J H K X I D W A H R
D S B V I K A N D O A C E Q H N O
A L M C T O Y T S M Z T T Q H C K
C S U O M R O N E P O U V I U Q A
T X X L U C C U V V I R O J A W R
O B Z R L C O A A U E E L P U O C
R O W M P R W T C G S R E W S N A
S T L D F C B B R C L S Z M S M W
V T R N I Q O N A A W I F E E I L
F O Y V V T Y Z C A O N G Y C G Y
V M C C Y O C R V J C K F Y C R H
N E V E R X E H C A E T D V U A K
G F Y Q S V M U F L O W E R S T P
K C Z D P F U A Q U T T Y Z R E R
```

WIFE
SUCCESS
COWBOY
COUPLE
PICTURE
ACTOR
NEVER
DITCH
FLOWERS
ENORMOUS
MIGRATE
ACT
PLUM
WHATEVER
AUNT
CAVE
VOLE
ANSWER
BOTTOM
TEACH

Puzzle 352

PHEASANT
TOWN
LYNX
DONKEY
BAKING
THAT
HEAVEN
COLLECT
DEBATE
ONE
SNOWFLAKE
CATTLE
RAPIDLY
WEAPON
SHORE
INVISIBLE
TIDY
SHAKE
BROKEN
MINUTE

```
L U F E R O H S T M Y D I T M V K
Y R F K T A H T B I W O F U N E V
L N X A S U W M M E A N W O T B Q
C E J H M G N I K A B K W R V T Q
E V L S R A P I D L Y E O W Y K O
C A T T L E W K M H L Y N O M G G
D E B A T E R E I O H J E T X L S
G H H M T B E K A L F W O N S Y U
W H T F R B R M E P J S Y M N N D
M E A Q O V J O K B O X P H C X V
X C O L L E C T K X E N J F Q R C
O G X L T C I Q Q E V W P L O G R
Y X L L G V Q J Y T N A S A E H P
Q G L O O G W M I N V I S I B L E
J P T T C B G C K G U L N K I Q N
```

Puzzle 353

```
S Z N I A A Y M U V O G Z H C B L
S E T Y T R O O L F Q O R I L V I
O L N F Y H R K H W R R Q G X A B
L G E D I I J I Z P Y O A H P H G
M N M N W M K S V N H K E E D I H
O I N E M A I R U E D E W S G D R
I S O K I J R Q R P D E Y T J Z S
S A R E T B Y N D R Z R V I N B O
T V I E G W Z M I M F H G F Y F U
U V V W E S R F I N X K T O L D P
R M N D I C O U N T G B S R E M O
E I E F I R R C K P P M D P F U R
C R Y Q C T P R O P E R T Y A L F
O J H Y J C G J K T U N J L S E G
X Q O C K O D F B N F H V E R Y Y
```

SAFELY
FLOOR
PROPERTY
MOISTURE
COUNT
LOSS
HIM
ARRIVE
SEND
WARNING
PROFIT
ENVIRONMENT
HIDE
LAY
SINGLE
SOUP
TOLD
HIGHEST
WEEKEND
SWEDE

Puzzle 354

JUDGE
SIMPLE
POPULAR
COMMUNICATE
SECRETARY
PER
BUILDING
HALL
LOT
INCIDENT
CUSTOM
MEDIUM
FAST
CHECK
CIRCLE
FAIL
DEMONSTRATE
DISTANT
VIRTUAL
WHAT

```
C T J B T H H B E W R W H M S R Z
M O S U S T M B U M L A R E H F D
S X M T D N E N K O E M A D A U E
Z J P M D G W H A T L M L I Z O M
B S V G U G E F D S C Y C U O F O
I B B A C N I G C U R E S M U I N
P E Y L Y I I I N C I D E N T S S
O J W Y H D Z C A D C F M W R O T
P J F L L L A H A D I S T A N T R
U V H S A I Y T Z T G H S C W K A
L H H U U U S O X O E U A H H K T
A P F Q T B X J A L I A F E Y U E
R Q L Y R A T E R C E S P C O U M
I N X G I E L P M I S M E K T C P
B X S T V I P M Y Z W G Z Q F F J
```

Puzzle 355

```
C C K L S B B K G P R D F K Q Q F
V O L Y T R W L U F Z I J H R I E
Y F N N S E X F V B J A T B W M N
L V S D L A I C E P S I L V E R C
B B I S I D P C B W E D W Y T X I
S A L C I T U S Y R L R Q M O M N
U R G K U U I C Y A V A P G G H G
F E U D Q H Z O G U N W D E E F Z
F M F U N N Y S N O I T A N T V E
I A Q O A H X Q V O L T S E H G R
C C S E N T E N C E Y I Y R E V Z
I F G O X X V A D W J H Q A R D H
E L B V T F V G Z Y M D W L D V G
N F L U I D B N R M H O T T E R U
T N E T N O C X K T B C X V B U F
```

BREAD
CAMERA
CONDITION
FENCING
GUN
SUFFICIENT
GENERAL
CONTENT
SPECIAL
DRAW
BAG
NATION
VOLTS
SENTENCE
FEED
TOGETHER
FLUID
HOTTER
FUNNY
SILVER

Puzzle 356

ORDINARY
CUT
ROLE
EXIST
MIGHT
PIG
SETTLERS
SKELETON
SIGNIFICANT
TOP
IMPROVE
MESSAGE
AMBITION
GRANDPA
TRUTH
ROAD
CAMEL
LILAC
COULD
ELK

```
Y I S L V N B S C R A R O Y G D B
B M E H T P H K A Q M P D R C G V
L P T M X M S E M C B Y D A O R R
I R T H D H K L E O I J N K D M M
L O L O I T L E L T T U C I A I T
A V E K S K E T W R I Z X D M R H
C E R I R F X O I O O I I R M N G
I U S C Y S I N A L N G M O D V I
N S W O J L S V B E U I E M N C M
T F B U T W C B F Z L S P B G B
C R Y L O Q E T J A T C S I H W X
D D U D P N A N P L Z V A G V J I
G Y W T R V G R U H R T G L V R H
K H T L H V I E S Y O E E M V Q G
G H O I X S I G N I F I C A N T V
```

Puzzle 357

```
H S O A P P D A E T S N I F F Y J
U N X Z G A E E C U T E E R L U Q
N C J V L U L U S G V P O U I O E
D K A E L A L T O T A H A I P C H
R X R N Z E U X A R R U A T P Y C
E R M F D V P A L O V U R Q E C M
D I G G N I D U L C N I C B R L A
U D B L X T D P Z W R F T T G E C
Q M W U U N A A T E D D J O I S L
Y F O R G E T X T J V S B W R O F
U F L Z N T F X L E S I Z E D U N
U A S Z O T C O L O R F U L H E M
F T E V L A T R Y I N G R I M W W
Q S U N S L R C N W N S K L L S U
P C I B J I J G O Z S S O E J O Z
```

TRYING
INSTEAD
COLORFUL
PULLED
SLOW
CYCLE
HUNDRED
CUTE
STAFF
CANDIDATE
LONG
SOAP
DESTRUCTION
FORGET
ATTENTIVE
SIZE
INCLUDING
LEAK
FRUIT
FLIPPER

Puzzle 358

GLUE
KEPT
EXAMINE
EXPLORE
CARRY
DEGREE
MEAN
CORNER
USED
COUNTRY
INCREASE
BOIL
SPORTS
TONIGHT
ZEBRA
TRY
OFTEN
TENNIS
YES
LAWN

```
X H K Q V H T K T C P K Z X C G N
L W M N J R E N R O C E U L G H H
S M E L D H V E Y U V P C J M O W
T O N I G H T T D N Z T F I U W O
R N I D T H W F L T A U G E X A R
O M M I G F S O A R B E Z X K V G
P J A B O I L Z M Y R S M P A D K
S A X Z G I D U B Q Z A V L Y D O
F P E S M P Y B S R Z E G O P E X
H V M N M O B M S E D R L R K V S
Z P X P W I L C E E D C G E N X K
L A W N N P I D D K B N Z N Q N D
L U D E G R E E R V C I D I Q P J
C A R R Y E C D Y E V D Q F A P E
N W J Z H A T Z B T E N N I S G C
```

Puzzle 359

```
W O L T L E F C K T N H Y J T S L
E F G G H Q V R V Z H K V V E I V
K I E I G O Q N W U A H I G N L Z
B R Z B U I R W H U D O Q B T E G
U M Y U O B O O E J Q I K R H N F
L Y R L H W Y R E V M Q E Y Y C K
V Q W Q T Q L S K C B R G U D E B
U R T V F W Y T A F F E C T I O N
S X P J T X S Q C J R K T X L C I
F I N A L L Y N P J C O D O E X O
G O R D X C K O U D Z W S Q V K I
Z F N G G D T T C X M R W T A E I
I A S L B A S E B A L L A Y P E D
L A B O R P I N P R H H N P S R D
V E G E T A B L E G M M T E Q T M
```

WANT
VERY
VEGETABLE
DEVOTE
CUPCAKE
SILENCE
BOWL
WORST
BASEBALL
FIRM
LABOR
THOUGH
TYPE
WOKE
FINALLY
TENTH
TREE
AFFECTION
NOT
PIN

Puzzle 360

TROPICAL
PAINTBRUSH
ACCESS
PUSH
HOST
PURPOSE
PASS
ACCOMPANY
CLOUDY
LIVES
NEXT
TRAIN
SOIL
PARTY
NOTICE
WIND
SOFT
FEEL
THERE
SORRY

```
U X S Y N F J K S B Q T E Y A K X
Y M A O Y G Y F N N V N C U V M A
Y S C F F S S A P Q D E H F O W C
S K C D R T O J Z A K X X D R W C
U C O J I S R F N P R T I O K L E
S C M P O O R F O D U T S O I L S
X O P O W H Y U T T E R Y I B T S
N D A H I S V N I D X Y P C Z S V
I W N K N U V T C V D E Q O V O L
G C Y V D P J I E Y L E E F S R L
P A I N T B R U S H I B Q V B E T
B S C L O U D Y W I V T H E R E R
T R O P I C A L U D E M P N I O A
R D Z Z J F W C R O S W P L H O I
Q D I G T S B I U A Y U K M J Z N
```

Puzzle 361

```
H H R J W H H E M P Y H Y V R Z E
I F Y G A E L O H W E G P P Z M L
G E E R U S U O I V B O Q H Q U W
H R O P L I O U T S T A N D I N G
L V T E Z T Y B F D U E G N O Z F
I R V G L A I C O S L D I E M Y I
G G A G R T C S E A L I V T K K N
H Q R I R E T H G U A D E X C M E
T U W O N D A H Y D B Q Q E H I F
W A D N W B I Q I V T E K C A L P
R L Y H I T O S K P O R Z K N E V
R I O E O E H W T F O O V M G F V
I F K Z G R B J M U F L H O E D C
L Y L D T N E U Q E R F O P R H D
G U N H Y Z M D G J X B X T I N H
```

HESITATE
WHOLE
FOOTBALL
OUTSTANDING
IDEA
QUALIFY
EXTEND
GROWTH
CHANGE
OBVIOUS
DISTURB
RAINBOW
DAUGHTER
FREQUENT
FINE
SOCIAL
HIGHLIGHT
GIVE
MILE
SEAL

Puzzle 362

ANYONE
IMPORT
BLOOD
EGGS
PILL
HOLLY
INVADE
KNOWN
HURT
SOFA
LAMP
EMOTIONAL
WORM
GUESS
KNOW
TOOTH
AWAY
MANUFACTURE
CONFESSION
SAID

```
P T F E D A V N I S U T S S U M E
A K U T M F S C T P P J H X T A Y
J S N R R O X X W N Q P C U L N F
F H T O O T T R U H S A I D B U B
O U Z P W E E I P X U O E N A F G
P O I M H N U W O U V A W W B A V
E E O I X O Z T N N X S N B L C P
I T O J M Y L L I P A J S I O T N
K K A O M R I L K G B L A R O U S
N Y D Z A A Z U Y U R Q N I D R O
O S N Y Z A H L A I B M Y D M E F
W Q T O I M C E W M L M O L J R A
E G G S S E U G A F T N N A J N D
P B S F S M P M R B Z X E M Z F U
Q J C O N F E S S I O N G P M R I
```

Puzzle 363

```
H P L Q P S J N S L R F F W V S R
U O B I R A C W Y G J A T B N D M
N H T H H G H V S P J W F H F Y Y
T S E R E T N I S E L J B L E T X
I I R A E F X A E N A V N E F I M
N E E E N A N Y C I N S C L F N R
G Q N T S F K F O H J J O G U U I
P M E A Z T M L R S X N X N L M N
B H P C O E A F P N X P G I L M T
E X R I T C A U V U R C I Y I O E
L H A L R V M A R S S V A L R C N
O Y H P W I O N W A B S H F Z H D
N F S U M I V T P N N E S L H E O
G R M D D R E S A R E T Q E T B M
N A T I O N A L J O U R N E Y E M
```

JOURNEY
NATIONAL
FULL
CARIBOU
BELONG
HUNTING
PROCESS
RESTAURANT
THEIR
MOVE
EAR
COMMUNITY
SEASON
FLYING
ERASER
DUPLICATE
INTEND
SUNSHINE
SHARPENER
INTEREST

Puzzle 364

COLUMN
LATE
GLASSES
STOCK
MOTHER
INVOLVE
DANGEROUS
MOTEL
TAXI
HOCKEY
MEN
HAMSTER
HOP
SURFACE
COCKTAIL
BROUGHT
BAD
BEACH
SURVIVE
EXACTLY

```
U L D Q H N S G J H M E Q E Y H C
B E A C H H G U L I A T K C O C O
M J G A O O Q F R A K F F A S D L
E X A C T L Y P B V S A Q F Q S U
S N D Y I H D L R D I S U R A T M
R Q U J N S V O O A E V E U M O N
E G I E O C D F U N T L E S O C C
H A M S T E R U G G G S L O T K A
T M E N Y G D U H E D H D B E D P
O L A T E I X A T R T N A K L A R
M N X O K L U I B O I N V O L V E
L D K Z C S O W A U Q N H E F J H
X S G A O E E P U S O D V T H U P
X S H R H G O C J E O O F C O Z F
F V F Q J P F H K P D W I W P W X
```

Puzzle 365

```
D Y H H I S T O R Y D K B T H S P
I Q W A F C O R E F L E C T S I R
V G E M M B R G C V U W U S W T O
I Q G C E O R N T H R S H V D T F
N O S G S H A D O S U E M C V I E
G Q N V P B C M A T R O S K F N S
C A I E N T R A N C E N L N A G S
K L B N E R A T T I T U D E T L I
H U O O N E L U A Y I J X U A O O
U M R Z U H A N N U A L K R L W N
F R E U Q T A S O T B S H F I R A
B O V M V A P A I N T I N G F C L
J F O E U F P K W V R S C D Z D U
K S V O H G P W E T T T J B S S A
R W A P P E A R A N C E Y J R Q F
```

REFLECT
PAINTING
OVER
MUG
ATTITUDE
SODA
SERVE
APPEARANCE
ANNUAL
CARROT
PROFESSIONAL
SITTING
FORMULA
FATHER
DIVING
HISTORY
ABOUT
ROBINS
ENTRANCE
FATAL

Puzzle 366

QUOTATION
TELL
EAT
ASK
HEAD
RAINY
GREEN
CORN
TALKED
SINGING
RANDOM
SEVENTH
ROW
ABLE
CALCULATE
HEDGE
PRESENT
BEAN
RESIDENT
TWELVE

```
X C M Q C C X X L J P F D Z H X K
K S S K S A H H T H A U E M T R V
K Z V D E S L N T V K M D O T N J
N R F O R J H C R H Z F H D D U M
V X D F Q Y Q J U A U O E N J R O
R H F D O F Y N Q L D Y D A E H F
E G Z Y L C I O D U A Z G R O T H
S N Z N N J Y D O T O T E D Q K Z
I I T I I T W E L V E T E T E L L
D G N A E B O L S S J C A V Q Y W
E N E R E Y B R R Y Y F E T V I V
N I S W V Z Q A T A L K E D I J P
T S E V E N T H U W F L Q N R O C
F G R E E N J M O F R S J Y L I N
I Q P X I H O K S Y T K I U O Z R
```

Puzzle 367

```
A K F R A T A P E L P O E P A F H
U E U W E C C B I H Q C O W K F E
P X R T O Q C F E T Z J M N T Q R
K P N D A Z Y U P G G Q R R V R Z S
H M I T R U S T S N V T F K T S E
A A T P D V U U G E S L A F N T L
N D U L O U H T O L E R A T E R F
G M R W F V T L A C O L O R S E S
S S E R P X E J K N M R T N E A C
O X V O X G X R Y X N Q S I R M G
D B M Q U P I Z T P F O M T P K G
Z M G M V C G D N Y W D Y H E H W
A G O D U N Z H E Q X U R B R L N
M J L C D R H K W R D W G Z A F J
I N T U R N T H T B U R N E D T B
```

TWENTY
TAPE
FURNITURE
COLOR
LENGTH
ANNOY
REPRESENT
HERSELF
TOLERATE
POVERTY
TRUST
STREAM
PEOPLE
HANG
THUS
BURNED
ACCUSE
EXPRESS
TURN
FALSE

Puzzle 368

PROVE
STOMACH
SUDDEN
GOODBYE
BLOOM
ACTUALLY
FEATURE
VOLUNTARY
EMPLOY
ACCOUNT
SCARF
WATCHED
REMEMBER
ALWAYS
BROKE
GOING
LIMIT
ATTENTION
THINGS
WORRY

```
X O L M V Q V L W B D E Y Q A D J
F E A T U R E I A Y L K W L V P P
O I S X Z O C M T N U O C C A C J
S T O M A C H I C F V R O D S N C
V E M Z K Y K T H E M B Q M C X N
U O Y D D F D A E V O R P X A F A
M L L F R M N E D D U S Y T R O T
M Y C U M N A C T U A L L Y F A T
S B E L N W O R R Y O L P M E L E
G X A X F T L B R U J E Q Y W N
N O D B V G A H P S H H Y A R A T
I P I Z R V A R E B M E M E R Y I
H G W N Y R H E Y B D O O G D S O
T C S U G K T K I H H U P I W H N
G F M M D P B X N W B Z Z I X U Z
```

Puzzle 369

```
W E I V R E T N I F H C L K S E K
I I A N A I B U W X U U B R R Y Q
I N T E V E N W D R A O B J O F E
T I T H T A B I E U D O L P H I N
L N C E O O R S I K C A P H Z R Q
A N A M R U E E R P C K V B U A P
R X R R O N T Y C C L Y P I B L P
Z T T W I F A F L O U R Z W Z C N
Y P S I V M E T N W G A T G O B O
U H I P A Z W M I V Q E P E C K M
L D D V H S S O R O A W X D H N T
D H C E E H F J V S N G A R D E N
I F A G B G U I L T Y A M U R E X
P O S I T I V E T D F M L B V U P
Y V V I Q Z B I K M E K R G L V U
```

POSITIVE
BEHAVIOR
WEARY
CRIED
FLOUR
BOARD
GARDEN
WITHOUT
INTERNATIONAL
BATH
DISTRACT
CLARIFY
GUILTY
DUCK
EVEN
DOLPHIN
SWEATER
INTERVIEW
PECK
WISE

Puzzle 370

HAVING
POLITICS
EAGER
RING
EDIT
NOW
BRING
JOIN
OWL
EXCEPTION
SEVEN
RADIO
EASY
SEEN
AHEAD
SITE
PLACE
KNEE
NOSE
OFFICIAL

```
V Y D A E L D F L N V A S T Y A M
O Z V L A C F N F J Q P W E D S W
V M F E V O E D I Z A L W O G V K
E D I T S O S J H F A A D U V X M
Z B M J J G J D D X G C S V R Z V
P R C B O S E E N C Z E S U Q C D
W O N G I V V M E X C E P T I O N
V R L N N R J H I O C T R Z S R E
N L A I C I F F O R C I R N M V A
O W S R T H J J B S A S T Y U F G
S L E B J I F S L N R D A E H A E
E I E F O J C O E I L T I Z C J R
R I N G L W B S H V E H H O C N C
M Q K H A V I N G Z E Q I O J R I
U E A S Y H D L I H X N L H J W Q
```

Puzzle 371

```
H P E C P Y A K A Y T Z W A A T Q
H T E O H O C E L L L L E F U Q N
C S N U D T S U V L H K N I S U I
S W T R Y N L T U A T M T S C F F
M X V S B O U L P N S R E L R A A
O X O E W O B B D O F C P G Y L M
H E H S U E M A R S N O R O K A E
E X M A I R E F E R P E A I D Q R
I H R H I W K X P E F K C R L O R
A C G C M N X N P P R N N E L J Y
L C L O T H Z T N E M I R E P X E
D E S C R I B E N N C H S T R O S
U B M X L O O K I N G T E P H W K
K P G I G Z N H U S K P V R Q E L
X X G I I W X O D S U Z Q I H X N
```

WENT
FELL
CHASE
EXPECT
EXPERIMENT
CRY
DESCRIBE
LOOKING
CELL
MERRY
POSTPONE
CLOTH
PREFER
COURSE
PERSONALLY
ONTO
THEN
CARPET
SINK
THINK

Puzzle 372

STAR
HAPPIEST
MAINTAIN
SCIENTIST
ICICLES
SOCKS
BOTH
CUSTOMER
SEEM
BOTTLES
METHOD
WIDE
ANT
CLUB
LEADER
AUTOMATIC
MARRIAGE
CURVE
SING
SKATING

```
O G D S Q G C W I O H B S L H L C
N N S K A T I N G X P R E E D I W
T I Q C E N S D C M M R E A M F A
A S O O R A B E N B K U M D A O B
A U T S I T N E I C S A Q E I H J
M G T A H N F U I P Y T E R N B F
D Y G O R L Q E O X P W D H T O B
T W R E M O T S U C G A O N A T F
A I Z V O A R D I V R V H C I T Y
M K R Q Y W T I Y M N C T K N L W
L S L P P A U I I F M J E C E E N
M A R R I A G E C C U D M O P S M
G C M E D Y J E H N U W K S F K X
F C U K P H X I N I C I C L E S T
J C L U B F D J Z M Y C U R V E P
```

Puzzle 373

```
D F L E S T I S Z K T J K G P C M
G A B L O O H C S D N I M E R O E
T V G O E B E M Y H P O V V E N T
T O Q O I F S D X V E Y N I T S H
R R H C M A T E R I A L Q T T T O
I A B C F M U L E A N I C C U R D
V B R A G N P A G X H P B A B U W
W L G Y S G X M R I F U R R P C Z
R E U F E I U E U A B P P T P T S
C P H R G B C F B O J Y V T M X I
I E S G A V A O M G L K Z A S C N
R O T C S T C R A U N H U E V R O
H B F R U R I Q H P R O D U C T N
N F A A A I H S Q O O N X U F T S
V R O Q S K M R F X R D J U B L F
```

TINY
PRODUCT
SAUSAGES
PUPIL
MATERIAL
FAVORABLE
BUTTER
BASIC
SCHOOLBAG
FEMALE
HARD
HAMBURGER
COOL
ATTRACTIVE
REMINDS
ITSELF
CONSTRUCT
FIRM
FELL
METHOD

Puzzle 374

SEPARATE
HURRIED
TROUSERS
CHEAP
READ
ANIMALS
BOOKCASE
CENTER
WALL
DIFFICULT
CONTROL
SCARCE
WILD
SHIRT
COST
LIST
WORRIED
DIRTY
VOLTS
ACCESS

```
N I S L S K D F F N X C L A Z U S
R T I T B X H L M T G Q U Z Q I E
B I E V R Q U I H E W M J Y P E P
H T A F A O C S Q H Q D I R T Y A
A U C O S T U T O T E F V W L Z R
N C R W I L D S T L O V T O U E A
I O B R P E P W E L O Y Q R C J T
M N E N I X W S R R C Y R I R E
A T H A G E C R A C S E L I F H T
L R X A B L D U C L S N Q E F L S
S O Z I Z U A W K F E T J D I T T
E L C P Q X E D O T C E T W D R B
G N N Y Y Q R V O G C R P A E H C
P U A T M Z Y F B E A O C L A L O
Y O V E W D A W H R D J K L X L J
```

Puzzle 375

```
A L J S P L D Z V W M V B E S D V
V S E N O L Y G N P S R J X C B U
E R S A N L B R I D G E Z C R M K
N Y V O D I V W A R W V K E U Z A
V S K X R A D E H C A E R P B F A
I H C A E T K J V V M T B T D L O
R F Q A T E M W H S M A X E H U U
O O P A N D I E L O Z H E S W U U
N R A X I S A I N A M W E J N F I
M M Q K W N Y V U T X T H A N K O
E E R A I S E R E Y B W L P D P A
N R B X H W H E I H R U P A H F H
T O Q C M E F T M K R Q L A U U X
A J L X K M D N L G J A H C V E E
L A U D A R G I C A R D X H Y Q N
```

SOLVE
CARD
ENVIRONMENTAL
RAISE
THANK
FORMER
GRADUAL
WAR
BRIDGE
SIX
ASSORTMENT
EXCEPT
WINTER
SCRUB
DETAIL
REACHED
LEAD
TEACH
WHATEVER
INTERVIEW

Puzzle 376

CENTIPEDE
MEDIA
CALM
JUICE
MADE
ALTERNATIVE
GOBLIN
DISCUSS
MINORITY
PUBLIC
INPUT
DEPRIVE
PAPER
ASSURE
SAW
SLIP
STATEMENT
MANAGEMENT
VERY
HERSELF

```
J I T C K G Q I F S P D M L A C O
V N Q E S A F B I C Q I I G B I B
E P B N T X L R P Q K S N F H S V
R U D T A E I T C D W C O M A D E
Y T O I T R G N E G R U R X Z X C
H S A P E S D E R R E S I S X V I
P Y Y E M J E M U T N S T L A B U
I U V D E P P E S F I A Y D Y W J
L Z B E N U R G S M L L T M W Z F
S F C L T P I A A E B V C I J E Y
U H Y K I M V N C D O V Z E V F Z
P A P E R C E A I I G R U T B E A
C T X F M V V M A A N Z V G D W Z
P N H N R V R W E U G G X R N L J
H E R S E L F N V Z P G S H M D J
```

Puzzle 377

```
V R B G Z M B K K O B U H T L T E
E S E R U T A N R E H T U O S S J
G N N N O U X R C U L T U R E E M
E U O L D K V G R X V B U S O G T
T C G D P L E H D Y W U D E E G N
A X B O Y L K A T E C H N I Q U E
B A J O K H A C R S L X A R D S I
L L I C I G C T O D R E L E V M C
E P N H F F P U P P I U H T X E I
Q M B O O K U R X F Z B B S U K F
E F F E C T C N E T G V Q Y S P F
X L Q V A O O B T G B I X M T U U
E Z C Z E H G R G J B O V J Y Z S
W W X K U O U H T I D W G D Q D A
P P A C C U R A C Y G S Q O I Q U
```

GONE
MARRY
BOOK
TECHNIQUE
BURST
LAND
EXPORT
MYSTERIES
HELP
ACCURACY
CULTURE
SOUTHERN
NATURE
SUGGEST
EFFECT
SUFFICIENT
CUPCAKE
VEGETABLE
TURN
BROKE

Puzzle 378

PENNIES
LOST
YET
WRONG
MANUAL
SOLUTION
AUTUMN
POSTMAN
INDEX
ERUPT
MARRIED
TRICK
LIKE
COOK
LUNAR
GRASSHOPPER
SENTENCE
BAG
HANG
ICICLES

```
X P Y W K M I I M I H T R Z L P L
R E P P O H S S A R G A B J I J S
P P L E O S C Z R W T M N M K L W
O E Y O C D B O R V Z A R G E G Y
S N K I S U W Z I I L H O S E K Q
T N Z C Y T P F E S E N T E N C E
M I M I T Q K D D L A U N A M I D
A E M C E R U P T U L Q O J E R H
N S E L W A O T C N L H I K W T C
Q K M E X I G U G A G Y T F M A J
I F J S H D N U Y R J F U Q D U E
C S R Q W X O D M I V Q L Q Z T A
Q G R E K L R Z E V U N O V E U M
Z R I A Q M W M F X K F S D Q M J
B S D O S P J H M O H F Y E T N V
```

Puzzle 379

```
Y D G H C M V R C O N F I N E B X
R T W T I I T U A J X U I K U I N
R Q I X T J T K C I H T F L P R C
U B W L Y L R A E N N W O A P D U
H I I M A T J W R B C B F H Z N D
R E L E V E L L I K E D O U Z H U
F X A I N G R E D I E N T W M I J
B A U T W W A S S W Z X I T S F O
P C G E M W T U R L Q Z N V G O X
L T H R C Z C O J C X G V G K H S
A Y L R W N E H E V B F I L O U C
Z O F I X I N W D F Q B T U D L H
T T M B B A R N X A N M E V H O O
N L U L I S L A N D Y M E U B D O
J Q D E K E E O K D E Q Z D I L L
```

THICK
BIRD
NEARLY
INGREDIENT
LAUGH
LIKED
ISLAND
SCHOOL
EXACT
HURRY
BARN
NECTAR
CITY
REALITY
LEVEL
HOUSE
INVITE
TERRIBLE
CONFINE
RAINBOW

Puzzle 380

INSPECT
AUTHOR
ROCKET
SIMPLY
FALL
SPOTTED
MERE
DESCEND
AUTHORITY
TEAM
KEY
THEMSELVES
BALCONY
STARE
CONVINCE
COMPANION
SOURCE
COMPLEX
RECOVERY
ATTENTION

```
B F J G R M A E T G S Z L H M A U
F A L G O N E I N S P E C T C T P
Z A D L C C H R O H T U A K D T L
I A L A K B S N E K Z L O P J E L
O U H L E G T O Q U L U M N U N G
A B H T T V R C O M P L E X G T B
S T A R E S E V L E S M E H T I A
U Y S Y K O C C S P O T T E D O L
Z K B A S Y O D N E C S E D S N C
E K J D W N V N O I N A P M O C O
S O U R C E E V M Q V X F O N Y N
H J X D U U R C Q Q B N I W F P Y
G T K B O U Y L P M I S O Q V R Y
L G Z U D B E M K W Q S A C E X Y
E Q N U H U K A U T H O R I T Y Z
```

Puzzle 381

```
T H R E A T T D M C L Q W O R H I
N T Q C O N A R C T I C V T S F U
E G P E T O B E U K D O S D Q C J
S E T I A R Y B M U D S K E E W X
E L N P E S U T R W A Y N D Z C B
R D M W R E K W O C R O L I T H X
P R F T I P Z E O Y K R F C A O J
L U V X U R A P D N A R G A L M G
L B I D Q A G R Z E B R A T K E L
X M Q O E N O T S Q P Z X E E I P
C N D U R O I Z Y N N W O J D K D
R C M A Y B E G K U I S K N B N F
M U S C K H B G H L D P F S K O M
W C K Q E R B M J T Y M G V H N V
O P H Q Z W W N F V I Y H X Y S V
```

REQUIRE
ARCTIC
DEDICATE
NIGHT
ASKED
DOOR
PIECE
THREAT
WEEK
COW
STONE
HOME
PARSNIP
DARK
MAYBE
GRANDPA
ZEBRA
PRESENT
TALKED
EAT

Puzzle 382

ADVICE
CARRIED
WEAK
TOMORROW
BORN
BELL
ACTIVITY
BETWEEN
SHY
CONVERSATION
APRON
SKY
LIVE
COMPLICATED
SUM
ELEVEN
FUNDAMENTAL
WARNING
FLOOR
SORRY

```
N A X T Z G V P P O V C A E P F G
B B V I P G X O M B J Y W L M U S
R W N I P S A E V I L N O T Y N W
C N C Z U O X C G N I N R A W D E
L S R D E R O I T O E T R Q B A A
F L O O R R S V D I E G O D E M K
I E H Y X Y W D D T V X M R L E H
T L L D R W I A Y A A I O O L N S
S K Y E J U S H Y S I P T L W T V
Y F J I V H Y G V R F K R Y G A P
P V P R F E C Q A E U K Y O R L M
S W V R C Z N U J V Y S M M N A S
N W Z A L M O A L N G S D Y N H E
H Q M C W G S N R O B E T W E E N
Q K C E W D E T A C I L P M O C K
```

Puzzle 383

```
D L Q K U T H S A M A U H I S J F
V F E H W E E E F I W P Q Q Z B R
O O A R U N L A M I H W W I H S G
K F C S I D C L R A P P E A R I D
U N D Y P E G R O I E N U Z K T Q
E L Y Z D R A E F D M L V A Y C Y
W Q T C T L R U D E C N I R P L H
N O U H W Y F H D P H Y S I C A L
K P K A K K O C O R M E A N V M E
S W R E L O U H E L I C O P T E R
R U I L Z V N R Y N C A M P F V O
Q M P T O T T G G R O M M A J O L
S K X N D E A L K C B N C R Y O P
M E I E Q F I B U Y T T Y N Z Y X
P G A G H F N C Q L T G L T U I E
```

TENDERLY
BUY
GENTLE
PRINCE
HELICOPTER
FORM
CAMP
PHYSICAL
APPEAR
FOUNTAIN
EQUAL
DOLL
RUDE
FEAR
WIFE
HIM
MEAN
EXPLORE
WOKE
SEAL

Puzzle 384

RISK
PERFORM
SPIDER
PAGE
BIKE
INSERT
TALK
POINTLESS
FLUFFY
PURCHASE
ANCIENT
ARGUE
DEER
WESTERN
LEG
MATCH
SCISSORS
THAT
MEDIUM
FUNNY

```
K D M F L P A G E P T P C O M H D
W J I A S S F R S V H S L Z A X K
T N X T L L J I A O A R A Z T A Y
Y M O I K E P S H L T K L V C Z G
P E R F O R M K C Y E O Y C H P D
K G B A M Y S L R V Q G C X O E I
I Z T R A T S A U G K B V H A H S
Y N N G N N X T P L M C X O U F X
M R L U O W C S C I S S O R S U M
T E B E R V H I M Q G T R E S N I
E T D K U F W E E C O Y A E F N F
T S I I D E M C C N K U F D V Y H
E E J B U Y S S E L T N I O P H T
Q W F A F M I G I D G P X V Z V X
S P I D E R G J D D F L U F F Y P
```

Puzzle 385

```
B S S O Y B G X P O D D Z I H A S
E Y H B R U E H A D E V O T E J T
H Y I V U G D C R R D D Z T G S N
P R N I W C C A S G V H H K T O E
D R E O L A Z L L A C I D E M O I
C E G U M O N D E Q P U S H E D R
E B S S K X I T Y V O H X P H X T
C P B P D X U A S W I K J F C X U
H S O K I K Y E X A Y T O G V E N
A A T I S T T H A N K S N R C A P
N R T T H V E D C B I S T E N T J
C G O C O A J U H V T O O B T I A
E Q M H O T R S H K Y U I M T T Y
E X N E T C S T U C R M O E B S A
W Q R N S M G Y P P U Z Z C L U Y
```

KITCHEN
NUTRIENTS
HAS
DUSTY
RASPBERRY
PUSHED
MEDICAL
SHOOT
THANKS
CHANCE
HEAT
PARSLEY
WANTS
SHINE
DESPITE
BOTTOM
ATTENTIVE
DEVOTE
OBVIOUS
MUG

Puzzle 386

NARROW
MISERABLE
WITHDRAW
JUMPED
HOWEVER
POLICEMAN
DELICATE
ENEMY
FRACTURE
APPROACH
EXTINCT
SENSELESS
LONELY
GALLOP
FILM
TRANSMIT
SHEET
FURIOUS
NOT
IDEA

```
L M I S E R A B L E Y G A W Q K Y
O O O X T O N Z G B L Z F E E T V
S E C I E R U T C A R F F I D F G
U B E A A U A E D I Y Q O U L R A
E H Q N T L C N H W T Q P N D M L
L W I S T D U D S F U R I O U S L
P O L I C E M A N M S H E E T H O
S R R N N P E E N D I J N W F O P
H R L W I M E N Z L E T E F K W Q
G A X G T U L D L R X L P L G E V
K N C A X J R C L Z J Y I F B V P
S E N S E L E S S I U K A C D E Z
D M J N M L O N E L Y T H T A R B
B S P G T A A P P R O A C H P T L
W I T H D R A W C N I E N E M Y E
```

Puzzle 387

```
L F M G B G Y Z B J M A E M B N B
I A G O F R K L K V P W M Q Q P M
Z X N T E X D U S Q W I B N A S Y
Q C E G G J M F I U S N T O N K E
E G C D U Y O Q Z K O D A Q K O K
K P W G J A G W W H O R K F H S F
A C O I N Y G M T T K G E G E J D
L H S X N A M E L T N E G G U A V
F O O T B A L L T R U E C G N B C
W O B J E C T I N T E R A C T A J
O E I J G N I Z A F I D K M B E D
N A Q F V P O S T C I L F N O C L
S G F T D M C R E S S A L D W Y E
L E J K U Y G P V P O D N G C G H
G R Y A A W G W Q J Q H G B I Z X
```

GENTLEMAN
OBJECT
TRUE
CONFLICT
CRESS
TAKE
LANGUAGE
HELD
COIN
KNOT
POST
GOT
DANGEROUSLY
INTERACT
WHO
SNOWFLAKE
WIND
HOST
FOOTBALL
EAGER

Puzzle 388

ABSORB
ASSIGN
SPINACH
WORK
HORSE
TEDDY
TRIAL
RELEASE
AGAIN
CINNAMON
OCEAN
EMPTY
BITE
VIOLET
INCHES
TOWEL
HAPPY
FRONT
POPULATION
HUNTING

```
L K N K F W T I J V V N A I O U E
T R I A L E W O T X L U S N C Y V
N O H C A N I P S O W Z S C E L D
O W I C I H U N T I N G I H A E F
R J K H G N N E S R O H G E N N M
F R N F S H N S R E V A N S T E Q
M E O R Y P P A H Y Y N I R V I H
F A I K T C D E M A R N Y Z O P B
A H T S P F F L B O G R D J A Y R
G M A V M Y X E N H N A L W Z O O
S G L G E D R R V Q E A I R X B S
Q A U M X D Z S S M R N L N G H B
T X P G F E D G N C O A I A L O A
V I O L E T J K N D S D X Q M I A
O O P S K I B G A Z X Y K Y W K J
```

Puzzle 389

```
D D N F P J R F O L K L O R E S L
T U A E S L J N S K H J T E G M X
O C E N Z Y U T E X A M I N E G L
K K W O S Q D O D Y C R N T E T L
F G T O G W Y Y I K O O N V C V Y
A C Q L M A E F S E M F O K R W E
D G H U P E N R E O E E D W O L Z
T R N X I H R U B P S R E A F W I
I T P M H C I H W W M F V Q N S J
D E J O C A K L Z B K J E N B W H
Y L L A E R R E S U L T L N F D V
S E N D I N G F P L S N O Y A R C
O O O J R V S S I Y J S P I H S Q
N D I E R J Q Q P M V R T E I G B
U A C T U A L L Y H C X P U A S J
```

QUICK
REFORM
EVENT
FORCE
REALLY
BESIDES
WHICH
SENDING
CRAYONS
SHIP
GET
FOLKLORE
DEVELOP
RESULT
COME
ANSWER
TIDY
EXAMINE
ACTUALLY
DUCK

Puzzle 390

HALLWAY
RECENT
CAUSE
RESPONSIBILITY
KNOCK
SAME
SATISFIED
CALL
COLLIDE
EXTERNAL
OUTDOORS
TIMID
AGE
STOPPED
WINE
ACORNS
EMERGE
GIFTS
IDENTICAL
BATH

```
R D L N W Z G B O B B P N N L M A
H E N K L A C I T N E D I K N A G
K I S V A U O N F H L E G R E M E
X F D P K P K Z F T G X Q L W U D
O S O Z O Y A G V A S T Z Q H R A
U I C G W N A L X B H E T I M I D
T T O L I T S C A L L R H L Q Q Y
D A L Q N A R I D N G N C A U S E
O S L F E Q C E B N Q A S A M E K
O M I K N O C K C I L L X Z N T O
R U D E P P O T S E L Q L K I J N
S H E H A L L W A Y N I Z F R P I
A C O R N S N X B H A T T C H T L
Q P N P Q Z M K L F O X W Y Z M G
R U A Y F K K X H W O K P Z K M U
```

Puzzle 391

```
D S F X M K T M W P M V F V S J I
H A U U E C R G A Z X I X N Q D K
Q V Y R O M E M R G T K H O S G D
B S T E N A L P M N J B F P W Y Y
E E R N O I T A N I B M O C I L Z
S P E G J K G K A I H P M G M L Z
D A N I G I D V M K C F J C H U B
E R B N T T B I Q S S V S B M F U
X G Q E B E S R V X U M T I D P I
C T G H L V V I I G A O C D L L
E R F T T N S V O S S Q K I P E D
L A R F M E T G D V E I H M P H L
J I T Y Z R N Q L G L V O Q E S V
S N D I X A C F D B K O O N Q F S
A D Y O Z H R V A P S B R O W N H
```

MEMORY
SKIING
KITE
COMBINATION
DIVISION
WARM
HARE
DAY
THE
BROWN
EXCEL
MET
BUILD
HELPFULLY
SWIM
SIDE
GRAPES
PLANETS
ENGINE
TRAIN

Puzzle 392

DRIVER
BREATHE
NONE
GIRAFFE
DANCE
REIGN
POSSIBLE
MENTAL
MODEL
DISPLACE
RATHER
FUN
ALERT
GHOST
EXECUTIVE
MIGHT
SAID
WORM
SOFA
OVER

```
J W N U F S Y U Q D W S P R N R U
A C O H L G P U E X B A O A M E L
A F N R M P V Y W D R I S T P I C
G S E C A L P S I D E D S H T G Z
A L E R T V B R L Y A P I E V N Y
M D B B I F M L U G T P B R I R A
L F V E O Z J E Y W H O L R G T T
N M N W F V G F J O E U E Q R R E
I Z L A T N E M D D K H V Q M P T
P L E T H O F R A G M J B L T Y H
T T D C G L F E N S O F A U B Q B
W O O I I S A V C A P X L H Z Y C
O B M W M T R I E H T N R D B L O
R G H O S T I R F Y G A F K H W A
M O V O F G G D E X E C U T I V E
```

Puzzle 393

```
R E T E M I R E P Y T C J I M K M
E W N L G N I V I L O Z E Y X D Q
S M E K L T F D F M L V C L Q X J
P W P R W E D X Y M E E L W E S C
E X S K J R U A Y O R C C Q L R T
C E U G I A O H E T A T I M I T Y
T T G L D C R X W H T W F E B R W
S L D O U T P A O E E A I U O E L
H Y K M B I O V T R U O C F M A D
R V C Y W O R U B O Y Q E L O T V
E H P A N N G F T Z G K P H T M Q
P O U R E D E D Z C U A S J U E J
O D I R E C T I O N O T K H A N R
R T A C X W T C Z W J M D F M T W
P R O G R A M H K D H C E O V V F
```

INTERACTION
POURED
TREATMENT
OUTCOME
LIVING
SPENT
COURT
DIRECTION
SPECIFIC
PERIMETER
AUTOMOBILE
PROUD
CELERY
PROPER
RESPECT
IMITATE
PROGRAM
MOTHER
HEAD
TOLERATE

Puzzle 394

BROTHER
ANY
SIT
ALMOST
DESK
BEEN
AVOID
ICE
GRANDFATHER
SWAN
TRANSPORT
GRAVITY
BECAUSE
STEP
DETECT
ORDINARY
SOIL
INVADE
SWEATER
OWL

```
I J Z I K U D X R F K G D W N Y U
W N N S I R E T A E W S E H Y F U
G E V G E W S H U Q P G T I S X N
M L D A H I K L X L K I E T D U I
Q J C I D I H O S O I L C W Q O T
E E P C I E A W K L U Q T P Q K H
L K L E O Z W L G R A V I T Y B U
B E E N V T R A N S P O R T J X K
S C K B A N Q K O G Z B X S Y R Y
W D S K R N Z Q R A D N J O B F Y
A R I K V O V E V T N B F M M T A
N F K Q O N T J T L H Y H L M N U
T F G P B R E H T A F D N A R G M
K M W Y O G B T E S U A C E B W F
S T E P C N X T Y R A N I D R O Z
```

Puzzle 395

```
K W J E C A P S L Q X U H A D F U
F F M W K O B X W T O C A J A N D
I H G M P C M F O T L R W Y B N L
N T M R R H L F O G B Z K E R O L
J H E N I J X M O P E R S O N O S
N N L E V A E L T R Q D P R M B T
F A C E A E D L A K T I F O R P A
K C Y F T D L O F U D O C T O R T
Q I C S E T E G R O F S S C O C I
G R R H U H I A K Q D J D E P D O
A E O X A R F Z R P I A N O V O N
S M T T C F V E M E R G E N C Y W
N A O D G E F I O R V Q V Y M H M
I S M Z O C X A V W X K N E V U D
A I L W J T E D D E R A C S L X U
```

COMFORT
PRIVATE
LEAVE
MOTORCYCLE
STATION
SPACE
FOLD
AMERICAN
PIANO
FACE
DEAR
HAWK
DOCTOR
PERSON
SCARED
FIELD
EMERGENCY
PROFIT
FORGET
SURVIVE

Puzzle 396

LATER
STUDY
ARTIST
VALENTINE
FISH
CONTACT
OBSERVE
ESSENTIAL
VOID
YELLOW
PRETTY
ANYTIME
HIT
TRAINING
MYSTERY
AGAINST
INCLUDING
TREE
TENTH
GLASSES

```
I H T L R G Y A I H S I F L P Q R
P N R G Q H E M I T Y N A Z K L B
C R C I S I L Z M N S U Z D D W K
E E E L W T L A M E Z I Z N P G V
X T H T U J O Z N T C A T N O C A
C A Y K T D W K V N H F N R G U L
L L H G R Y I R C X M L A L A U E
G L A S S E S N R F H A R M V E N
E U Y S L V K V G G N I N I A R T
M Y S T E R Y P S H I T R E E D I
Y I U R N E R G Y P V N V O I D N
K X Z C I S S T U D Y E H F D E E
B M A J L B V T V W W S C J P D W
M M W N T O Z F W P J S K B S J B
A G A I N S T O K O D E H R X Y I
```

Puzzle 397

```
H K A Q X D P M U O M W O Y S M R
I U B F F F U E L I M S E D I S H
K G J P O C R L D Q P O K A B L O
J U M P J D P T X K D K X E M J W
E M T L W S L G W S J F W R Q A A
L B U Z E Z E Y L N H D O L J X V
R I T B C W V D P F L J S W S A V
E E O T D W Z B P L X H K F N A G
V E T W H E E L T E A V N U I O X
L C P U X E P Y P O U I H C F L R
I S K B R E V E N O M E N A F L O
S K V F K N M R X V P Y L S G O F
D I R E C T O R M O S T B W H A T
L S O C K Y M P D F S K D E A J M
D C P O L J T G U C Y J M S Q Y A
```

PLAINS
READY
WHEEL
SOCK
SNIFF
DIRECTOR
MOST
VERB
SIDES
MELT
PURPLE
SMILE
HOW
UPON
ANEMONE
JUMP
SEW
RETURN
WHAT
SILVER

Puzzle 398

TURKEY
COMES
EXPENSIVE
OTHERS
TEETH
MEAL
SUBMIT
TROUBLE
WILDCAT
PROCEED
LACK
CULTURAL
ELECTRIC
SHOP
AROUND
TRIP
HEAVEN
CUTE
DISTRACT
CARPET

```
E A V T T R I P C A R P E T Z E P
X F N W R E D O E F R I R W I A R
P W B I L O N H T E E T P D D B O
E L Z L W K U S V O D T D C B S C
N A Z D T Z O B X Z D U I P H X E
S C T C A N R I L Y O U S V H O E
I K X A H M A C W E H C T E Z W D
V H C T U E J I Z K B U R K M D Q
E P E S C A J R D R X L A Y Q O A
W F H A Z L I T C U H T C T H M C
O D K D V M Z C U T E U T A W J L
Q F M Q J E X E Q L S R E H T O L
R J P H H Z N L B R X A T S B G T
Y O N E P Q J E C B P L E K R T R
S U B M I T P L L V I Q C Y V D D
```

Puzzle 399

```
L L O W E R D E R I T S R S W S N
D A B F S B E E I I R P Z U A M A
K E S X A E A U P Y I O A B R L N
R A E T H T L G R R N R Q S O I T
I A L P P T J N T E H T B T A Y G
T H I L L E T O A D F S W I T R L
F O R T Y R I I B N W E X T C N F
M I L L Q M Q T A A L E R U H O P
N A T I V E P I A G P I Z T P C H
D W T R S P D D X T C X L E U R G
F D K Z S T V E X S J Q D W E I M
T Y O T G T N P X X M C R B J D V
Y U J F P Q J X O B R O K E N H Y
B I C L H S K E Q E M F X A L P M
B G Q E V I G U F C L E T T U C E
```

LOWER
HILL
FORTY
PHASE
EXPEDITION
DEEP
DEAL
REFER
NATIVE
SUBSTITUTE
BETTER
LAST
LETTUCE
TOAD
TIRED
TEAR
MILL
GANDER
BROKEN
SPORTS

Puzzle 400

PATIENT
SHOES
OWN
BANANA
SAD
EDIBLE
WATER
FRIEND
RANGE
DATA
OFFICER
SPORT
AFFECT
LIKELY
PRACTICE
PHONE
EASE
WHERE
FLY
PER

```
C O F O Y T C E F F A R H U F T L
H D L Q P K G G D I U G I C S Z O
O U Y D L K X N X I Z L W M P I F
O W N O Q H O A Y S B O N I O Q F
P N D M N P Z R I A W L S B R N I
B D A U U G X W H D T A E H T L C
L R I A T Y T W R B U T I Y O G E
I F R I E N D P E R A A Y W I E R
K X R O U Y H L Q N U N R R Q P S
E R E H W A W P E C L W A E N A W
L D B O Z J S H A V B A O N T T I
Y A B O K C L Q S S A T P D A I K
Z T E P H O N E E A D E S L J E D
O A P R A C T I C E U R I M V N C
P L F A P O Z A J Q C P U E M T T
```

Puzzle 401

```
D Q P X I T S H D U T U I T K L S
H E A R T N H O I E N M O C K A W
V T F D K E A B S F E Y F Q G Y U
E H F B O M K B A Q M V Z S I T D
M X S O L F E Y P F P F E G P H D
P O L I C Y R R P O O S N S R G I
I U D T N A Z K O M L R A S I I S
S N Z P C U S W I G E D C R M E E
E D N Q S G P W N T V R I A A S A
Z J O S C Q M I T G E R R M R V S
W A V E T P B P E K D Y R Y Y S E
X Y I M J U Z C D Z M L U F B T P
O H G J Z T P R A D I S H J Y O X
Z Q J Q O R T I B I H X E W P C C
X F T I X K N I D A G P Q E G K H
```

PRIMARY
DISEASE
WAVE
HURRICANE
DISAPPOINTED
DEVELOPMENT
RADISH
EXHIBIT
EIGHTY
MOCK
HEAR
POLICY
PUNISH
HOBBY
STUPID
SHAKE
LAY
STOCK
MERRY
ANT

Puzzle 402

CHORE
BLOCKS
BELOW
STOP
ALONG
BLOCK
DRAGONFLY
WILLOW
SIMILAR
BEYOND
INTERNAL
HOOF
ECONOMY
SUGAR
CRISIS
AVAILABLE
COMMENTARY
ROAD
EGGS
BURNED

```
A S J J E C W S V A I W H Q S U X
L W U D N A H P U G Y D N O Y E B
O C R I S I S O A E R K E L O X I
N B W X Y F O T R D O H S A L F U
G L I P Y X A S F E E C O N O M Y
R O L C W Q E G L N F R N R R T I
X C L U O E G G S R J F N E M N X
S K O K L M X L D U G Q E T J J Y
C X W F E S M J N B M E T N R Q K
G M G R B M I E F H D L Z I H V T
B L O C K S F A N A U B R A G U S
S I M I L A R I D T T Q O K R C A
R A I T E L B A L I A V A F C Z R
D R A G O N F L Y Y Y X R D P E V D
B V R Y X W P I L E Z Q Y H G N V
```

Puzzle 403

```
T D H T P S R P L I T H I N G S M
A L M Q X I U A L L P P X P C P E
V L W S L S Y N S V A Z Q D H W M
Z R U T A H K N E U B W X Y A E B
O X D G S E T G A V X A Q B P X E
P R O P E R T Y T O R B I T T S R
F R Q Y R Q D L I A S M U V E H P
E V X H S M R E T H A N H E R E R
D I R U O V N C S G R A P H T U O
E Z Y W T C X I Y T S E D O M D J
R T W X T K K N F S O M W E D E E
A G V R U C I E J T K O Z K O A C
L B M X S O O N Y I H Y L S U F T
T S A T X Y B M Y L B A B O R P C
S M M R Q G Y C E L W N J N Z S E
```

STOOL
SAIL
ORBIT
PROJECT
GRAPH
FEDERAL
SOON
STILL
THAN
SEAT
SHE
TERMS
PROBABLY
CHAPTER
NICELY
MODEST
MEMBER
PROPERTY
HOCKEY
THINGS

Puzzle 404

REGION
WISDOM
SENSE
SUCCESSFUL
TREMENDOUS
TRANSPARENT
BRILLIANT
DROP
VOICE
CLIMB
WATCH
SEVERAL
SCARECROW
COMB
DITCH
SIMPLE
DRAW
INTEREST
ROBINS
SERVE

```
I B G D V C C Z U A F T O S B C Z
S N U Q B L I E G H U N X L Q H Q
U F M V R I Z N I N T E R E S T S
O K X K I M B L S O F R L S Q K E
D R A W L B T T O I O A D P R W R
N Q Y O L R M W B G H P I S M E V
E V I R I P N J P E E S R F O I E
M P M C A J X D M R Q N X A D V S
E E W E N P O R D B D A Z S S O N
R I V R T X I B O I O R V E I I E
T D H A C O M B T B T T T V W C S
S U C C E S S F U L I C N E J E J
B W T S K D K X Y C K N H R H A N
A G A E G E V C R J G S S A M H D
D J W L T Q J T C O A Q A L M E E
```

Puzzle 405

```
D S C E Q E Q F W T I X U E W G P
V I E Y L X D U G Q Y Z M W I O H
Q I S P U D U R W I C Q B H L O O
P S O C E Y L T N E C E R U D S T
I M O A O H N H V D J J E P E E O
I N H Q S V C E M B X E L X R B G
N B C T O V E R B W A L L G N E R
H W F H F G D R W I R E A Q E R A
G F J H I P P O L E S H Z A S R P
L R B O X I N G H A N D L E S Y H
M E O L I T T L E C T V B S C S E
G N I W S C C E R T A I N L Y A Y
E R G R T I M M U S V S D B S D L
L O Z W V H W I N D O W O T S U U
U C N J O T G P E P T M A D C S A
```

LITTLE
HANDLE
CHOOSE
HIPPO
UMBRELLA
GOOSEBERRY
CERTAINLY
WILDERNESS
BOXING
SUMMIT
WIRE
SWING
PHOTOGRAPH
WINDOW
FURTHER
RECENTLY
DISCOVER
INCH
CORNER
GROWTH

Puzzle 406

MOTH
MAGAZINE
DECADE
GROW
SPECIES
PLAY
GREW
UPDATE
SNAIL
ELLIPTICAL
UNSTABLE
OUT
TOE
OBSERVING
SHADOW
WEIGHT
USE
SEEK
TOWN
BELONG

```
U L S O W W J T E O L T Y Z B S I
M D M B E N I Z A G A M W S G R N
R Y B S I T Q O D Q N E G A Y U R
K C I E G W S J K G C A O Z L X W
B Y K R H D U S E E K X A X A I A
N A I V T C L S U V R J D S C L C
U K K I Y D G S E Y S B E P I G U
G L G N W O T G T W W A C T T S T
B R N G O B U W A K H Y A L P P Z
T U O L D H I E D G L U D H I E N
Z O L W A F U T P F J H E M L C L
B I E Z H O Z U U G R E W I L I Y
R A B S S S N A I L Q N N W E E H
U N S T A B L E M O T H H R K S W
I U A E T W R G A O R U H L J Z Z
```

Puzzle 407

```
S X G Z I P G V K U R X W P V L R
K W U D O G N S U U A L P Z O V E
E C W R E V I T I S O P B Z T M S
X H Q A T Z T A P E T R O L E D E
M O X K G R A R C N R E C N O C A
M I R E T E E S P J Z S A H Y K R
B C C N T O F Z I R M R R A M C
L E Z J V A E G L A F V I M G J H
X M U C B L K B R E P G B O F L Z
W J J Q L E I H T A C N O I T P O
Q U X Q B R S V P J P T U U E Z M
O P I N I O N L E M D H L I E R F
Q T W H H K C T K S X F Y N K Y V
I N D E P E N D E N T R H E D G E
P K E Q O A W T K R Q X Q U C T H
```

RESEARCH
STARS
PETROL
GEOGRAPHY
INDEPENDENT
EATING
LIE
CONCERN
OPTION
RELATE
DRAKE
VOTE
OPINION
CHOICE
KEPT
LIVES
CARIBOU
REFLECT
HEDGE
POSITIVE

Puzzle 408

BEFORE
CONDUCT
SHADE
CROW
LET
LIP
GOVERNMENT
CONNECTION
JUST
PATTERN
MORE
WHETHER
TEAPOT
RELIABLE
PREPARE
TRUNK
MAXIMUM
IRRITABLY
WENT
MAINTAIN

```
X L I C S C O N N E C T I O N G S
Q J R Y R H I X B L V O J F I O K
Y R R M W U A N Q B S P U C A V S
Z G I L O F Z D B A R A S Z T E A
Y R T W R R E N E I J E T X N R A
L W A G C Z E A J L L T C O I N F
V S B G Y W E N T E P C E M A M W
H L L K X A I X D R E J F L M E I
X M Y E W W S Y X A D L V V G N U
A B T Z B M Q P B E F O R E B T Y
F R T M A X I M U M C L I P G H S
I T M R E H T E H W V T T T G M O
L E T C U D N O C Z G I Y B E C D
C C Q F K N R E T T A P V H X C X
Q B V Q T K K D B I P R E P A R E
```

Puzzle 409

```
Y V D H H B A S W E N O E Y A R J
P N C N C G B H E N M L C Q M A C
C F E E N T I A N D B M T I D L A
C H V X N Y L P P E A S L U I U Y
A M I T V B I E C I T O N Y W C O
T A E L R E T A T I S E H S J I J
K G C H L A Y U C J Q V A S R T E
I N E H I Y N J B C U P B O A R D
N I D B O D O S U B W S R R N A P
G F J B C M I X F P Q P E C K P D
U I Y D T W E W T E R E P A T K R
T C R O Z S C T S G R C L U H G X
Z E A G T C Y S O Z A I Y S F K G
B N N L I F G U C W H A L W W P K
J T A Q Q U I D F U N L X Z T Y B
```

MAGNIFICENT
DECEIVE
ACROSS
DOG
REPLY
HOMETOWN
PARTICULAR
NEWS
PEAS
SHAPE
CHILLY
CATKIN
CUPBOARD
TRANSFER
ABILITY
NEW
LYNX
SPECIAL
NOTICE
HESITATE

Puzzle 410

MAKING
FAULT
MOM
DAWN
CAPABLE
LOCAL
COMPLIMENTARY
CLEVER
SUBCOMPACT
CAUTIOUS
JURY
WHEAT
SEARCH
MECHANIC
INVITATION
LAUNDRY
GOLD
NEGATIVE
SLOW
EMOTIONAL

```
J F I Q M S Z C N C J J A H Z S S
C A N G E E N L A N O I T O M E P
O U V T C A I E M W O L S S M O F
M L I W H R I V E A V S W H B K M
P T T H A C C E N D Z H P H H C Z
L E A C N H Y R D N U A L S E D X
I Q T A I S U B C O M P A C T A H
M A I U C U N W B B F F D A C Z T
E M O T I V E L B A P A C S K B L
N H N I P A G W E S Y X I R J I O
T Z I O H G A A D A V F G O L D C
A Z F U B Z T M A K I N G N X I A
R C Z S H H I U R W H P K V C X L
Y E T O W V V B U R G H R R O V H
K Z X R V Q E U J K B J U R Y N I
```

Puzzle 411

```
G V C Y A W W S Y O E R A H T I C
E P O H T O C R A E A T D Z R S L
N S L H H L W Z E R I P M A V W O
E D K V L F A F A F M S I X Q E T
R Y O S E A K S R C F T N S F D H
O E O D T G C Y T Z H O I I M E E
S Z B I I B O D H C O R S E A K S
I N E O C W Y Z K I Q E T F C H H
T G T L S Z O P P C Q V R L L X C
Y N O A U M T P F J W I A O R R W
M I N D S E E I U C T E T A I M V
W K W C R O C U S D I C I T W N A
Z L N I W O N A R X W E O S P F C
U A R V K I F Z H T M R N X Y Y Q
X T W G P U P U R X Z O F V W A T
```

OFFER
VAMPIRE
NOTEBOOK
WON
ADMINISTRATION
STORE
COYOTE
CLOTHES
CHAIN
CROCUS
MIND
WOLF
TALKING
RECEIVE
EARTH
KIWI
FLOAT
GENEROSITY
ATHLETICS
SWEDE

Puzzle 412

QUIET
HATE
CROSS
CINEMA
CARE
JERKED
FROG
FISHING
REMAIN
MENTION
MILK
FRIDGE
LEGAL
SCHEDULE
HIDE
CAMERA
SOCIAL
MOVE
GOODBYE
GARDEN

```
J J B B L J B F D P G S L A K U G
C E D I H S C H E D U L E G P O A
L R R D Z P Y T Y R Y U A B G A R
U A O K P M S U B K R T M G L W D
E C C S E A M A D W E U E O K E E
X O T P S D P M O E M C N R G L N
S O C I A L T D O H A U I F D K G
E W O L D Y H P G K I N C D I S G
Q B Y C Y X W O W N N K F R C H
U Q A G L R M L A Y X E X O F S V
I G N I H S I F R C I D F L M X G
E C D Q E K L M E N T I O N O X W
T H A T E J K Q M I D G B R V Q O
D B M G I D U F A K E B L O E J I
Y I V E M J C B C T P O H V T I R
```

Puzzle 413

```
T D E N V I R O N M E N T R V T P
L E S E F Y O B N J N W U E D O R
L T L H L P K Q Q A O E N S S P E
A R A E T E L P M O C K F I P I S
E A R G P A B Y E Y K B X S E C S
O T O I V H N T B L O O T T L E U
C S M A X W O W A L K I N G L A R
P G Q W H U I N I E G A V E I R E
K G X H H G T T E M E D U T N J V
P Y M Y F U C Q H S O J G N G Q C
N P H K O Y I K R O B A L X H Z U
Z G B O O X F M J J U Q C L Q U R
Q N E U H E T U H F T T R X T G V
Y X H Y R Y Z S S B Z M W D Z A B
Z M S X K G D T Z V B S M E E T B
```

COMPLETE
TOPIC
SPELLING
TELEPHONE
MUST
SMELL
FICTION
MORAL
WALKING
BYE
PEA
RESIST
STARTED
PRESSURE
MEET
TOOL
GAVE
ENVIRONMENT
LABOR
WITHOUT

Puzzle 414

ROTTEN
AVERAGE
GATE
PEACEFUL
WRINKLE
WEATHER
POND
PLENTIFUL
COMFORTABLE
FAVORITE
KIDS
ARREST
SCIENCE
SURPRISED
CAREFULLY
MODERN
SMARTER
INTELLIGENT
COWBOY
ENTRANCE

```
F R M M Y F W X C P K X R N Y C X
W S P U D L Y T Y E L Y O B W O C
I R M Z K A H D B A T C J R R M Y
N P I A V V U R T C X A P O Y F Z
T L J N R E H T A E W L G T K O F
E E J R K T C O G F A E B T S R L
L N H E Y L E G M U C Y Y E S T P
L T V D L A E R B L G T S N C A O
I I C O L Y C F A V O R I T E B N
G F B M U G N W Z T P A O E C L D
E U Q E F O A V B F P G J O N E K
N L T S E R R A V E R A G E E O I
T E R Y R Q T G E I J E L R I Z D
L H Z X A F N S S R F Y X H C T S
E Z Y V C D E S I R P R U S S Q N
```

Puzzle 415

```
N W U G P V X A Q C S S F P H W Q
N L W K P H H C Y K W V H R T S Q
G O O R Q M O X G A M N N R E Z P
H Z M U P B P E A C H O P U R C E
Y E P N W O L G E R L A E J M L N
A B R Y B J O S T R A N G E S T N
S F Z S U H T L B X Y E P U T P Y
T R E A S U R E L C I T R A P G K
D A G X J M C C V P E O Q Z E M V
I E N C Q U I T E X E R A I R B R
S W A M I T T E N S B R E D W O P
H N R L T Y G H V N S A I V X I U
E T O O K B D V X I X C G S T K T
S A M G U B C X T F D N L Q H B Q
P J Z G H E K X K B T G U S P F A
```

AIR
DISHES
GLOW
PEACH
PERISH
POOL
TREASURE
PARTICLE
JOB
HERS
POWDER
TERM
QUITE
STRANGEST
WEAR
ORANGE
MITTENS
PENNY
CARROT
THUS

Puzzle 416

OPENER
UNCLE
AFRAID
STEAL
CURRANT
VITAMINS
VAST
PLAYING
READING
WERE
PLANE
UNDERSTOOD
GRANDMOTHER
CONTRIBUTE
MINOR
WHITE
WITH
ABLE
EXPRESS
ANNOY

```
V E O W B O C R U K A G Q I M X L
I Z B D W F K U N E M T W R Q U J
T J C E M R W C R O N I M P L B C
A N Z G E E V O P R S B S W I P O
M A K M R A J K L I A R A D Q Q W
I O B D Z D A I A K P N B U R K G
N Z Q L E I E P Y X X B T U N U A
S H F S E N F D I A R F A V A S T
S T E A L G R E N E P O D J B S J
J I L P I H L T G A J M S N U E S
C W C G R A N D M O T H E R K R J
T D N N C O N T R I B U T E K P G
T P U C A J Y V P E M S S I R X A
R P L A N E T I H W A N N O Y E R
U N D E R S T O O D J T L P N K W
```

Puzzle 417

P	N	U	H	L	N	N	N	K	Q	B	F	F	X	G	D	Z
O	O	K	O	I	U	K	E	S	L	I	A	B	Q	Z	H	X
S	X	X	B	G	T	P	L	E	P	G	T	U	M	N	E	A
T	Q	S	P	H	C	Z	A	L	D	E	N	K	O	E	G	P
P	G	D	I	T	X	B	M	C	M	S	E	D	C	M	H	N
O	C	U	Z	K	F	W	J	I	Q	I	M	D	C	O	R	N
N	C	A	T	M	R	A	L	T	K	C	T	B	D	W	E	D
E	O	I	V	V	M	U	Z	R	X	R	I	U	B	S	Y	E
U	O	I	A	W	P	Q	N	A	N	E	M	Y	C	G	A	R
S	I	J	T	A	R	M	F	P	T	X	M	B	P	O	L	V
R	S	H	U	C	S	Q	H	P	N	E	O	N	E	Z	P	X
U	R	B	H	J	E	T	W	A	M	P	C	Y	L	Z	W	Q
P	N	L	G	E	G	F	V	F	M	O	X	L	H	G	D	Z
I	X	Z	L	X	G	U	F	Q	I	H	X	G	A	F	O	C
W	G	I	X	B	C	E	R	A	U	Q	S	W	J	I	H	J

ARTICLES
DEW
EXERCISE
SQUARE
WOMEN
COMMITMENT
HOPE
BIG
LIGHT
PURSUE
CAT
ARM
SPEED
FAT
PLAYER
MALE
NEED
AFFECTION
CORN
POSTPONE

Puzzle 418

TREES
CONFERENCE
CRADLE
BONE
HAT
FUND
RISE
HEAVY
REACH
MISERY
TITLE
LOYAL
SOAPY
NET
CURRENTLY
CRIME
COAL
FORMALLY
MANUFACTURE
SOCKS

A	R	E	T	A	W	J	M	B	C	B	Z	Y	S	H	A	B
K	O	Y	Y	W	H	M	I	G	U	L	O	P	T	O	G	G
Y	U	Z	M	R	Z	P	S	F	R	O	D	N	U	F	X	U
K	V	X	B	E	Y	I	E	S	R	V	N	R	E	P	L	U
J	B	A	U	A	W	D	R	Y	E	L	D	A	R	C	O	E
R	I	S	E	C	T	G	Y	O	N	A	M	Q	D	H	Y	Z
M	S	R	U	H	M	E	R	U	T	C	A	F	U	N	A	M
H	A	T	E	N	N	U	Y	L	L	A	M	R	O	F	L	O
A	V	J	E	N	Q	C	B	Z	Y	P	A	O	S	L	W	S
E	T	P	W	R	B	U	Q	F	K	L	K	T	U	A	T	I
V	A	R	U	H	W	H	G	V	H	O	Z	I	S	G	Q	M
Y	M	F	E	M	I	R	C	O	A	L	G	T	O	O	V	X
V	A	T	S	E	W	O	E	P	L	O	E	L	C	U	H	G
A	E	E	A	L	S	X	T	P	C	B	O	E	K	A	T	L
Y	F	N	C	O	N	F	E	R	E	N	C	E	S	M	X	L

Puzzle 419

```
E A S Y J S B A M D V Z E Q F A U
T M I C A W T M U M Z N B Q K L Q
A I N O G W B B S H K C O H S O S
M L C N V E A I I O N K A R J N W
I L L P F F J T C A P R T S I E Q
T I I D E Y I I A C O N T R A S T
S O N M V D H O L C V O C U S R P
E N E Z Y C C N R A B B I T K E A
O I G L T H I E X G M S X H I L X
T M J I T V W K O M E R W G L T C
P A R R O T A F L X N N R E L T I
K W S E A E Q F U J Y G E F A E C
C U T P Q J H D E U T T X R B S F
E E R B V J Q T L P Q D S R A G E
N T D T P B C X P V N G O A N L C
```

BOAT
ALONE
IRON
CONTRAST
MUSICAL
PARROT
NECK
SKILL
SHOCK
MILLION
FEW
ESTIMATE
INCLINE
RABBIT
GENERAL
AMBITION
SETTLERS
CUT
AWAY
EASY

Puzzle 420

ASSESSMENT
BIRTH
BUSY
SAND
LADDER
INTRODUCE
SILLY
SOMETHING
SOMEONE
REMOVE
SHARE
PROHIBIT
PREVIOUS
WEDDING
FILL
SLED
FAIL
COLOR
PERSONALLY
MARRIAGE

```
O X Y N C P R E V I O U S B U S Y
T I B I H O R P R E D D A L I A F
N O P X T Y L C N E P J R L P R O
E E B J R T O O Q R M J M I Y Y U
M C W P I B M S R A M O L F K V M
S W X Y B Y B E O H F S V Y S D U
S I Z S L E D X V S X Y I E O M I
E P E R S O N A L L Y P P L U V N
S S A N D C M W E D D I N G L L T
S D R F M A R R I A G E D H S Y R
A S F L V Q O E S O M E O N E X O
S A C S O M E T H I N G Y B H B D
O W O N W J X G D C V O S K O T U
P W B Q U M A H J J O W P S W B C
F K O U R Q L J U Y H S U A L M E
```

Puzzle 421

```
H A P P I E S T A I Y A F M R H A
X I C K C A M E L S T I L J E T M
H A M S T E R F A G Y H E K L X C
T K W C Z F B P I I G N M T A V T
M I S S I O N Z D L E P B Y T L E
H S B R G B N W N F X R B A I O F
T P D H E J N O U Q C O B G O C L
F Q D U F C Z O S F E T A R N W E
H A T K O M O D Z W P E C M S L S
X D L S R L U R W Y T C S V H N Y
I O M X G E A J D H I T C X I F M
Z P S U I B I M F Y O H C S P C E
Q T D V V L C X H G N I R P S K E
N U Q R E I M P R O V E S Y C J C
K P E R M I T N A T R O P M I C Q
```

PROTECT
IMPORTANT
ADOPT
FORGIVE
RECORD
RATE
SUNDIAL
MISSION
RELATIONSHIP
MYSELF
WOOD
SPRING
PERMIT
ALOUD
LOT
CAMEL
IMPROVE
HAMSTER
EXCEPTION
HAPPIEST

Puzzle 422

DIPLOMA
CHERRY
RHYME
BARK
LESS
LINE
MOVIE
DADDY
THESIS
LOVING
APOLOGY
FREEDOM
PROVIDE
RAPIDLY
TRUTH
COLUMN
PROFESSIONAL
ATTITUDE
ALWAYS
INTERNATIONAL

```
Q E D T S W O F H X X V N B C M I
F M I H T U R T A L W A Y S O T U
A M P E B A R K S Z H I L H L G U
L H L S A O Y A B T D Y S S U K I
U D O I H V D L V R V G H A M E I
T P M S Q W D K D L G Y N L N Q U
Z A A K P L A N O I S S E F O R P
L I N E B N D A C P P E Y W S A M
L P Q M A P O L O G Y A L N S E G
O W F O O G L C H O H Y R R E H C
V L L D U V P R O V I D E H L I N
I M W E U G I G E T A B T P Y Q U
N W Y E V P N E D U T I T T A M Z
G H K R Y U U Z M U Z T Q D K Q E
I N P F I N T E R N A T I O N A L
```

Puzzle 423

```
M V U D I E Y T V M C N B S C P W
O W H F T P W U N W O N K U O N D
K D F R M Q V O L E S E Y M M E K
L E A D E R V B N T D X N M P X A
G N Y C B A U A U E S U C E A T R
C O N D O R H B M T W C T R N G M
H I N U R T U V O A R S Q S Y Q Y
O S U J L Q X R U M R I P R H C H
N I B D C G V F T I Y A D A P F D
O C T V C K H O H L V D O I P G W
R E B L D P E R D C O C Q L N E E
A D S H E E P K I N S K Z I F G R
B V H H T B N R B V O Y D M U U C
L L K A W Z M B S K X Z A A T K H
Y K A I Q H H Y D A X M N F J O Q
```

CONDOR
MOUTH
DECISION
COMPANY
SHEEP
FOR
HONORABLY
BUNNY
STUDENT
RIDING
FAMILIAR
ARMY
SUMMER
CLIMATE
NEWSPAPER
VOLE
NEXT
KNOWN
ABOUT
LEADER

Puzzle 424

TOUGH
LOW
FIERCE
POSSESS
MAIN
GOOD
LOVELY
RAINFALL
HOTEL
RIVER
SICK
EVALUATE
REAL
END
PACE
SWIMMING
HUNDRED
INSTEAD
RESTAURANT
PECK

```
S J Z V S R P Z T H P O Q V Q S R
S W Z V I R A V K B U R I V E R E
E I I E C R E I F C G N N A C U S
S N V M K I U E N Y D I D O O G T
S S D M M C D L L F X A N R H O A
O T Y L M I A P S G A M E P E O U
P E D U R A N V P X Q L Y E T D R
R A J X B U R G A Z L E L C A Q A
M D R D P V K F C Y D T E K U M N
E U A Z M B O T E R J O V H L C T
H O L L B O W M W Y A H O L A E R
W N X O Q S T O T X J T L W V Q J
K Z F Y I B I K J O E J I R E B Q
P F U E M P N Y L O W A X V O F Y
V P V S T O U G H E W H Y Q Y N D
```

Puzzle 425

```
J I W S O Z A Q S M R N K R J R Z
J P B D V X Q B P D E A J S B I J
C L I T G C K E E E C M F X S B W
H J O O C G Q C R B O U K A N L S
T V A S C K Y N R Y M L Q D D H J
U P T G E K W E Y K M T X X Y F O
O D H C G E F U P Y E I C B J G Y
S I G N A R C Q V I N P N G E H I
P K I T G V E E G G D L N I L Z C
I P R E S S I S X S B Y E V E K M
L V B N T S R T S N D R A E C N P
C F E I Q W V A Y I P W G X T E F
F O H F X O Q R R J V Y D Q I W M
E K R E D N I A M E R E L G O I R
P L Y D N E T T A G C J R L N Y F
```

ELECTION
LOSE
DEFINE
CLIPS
AGGRESSIVE
REMAINDER
SOUTH
KNEW
RECOMMEND
SIGN
EGG
PRESS
BRIGHT
KID
MULTIPLY
SEQUENCE
CAVITY
ATTEND
GIVE
EAR

Puzzle 426

GINGER
SPEECH
BLUEBELL
SUFFER
ALSO
FRIENDS
AUDITION
DEPEND
SHORT
BABY
TOUCH
HAPPEN
STAY
LORRY
DURATION
SOMEWHERE
TOLD
BUILDING
RESIDENT
LENGTH

```
P R L F J E U U W Z C M B N L S I
T E E L B A B Y S I H C U O T P Q
M F B S E F E E E G J R I I N E S
L F S D I N E P P A H E L T C E W
O U F N C D G G B L H W D I I C W
R S G E J L E T I P U G I D E H S
R V I I K O M N H N B S N U F F L
Y G Y R Z T Y A T S G N G A G B E
V A P F G F S H A L L E B E U L B
S O M E W H E R E T E F R Z S V P
K S Z F Y S K H R B E Z W P H E I
X L D E P E N D V P E E T T O Q X
M A C A K S W N G N O I T A R U D
K W W Z U O O R X D Z L H I T C D
R W I P U Q V R I H L P J W Z E Q
```

Puzzle 427

```
G Y Z R P U K R A C Y Y R C I X T
B P R I I I D E T H B D W X S C S
S T A T E R R T T B H C W L K L B
B S M J M E R N A L U E K A M A E
B T N R Y A M E C Y W N N V U S B
H U F H A A G B H K C I H C I Q D
P B S O M E T I M E S H G R E N T
I E F E E L I N G G S S E R D O C
P N A D V A N T A G E N T W U I H
V W C M L W D R X R E U T Z C T E
B K M I O Q E H J R W S I E D A E
E E Q F D T S I N X H X N K J R S
E S C A J E I O G J E J G N D E E
A Y E Q V C N N I H N X Y R Q P Q
S W G K Z K U T G P T X S J O O G
```

ENTER
CHEESE
CHICK
WHEN
STATE
SOMETIMES
OPERATION
HEN
GETTING
DRESS
TUBE
ADVANTAGE
RENT
FEELING
WEIGH
ATTACH
MAKE
CAR
INCIDENT
SUNSHINE

Puzzle 428

BADGER
PARAGRAPH
LAMB
COFFEE
GOAL
WORKER
BOX
NATURAL
HAMMER
SISTER
DRIED
PERFECT
LEEK
RICHEST
PLATE
WORLD
QUIT
FLIPPER
RANDOM
BEHAVIOR

```
E O S Z P L J N K Y A H W Z W B M
N R E M M A H D M J N P O W O E C
G X I X X O M U U I B D R P R H G
I Z X C M G Y C G H K Z L E K A I
R L Q F H F L I P P E R D R E V O
E A E B L E E F F O C X U F R I W
T R N N A B S N X Y Q U B E C O O
S U T D X D C T I U Q X W C A R R
I T M Q O R G K N H H H L T C X G
S A S I B M H E I X N E Q F U C Z
V N E A D T R E R X L U E X R V F
H O D R I E D L P L A T E F T C U
A J C S U F W O S G U W J R V J H
E P A R A G R A P H O T F M M N L
Q N R G P K M S I Y L A M B M B H
```

Puzzle 429

```
P A B B R E V I A T I O N F R A M
U R E W O L F I L U A C S E N K M
H B O M D T P I W H D U X C F X G
F V U B G B G Y O J C X V G H J F
U W K T L C A L R W T J T O P F A
V O I U E E Q G G H L M H D L I G
C U F R G O M W K H J G E I R G E
J L F N N Y C J G T A X R Y A H N
M D Z I A P A R E N T S E F M T T
J L L P Y X L K Z I I R Y Q U A K
D C V I K N I H T O J O D S T T C
E K E X F Z L P I P J K G A D I F
Q V C L M E J Y S P A R K L E B G
Q T T L N F L Y C A P Q J G M A J
E B H B X U Q T N E M E V O M H H
```

ABBREVIATION
ANGEL
PARENTS
MOVEMENT
FELT
SPARKLE
APPOINT
FIGHT
CAULIFLOWER
HABITAT
POT
GROWL
AGENT
TURNIP
WOULD
PROBLEM
LILAC
THERE
GOING
THINK

Puzzle 430

WAY
PORTRAIT
ALL
PLASTIC
TALLEST
STRIP
NOTHING
ANOTHER
BENEFIT
CLOCK
FRESH
KEEP
COCOA
CONCENTRATE
PLENTY
LAKE
OFFICE
WRITER
MESSAGE
DISTURB

```
W J T Y T N E L P D W W Q M S A R
U H U A A U D D R M B S R H W P B
O G F W L B E N E F I T D I H L S
O L B O L Z C D I S T U R B T X U
E F P P E Q O M D H J U P Z F E K
N L F F S Y N E M O A T R O T P R
L J L I T O C S C O C O A Z I J F
G U F J C M E S W L B E O L A K E
N F H Y H E N A H Z S T A L R M M
O O Z Z E C T G Q S K A E A T H S
T S K L K S R E K E E E S T R I P
H Y I N L K A L N K E R C L O C K
I P H L C I T S A L P Q F R P O M
N W R G V R E H T O N A B G W W G
G T L W V V O P O N P C E Y D P O
```

Puzzle 431

```
D E P K U F S J L S A M O F I H C
E Z I A D H Y T R K N K A S W J Z
M B Z S F I R E C I Y R T N A R Z
O A Z L S T X M I N T A D O A I Z
C S A V Y T E U L B H M I I T G L
R C U S J N T R S T I R S T H N E
A E K S Y F C S N L N N T C N I D
T N H K X G W O F O G N A E U T E
I D E I R C Y Z Y T O C N R Q N T
C N H Z Y E L J H Z R N T I B I E
Q U O T A T I O N S S E R D D A R
V E R D I C T Z Y G F Q N H L P M
E M P L O Y L L U F K N A H T M I
I O N W V I G Y U S J R P I R V N
S N J C X D Y O V O G G O I L Q E
```

VERDICT
DETERMINE
AFTERNOON
BLUE
THANKFULLY
DIRECTIONS
SKIN
PIZZA
MANAGE
DEMOCRATIC
ASCEND
ANYTHING
ADDRESS
MARK
DISTANT
TRY
PAINTING
QUOTATION
EMPLOY
CRIED

Puzzle 432

EVERYONE
TWO
TODAY
THERMOMETER
JACKET
GIVEN
TEST
HEIGHT
MARKER
IMPACT
GRAND
OKAY
FIRE
SERVICE
THING
ACTOR
CATTLE
CHECK
SEVENTH
SCIENTIST

```
I K B S M G G T S I T N E I C S O
M E T Q L E R H C V K E Q X R Z K
P S W H C W A E S D I B S A G Z A
A H F H I H N R E K R A M T C M Y
C M G A L N D M L E J B V A B O P
T T Y B J Y G O T F L A G I V E N
D Y W L U G T M T I R M C A F J G
C H E C K X U E A R T X E K R Q N
N V G W Q S P T C E S H B F E P J
E N O Y R E V E H E I G H T C T T
D I W A O V F R B R Z H T S I A P
Q U T D T E R V A B W S H X V Q D
P O D O C N R A K K V Q A M R U L
N V M T A T R J U V U R F V E Y X
H A I X B H V N F Q M N I G S J I
```

Puzzle 433

```
C T F F X Q F Y N K O D D I Y S C
A N M O E D U B U K W Y O N S U R
N C R C M J I A M O U A W D E N I
A H Y N R Q R E E B G T N I A F T
R E D I S N O C R X E R S V R L I
Y R D J R P C C O P G E T I C O C
F I M X H K R R U Q D V A D H W A
I T C H Q R T O S N E E I U I E L
D N C L G H Y V W L R R A N R A
O E T D Q O O Y W E S O S L G M C
M P U N S P U K O A X M X K S E I
D J E R W A G N I R U D A C O T P
A A E N X Z H L A O B T Y I C V O
C L A S S R O O M P O B G Z L C R
O J M G S Q T M F A M I L I E S T
```

CONSIDER
INDIVIDUAL
SUNFLOWER
DOWNSTAIRS
CRITICAL
SEARCHING
MAIL
BEE
CANARY
ENTIRE
REVERT
CLASSROOM
SLEDGE
MODIFY
FAMILIES
NUMEROUS
DURING
THOUGH
TROPICAL
PROVE

Puzzle 434

MOOSE
COLLEGE
EAGLE
FUTURE
HEARD
TANGLED
EXPLAIN
NURSE
UNDER
DIGEST
LEOPARD
PUT
DRAGON
BOIL
SOFT
PILL
BLOOD
HISTORY
GREEN
EXPERIMENT

```
X U D G R E E N L E O P A R D J M
D E L I O B G T N E M I R E P X E
F A E C G K U U A C G N O D B R U
R S L C T E N M O O S E W N Z Q B
F U T U R E S X K Z Z Q L U Z C L
N U R S E I F T E T I B Y L Q C N
O T R I D D W M A Z G L C Y O J K
G Q K G E R K D P U T O F A V C U
A E X P L A I N K D K O C T M Q Y
R K L M G E M Q A C H D H F L J Z
D T N G N H I S T O R Y A S A R U
P I L L A Y I F T Q H T J O X T S
O S O F T E I H S L X T C H Y C Y
T R V B W C R C C R S P F T V J H
T T J L T V Q L V P V H A N Z G G
```

Puzzle 435

```
B K G X M O S F A G L T Q Y K A L
H E W Y I C U E C F O S L E E P Y
U Y L H M C N N O I Q R U O P B H
A O B I E U S C P S M O H W T N T
Y X C T E R E I I E B W K M Y T L
Z C M L Y V T N N T N Z N I C E A
C J M P O R E G N A D C X D O A E
U H L J L D K N E L C X I R M C H
H G A X P I Z I V P T D E L P H H
Z U M S M I J T B W C H B A L E B
S O I U E J G A Y A U I J T E R F
R R C B F B W K B K F N E I T U D
X H E O F I H S X U K I G P E H X
J T D A F I A Z I E N F O A L M Y
G D G Z V J Y M X D D D Y C Y Q C
```

TEACHER
POUR
DANGER
WHOM
CAPITAL
BUS
EMPLOYEE
DECIMAL
HEALTHY
OCCUR
PENCIL
SLEEPY
SUNSET
BELIEVE
THROUGH
COMPLETELY
FENCING
WORST
CHASE
SKATING

Puzzle 436

CHAIR
CAPTURE
RAIN
PERHAPS
HUSBAND
SKI
CONGRATULATE
LOCK
VOCABULARY
SETTLED
SHAMPOO
MINUTES
MAN
SAFELY
CONFESSION
SHARPENER
SINGING
GUILTY
HAVING
WIDE

```
W W I H P W W P C M B A I A S W Z
N I A R U Z Y N R E N E P R A H S
K K D G B S P P L P Q B C S F N P
U S E E Q Y B L K P F D O E E Q A
K K L S T R H A X R O R N L L V H
T H T W V A O P N J O G F W Y Z R
G U T X P L L S L D O Y E S T L E
R W E V H U D U Z N U S S I L Y P
W Y S F G B Y F T X U X S N I C U
L O C K G A R W H A Q E I G U A Q
V R F G A C T A E X R M O I G P O
S H A M P O O S O C I G N N O T V
I Z G N I V A H B B A O N G Y U J
U Q M I N U T E S R H D E O Z R A
O R Y J M A N R C N C R W E C E E
```

Puzzle 437

```
A C O F J T V P S S U H T B D T Z
N C I T A M O T U A Q U O Y E O H
A Q A Y C Z I O M M Y N N S V A
B X L I X X T E T Y U G A F I M G
I K M Q E J U M Y H B R Z P G W X
S U P P L I E S I R B Y E T N N Z
S Y A P P L Y A W O F R O R R E T
R F U K T R A G I C V E U R U R F
X W N G I L E M O N B T D S O D C
R I G H T D M X V M F S P R H L Y
S E C O N D D J J I A N W E W I H
Q L E A V E S I H G T O G W M H V
G W N D Y U S E N C B M V O T C G
F E E D E G Y M M G L X E L W L Q
J Z J P P Q T V R G F A H F I G U
```

LEAVES
TOOTHBRUSH
GUYS
SECOND
LEMON
APPLY
MONSTER
DESIGN
HUNGRY
TRAGIC
HOE
RIGHT
HOUR
ERROR
SUPPLIES
CHILDREN
KIDDING
FLOWERS
FEED
AUTOMATIC

Puzzle 438

CONFUSE
PEPPER
KNIGHT
RUN
SCENE
WRITE
EAST
DANGLE
VILLAGE
THEORY
PRESIDENT
PARTICIPATE
KING
ADJUST
AFTER
DAUGHTER
GUESS
NATIONAL
MEN
POLITICS

```
E T K D A U G H T E R E P P E P C
O S H N M D X G U U S N L X R E C
Z U W E G A L L I V S U T W Z H J
G J Z S O K I N G J E D F Z Q E C
W D B C K R V M T K U R C N N U M
R A O E T G Y W I D G W D Y O U E
I U Q N P A R T I C I P A T E C N
T P E E L G N A D D S I N C N Z X
E Q P S M A C E K S H T G C A L O
D R K Q G H W S K A F T E R T H K
V U K N I G H T Q J A C D A I N W
T N E D I S E R P Y D N K H O B S
S F M A K M A T O P Y X W S N A X
F L B E M U S C I T I L O P A J P
E T T G M K T P Z J E P E M L X G
```

Puzzle 439

```
T S U R T V F V Y I A F A H S U K
O I V O D J E W A L K A P A N F O
Z U G X T O L H B H Q C F Q O O I
J T M E E R U P I B J T E U W A O
L A O Z R N R L Q C Y O V B M C T
Z Z S T O O O F N W L R E M A B A
L Y Q G W B J U U Q N E R G N C I
F O U C X N I F G F E F Y A N U M
Y U I T A K I N G H D H B X Z E P
W Y T I N U M M O C D F O R I U O
M O O R H S U M M H U Q D P P C R
X Z E Q J E T J L Z S F Y G R T T
Z I V Y G D D E S P E R A T E C D
A L R I G H T I W W N O Z X H T U
G Y S C I F W W L F X M A Z Q N Y
```

VEHICLE
DESPERATE
WALK
FACTOR
EVERYBODY
SUDDENLY
SNOWMAN
YOU
RULE
MOSQUITO
ALRIGHT
TAKING
ENOUGH
MUSHROOM
TOO
TIGER
USED
IMPORT
COMMUNITY
TRUST

Puzzle 440

TEA
LAUGHABLE
STORM
FOX
CHALLENGE
STAMP
BORROW
CHEERFUL
HUGE
ACCORDING
CONFIDENT
MASTER
WORN
SOME
BISON
COMPASSION
CATEGORY
GUY
PIG
BOWL

```
N B I B S H F C Q Z J M T U H F V
T V P R T K H Q K T N T U I J E X
U E T H A L R L A U G H A B L E V
J Z A T M K W Y U B W N M B N G U
S N H M P V Z X Q O P O N N L U T
A C C O R D I N G W G V R M R H Z
C P I G M V O Z M L P X A N K M R
A Q F A S G O Q Q P L H Y I O R B
T G U Y G V L X I Q U W O R R O B
E Q D I W B N C O N F I D E N T O
G S F S B I R P V F R O G T Z S K
O N V E F S P E W J E M O S B E H
R M T R E O P E G N E L L A H C J
Y U O I I N N E O I H X P M X S C
C O M P A S S I O N C T I C V H Q
```

Puzzle 441

```
S V V A O H C T I W T K C G E F E
P T M D O S N F H E B D W B T H M
S I T U A T I O N I O E W I A Y P
U G E J V X L J N N S N L T C V T
C O M I N G I Y W T E T P D I E I
V K R K X N X O Z U V I I S N T E
R B A Y R K H Y T A X S N T U A D
C E A C H I E V E T M T E R M F C
T L S K H D K Y Q S K P A U M J K
W D S E M D E N X S G U P C O W D
Q D P M R W H U M A N C P T C O J
W I D O H V Z K L D N A L U Z X E
E M K C L K E X Z X D T E R O W T
Y Z O E Q U O T I E N T E E N U C
N E B B S G C X H B A R R O C K M
```

QUOTIENT
THIS
SITUATION
BECOME
WITCH
HUMAN
ACHIEVE
PINEAPPLE
ROCK
TAX
MIDDLE
RESERVE
EMPTIED
STRUCTURE
CANDLE
BIT
DENTIST
COMING
BAY
COMMUNICATE

Puzzle 442

HEDGEHOG
SUN
SUSTAIN
PICK
WASH
COUPE
CLOUD
DEFEND
DOMINANT
ACTION
ANYBODY
MEETING
BATCH
MUSEUM
WHY
SMALL
STOCKING
SEASON
WORRY
PREFER

```
K W K I Z R N V H O Z B Q D R P X
S E A S O N W L S E S H X B S R M
N P Q J I S O B A Y D Q R F M E H
Y U V Z O Z F I W K I G O S A F T
B O W T S Z A P T Z L R E T L E F
X C I U Z U Q Z H C T A B H L R L
S C X Y I W S I T N A N I M O D W
U L E W X H M T M U S E U M M G O
N O W P M T U P A M P T B J R N R
F U O O T X R U D I Z P P L X I R
R D S T O C K I N G N I U L E T Y
O O D C H M Z U E D S C E O E E H
A N Y B O D Y N F A F K K N H E W
C I U K Z G N M E W K S U Z I M L
Y A P Y C E G T D K A S C P M O F
```

Puzzle 443

```
C B S G Q K X H Y D I V W S W I Q
R C H Z Z L M H I P M Z B O P F Y
O N O O L L A B E W V D H U J O M
C O W D I B O K C A G I A P N W H
O C Z D Y U F G N S L A L A R U M
D O O G I J S P E G E T L M O I V
I M S I C I U E F L I L H J U N N
L P R E S P O N D T Y K D B G T A
E E E S C P I W E D A R G O S E B
L T G N G D C O R E P D V H M R D
E I N O O C I R M T U R X G E C R
V T I P R U L C E H L Q H P M E A
I I F S H Z E O N K L E K T B P Q
B O F E P Z D R L R K I U X X T W
K N Q R A E P P A S I D B W F H N
```

COMPETITION
INTERCEPT
SELDOM
CROCODILE
BALLOON
DISAPPEAR
QUEEN
HEALTH
CROWN
FENCE
RESPOND
GRADE
SHOW
DELICIOUS
MAP
MURAL
RESPONSE
FINGER
SOUP
HALL

Puzzle 444

ARTICLE
NEEDLE
EFFORT
WITHIN
FACT
SWEETS
FOOT
THUMP
RACE
YESTERDAY
ATOMIC
PLAYFUL
STAIRS
OTHER
OPEN
INCLUDE
SUMMARIZE
COUPLE
CYCLE
ANNUAL

```
R J L W R L E W T F I W W E P S N
S P S I E A L A J T Z O P F V P H
V U V D H U C N R L C R T F G E T
L P M R T N I E L D E E N O B D D
Q M X M O N T P M U H T H R W F U
Q Z S P A A R O B R C N V T P B Y
A C Q L T R A Y Y E S T E R D A Y
T Y H K Z W I L R D S R V L Y J S
O A Z P I B L Z J U B S I O C F Q
M A Q C B N F S E L C Y C A Y I O
I U V T O A X F G C D E C O T C J
C T P Z K W F T I N T G L B C S F
S W E E T S P T X I T Q T R A K O
U C O U P L E W I T H I N N F I O
X I D N H Y B N L P L A Y F U L T
```

Puzzle 445

```
Q T S X P M B G L A D E G A G Q T
A T Z S G E L N O I S E W Q Y V H
S Z D G E X L L U F T O N K T J U
Q O P Y J P S B H G N I Y L F F D
T C P L F A E L A O I A K A G S L
M S X G P N C X Q T A E M E X T O
Q A K X O D R I S O P T M V Q L Z
E L R U N P E O K U C F D E O P F
T H V K Y Z T A M O S Y R R F V R
V G F J E C A U C B G V X W E M L
T V L U R T R L I F E F Z K R P S
U W M D G X Y G G T P U W P O X V
N O I T A N I M A X E A T M E N M
X D W C Z C X N F O R W A R D X A
V G D Q E M P Q R F V Z C H B H X
```

FORWARD
EXAMINATION
TWICE
TABLE
MEAT
EXPAND
LEGS
SIR
LIFE
PONY
GREY
GLAD
LEAF
PAINTS
MARKET
REVEAL
NOISE
SECRETARY
FLYING
FULL

Puzzle 446

SUNGLASSES
COLD
AND
LOVE
DECLARE
DESTROY
DRAMATIC
PRIVILEGE
SNOWBALL
BASKET
MOTIVATION
DOWN
LADYBIRD
CAN
SHELL
DONKEY
DESTRUCTION
PURPOSE
HURT
TAPE

```
D D E S T R U C T I O N W O D A L
R J U S N F B G X T G A T W U H A
A T S U S L A A X E C C K O L W D
M V T N M A E W B I Z S J D U O Y
A Y G G S V L L A B W O N S C N B
T A H L P V B I S H U R T Y K O I
I I U A P R V H K J Y U F L D I R
C H G S P Z I L E R A L C E D T D
P H B S A N D V T P J O Q M L A B
R U M E H I N E I B A T L L O V E
N Q R S W C T D K L Z T F L C I A
I N C P D O N K E Y E K O E M T B
V N A Y O R T S E D Y G K H T O V
S Y I A A S K Q D R S U E S P M T
X R D Q J J E Q E O O C S W M I O
```

Puzzle 447

```
S R E R P C D A E R P S T H E W S
O E V B E L B A T R O P Q Y D P I
N P I E Y T K A I H C A M O T S M
G E G Y G Y X V M S I B A B H C P
L A N A R R A T O R Y N P U O V L
E T C W Q V Z X Q O K T P S L O I
R E M I N D X H J O R H E I B L F
X L D Z M L A R T N E C A N J U Y
G L Q E Y E U C P S Q B R E U N G
T H G U O R D Z N F E A A S C T V
P M M J R R O A G V X T N S F A E
L U C K Z I L E C N I J C J I R S
S T H E T U H F O A S I E S U Y W
X I H K X Q T B Z Q T R Z I J O Q
Q Q T P D S G E N E R A T I O N X
```

PORTABLE
DAISY
SONG
NARRATOR
REMIND
CENTRAL
BUSINESS
REPEAT
SIMPLIFY
DROUGHT
LUCK
GENERATION
SPREAD
THIN
SQUIRREL
ACADEMIC
EXIST
APPEARANCE
VOLUNTARY
STOMACH

Puzzle 448

MOUNTAINS
ISOLATED
RIDE
WASTE
SHOULD
EVERY
STUDIES
SQUID
NECESSARY
BED
THEME
ZOO
LEND
BLEED
LIBRARY
KNOW
STREAM
WATCHED
COURSE
CLOTH

```
O A V M D V G T Y G R H Y E A S B
C A L A P T S H S K K V E V E R Y
I L N E K I H E W I N N V V F H R
S I O R A C O M J N L O N Z Y R A
O U O T K P U E D R Z L W S O J R
L U Z S H G L N E L T N K U W Z B
A X K E L V D N E L C R W Z A Q I
T S M I Z B U E L U T A C U T R L
E X X D U G M T B K A V P C C I V
D D R U O B N S G Y I X O H Z U
A C J T S N I A T N U O M U E T L
S S T S Q K P W D C A P E R D J S
Q A K I U W J I N T G N B S U X W
R I D E I X C U E D Q P C E W P L
N O M A D N E C E S S A R Y Y B P
```

Puzzle 449

```
Q D L E B E E T L E U L A V U D P
E P I I R U L I L C G Y R U F E L
X R V N M D X B T Y E K A N S M S
R A U K N I P T X R R R C I T O E
B C W M W E T O I V U S S N I N G
X T E K U N R E F P T C J D A S M
U I B E I T H E R M A F K E P T F
C C I Y J W O R H T R X X P T R G
G A R B J O M U F W E P E E C A X
A L T W N D N E P S P Y T N D T Q
O H H H B A S H K G M H H D I E G
X J D V T E R R O R E I O E D Y E
T D A S L M K N L I T R S N O F T
S D Y C A N D I D A T E E C V T J
P L E N T Z F N W P R V H E P W X
```

DINNER
SNAKE
THROW
PRACTICAL
INDEPENDENCE
THOSE
EITHER
MEADOW
BEETLE
VALUE
TERROR
TEMPERATURE
PINK
TRUCK
SPEND
ITS
BIRTHDAY
DEMONSTRATE
CANDIDATE
LIMIT

Puzzle 450

VOLUME
REGULATION
MEASURING
NINE
YOURSELF
BELT
EVACUATE
RIGID
ROOSTER
UNTIL
WANTED
PAIR
SOCIETY
INFORMATION
REVERSE
PICKED
REALIZE
BRANCH
POPULAR
COLORFUL

```
C A J P P D N R U X O Z A W X R P
O H C N A R B D E T N A W K X E O
L Z Y T E I C O S A R X F N Y G P
O Y H L M G R Q K F L I T N U U U
R G O E U S Z K Z J D I G I R L L
F M A B L R O O S T E R Z V A A A
U W W Q O N J U F B S X Y E G T R
L N T S V I O K P Y R M S T C I Y
T I O J V N Z Q W N E Y W A E O R
A J X O D E K C I P V D C U E N S
M E A S U R I N G L E Z T C U A L
Y O U R S E L F A K R L Z A I S B
D I N F O R M A T I O N O V C A Z
F L B K H Q P B O B S J I E P X G
H I U O V N P L B Y O L P W U U N
```

Puzzle 451

```
C S M U R I Z Z Q Q D C E H P O O
U A N G E L R R M E R Q F J S W A
R N M H C Q R Y V Q Y J H U T D B
T D E N J O Y K N K S I N G O C U
A W T O V K V O G C L M I A V Q A
I I S I S T P E T P A W A N E P R
N C Y T S Y D C P W X R R O P B R
G H S A N L A N O G A W E C A L P
O L F N S W E E E F E P V F Z Y R
N E J M O N R I X T M C C M U G S
J U X S Y Z B R T L N E W I A L I
C H A R A C T E R A K I H D E I K
O P E R A T E P C W X Y O Q E J M
F D N E J A I X M Z Y A L O O F M
F I R E F L Y E V R E S E R P L G
```

PRESERVE
SANDWICH
OPERATE
EXPERIENCE
SYSTEM
LAW
WAGON
CHARACTER
FOOL
CURTAIN
CAREFUL
STOVE
FIREFLY
ENJOY
NATION
BREAD
WHOLE
INTEND
PLACE
SING

Puzzle 452

CEASE
HUMBLE
HERD
RELATION
LASSO
HERON
VIOLENCE
DENOMINATOR
WORKING
CONSTANT
RULER
BURN
HOLIDAY
IMPRESS
CYCLING
ACCEPT
DESIRE
THEY
INTERESTING
PIN

```
I Q C B V N V A W Z H V J C P R P
N O R E H F M I V K E B T C I E F
T B C W F Y Y G O E K Y N L N L T
E A X O J Y A D I L O H Y A O A E
R G M R C R M O Y Y E H T S V T C
E G P K H O C E A S E N F S E I J
S H U I A T N L L B Y Q C O P O C
T P U N X A W S W B J O I E C N W
I V Z G V N R H T P M R D H D C H
N B R N I I U Z Z A F U O F E Y E
G U Z I M M L H A X N P H E S W R
S R Q L B O E Y T S H T F I I I D
J N M C N N R I M P R E S S R L T
Y Q N Y X E A C C E P T T Q E V S
H Q L C O D W V W X K Q K X A B J
```

Puzzle 453

```
Y L E O B Q B B E F I Y X M Q D F
T A X F M A A N N I V E R S A R Y
I B R E V E R U T A M L H F O M R
L G U D P O I S O N F T O E E D A
A F S U N N Y R O C P T S R Q A E
U I P Q K A G X C S N E P R P Y W
Q T F H W Z U Y V Q T K I E O B S
S F J I M Y K P O C S I T T X C W
A T E Q H J J B X U H C A E B H I
P Y H D X T G M W B R Z L G W A X
E X T E N D E A R L Y E R D X N L
E I Y N F X M J A Z A Q Z U L G E
S R V X U K T F U N V Q W J G E Y
Z C O N T W U F A D K C S O G E W
C N K X G F N C H X N G J V C W I
```

FIT
KETTLE
BAR
SUNNY
ANNIVERSARY
HOSPITAL
EARLY
YARD
MATURE
YOUR
FERRET
EVER
QUALITY
NUTMEG
POISON
JUDGE
CHANGE
EXTEND
BEACH
WEARY

Puzzle 454

OLD
MONKEY
COVERED
BALL
STOAT
WET
TIED
RICH
PROFESSOR
PAINFULLY
BODY
BACK
INVISIBLE
HIGHEST
YES
DEGREE
FATHER
CALCULATE
ACCOUNT
SEVEN

```
F A T H E R O R Y C C S P D L C A
F Z V R P I B J I L X E R E P A C
A Q Y N O S K Z B C C V O G W L C
Z A S T O A T O P A H E F R Z C O
K A S Y I A L M U W C N E E O U U
Y L L U F N I A P P D Y S E Y L N
N L B O D Y V S V F R X S E V A T
B A C K E E V I W E T N O D A T J
I B Z V R C I Z S H B Y R K F E R
H I G H E S T T A I F L S S P V K
X D I H V E I Y D V B M O N K E Y
P E E U O A B E U A Z L O H C Z D
M E F L C L L O L D C G E S T C F
Z S Q U B E F J F B W Z D H X R P
G C V E F U A C M R K M Y M A X W
```

Puzzle 455

```
O D P N F Q H B S Q C T I Z O P A
F O L C B V Y R H O M C B K T R B
Z R E A H E A D X Q M N J R H O D
A V A A G N I H T Y R E V E E D B
B Z S H D Y Z J U P E M B K I U A
S A E O W M C H Z U D L U O R C K
T T H U Z H I R K E N F G O D E I
B T Y R F F C T V P O L Z C K Y N
M A D S D R V P X R W Z K E H T G
A C X M W T I F I N A L L Y I C D
T K N I R D E E R U T T H W N K J
X R G R H P H I N R X S C P D R Z
A O A B O V E Y M D M U C H E B B
S F G H I M S E L F L B N H E F G
V J J C H B H Q N Y P Y M K D P E
```

MUCH
ATTACK
ADMIT
FRIENDLY
PLEASE
PRODUCE
HIMSELF
EVERYTHING
WONDER
DRINK
ABOVE
SOMEBODY
FORK
INDEED
COOKER
HOURS
BAKING
FINALLY
THEIR
AHEAD

Puzzle 456

SAFE
CRAB
DISPOSABLE
WISH
SNOWDROPS
ELIGIBLE
RARELY
ADULT
GLOSSARY
TULIP
MAY
PERIOD
FINANCIAL
GRADUATE
IRREGULAR
NEAR
HERE
SORE
LOSS
BLOOM

```
S G G Y X S A F E R E H P K M D I
T N H R L C R A B L O S S O W I R
X S O C A U S E G E H O J W J S R
Y V K W S D L E Y L M Y R I L P E
A T C L D O U F L I H O Y S J O G
J E R A F R R A A D U L T H E S U
I G O I C M O E T F F X P Y L A L
U A B C P J Z P B E X Y G H I B A
B B Q N Z Y R A S S O L G U G L R
V A M A Y N E A R Z K E Z P I E Q
S F V N S X J L L F D R E D B K L
P E R I O D G R F Y H A P I L U T
L X K F B L O O M E H R P O E I Q
E G M P J D H V T Q B S M V C Y X
N P I P I U L R D S I B O C J A U
```

Puzzle 457

```
C R Y G U D F T T U R C B B J S Y
E Y M G R D P L D D O O U Y I C J
O X T B C O T Y A P U O T R H O R
I R C R Y C A G E G N P T M U N A
V X Y I A Z P O M Z D E E B A R S
O C V V T W F L A K S R R Q R G H
S P E L L E U O C B R A F K E V Y
Z M Q R L J D N K H H T L M N P S
C N P S U X Y H T L V E Y M A U L
E A R N P O T C W I L L D H T A V
H P D E Q Z O E A A E R O N K P R
Q C R O M W O T A T O P C Y Y Z L
F L A U T R I V B S F O C U S C Y
G N O I T C A E R E D N G Q I C Y
X P E W X O U F H B Z J V W C A Q
```

FLAG
BUTTERFLY
REACTION
TECHNOLOGY
CAGE
FOCUS
EARN
ROUND
SPELL
WILL
PULL
ARENA
POTATO
CAME
BEST
FARMER
COOPERATE
EXCITED
VIRTUAL
CRY

Puzzle 458

LARGE
OFF
ITEM
WATCHING
SINCE
NEIGHBOUR
DOES
HALF
STUFF
ASSEMBLY
DONE
WEST
BUNS
ROB
NEAT
CUCUMBER
GRAPE
DEMAND
ACT
ERASER

```
D O E S K A Z G N I H C T A W R T
G A N W N J X W R E Y U N S H O U
R P S T A M H Q I M O C Y J O B S
B V N S O J Q E T I D U D W D T X
D O U E E P A R G H E M Z A A Q V
B O B W A M E T I Z M B Z F Y T J
K T N Z Y T B E U F A E V W Q P X
N N L E G R A L N T N R W S K C A
N N X S T R B V Y I D A L X V I O
E E R A S E R Y Y Y S C T L I L D
C H O F F P M G J F I T G J F L A
L A N F L T A I E Z S F X J U Y U
S J P U A F B T P M C P P Z F O O
Y I S T H S I N C E X M X E Z K A
H E K S N E I G H B O U R B S D L
```

Puzzle 459

```
W A L O S I N T E R R U P T L C K
A J K K K C I T S A V U M N E A R
D K V T A X H N W E N I A E M K O
S C I H T P X C O P J N B S O E B
K T B N E A R R A N G E O G N R W
M O A C M H V U H H P D E G A T S
A X X N P V J N A S X M B T D T P
C N I H D K L P T E F I I M E F A
H L Z T W A S T I N L A T E L Y R
I A Z A T E R B Q D E U G S W B D
N E V A R P U D R Q H D U P E A O
E K J R O G U L R E S D W P R H N
E D A T T T D Q Y N A P M O C C A
Q E X X H S R O I E E K S S I Z I
L U Y T Z F R E E S I A R K C E T
```

STICK
CAKE
STANDARD
LATELY
RAVEN
SHELF
BREAK
FREESIA
ARRANGE
GONNA
INTERRUPT
LEMONADE
SENT
PEAR
SKATE
PARDON
STAGE
MACHINE
SEND
ACCOMPANY

Puzzle 460

WARDROBE
HAIR
AGREE
COMPUTER
BEGIN
ROOM
SUITABLE
INDUSTRY
HOT
ONCE
CANDY
PETS
SLEEP
SANDCASTLE
PLUM
BAD
TWENTY
OFFICIAL
KNEE
BRING

```
A G R E E O I N D U S T R Y X L Z
B Y N B D D F H P A F V P S G J V
A J I I Y K F F R G U K T F C R C
F E G X R I A H I N E Y H K V R F
J I E D P B R O U C B E T X J M F
T H B U E K N E E Q I J X E Y Y Z
W W R S E B K O E L B A T I U S Q
A R E T U P M O C N G E L W J T C
R E T N F K O B M I I U K I W E E
D D T L T T O B L J D O N C E P Y
R Z J S Q Y R Q D K C H P E E L S
O I S A N D C A S T L E L H O T Y
B S A X E N B N C L P R U W I V F
E G K W C A A N D L Z Y M F T V R
L W F Y R C D C Z Y M D W H F Y Z
```

Puzzle 461

```
R M Y Z T H O K A N G A R O O O T
D O D S M N Y R L I S N O S I H Y
C W T Y B Y P O B H C P O T Z V F
Y B O A J Z R W T P Y A W R J P W
L I B R S N O T L L E S N A T G W
A S P M A O C E T O P E E P A S S
W I N L T I E N R D I F R Q Y N O
Y M Y K H P D N E V I E C N O C A
E K X J F O U V A M A E T S D C P
R L B Z K F R Y T B U Q S T A F F
D R A W E R E M X W O S Z W R A U
Z R K T F F K B B P U D S I O C Y
Q Q F T T P Y C O J N X U A L U S
Q M K B J L O E S Y Z A R C E I J
G Q X V K V S N O H G I G C L V X
```

STEAM
CONCEIVE
LAWYER
STRONG
BOY
NETWORK
PROCEDURE
CRAZY
PART
ASSUME
DRAWER
OWNER
SELL
TREAT
SON
KANGAROO
TOP
ROLE
STAFF
DOLPHIN

Puzzle 462

SOUND
RESPONSIBLE
FAMILY
DISCUSSION
BEHAVE
SUPPER
THEREFORE
TOOK
PROMISE
DRUG
PAN
PAST
HAZARDOUS
ALTITUDE
TASK
CIRCLE
FLUID
MILE
SITTING
THEN

```
W C S A L T I T U D E L L Z S Y Q
U A O P R O M I S E G K K D D T A
E N U K W D Q D T H E R E F O R E
Y U N X E L C R I C A L D C L W W
O X D F M C S U O D R A Z A H N V
H F J C H Q B G U Y J K P W V O L
I T L N R B S M E N R O S J N I V
F G Y H X I G E L V N A U T A S K
J L S H T C B B I S A N P P B S O
K G U I E T Y L M U P H P T V U O
L S H I T S A P N Z S L E D R C T
N P G V D T S C F X Y Q R B K S V
F A M I L Y I D Z I C P B E I I M
O Q E L B I S N O P S E R L R D P
R A F D J Q O V G T H E N A P C M
```

Puzzle 463

```
H E F K D X R W J B X Y X B E H F
H L W Y Y P T G V X R Y H I U N V
P C A J M O I Q S D W Y S C K D Y
O S J K K Y J R J P M E U H A A L
A X A G J D I Y D X T S R G D O K
S L R I G G F V S U V S B N I Z C
P H Y J P P L T I D E N T I T Y I
X T O L X O H R A H H W N K A Q U
U E S O O L C E P K P A I N S E Q
H U Q O K E L S M Q E L A I S N U
D M N W R C I E A O T N P H S I D
S H A K Y A R D E A A I B T W B T
R K F R A T S O R F C L L V Q M K
S D F O Y S K D C N O I T I S O P
H R V I L F P F S Z L S Q P M C A
```

THINKING
SCREAM
TAKEN
COACH
COMBINE
GIRLS
SHOOK
SAT
LOCATE
POLECAT
QUICKLY
FROST
POSITION
DESERT
IDENTITY
LOOSE
DISH
SHAKY
LAWN
PAINTBRUSH

Puzzle 464

ONION
LETTER
JOYFULLY
TOMATO
COPPER
FLOOD
EXAMPLE
MONEY
DECAY
SWORD
STRAWBERRY
COMPACT
SPEAK
FORMAT
LION
THIRTY
GIFT
TRYING
SITE
CELL

```
F F S Y A P W F R P X G Y W S J E
R O B U F C L L H Z R Y C C B O A
C A V L E H E O B M T Q Z Q C Y S
K D K J H Z T O V T S I T X S F G
C T O M A T O D M T Q I O K U U G
D L L E C O D X M M O T A B L P
Y R R E B W A R T S C V E E M L H
G U S L T T U O B J F B C P O Y C
K J L P C T U W L J G W J S N C O
F O R M A T E S I I M H S V E M P
U M E A P T F R O E G Y S L Y Z P
I U Z X M V M I N L A C I E A N E
B S F E O V S S G N I Y R T C T R
W U Z C W H Z P F L W W L E R Z
T H I R T Y U B M O N I O N D X N
```

Puzzle 465

```
O E O D Y E K Q P S Y O I G S T L
F U T N G U Q S U X Q M T X Z R T
K U T C E J E R E B M U N J J A O
I L N S O P P O R T U N I T Y M P
T O E C T H Y P R O D U C T I O N
T O E Y T A T L R A E B H K Y U E
E K S X E I N A A Q W A V I F T J
N I B S N Q O D L E J K Q L I H M
L N L M R W J N I P A T Z A R E T
Z G M D L P S O M N T G T M A I M
X O Q R R V X K I Y G O U R L R G
U Z J R G H R B S B W G W E C S O
J P P C A L U Q S L E S E H T K S
Y N Y A E S T C I O I L A T O T B
F F R E B Y M G D W C E X F A Z H
```

PRODUCTION
THERMAL
NUMBER
REJECT
BEAR
BLOW
OPPORTUNITY
TRAM
GIRL
TOTAL
DISSIMILAR
THEIRS
THESE
KITTEN
FUNCTION
TYPE
OUTSTANDING
CLARIFY
SEEN
LOOKING

Puzzle 466

SHOULDER
QUAIL
BALLOONS
CONTAIN
MEDICINE
SMOKE
PERFORMANCE
FLOWER
PARTNER
PLANTS
SIXTH
THROUGHOUT
AMONG
CLEARLY
DEFENSE
WEAPON
SIGNIFICANT
INCREASE
SCARF
NOW

```
A B U N Q G O V H P O R K N O H N
M S A U D T D Y L R A E L C M E Y
O I I L R E W O L F S R O E I J D
N G N I L W F D V Z M B T C C U W
G N C A B O J E J D O S T N A L P
P I R U X N O I N I K H S A E S T
L F E Q S I A N E S E O C M N R H
W I A K V A I K S L E U A R I Y R
K C S T S T J L E N D L R O C T O
W A E F M N W N M E Y D F F I K U
F N W V E O S I X T H E M R D M G
W T I E H C T Z Q R Q R W E E M H
W E A P O N H Q A R K K F P M P O
W G F D R J F X Y F P C G H G N U
D A F K T G O V Z A F N Y S U M T
```

Puzzle 467

```
K Y Q Z A E T H O S M K T E F R T
N P I A Y A O W O O R K Y N C Q Y
O P M P E Y W C R M H Y Y M E A P
W X C B K X A N P E R U S A E M I
L U F E S U R A D T X B L F S N C
E W J Q N R D L X I N W E R O B A
D N A S U O H T X M F H V A N B L
G R I A H C M R A E O A J R T K O
E U A Y D Y R G N A M L P Z A A N
P M P D Z D L G H R K E H A H M F
N R E U S A B L E B L O U S E H A
E O E C L L B R M N X P A I N T L
M X T E L E M E N T A R Y X A O O
Q K K E Y F M T G J V G S G D O N
M O T L L U Y P L Y Z C G N Y T J
```

MEASURE
ELEMENTARY
LADY
BLOUSE
BEAT
ANGRY
NOTE
TOWARD
REUSABLE
TYPICAL
SOMETIME
WHALE
ARMCHAIR
ADD
PAINT
USEFUL
KNOWLEDGE
THOUSAND
TOOTH
NOSE

Puzzle 468

SELLER
BIRDS
SORT
PARENT
STAND
ELEPHANT
CABBAGE
PUBLICATION
INSPIRE
LAUGHED
SEE
CUP
POCKET
PARTICULARLY
BEDROOM
EACH
RUSH
ONE
LAMP
PEOPLE

```
Y L R A L U C I T R A P S C B N O
B G E N O L T S N H Z E N T V G V
I U L B I R D S R S P N T O A N X
Q S L N J V B V Q U P O S T B N G
Y T E G A B B A C R M I G H E R D
X Z S I G V D T Y U A T R N D L E
E E S B H E W A O D L A X E R W H
O L W P R W J M T O I C B B O P G
N A E S O R T R T F H I C N O O U
Z O O P P E O P L E I L Q U M C A
I O X U H G J Q J L D B A K Q K L
J L Q C A A K M E L J U O H M E C
U H A K W Z N H A H A P C A Y T V
H Y L S C W R T C J P A R E N T P
X Q W Z D C W H H G B B U M C Q Y
```

Puzzle 469

```
T X M Y U G T D K A G C M V A N L
T C E R R O C H A N K H I T V O R
A L A C A S E E O B P I X R V T E
N C S B N H D H Y U D P H E D P V
X M U L Z M D T C J G S N A L I I
H D R A Z I L W A Z R H T T H C E
C E E W E E K E N D W U T Y F T W
N A M W E A S E L E K W B T S U W
H R E B M E M E R C T H H B S R S
J N N O I T A Z I N A G R O E E C
J D T E F O U N D E A Y B I M R O
M G B U D F M H J L Z W Z K X J R
M A D T K D W V P I F E O M N P E
Q G D C O T U B U S J B N G O Y U
L H I L D X C S X F Q L Q W A W F
```

WEASEL
REVIEW
RUBBER
LIZARD
TREATY
THOUGHT
VAN
SCORE
CASE
MIX
CORRECT
MEASUREMENT
CHIPS
FOUND
ORGANIZATION
PICTURE
WEEKEND
SILENCE
REMEMBER
SUDDEN

Puzzle 470

MOUNTAIN
COLLECTION
RICE
DISMISS
REST
TIME
FLEXIBLE
SIGNAL
NICE
SOLDIER
DOUBLE
UNIT
CIRCULAR
RECOGNIZE
AREA
CURIOUS
LESSON
PARTY
QUALIFY
FATAL

```
R T J L P O V C C Z E F Y J P C T
R E C I N W C U I G L I Y N R P W
F C C B Q V Y R R C B A W S H D Z
J I B O E T J I C O I F T F X I E
R R F M G G J O U L X V E A C S S
P T R N T N J U L L E E N G F M O
N Y L A N G I S A E L B U O D I L
Z B I G B Q S Z R C F R M C S S D
M O U N T A I N E T I N U A Y S I
D B I A J J Y S Y I U Q V G F Y E
A T I M E R E S T O Q L Q S I Z R
F R D S H Y D I R N O S S E L Z L
Q Q E E S Z X T A O M K J U A D H
U D I A F C H L P E C Z M W U O I
V D F R K Y H C Q Y V J F B Q Z F
```

Puzzle 471

```
N P K N A W U R C T S S P J T O Q
K L B Q I Z Z E M B V H F P H W Z
Y E R S U O T J T N O O P S E A O
C G A S S A L G X S D W A S A S F
J R V H W C R A N U Z E R A T V Q
N V E S H N H T R O N R W P R Z A
I O P H K X V M E I K F Y F E P A
A O D O E T P N F R F S F C Z C O
T L M C O L O U R E C N A T S I D
R W T O T N I W M S V U N N R P T
E I C H T N E N O P P O O E W Q D
T U E X O E C N E R E F F I D Z H
N N L H N U L N Y L U J W C I Y S
E Y E N J M G K U M A M Y L L B J
J O S O K E A H V A O I Y X J T E
```

OPPONENT
SELECT
NORTH
THEATRE
DIFFERENCE
WAS
BRAVE
GLASS
SPOON
COLOUR
QUARTER
ALTHOUGH
DISTANCE
INTO
WRAP
ENTERTAIN
SHOWER
SERIOUS
PASS
MOTEL

Puzzle 472

BAT
CONTINUE
PAY
BORED
PARTIES
BRIEF
COMMERCIAL
BIOLOGY
COVER
FARM
NOUN
RELIGIOUS
FREE
SWEET
DUCKLING
RESOURCE
WATERMELON
SHORE
TENNIS
POVERTY

```
P L A U F M P C C F C Z K L A R R
A A U L J I D K O P F J P H Q K C
N X Y G O L O I B V U Z B O R E D
O M A D S N O A B U E N O U N R F
H I K S U O I G I L E R E F A R M
S F X G P C H A K O W X N I L U Z
M N Q B C E K Z B R E S O U R C E
P O V E R T Y L S X E S L V I C U
Q Y A B G A X L I R R H E W Q Q N
F S O C L B W Q N N F O M G O G I
S E I T R A P U N E G R R R Q H T
W H A S E Z L H E E K E E M O U N
E Q K Z D D W X T L I O T C O F O
E C O M M E R C I A L H A P T W C
T B R I E F V T J K Z P W L Z S Q
```

Puzzle 473

```
B Q D D J N K I S S P L A N Y I G
Z U O N P N D B U N B O T T L E A
A Z T O H S V O S I E U S U A L M
V L B E I N G F O A L V B B C U E
T H L E E T S S X P I Z E S M L C
Q D H O J C M I Y N H E N R U O S
P C C N W E Y W P G W R C E B B C
O P P O S I T E G T F O A T H I Q
U D B A L Q S L L F R E T T A M M
G B O I N S Q U O Z W X E O A A O
C E C J G I R W S P N B R W L G M
K J U V A M U T A P F S Q Y F E X
Z W O N J B Z E O E W S A Q Z Y C
N L O K F N Q K J I R C Z G T J Q
B U I Y C J J P G W Q B T W A I T
```

STEEL
KISS
BEING
IMAGE
ALLOW
SHOT
OTTER
OPPOSITE
MATTER
OUR
BUT
GAME
PLAN
WHILE
PAIN
ZERO
WAIT
BOTTLE
USUAL
NEVER

Puzzle 474

GOES
REPORT
REASON
VARIETY
FRAGMENT
PROGRESS
PILOT
MANAGER
COWARD
APPLE
ESCAPE
YOUNG
BORDER
CURLED
INSIDE
COMPARE
FORTUNATE
MIGRATE
GLUE
LATE

```
U C N C F S M D O G G E W X L R I
X O E M X F I G H X E T A L C E N
I W S Z Z O G W X C R Y C R E A S
J A C D E R R P W H A H U D G S I
D R A E W T A F G H P I L O T O D
R D P L O U T D U W M H W Z N N E
X E E U R N E N F H O P E P E V L
L P P C E A U T S V C B F R M A P
P L E O D T M A N A G E R O G R P
Q Z D D R E U Q G O E S Q G A I A
R K Z W O T L I B H Y F R R R E B
U B M O B B S R P T O K N E F T O
P N Y E G L U E U K U D F S A Y U
R T P R X U L S U C N T L S N E Z
K O Y P P H N J J D G B C W B S X
```

Puzzle 475

```
A P D I L L U S T R A T E B S E D
S C B V H H U O O I C W Z C I Q W
U B C K O E J J J L F E O Q T S G
B E R O N G I Z F D J G A B G J N
S C E O M A B S O L U T E H O L E
T U E I U P C B O I G L Z L Y H T
A P R N G L F E O X J I V T P F
N I A D P C H I E F O U R T H S O
C D C I E H U T S V C A P W O R D
E D Q C V A T B O H P F M V D F B
H U B A F B U S H P J R G O N B K
I T N T M I L L W E Q E X G U S F
D U Q E F T F X K B J E V B A N R
R E Q U I R E D K V J Z D V O I T
C O N S E C U T I V E E B S I B G
```

ILLUSTRATE
HOLE
CUPID
AMOUNT
INDICATE
ACCOMPLISH
CAREER
REQUIRED
PRIZE
IGNORE
WORD
CONSECUTIVE
WHOSE
FOURTH
SUBSTANCE
HABIT
ABSOLUTE
FREEZE
OFTEN
BROUGHT

Puzzle 476

SLIDE
MUSIC
POLITICAL
EYES
FAR
PERMISSION
PRICE
STYLE
ANXIOUS
PLEASED
TRADE
TIE
DRIVE
CURTAINS
PUPPY
TALL
SUPPOSED
PREDICT
COULD
JOURNEY

```
W C T C I D E R P D W H V X S G Z
Y O R W V G N R S Y R Y F M S G N
E U A S S I I U S U O I X N A J F
Z L D E S A E L P D P M V Q T O S
E D E W V S Q A C E U U W E K U S
H F T A K T Y C O S P S J Q W R T
Z C E I D Y J I S O P I O C O N J
S L U Y E L G T C P Y C N I U E E
N L W H V E C I R P J B A Z I Y Y
I E I H U U Z L E U J G R Q O A E
A M D D B A N O I S S I M R E P S
T H B G E T N P G T I K F O T O Y
R P B E E A B N G H T K H L S P L
U Z I H S L F V B F A R Z T M B K
C Z J O K L K U H B P J W L Q U S
```

Puzzle 477

```
V N D A C A S J K B U G H E L L O
Y F D R O T I N O M E R A E Y G V
J N I D C B J N R A Q E F A L S E
K P F E K X E P S M H A K O Z Y Y
Y S R G T C C G A X I T B R R A N
J C Q N A N A J T N S Q Y E S B F
Z K M L I A E R U T I N R U F W H
J P J F L M S R I S H M R O X J M
D E N S E E O U E N G I A P M A C
B L A C K R N N R F X Q C L G Q V
X N P E H I T A P F F C O T T O N
A D S U M F F K H L A I D E T Y G
L A N T I Q U E L J E C D P E O H
J D W F O R G O T P Z T E T K B L
I M M E D I A T E L Y H U G G E D
```

ANTIQUE
ANIMAL
DIFFERENT
BLACK
CAMPAIGN
HELLO
IMMEDIATELY
HIS
MONITOR
FIREMAN
GREAT
FORGOT
COTTON
DENSE
HUGGED
CARRY
COCKTAIL
SURFACE
FALSE
FURNITURE

Puzzle 478

MAJORITY
DUST
MAJOR
SEA
CIRCULATE
SPELLING
TRAVEL
SAYS
DUTY
MUMMY
BUYING
CATCH
SHOWED
THREE
POUNDS
SIGHT
FIX
DEBATE
LONG
RING

```
S I B C L O Z S T V C K K B B Q D
D E W O H S B A R B A Y H U V F E
Z E A E D F V Y A F T D U Y E Q B
H E D U T Y I S V S C Q L I X Z A
M U M M Y A F X E I H H K N O Y T
N S D I P O L D L G N I R G L L E
G A T Z C D P U X H U D Y H G X R
Q U Z D Q V T N C T G T X S G B U
G R A J T K H L R R N I U K I N H
Q Q G L O N G U L O I T H R E E S
U D U S T O Z V P J L C M M Z B J
W O D O L Y Y M N A L K F D Q J G
N G Y T I R O J A M E F D H M L Q
B L C A O E X U L P P Z X V E Z V
S S T H A N R Y Q O S D N U O P C
```

Puzzle 479

```
X F X H W F Q D N G R M V T M M C
Z W S J Q I A A U E M T Z O W I I
M S N B P N N N T N E R R U C U T
Y R T D P X D G L R X S M R D C I
P O I N T Y D E C A L P E R I F Z
S G N H D I Q R L D F J H E L W E
E O D L X N F O E G R O T V H C N
O T T X A V T U V M A R E E W H X
C I V I L O T S U G O S G F J A G
N H J E E L M N G N U T M O U S E
D B Z X R V N L M R L M S O V P F
C L O S E E S U O G A X Q U H Y I
L S P U O X X X W N B S T P C U N
P R Y W H K L U X U R Y S U M G K
S N K O T T D H V G O I L L E I Q
```

FEVER
THEM
LUXURY
ARE
POINTY
NUT
RELAX
WIN
MOUSE
GUST
CITIZEN
FIREPLACE
GRASS
CIVIL
CURRENT
KNIFE
CLOSE
DANGEROUS
INVOLVE
CUSTOMER

Puzzle 480

HAD
POLICE
HEART
NUMERATOR
LEAVING
FEET
IMPROPER
PERSONAL
COMMITTEE
EVIDENCE
LEAST
CREATE
VISIT
PRECIOUS
SHOE
WIGGLE
KIND
MULTIPLICATION
PHEASANT
HOP

```
D C L X H E P N U M E R A T O R W
G N I V A E L E E T T I M M O C I
Z R J V X O A F R E P O R P M I G
D T X G K U X R Z S U S Q T P X G
P H E A S A N T T O O G Q E R D L
E V I D E N C E W W O N Z G E M E
M O Z E B O X M I T I D A H C A B
N L G F P X N E C I L O P L I V K
M S Z E Q S B T F S R B R R O L E
M K T E W V T A Y I H F U D U E K
O N E T D S W E G V Z O B E S A V
Z U O J L A I R F K R R E W O S C
R K H U D O P C Q J I L C O Y T M
U N O I T A C I L P I T L U M V S
Q A P R K Z H L K I N D I Y W O S
```

Puzzle 481

```
F A C H F W G T S A F K A E R B A
X I E L K N A W O S E C T I O N N
E D R A O B Q D T G V X W Z H W Y
K S U S I N V E N T E X U G W N O
E S N C T M B B O F G T Q U A F N
P E P M N W E L L X D A H W N R E
B L W U K E Q R C Q A R H E T E I
R E W I N D S M H Z B R D I R Q B
R R R T U B Z T U Y A J G H J U C
C A L L E D A M B U F F A L O E H
Z C P R O N U N C I A T I O N N J
X C K Q W C W L E S P X Q D M T G
L F I D G V V P R Q T K J Y G F H
Q T A Y K U P W J W G F A J F T A
Y W Y W C B H U Z F I L B G M J Q
```

FIRST
PRONUNCIATION
REWIND
INVENT
BUFFALO
BREAKFAST
CARELESS
MAD
SECTION
BADGE
NEST
CALLED
WELL
TOGETHER
ELK
WANT
FREQUENT
ANYONE
BOARD
ONTO

Puzzle 482

RETAIN
DISTRIBUTE
ANALYSIS
TELEVISION
QUESTION
SERIES
INSTANT
FOREST
EDGE
IDENTIFY
NEITHER
HOLD
ELSE
FOOD
MIRROR
PLANT
PAUSE
RHINO
PROCESS
SODA

```
F J O J Q V Y D O O F N Z P J S E
R O S O D A Z I V R F E S U A P L
D N R E A G T S G Q F I T C O I S
I I O E R X P T X P X T L H X D E
Y H R H S F T R D L O H Q X P E K
K R R F B T N I Z H M E X G K N E
A J I T I Q R B O H P R I R U T D
P N M V C C E U S E R I E S J I G
K L A H E X T T P R O C E S S F E
U M A L D J A E I N S T A N T Y A
V J X N Y N I Q U E S T I O N V R
Q D A I T S N O I S I V E L E T N
B N O I T Y I E H F V P H C R D R
C O D U G A T S N G Q U U Q B Q V
U P H W S V E W I V D E F B V W R
```

Puzzle 483

```
Z H I Y Y Q M A E R D S B M A D C
F N C P G E B C V R I C O R S L L
X S T R E E T C B G I Z H Y U F U
L P Q N T K T U J V P B L E H S B
H N Q Y A R X S X T H I R D E E H
A Q G N R C K E N J G R I S X F B
I N O I T A G I T S E V N I E Y U
L E X L S S E R P E D Y C T R W H
M T W S A C O D K B K T X E T O I
R S C O N T E N T C O I K U O O E
B I B O L D O C W K C T D H J L G
C L J S T M O D P S U N H F N N Z
W K Z W J R P V H K Q A V W R Z X
X J S S E N I L E D I U G L Q O W
L U R R V C Z U C T Q Q O P G M M
```

BOLD
STREET
GUIDELINES
DREAM
LISTEN
EXERT
DEPRESS
TEXT
FROM
HAIL
THIRD
WOOL
QUANTITY
INVESTIGATION
BRUSH
STRATEGY
CONTENT
ACCUSE
CLUB
BOTH

Puzzle 484

MASK
MOON
VISIBLE
TEND
PARK
HAND
AGREEMENT
YEAR
START
DEFER
AIRPLANE
NAVIGATE
OUTSIDE
MILITARY
ATTEMPT
FAST
GUN
SIZE
HOLLY
SEEM

```
Y S D O B Y I A A P F Z Z P A V A
E P T N Z Q D H T M M R K O G T F
I V U A D K L P L T Y U N I R E F
U Z C M R G L O L M E E S N E N J
Y N Y M Q T X Q J P L M A V E G O
J F V E J K T U Z Q B M P R M T U
S I Z E Y N M K E E I D E T E E T
T V E T I N K F X K S A M N N N S
D D N A H O L L Y R I V X W T D I
Y P A G J O N Q W A V Q B B D S D
S N L I S M L P L P Z F T M G K E
C L P V D E F E R F B V Q H W H Y
X Y R A T I L I M A D S X O A V O
N C I N U G B B A S C U R T I B D
P E A J R E H B P T B A U E W U V
```

Puzzle 485

```
T N P P H T C E J B U S H W Y W C
Z B B R J Q H O E F H B V I F C O
J V Y A B Q E B O L G Y E U G F U
V I C T I M C E I N F P U E P H N
Y N V A R C K Y Z J V G K B R X T
E T C E P X E Y I A G G L E E F N
Y W M F X P D P O R X E O R Q N U
V E C P B G R M R E C M O D Z A A
S I S P Z S U V X E I U K H Z Q T
E V A H S T O O D H D D R I Y H Z
N I O J F V S E S O Y D I C S Q N
I B E V N X X Z O Y D Y I U I F W
O M H J Y T F E W H H W Z A A K R
R D G U F U U T U L Y S A C N X W
N R M A T T W I X H O F A Y Z O O
```

LOOK
VICTIM
GLOBE
TAUNT
VIEW
SUBJECT
STOOD
SENIOR
MUDDY
HAVE
FEAT
RED
CHECKED
HIGH
OBEY
BEER
COUNT
FEEL
JOIN
EXPECT

Puzzle 486

GOOSE
FIND
LUNCH
USUALLY
SPONGE
PEN
FOREIGN
YEARS
CERTAIN
TENSE
PREVENT
NAME
DAD
CONCLUSION
NOR
SAY
COMMON
MOISTURE
FLOUR
DESCRIBE

```
P V R F A F E L F Y S O I N N M Q
H R T S C Q W E W N F B Q K W O G
K L E T S Z V R M V B S I F C I O
P Z Y V G R P R B V Q T D K O S R
E V R V E O E N B J R I C P M T V
N N V Q H N O C E R T A I N M U N
Y E A R S W T S A U X O Y I O R O
A N O T E N S E E O H J B S N E R
S A V L U B T S P L L U N C H I F
I M Z Z S Q I R O F Q Y O F X I O
V E C V U L N R T T F W S N D O R
F I N D A U M J C S P O N G E N E
G P J Z L M N O I S U L C N O C I
E V R R L F M H P K E C R Y N Y G
W K X Z Y Z D A D J M D Q M V C N
```

Puzzle 487

```
E Y E Z C C U P B R I I E G T A Q
S R S Q H F H O O E A Y G R E N E
I C M R U Q G G L I A W Z O T V A
W C P C X O O P Z X N U S U I Q C
T O N I G H T L H A N T T P T W T
W H R M F C O L M T U L Z I X O I
E P E O T R I A N G L E H H H F L V
L N P N K U X B R M M O N T H U E
C E R O A H E T N E B V B S Q I L
O W E C S L E E E D B T Z B P W
M K S E F H W K F B H U G H D O L
E H E L E D N S A G O J C F K L M
U E N D D F C A K D G S O E J I A
B Z T P U S H B T I H A N U L T M
W O G H B Q M J T Q J Q A D T E A
```

BEAUTIFUL
ENERGY
POINT
MONTH
EYE
TRIANGLE
ECONOMIC
REDUCE
ACTIVE
CHURCH
POLITE
BASKETBALL
WELCOME
GROUP
GAS
TONIGHT
PUSH
TAXI
REPRESENT
WISE

Puzzle 488

ALREADY
LEARN
GLANCE
RUNNING
ORDER
OCCUPY
SUPPORT
BROCCOLI
ESTABLISH
CHARGE
SAVE
LAZY
TASTE
LEFT
HOTTER
SOAP
PULLED
DIVING
EVEN
SINK

```
J A G V O S H P O L P U L L E D R
Y W L X W T U O D F K W X V E L U
Y D A E R L A P T F E I S Z V T N
J G N I V I D O P T K G O U E W N
J S C S A V E K K O E O A S N W I
V M E B Z M W N S X R R P X R U N
B R O C C O L I S A N T M T A R G
O R D E R O I S X E B A B E E A E
E D A N E J C P M N A K T L L T H
Q B V O V K S C I C R K M J R V T
I A E V H S R K U T L D N A M J X
W E T W K T Y G P P L A Z Y F T M
V Y S V U F X F V R Y G C T Q L P
C H A R G E Z R B D D R X R V T U N
E S T A B L I S H H N G X N S U B
```

Puzzle 489

```
S T G C Y W T V S E L T R U T M P
K S C O O T E R H Q D B P G N A A
E K A W K A Z O A T H I Z G E H C
L A T F F O T O R G A Q T L T R O
E T D O M G V P P I R U C L E A R
T V A L P O R T I O N F G C Y M A
O X W L C L O U D Y M X D H J H S
N X Y O V A R I A B L E V Z T R F
I T C W N M F B X B H L U F C R T
U N D E R S T A N D J D H U E E J
P A W S W D H E Z R E V I N L E D
C A V E I C Y S W X L O Y P L A D
X R N O Q E Q Q B E L M A G O J X
W Y K M D G B O K B Y J B H C L A
B G S S F Q Q K A Q R X D Y W B S
```

WAKE
TURTLE
PORTION
SHARP
CLEAR
JELLY
VARIABLE
FOLLOW
SCOOTER
GOAT
POOR
SNOW
TAUGHT
TENT
UNDERSTAND
CAVE
COLLECT
SKELETON
CLOUDY
EDIT

Puzzle 490

SOLO
EVERYWHERE
HEY
OFFEND
HIGHWAY
EXTREMELY
AUTHORIZE
CENTURY
NAIL
ISSUE
DRY
DECREASE
ELF
DISASTER
SALT
AUNT
SINGLE
FRUIT
FINE
ROW

```
H I G H W A Y N D D L R R V H E J
L F R U I T N U A R I S S U E X H
T L A S I P F D T I Y K O V Z D H
T E N I F E K L B N L A E M I I G
E V E R Y W H E R E D R R M R S P
E J E H E S E S A E R C E D O A G
W R C P S O L O I F G S M A H S Z
W R R Z B O F P H N G Z W F T T U
Q R D Q Y F H E Y K G R O W U E F
H R O N H F T J M H U L M A A R G
E U Z U P E D D P Z X T E J Q X M
Y C P T B N U S F C E N T U R Y D
E R I W D D A M N W Z P V R I A V
G Q H U V E Q V X O E E S Y L M P
E X T R E M E L Y W Q Y U H L Y K
```

Puzzle 491

```
Y D L A Z I J O D V K T R Y Z E X
H G X Q O A M W I C T S K R F J Q
T W E L V E S U S B E H I N D A Q
R U M H G S S E C C U S L A N I F
O O O Q I I V C O M W A A M V B F
W H T H P R K T V L G J Y O R M I
H J S G S P G X E P S I O W L U G
B S U O I R A V R M R W R Y I C U
W Q C R H U H T Y Y O E A Z C H R
Y Q D C V S Q E L L I M T E A I E
X I J L E A K K C U A B E T Z L Y
D Z S T S I L K Y B I E Y N I D P
T M H H H Q U P N V R P P L T E P
E W T J Y X R E Z X I C Z N D K R
B O A N V O S S Q T S E G R A L A
```

SURPRISE
VARIOUS
PRETTIER
SHOUT
DISCOVERY
BEHIND
MOMENT
IRIS
FINAL
WORTH
LARGEST
FIGURE
SILKY
WOMAN
ROYAL
CHILD
SUCCESS
CUSTOM
LEAK
TWELVE

Puzzle 492

CRASH
IMAGINE
SUCH
FAMOUS
NEGOTIATE
DISORDER
SHALL
NOBLE
FLAT
GRANDMA
INVOLVED
BLEND
REPAIR
MINE
RECREATIONAL
PUFFIN
MINUTE
HIGHLIGHT
ASK
RADIO

```
R I A P E R H G F N R U N D H X I
W N F L A T E G H Y E M O M I N H
G V Q L L C R I G T C M F L G K Q
W O X T Y A Z F T U R I D B H G E
W L S U C H H B N E E N K W L R T
I V A T S E F S K S A E W E I A O
E E N I G A M I N T T X M Y G N G
H D D E I O A M H I I T S E H D F
R N I L G M P A S U O M A F T M D
A E S B M O E W A X N M C J W A E
D L O O S I T N R C A P U F F I N
I B R N V Q N I C O L G J D S Y V
O F D W V W G U A Z G A O Z S H D
K A E R W L J O T T J D P A Y Q R
E M R U B U Q F X E E H A A F D C
```

Puzzle 493

```
E G L K C H Q R A P B F T F E C M
Y N A M Y S X H C H T B X E D L B
N I O C O A T M F O V K J A U E A
I C N R B D O P N W C T M T C A A
A D P S M W L Y L P S N L U A N Q
R L E L T O C H I C K E N R T C Y
N M V C R I U X O I K L O E I X X
T U I H I R T S T E N A S O O Y D
P Y R I K D E U B F P T I G N E F
M C R X S M E D T E Z Y R X E N R
C L A S S R H C Y I F S P F I F W
S C E N A R I O A L O C A B I N D
A D V E N T U R O U S N M I G J X
I H I S V I A K Q Q H T R U P X H
B C D Z W A V A P B M I Q W S O A
```

OIL
CLASS
TALENT
CLEAN
TEN
COAT
CABIN
PRISON
ADVENTUROUS
SKIRT
DECIDE
CHICKEN
SCENARIO
EDUCATION
MANY
INSTITUTION
ENORMOUS
ARRIVE
RAINY
FEATURE

Puzzle 494

CHESTNUTS
MISS
TOOTHPASTE
GLOSSY
EXPERT
PATH
PEACE
REQUEST
GROUND
AFFORD
DRUM
VISION
CALCULATOR
CAP
CREAM
ASSIST
FOUR
CONDITION
DUPLICATE
CURVE

```
G A D K T U N W V E M I S S F C V
F R F J G J Z K I H J Z J O N T O
O O O F R M P A S T R E P X E O J
D T F U O U B H I A Q M A C V O N
K A I H N R W H O P E A C E C T Z
F L F T F D D Y N V T E I L U H M
G U Y S S O L G O F A R G O I P O
V C B E V R U C I F C C N N A A A
B L N U O G K R T S I S S A V S P
B A C Q D B L O I J L J T U R T X
J C T E U C K O D N P Z O G C E J
T C Y R E R K O N Y U Q F K E C E
C T F M I K V P O R D H G L D S X
W A U Z T H J P C F R J G T H E I
C H E S T N U T S Q A F L T T B Y
```

Puzzle 495

```
B E K T Y N D N E Y L N O I S S F
T B E X N L U P C R E W O P E E O
C O L L A P S E B O U G H T T C R
E S S X M U V K V T W S R H R U M
S Y T H M E N A E S I H C G A R U
P O W R R P H T R F D R E I M I L
E A J E A P S S N T V G E S T A
C R V N Y N W I I A H T E B Q Y I
I F N M G T G M O C O U N T R Y A
A V L U X M W E N S W H I P T S X
L L E T G A K F U I A J C V R N R
L X L R Z T P E T B B J G U D R R
Y R D L I T B F C G L L Z M J Z F
Y F U L P I V D O E F Z A Z A E I
S K R G H E R E X V F O T I E E H
```

HER
COLLAPSE
STRANGE
MISTAKE
ESPECIALLY
WIDTH
EIGHT
ART
POWER
SET
STORY
BOUGHT
ONLY
SECURITY
SHREW
VERSION
SURE
COUNTRY
FORMULA
TELL

Puzzle 496

LOOKED
TRADITIONAL
GIGANTIC
EVENING
LOUDER
ANCESTOR
EXPECTED
TELESCOPE
FINISH
BASE
INVESTMENT
FIVE
CHOCOLATE
BANK
AGO
PARTICIPANT
BASEBALL
EXACTLY
BEAN
BOTTLES

```
J Y B R V Q N Y L T C A X E U E P
H M A P U B Q Y C O X D Y W W X A
M C S I J R F V E N O D G I Z P R
H H E T N I H C U X X K M R F E T
J O B D K N A B P Z R S E E I C I
B C A O G V G N I N E V E D V T C
O O L L G E G Y C B Y R B U E E I
T L L O Z S P U I E A G E O F D P
T A H F B T U U X L S S U L V I A
L T B I E M Z J D E T T E S O C N
E E Q N A E H R Z B B I O B M S T
S C F I N N C O G F Y I F R X V C
L P Y S F T Z P N G I G A N T I C
A G O H W U T E L E S C O P E H B
T R A D I T I O N A L S R Y M G F
```

Puzzle 497

```
T R L Q H R T C W G R A V I T Y B
Z D D Y P Z S U O I V B O A S L E
D A N G R Y W L C M S P M O K R H
I M P R O P E R Y L B M E S S A S
O F W G N R D S E E T I S O P P O
V W A X C R E I B F S C N J Z B D
F X S M J H Q V I Q U O E E G D A
V I T A M I N S I Y R M V C A Y O
C E N T I P E D E E T I I N F S P
A D V A N T A G E A W N G A V X U
E S O B F C Q J D P M G J H N B U
M K W G M J N P W W D O K C I T S
R K N Z Q J F F L S Z X N H C O R
H D N Q L Y D B V V J I N G H P V
R Y N S D J N G D H Q B N M O D Y
```

CENTIPEDE
COW
OBVIOUS
CHANCE
GRAVITY
VOID
VITAMINS
ADVANTAGE
GIVEN
TRUST
COMING
ASSEMBLY
STICK
COMBINE
AMONG
ANGRY
REVIEW
OPPOSITE
IMPROPER
MAD

Puzzle 498

GONE
FALL
SATISFIED
PRIVATE
SPORT
PRIMARY
MODEST
OPINION
MINOR
PLAYER
RECOMMEND
FELT
NOTHING
RESPONSE
SECRETARY
POTATO
RAVEN
REQUIRED
PREDICT
EXPECT

```
G I F C M N N L R B U M L P R R G
Z X D E R I U Q E R X O X R E E O
E E Y T L L A F O O Q D E I C S N
Y L R A V T O K F P Z E X M O P E
O P A V U L J J G I D S P A M O D
S A T I S F I E D N D T E R M N Z
M H E R R A V E N I I J C Y E S L
T O R P O B E C J O C H T R N E L
W S C M N H Z U K N T R T H D N Z
V X E Q I L B W T T Y R W O E E F
S X S T M K I V X W E Y T X N C E
J P T G V Z W M X R L T A N J Y M
E V O H C U X Q J I L Q D R Y X O
Z S K R E Y A L P P R E D I C T A
R W X I T S H F I Q P O T A T O H
```

Puzzle 499

```
R P Q I N Z O F V T L Z F T E P P
B A X R G D R O D R O W S N P R R
R N H I I U D A K X O P V M P E O
I N K U G C E E F W P S I O R S D
N C N P I R R L U M E N U C J E U
G S L Z Z U A D E C I D E I A N C
Q U V E W P P N R E H T U O S T T
X N Q N A E O T D F L V Z C T M I
K G L O A R W V D F C R Z W Z N O
G L J Y A D E Q R N A P L B N K N
Z A C N Q B R S E I W T H G I R B
D S Z A Z N B H A T I Z H N Z Y G
J S R Z W C R O M G E P O E X F N
B E G C K J J C M A T T E R R U T
U S V W A A E K N I H T P R D C O
```

SOUTHERN
PRESENT
GRANDFATHER
TOPIC
POOL
SHOCK
BRIGHT
THINK
SUNGLASSES
BRING
PAN
SWORD
PRODUCTION
MATTER
ANYONE
DREAM
ORDER
CLEAR
DECIDE
POWER

Puzzle 500

SUFFICIENT
BELL
FLUFFY
DISPLACE
PROPER
LAUNDRY
PARTICLE
FREEDOM
FOR
EAR
TIGER
DOMINANT
SUMMARIZE
CYCLING
BAR
DEGREE
SPOON
WATERMELON
TOGETHER
ACTIVE

```
S E Q D G L H K V A N V L U D N A
U C A Q E F L U F F Y R D N U A L
M A T R O G R L K W C U Y E W O T
M L O D M V R L S Y S V R M B J N
A P S P O O N E F P A R T I C L E
R S V Q D D O B E B R F O R M A I
I I P K E O L G C Y C L I N G C C
Z D F H E M E Z B A R D F K X T I
E D G W R I M H P H L W G X R I F
C M C H F N R V N R P J J V T V F
U K I J T A E P I E O G D S N E U
O U S L P N T U C G T P Z K D Z S
J C I Y K T A T K I T W E O D I V
O X N W Z W T Z T P Y I R P J Y
T O G E T H E R U H P W J Q L Y G
```

Puzzle 501

```
M Z R E M E M B E R P Z H I K Z O
C A N U L P Q R M C R Q O N K H K
W H G U J H Y O Z W O W S T V U O
J S U A A U I N L V H S P E A W F
V U O G Z X X Y W Y I Z I R H H K
M R R B S I B E W R B A T A R G R
Z B W G W Q N T S O I T A C D Z L
R H H A B I T E W G T S L T Y D R
A T T R A C T I V E L T F O L D E
J O H B Z Z S W N T G O Y H J T Q
Q O M O V A M T E A G C Y I K O U
G T E C W H O W S C Q K T X G P I
R P Y S G V K T O M O R R O W E R
L G N I V A E L A I R E T A M N E
A U T H O R I Z E Q T H E R E I O
```

ATTRACTIVE
MATERIAL
YET
REQUIRE
TOMORROW
INTERACT
FOLD
STOCK
MAGAZINE
PROHIBIT
THERE
TOOTHBRUSH
CATEGORY
OPEN
HOSPITAL
SMOKE
REMEMBER
HABIT
LEAVING
AUTHORIZE

Puzzle 502

COST
DOOR
TREATMENT
NATIVE
LAY
EXHIBIT
STILL
OPTION
SETTLERS
PRESS
APPOINT
SEARCHING
FACT
CHARACTER
KETTLE
WEAPON
COMMITTEE
PERSONAL
IDENTIFY
ACCUSE

```
R Y M G H P T K F A D Y G W C I Z
O P T I O N E L E E X H I B I T I
O C N O V E L R A T Q O W E C F P
D I I M B I V E S Y T I N Z Y N S
K M O Y T O O T R O V L L I T S F
N Z P F O N Q C E C N Z E C Q K P
B E P C N P R A L Q W A Y O S B U
V A A O A J P R T W K R L M E W N
W Z I S C J W A T R Q D X M A E O
R T I T C A F H E W P I M I R A N
W W G C U S P C S U P K S T C P Z
V Z R F S K L T K H R R H T H O V
Z O T I E Y F I T N E D I E I N H
T R E A T M E N T H S L Y E N K A
N A T I V E C I N V S G U H G S P
```

Puzzle 503

```
Y B J O D Q V O S B X C Z L E H R
W Y O V Z N J Y W C H O S S A X E
P L H C T Z Q J O B H H S P E U P
Y H Y V T L Z B D G E E M E K P R
R C M C H A N G E H T S D O X C E
R N T S O H D I L R I R T U J K S
E V E N H G O A R N R G Y E L E E
B E C N A T S B U S W P I A F E N
P S Z H B T W I C Y D S C L L E T
S W D C Z K S P C A M Q A O E H W
A M I D T N G N I T A E R N X G R
R I M A G I N E I Y Y L I G I K I
E V E R Y T H I N G Y X B Y B W T
C O U P L E Y M U R A L O V L M E
H Z S O Q G K C L A D Q U V E D R
```

RASPBERRY
HOST
ALONG
CARIBOU
EATING
SCHEDULE
WRITER
WRITE
MURAL
COUPLE
CHANGE
EVERYTHING
BEST
FLEXIBLE
CURLED
SUBSTANCE
INSTANT
REPRESENT
EVEN
IMAGINE

Puzzle 504

GRANDPA
PRINCE
INCHES
GET
CAUSE
SPENT
THINGS
CONCERN
PARTICULAR
STORE
DETERMINE
CLOTH
PAIR
CRAB
FREESIA
PAST
SHOOK
BROUGHT
DEBATE
HAD

```
X T H G U O R B P T P P X Y Z S C
Q E F R V I O A X A I S E E R F R
P G B A B H F K T Y S H T Y C Z A
A J V N R E C N O C T T N E P S B
I J S D T H I N G S S O K P F H S
R E A P C A U S E V T L U A H O C
T P X A I Q W I O Y O C E R K O Z
D E T E R M I N E P R V Y T Y K Z
R N X P E Y H M K C E W W I X F H
A C R D B L H F R U X P Y C S V K
T F A E G J N P R P V F T U M S B
Y D E B A T E I N C H E S L D Z N
D U X O J I G U G J J T P A S D R
X H A D P R I N C E B A Q R P B M
L Q C L F C W Q U T I G Z H M V Y
```

Puzzle 505

```
G K N I R D B T M N U P Q A T P L
K F A T O N I G H T C R H B H C Z
F E T A S C E N D H H E X J Y A M
Y C U P A P Q P C B T F E L K R E
D I R B R F I N G E R E H P X R I
L D E L B O A Z W D H R U C A O D
C M D Y Y E V Y J I N B N V O T Z
E O A Z V H E E S S R E T P A H C
C Y M Z Y P G K Y V T S I X W L Y
G T A P M P M R B Q C R N L A T U
A U J L A J H U A E Q U G O N C E
T W H T W N J T N D C O N F Z D K
M Q P W I A I G K R J C I R B H C
F E X V X P Y O N P H D P R N K J
N Z K C I P H S N W O T E M O H E
```

MADE
NATURE
COMPANION
HUNTING
SIDE
TURKEY
CHAPTER
HOMETOWN
CARROT
ALWAYS
ASCEND
PROVE
PREFER
FINGER
COURSE
DRINK
ONCE
TONIGHT
LEFT
BANK

Puzzle 506

HANG
LETTUCE
INTEREST
FAT
CAMEL
COMPANY
REAL
APPLY
KNIGHT
STORM
BIT
COUPE
SANDWICH
SHELF
SCORE
THOUGHT
CUSTOMER
FINE
DISORDER
ANCESTOR

```
Z H D C V V F I Y T C Z I K U R A
E E I J O C A I R Y A S V Q S E N
P D S A M M T I B G M G O J G A C
F Q O N P B P I O J E N I F S L E
A G R O P P J A Z H L A V S H Q S
V P D G Q W L O N B R H F A E S T
G R E S J C J Y K Y S D T N L H O
D W R S T O R M V S H K K D F D R
M Q K U M R Q I S C K Q P W V W Q
S H S I W L F Y G E O B J I S T K
C X O D R O T B V X F U S C M B R
O K N I G H T I M E L G P H F N A
R Y N Y Y C U S T O M E R E N K G
E C U T T E L T D Y W X V V N X H
I N T E R E S T H G U O H T D O M
```

Puzzle 507

```
A Z P P C T T L S P U U Y W M K H
E I I G A O A W V V D C Q I K R L
G W R S L S L W O T V E E N G X P
Q I A E W R M L U O P S F E N O D
A N E I I D E A I N I O R E L C O
U T H T T D E D U D M L E V N C J
T E T H I B S J F E E C C I T S O
O R C X K S Q V D S C E E T B G E
M N N C V O X X G O N I N A E Z R
A A B M L S A I L P E M T N H L O
T L K I N G I S F P D J U R A A Q
I Y T M S P Z C N U I Z A E N F K
C C E N T U R Y E S V K V T A B T
C A N D Y W B L N Z E G I L K P V
I B E I U N G Z D N W L K A S Y Y
```

ALTERNATIVE
IDEA
WINE
COLLIDE
RECENT
OWL
HEAR
INTERNAL
SAIL
END
AUTOMATIC
KING
CANDY
DEFENSE
WAIT
SUPPOSED
CLOSE
EVIDENCE
SEEM
CENTURY

Puzzle 508

WHATEVER
INSPECT
WHICH
INTERACTION
SIMILAR
GROW
BUSY
DECISION
HABITAT
STRUCTURE
BIRTHDAY
ENJOY
MACHINE
LEMONADE
COMPACT
KISS
WANT
EDGE
NOBLE
VISION

```
B O W O R G E K H L N E Q Z E C S
U P H Y O J N E A U P E Z K U F T
S Z A A M P I O B I N S P E C T R
Y I T X Q K H M I Z L N S M H O U
E X E U H G C W T T N A W H B T C
N W V J J O A H A T C A P M O C T
D O E D C U M I T E M A Z F R G U
S E R N V D R C Q N Q J R D M B R
I L C Z C Q M H Y S Y T C E M N E
M B H I B I R T H D A Y V X T W J
I O T N S V I S I O N K A I I N M
L N Q G M I E D G E D P I L F W I
A M G X N P O B M H F U B S M P T
R A O I T U E N X V C E S M S L J
A V C N N F A L E M O N A D E H K
```

Puzzle 509

```
R R L B T E S U O M R O K L K B G
W B G E O E A A K R G X I P N V T
X Y R A O I T R E P P U S Y O E S
S H Y U L P N E T Q M R N H W U A
J S Z T U R X V R H U C I O N Q M
C S T I F O Z E O E J W A A Y Z W
Y X T F I B M F T L A U L A G M H
J O A U T L O D C Q V M P T R P R
W D L L N E I L A E J E R S E E F
H O R M E M O B F F N W D H N Z A
T U I S L J A T N J Y M P T E Z B
J B G L P F Z E J N Z V P E G S M
A L H L S H C N W S H E X T J O D
N E T F D I S A P P O I N T E D X
B Y G G C D V F V Z W L J O M R O
```

JUMP
PLAINS
DISAPPOINTED
LIE
EARTH
TOOL
PLENTIFUL
KNOWN
PROBLEM
ACTOR
ALRIGHT
SUPPER
AREA
DOUBLE
MOUSE
FEVER
ENERGY
BEAUTIFUL
INVOLVED
TEN

Puzzle 510

SCHOOLBAG
BOOK
BUY
ALMOST
FACE
SUMMIT
IMPACT
SKATING
USED
MOSQUITO
DESPERATE
SHOW
YOURSELF
YARD
RICE
IMAGE
NAME
OFFEND
GLOSSY
ESPECIALLY

```
S H A X J E Q G X T N T M I A L N
M U I G Z E N P H L Y U D W M K Z
F V M G O H F U K O O B V V S U D
M I X M R I C E E F C E Z C C V S
Y O R I I I E R V F U C L B H Q K
O Y S F V T M D A E M A N U O E A
U G D Q U G M A T N W F G Y O S T
R G O K U E K J G D E S U H L P I
S K G W V I B B U E S H O W B E N
E B U O A E T A R E P S E D A C G
L M D Q Y S S O L G H O A S G I U
F W E D Y P O G G O L U U M K A K
D G R J A C M Y Y A R D M B Z L R
M G S Q Y Z L K M Q N C H I G L O
V M I H T C A P M I A B P B A Y J
```

Puzzle 511

```
C R E S P O N S I B I L I T Y N F
X H Z L K V Y F T G Q E L Q I A W
E N I M R N H P P J N J W M G P O
E C O P B O V Y X O K S K K I T C
H O C Z S G U Y S K K T J I B W S
P O C K E W B H O J G R E W A R D
A K U B Y Q H O U E Y E H O Y B Z
S D P W E G R E W E G S W R H F K
L W Y C L W G M I G J E Y S L C W
G W I I A E D K H D D D V T E N T
F G M M C C J E T E L P M O C A W
O T D Z K T B L H L D X D D U D Y
F V T W L S F I Q S M A X I M U M
Y L Y T M M F H F B U L C P U X M
L U F T H R O W H C C P F S L A H
```

COOK
PUSHED
RESPONSIBILITY
SWIM
LACK
GREW
MAXIMUM
COMPLETE
NET
SLEDGE
WORST
GUYS
THROW
DRAWER
DESERT
CHIPS
WHILE
EYES
CLUB
OCCUPY

Puzzle 512

WANTS
FILM
AMERICAN
SPACE
LEAVE
UPON
HEAVY
BONE
OKAY
MODIFY
CENTRAL
REMIND
IRREGULAR
FLOOD
JOYFULLY
CONTAIN
DRIVE
USUALLY
MONTH
CRASH

```
C U B T R O Y H S A R C O B R D W
O I Y H R V G W B P R Q D T Z L W
N O P U M W J Y Z M A P Q N L V N
T N R O Z P B L I Y J C W B H B P
A D J G N Q R L E A V E E I T F R
I M R R R H A S L W V V I T F M
N S A B K A C U L A K I P I J J F
H E A V Y J Z S U U N R W N H U O
H Z C H Y J R U R D G D R A T L K
D F L T W X X N B O N E N C N O A
N X S D R B C I I O H B R I O T Y
I I M B I N L G J L L C R R M F S
M O D I F Y L L U F Y O J E I I T
E J L O F D P N L I W M F M P L B
R C E N T R A L E I B F P A B M J
```

Puzzle 513

```
B P F Q M P H E G W A D E P M M G
O R Q V Y I A A D U L Y M H E H H
O V K H W N L E D E R O B A M D S
K E I Q G R L T L L Q N B R B O C
C X H W W Y W R R B D C Q S E J O
A E G N I K A B W A K L S D R G L
S B N W Z T Y T I S O R E N E G L
E P O J H S E H T O L C Z E E O E
M H L W F O R R I P K J I T N U G
L K Q T L J O O R S L Y S X O N E
I A P N P G B V I I A Y G E R C B
F J U O Q G J H U D B I F H M T L
S I G N I F I C A N T L N W O X H
R E C R E A T I O N A L E I U M G
S E N T I Z Z S Y P N C I W S F I
```

BOOKCASE
TERRIBLE
WHO
HALLWAY
MEMBER
GENEROSITY
CLOTHES
COLLEGE
BOWL
PIN
EXTEND
BAKING
DISPOSABLE
SENT
SIGNIFICANT
BORED
LONG
SIZE
RECREATIONAL
ENORMOUS

Puzzle 514

MINORITY
DESCEND
CAMP
PERSON
ESSENTIAL
AVAILABLE
SPECIAL
GAVE
MILLION
MULTIPLY
CAULIFLOWER
HAVING
DELICIOUS
PRACTICAL
YOUNG
MUDDY
NOR
CHARGE
DRY
CONDITION

```
D N E C S E D S W D Q G F C M R C
M E R G D V I X M Y N L Q O I G A
I G L N R A J O L U U L B N N H U
U R A I Y G F R A T D Q F D O K L
C A I V C X A D I H R D C I R W I
K H T A A I G D C G S W Y T I M F
S C N H U V O L E M K C K I T I L
U E E W Z R A U P P G N U O Y L O
J K S P M B G I S H F Z X N J L W
E Z S E L Y H Q L F J K C O L I E
G G E G D Z I T E A D P C S S O R
N P R A C T I C A L B L V R U N C
O Z L M U L T I P L Y L Q E S W B
R I K Y Z V W F U H E H E P M A C
Z I F U D H X G T F O W L Z C M O
```

Puzzle 515

```
W S F N E H X D Z U I W T V P T S
B P F O B I A M E G L E X L R F Q
X D Y R X X D F V G F A T Y O P G
E M S I C I T I R C M C B X F I L
P T G O R M H B N X L H I T E T U
N L U M X J X E V O M E X W S S E
R O W U K M C V Y H W S W A S C J
P T E R M S V L C O F F E E O D E
R R Y L C K A O R W C S T Y R M R
U D O P X Z T S C H E C K C O L C
B N S F S X B P L E P H R E Q R I
C U T E I G K L C N V A R U C R N
P O B B L T F J C B L Y B J M Y V
B F P K N C H E L K D V M X B B X
S T O O L U K C V D O W M U O P W
```

CRITICISM
SOLVE
PROFIT
CUTE
TERMS
STOOL
MOVE
IRON
HEN
COFFEE
CLOCK
CHECK
FOX
WHY
ITS
PROFESSOR
EACH
FOUND
GLUE
HEY

Puzzle 516

ICICLES
LONELY
POPULATION
GRAPES
TEETH
FURTHER
SHADE
AFFECTION
TUBE
WOULD
NUMEROUS
BAY
MEETING
BALL
MOTEL
USUAL
SPELLING
RHINO
MASK
FRUIT

```
Q G W R L R Y M B R O D M R P A K
U R N B Z S H A D E M Y N C O F D
P A B L O E U A B H B A G P P F P
U P T I D L U O W T N U S R U E M
X E E Y R C D K S R Y Q T K L C B
C S X J K I D H B U H P L P A T L
F R U I T C D R Q F Y G L Z T I J
S I W C B I S P E L L I N G I O D
U U Z W Z M U T W M E C U M O N R
S D W F L O O M R E N A Y G N X M
U B H A W T R Y T E O P Y S F U I
A G I H T E E T H T L F I W O M R
L L A B Q L M Z N I J G N W A I Y
W D R T R V U C O N I H R U D M V
U L I O Y C N F M G S B S K U L H
```

Puzzle 517

```
S F J M B F Q H D Z Z D V U P F R
C F I S L N A C I M O N O C E H Z
E Y S E F A Z N G X O V M I J A M
N J V C L O I A E T O V E D R P C
A L G N L D P R S U O M A F S E W
R Q S T O N E B T B B B L Y K H P
I O W H E R E N N R Z A B H B A W
O H J D L B I B U O E T N L T Z V
C W W A D E D X O K Y W T L G A I
A G E P M K Y L C E Q K Y J Z R O
F H Y U K W N T C N J B Z A W D L
N E P V G K C C A K H L B O B O E
C H O C O L A T E M C W L U O U T
B U X O X J T G J A E M R L G S T
X T W U D O H W U P A N S W V L X
```

STONE
DEVOTE
VIOLET
AGE
FIELD
SEW
BROKEN
WHERE
DIGEST
MAP
BRANCH
ACCOUNT
PERIOD
HAZARDOUS
BAT
MAJOR
ECONOMIC
FAMOUS
SCENARIO
CHOCOLATE

Puzzle 518

HERSELF
PUBLIC
MYSTERIES
LEVEL
AUTHORITY
ENEMY
FOLKLORE
RATHER
BEFORE
TOLD
GINGER
CONFESSION
WITHIN
VIOLENCE
PLUM
NOW
QUARTER
DIFFERENCE
WISE
SILKY

```
A Y R Y J T W E P W P H L G K E R
A U O A O T A C E F I K M G K R U
P C T S E I R E T S Y M G E P B O
N O B H N F J R Q O P D I C L U Y
U N Q L O U E C N E L O I V U I X
O F U D L R E G N I G D L R M I M
B E X M W C I D I F F E R E N C E
E S V A O I G T C L C R E H T A R
F S M N N L S L Y E M O T J J J L
O I O C I B Z E M S H L R S I S P
R O B I H U U V E R Y K A G M I U
E N K Q T P B E N E N L U A F L T
C I I W I R W L E H I O Q D Z K L
Z O D F W B M D Z A W F V E A Y C
A P I C W K V I E S L T Q L A M H
```

Puzzle 519

```
N G Y B J M M Q D X G M X P O Y I
T A L K N O R T H V T X K P D N D
C A T Y C Q T K Q Q E V R E S E R
O P T W L E C E Y P A J Y N A O K
C H N K E U N I T N O C D K Z K I
K G E J S C U A H P N K A J S M T
T P V H H P A R G N I S A G I W C
A D R N D S O V I I J T O D T M H
I E S R O H M L E S I N C E U R E
L N M N I K G K L M L J E Q A E N
M S R E E A Z L B K O S A Q T S Q
H E G V H Y U Q A D R C O D I B S
N B B J L T W M T N W Z T G O X D
H E L I C O P T E R J T C U N S U
L U Y W B E K M Q T B Z P J O P M
```

HELICOPTER
TALK
KITCHEN
HORSE
OUTCOME
EIGHTY
GRAPH
RESERVE
SITUATION
TABLE
THEME
SING
SINCE
NORTH
CONTINUE
COCKTAIL
DENSE
PEN
GAS
CAVE

Puzzle 520

TRICK
WEAK
GENTLEMAN
EXTERNAL
COMBINATION
PERIMETER
BLOCKS
COMB
OUT
CRIME
APOLOGY
MOUTH
BADGER
SETTLED
GRADUATE
SON
ADD
APPLE
QUESTION
MOMENT

```
W M R E Q T H H L T G Z I L S P Z
Y G O L O P A G T R E V R M O Y Q
H N C M R K N Z W N Y J X Q W F F
V U O O E L P P A O P N S O W Z L
J I M I U N Y Q M E B L O C K S E
P S B C T T T A P A E G G D A G S
V M I S I S J N M I M B D X E E E
T R I C K R E T E M I R E P W N T
S O N B E T A U D A R G G C M T T
L S Z D R Y W M Q F C T B E O L L
C O M B I N A T I O N D F G U E E
U H I K B A D G E R X B O H T M D
C Z U L H K B H O M Z O W A H A D
C O E Y Z C E X T E R N A L Y N A
H F K H C H V O R I A X L W E X M
```

Puzzle 521

```
Q D I K Z M Y L L A E R S T R I P P
U R B U P Y D A E R R U Q N E H N
A A N N U A L M S K X O U U T S V
I P S H E L L P O P A L C A O D A
L O J J N M U B M Z L F Z P O V L
L E G U F Q S L E E A G N G C O E
G L R O Z X D I T Z R F O B S U N
U U S F O R A D I G I R F O E L T
C I Q C V W G Q M R E Z O O S E I
T R I A N G L E E N V O C R R E N
H O N O R A B L Y S Z N X Y R D E
M X U A R O P R Z S G C E G Q P T
D Q N Q U C Q H Y D D W R N H N L
W S H U F S B A E G Y K Q I M C G
J G L A R V E S S K M U H F Z P T
```

REALLY
VALENTINE
READY
HONORABLY
KID
STRIP
LEOPARD
ERROR
ANNUAL
SHELL
RIGID
QUAIL
SOMETIME
LAMP
FLOUR
GOOSE
TRIANGLE
SCOOTER
AUNT
AFFORD

Puzzle 522

ANIMALS
SPOTTED
PHYSICAL
WITHDRAW
INVADE
SHOES
CUPBOARD
FRIDGE
AWAY
PINK
PRODUCE
ONION
TRAM
NOTE
NICE
MAJORITY
KIND
YEAR
FOREIGN
LAZY

```
K P N B D X R P R O D U C E P A W
Q H Y E A R L P U T M M S T C Q I
A B E T S L A M I N A L P F Q N T
C X J O D V C O G T R P O Z V P H
A E H N R H I A B A T T T S X C D
C W O O A G S A Q P E Q T H D R R
E Y A L A Z Y Z Y M U Z E O I M A
E K N Y A V H Y W A O C D E V Y W
T B E R H O P K O J J N N S J X U
P O Y W D K F H T O H G I S N O O
N O C S Q D R F R R L I K P O P Y
A W K P J Q Y O K I U E G D I R F
N I C E D A V N I T Y R B Z N N U
L J N F M I Q C U Y Z O I V O S K
G G O Y D J X D N V S F J R U Z E
```

Puzzle 523

```
P S S E N I S U B C C L I L A C X
A H Q S R V O N Y Q R E D I P S L
R O U I O V E Z P Y F I L A U Q C
T U U C W M N Z R T J D P L I O B
I L M R Q H T P Q N Q G N Y N X Q
C D Q E S A E A G I I V U Y O L Q
I E U X Y P R C B O I X T S I M X
P R D E Z P N C T P Z O I Q T G B
A E E Y A E A T A V D D Y J A U Z
N E N O B N P F M R L I R X R D Q
T B P O C K E T F L Y I N G U U Y
C X T L X S P X H S U Y J F D E U
U D C E L Z R J J W E Y J G U K F
V T G J M L C J Q G A R G U E J V
G C G D X C A N P M C F J C B N R
```

ARGUE
SPIDER
EXERCISE
DURATION
HAPPEN
CAR
ENTER
LILAC
BOIL
WORN
FLYING
BUSINESS
CELL
SHOULDER
POCKET
QUALIFY
GUST
POINTY
BEER
PARTICIPANT

Puzzle 524

METHOD
STATION
HIT
BURNED
CORNER
SNAIL
CLIMATE
FAMILIAR
LOVELY
DEPEND
BOX
WAY
EAST
SNOWBALL
BEETLE
STANDARD
FLUID
PLEASED
BRUSH
BASE

```
A I S X H S U R B C S S N A I L M
C L T I H N S E T A M I L C H G B
O A A A X O B L B R E K E O C K J
R A T P K W S T A N D A R D X V P
N N I T D B A E O T N L Z E S A B
E J O F L A M E T H O D Q N L I E
R V N M K L J B A F A P Q R G R E
Q H H S Y L E V O L L U R U Q V E
D O D B L H O G E B Z U A B C M Z
B E V U X N M P N E M U I X O W D
S Q P L U U H T B U B C L D V T W
N R W E P L E A S E D D I F F P L
N U G A N E G Q K Q H N M S R D L
E A S T Y D K O I S S H A U Z W L
Q V R Q V Q S J G R F W F E Q N Q
```

Puzzle 525

```
T R G P F W U M X I C J I I S S D
D X E X A C R W Q X S T L Z S O B
W L T N T R B N Y I T T A A V M G
K J T T B C T X H P O L D F P E E
V Z I L L U U Y T C E L E S S W V
L R N N V P G F S F V E T E I H E
C Q G O Y A J N A I Z J A Y G E X
P O L I T E C O R N U S L U N R H
W C L T I N L J T C J H O H G E F
A U U A L B O Y N T N E S C D A D
U W P R A S M L O E L B I G I L E
J J P E E P U I C D R A K E Q A M
C W A N R F U T U R E A E U T C L
V W C E L X X V K A O T V V O A B
I W N G T E V E N I N G X W O U T
```

REALITY
DRAKE
SOCIAL
CORN
CONTRAST
SIGN
SOMEWHERE
GETTING
FUTURE
GENERATION
ISOLATED
YES
ELIGIBLE
PULL
BOY
PARTY
SELECT
DAD
POLITE
EVENING

Puzzle 526

MEDIA
LANGUAGE
KNOCK
CLIMB
RECENTLY
UNSTABLE
REPLY
JURY
MENTION
REMAIN
HATE
LEAVES
FACTOR
ALTITUDE
BIRDS
ZERO
SHOUT
REPAIR
NEGOTIATE
SURE

```
B J U F F J W L K A G M N F W M K
U I Y A K Q K X Y Y L P E R B E K
W S R A W L F W E Q E F G C I N O
I M U D R G P T K B P J O L F T E
L C J B S K N O C K U W T I J I I
H J I Z Y L T N E C E R I M M O J
U Z Z E D U T I T L A E A B E N C
W N B R R O T C A F I Q T B G S Y
Z E S O I U E Q H J D G E J V S R
A D V T J U S E V A E L U X B E E
Z A I G A P O G Y T M H O C F J P
D U R B D B Q A B C N H Z A I S A
C H T A B T L S H O U T Y R X S I
Q K K N C G Q E G A U G N A L V R
U R O C S U K E X X R E M A I N U
```

Puzzle 527

```
D G X P I V E R Y D D A D G J Q P
I U R B U V S M R O F E R E N Z I
P K P U O S N C M W R I K U I V J
U P S L S T O A T N E K G T S W V
T L O P I K J U V W S D X N B Y C
S Q C O A C R Y Y O U E Z E O Y L
L E P J R O A X S R L T U M C R X
A W V W E L L T R C T E F E W R E
V G I F M B A R E S I C J G R O B
G L L M A J U E T H W T J A W L X
H F D M C Y G V T E C U H N X V B
G C L K G V H E S E A Q T A D B M
O D L G I S E R D T K E N M Z Y J
A T J I O L D B M W E A Z J A B D
X D S C U G S O I M M L O T R N H
```

MANAGEMENT
SHEET
RESULT
REFORM
DETECT
STUPID
BLOCK
CAMERA
DADDY
LORRY
REVERT
SOUP
CROWN
DOWN
STOAT
CAKE
LAUGHED
IGNORE
POOR
DUPLICATE

Puzzle 528

WOKE
HIM
PAGE
SENDING
HELPFULLY
HARE
CRISIS
SEAT
CHAIN
VAMPIRE
COWBOY
EGG
LOSE
ENTIRE
EXPERIMENT
PERHAPS
REVERSE
CURTAIN
DOLPHIN
IRIS

```
C M C N N W E S R E V E R M O U B
O R O F P B N V A M P I R E C R Z
B C I T M M T A E S L G L M O H T
Y E H S O M I H F J H N M Q W W O
Y A N A I C R W O K E Q S C B W U
Q Z I G I S E T Z Z W G F Q O B G
C H A R E N G O J G W F H R Y C L
U L C T Y K A V N I Q M D Y W H E
L J H R G K P C U R T A I N S F G
N S X Z S I J E W W O C N I E N G
N V Q F B R M L R R I K T H N Y Q
M Z K V A I A W A H P X K P D W Z
R L O S E S L R M C A K Q L I K J
E X P E R I M E N T L P V O N E G
E V S H E L P F U L L Y S D G X D
```

Puzzle 529

```
I L O C C O R B O A T D F C M P Y
K Q G U I Q T M L A D E J S Z R I
T G N J M K X E B I R C S E D E I
X I I C H K O F Y G H A M T P S R
D S H M K T Y O R M T Y R A H E X
G U C G Z I W H A X S R O L P R C
N I T S A G L U N C H F H U E V U
B S A Y Q T A N A G S V J C N E S
K E W X Y E Q O C P O L V R A K T
S S T G I Z K I T X U C C I Z B O
I A B W X I H T M N N P G C N F M
G E S N E M U I M V D T K Z X X B
N L W A V E Z D Y F I X V Y E V I
A P E E L S N U S E F U L H L N K
L P R N O I T A I C N U N O R P E
```

BETWEEN
BIKE
BOAT
AUDITION
CANARY
PRESERVE
PLEASE
WATCHING
SLEEP
SOUND
DECAY
USEFUL
SIGNAL
DUTY
CIRCULATE
PRONUNCIATION
DESCRIBE
LUNCH
BROCCOLI
CUSTOM

Puzzle 530

CITY
APRON
TRAINING
ECONOMY
BELONG
SHADOW
INVITATION
STRANGEST
ALOUD
TOUGH
HAMMER
ARTICLE
BREAD
HOURS
STUFF
DOES
COLLECTION
WELCOME
REQUEST
INVESTMENT

```
E A S E O D G G V R E R Q Z H N Y
C R T S E G N A R T S S H A D O W
O T U H G U O T P C B C H A A I A
N I F B F A L M R W H M O L Y T D
O C F R R K E L N A M A U O X C A
M L G E I E B O A V I C R U B E P
Y E Q Q C N A Z D N T N S D C L R
T M X U K F V D W K D M I K L L O
I O Q E D Y O I H S H S D N D O N
C C Z S K B B T G Z Y K D G C A A
I L J T O K B S E A P D J O M U X
X E W N T X V H Z J T H A M M E R
T W R F J D P K E B H I L I T K E
G Z D D A U L Y X D E K O M E M H
I N V E S T M E N T T I Z N U S V
```

Puzzle 531

```
R E E D G N M X M O B I D X T Q H
S A L U M R O F I D N N I Q E M C
B U B N S W A S G A T L O R S Y L
J E P B E F I N K P K L Y Q S W E
B T T G I X G E X E C U T I V E S
W A R T C T E G R O F J U X I Z E
M L V E E B S I T H I C K N M A N
G P W T P R N P Q L Z I H R C X S
S W P T S A K O V W G X G V G S E
F D G H X C Y H H A M S T E R K K
W D R K V Y Y S B C V L H P F K A
H R Q T I M P Y H Y F V B Z T Z Y
H M T Q J O Z Z W I F E X I V D A
U K P Y V O H Q L I R B G F K M Q
D W B J V N G L A D M Z D L U Q H
```

WAR
THICK
WIFE
DEER
EXECUTIVE
FORGET
SHOP
BETTER
SENSE
SPECIES
RABBIT
HAMSTER
PLATE
PIG
GLAD
WAS
KNIFE
MOON
FORMULA
ONLY

Puzzle 532

ACCURACY
SNOWFLAKE
STOPPED
SUCCESSFUL
AIR
VOLE
ANOTHER
PENCIL
MINUTES
RAIN
MASTER
YESTERDAY
STREAM
SQUID
LOSS
DISH
AGREEMENT
GOAT
ROW
FIGURE

```
Z O D C H G L A D J M F M O S W R
H Y C A R U C C A U J P C E R U S
Z Z H H O I R P W F B S S J J G M
K S K S W J V L S A Z T H H Y W X
K L H I T N E M E E R G A O G M T
U S X D J R M A S T E R G N Z E H
A I R X O W E E V K T L O S S H Y
A N O T H E R A H O H Y H P J I X
S T O P P E D I M D L I C N E P I
S N O W F L A K E G B E R U G I F
V D I U Q S Y E S T E R D A Y Z A
R X S A G O A T M M F E A V L J S
B S N Q R S U C C E S S F U L E J
M I N U T E S H Z N M F I O L Y J
R X F C O V M M B V M B D Y L D A
```

Puzzle 533

```
I K Q C F H Q K Z N E X H N X E Y
B E H A V I O R F A N I L J X X Y
B V V Z T Z D S K H I S L Q E Z I
E A E K A A M L P T G D X X U Y L
F M R A K L Q R Z K N Y W F F T I
A A B Z G E Z I L A E R J T M X B
I S S K J Z V G C C Q J S O D A H
Y Z K T D O W N I T E A C E G F W
L P L Y Y A D O T I L E A R N D W
T H I N N X N P R O S A T Z B B G
R D A L N U R S E N A B S O R B E
W F T L U W Y V D O P P O N E N T
I W E A B T M C W T A O M V X B E
N N D C S J E C O I N S P I R E T
O X F E N V H R P E M P L O Y A V
```

DETAIL
SKY
ABSORB
CALL
ENGINE
POWDER
BUNNY
BEHAVIOR
EMPLOY
TODAY
NURSE
ACTION
THIN
REALIZE
TULIP
INSPIRE
OPPONENT
SODA
FAST
LEARN

Puzzle 534

RAINBOW
TRANSMIT
SENSELESS
HOWEVER
DANCE
EGGS
TREMENDOUS
SUBCOMPACT
CRADLE
CONFERENCE
TEACHER
COLORFUL
YOUR
SCREAM
CAREER
CIVIL
INVENT
STRATEGY
ROYAL
CAP

```
N A A E J H A G F Z B I X L M T C
C Q N T M Y Y U A W O B N I A R O
S O N D N O Y I W Y R N V V E E L
E K N I G U N U H C U N D I R M O
N H I F N R O V H J R D U C C E R
S Z F O E V S F L H T J M B S N F
E W N I R R E U J T K E C N A D U
L O U V O E E N B D I L Y Y U O L
E N R Y Y H I N T C G P Q S E U D
S R I H A C F V C F O A Y P G S T
S R Q Y L A Z V L E S M O W G A L
C A P Y G E T A R T S N P G S P K
Y Q U B G T L F U F E L D A R C R
T R A N S M I T K D J Z Q D C K V
C A R E E R E V E W O H F H E T O
```

Puzzle 535

```
C P V F Z Z N A E L C L E T E M P
Z E G J T S U B V O V V X A Q G A
U E N O T N M I G Y R S F S M W R
T R Y T D B B L S S U P D K H V T
B G X C E Q E M S A H O Y H W Y I
E A M E S R R J B E T O L I P Q C
G G M F D X M U U N Z E A U X U
I U C F C A I M Z I Y R D B A Q L
N S S A K I O J B N P C K S E G A
R R R N B D C M X D E E N O Q E R
E T X E R F K C Y I D M M L F C L
T J L F D E Y F V C J Y W U I O Y
Q V L E U Q I T N A W O A T N A S
B O F O C U S G G T P Q F E S L E
V F Z M B T E L N E E B X D Q X Z
```

CENTER
REIGN
BEEN
AFFECT
NEED
COAL
EASY
FOCUS
BEGIN
AGREE
TASK
NUMBER
PARTICULARLY
PILOT
ABSOLUTE
INDICATE
ANTIQUE
SHOE
ELSE
CLEAN

Puzzle 536

WORRIED
DELICATE
PUNISH
GROWTH
DAWN
PROFESSIONAL
MAIN
MOVEMENT
ABBREVIATION
JACKET
LEMON
TEA
CONSTANT
INDUSTRY
TOP
SIXTH
STAND
SERIOUS
COWARD
THIRD

```
P L R L S R P F F T H I R D P B W
J Q E N U Y R I S M K U D W N H O
T W A Z F H B N W A D R A W O C R
P R O F E S S I O N A L M A I X R
Q O P P A T F A Q O Q H O P T P I
D H T A Q E A M A M P P V U A Z E
O E F Q N O K C Y E T E E N I G D
C O N S T A N T I L J T M I V I N
G R O W T H Q H X L F I E S E Q A
D C V C F T Z P H D E R N H R Z T
J P I M V X R Z B A Q D T G B X S
L A F K Y I J I H V G Z W M B I C
L O Z C V S U O I R E S T B A F X
I N D U S T R Y U L W U Q E X D H
A W F K C Z P Q X U T E K C A J K
```

Puzzle 537

```
P L E H I S Q X D Y B N E T P S E
L A N O I T A N D R M S A E O T L
A X D H X A D W T K H V D N P H E
C R E L A T I O N S H I P D U V P
E X W I T R U L T P L E H E L T H
Z N E J X Y E W W T S I T R A A A
L N N H E Q X D V B O H I L R L N
C A Q F P I J M A W T D O Y P E T
S L E E P Y Q E C R E A M T V N T
T P T R A N S P O R T H G U A T W
H E M L Y R T H Q S S T H O U G H
E T U Y R A E V E Y W Y T P P J Z
S R K Y S N M D Z I S V X D I W Y
Z O P Q S Y B D K T L F X X Z H X
B L Z Z J D E N O M I N A T O R I
```

HELP
TENDERLY
THE
TRANSPORT
ARTIST
PETROL
RELATIONSHIP
LOW
THOUGH
SLEEPY
NATIONAL
POPULAR
PLACE
DENOMINATOR
ELEPHANT
TRADE
TAXI
TAUGHT
TALENT
CREAM

Puzzle 538

SAUSAGES
STATEMENT
CULTURE
PIECE
INSERT
BUILD
SILVER
DEVELOPMENT
PROBABLY
THUS
NECK
INTERNATIONAL
ANYTHING
ACCORDING
EFFORT
DISCUSSION
MOUNTAIN
NEST
ATTEMPT
LEAK

```
C S L V I L G O J C W W M S M P I
I Q A C C O R D I N G Z W Y V I N
S N K C E N O I S S U C S I D E T
A M S A T T E M P T R O F F E C E
U A I E E C O V U N M Y R O H E R
S Z G W R L N P E E N E S T T A N
A E H K U T P I H M Z Y S H E N A
G L A P T P C B J E I G M Q T Y T
E U P S L N P X F T V Z B V H T I
S D T N U B Y L B A B O R P U H O
K A V O C X B F U T F O R K S I N
D M O U N T A I N S B U I L D N A
U D G X G S I L V E R N N V X G L
D E V E L O P M E N T V S C S W I
D Q W V B B Q J N R P P P V M Y X
```

Puzzle 539

```
S M U I P W E U A A F G C S E C Z
Q R A D I S T A N T I U L S H I W
U S E N K U U C U U X H V E E R I
I V H G A S U O I C E R P F O C L
R O N A I G S I C O N T A C T U D
R L E Q R O E N U R U D C Y N L C
E U C T S E N C N Q F C X V E A A
L N A V S C A R E C R O W D M R T
L T G E L B U I L D I N G R N U S
A A B R K I O Z A U R Z O E R L M
W R N Y X B J I Z I P I H S E B B
S Y H Q Q B G K N T A D F S V M D
V C I G D E H Q Z T D T P W O S E
F I S H I N G J T J G W R J G D P
S E X S N U W X E D F G C E W U B
```

WALL
VERY
LEG
COIN
CONTACT
WILDCAT
SCARECROW
REGION
GOVERNMENT
FISHING
SHARE
BUILDING
DRESS
DISTANT
MANAGE
VOLUNTARY
SQUIRREL
CIRCULAR
FIX
PRECIOUS

Puzzle 540

ERUPT
ORDINARY
REFER
NOTEBOOK
WEDDING
PAINTING
AFTERNOON
TROPICAL
RUN
CAREFUL
CEASE
PAINFULLY
ASSUME
THESE
FOURTH
CURTAINS
TIE
HUGGED
GUIDELINES
POINT

```
T U D M C G C A R E F U L K A P P
C U R T A I N S E M U S S A F A A
M N H Q K H T H F O S O V K T I I
F O U R T H T R E M H H F V E N N
X N Y R A N I D R O Z V U P R F T
Z O Z C V K E O I R L Q A S N U I
G T R O P I C A L E R U P T O L N
N O T E B O O K W C Y O X C O L G
I V C H S E N I L E D I U G N Y P
D F P L N A T H E S E Y R F T L O
D R M B K T E U F S G H A N S F I
E W H P I T Y C Z C G S Z M S J N
W J Q I M W D Y Z Y U N Q M I E T
J E U U P O Z T E Y H P Y G U J Y
N P R J K O J V D J T F X T Y W K
```

Puzzle 541

```
S I I F Q G V Q P X L A R Y A L Z
W O Y N O P U N T I L E S D Y U E
H A W K T C H E C K E D S S H T G
C H C R A E S E R P I N O S I M E
N U Z N L S R E W O L F R R O S O
I R V C F Z I E L T T A C T X N T
B X A K U L S P S P H P S B W H R
I Y C S S O L Q T H S J R L V O
X E G U M U E U P V I E W O C J P
T V U O W U X P M K U N U W H J M
X A I I A E F F E C T A G N O P I
S C A R E D B D G N Z Y L U S U N
Z E Y A E N G V K Y L W J N J M F
L G U V G I U E I M I Q P G X W L
U T Q H U M C K S T N P C C T S Q
```

EFFECT
BROWN
SCARED
HAWK
INCH
RESEARCH
MIND
CROSS
CATTLE
FLOWERS
IMPORT
PONY
UNTIL
INTERESTING
LESSON
CHECKED
SOLO
VARIOUS
FLAT
ASSIST

Puzzle 542

WINTER
AUTUMN
BALCONY
FOOTBALL
POSSIBLE
SIT
GLASSES
OBSERVE
WATER
WEATHER
SHEEP
ATTACK
ADULT
POLECAT
TYPICAL
POVERTY
BOARD
ELK
TENSE
NAIL

```
H J S B T A X M U S P A N L O T N
E P I X Q A N Q T K O T B H M T U
G I T T Y P I C A L S T X L K U H
O J Y L N E Q S F E S A I D E Y K
K H J U N E X E D V I C E O I U H
G D N D G H M U C A B K U M A P Y
U O Q A J S Z I L H L H Q W U O J
B J B M I W U A L G E H Z C T V A
S E S S A L G T A C E L O P U E A
E F K O E Z V I B R E T A W M R B
X Q X I O R E H T A E W X O N T E
U B O A R D V N O W S T X L K Y G
B A L C O N Y E O W N Q N J S U V
T U K Y U L E P F T E I M I H U L
L L D I X M B M M G T C P T W Z N
```

Puzzle 543

```
M S P I L X Q J O W C N T H T N R
I D O E S A C S L I D E L A E E I
S U N C R B H H T N S O A P N O B
P P E A K M Q S A W M I M B N E M
R T L A X D I B T P B L I B I Q W
E N O H P E I S K M V Q C D S Y R
T R U T H W A T S K F K E T A G A
H W O R M M X U E I P D D N K X D
G S I M P L Y B K E O R E T Z A I
U E O N T O S L A M L N I A O X S
A K G N X Q H S G G L N T I T L H
D I B R Y K Y W W E W M P W T L T
S E H O C K E Y R R O W M C Z N M
U W G A M G T X D A L U E H D Z U
N Q P B O C Q L U O H M O H K I G
```

SIMPLY
WORM
SOCK
PHONE
RADISH
HOCKEY
LIP
GATE
TRUTH
DECIMAL
DAUGHTER
EMPTIED
WORRY
SUN
AND
CASE
TENNIS
PERMISSION
SLIDE
SOAP

Puzzle 544

LAND
HURRY
PIANO
SUBMIT
PEAS
SPRING
SUNFLOWER
CYCLE
ROB
HAIR
CUP
BRAVE
LISTEN
DEFER
COMMON
SUCH
CABIN
FOUR
STORY
GIGANTIC

```
R A P S P R N T V B W H F X Y L S
S Q X N U E V A R B Q V L J Y I P
P E A S C B V K S U C H A I Z S R
T B T I W W M K L P O N A I P T I
H U R R Y C U I S V C F H V U E N
D L W G F Y R O T S H D S F C N G
S U N F L O W E R K H C N T H O M
K L H A I R W L E I U N W A C M I
E A H L V D Q C F H Q H R Y E M B
T N L X B C M Y E O I Y V V I O H
Z D I U M H H C D L T Y B Z S C W
C U A B G I G A N T I C L F C I H
J C W R A X M T N N A F M P M V R
N D Z O K C N K D S M E E A S O W
S T N B A Y W X P U N X G Y V N D
```

Puzzle 545

```
A C B H L T F W E N A R W L T O E
H T A V R E C O R D B A A Z T D H
I O H L J L D R L P R P R L Q A B
K H L L G E R K Z D I D I I L W
Z V A P E E N O C M G D R L U S B
S J O B D T D B K S H L O T Y Q R
O U H O A R I H O L D Y B K I N D
R X D K C U W C L V W L E K P O X
R C V C O O Y T S E I P P A H I K
Y F I J I C P A R T I C I P A T E
W O R K I N G W M N D F M Q O A D
I Y L R M P Z B H E D Y H G G L Z
I R Q U P F I E O R U B Z U B E R
H X J U H S D L P A E L J N P R W
E V E R Y B O D Y P G H A C B W D
```

SORRY
COURT
LYNX
NEW
ATHLETICS
JOB
HAPPIEST
RECORD
RAPIDLY
PARTICIPATE
EVERYBODY
BORROW
WORKING
RELATION
HOT
WARDROBE
PARENT
HOP
CALLED
HOLD

Puzzle 546

HAMBURGER
ANSWER
TIRED
DRAW
TRUNK
QUITE
SQUARE
GIVE
PERFECT
PUT
LIMIT
SPEND
INVISIBLE
NETWORK
NOSE
BEDROOM
TIME
OBEY
DIVING
TWELVE

```
E X Q E C X F Q J P W W I H G D P
B N Q T Q U C O U E R A U Q S I R
Y P D V X R Q G N R N R C Q T V X
K H T I M I L X K F M D N U R I I
I T W I M E Q D N E P S O I C N E
N K V G R P C Y U C F M T T J G T
V S G P E E C T R T T M K E V I G
I H Q U G S D G T L S I R O O X L
S Y C T R O T W E L V E O C B Y F
I I O L U N V S G M Q Y W E V E D
B C U Y B C Q C T R I Y T V T R Y
L N S S M O O R D E B Q E I Z D J
E U E L A D V G R E W S N A M B N
A R R B H Q P F T Y J H A J H E X
J T S E E N T Z Y A L I X J U G K
```

Puzzle 547

```
F R A M F X N O I T A N Q N A U A
J P R A Z J B G W W Q C V N L I C
F F E R T N X Z F N V K O N E K T
R J S R K E Y F U N E E T N R A I
L H I I X X P F M R M R E S T A V
W C N A Q N H A Z B W J G P U Z I
N H K G S Z Q T I Y Y C D O H J T
H A X E S V E S E T A L E R U P Y
M I R R O R L Q T M G N H D R I B
B W O I X C N I V A E A T W T H R
H P R N F A V O R A B L E O P F E
L U N A R S L W F X R C E N L K S
T G B A E Y U E T Q V O Y S M Z I
S S C L M I W Z R F X B U E Q R S
Q A I W K G Y Y S O J N V A R A T
```

FAVORABLE
LUNAR
BIRD
KEY
ACTIVITY
ALERT
FUN
HEDGE
VOTE
RELATE
JUST
RESIST
MARRIAGE
NATION
SNOWDROPS
STAFF
OWNER
RELAX
MIRROR
SINK

Puzzle 548

HOUSE
SEAL
MISERABLE
LAST
WILLOW
SERVE
WIRE
HIPPO
EXCEPTION
WORLD
BELIEVE
SCENE
SOCIETY
REGULATION
IMPRESS
NEAR
CIRCLE
PARTNER
SHORE
BASKETBALL

```
F W K R F S X S H O R E B I Y Q S
T X I C Y T E I C O S N A M D F E
H Z L L P Z U R S F Q E S P I K A
D W E W L C F T V Q I C K R C E L
W O R L D O C G F E B S E E W V N
E N E W J Y W Y Z O G S T S I R F
X Q N O I T A L U G E R B S R L B
C L T C I R C L E X A O A I E T B
E O R O D B E L I E V E L L U D D
P X A N E A R F K Y Y F L S U Z L
T F P X P P K N E L B A R E S I M
I O A W B T E G S Q A S C M Z H F
O N D H I P P O U W L S I M H G R
N G J Q Y O J L O E L D T A P K Y
C K T Z T F V T H S M T X B A D H
```

Puzzle 549

```
O F N S A A K W R M Q U G G P U L
R E R L K J F O R Y E W K C E F O
O M F P C K K K R A M M N M D K Y
M N Z P I R D M Y A G F O A Z A A
A C W N S K E L E T O N W U M G L
A H C I A B V R T A Q E J G N R Y
N S E X B R I A A W A B O V E B D
E I V A E E T E L C P O S T M A N
M X I L D A I W E H K I B T P L E
O Z T J K T S K K O D Y L T R Z K
N X A H E H O M J K H W Z S G B C
E I G I Y E P V V R R G K O L N I
N W E L K R A P S A G U Z M W Y H
N A N O I S S A P M O C G W E V C
Z Y V W C E T I J R B L P O X M S
```

BASIC
SIX
SLIP
POSTMAN
BREATHE
ANEMONE
MOST
POSITIVE
NEGATIVE
CARE
WEAR
LOYAL
SPARKLE
COMPASSION
KNOW
AHEAD
ABOVE
LATE
SKELETON
CHICKEN

Puzzle 550

FORMER
THEMSELVES
GIFTS
HESITATE
KIWI
FICTION
ARREST
TERM
WERE
AMBITION
SLED
GOOD
LIBRARY
EVERY
SEE
SWEET
POUNDS
INSTITUTION
MISTAKE
STRANGE

```
A T X K C J W E R E I G P J L S W
W R H X C D J T E R M K O V I A I
X Y R E V E G N A R T S U F B U N
Q J M E M L F N R R H N N O R D S
Z Y W K S S D F U X A J D R A U T
D O U A W T E O T H Q L S M R P I
H H W T I K O L C O E R N E Y W T
L S B S T G S X V A U S O R X P U
M V R I S W E E T E D G I W I K T
R B P M Q R T B F R S I T T G W I
D Q L O C F G D Y C C F I U A O O
E Q T V N A U G L F F T B T N T N
N Y A D K M J O N J P S M S E E E
F I C T I O N O H O G V A J G S T
B P G A L A A D F S R L K Y L S B
```

Puzzle 551

```
U X B F M B U B L S C M L T U F K
K W J F C V C K E I H M I C T E N
O G J P X L J M L M E K K N Y E S
M G W Y G G J B E P E H W E U D V
I M E N R U T E R L R P I G O T U
G M Q K A E Z L Y I F R E D B A E
R M I O D R T V O F U I N L S R X
A Y M D E Z H S K Y L S E O E E F
T D L V D K Y M Y R L E I K R N K
E X A K I L D D S M I R G U V A A
K M B U U I E O N N F V H A I F V
W Z O F J N X F T A Q I B N N E V
Z B R O O L F Z H C E C O Y G N U
D I S A P P E A R K F E U E H C F
E L O V P U X O H X C Q R S E E B
```

FLOOR
ANY
MYSTERY
RETURN
OBSERVING
LABOR
FILL
SERVICE
FEED
CHEERFUL
MIDDLE
GRADE
FENCE
DISAPPEAR
SIMPLIFY
ARENA
NEIGHBOUR
MIGRATE
RED
MINUTE

Puzzle 552

APPEAR
SCISSORS
DUSTY
HAS
UMBRELLA
CURRANT
SKILL
RHYME
MAKE
PARENTS
COCOA
COMPETITION
PORTABLE
HUMBLE
GLOSSARY
ROLE
TOWARD
CURRENT
TAUNT
GROUND

```
H T H U M B L E L B A T R O P A T
A A O C O C Y K R H Y M E Q R P A
A S E G W O J Z A Y Y R S I N U P U
R U J G A R Y M W A A T K O Y E N
O X V A W R O F X D S N U I E A T
S Q R B M F D L L S S E M T L R A
S C U R R A N T E C O R B I W L F
I N A S Z H M C T A L A R T C I R
C E F G A D H X U M G P E E U H D
S K T I X D U S T Y M C L P R I C
I D C Q M N X F V T K C L M R D C
V Y M V F U F H K C I J A O E X K
Q Y R J Z O A K X Z N C O C N U C
Y L E J J R D A O U W B G W T A R
G U S T B G G G E J K C S F V L J
```

Puzzle 553

```
V C O N G R A T U L A T E E J U S
I S T U D I E S O E R U T A E F A
L W H G P P B F A U L T L E A F N
L D I F F E R E N T W T Y P H C D
A X L C O N D U C T Q I T S R U C
G Z J J Y J N V E Q Y S I O R R A
E P A T H N Q R S U A I T A B R S
E X K E P O W N F E P V N W G E T
A N C I E N T M Y Y F T E B F N L
A G S R Q H E G N A R O D X C T E
L F X M X K L V N G V T I U C L V
I Q E D U C A T I O N O U S E Y O
R M Z T O V A X E S R E H T E H W
O I Q U C O Z H C Z V T A C S K A
G C E X C D W V P T O T S T X T B
```

ANCIENT
WHETHER
CONDUCT
FAULT
ORANGE
CURRENTLY
WOOD
CONGRATULATE
VILLAGE
LEAF
STUDIES
SANDCASTLE
STRONG
IDENTITY
BOTTLE
DIFFERENT
VISIT
FEATURE
EDUCATION
PATH

Puzzle 554

ASKED
THAT
AGAINST
SMILE
DRAGONFLY
ARM
TITLE
BIRTH
LENGTH
MUSHROOM
EITHER
PARDON
OUTSTANDING
GREAT
MILITARY
TEND
WAKE
CHILD
MINE
CALCULATOR

```
C W N L I I R K O E V W A K E M B
A A T P A R D O N I B D K Y F W Q
L E S O A K L D Y T K E X D L Z F
C K P K S J I R Z H H D T F D L K
U N G B E D H A B E U V B H C X K
L R R V M D C G C R M T H A T X D
A T E H I C V O H Q D H J T L R C
T D A L L B G N I D N A T S T U O
O M T D I Q E F W W H D C G S I K
R I R D T M L L F A N W U F N P L
W N J P A G I Y T B I R T H I E L
A E R B R J M R A I K F Y M A J L
O F G Q Y Q S A Q Z T S E D G D Y
M U S H R O O M I F P W W N A A E
U B P L T E N D H L B Y Z M E A V
```

Puzzle 555

```
D A L R P T P Z E Z Z Q H M I L I
V M A N O H K V N D D Y O H E M N
H S O S R E S O P R U P N B I X V
F C Y B T R L R L H K P I N Z N O
N W B T I M A A A Z J U N A E I L
V B A X O O C W M J K P E N E X V
G K X F N M I A R E L G S N R Z E
W M C K A E T V E D P B L D T T I
I O I O S T I E H N C U P C A K E
V F W G F E L R T C R G U N E G T
P Q H H H R O A B E H A V E H F A
S P A A N T P G B E N E F I T I T
G W L G A H F E E R A S E R K R I
B X E O H V Y H U P Y W I M Q M M
Q B M L I P I X U N Z U S O G B I
```

FIRM
CUPCAKE
MIGHT
IMITATE
AVERAGE
MALE
BENEFIT
THERMOMETER
PURPOSE
NINE
ERASER
BEHAVE
THERMAL
WHALE
THEATRE
PUPPY
POLITICAL
INVOLVE
PORTION
AGO

Puzzle 556

PENNIES
NOT
COMFORT
FEDERAL
PROJECT
WINDOW
UNCLE
HOTEL
MESSAGE
TRY
SKI
SMALL
ANYBODY
PICK
HURT
DONKEY
STOVE
THEY
PROMISE
FROM

```
K J H E L S S Y G S H H F U K C M
Q N O Q R M N M O V T N E B X D I
S M A L L G E O V U W O D N I W C
D G U C C I K S L T R Y E X L U I
P C O M F O R T S Q H J R N M Z Y
B I X N U X X P A A T J A S O R U
E R C A D K A R N T G Z L T R T N
Q A I K K T L O Y O D E E O F G C
P E N N I E S J B P O S T V A T L
N D G S X F H E O I N I O E B A E
W F K W C X L C D K K M H T B U P
Q R I R N H M T Y T E O Y O H W A
W O Y Y D X C R R H Y R Z T V Y N
R N D V W Z Z Y M E O P J G R A W
C M O I K A N Z M Y H U R T G V Z
```

Puzzle 557

```
M N H W F S R J N L N C K T S P E
O G U N S I A E R O T C O D O I Z
C I G N S T D Z S T B G X Y M M S
P H E F N T R B V I I L N D E E D
V Y I M W I A E P D D S I M P L E
T N U C R N G Y R D G E T D G H G
Q D X B K G O Z A J S E N T R P J
P V V E C S N T P U R R E T N I T
T A N G L E D M E D D H L S S H Y
A Q M B G H S C D G N T A G S S U
F D L I V E S S O R C A Z M E N K
A E V K C D W Z E B J T D C R N S
F I A A J N H M L Z H L O I C D W
Y R Y R A L U B A C O V U A R T C
P D H Y N Q B C F J J A E Z H B T
```

SHY
FEAR
CRESS
SHIP
DOCTOR
SIMPLE
LIVES
ACROSS
PEA
LOT
RESIDENT
CHICK
DRIED
DRAGON
TANGLED
VOCABULARY
SOME
INTERRUPT
SITTING
THREE

Puzzle 558

ENVIRONMENTAL
DUCK
DRIVER
SOIL
TOWN
LOCAL
HERS
PERSONALLY
DANGLE
STAMP
RESPOND
GREY
LUCK
WHOLE
DISTANCE
CARRY
IMMEDIATELY
HAND
TENT
BOUGHT

```
D R I V E R B R D S T R C U I E Z
G R E Y X N O T A T N E T E M N C
Y Y V V T C U I N A O W B Y M V R
L A C O L W G K G M L U O M E I H
L U R Y F O H L L P B O M T D R T
A G C I V X T X E L O H W D I O F
N F S K C U D N O P S E R I A N F
O V I P N P S N H E R S B W T M U
S J F H H S F P A N Q Q W H E E I
R Z W A S E A O Q H S E S L L N H
E L J I R Y T Z R R O K A A Y T N
P E R N S O C L X N I I T N W A O
B D I S T A N C E H L D E N W L A
H W G V R X W P R P V Z F Z J A Y
C A R R Y P Q Z J X B P E B F Y J
```

Puzzle 559

```
G V C W K L Z J C G L L J L Q G A
N F A U J N E E A K O U F Y I U I
F S M Z D I K G H F I B K O D I R
A A P U O R G O S S T R L G M L P
M W A T B U T T E R F L Y I N T L
I N I R Q V D T T U G H T B N Y A
L W G O R A F U U A E D D G Y B N
Y T N H V V L I B E H I F V F H E
N M G O N L S R I E H T B C G V V
C E A E S A K B R S L L L S A Q I
A S S I G N I K T T A S T E N G V
S P C I Y J I Y S D L S R S D M R
S S I T Q S N B I E C Y P V E T U
M A N U A L G S D E T N A W R W S
Q U A N T I T Y T W P P K Y O X J
```

GOBLIN
MANUAL
ASSIGN
SKIING
SURVIVE
GANDER
GUILTY
HOE
LEGS
WANTED
BUTTERFLY
FAMILY
THEIRS
CAMPAIGN
SEA
DISTRIBUTE
QUANTITY
AIRPLANE
GROUP
TASTE

Puzzle 560

COOL
BROKE
ATTENTION
USE
MAINTAIN
WENT
COMPLETELY
ROCK
SHOULD
BURN
BLOOM
GRAPE
INCREASE
PEOPLE
REST
HEART
BREAKFAST
FOLLOW
SHARP
ELF

```
E Z L D E W V R K P Z E I X A M P
P X O Q I S W C C C F K B O T A E
L H P O B W T O I M O O L B T I O
S T Z G T S E R H W L R O O E N P
I H H D W N V R R X L B O H N T L
W T O P Z M E L F I O U C L T A E
U S E U C D P W L Z W V P I I I U
U A S W L K A A E Q Q H T U O N K
O F A Y F D R G W U K H R M N W H
G K E O H W G D V W S T H Z J B Z
G A R Q S H A R P S R G E B H F S
Y E C O M P L E T E L Y A U F M W
X R N O F L H Q I X P E R R L X T
N B I L X B R P P E H Q T N D S Q
L E Q O I I V Z F H R H L I B D K
```

Puzzle 561

```
A V Y Z A R C C D U R S P O S T T
M G Q F E P O H I R O K H C N W A
P V I C L B Q W V Y O C J E O D Q
U N S U D O R W I C M O Q H Y G X
K G N J N J A A S A X N I R A J S
N A Z F A I E L I R R F N J R Y N
A T P Q C R P L O E Z I F S C T M
C O H J E F L T N L B N L E G A L
L Z F I I E O R P E Q E V D I J C
A G J S N W U Q W S V E H I C L E
Y J R O I K F G D S E V T S U O Q
B K S F F W I A Z B V E X J J B I
Z M I Q F D F N O O L L A B N P O
T Y L S U O R E G N A D Y H N L U
B N U M P Z W Q M A U R V C F T E
```

CONFINE
ZEBRA
DANGEROUSLY
POST
CRAYONS
DIVISION
SIDES
SHE
LEGAL
HOPE
VEHICLE
CANDLE
BALLOON
LAW
PEAR
ROOM
CRAZY
THINKING
CARELESS
PUFFIN

Puzzle 562

CARD
MERE
EQUAL
DAY
VOICE
COYOTE
AFRAID
REACH
FUND
SICK
REMAINDER
WEIGH
SISTER
SHARPENER
CAN
EXIST
NEAT
PROGRESS
MUMMY
BOLD

```
I A I P G X U Z B W K T O U W J B
D I A R F A W E I G H U D N U F A
L V J O S H A R P E N E R Q F G T
O Y P G R M U M M Y Y K A N E A T
B L L R E T S I S J N C C U R O Y
J X F E D E E M C A N Q G D Q K S F
K C I S N V X E E C O Y O T E H V
B R X S I U O C U R P H I V P Q K
A E G M A Z E I E U E D K C Q F L
P A Z C M O W Q C S N G D O M E A
P C U J E C P J U E P O F G J S
A H C B R X T K S A D A Y I N V M
T L D B J G L U I Y L E X I S T P
A U I M H Q X J S S P E R K E G V
B L S C Z W I E F N E Y U P Q U L
```

Puzzle 563

```
L A K Z D C T A E M A P B V O V R
G P Q B D O G O O H P W D O F D U
Y N R A S N B C W I U F B L N K B
L U K L F V J X O E U E O U T Z N
T C W S O E E F I V L E T M G Q F
E M X A V R S M U O Y L T E V U C
R T T C V S O T P X E I O D R I T
H H N P A A O F N L N N M D G E Q
G A E E J T H T O E O G O R F T P
U N D G P I C X O F H Y N D Z V X
X K I W R O H C V L P R E T T U B
O S C Y O N O S I B E N R E E Z Z
T T N D U O R P F P L E E G Y B H
P E I Z P B M F D Q E L B U O R T
D I S S I M I L A R T P E T S E H
```

BUTTER
CONVERSATION
BOTTOM
THANKS
TOWEL
PROUD
TROUBLE
CHOOSE
FROG
QUIET
TELEPHONE
INCIDENT
FEELING
EMPLOYEE
BISON
MEAT
VOLUME
PETS
DISSIMILAR
BUYING

Puzzle 564

HURRIED
MARRY
LAUGH
PRACTICE
CROW
TREASURE
GENERAL
INTRODUCE
PROVIDE
ABOUT
ARMY
SEASON
VALUE
HERON
BACK
REACTION
SEND
HOLE
COTTON
REDUCE

```
J M U U D R S R A Q G U W K Q H B
C E L C I E G E D I V O R P O U U
E D X U D D B A B E L I I E R R J
M P K E U U H C Y P Z Z Z F J R P
Q F O T H C P T H R X I O Z P I C
J O B L K E C I T C A R P T S E V
R E L H V H W O R C P D Y V X D S
L N G T P W G N O T T O C C U R
B P V R V A L U E C U D O R T N I
V G L Y N Y R R A M V D Q X U N K
H H E R O N A A T L R N O S A E S
O Z N Q H A H B D T R E A S U R E
B A C K O P R C O U L S O H R X E
P O P P L Z J M R U G E N E R A L
Z H B B E O S S Y J T I W J K G S
```

Puzzle 565

```
Z P S A Q Z Z X U S B T F D M P R
O O A O K Y T E I R A V R S K I G
H D I N L R E V O C S I D N E L B
N X A K S A A F O S O H X E H O M
P J V B G S H B T D D D D P Y I T
X D N A B S U H H R K S V P H H N
V E S T N E G I L L E T N I U B J
R J S C S C C J P H A Z J E J H K
Y O U I C E B H V G Q N M M X H C
I G S W I N G C B P M F L A G Z C
J O I N T M U R E W O L F X W G N
S K K S L K X U A Z D D N C Q Y V
E X A C T L Y H T L N D W G F U G
I T S E L F G C A Y A W H G I H Y
K K C Q V Q L F V H R O G D U A M
```

ITSELF
SOFA
DISCOVER
SWING
TOE
INTELLIGENT
BARK
RANDOM
HUSBAND
YOU
NECESSARY
FLAG
FLOWER
VARIETY
JOIN
CHURCH
HIGHWAY
LARGEST
BLEND
EXACTLY

Puzzle 566

PUPIL
CONTROL
WORK
SWEATER
ICE
MELT
LET
KIDS
INCLINE
COLUMN
CHERRY
TWO
PINEAPPLE
BEACH
FERRET
MUCH
RING
NUT
FINAL
HIGHLIGHT

```
C Q I R T J D T O J V X P D X F W
O I K C F E R R E T L E M S D I K
L C C E E E I Y E B U O Q Y I N K
U G H C U M V F Q T M Q Y E G A C
M D U E O A J B B E A C H E D L Z
N P M N R V V Q Y C D E N O X I F
S I F I L R W O R K D C W A R P Z
R N Q L H X Y D E Z B J T S Y U R
I E T C H I G H L I G H T J N P Z
N A V N P L E G O J D H B K X J
G P K I X J J F M R P R Q Q W S J
P P W E V F G Q O Q V K T W O L H
E L L N W C P E A I B I J E A H G
X E E U N C O N T R O L K N U T V
A N T M D G E R T W G N Z U F N B
```

Puzzle 567

```
O X G P W R Q F H O G W L X U E A
D V Y S R U Q K S M U Z A K A N R
J L A C I T P I L L E R D A B T T
J F C L S C R U B T H V D Y S E I
P P I H T M A I B Z R Q E G Z R C
E O F D C H K N I E V I R R A T L
C U Q M X Z O T N I L V P L G A E
K R E V H G S U Z F Y A Y C V I S
C U C U M B E R G O M S J T R N T
M M T H X Z I W X H L V Y Z G N W
N E E D L E L C Y C R O T O M F V
G O L D M T I O U T D O O R S S R
A B F E A O M Z W X C E H R I Y N
X Y I J C T A D C Z V H B A G R G
X X Z Z C L F L N C X K X A N S T
```

SCRUB
BAG
OUTDOORS
MOTORCYCLE
TRIP
ELLIPTICAL
GOLD
ARTICLES
LADDER
PECK
FAMILIES
POUR
NEEDLE
CUCUMBER
BAD
ENTERTAIN
INTO
ALTHOUGH
OUR
ARRIVE

Puzzle 568

STAR
FEMALE
GRADUAL
HEAT
IDENTICAL
DISTRACT
STARS
NOTICE
GLOW
LINE
RIVER
EAGLE
WALK
BED
EARN
GONNA
TOMATO
RUSH
RUBBER
EYE

```
J S Q O Y Y O Z G W C I G N F G M
C T J X Z L L A E I Y R H O E R K
U O M H S U R M M G L T M T M A T
R M E E L G A E J H O O C I A D D
L T C A R T S I D G K N R C L U I
S R A T S T A R E R L L N E E A D
O Z O N K R U E B I A O I A N L E
H P H R E F R B K V W T W Q W U N
E A R N E S Q B A E S A K U C E T
M B F N Y Z V U V R U M A Y B V I
Q L Y L E B F R N E C O X S N P C
L W T Y Z V C Q P Q W T L C C H A
V I J K Q L P A E H R O R E H X L
B O N J R X C C W V F W K G Z O M
J Y Y E R U S H G X O S M H L E X
```

Puzzle 569

```
M H D N E L E Y R Q Q M W C V P B
I E A I G X B X E S T W A C T V W
S C I I F N R K W L V Z S Q Y Y S
S A S G X L I T H U M P T W I L L
I G Y M Z D S K U T T X E N B U P
O S S G I S K S A A K J N I A N U
N L B O I K C R F M K U C O K D R
Y L J X X V H I L I V I N G Q E C
P E R F O R M A N C E W Q U S R H
B S I G N S S T E A L O Q C D S A
E X A M P L E S Y F O M K J Y T S
S O B E G P J N S F R E S U I O E
I L W T U T T W Q Z F N B N X O K
P H Q E I V N O A Z F G G L O D J
F I J D P S J D H R G F K V R W S
```

PURCHASE
RISK
LIVING
ANT
MAKING
UNDERSTOOD
STEAL
WOMEN
MISSION
NEXT
DOWNSTAIRS
THUMP
DAISY
LEND
WASTE
WILL
SELL
EXAMPLE
PERFORMANCE
SNOW

Puzzle 570

PAPER
HELD
TRUE
RECEIVE
POND
STATE
DIRECTIONS
SNOWMAN
BECOME
MATURE
OFF
PART
TOTAL
MEASURE
VAN
LUXURY
DEPRESS
FEAT
PREVENT
DISCOVERY

```
K S S E R P E D L E H V A N S P Z
G M N Z B S O I A T G Y L X N O O
O F F O U F Z S P S N F H T O N V
R E C E I V E C D R F E A T W D G
U R U R I T J O C E E T X U M P Y
N U T U X Z C V Z I U V O H A A E
C T N S W U M E T R U E E T N R T
D A I A H N E R R S M M Q N A T V
V M Y E U R K Y E I T O O C T L P
B A H M A S E R L Z D C P A P E R
O T Q J Z I P U F T W E J Q G T A
C B D B O C X X A I Z B U E K A S
V I O J T S X U X F M Y M C F T L
X E M J B X G L W R Q I C O L S Q
P U X W J K I A W O C E V R D C Z
```

Puzzle 571

```
R I O E K E Z F B P O V Q T E H V
M A R K E T Y I P A H D A W L L D
O R U R P Y Q N O O S C S I O F E
G E T L N Z W D R I E K W C U L M
H E D G E H O G U Y M V E E D O A
R C A V I T Y A P U E L N T E A N
C E X U B U N R A B R I S K R T D
D O L L G U I X J S G P B P M H Q
I L O I W T A U V C E F Y Z I C P
S A O P A B R A G R N T H I R T Y
M F D O E B I Y L J C Z G F Y T N
I F Z S S R L I J S Y Y Y S D Y N
S U Z P K T A E G R A N D M A B E
S B J R G V J T L X Y A E J E M P
T N P D L Z G Q E T F V D B N O E
```

BARN
EMERGENCY
SOON
RELIABLE
NEWS
FLOAT
PENNY
CAVITY
HEDGEHOG
MARKET
TWICE
BASKET
COOPERATE
DEMAND
THIRTY
DISMISS
BUFFALO
GRANDMA
RAINY
LOUDER

Puzzle 572

TINY
ASSORTMENT
TEDDY
MET
NONE
TRANSFER
SHAPE
SMELL
ATTACH
PARAGRAPH
COLD
TERROR
PICKED
RULER
THEN
ONE
BORDER
HIS
TURTLE
EVERYWHERE

```
T N X J L L D P N E Y W M G G X R
E R O R R E T I O D H J R U A T T
M E A Y H I S C N I V K W G P C E
T D M N E H T K E L I V I K E F V
U R L I S L L E M S P D Z Z L W E
R O A T P F B D K Z F N H F F O R
T B U P N A E N O P W P V K B X Y
L K O G Y C Y R T B R B T I L U W
E U A T T A C H V E W P C W Y D H
C Q T Q P R K A H J D E A O V D E
S H A P E F M D A D P D R E L U R
A S S O R T M E N T G O Y D V D E
L D T F U A Z P A R A G R A P H Y
M X U T V Q J K O B J S P H P R P
J S P T J X O N Y E L X E F G J F
```

Puzzle 573

```
O T Q K E O S Z Z A S M Z M Q N M
R M V P I G Q Z S C Y V H S R P W
E F O G R A S S H O P P E R D N X
J B A C O N T E N T K J R Q K M C
V E R D I C T T H O S E U T F D N
L A U G H A B L E T A V T S I L I
L R G N T A K L L T D I C R A H B
I X P D H E K Y I E P E A L R N W
M H E X Z P L F A E P C F E O F R
X G R F Y S O E W T B N U I U M O
Q X J B P N J S S A U O N N N J N
H U I G E W D E Y C G C A S D P G
B V G O K O R E H T O O M I O N C
D Q Y A J R K N P D C P N D V P Y
W J B L Q U O T I E N T E E W F V
```

LIST
GRASSHOPPER
WRONG
AROUND
MILL
PER
MANUFACTURE
GOAL
VERDICT
LAUGHABLE
QUOTIENT
OTHER
THOSE
WAGON
CONCEIVE
SEEN
INSIDE
CONTENT
ASK
TELESCOPE

Puzzle 574

READ
TAKE
BATH
SPECIFIC
PRETTY
MEAL
DATA
WEIGHT
DOG
MORAL
LIGHT
FORMALLY
ANGEL
FIRE
SUSTAIN
PROCEDURE
SAT
STEEL
WHOSE
COUNTRY

```
H L E G N A M W P V V T M Z Z G A
N I A T S U S O E S O H W M K O O
N G O D W B H W R T V G D L D G Q
E H T A B U F F I A Y I M X G G X
Y T T E R P S D F T L E E K A T T
R P A C A O Z V K A L W A G C U T
T J R S L T Y E K D A R L D D L L
N P F O H F T B D A M G D Q W J C
U Y H I C U A T E E R A M W V J M
O H S W P E U O R R O H N U G T S
C B I D W Q D D M B F Q Z X B W T
D K H L D J M U S P E C I F I C E
V H U K K O W H R R V L M B A Y E
K A E W S J I V H E V U S Q E K L
W K L U Y T O T M B H E J V O K A
```

Puzzle 575

```
C D Y R R E B E S O O G N M G K T
X E R E P H L Y Y I W S E B I F O
Q D Z P O E O I N V F X C P R C O
Q L L O D T A O B F T Z T Q L C T
S F O R C H U C F O G U A R S R H
A U R T Y E Y W H B M Q R K D A P
W R L A K M J Q M U A O J C E N A
Y N I M F S X R X T E N T J K G S
U I K R E X T I N C T R K U L E T
R T E O A C O R N S H W T U A X E
V U L F L Z L A Q Q E V N G T M D
E R G J W S X W E D I P D H E H M
Z E G D N P V O F Y D M E C G N C
R H I X Q M A U P Y W P U M V W E
W I W E F S Z Q Q P Z L T F T U Y
```

SAW
LIKE
NECTAR
TALKED
DOLL
EXTINCT
ACORNS
AUTOMOBILE
RANGE
HOOF
GOOSEBERRY
PEACH
GIRLS
FORMAT
BUT
REPORT
FURNITURE
THEM
WIGGLE
TOOTHPASTE

Puzzle 576

OBJECT
STEP
SWAN
YELLOW
FORTY
EASE
OFFER
PERISH
SAND
ADOPT
HEALTHY
ZOO
INDEPENDENCE
SYSTEM
WONDER
GIFT
OFTEN
CUPID
FAR
TRAVEL

```
E S E V I M V T Y H E A L T H Y K
I A L K I N Q Z R A F N V T S L B
R T S G S H D I Q A D X U K I O L
G Q A E J Y R E C B V K W W R S H
D S R W Y Y F W P Z P E C O E A O
Y Q Z O F T E N E E X N L N P N V
S A Q L X C X Y T B N A Z D D D W
B J A L G E X Y S P O D Q E S E S
Y K Y E I J S Y S T E M E R S S J
K B D Y H B J J F K G T Q N Y Z B
Z F Y G C O O Z O C U P I D C H B
S O J I X D N I F S N Y Q I H E P
T R V X C R X R F A D O P T F I G
O T J V A U F Q E S W A N Y M R G
L Y R Q A S G D R V B N W H C H Q
```

Puzzle 577

```
S S P T X B D W W Y I L R V U W P
S U Z X P B A E Q Z A N E X C B R
C V N S I C E R U T C I P V S Y E
A S O N E O R S C O R A M P Q U P
T H M I Y L A P I N S R A P P U A
C M A K L O T I M D A T B N J N R
H T N S E R E T A L E S O N G S E
I J N O F A L O O H C S O B P I T
S E I A A V I A P B M T S D S L I
A N C H S Y A G W A E N D K S L N
B A M D Y E M A Y Y T L P Y G Y A
H S I K R F S U B P U R B K G O T
H I L E T T E R Z P A P U Y S J C
U W I H Q A X U V Z B H I F L O D
M Z N R E R I Q H L H D N L Z W Q
```

SCHOOL
PARSNIP
CINNAMON
BESIDES
TRAIN
LATER
PREPARE
COLOR
SILLY
SKIN
MAIL
SAFELY
SONG
SUNNY
ADMIT
LETTER
PICTURE
CATCH
ARE
BOTTLES

Puzzle 578

PRODUCT
TEACH
BURST
WARNING
WARM
ANYTIME
HURRICANE
STAY
ALSO
MOOSE
FOOL
HOLIDAY
THEIR
WISH
ARRANGE
SUITABLE
KITTEN
DUCKLING
PAY
BEAN

```
B I D R T H T V K R V P C E I P Z
H N Y L I J O F G S X O S A N R T
K U R N C G Y L N A E B W D X O K
M X R T E A C H I Q H Q G K S D W
B A L R W Q G W N D N O U I J U I
K P Y T I G C A R Z A H N T V C S
E S O O M C F L A V P Y A T S T H
L N Z L S A A Y W B R A W E R D Z
B U R S T R F N C W T P L N R U O
A R I E N R O S E M I T Y N A C I
T L E S R A O O G R Z F F U Z K B
I A H S X N L A L S O W C W V L H
U T T S H G U E F G O P A Y D I B
S Y D G B E G T E R K S R R L N F
C V T S U M V I F Z P E Y N M G I
```

Puzzle 579

```
P F J O J H F M E K A L E S A E W
U Q H H Z B B V I G D Z V A R C W
C J K P U Q D Y S H C I U B T R X
V P L L N D Y R W F U Y S F W U L
F N X M F V C P P K R R O A A O W
T E N O L A H U K K O O K D F S E
S X D P R O C E S S S N J A R E X
X P C A P A B L E D U R B G B O P
L E M I S E R Y L B A T I R R I L
H C A O C H A B W C T Z W A V L O
J T Q A L N E E A V M X R D T T R
B E C O F P B T G N I K A T U Q E
I D R O W Y H I Z X A B O T H I Q
O S K I H U B N X M N N W A S H B
P J J L R N V S O C K S A Z F U G
```

SOURCE
EAT
EXPLORE
RUDE
BANANA
IRRITABLY
CAPABLE
SOCKS
MISERY
ALONE
TAKING
WASH
SAFE
COACH
BEAR
WEASEL
WORD
PROCESS
BOTH
EXPECTED

Puzzle 580

MARRIED
SOLUTION
MAYBE
MOTHER
ROBINS
CATKIN
DISHES
PREVIOUS
SOMETIMES
OCCUR
KIDDING
THEORY
DEFEND
NUTMEG
TECHNOLOGY
COMPUTER
TOOTH
ILLUSTRATE
ANIMAL
RADIO

```
C O S E Y T R U C C O Z N K Z B M
A O E Z S W E B Y A M X U N C E G
T E H T O O T C E G S U T A W B T
K X S U L I U A H M L F M Y C S R
I D I R U D P N N N K J E S G O O
N A D F T A M M P I O J G X Y M B
U K L K I R O Q O H M L J X C E I
U N H X O F C N E T P A O A I T N
B U T W N P T W L Y H F L G M I S
E P R E V I O U S R Z E D Z Y M N
J B V Y P M A R R I E D R E B E W
Z C L N S D E F E N D W Q O A S W
I L L U S T R A T E T H E O R Y E
B O K I D D I N G W Q T V K R P Q
W I U G Z U N F K L P R Z P R K Y
```

Puzzle 581

```
R L A N O I T O M E L B A S U E R
R F Q N V Y L R A E L C A J O M J
R F A S N T X B A L L O O N S M M
S S U C S I D N Z M M Z I O P S V
D H E S X N V V F E M L M O Q E L
L G A D N U W E C A R E F U L L Y
X I R U N T M V R C S S R S A I Q
P B L D E R G A G S U L W T C Z W
F A Y L M O H W Z X A X U A I A B
S E T B T P U N I U F R U K S C M
N U D I V P N N Z E E M Y E U S R
W B S C E O N T O I N P F N M Y R
P Z D E P N D E A L I I R X M O Q
T N I L E I T G N I L L E P S E J
K V W X G K M J W O H W T K A G P
```

DISCUSS
HOW
DEAL
PATIENT
WAVE
SEEK
EMOTIONAL
SPELLING
CAREFULLY
MUSICAL
WHOM
EARLY
ANNIVERSARY
TAKEN
OPPORTUNITY
CLEARLY
BALLOONS
REUSABLE
ONTO
OIL

Puzzle 582

HOME
FOUNTAIN
FORM
SNIFF
READING
RISE
EVALUATE
CONCENTRATE
RIGHT
PAINTS
LIFE
DRAMATIC
MOUNTAINS
EXPERIENCE
HERE
PARTIES
ALLOW
FEEL
EDIT
VERSION

```
R Z H L C Q A L K D R C H P L F D
I E C E I R E A D I N G L I M O A
G I T E A F T P O U N C P G O U J
H A G F L I E S N I F F N G U N P
T F Y N L X T T D B U T U F N T A
I O Z T O S A N A R T Q K K T A R
D R N H W S R I T U A I F S A I T
E M N V N I T A V X L M I C I N I
H E R E A G N P Y W F A A P N N E
G G P Y N P E S I R V B V T S T S
M E W W S O C O E B G Z B E I O L
X X X W S M N V H O M E U E U C Z
B L E J R N O I S R E V C R U T W
R A L K M E C N E I R E P X E R T
V Z P L S V S B Q T D P Y S Z C X
```

Puzzle 583

```
V Y O D H X C B H Z H W R B Z S H
E H G N I K O O L F C A X J S W P
A T O K P A M Z P U N O Z W L I A
O E V E G C F A Y R E B B X Y M D
A H J E P D O L S C J B N K S M H
G Z N P S I R J D B D W E E T I B
G F O T R N T U P N I L V L I N T
Y Y I G E N A R P A R R I X L G Z
H D S N D E B Y O E N D I T W I N
R A I I A R L T U M C Z V C T B G
I Y V D E L E Z R P U L L E D L T
C Y E I L H L F E C V Q K J I L E
P S L R B Q J Y D U T S A B K F F
O A E E M E R G E N M S H U E U Z
G N T N E C I F I N G A M S P A R
```

INPUT
MEAN
EMERGE
POURED
STUDY
LITTLE
MAGNIFICENT
COMFORTABLE
LEADER
RIDING
SWIMMING
BLUEBELL
KEEP
DINNER
FINALLY
LOOKING
WIN
TELEVISION
SUBJECT
PULLED

Puzzle 584

EXCEPT
LOST
LIKED
FUNDAMENTAL
FRACTURE
CERTAINLY
MORE
POSTPONE
STOMACH
EVACUATE
LASSO
FATHER
FRIENDLY
OFFICIAL
PAINTBRUSH
LADY
CONSECUTIVE
STOOD
WOMAN
SET

```
E I P W C N P O L S G T E S E F T
J F Z Y D A L H A I T S Q T V R L
A Q U L G H Y T F D I O D Q A A A
D E F N O F F I C I A L O L C C S
L W K I D E K I L C S F U D T S S
Z L S A F A S T O M A C H Q A U O
C D S T U Z M O X U M S W J T R W
F Q Z R E M Y E H B N Y N L E E P
F A Y E N Y L D N E I R F G R V O
T D T C D Z E V I T U C E S N O C
Q I P H R O H L Y S A W O M A N Z
B G E B E M O R E F P L N N L E C
D P C G E R P A I N T B R U S H T
Q J X N V W I Q T M A N E G S U B
Z V E N O P T S O P M O Z X I R E
```

Puzzle 585

```
P G U R D Q M U Y N P P G C F S A
D R O I N E S E V O L L A D R D K
Z A B L J M C L A N A A L K I I P
N N A M O T O I F S Y N L R E P U
V D O Y A V U M R V U T O I N L G
S M Y G A E I E M R K R P A D O J
Q O S N U C E N J A Y D E C S M S
A T B L D A I E G S N T H M Z A I
L H O R U L G C A R P E T A E Q N
V E N F C P H W J O V E B B I N I
T R O A D E T A C I L P M O C L T
W O T P F R R N C W M A Y X K R Y
C B S E W I E L X A W C R N P B C
K T E Z M F W V B O Y S A S Q T D
V A S T Y Z W X Z A P E P S V K R
```

COMPLICATED
GALLOP
CARPET
PLAY
GRANDMOTHER
VAST
LOVING
DIPLOMA
FRIENDS
MAN
LOVE
MILE
DRUG
MEASUREMENT
ESCAPE
FIREPLACE
PLANT
HAIL
SENIOR
EIGHT

Puzzle 586

ACCESS
ROAD
INDEPENDENT
DEW
SOMEONE
BABY
PLASTIC
TOO
CROCODILE
COVERED
INDEED
POSITION
CLARIFY
PASS
COLOUR
ANXIOUS
STREET
NAVIGATE
VISIBLE
ART

```
N A J I G U G Q O O X A P E V J Z
P A S S Z E W H N W S U O I X N A
I R A U O F I G E L B I S I V M P
N H Z M L O T J E T A G I V A N L
D B Z L R M Q J T G E I T V R F A
E N O E M O S D E I B N I D D L S
P W Y R J J S A E O A D O C R O T
E X J B G X E N R W B E N L S H I
N P Q Y E K C Q T T Y E A A F H C
D E R E V O C T S P T D O R D Y J
E R O A D D A C O L O U R I O Q N
N W K Z M H W U D P C I R F D K P
T R F Z A F Y M B P Y T Y Y A T L
S C J W E K F R E L I D O C O R C
L W N W W Q F L Y P D N G O E D N
```

Puzzle 587

```
V I T E M S C D L T K W G G B C C
F A V R T F O S O U P Z I R H O A
Y K R D G Y N A C E L X G L I N L
O J T I E C D P A Y P D K N D N C
O D X X A B O M T J K H R O N E U
P H E M E B R T E S W H E N U C L
S P R E A D L N N S O V D Y R T A
S M R P E R A E N O D A J O W I T
N I C E L Y C M K W Z I P A Z O E
B E Y O N D I S A G A I N Y S N C
M Z R Q A W T S O H G E X X D U V
P S E S L F I E G E O G R A P H Y
G F L O U T R S F Q H A Q E L F D
D U E V Q I C S E H R V H U R B W
O Y C E S K U A B V K X I H J J Z
```

WILD
AGAIN
GHOST
CELERY
BEYOND
NICELY
GEOGRAPHY
CONNECTION
SOAPY
ASSESSMENT
CONDOR
WHEN
CRITICAL
SOFT
SPREAD
CALCULATE
DONE
ITEM
LOCATE
VARIABLE

Puzzle 588

CARRIED
VERB
DISEASE
WATCH
PRESSURE
REMOVE
SUNDIAL
DANGER
FIREFLY
DESIRE
ACT
FRAGMENT
FALSE
GRASS
WELL
SECTION
FOREST
FIND
SUPPORT
EXPERT

```
D S O H I M C A R R I E D M R W P
T U A C T C L V F G C V L A C J R
S N Y T S I A E R H H G U P F R E
Z D H A E M U R A W M M R P J B S
I I L W R F N B G A E F P A B Y S
N A P W O A O K M B T S E C S A U
D L G E F L I V E G O W G Z X S R
L I P L R S T J N Q I V Q A A H E
Y E S L V E C F T S G V C Q H X O
U T R E P X E R I S E D Q U M G T
C N L V A E S A G R D A N G E R T
A K O O W S G O L S E R W E V L D
A S T M P R E F I N D F A X U A P
D C C E N N O C X X C S L V H F K
T M T R O P P U S W D T Q Y Q U P
```

Puzzle 589

```
H S O L S J S W S S Q G W P N X B
O R B B C M I U H B A G N A J V W
B I T V V R G M Q W O L S T B D D
S T A I R S H E M V R E T T J V N
P E P P E R T D A J W C D E X J E
D A P D A Q H I Y J N X A R R H N
B R G K M N X U O H V E K N L O G
L Y E M S Y A M R E P U S G N Q K
U C W Y U G D H F D H Q S A O R A
F I Z R T Q D A S K W G P T H E U
E L E V E N R T C L A S S T P P C
C O B U W V E S A E L E R B A P D
A P X G L S S W U C R T O A D I S
E L Z E R X S N T H M W A O V L X
P A B L U A H U L G M P R L D F S
```

ELEVEN
MEDIUM
RELEASE
EXCEL
TOAD
PHASE
POLICY
PATTERN
SLOW
PEACEFUL
HAT
FLIPPER
ADDRESS
PEPPER
GUY
STAIRS
TWENTY
SIGHT
SALT
CLASS

Puzzle 590

OCEAN
TENTH
COMES
SPORTS
SHAKE
THAN
ELECTION
SCIENTIST
EVERYONE
CONSIDER
SINGING
BLEED
TRUCK
FINANCIAL
SPELL
LION
SELLER
JOURNEY
SPONGE
DECREASE

```
P T P H T S T R O P S E M O C S S
V Z O H T F E N O Y R E V E H H P
D D T S O Y W L K T M O Q I N A O
Q G A P I E G P L L E P S T J K N
G Z Y A C N V M P E C N Q H T E G
X B Q L N R G Q D O R C T N T S E
J V G F Y U A I T F E T Z H H A O
K Z H E C O Q E N S D J U J A E Y
J P Q P Q J O L C G I Q L F N R G
S Q D T X X M E W X S X I F N C C
B L E E D L O C I G N K Z L E E H
T R U C K I C T E L O L R P J D K
E D C N J O E I D G C R B I T U X
Y M A B J N A O F I N A N C I A L
C N I H S Q N N S C I E N T I S T
```

Puzzle 591

```
Q T C E S F V Q W G E Q P M E L C
U L K N Q U I K N Y T R N D G Y A
E V I F W Y O G Y L N E D D U S U
E N I C I D E M H B E S W O L X T
N Y L U M N G C B T T P E P V W I
N B P R Q Y M I T C T E E E G I O
P A R R O T U M N D O C K R K R U
Q V L J R N F E E T R T E A P O S
S A H P H E P D M T P D N T P G A
Q X Z K I L T A T O O P D I Q X D
V M T W L P P C I N P U U O Y B G
H P L V L Y R A M K I V C N O M A
N B G C P L U S M R B Z X H G V C
V V K S U R C I O Y K F C B T K U
L E A D C L C I C L M U A E Z F J
```

LEAD
KNOT
RESPECT
HILL
CAUTIOUS
ROTTEN
COMMITMENT
PARROT
TOUCH
OPERATION
FIGHT
PLENTY
SUDDENLY
QUEEN
ACADEMIC
MEDICINE
WEEKEND
PLAN
FEET
FIVE

Puzzle 592

HARD
MUG
APPROACH
HAPPY
DIRECTOR
WISDOM
BLUE
HUNGRY
MEN
THIS
SEVEN
TIED
MONEY
BLOUSE
AMOUNT
MONITOR
TEXT
START
VIEW
FINISH

```
Y W P Q S D R A H C G J H B C G Q
H H A H S I N I F T I E D L F K X
A I P A N R T D P R M S I U P T B
P K P O M E O H G A A U E E B F C
P Y R T P C L T I T G O F L D E P
Y M O S C T S E I S R L S Q N M V
P O A M N O Z W Q N S B S M X A I
B N C B O R B C L E O S P H E X E
E E H W I S D O M T I M D A B N W
Y Y R G N U H S S E K U N K Q O Q
A M O U N T Q E K X U T U N N N C
C N D M A P S V N T A A F P K D K
Y V S A I C N E R L A L M B J Y V
U K R F B N X N Y C R H N J L Z G
M A V X C N E L P K C D P D Q D B
```

Puzzle 593

```
Q Z M O E A Z E X T A P E C U W T
U O Z U C W T Y S E U K R A D I I
A A S G X Y X T A T K A G B N L M
D Z S N B H Z F E F Q H T B L D I
C R I E D Q W R L N X M M A A E D
B X M R N P B R L Y T M J G U R C
Y N A P M O C C A A O I R E D N D
F T W N G L U A B L G A V P I E D
Z N O N H J K T E L F B L E V S E
N S M J T X C H S T L O V B I S A
S I L E N C E S A I E L N M D B R
Z T I K M L F A B I D R A B N N J
B R I L L I A N T F L E S M I H C
A D M I N I S T R A T I O N Z W N
G P N G N U I I S F I K N Z B M I
```

VOLTS
DARK
ATTENTIVE
TIMID
DEAR
FLY
BRILLIANT
WILDERNESS
ADMINISTRATION
ALL
CRIED
INDIVIDUAL
TAPE
HIMSELF
ACCOMPANY
CABBAGE
SILENCE
OUTSIDE
MISS
BASEBALL

Puzzle 594

ORGANIZE
NIGHT
NUTRIENTS
SAID
TALKING
CROCUS
ABLE
PIZZA
HEIGHT
GREEN
CHASE
GUESS
BELT
FIT
RARELY
KNEE
SPEAK
MOISTURE
YEARS
PRISON

```
F P A S M P H T N A D S H O M Y J
T W T L K R P S R I B V Y R E E G
I A I G I I Y L F W G L N G H A F
F Z L L K S S E U G G H E A L R Q
V Z Q K K O C R O C U S T N L S B
X I B V I N R W I S E T H I D U X
L P Q A J N R M E P I N G Z H Y V
G R E E N T G F E E K E I E J E Z
Z X A K N C I H K A Q I E C D A T
T K T V J X U D Q K I R H D M G E
C V R H M D F D W W A T C X A K B
H N G D X C A V K O Z U H E W G S
A B E L T R A R E L Y N H S A I D
S A W E L M O I S T U R E E N K T
E J P Z V P W N S T M W J B C B Z
```

Puzzle 595

```
J P P J A T Z P J B T B B S R F X
A Y H C T I D E W O H S E D W R J
E U R O E J X W D R U M E R Y O B
G I E C T W K E E W W S S B X S T
S Y V W L O C I Y L P E M A Q T C
M N E L R L G V E F L J U Y Y J A
Y X A E A Z W R C E K Y N T D S G
X F L A H I N E A S E P A R A T E
J E R K E D M T O P A E T K E P T
A P G Q I L A N G W H S H J R E C
X R O U N D B I R E J E C T L B E
A B O K D N E O X C P Y Y T A Y L
H O D W H X T U H O T Z S A K X L
A R T P R Q F J X J Z V B I O T O
N N I A L P X E C N X K D N W Z C
```

SEPARATE
INTERVIEW
WEEK
BORN
DITCH
PHOTOGRAPH
KEPT
TEAPOT
JERKED
BEE
EXPLAIN
REVEAL
ROUND
HALF
FROST
REJECT
SHOWED
ALREADY
COLLECT
DRUM

Puzzle 596

ASSURE
PLANETS
INCLUDING
OFFICER
SUGAR
DECADE
CHOICE
BYE
PLANE
MYSELF
GOING
TURNIP
QUALITY
FORK
BLOW
RECOGNIZE
FOOD
PUSH
UNDERSTAND
EXTREMELY

```
E K F P R I P I R Q U A L I T Y C
X A O H L O M H N E D A C E D F O
T Y R Q R A G U S C C Z S P O L L
R C K L E P N J J E L O X R O Y G
E H U J C O I E D U X U G E F A U
M O N Z I Z O N T K E T D N W Y Z
E I D B F R G A H S U P E I I I W
L C E C F I F L M Y S E L F N Z P
Y E R W O L B P N Y A I E R L G E
B B S F Y T E K R T P E S P B H S
T K T J B U D F N Q K G F X E J G
Z M A V V R H Z C S R Z V Q A K S
R K N T E N E I V F P Y B M X L Q
Z T D G G I H N Q S X I B F A B L
O M F C X P A S S U R E T W M S W
```

Puzzle 597

```
B E A T E M C Z U R A R E V O C A
Z O P X Q N H G V P A E H C N M T
D Y R E F L E C T P F V Z W D J T
Z S U V M G V Z A O T E X A C T E
V Z H N G U R C N L E A G R A Y N
C H A L L E N G E I R T R O H S D
R J L M A K V O W C U N H C J U A
F A S Z B W E M O E I U X P T O S
U T I R H Z H G R M S M W L Q I L
N R I N B J J J T A M V A K F R C
C E H S F Y U G H N S U X B Y U X
T A D I R A M O N S T E R U E F M
I T S E C C L Y B Q X K Y S N N U
O Y Z M T N K L K O B N Z Z R I Y
N K S O F S R F X U R Y H H F C T
```

CHEAP
EXACT
ARCTIC
FURIOUS
POLICEMAN
SAD
REFLECT
RAINFALL
ATTEND
SHORT
MONSTER
AFTER
CHALLENGE
EVER
FUNCTION
BEAT
TREATY
UNIT
COVER
WORTH

Puzzle 598

MORNING
REACHED
THANK
JUICE
TURN
EXPENSIVE
SEARCH
RESTAURANT
POSSESS
WITCH
INTERCEPT
EXAMINATION
DESTRUCTION
WET
MAY
RESOURCE
BLACK
PARK
PRETTIER
TELL

```
I W T S D M C B A F I Q Y Q S R D
M E T U A N O I T A N I M A X E M
O T B Z R U W O K F U M S Y L S R
R H C Z F N D F D H O Q Y P V T E
N R X Y J C J Y E T H A N K U A S
I J X D Z T U E H C T I W R A U O
N T H X N O I T C U R T S E D R U
G P R P I H C R A E S B T I B A R
O O Z K B O E X E L L V C T J N C
Y S E Y L L E T R Q M W S T O T E
X S P O A E X P E N S I V E E C F
B E D L C M A Q Z J G T Y R W K J
R S K X K X L I W K G V D P V A Z
A S L M E I N T E R C E P T W L U
J P A R K K M K V W T C E F U B N
```

Puzzle 599

```
T F B O L X F B N O Q P B O D P A
R E T R A M S W T T J S A G M R T
I Q E M I J H J K T Y I D E B O O
M U S V R D S H F Y T X G Y U P M
C B N L T Y G O L O I B E X N E I
I N U G C U N E H A N D L E S R C
K M S S E R I E S P U D A F H T X
H A I E R N H W G N M V I E O Y M
J V X G R Y X W U H M Q V P B N O
Z W Y Y O V U G T D O F H O B A M
R Y B K C Q B V N Q C O R E Y M K
S N F R F D K Q Q F T E R E J X L
T O P A C H F I W N G T L C S E A
V L F L P C A P S R X M E W S H H
E J U B Z D I L H W U L A T E L Y
```

BRIDGE
SUM
TRIAL
HOBBY
PROPERTY
HANDLE
MOM
SMARTER
FRESH
SUNSET
COMMUNITY
ATOMIC
BUNS
LATELY
CORRECT
BIOLOGY
BADGE
SERIES
GUN
MANY

Puzzle 600

TECHNIQUE
COMPLEX
TEAM
EVENT
KITE
DIRECTION
EDIBLE
EXPRESS
SUMMER
SPEECH
CHEESE
DISTURB
SEVENTH
BLOOD
SECOND
CONFIDENT
WEARY
STEAM
MULTIPLICATION
GLANCE

```
S C O C L N E A K W B H R O R D E
E E O K T D V M F E S E E H C I X
D C C M H O E E H A Y N O P S R P
I N A O P I N E X R E M M U S E R
B A K G N L T C A Y F P F M K C E
L L Y V B D E S E V E N T H V T S
E G C K N T F X S P E E C H N I S
A C N O V X E C I B N V V Z K O B
B X K N H O D I S T U R B I N L
J O N H T F X Q J F D C B V T M O
N O I T A C I L P I T L U M E S O
N I B J O I T D X Y W O R Q P T D
Y T E K D F E F E U Q I N H C E T
V Y M V U V A H V N W F Z M Z A I
M S V A S Z M Q L R T Z P C H M R
```

Puzzle 601

```
L U F Y A L P C I T B L P U C P E
J A R O C K E T O P A X R J H G C
H V D O R P T Y E O S E O G E O M
M H M Y F I R E M A N Z G U S I E
V K T Z B B N V R M A F R E T Z D
R E V E N I A T E R S O A U N G I
I G L B U Q R F T E Y H M U U I C
S H O W E R G D A G A W I E T R A
D G D X W B N C D A B L S R S L L
N U W M U S I C I N T A L L T N E
U C R M D I K N D A E R T D B B X
Z R Q I M Z C Y N M E J P N O D E
C Y D C N V O J A Y X A N S U L N
R N M A W G T V C D C J U F O X I
F R E E Z E S U F P X A D L G O Q
```

SHIRT
ROCKET
MEDICAL
PROGRAM
POT
DURING
STOCKING
PLAYFUL
LADYBIRD
CANDIDATE
GIRL
SHOWER
NEVER
MANAGER
FREEZE
TALL
MUSIC
FIREMAN
RETAIN
CHESTNUTS

Puzzle 602

HEAD
EXPEDITION
BELOW
BOXING
SWEDE
FAVORITE
ESTIMATE
MOVIE
CLASSROOM
TRAGIC
SWEETS
DROUGHT
MONKEY
LOOSE
SORT
SHOT
GOES
SAYS
RUNNING
SURPRISE

```
T X X S T E E W S M S E S O O L I
F O S D U Z T K K O W X H E A D S
E A U Q I R K T P N E P Q E T E A
S S V W V S P M N K D E I Z W Q Y
T O O O H G W R C E E D I F A F S
I R Q L R N Y M I Y K I G W F S D
M T P E M I E A G S I T G O E S X
A W P B B X T K A X E I V O M E L
T V G S G O H E R S I O F D N M K
E I E D Q B G D T T H N N H Q A I
Y G N I N N U R W V V O I Q L H G
U C A E D G O R Z N A O T P D B W
V F G S W N R C L A S S R O O M D
H E D W J X D K A O S G F P F E Y
N W B N T Q L S U U Y A D K S K T
```

Puzzle 603

```
I C R I M G D H R Y L A T I P A C
N B W Z U F I V O F U K A B O D V
S T N A L P S Q R T I C H Z I R B
T X D B H G A U C A T K W W S R S
E W R S R E S U O R T E I G O F H
A C A L M E T A E R C W R E N V A
D R W R N C E B M H U N G D O Y L
A U R O I V R E T X T T R E X E L
P X O U S H A M P O O S N U Z O X
B U F D U S T X Z M W T Q E K L P
A L T U P D A T E U Z A Y L V L W
T R A N S P A R E N T R W H A D L
B C G C C U T H C Y K T L M G P A
M E D E W G Y R A T N E M M O C E
I E Y Q Z I J D R Q B D J W X G U
```

TROUSERS
CALM
WHAT
COMMENTARY
TRANSPARENT
UPDATE
STARTED
INSTEAD
CAPITAL
SHAMPOO
FORWARD
POISON
PLANTS
DUST
CREATE
EXERT
HOTTER
DISASTER
SHALL
ADVENTUROUS

Puzzle 604

SENTENCE
SHOOT
SPINACH
OTHERS
MECHANIC
ENTRANCE
PROTECT
ADJUST
HEALTH
EXPAND
BREAK
TRYING
SCARF
ARMCHAIR
FATAL
HELLO
DANGEROUS
ANALYSIS
INVESTIGATION
COUNT

```
D A N G E R O U S K A E R B D V Y
S E N T E N C E M B D D D F C V X
Q P X P C Y O H U A J W T K D B T
R K E P N L A T A F U W H H Y M E
I D T S K L H L L B S R E H T O V
A G J N O I T A G I T S E V N I S
H N B I P I N E S A U C X T J K H
C I A V K H U H T Z Q O E Y Q J O
M Y E L R K O L L E H K Z T E W O
R R X S Y K C I N A H C E M O P T
A T P C O S E N T R A N C E H R I
H S A A R B I S P I N A C H P H P
V V N R M J E S C U I J K R M R X
D F D F Z K X E J N E K I F C B N
S Q S J I S C E Z M I Q Q V L T D
```

Puzzle 605

```
S X S C Y C C X Q X Z N V R Y U Z
B K G T E U D A D X W M J E C N X
M O I C A R L T P P Z K E P C D J
S Y T R H V R Y T T D U L E H E I
K J K F T E E R O S U D P A D R E
D W V V I U A I P J O R X T N Y V
L O C K W O S U N Z X F E I R B A
F K E E T S O X U T N E A R L Y F
P C F S U H N Z V F E U S R U P E
C O M M E R C I A L B N F N X J N
D E D I C A T E D D P F D G G U C
N L U P J N F X F Z A J D X A M I
F N D V C F Y A J T T J D B H P N
O Q U I T N E M N O R I V N E E G
Z N M K I U N V F P K U V E R D B
```

NEARLY
DEDICATE
JUMPED
ENVIRONMENT
WITH
PURSUE
QUIT
UNDER
FENCING
LOCK
CAPTURE
TAX
REPEAT
INTEND
SORE
COMMERCIAL
BRIEF
REASON
SKIRT
CURVE

Puzzle 606

INGREDIENT
CONVINCE
GIRAFFE
SUBSTITUTE
LIKELY
MOCK
CHORE
CONTRIBUTE
CLIPS
PORTRAIT
QUOTATION
CLOUD
RACE
SIR
DECLARE
WATCHED
SHAKY
PRIZE
VICTIM
SECURITY

```
C D L N W A D H L E M V B L P C J
O L F X S M C E F F A R I G O O J
Q Q O U Z K L Z C C N Y I V R N O
I Y F U W A I I X L K D Q R T T D
W T C H D Z P R F B A J A P R R F
E I T W I C S P B M J R M W A I D
T R T N I C J R X I N V E A I B O
U U I R N O I T A T O U Q T T U V
T C O N V I N C E C T C V C F T U
I E N M Z L F B D I E R O H C E Y
T S S P U I M X U V Z N X E A W D
S U T T J K C O M M J M A D I U L
B R A C I E I N G R E D I E N T N
U W M Y S L J K J U D A Y U J D X
S I R T F Y K A H S R K A U C M V
```

Puzzle 607

```
D C W I N D P A X Q L A R E V E S
Q E O O S S R W E I Z S T R W P Y
L B M M C K I K V R I U H U Q V W
O C I O M A C J C J I Y C T Y Z I
U E Y C C U E W B R Q B M A R S T
L S X L X R N F U N N Y R R E M H
R S H L F G A I H V G C W E V H O
B E T I V N I T C Z Y J R P O N U
G L X P A I B I I A F L S M C U T
H T T A E R H T H C T A M E E C A
R N O J M W R K D R U E D T R B E
T I Q G T I A G G R E S S I V E H
I O R H R B N X C I Z O F S C W W
D P O L W N M E V E I H C A A T P
Y N N L J O V R W J E J B I Q Y U
```

INVITE
RECOVERY
THREAT
FUNNY
MATCH
POINTLESS
WIND
EXAMINE
TIDY
MERRY
SEVERAL
WHEAT
WITHOUT
AGGRESSIVE
DEMOCRATIC
PILL
COMMUNICATE
ACHIEVE
TEMPERATURE
PRICE

Puzzle 608

SUGGEST
EAGER
TEAR
COMPLIMENTARY
CAT
LESS
PACE
TALLEST
GRAND
HISTORY
CHILDREN
DESIGN
RULE
DENTIST
MOTIVATION
ROOSTER
FARMER
PUBLICATION
MIX
WOOL

```
L E L W Z H E C P S U G G E S T M
W R U E O V D P U B D C X L R S O
R A E T S K F B B C E O S U U E T
E O Y T I S A R L Y S M T R N L I
G Q O B U R R X I M I P X H U L V
A H P S S H M T C N G L O O W A A
E T S I T N E D A O N I L D T T T
X T X L N E R N T I E M B O R R I
G D Q Q F I R A I J R E B S T D O
P A C E F H H R O P D N C R U I N
H I S T O R Y G N E L T F N Q P T
E W B C T S D G Q N I A D Y C B L
E M T J Q R L P W L H R Q H C F N
L T N B W B M I Z Y C Y B Z A Z R
T L D O T X A S T G Y C T H T F Q
```

Puzzle 609

```
S L K L T A O C Q A A J I R U Y I
H U N D R E D X O X E W U A X T S
C K Z R O N G T O N E M L D N P S
I B G H P I O B H A F L O W G M U
R O T D X H N Q T Q G L H C I E E
D F R H E S U A C E B H I R B M T
O I A P R O C E E D M L C C D H Y
Z D I Y U B C S Q W Q D W K T U G
B A S K A N G A R O O M M A D H E
H F E K U O A T U P L P V O I R P
R E C U L T U R A L M T O G R O F
G Z A K O K R O P J U B L K T P R
H R V V L E E K X O Z N C Z Y V G
E N B V E C Q J N G M P S T O V E
E G S J E N W Y O X W S D M S W L
```

DIRTY
RAISE
EXPORT
SHINE
CONFLICT
EMPTY
BECAUSE
HEAVEN
CULTURAL
PROCEED
WOLF
BIG
HUNDRED
LEEK
JUDGE
RICH
KANGAROO
FORGOT
ISSUE
COAT

Puzzle 610

REMINDS
STARE
ADVICE
TREE
GOODBYE
ANNOY
SPEED
LAKE
MARKER
HALL
FOOT
SOMEBODY
WEST
TOOK
SOLDIER
FARM
ACCOMPLISH
LEAST
NUMERATOR
PEACE

```
I F X N S J G W Y P E A S T B B I
A U F P R J O N W F R C J S R M X
X A U C I A O M G I Z C U A O E V
F Y Y Z X N D F Y I G O N E T U E
K U A J L A B F D G L M Y L A Y U
C J B P B S Y O N N A P U L R S T
L Y L P R X E I E D N L P Q E T M
A D T S E W S O A C V I I S M A T
T O O F K S Q P T Z Z S E P U R V
D B O E R A D V I C E H J E N E L
H E K O A S I N R H A L L E I O A
U M N S M R A F I A A S W D H M K
U O J V A N F J B M V D S M Q S E
M S S O L D I E R B E Z E H C T R
A G P E A C E L I H Q R T P X X R
```

Puzzle 611

```
W R C S E F K N Q J M D U N M C N
Z L O J M D O T V G M D O B O O H
L Y M M E Z Z R B D Z B A Q D N P
S S E C C U S Q C C V C N V E S B
H G T C I N E M A E O D M I L T L
D J I O X K N D C Y D M B R X R I
E V H M J A H K I R W O P C Z U E
Y I W E N K O C L A R G E A N C D
G A M E S T U I A T E H T M R T E
P E S V C P R T M N H F I O N E E
X A N L I O D I F E F R P G V X P
D B I Z E O O Z G M O T S L F P J
D T F N N T P E I E F Z E D L W L
I D N W C Y S N R L H X D D E K E
E H I Y E M C I H E L K N I R W E
```

CONSTRUCT
DESPITE
COME
FORCE
MODEL
DEEP
CINEMA
SCIENCE
WRINKLE
WHITE
KNEW
HOUR
LARGE
ELEMENTARY
PAIN
GAME
COMPARE
CITIZEN
SUCCESS
HER

Puzzle 612

DEPRIVE
PERFORM
BITE
QUICK
STOP
MOTH
ABILITY
MILK
SURPRISED
FEW
OFFICE
MUSEUM
PRIVILEGE
MEADOW
MEASURING
COOKER
STAGE
STRAWBERRY
COPPER
ORGANIZATION

```
M S S Z A A B I L I T Y R N M H H
R E T I B M E X F N V I I V C P J
O C A R S N O I T A Z I N A G R O
F O V S A X D O O S T O P K L I M
R P D Q U W D E P R I V E C B V G
E P H S L R B O V J U H G I P I F
P E G W H M I E I M V P A U U L W
C R T Q T N U N R U W H T Q O E V
M E A D O W W S G R L C S J V G F
A K E M M M Q R E L Y N B F W E C
V O D E S I R P R U S M K H Z U H
N O I P U X O G H N M Y V M V L Q
E C I F F O H H J D D F R F P I X
T M B K O L I C I X K K O X J J X
P F S B R E F C Y W Q B W F E W D
```

Puzzle 613

```
N P B M M D N I H E B B W L B N S
E Y Q Z P P I G N U O N L P E Q O
I P H E A S A N T D I V C O D W U
T L B U M R N I Q R E Q O Y W O T
H T R E E S C Y U A C X N Q T E H
E S T W Q H P A I Z N Y C C U C R
R T B W E C Z L C I A S L A J N W
Y A H T Q L S P K L R O U F Y E L
P I N C L U D E L E A K S O I U V
X O S N T J T X Y E E B I B R Q Z
Y I O O Y A X F L H P F O S S E Y
S U D D E N B C L W P L N Y T S K
Z R F I M N I F I K A Z N A D A Z
R Y L U G R K M H R F J Q D Y L H
O P J Y K W J M C L Z D R O P I D
```

INDEX
WHEEL
LOWER
DROP
CHILLY
PLAYING
TREES
SEQUENCE
SOUTH
BATCH
INCLUDE
APPEARANCE
QUICKLY
SUDDEN
LIZARD
NOUN
PHEASANT
NEITHER
CONCLUSION
BEHIND

Puzzle 614

NARROW
DEVELOP
MEMORY
TOLERATE
DESK
MITTENS
FAIL
IMPROVE
RICHEST
MARK
THANKFULLY
TEST
CHAIR
SUPPLIES
OPERATE
CRY
LAWYER
RELIGIOUS
ESTABLISH
WIDTH

```
I K D N L I X T Z U G A W W H S L
X R E R I C H E S T S E T J A W O
R Z V I O P E V N I Q Z H F X F T
G W E A L X S O E Y M Y Q S F Z A
I T L H L F T R T E N Q C E Q T L
T N O C X T A P T O C Z R M A D A
M Q P C A V B M I A A S Y X B F W
W E M A N H L I M O P E R A T E Y
P F M U D S I T O L E R A T E G E
B C N O D Y S E I L P P U S A F R
F X V Q R G H T D I W O R R A N E
W A J G S Y L L U F K N A H T P F
D V I T C L X H M J S R L Z X E J
H X P L Z N S B A M E A A F P P H
R E L I G I O U S E D E B M W Q P
```

Puzzle 615

```
T G D W A E Y J K D G V O B Z P E
N R R E V O C T E E M O W K O O L
I O A O E B Y R P E K U Y I X D P
A T E D W P E V I Z G X P G F S Y
P A X T I L J H F G O X Q H V F P
E R C Q Y T V G T H O U S A N D A
N R I B N I I U J F Z J M H M R R
O A T K Z M Z O H E L E E X P Z S
U N E Q Y R J R N C F I N J X W L
G W D H B E B H J A Z G T A G M E
H X R P W P Y T F F L B A Y F H Y
W A L K I N G H M R M J L G G Z A
T H I N G M W E Z U C A G E E R F
H D M A L Q B Z T S H E S A X J T
A D E J E Q P F R I E N D J V R V
```

PARSLEY
OVER
MENTAL
FRIEND
WALKING
PERMIT
GROWL
THING
THROUGH
ENOUGH
NARRATOR
BODY
EXCITED
CAGE
THOUSAND
PAINT
FREE
SURFACE
LOOK
TRADITIONAL

Puzzle 616

FELL
ISLAND
GOT
FRONT
ORBIT
HIDE
SUNSHINE
LAMB
BUS
POLITICS
SELDOM
SNAKE
ACCEPT
HERD
CAME
SITE
TYPE
THROUGHOUT
GLOBE
SINGLE

```
Z Q U V L K B W J T S P G B O M B
O H S B D W R U F Y N O L J W L V
C X Z P N F V M S P A L O K A O S
G O T L A M B X H E K I B W A G X
Z D U L L M S B E M E T E L X Q U
R S O R S E D S R A D I V Z O A U
R X H L I L F I D C I C V Q O C O
E L G N V G K T V A H S O P U C G
G K U Y D N B E S M B Y R K D E U
S X O S S I J B I E J M B D M Z X
Y O R Q X S B G Y Q L D I W W T P
O P H R Q L J W F K T D T L O N V
D A T T R F I D U N Z O O L O O A
R L N R S U N S H I N E W M A R D
E T K S X C G G N F C B C Y G F F
```

Puzzle 617

```
U  S  X  K  F  Z  Y  U  A  U  Z  N  B  W  V  L  S
R  A  V  O  I  D  V  C  F  C  M  B  E  C  I  J  P
T  S  R  T  I  K  Z  B  H  C  G  U  O  T  R  E  K
R  P  Z  P  F  P  J  L  I  V  E  M  A  S  T  W  V
E  I  R  H  T  N  E  D  I  S  E  R  P  F  U  R  T
I  W  J  F  H  C  J  B  O  T  T  E  R  O  A  C  R
C  C  T  N  E  U  Q  E  R  F  V  N  E  R  L  L  Q
G  L  A  T  S  U  O  I  R  U  C  I  N  T  N  E  R
C  A  L  N  I  X  C  J  O  D  T  F  J  U  E  V  I
V  L  R  E  S  X  S  D  B  H  U  E  G  N  I  E  B
Q  J  O  D  Y  Y  T  S  F  O  C  D  B  A  Q  R  Y
X  M  K  U  E  L  Y  T  A  L  U  R  X  T  T  F  H
F  F  C  T  D  N  L  A  A  L  T  N  D  E  O  A  U
A  O  G  S  M  Y  E  C  I  W  G  W  O  R  K  E  R
V  A  T  Q  G  H  Y  S  P  K  D  M  E  O  P  I  E
```

LIVE
SAME
AVOID
CLEVER
GARDEN
THESIS
STUDENT
DEFINE
RENT
WORKER
PRESIDENT
VIRTUAL
CURIOUS
GLASS
OTTER
BEING
FORTUNATE
STYLE
FREQUENT
CLOUDY

Puzzle 618

SCARCE
AUTHOR
WESTERN
PURPLE
OWN
MUST
MODERN
CUT
FORGIVE
IMPORTANT
NATURAL
WIDE
HUGE
DESTROY
RIDE
DEMONSTRATE
LAWN
KNOWLEDGE
COULD
HIGH

```
D  J  D  V  J  W  R  X  L  Z  L  W  S  S  W  V  D
Y  G  B  U  E  K  K  I  I  Q  X  O  R  C  F  X  E
L  A  W  N  A  U  T  H  O  R  C  G  Q  A  J  H  S
W  E  S  T  E  R  N  W  O  D  A  U  I  R  G  G  T
P  I  A  U  C  K  T  T  N  Q  F  O  T  C  B  Q  R
H  H  Y  M  O  D  E  R  N  H  U  G  E  E  T  A  O
V  I  E  L  H  P  U  R  P  L  E  D  I  R  Z  S  Y
N  S  G  U  M  L  S  U  P  F  O  R  G  I  V  E  Z
V  F  W  H  L  K  N  O  W  L  E  D  G  E  J  P  F
X  X  E  A  A  A  Z  I  F  Z  C  I  J  A  N  C  U
W  I  D  E  T  A  R  T  S  N  O  M  E  D  H  I  I
G  M  J  Q  G  H  V  U  V  P  O  F  L  L  P  D  U
X  U  H  H  H  Y  S  E  T  C  O  U  L  D  N  U  K
C  S  I  U  C  X  A  Y  N  A  A  J  V  H  Q  W  F
E  T  N  A  T  R  O  P  M  I  N  K  T  Z  O  Q  T
```

Puzzle 619

```
B A B R H J U J D P D X X A E F N
A G I A J O Y Y K D A A T D L C J
R E F F U S T R R X M U O W E K F
M N H I G H E S T C I Y S J C A W
H T L U C I F F I D O X K E T M C
I N F O R M A T I O N N Q B R O P
N E W S P A P E R S A Y F W I S E
B R O T H E R T R E A T Q U C X R
O E J E L L Y A G S Z J M F S Z O
R N Q M P C O R B P P Y N V C E J
Q E Z T E L T N E G S C B A T J F
N P O X B E S O M E T H I N G G J
Q O K C X V T V L A Z A O H C G D
C O F P S F R J D Y U I K C N Q Z
J F D E C E I V E L B A T E G E V
```

DIFFICULT
VEGETABLE
GENTLE
BROTHER
ELECTRIC
DECEIVE
MEET
OPENER
SOMETHING
RATE
NEWSPAPER
SUFFER
AGENT
CONFUSE
INFORMATION
HIGHEST
TREAT
PAUSE
SAY
JELLY

Puzzle 620

ACTUALLY
FISH
WON
ATTITUDE
HEARD
HUMAN
FULL
NOISE
OLD
SKATE
THEREFORE
RESPONSIBLE
POLICE
REWIND
FIRST
HOLLY
HAVE
SAVE
SHREW
COLLAPSE

```
S H R D P R S Y P N Z C E Y I S R
H U A E R E W I N D R A E H X A N
P M K T S I G P D S S A L S E F U
F A F O T P D G T A P G E I J G O
D N K E S I O N K V V A B F T W N
D X Y K X Z T N N E C I L O P S A
Y D J U I Z S U S U P L O H T K I
C H F D T D F S D I H A V E X A Z
O F O J K I H B H E B P T J T T C
L I G L F F X T V K S L B L Q E F
L R O L L T U S V Q T W E R H S U
A S U U C Y A C T U A L L Y O L D
P T Z F W O N U Y L A Y L E W B U
S F M D Z F A H U A W O S F U O G
E R O F E R E H T P U C P Z H E G
```

Puzzle 621

```
T V O V J M E B M O H Q W I X Z Y
G M D H Z M H L J L A C I S Y H P
L D A R K W F O I M Z X S S L J C
B B Y M R E C O V L O N H O S E O
T X M F B Y G M K E T V O R M M M
V H C Y E E S M R W G R H C V A P
A R E T E M O M R E H T Y A L O L
M I G M T H G I R A M N C I Y U I
P R A H S U O R E M U N O Y N S M
I D U K A E B R S B F E W F M G E
R L G Z T O L F A Y R P A T B V N
E V N X Q D Q V R E P K R X J S T
I Q A R V V O Z E L B H D L A V A
B B L J O M M O D S I W Z C C V R
U W Y V J I B Y R S H O E S U Q Y
```

DOOR
NUMEROUS
PEN
SHOES
PHYSICAL
LANGUAGE
VAMPIRE
COWARD
THEMSELVES
ERASER
THERMOMETER
ACROSS
TASTE
BLOOM
WISH
RIGHT
WISDOM
DARK
TRYING
COMPLIMENTARY

Puzzle 622

FALL
LIE
FAMOUS
DUTY
FOCUS
PETROL
CURRENT
WHALE
GREY
GROUP
HIGHWAY
WHOM
WELL
PATTERN
FROST
BEAT
EXAMINATION
DIRECTION
SOUTH
CHAIR

```
T U O R P C K T D F F L F U G E B
H Z E R L S D V F H V S U G C X X
T J E M I Z R K B C D U B M W A D
Y D J S V L W I F B R O N T L M H
G Q N A H M C B I X C M O H W I Q
O D O I Q Q Z C J S L A I T O N H
S E M W A Y T U D Y K F T U Q A G
U L G D P A T T E R N W C O U T F
C A L Q U W N P A F J A E S W I R
O H V L O H E P E E W T R L T O O
F W A X R G R K I T B U I I L N S
X O F I G I R Y L T R V D G L P T
B E A T R H U B D X H O W R A K L
I D R P L P C B M X Z Y L E F C P
D G A A P L X F G G G R H K Y T Y T
```

Puzzle 623

```
X V W Y N I A M F N Z R Z F H Q O
J F I R O W L Q Y Q H F V W A X X
L I S A I G U I T H G I F V I Y A
K G T T T N E M S S E S S A R X S
D Q W E A I K U U T J M H G H O N
X E Z R Z T H L D E R E V O C P A
U A Y C I T T N E M T A E R T C U
F H W E N E R J Y G S O Z Z O I Z
S N Z S A G K K B C D N L Q E R A
D H L R G Y T F U F Z I X U I C L
O K Y C R Z T O E V E N R T H L I
Z O N E O Q A R W E X H O F I E Q
E E L E E H W M P G S U V F T P C
Y E N V W T N E G I L L E T N I M
Z N R W X S E R B O T T L E S S G
```

SECRETARY
TREATMENT
EVEN
FRIDGE
GETTING
MAIN
HAIR
CIRCLE
FORMER
DUSTY
INTELLIGENT
BOTTLES
COVERED
ASSESSMENT
FIGHT
BYE
KNEW
WRINKLE
ORGANIZATION
WHEEL

Puzzle 624

BELL
THERE
ESPECIALLY
IMPACT
CRIME
PRONUNCIATION
CRADLE
LEG
NEAR
SCENE
DISAPPEAR
DISSIMILAR
ABOUT
BORDER
STEEL
FAR
EARLY
MORNING
QUOTATION
SUNSHINE

```
T D Q T F Q A M E C E V D N W U L
Y H I R A L I M I S S I D O N L C
H S E S N A O H C Z P K R I V Y P
I C N R A F A Z G C E K Y T G Y B
M E I A E P K C H G C C R A D L E
P N H M D F P K J M I R E T L R F
A E S J O D G E B R A J D O R A G
C F N J Q R F N A V L E R U P E S
T T U O B A N A Z R L G O Q J B W
L S S I D W O I B F Y D B M J R W
A B T O P V V B N L B S I B V R L
R F V H G U I I G G E L E E T S U
B E L L P R O N U N C I A T I O N
R D E M T D E I N E A R O Q H L R
C R I M E O G V A R Q V V T K T M
```

Puzzle 625

```
V F C O M P L I C A T E D N A L S
Q L U S P E R M I S S I O N F X H
K L U N T K E E P N M C L L S A A
L N C N D O D L Y L D L I X Y T K
G R A N D A P P A T Y J R T B X Y
C M Z L Q Z M J H A I R O D P O D
J E I Z U P S E W Y J L N M A H Z
C A R P E T Q W N U O D A J K O Q
O L C M E N T E I T N W U E O P G
A E E V I T N E T T A A E R Y S
S H O W G N I M O C Z L Z R I S K
D Q I N H N O S C O R E M F S V N
U N R D T O P P O R T U N I T Y E
C U B Z Y L P E R D N K B P T K K
I F P Y P M Y V F G Q T B Q B T C
```

COMING
SCORE
SHOW
IRON
EIGHTY
REALITY
REPLY
AIR
PERMISSION
LAND
RISK
OPPORTUNITY
KEEP
FUNDAMENTAL
CARPET
COMPLICATED
ATTENTIVE
SHAKY
GRAND
STOP

Puzzle 626

IMPROPER
AMONG
STICK
YET
GET
DRY
FOLKLORE
TALENT
INTERNATIONAL
EMPTIED
EVERYBODY
IMMEDIATELY
CARRY
BED
DATA
LADYBIRD
POT
PORTRAIT
HUNDRED
AUTHOR

```
V P J O O N D A D Q S P U Z N W F
C M E I P R E P O R P M I L A F O
A L A D Y B I R D E R D N U H O L
R M G A E P T M P O R T R A I T K
R G E E O B P U Q D U E O S E A L
Y N G W X V M T W R O G D P V U O
Z O I O Y Y E B L X D F R E E T R
I M M E D I A T E L Y A Y J R H E
Q A A T A L E N T X H O T X Y O N
Z L D U Y E T D V T D F I A B R L
I N T E R N A T I O N A L U O S D
O A M Y M R O C T R O L T E D S I
S T I C K O J X F X F K F E Y S F
U W C M K M G C Z K I B G Z X S L
F S C O L W T B X M G I Q H U U M
```

Puzzle 627

```
N K S G L Y R Y V R E L I A B L E
A B I K M F W O S V V N B X A H Y
V O M N B R L A K L W T I D N W O
I R X V H C X Q J F H E R E H A F
G R Y I A A W E S W M D Y E C R F
A O C U U Y M W Z M A I U X Y T P
T W L O L E Z M Y S Y B P Y A J Y
E S F P E S Q O E W B L S I O Y H
A P P L Y X P F A R E E T B Z Y E
Y C K T W L C C R A Y O N S G Z Y
H S I R E P I E D A N O M E L R A
M S U U P E T S P E T E Z E T D B
P I J C E E C J Y T Y F K R W I K
K M Y K Z H R U V P N N M O C X B
W R Z J Z S A K M W S M P T T M Y
```

APPLY
LEMONADE
HEY
HAMMER
SHEEP
BORROW
CRAYONS
OFF
RELIABLE
PERISH
MAYBE
HERE
EXCEPT
ART
NAVIGATE
TRUCK
MISS
PIZZA
ARCTIC
EDIBLE

Puzzle 628

COMPANION
FLOOD
LOVELY
CONTRAST
REVERSE
PAGE
DEFER
HOTEL
NOT
SISTER
MARRY
RUSH
CONCEIVE
FORMALLY
FORTY
LATER
MONSTER
SHORT
BRIEF
OPERATE

```
P O C L Z R X N K F S M Z G O F Q
D A P Y R E T S N O M A D I Q L H
E N G O D V Q H V R X R E T A L D
F O Q E B E C L K M F R Y W E C Z
E X U D M R R I W A G Y E I G O K
R E T S I S F U N L E T O H R M C
K Z Y U R E B O P L G D J E M P O
T F K A G E Q O R Y M J C M I A N
K P T V I F G P U T A F Z C B N C
M Y H N R U S H A D Y M V C R I E
L O V E L Y A U I S H O R T I O I
F L O O D O P E R A T E Z G E N V
D Y E A X L M H M W L V D X F X E
Z F E A E R S G Y J Z A M H O Z N
C O N T R A S T O N I Z D Q P Z I
```

Puzzle 629

```
T F D E S A E L P N H A Y I O S Y
W E N X W P R W U S W I T G T H D
I T L T L L O R X Z K R O B A L H
C Y A E A R E A I N S E A S O N O
E G T U V K Y Q S V N V Q U B E C
E G W O N I K B T N E O T O Y R K
Y G M W Z T S V Z M N C F R V D Y
C I Q M C X V I P O O S P E R L Q
F A V O R I T E O G Y I F G S I I
S W I M M I N G P N R D R N I H N
A P P E A R A N C E E E I A P C E
C U P I D P E F Z H V E N D N Y U
T B L H G D O Y X Y E F G V S D J
V H P G R H N K Y E A R S D R G T
I M P R E S S N D K M V K W V V O
```

AREA
PLEASED
BOAT
IMPRESS
FEED
LABOR
TAUNT
SEASON
DISCOVER
RING
ARRIVE
CUPID
TELEVISION
SWIMMING
EVERYONE
YEARS
FAVORITE
DANGEROUS
CHILDREN
APPEARANCE

Puzzle 630

STOOL
NEGOTIATE
DETECT
TAUGHT
TRANSPORT
ATTEMPT
THESE
CARE
WAKE
WANTED
BREAKFAST
INCIDENT
POUR
GRASSHOPPER
SOLUTION
SPELLING
ACCESS
FARM
DESPITE
WORKER

```
G Z Q E T Z D E T N A W S W Z T S
M R I H N W E T A I T O G E N H O
V U U Y K P T K K U H R G P O E L
P G N W J R E P A O G I Z L M S U
S Z V N C H C I K W U F C A I E T
H X Y K F B T W E Y A A X T D L I
B R E A K F A S T C T R C T P M O
P I Q S Z O W G I I A M G E K T N
D E S P I T E X N S J R Y M F M G
I N C I D E N T Z I P Y E P Y M R
A C C E S S S T O O L N R T D A E
G R A S S H O P P E R L N I G W K
G B N Y R R C T L P Q E E P O U R
T R A N S P O R T V I Z M P O Z O
Y Z V Q W Q K E F H K V V Z S Z W
```

Puzzle 631

```
R B F A L Y R P S X S A Q Y S M D
P B P P A F A B H M A H R M R A C
V T D J E Y T L A N A J Z G J I V
A F W R B Y H S R A D R W D U L B
V C O K N M E G P K P O K X Q E F
L O O G R E R E K O O C N E F T P
S T P N N T V J J Y J U Q Z T Z P
C N B I L I B R A R Y N N U B J A
A A D D P P I H S N O I T A L E R
N G N I V A H K U H C W H E A T P
T Q G R N J A N S H A M S T E R X
S C A R E C R O W S I N G L E C N
C R I T I C I S M J C N B I S O N
T B D I A U X Y Q Q J A N H M F Q
A Y L M G T D K A T D B W B T L N
```

HAVING
CRITICISM
RATHER
ARGUE
HAMSTER
BUNNY
RELATIONSHIP
SCARECROW
LIBRARY
SKIING
SHARP
BISON
ANT
MARKET
MAIL
RIDING
ITEM
WHEAT
COOKER
SINGLE

Puzzle 632

TOOTHBRUSH
MURAL
ASCEND
PUSHED
HELPFULLY
DEVELOPMENT
ARENA
CUPCAKE
ELF
WALK
MISSION
DOG
MAGNIFICENT
BLUE
DRUM
EXERT
TAX
ROOSTER
MILK
FISH

```
D M A G N I F I C E N T E Z Y V C
Q O H D E H S U P U R P R X O L W
S R G R N C J T J L X I H Z E G I
Q A U U W V A T Q B K V T L M R A
T Q N M N D Z I A Y O O G E R D T
N O T C S Z O U Z G W S W O R E W
T F O I V U Q W C U P C A K E V A
A S T T J U D A X H S M G Q Q E L
X I G W H R O O S T E R H D T L K
W R B K R B M I S S I O N U H O L
Q V P S L A R U M E A U P H Z P U
A S C E N D J U H L R O Z R M M G
U Q C F F K I A S F E F I S H E S
M I L K A U E R I H N S A W P N H
H E L P F U L L Y M A C T L B T J
```

Puzzle 633

```
S D I K E Q M W B U O E V N D A D
E E J I G I H V Z R W F L S E W V
T X P A S S I G N J C G Y P C A C
I I A A B R O U G H T W U U I Y A
K H Y M R Q U A I L K P W R D O C
V B J K P A E C O N O M Y C E R B
T C T I C L T C E P X E R H C A F
O Y S B K O E E L S X R E A N N Y
O Q C N R I O J E B I Y S S S G Y
X W U V B Q C K S H J Y I E V E W
T Y B Y X F M Y S J D H M L G X K
K T R Z E N T A O T S E V I L P A
W H O R G P F P N M O O S E P U F
A N N I V E R S A R Y T T G K E C
L T P T P J O E G R O R Y R I D X
```

EXPECT
DECIDE
BROUGHT
COOK
QUAIL
AWAY
STOAT
ECONOMY
LESSON
ORANGE
LIVES
ASSIGN
KIDS
EXAMPLE
PURCHASE
MOOSE
MISERY
ANNIVERSARY
SEPARATE
KITE

Puzzle 634

PLAYER
GONE
TOGETHER
ATTRACTIVE
SPENT
CONDITION
TRAM
PARTICIPANT
FLUID
IGNORE
BETTER
COMPASSION
HOE
PAPER
TERROR
OBJECT
THEORY
SCIENTIST
RENT
LIVE

```
C O M P A S S I O N T C E J B O S
I P N O A W B C P B H R N V C Q P
G S D K C F L U I D E E O H I S E
N U P L W M A N T U O H G F I L N
O Y Q E C K E Y E L R T R A M J T
R A H A E R D N R W Y E M J D M S
E K P X E J L T R O O G Y A U V I
N D M L Y R M U O R B O C A L U T
L T T Z E A L B R V N T B G L X N
B T E W U A N E E Q O R B X R P E
V X J U J N M J P Y R A P K E Z I
I U R E V I T C A R T T A P N K C
E A P S P V G C P X P V F B T X S
G F N C O N D I T I O N S B D N T
B E T T E R P A R T I C I P A N T
```

Puzzle 635

```
A R O N S Q G R F Q L D O T S E R
W E S I N G I N G D A I S Y K M E
V D D L S I H P A P T W R H D P S
X U O V N I M P H R N P I O W L P
W C X N A Y M G E I E X E N A O E
O E C N I R P P U C M W H O T Y C
R R H E D F J Q L E E D T R C F T
C X D A U V K D H E T I S A H Z E
R K V I T C L E S N A W Z B E V K
F W M P N E Y N O O L L W L D Q C
T G J R H A P U L I N T O Y F U O
F A G V I U R O B S E R V E I S R
M C J K V Z H Y T I I W H V S W D
A Q P T U W C F K V T A Z V G T Q
T G S Z U H J K K K O G Y E J C I
```

PRINCE
VISION
HONORABLY
HATE
EMPLOY
ORDINARY
OBSERVE
SIMPLE
THEIRS
REDUCE
CROW
INTO
DAISY
SINGING
RESPECT
ROCKET
WATCHED
PRICE
MENTAL
SITE

Puzzle 636

CHARACTER
DIFFERENCE
DAD
MENTION
ANYTHING
DRIED
TENT
STAMP
ZEBRA
DAY
VARIETY
PINEAPPLE
HEALTH
UNDER
PURSUE
EAGER
PRIVILEGE
SURPRISED
THING
POLITICS

```
V B H V M P V J F L J R P M E E R
U G N I H T J F C M U W R Q K A D
D N G E L P P A E N I P I P D Q X
R I D Y A D H E A L T H V O E B V
I H M E J G L U I U N E I L K G Q
E T E Y R D E S Y Z E E L I D A D
D Y N N E I R R T J T A E T G G M
J N T B B F Y U E L W V G I J I S
S A I H G F H P I T V C E C S W W
F U O V W E V W R L C X W S M W D
K R N S S R T I A M W A Y J B Y Y
F R X F I E O Q V D J B R S O E F
B A Y Y X N L O I Q O P B A U G Z
Z E B R A C Y S T A M P W T H X Y
Q E N R O E S U R P R I S E D C X
```

Puzzle 637

```
D R A K E R U W V W J O N V Z G M
E D A K V E L D E E N F O R K I K
L O T I A S R O A W F C I V M R W
R E H Y A P L O C J T G T A Q L P
U V L R F O V F C E N S A E Q E L
C I E H S N L I H E O N T P Q L Q
W D T K F S S S O E C M I T C I V
Y E I K Y I K T D L N G V F B B T
M N C N V B D U R I E F N L E O N
Z C S V G L T F I V S N I D A M S
X E O T D E P F B D F T C K Y O C
B R I L L I A N T E T O A E I T X
K J N G Y J K I E L D X O N Y U Y
H U K F N S M Y E I H K F C C A H
H A M B U R G E R K Y R Y W K E H
```

CURLED
EVIDENCE
HEN
VIOLENCE
DRAKE
STUFF
INVITATION
ATHLETICS
HAMBURGER
BIRD
DISTANCE
NEEDLE
AUTOMOBILE
PAY
BRILLIANT
FOOD
FORK
GIRL
VICTIM
RESPONSIBLE

Puzzle 638

IDENTIFY
PROVE
ECONOMIC
WEAK
WAY
YES
RECENTLY
CALL
WINTER
CUP
SQUARE
BASKETBALL
SKELETON
GENERAL
CLEARLY
JERKED
TELL
DISTURB
SUGGEST
LAWYER

```
C L E A R L Y Y E S P B N W A O L
O L A R E N E G J R U R Y W Y U A
G A W I N T E R K Y C J O O L J W
C C J V C I H N D O I I Z V O B Y
R T O D H L W E A K B V D T E D E
S U G G E S T N C W V D L N R Y R
X T A F R K B O F F K W L N T B K
V I Q X A J R T T E L L A S Y O R
J B C J U O U E Z P S Z B Y F M L
J Q W J Q K T L J F O W T M I N D
T R A K S I S E L R E C E N T L Y
M F N D O V I K H X U K K L N G Q
N L B H R T D S Y Y F R S V E W C
E F E C O N O M I C H K A J D D Q
D F U Y I U V P M Q V C B P I W A
```

Puzzle 639

```
E F E O L B H C F M J Y Y T V A B
R P W I F I O B V I O U S K H I Y
M C S V B N T C E J B U S V O J S
T R O U B L E T L V F P K G N Q Q
L Q P D O Q G V L G W Q C G K U Y
S O M E O N E W Q E O U O E J J L
V C U K J C P G C G M S L A P U O
T W J R M V B O X L M E B M A V R
T E H Z R Y E H X H A D M Y O A C
S W A N O P A E W A T S I S E H T
E E H F W E R G P P N N S S E O Q
H O T W B E M D V P B B O R E V Q
C S X J Q L E E X E D K F M O C H
I X Z N P S H H O N G D C T Y O V
R E D U C A T I O N L B V D V E M
```

OBVIOUS
WEAPON
JUMP
USED
MONTH
BLOCKS
HAPPEN
SLEEPY
WORM
EDUCATION
TROUBLE
HEDGEHOG
SWAN
BEAR
SUBJECT
LITTLE
SOMEONE
CLASSROOM
RICHEST
THESIS

Puzzle 640

MATTER
DRINK
YARD
SPELLING
BOIL
ELIGIBLE
DUPLICATE
EFFECT.
PROGRESS
ALTHOUGH
LOST
SUPPORT
SECTION
PRISON
ORGANIZE
MANAGER
STOCKING
BOXING
SHAMPOO
JUMPED

```
S G N F N B X S D U P L I C A T E
S T S O N P Z H H P J I P T H H Q
E N O S I R P U F A M T S A U W D
R R E C X R W A P Q M J U M P E D
G E F V K K E L O S T P V V J K G
O J I I K I R F R O K P O T B N B
R E T T A M N L F U B C W O L I V
P K B P T J T G O E S U P P O R T
Y O C M F Y J C R M C Y A R D D M
A L T H O U G H G A J T R M L L A
P I N B C Z O E A N O I T C E S K
D O S N K A Z E N A T O Z R T D M
X B J V R Y Y L I G N I X O B K Q
S P E L L I N G Z E L Z V U N O R
E L I G I B L E E R J F U E Y U S
```

Puzzle 641

```
A H L J X J B X S G A A S Q V A B
F R I E N D L Y A W L L A H T S E
Z P G N E P O H J E H O L N D P E
O W C L T E H M L B L J I B C L T
S P F E F T F O U N T A I N O I L
U A E H O S R E C O R D B A U R E
P H G N A H R S C L E D R G P J J
P P T Y T G A M X E G B A R E I X
L A R O U C N K Y M P K V E E K Y
I R I E J R D D A R J I E E X P M
E G H J T U O F D E E S B Z O V J
S A A K X T M L C T Q J C R Z T K
B R K G P F Y D O A J L W Q E A W
G A T X J F V D Y W I G G P G S O
N P U H Q J E S X C V V Z L X D U
```

WATERMELON
OPEN
COUPE
HANG
HALLWAY
BEETLE
AGREE
BRAVE
ROB
RECORD
HOPE
PETS
RANDOM
PARAGRAPH
PRETTY
OFTEN
FOUNTAIN
FRIENDLY
LION
SUPPLIES

Puzzle 642

MATERIAL
BRANCH
CAR
ALOUD
BROWN
MIRROR
CARELESS
DANGEROUSLY
FAMILIES
HEAT
PERFORMANCE
DEW
FINISH
ASSURE
FUNCTION
SEVENTH
TROUSERS
COMPARE
WALKING
HERD

```
F P A B Q X Z V K G B S H O I F I
I B L A I R E T A M X R V E O C A
N L O F P P Y H B T J E O E A Z S
I I U I A I A D E W P S O W I T S
S A D R E H Y Q C C Z U W E N B U
H W A L K I N G N A X O V I N R R
F U N C T I O N A R O R R I M A E
G I Q C E K D B M E S T E R T N R
O E Q Q K X G H R L W E I L J C A
M N E U F T K A O E C L V S F H P
D W J G D Q E Y F S A K W E O L M
F A M I L I E S R S R T A J N L O
H R N M F U Y D E P A P X I U T C
R I W Y N T B R P C R R J B M X H
D A N G E R O U S L Y C K U W H D
```

Puzzle 643

```
T L M Y S Z B P B H N S C G Q W C
K P W K M X R X Z G D K A N G A F
E L O F A W J W Y D V Z N I P G I
P R O F E S S I O N A L T D L C N
D E S E R T H X N O H R E L G U A
E B G N T S A W N I U R R I E R L
T M V N S F Y Q A T M E M U N T L
A U F S A H A R D A A V S B E A Y
L C B D Y R X V L S N I G U R I I
O U S A L Q S I G R G E A Y O N P
S C Q I U Q J Z I E A W T I S S F
I P R E T T I E R V I U K Z I T N
C X L A R P E F X N G W N H T Y F
P Y X R P B S J I O O W D T Y M M
C K Q L W F F J U C A H A L D W K
```

REVIEW
SAIL
DESERT
GENEROSITY
TERMS
AUNT
ISOLATED
STREAM
PROFESSIONAL
BUILDING
CURTAINS
CONVERSATION
CUCUMBER
RANGE
SAW
FINALLY
HARD
PRETTIER
ANNOY
HUMAN

Puzzle 644

RECOMMEND
LETTUCE
MOVE
SHEET
DOLPHIN
LEMON
VOLUNTARY
GLASSES
COURT
TITLE
ATTENTION
WEIGH
GRADUAL
BASKET
LIKE
VARIABLE
AFTER
POISON
SEVERAL
FORGIVE

```
X G H H G I E W B O H T L M L T K
M E L Y M L L E T T U C E M D I F
R E I L E E A G R A D U A L D T O
P U M Q N N K S Z D T U D K N L R
R P M D H Z V K S Q H S W L E E G
A T T E N T I O N E B O U L M V I
A Q L B V C L T U C S A X Z M O V
B K I Y R A T N U L O V S L O M E
R N U C E V R L E M O N N K C E K
C O U R T A N I H P L O D B E M I
I S U Z F M U T A C Y Q O C R T L
C I I C A H G V S B B K Z U Z E H
V O B B I T G G Z P L A R E V E S
Y P T I L G A I U B K E V F J H I
S U O R L Z Q N N U S R T R T S F
```

Puzzle 645

```
M B P B V H O T R Q J G L F Y B T
C E R E W R E F E R U N O I J D J
A O A L I L S F L A C I T N E D I
C Z N S N F U A A K C D T A T T P
C R W F U P H T E P I R M E A R H
U L T Z I R X S M O N O E B D A E
R E C C I D E Q G L N C T W P N A
A A U B C A E V E I A C Y A U S S
C K J P W E B N I T M A I C T M A
Y J R R P H Q R T I O P N A P I N
L I Z H J A A V A C N M S D M T T
K T I E M Y O W B A B D P C V S B
I T Q B R E A D Y L Q F E J F B M
K W Z S B J T J X V S A C A M E R
B V N W N P P X Y P J W T W Y D E
```

INSPECT
BAT
BREAD
ACCURACY
TRANSMIT
ACCORDING
REFER
QUITE
STAFF
AHEAD
WERE
POLITICAL
IDENTICAL
MEASURE
MET
MEAL
CINNAMON
CONFIDENT
UPDATE
PHEASANT

Puzzle 646

PERSONAL
SOMETIME
ERROR
WALL
FOUR
GRANDMA
SYSTEM
MUSICAL
DRAMATIC
PLANT
PLAY
ELEVEN
CABBAGE
RARELY
SCIENCE
THROUGH
ORBIT
BEING
SCARCE
CONFUSE

```
S N C W J L Z C D R A M A T I C T
U O A P I I G A J W Z G Z N N O H
Z G M L K I R B N L B Z U A A E N
X B D E A J E B A N A W A L K H D
O E N C T M I A K S D N S P N G Q
L I A R F I A G S C I E N C E C U
M N R A O I M E T Q N H C W P O Y
Z G G C U W U E N A G C G B E N D
F C A S R C R H R N M Z Q K R F X
E F B S D K Y L E R A R W Z S U B
S O T J N X A W P M O L K A O S P
M U S I C A L A I V S R M G N E B
J W T Q B W P L H P Y Q R H A Z O
Z V E D D R J L M S N E V E L E E
J B B H G U O R H T S Y S T E M A
```

Puzzle 647

```
E X W L L X D E A L B M O V F R S
C X Z R Y P A U N F O U R M G B U
O E A V H I E S I I W M J P F O B
P R N M D Q R F A R L M P O D O C
W C Z T I Z I S G F F Y R L D Y O
B X N E I N R E D E S Y E I B P M
D S O E Y P E G L A Z C V C K Z P
V Z O M L M E O C T I R E E F L A
W I Z A B C D D M O U N T A I N C
G H N R M E E L E R D L A O W P T
I K D W E P S I X G Q Q H J Y P V
M N F H S D S T L C F R W P S V J
N E C E S S A R Y T I V A C I K B
A G T J A A M E R I C A N U I Z T
T R A D I T I O N A L Q T R U T H
```

ASSEMBLY
CENTIPEDE
BEST
WHATEVER
AMERICAN
BOWL
SUBCOMPACT
MOUNTAIN
TRUTH
RED
MUMMY
NECESSARY
FEAT
CAVITY
READ
DEAL
EXAMINE
TRADITIONAL
MEET
POLICE

Puzzle 648

THROW
ACCOUNT
MAJORITY
RAPIDLY
BIRTH
ARM
CAMPAIGN
COTTON
BACK
PUPIL
THOSE
PROCEDURE
HOOF
FATHER
CROCODILE
TALL
COAT
ADVICE
COPPER
LOOK

```
O K L A C O A T T R I E O A R C H
R E O C I S J L A A D V I C E A R
E Z O C C R R B L W P B I O P M U
C Q K O O A C Z L R V I N R P P H
H D C U U P X M Q R J R E Z O A P
D D A N N I E O A P B T L H C I F
Z C B T C D N B Y J L H F R N G P
T H R O W L M E R E O J A F E N R
B K M K I Y T Z R Z D R K N K P O
C O T T O N J H G M H F I A G A C
F A T H E R P V O S G E M T M R E
C Y L I V N J U W S K H W S Y M D
O T D V C V B R P H E O X D Y F U
X E A Y J J E E L I D O C O R C R
I Y W W S N U O A B L F S Z J U E
```

Puzzle 649

```
A C X W E K Y N N M O N H M K D Q
R A D I S H L B P O S F S X G U X
G R A S S R E D L U O H S T U A O
L Q T G W U C V T T O F S S A R F
S P K B A F I J A H G S O U A T J
D L K O I U N R P D W D M J P H E
V C H W H N S U E U G D E D R G R
S W I N G N S L G S X E T A Y U I
L I O E X Y W O X K X S I C A O P
B K P N R E H T U O S I M T Y B S
S Q V C S K S C I G P G E Z J Q N
J U S T R F S Q K F V N S S G S I
D E B A T E H F W Y F S S J R Y U
T Q W U O S F S O F T V Q H P N T
F X I L A J X G L Y O X N U X Q O
```

SOUTHERN
DEBATE
MOUTH
SHOULDER
SOUP
INSPIRE
RADISH
JUST
BOUGHT
SWING
SNOW
STATE
SOMETIMES
SOFT
NICELY
GRASS
TAPE
ADJUST
FUNNY
DESIGN

Puzzle 650

HABIT
WINE
WANTS
CELL
FUTURE
CIRCULATE
WELCOME
PENCIL
FIX
WATER
NEIGHBOUR
DANGLE
INSIDE
FORMAT
COMPUTER
DEFEND
SURPRISE
SKIRT
MOTH
PAUSE

```
C I R C U L A T E M D M B E L A S
K T M N B C E L L F O J F D J V W
W T T N R G X X Z Y Z T R I K S P
B R D Y L P R V T H I P H S P Y E
D A N G L E F K W H Y Q Z N X D B
H U E P W T M F I D A O A I W T L
E K F W A F R R N D T B L U A N N
F B E P T N U E E E D E I O N M A
O N D Y E J O T S S Y B C T T M A
R J D W R V B U U I F Q N Q S S H
M V D U T I H P A R G F E W M J B
A M T Q K F G M P P E E P Z E Q P
T Q V J R I I O K R W E L C O M E
N Z W Y I X E C X U L W G H A U S
R G T N L R N K N S Q M L Q F L Z
```

Puzzle 651

```
Y F Q I D S S O W F T D X K T A R
Z R D O P V U A P R N O R O T C A
I P P F L U P A Z P Q A T A C V O
R N T H S F P E M M O Z F U W W I
A J V C D N E T A G R N C Z O E D
Y L B A B O R P S R U Z E X L C R
D M Z N T I X X W T O W C N B I L
E O J I R T C W P S A J L O T L Z
G R P P E I V Z M E K R T H E M E
R E T S A D O D J N C X T H G I E
E G G A T U S E N D I N G E J Z P
E H W A L A I C R E M M O C D T O
D O W N S T A I R S D H T S V I N
G R A D U A T E Z D Y U F F N X D
V G Z L M D A T S Z L F C B M Q B
```

DEGREE
SUPPER
ACTOR
DRAWER
THEME
GRADUATE
SENDING
AUDITION
OPPONENT
NEST
PROBABLY
TEND
DOWNSTAIRS
POND
MORE
EIGHT
STARTED
SPINACH
COMMERCIAL
TREAT

Puzzle 652

CATEGORY
CLOTH
DEVOTE
ENEMY
GOOSE
REALLY
BIRDS
RAINBOW
INSERT
LEGAL
NUT
MILL
ARRANGE
STAY
PHASE
COMMITMENT
FIREMAN
MONKEY
WITH
NEITHER

```
X F H B C L H C A G U J J J E S Z
Y E K N O M X N J J M J I X H Q X
O S P S M A F P N B I W S D D R K
Z O C K M A H M M E G N A R R A I
M O L L I M C L O T H A O V Q W O
W G J T T N U J N K O M T D U V D
K C F J M F E S Y E N E M Y C Y J
G L N H E C J I A B I R D S K L C
H E F M N K A H T I W I Y Q M L L
N G Y I T T D T S H Z F L I G A G
L A J C F H E P E N E P H A S E Y
U L D E V O T E E G U R Q W L R L
Z L C I H T V F Q Y O T R E S N I
O G A M O C Y X G A X R B A B Y H
R A I N B O W V A V I U Y R N X U
```

Puzzle 653

```
H K U I M I O N Z W E N D T I L E
F E T I B N S R V L G E A E N M X
K G A I R T R O S B M T N N D E A
S P M V Z E E S Q L S H C D E A C
I W G I Y R P R H Y T G E E X S T
X D E P O E P E F O C I L R I U L
B K S A C S I L H Z U R N L U R Y
X H J E T T L T H R R L H Y U E Y
W O M A N E F T B E T A D V N M Y
B H O Y C H R E A U S N G X B E Y
C U R R A N T S G Y N G G J K N I
P E A C E F U L N M O V N K Y T B
A G Q J Q J K Y K Z C C D E E R S
H R K I F J K B L O W I A C O X Q
W C A E D P O R A N H E F G E V U
```

SETTLERS
INTEREST
ALRIGHT
NET
HEAVY
DANCE
TENDERLY
CURRANT
SHOULD
EXACTLY
SWEATER
BAG
WOMAN
MEASUREMENT
FLIPPER
PEACEFUL
SORT
CONSTRUCT
BITE
INDEX

Puzzle 654

UPON
SPECIAL
PONY
CONGRATULATE
HOLE
TOOTHPASTE
BUT
ACORNS
PREPARE
CONCENTRATE
FIREFLY
SUNDIAL
ATTEND
SUM
SPEECH
CONVINCE
AGGRESSIVE
RULE
SOMEBODY
FIRST

```
H O L E T O O T H P A S T E C C P
H F A L C O N V I N C E I V O O A
L N I U B H D T N B X T L F N N G
I K C R G L K N T C K S A N G C G
Y H E R A P E R P T O N U B R E R
O T P N W F I K U Y S R N M A N E
B F S O Y P T R F L O O U W T T S
N S F F U L G K S F K C Z C U R S
Z O J F L N D F U E O A Z Z L A I
Z M P A M S W L N R O N M L A T V
U E G U T U B B D I E U F J T E E
O B T K Z T S R I F X A U P E N R
Z O C K M N E C A G S P E E C H P
U D J M I I X N L S Y Z F V Y E L
G Y N O P E O M D E A C Z S D J U
```

Puzzle 655

```
Z O P S Z I C U E F E R A F S W U
S O U N C U U U N F C F R H I W Z
I O E Y U R P F B D N U O S L G Q
P W C D C P B R O P E J F Q K J T
Y S Z I O F O S W H T R B W Y M O
S J C O A H A N B O N O S A E R E
N T M A D L R P B L E S D T W Y X
K Z R F C Q D Q L L S T H X O C G
P J L A P A S S O Y Z A G E L O L
M F F U T D N A U N H T E N L N D
T H R E E E C X S F N I P O O L U
S T O R E U G U E B D O G N F T L
F C U S T O M Y E H V N Y X B B G
A O X K I V K J L X Y C N K W T V
P R X C F Z M T O Y G F O J C L V
```

POOL
STORE
SILKY
CUPBOARD
STATION
SOCIAL
CUSTOM
SOUND
STRATEGY
THREE
FOLLOW
TOE
NEXT
UNDERSTOOD
ARE
PASS
BLOUSE
SENTENCE
REASON
HOLLY

Puzzle 656

TRUST
PROPER
SUMMIT
DIGEST
REQUEST
HOLD
PUT
RELATE
MISTAKE
FLOOR
TOWN
GOAL
COLOR
EXPERT
SALT
BEE
REFLECT
SHOT
HELLO
FREE

```
C A A I N I T T D Q C T L A S R N
O H X V F M L M C E N O X I T X A
L O U X C I W V C K N W D O B A Z
O L A O G S Y S U U T N U I F A I
R D A Y H X H D C S O Q H Z W A H
F V L N H C Y O J M D F U C N A D
S O W U I X O E T C E L F E R G K
T R U S T S E U Q E R K Z L S A C
S M O Y I V Y Y K Q M D S J Z E O
T N P K Z G Y T H G G H E L L O G
I W R Y Y T B S D F D C T P Y B U
M I S T A K E E X L Q X A U J S L
M L M X K G E G E O L X L D P P C
U L O H R C R I O O B R E P O R P
S H L S S Z F D O R G T R E P X E
```

Puzzle 657

```
M Z R S I U E G U K L U S D V M S
S Z Y P U C C O T N O C C T L M R
C N C I T N A G I G V F Q T O W Y
A O I V M G F R E T A I N G G O Z
N I N F V W K L E M E S S A G E D
D T A W F H R A O R V N T N E J N
I A H R C J R R O W M D X W H R T
D L C A O Y G T R P E L H D F O E
A U E Z P W R N A O B R E G N I F
T P M N O N E E G C I B A R K K L
E O O Q Y Y I C N K R B G F E W L
V P T U C I D O A E C F C H D S P
B L T J Z V J R K T S M N A B S H
X J O I S U J T J A E M J C F A L
J U B J H S A X M Y D C K W N J Y
```

FINGER
OCCUPY
CENTRAL
POPULATION
POCKET
DESCRIBE
ELK
GIGANTIC
SUNFLOWER
MESSAGE
BOTTOM
BARK
NONE
ONTO
SNIFF
STOOD
RETAIN
CANDIDATE
MECHANIC
KANGAROO

Puzzle 658

WRITE
THOUGHT
MAP
EVENING
CLIMB
TRAINING
PIG
TEACHER
BEDROOM
BASIC
SOME
FEAR
FLAG
INCLINE
TALKED
PLAN
KEPT
COMMUNICATE
QUICK
PRESIDENT

```
W E T A C I N U M M O C R F V P J
W R D H G S K F K I L V S E M O S
H W I J O T R A I N I N G A O Q S
P M R T D U U K X I L X M R M A P
O I L S E A G N I N E V E H O R L
H R G B K D M H E C I S A B O K P
C R V F L S T B T L E Y K Z R I F
E U Z Z A R I F N I V U E R D H D
E H A K T F I K E N A L P F E D O
T E A C H E R B D E B S T L B S B
G E S I N G U B I Z M G M A R C L
D Y P U V K J R S B L T V G W N V
U E C Q C G Y L E E M I N W G E R
A N O C L I M B R F Z Z P M G H J
J E S Z R K H F P E H E J L D Z Z
```

Puzzle 659

```
P R O M I S E P E S L Q A J Y D X
N K C F M H X M R O A J V H P T A
C G F N N W I K A F W B B Q Q D F
K T M X L D N I L A N C O W M V F
Q X C O S A N D C A S T L E Q T J
V K M J I U C W E A R T H V K H O
B D I A H O W A D E G N A R T S E
S U C P I J E Q U M X T U U J H X
Z G S O P T I O N S R P W C L H G
V S S I I N V A D E E B E Y Q N E
O K A L N H J M I L G F Z C Y H K
F E X T P E L O O C N N I I T H X
T I B L Z B S Q V Y I S W A B E C
D E F E N S E S T C G I C Y K T D
G X D X B Q V Z L N S H O W E D B
```

VOID
COW
OPTION
CAUSE
DEFENSE
EARTH
GINGER
INVADE
BUSINESS
CYCLE
STRANGE
SANDCASTLE
PROMISE
SOFA
HIS
EXPECTED
SHOWED
CURVE
DECLARE
LAWN

Puzzle 660

GROW
DISAPPOINTED
BAKING
SCENARIO
BROKEN
COLLECTION
LEARN
PUNISH
MALE
PROVIDE
BLEND
BARN
TELESCOPE
SILLY
OCCUR
BRIDGE
MUSIC
CUT
INFORMATION
THEREFORE

```
T D S U M G K J M G Q H S I N U P
E N I I E E E L K O I R A N E C S
L E L S L O K V S X H U Z F J L E
E L D M A L K Q R X S C B O T U C
S B P B M P Y P I Z I C S R H O I
C T M F J Q P N R A B O H M E O H
O B T I K I Q O B W I I C A R X Z
P W O S M D W I I R I W F T E L N
E Z I Y G X G T U N I N F I F V I
P D J Q G L S C Z E T D Q O O F U
P M L F T T F E U K Y E G N R S B
G Q E G I B K L J O Z C D E E O P
R S A D N Y P L D R N Q W E F V H
O F R T L B D O M B P R O V I D E
W G N I K A B C I S U M O T G D G
```

Puzzle 661

```
K N O W L E D G E C H N N Y P R F
M R L N K R P Z V A S M A R T E R
R E S K C O S S E M D V E F N K W
E N D G E H R W I P C E K P O R O
T T S I S S A C L B A N T S R Z V
A R N U C V J V E F R P O A F C Z
H A O Q C A Q U B H R J L Q I B B
H P O N X Z L G M K I D Y G A L O
D X L U L T F O W M E J A U T G O
O G L P I I Y B R A D T R A V E L
F F A B V N I Y R D H I C L N E V
I N B D T O S H T D E T S X E N P
Y C N D S P J Y R O N R R S L R V
A K L H V E E M H X M Y C V L U D
O U T S I D E R K G I V E N Z X K
```

GIVEN
ORDER
CAMP
DETAIL
ASSIST
SHORE
PARTNER
BELIEVE
TERM
LOT
TRAVEL
SOCKS
BALLOONS
CARRIED
HAT
OUTSIDE
SMARTER
MEDICAL
FRONT
KNOWLEDGE

Puzzle 662

DREAM
COMPACT
SKATING
DOES
GROWTH
STATEMENT
AFTERNOON
SIT
SERVICE
FEATURE
GUILTY
MUCH
MAKING
TINY
MOISTURE
SIR
CHORE
FORGOT
GLOBE
PURPLE

```
S N Y S M Z B M N I S C U D J X O
T R B E N O O N R E T F A N G V E
A G B R I S I B B Y O Y M C T K D
T X M V G N G S E O D H M H S P A
E K H I W U K H T O G R O F C Y C
M F T C S C I O I U W T M X X C X
E P W E U V P L S I R J Z M K A K
N T O B B M Y D T P F E R F Q Q L
T E R O H C Z K X Y P U R P L E D
B H G L Y P B T B I J J K C T L R
C M N G N I T A K S L V S X R L E
R E I L I G N U S H L L P L S G A
C K K K T C A P M O C R Z B J R M
O A A W U P S F V T C S M J D U U
G G M F E A T U R E Q C X Y N H S
```

Puzzle 663

```
D A G W E B R E S O U R C E P L R
Q E O O U L I A N S R F T V A L I
U F P Q F K Z I E K G Z K O T A F
P C K R L L H D O G B V E M I B R
T E K D I E U E C A F F U E E W O
F P R G H V Q M H O H X V R N O G
I R V S X B E T G L C R F F T N D
T A G A O N L Q A N A L Y S I S I
K C P O K N B Q U O T I E N T C R
L T K I Z U A C R Y S E B E D U E
T I E X A O R L Q L T O W N E R C
F C X C Z N E D L R U C C W V Y T
E A H Q X B S S D Y P E M K M X O
W L S B I I I X A I I G K C L M R
M O G K I I M L E F D X X M X S L
```

EAR
PRACTICAL
SNOWBALL
SNAIL
MEDIA
STUPID
OWNER
MISERABLE
PERSONALLY
FROG
QUOTIENT
PATIENT
REMOVE
DIRECTOR
FIT
RESOURCE
ANALYSIS
DEPRIVE
NOUN
CRY

Puzzle 664

INTERACT
BONE
CLOTHES
NORTH
LORRY
RAIN
SODA
WILLOW
HERON
WHOSE
TRAIN
WEASEL
WASH
FRACTURE
DONE
POLICY
JOURNEY
SPEAK
GUESS
BUNS

```
J S P Q U W W C M Y D J K D K S D
O W Q A R G I L L I N T E R A C T
U I E E H P L O R M B U R P P V T
R H M A H H L T A B O N E O H N N
N I Y E S S O H I N W T P L V Z P
E S N U B E W E N O R E H I K Z U
Y Y O J E L L S T E R U T C A R F
N J L D A O D S G B U J I Y E Q D
Q O D L A R V D U W H O S E P M I
H H R P Q R K W E X G U B P S A U
X I N T X Y W N S J Q T W J J F F
Q Y S O H S A W S U W R H P C X E
T B D G M H T T H W F A D O N E I
P O Y Q D S K X G K E I G Y O G G
T S E V K J D V J C D N P Q Q Y J
```

Puzzle 665

```
R O O P O Z V H R A Z C Q B L S W
S E S F A I Q Y B T P K K V L Q F
P N C D W I D E H O K H E W Y U A
E J D O I L C K U O D L O G R I L
C S C M V S V V Q J Q U I N A R S
I S Y D I E C I N W X D E I E R E
F J U K L O R U X T S H Y R W E K
I Q U G T X V Y S O X O L U U L M
C V S Y W Y M R A S L A L S S O B
Q P E G P F Y E S A I G U A E Y W
Q I K S X S K V K M Y O F E A Y J
I S O B M O D E W F R R N M T U L
D O C T O R O E A S T Q I O Y D N
Q W A I T N E M G A R F A Q Y V M
C U S T O M E R I F Z T P Q D O R
```

CUSTOMER
WAIT
EAST
POOR
SEAT
DISCUSSION
SQUIRREL
PAINFULLY
PHONE
EVERY
DOCTOR
ARMY
GOLD
SPECIFIC
FALSE
FRAGMENT
WEARY
RECOVERY
MEASURING
WIDE

Puzzle 666

BRING
GRANDPA
HABITAT
GLOSSY
AVAILABLE
PRESERVE
THUS
CULTURE
PAINTING
SPEND
FEDERAL
RESIDENT
VERDICT
DOLL
ALSO
TAKING
NUTMEG
CAUTIOUS
BIG
WIDTH

```
D N E P S A W D B G I P Y I T F F
V O C O K D V X G R A R P V C W Z
Y K L J W S Y A N Z I A L K F M U
K I M L A L S O I D S N G G E H L
N U T M E G S N K L D O G J D A B
G T H N J R O O A Q A A E I E B X
T H U S G B L Q T U E B U L R I P
T Z S U L X G Y N J O R L I A T V
J B U I P E V R E S E R P E L A Y
R M O C H T C I D R E V S R Y T D
P A I N T I N G I K E E F U M F Q
Q I T J D D T H S H Y W Q T K I Z
Z R U I I Y V X E L R C R L R S R
Q P A Q W H R L R B I G E U Y A A
M G C G R A N D P A I A I C Z V W
```

Puzzle 667

```
C Y I O D V O F A N D V V L J I N
O X O U E K O E N I B M O C K D V
M Q Z J S V D E V I E C E R V L V
B A G M I B D L I W M A U I M T B
H O L W R D E K C I P R D G P C J
I W C C E S L G I K L O N M L A C
Z U F X H B L C F H Q N C O I K T
T I D F B L U T E A M D Z Y E T L
S O U U D J P W Y G Q H R L L C E
N L N I I B M H C O T H A N K S F
I M O I P R U Y R C K S T O R M T
A H J O G Z H A W S A D S N X S I
G J J W U H T D Y Q O W U X Z E A
A L L P E C T F S T N C Z G T L K
G L F U E O T E C R U O K C O T S
```

COMBINE
STOCK
LEFT
TONIGHT
STORM
COMB
AND
SOCK
AGAINST
THANKS
STAR
THUMP
RECEIVE
PICKED
ADMIT
FEEL
PULLED
WILD
DESIRE
TEAM

Puzzle 668

ACTIVE
PARTICLE
HAD
INCHES
CLOSE
ALMOST
WITHDRAW
CEASE
LIMIT
SPARKLE
NINE
PENNIES
LARGEST
BUFFALO
VAST
HOTTER
DEEP
ABILITY
FELL
AVOID

```
S G O X G I J N T Y Y C P B L N R
E Y D P M B I I J W A U C U A F P
S Z T I M I L N X J K F M F R V U
A V O I D B Z E V I T C A F G P S
E K D E L K R A P S S T Z A E E G
C V P F X I V C Y R O O O L S N E
M A B R M M B S R F E L L O T N I
L S K N T P W A R D H T I W U I S
Q T S O M L A E X B I X T Q Q E X
U F W H T X Z U W Q I N I O S S K
D E E P N F S L J H O T C W H Q D
P A R T I C L E S O L C C H M U R
N Q N V E X H Q K Y L L P R E C H
L A F Q R I M H J I B J H A D S G
E Q K F D I A U N O M G P I N X V
```

Puzzle 669

```
C P D W P W P N P D P G L O G A I
J D U S J I W O B I V O C Z K E C
E B S R G F H I O S H B U R C S E
V E K Z P E O T K O A L L E H S V
E D A U Y O S A R R I I D E E R B
Y I T N W U S R E D T N T J P V D
Y T E T F U I E V E K Q W Y Y U J
I A H I E Q E P E R W O R P J I O
L E S L T U C O R E H A C P K K S
Q L K J A Q N F T G E C A J Y G Z
X Z S X E M A O E E T T C U F N P
M E M O R Y R M A C H I N F N G O
O C S W C P T E Y A E O J K O A J
H L G T C H N O H L R N F I X L Y
R E S E R V E V W T P C S U V S S
```

DISORDER
RESERVE
SHELL
REVERT
DEER
WIFE
ACTION
UNTIL
WHETHER
THERMAL
PURPOSE
GOBLIN
ICE
SCRUB
EDIT
OPERATION
CREATE
ENTRANCE
MEMORY
SKATE

Puzzle 670

GUST
FORMULA
THIN
INDUSTRY
DENOMINATOR
SORRY
KIWI
OBSERVING
CONDUCT
BATH
WAVE
INPUT
SPONGE
HIMSELF
INDIVIDUAL
MULTIPLICATION
CLIPS
MUSEUM
VEGETABLE
WON

```
I C S M P D N I U Q Y F G Z D S G
I D O D U O M O E G N O P S E P U
I A O W F L E S M I H R M O N A S
M N L L J W T P M I T M D W O G T
K S D A A A G I Q A A U F L M S E
R I J U Y V N L P E B L R U I J T
R H W D S E I C G L V A F H N O W
O V C I P T V M W B I J H L A X W
V B K V O M R N G A D C W W T W N
N W G I D R E Y R T F C A H O Q Y
E E N D L T S P J E S W F T R L C
T H I N V S B Y F G O F U Z I S I
L R I I P S O F S E R R P G V O O
M U S E U M F C G V R I N P U T N
C O N D U C T J Z C Y N O N A Q B
```

Puzzle 671

```
S L R I G D M G P H A I Z Y M C L
I Q X F J M P E S U O H R L H V U
M J R W C P K D R T S U O I R E S
P T L U D F E A T E H Z K X A F U
L D P R O P E R T Y E O L E S F L
I O E L C Y C R O T O M U O K O E
F Y G D Y L I M A F Z X A G E R T
Y R A M I R P I D E M A N D H T T
I W Y K X C T N T P V T Q R N S E
A N O I T C A E R J S Q H N G A R
E X P R E S S T B E T W E E N Q Y
M E O B A E N M E X D B W D V O M
E L Y L V N F W N B F P R J T E R
Y L G J R O B E H A V I O R Q F E
T J Q E F W C U I V B F C Z Y S N
```

PRIMARY
BETWEEN
BEHAVIOR
SERIOUS
THOUGH
EFFORT
HOUSE
SIMPLIFY
MINE
FAMILY
MERE
REACTION
MOTORCYCLE
DEMAND
SAT
GIRLS
LETTER
PROPERTY
EXPRESS
DEDICATE

Puzzle 672

POTATO
SPOON
PLENTIFUL
SETTLED
DADDY
MINUTES
ABOVE
NEGATIVE
LEAF
INVOLVE
DUCK
ENTERTAIN
SUNNY
CAPABLE
HOW
MEAN
RELEASE
MARK
STUDENT
DEMONSTRATE

```
S R A F K O D E L T T E S C S M D
R T I B C N U L B N S I E V P E E
E C U K O X C M I N U T E S O A M
L W R D U V K R A M V O V H O N O
E K F A E L E E C H H H I G N B N
A T I G V N U H G Y J G T Q R I S
S H B M L U T O J E L B A P A C T
E K G L O B U W T C L V G R D D R
Y F U F V D U M Z A A Y E B W L A
O Q A Y N N U S D M T G N F Y J T
S X B W I F G Q X K C O D U K A E
E N T E R T A I N W M E P M P N U
D A D D Y K J K P L E N T I F U L
Z N E C I J L X F O M X D H P F I
C O Z S R D P E Q H T Q L P H O R
```

Puzzle 673

```
V N Z G D P B Q K W G G L S B A C
N G W J I Q E H C C J M I X B H V
I E L E Z Z G O J B F N J O R U N
T E L H M D I M W H X I K B A N F
S G L P N G N E P E O P L E I G T
R I Y H U G E T I E K X X C N R U
U I D F L B G O R M J A U O Y Y N
B D S E O W E W T U V F B Q Q B A
S T W W S Q C N S A U S A G E S T
H S G L I F W I U Q M K N E X L I
O F Q V B L F L V X L U S W U K O
U P C G N O L E B I R V M E G M N
T P O L N W F Y D Z L X Q I A S A
G J O P O F O K Q W K V A K Q L L
F Y L Q Y J Y L W U D P D B L Z U
```

HOMETOWN
STRIP
BOX
SHOUT
BELONG
CIVIL
BEGIN
NATIONAL
SAUSAGES
PEOPLE
COOL
SIDES
LET
WILL
RAINY
BURST
HUNGRY
MIX
WOLF
HUGE

Puzzle 674

FOR
APPOINT
ONCE
BIRTHDAY
USUAL
MAJOR
GENTLEMAN
PARTY
EXECUTIVE
COAL
PIECE
COIN
GRADE
TOWARD
SMALL
CATCH
GHOST
SHINE
ACCOMPLISH
TREE

```
Y O Z O F X H T I S D Y N L F U P
A P P O I N T L R C R C I B D F A
D J Z S P I E C E E I S M A L L R
H N I A Y O P T N W E X S C F V T
T E O Y S C D M I T G I A P Z F Y
R V S Z A I G E H I Q P M O U A R
I I G H O S T E S E G R A D E I T
B T P I C I W V N N M K J R F O R
Z U T P T J I Y J T U A G A Q O T
A C C O M P L I S H L O J W T N J
L E U S U A L A O C Q E I O A C E
S X L H L M T S M T Q I M T R E X
L E P Z E O B V D A F V R A X Y S
A A P S W G M N G C Q N L E N G Q
Q M S L J E D O O U K U F U I B O
```

Puzzle 675

```
K V I T L L N L D Q L I W D L O T
D E E P S P D K E F X I Z O A U C
C A H I G H E S T M S H R U M W O
Q J W R C Q I V F Y E O F B I F L
K D Q N A M W O N S U R T L C S O
B I O L O B A F W F A O G E E O U
H E L D N A C D A B P V E E D I R
T L B A U T H O R I T Y L R N L Z
C B M Q R O E Z N F J Z J E Q C Y
L I Z A R D D D W A S T E T A K Y
B S H R X T U C V R Q L E S E K V
H S L B S B S F B U X N V A F N J
A O R O Y M T C Y E U W C S E I G
A P R Z A D Z V R X X Y Q I O S T
C P E U V R K C E W E E K D C S Y
```

DOUBLE
TOLD
AUTHORITY
DAWN
LEAK
POSSIBLE
DECIMAL
SINK
SOIL
CANDLE
WASTE
SNOWMAN
EMERGENCY
COLOUR
WEEK
DISASTER
DUST
SPEED
LIZARD
HIGHEST

Puzzle 676

FIERCE
COMMITTEE
KING
FEVER
LAZY
BEER
VOLE
SCREAM
SENSELESS
HELP
GUIDELINES
CHECKED
TYPICAL
HEART
ROCK
EARN
STARS
AMOUNT
EXPLAIN
HEAD

```
U O S U N L L S T A R S B J N H Z
H M B T G R A A R C O D E I X M S
O T G X W H C S Z U O S E H V B O
U X O J G N I K M Y K E R Y H W G
O U Z K R Y P L E H R N I X B Z F
T E M Q Z H Y C M Y U I Y E D X E
A U W N N K T S O N S L V C X X A
H E A R T W W Y Y M Z E O O O E J
E D W V K R U X L P M D L Q V M N
C A Y X F E V E R M A I E J O P M
R E R F M J T C G Q E U T B V Z E
E H O N I A L P X E R G I T Z Q X
I A C H E C K E D K C O R C E V P
F V B S E N S E L E S S C M B E K
M Y Y A M O U N T L O L Z B Y X N
```

Puzzle 677

```
F P G I N P M S Y S V Z T I X H A
J O I X W L E O E C I R R E V O C
K H R F Q L E T T C A J I J D C Z
P S M G P R S W A E U K C J Y B X
D P S D E M J E E V L R K T F X R
C A G N I T Z M N I N G I E R Y E
M V S E K A M F G T W H P T D Z Y
Z U N G Q U Y I H I A E J X Y C X
Q M J E O T K X K S E D R A E H Z
X L Y B B O H I X O U N X P C P P
G Y S H M M Z W K P Q R E W Y Z C
Y Q H Q K A N N O G I Y L H P O B
Z X B Y T T L L R X T P T E Q D F
I Z K H D I T T B Y N J J N H F G
F E D A R C X S K K A A D Z G M A
```

SEEM
AUTOMATIC
RICE
MOTEL
TRICK
FORGET
ANTIQUE
REIGN
HOP
POSITIVE
MAKE
NEAT
GONNA
WHEN
ACT
COVER
HOBBY
SECURITY
DESK
HEARD

Puzzle 678

VITAMINS
TEN
CLUB
TERRIBLE
GLUE
HAPPIEST
INVISIBLE
HIPPO
FILL
ROLE
CURRENTLY
FIRM
LIVING
TOOTH
SENIOR
TIED
FRESH
COMMENTARY
THANKFULLY
EXCITED

```
Y X M L E S V G N I V I L M E R N
F Q K B W D Z L L I F R C V M L B
I H T S D H D U C U R R E N T L Y
R S E N I O R E T E R R I B L E O
M E E I U I N V I S I B L E J Z D
Q R G M F A C A G T S P B Z E M D
T F O A V T E N T Z Q H B T X N W
T H W T E Q S V O R J A D V W A Y
L K G I K M W H O A O A H I P P O
I U S V S C W J T R S D J T J O Y
E X C I T E D J H E O C L U B M C
C O M M E N T A R Y D L Q S Z Z R
V R N H A P P I E S T M E A Z L H
I E T H A N K F U L L Y I X C Z H
D U C S R F C V H B I K F X Y H J
```

Puzzle 679

```
G T L U D A Q L E E K C A L B T P
Y C G L A D R W I G G L E U P I P
F I W D I K B S T W D L B F A S G
F L E S T I E E W C H E K E F E N
U F Q Q E O A R N R X B K S N Q S
S N S Z I X K G J R C R N U E O J
E O O L U C P H O Y J A I I R T N
L C M A Q G E O Z P E Q L L X F X
C B F E O C V H M C F D C P I U M
I E A P W A N O T H E R J J H E X
T J I K X H D E X H I B I T S N O
R K L T D A E E J K W U Y N U B F
A R H W E P Y R R O W R E G N A D
A T O M I C F F E D Z B B B P B Z
S D E R T X R M Z B K Z K Q J Q W
```

EXHIBIT
EDGE
SOMEWHERE
USEFUL
GLAD
ANOTHER
ADULT
SUN
WORRY
AGO
QUIET
ITSELF
ARTICLES
WIGGLE
DANGER
BLACK
ATOMIC
LEEK
CONFLICT
FAIL

Puzzle 680

CARIBOU
FINE
CRASH
MEMBER
CAULIFLOWER
RIGID
SIGN
CAP
CONFERENCE
AUTUMN
LYNX
STUDIES
THIRTY
FIRE
WATCH
TEXT
EXPENSIVE
MODEL
FEW
PERMIT

```
X O S D K T J C H L P P A K O F P
S R M C N F Q Q O H W I G O N A K
X Z K J M K P D R N M E C P E K I
R J G H J S V S R M F Y B V O L C
S Y O E S Y C L I U W E F D W D I
B J K A T T A O G T A V R D L A O
F H S A E R U F I U D I S E L K O
B C A P X I O D D A S S S R N P U
F G N L T H B C I Y E N I I V C F
I X G A I T I V R E H E G F K A E
N S L C L O R M R W S P N D W I L
E L E Y S U A A R V A X W A T C H
G U D A N P C B N V R E B M E M T
Z J O M A X W I A A C P E R M I T
J W M C A U L I F L O W E R Z G B
```

Puzzle 681

```
D E C I S I O N B L V C S G W Z V
K N U H W T Z S O E P Z C P H Y H
F T K P F K P N R S Y V A K I N O
H Z B S G K M F N S X I C M C S N
K U U Q Y Q L M C H O I C E H G B
R C R E W S N A A P G X P Z H M F
K K N L I P S N O I T C E R I D P
T U R K E Y H U W F M B R I L I D
N W E T H W K Y C B H M I D D L E
F I P A R S L E Y S B Q A G U G I
A P O L O G Y I I V I A P M C A E
S U C C E S S F U L K D E H I G H
S P O T T E D J C K E Z R K Y Q J
Z M S B E H C W N D R I V E R E D
E H Q P K G T A C N C B U E O Y U
```

TURKEY
DECISION
WHICH
APOLOGY
SPOTTED
REPAIR
BIKE
SUCCESSFUL
LIP
ANSWER
MIDDLE
DRIVER
BURN
DIRECTIONS
DISCUSS
BORN
CHOICE
LESS
PARSLEY
HIGH

Puzzle 682

PRESENT
HUNTING
MOUSE
YOURSELF
METHOD
TRADE
ELEPHANT
CAREFUL
POLECAT
BEACH
DISTRACT
PART
AROUND
PAINTBRUSH
STOMACH
DIPLOMA
MOTIVATION
CINEMA
SOMETHING
FULL

```
N Y S P A I N T B R U S H V B M F
F H E O P R E S E N T I W H G O U
F B D M M D I S T R A C T L P T M
G Y N O E E D A R T C A C L O I J
V X U U H N T K U W F J V Y L V O
K N O S A T Q H V J K A F O E A M
J X R E M E E D I Y B P Q U C T R
O T A N O V L M E N J S K R A I I
U T O A L H U B L W G Z Q S T O R
F U L L P C F Y E V N K O E C N T
B V P C I A E L P R I U O L I J E
F O V B D M R B H P T E X F N L B
P G Q M H O A T A A N E M H E D T
B E A C H T C G N D U U R R M F H
H T N G K S J U T N H B X O A C U
```

Puzzle 683

```
W G N V N Z E Z J V N C I K G I L
G O V Q T Q B T L L H H R Q Z W I
Q A X T U W N O U H Q A Q K D E N
M O O R K A E R B O S I H A I L E
I O F E N T L U O Y S N S H A D E
N H V G U Y I I V O E F L U F F Y
S J U E C P V B T O R V I F C S V
T U M R M E M O M Y V X S O W Y C
I X F I R E N W F D E S H T R X H
T B A P V Y N R X A H D L Y I G I
U C U C X C V T X E T I D Y T J L
T B X W K I X D M R B M X D E T L
I V Y G E M X E X L E T G P R S Y
O V L G P U J V Y A S Z E Q H Y N
N K G R O V M L E O P A R D G V V
```

FLUFFY
WRITER
FOX
SHADE
LEOPARD
CHAIN
MOVEMENT
HURRY
SERVE
INSTITUTION
ROOM
LINE
HAIL
ALREADY
QUALITY
MOM
BREAK
TIDY
CHILLY
TYPE

Puzzle 684

PROHIBIT
RECENT
FACE
BEFORE
EXTERNAL
STANDARD
SLEEP
REALIZE
SCARED
EITHER
MUSHROOM
IMITATE
LAUGH
MEDICINE
CHASE
GOING
RAINFALL
QUICKLY
SURFACE
CURIOUS

```
M P S L C T N G Y D D R B F K P E
E E B E F O R E P P E E L S F R I
X U D I M I T A T E R C L S A O T
T J A I L S Y F V Z A E A N C H H
E Y L K C I U Q P I C N F M E I E
R V Y V D I G V Z L S T N H L B R
N S H I D O N X Z A S L I Q G I A
A C F S R M I E M E Q U A U Q T J
L U E T A D O T X R U E R U V P X
P R K V D I G C X Y X N K F G V C
M I B R N E P U C A F D E S A H C
F O T Q A F E S U N D S H B B C W
E U X Q T O N T H F O B H B B T E
E S M U S H R O O M K S P S L F B
S X T G D A H D V K Z V A S E O M
```

Puzzle 685

```
V G K T V A E P W Z W N T P M I X
O U T D O O R S L Z A G N W I N H
D F M V I T F R E E S I A U L V U
Q O K P F G O E M Y G E T O I E S
N X N V I R B M V M F R S H T S B
I I C K Y P R M O U Q O N I A T A
I X E A E B B U Q R Z F I W R I N
D P T R R Y P S K A R I S E Y G D
C D H Y B T G O A L L O N N S A M
O F F I C I A L A U O M W T A T V
P Y R J W M T T H G I N K H E I B
S H A L L C I R W E M P R O S O S
P X O R J J H N E R X M B K P N C
R E M E M B E R D R N D A A H V B
Q T A N I M A L S I Z V I Y W F W
```

REMEMBER
TOMORROW
INSTANT
FREESIA
KNIGHT
IRREGULAR
OKAY
FOREIGN
ANIMALS
EASY
MIND
MILITARY
DONKEY
WENT
HUSBAND
OUTDOORS
OFFICIAL
SUMMER
SHALL
INVESTIGATION

Puzzle 686

TOOL
PULL
WATCHING
YOUR
TENSE
CASE
HOCKEY
ALERT
GOOD
CHICK
INTRODUCE
DISCOVERY
GIFT
PRODUCT
EVALUATE
GUY
ROTTEN
SWEETS
MOVIE
NARRATOR

```
T P R O D U C T D S B W C N O C H
G E C U D O R T N I F A X A I R O
O I N G U Y L I J I R T P P S V C
O V Y S A L G T O O L C K S T E K
D O H A E G X H G Z P H H J E F E
U M N W C I E C I H K I S J E W Y
Z U C J B F R L H Q D N O Q W W H
I F O F Y T O R J I C G D Y S E N
E V A L U A T E Y D C P U L L S N
Q P T B O B A W O H G K U Y E O Y
E V O X G N R W U Q D I S J H S A
A L E R T P R P R F I R O T T E N
Y A N V O I A D I S C O V E R Y G
L Y H K Z M N V E Z D Q Q W E R Z
M K J F U E G Q F S W P Y R A Z P
```

Puzzle 687

```
T O U G H G G Q F P C J Y P I W Y O
M S C V G Z I K R E W D H D O V I
B B K O O B U P A K P I H M R E P
B S G A N P R E S S U R E A D N H
Q N Y S E T I S W Y N I U R Z V Q
V B N S G F A U D J U C R R T I U
I X V O E T Y I E X J G T I N R D
Q Y P R X D K N N J F C U E Y O E
V T B T E K N I F E D T Y D W N P
J C E M R F Y Z M Z T S E I F M E
E Z D E C U J S G X D S W M X E N
H I U N I Z O V R Z Z H O I H N D
J K Z T S E R R A Q R K U T R T A
W P A N E H I L L P Z S Y S L A N
R A S P B E R R Y N A T I V E L A
```

PAN
NATIVE
RASPBERRY
BOOK
GUYS
CONTAIN
EXERCISE
DEPEND
TOUGH
KNIFE
ARREST
ENVIRONMENTAL
USE
TRUE
ASSORTMENT
WORD
MARRIED
PRESSURE
HILL
TIMID

Puzzle 688

COURSE
COMPANY
WANT
PERSON
KITCHEN
BRUSH
BOY
SOAP
DRAW
MYSTERY
LOUDER
FURNITURE
BABY
SPORTS
EVER
SCARF
WIND
TOOK
ACCEPT
SUFFER

```
P N V B M F R N R B J P L T W R D
T O O K R J A S W P C F K S J F R
N S S N E U P U I M A C C E P T A
A R I F V S S A N E S W B S A L W
W E D G E O R H D G P Y Y R O K T
B P W C B A B Y N F O O Q U S X Z
B N R X M G N D E U R X W O P B J
T O S R U I P L H R T O I C N O E
U L Y N A P M O C N S V Y L T R Y
S I T R N N Z U T I O E Q D R U R
W O R A E K B D I T U Y B O L Z M
D B L O R T D E K U F R J A Z F E
V T L Y F W S R T R N X W E Y B R
S C A R F X Z Y Q E T S U F F E R
I O A W N S B L M N P Z N O R U G
```

Puzzle 689

```
C N Q G N I S E N Y P O A Q A B U
U W F L E A D G Q E A B D L W W V
Y X L F E H R W I L D E R N E S S
S G J K B T Y R F S E N X D L V L
D O M I N A N T O L L O F R B Y W
V P Z R W Q B M N W T I R B M M U
P U C F V U C N M V S T D E U E C
B P A M G P X H F R Z A L E H R O
R P Q F W O B A C L N R L A C R F
O Y F X W V Z S H E J U I B C Y F
C Q Q R D E D L B D U D Q K J K E
C E G V U R L S C H O O L B A G E
O A V X N T U T U R N Z T H J A I
L P Y S W Y C I T A R C O M E D V
I C Y W P B K C U L T U R A L I M
```

DOMINANT
SCHOOLBAG
LACK
COFFEE
SING
DURATION
BROCCOLI
BEEN
POVERTY
SLIDE
HUMBLE
HAS
PUPPY
LUCK
WILDERNESS
TURN
DEMOCRATIC
MERRY
CULTURAL
NARROW

Puzzle 690

LOOKED
PRESS
LAY
REAL
RECREATIONAL
SENT
BALL
REMAIN
SHADOW
THIRD
HESITATE
DIFFERENT
AIRPLANE
LEGS
FUND
SOURCE
MILE
STAIRS
MOCK
PERFORM

```
S D Q R P X F R J X U L R S L H B
M O F U N D P A E N I A M E R E M
K H U P G I S V J A L Y J N E S I
W T M R O F R E P B L W W T I I L
W O E L C U I A T U T B Z D M T E
X E V O A E A D C H C G T J P A U
F N I K B M T H B Y J P N H R T E
G A J N V S H V F Y L J I E E S
Y L E G S T O H G P V V K R S O S
J P S H T Y F D A I H G C W S X S
U R G T M N O G W D E K O O L A T
D I F F E R E N T R O U M B A L L
I A H J D A S M N I R W Q E C F N
X A V D B B W B A H U Z V J H C I
W I Z N L A N O I T A E R C E R L
```

Puzzle 691

```
L O O H C S Z B A I O G Y B W M G
D A E R T T X G P D C N S X A W F
E S S X R L U R F P O N Y N R B I
V U Q T R E M I N D S K C Z M U F
E G D A B Z L K H J N Y B Q E N O
L Y I I C I E I V P E D I L L O C
O S R P N S H V M B D P C I F I U
P E P E N N Y K F S E H J G M T D
Y E H T Q X R U L N W D M H S A A
T O A D A Q F F W I S G T T C L B
W O N D E R X V E D V W O L L E Y
E E T O W J V M F S E M A E D R L
B P U A Y W Z Y B Z O G L F V T N
Z G J K X W R F E A N R W F O Y P
C O M F O R T A B L E V F J C W H
```

COLLIDE
SIZE
RELATION
LAST
SEE
SMILE
THEY
OUR
PENNY
LIGHT
WONDER
YELLOW
SCHOOL
WARM
COMFORTABLE
TOAD
BADGE
SWEDE
REMINDS
DEVELOP

Puzzle 692

THINK
LONELY
CHOCOLATE
PERIOD
READY
FIGURE
AVERAGE
LOCAL
RIVER
HELD
WRONG
THEM
PREVIOUS
BELT
GUN
BLOOD
LIKELY
PUBLICATION
PROCEED
COULD

```
V C Z A T W M R X G S G C G S H P
A A O P H F H E J N U Z V B Z E X
K V B P E L U A B O O N H E L D B
F X A M M R M D P R I O D B F H J
A V E R A G E Y B W V I T H I N K
B D B W K P T O L Y E T L F Z B Z
L V Y B B F A P O N R A E V X F N
L I V D N C L E O O P C B U U W U
A O K D W S O R D V W I H U E F F
C V N E F D C I V F D L U O C I W
O B R E L S O O L N X B O K J G E
L N H C L Y H D X I H U B T E U J
F F H O A Y C C T H A P I Z S R B
R Q H R E V I R M L V J G Y G E L
I Q I P A W V X T L Z M A R U Q P
```

Puzzle 693

```
H M D L F Z I O W A G G E M G Q G
E S O L O I D A R H L A E L F I O
A S P O R D W O N S I K N K N E E
L J M Z M C C T Y K O L G Y U L O
T C A F I T S Z T Q F Y E L M I U
H U L V T I J K J A R U J C D E T
Y L N I A T R E C J X P P Q S A C
K B X X O L L U Z K C Y B F G I O
L O Z E G C Q Z Q O V J S Q I U M
R E S P O N S E Z I R O H T U A E
U L P H J U V L U Z Y F S K G E C
Y C E A C E X P A N D O E A Q N U
I N T K R O T S E C N A Y G Z Q B
B U S J B G H D T V M N A T A G A
J G A T E G T L M W H E M H E G N
```

RESPONSE
AUTHORIZE
FACT
ANCESTOR
WHILE
OUTCOME
LAMP
LOSE
GATE
SNOWDROPS
ANY
UNCLE
GRAPE
HEALTHY
STEP
RADIO
FORM
CERTAINLY
KNEE
EXPAND

Puzzle 694

SPORT
DISPLACE
PROBLEM
MILLION
APRON
TAXI
IMPORT
HAWK
PERFECT
GIVE
TANGLED
HURRIED
MANUFACTURE
DEAR
UNDERSTAND
MYSELF
OFFICER
MAY
SERIES
GLANCE

```
Q X X N D S D D U X T C E F R E P
Z J T K O E I D N T A Q X F P O J
W H R S O R S K D A N V H Y U U N
T R O P M I P W E X G O O K L D R
K E P E P E L A R I L M I V A C G
Q C S R D S A H S O E A E L S O I
E I I U O P C I T N D Y A K L H V
H F C T P B E T A N E I Y C J I E
Q F I C O Y L H N L I F H J O L M
S O S A T R A E D G R O V G D Q F
M Z O F L E S Y M L R A D V P V V
I S E U O U Y V D A U P X W J A E
M Z O N O I A Y G N H F H X W R U
O V L A W K L A W C H E Y V T R Q
F U V M L U B B B O E H G U X C N W
```

Puzzle 695

```
I L N Q G C B Q W U Q Q T N V K W
G N I T S E R E T N I W N A D U Z
A D T E O P A C C O M P A N Y R T
X B A E Z N L C A B I H C B K S N
V M O R R V G E K D W W I K K E E
K Z G T I N U Y N N S X F S I E M
J U Q S H Z A Y U T H G I S I K E
W I T H O U T L S A Y C N C E C G
U U P I L K D O U J B U G T D E A
O T H E R S R R A C Q T I E I N N
S P H A E A I F L H S Y S H R U A
O N W X W K V A L T Q P V Q W J M
K D W Y O O E R Y R Z O U G T S B
C O N W H E X P E R I M E N T K E
Q A W E S W J Q J A D J C S Y Q W
```

INTERNAL
SWIM
USUALLY
DRIVE
SIGNIFICANT
MANAGEMENT
EXPERIMENT
GOAT
NECK
INTERESTING
SEEN
SEEK
STREET
SIGHT
PLENTY
ACCOMPANY
SHOWER
OTHERS
WITHOUT
RIDE

Puzzle 696

FOLD
SUBSTANCE
SPACE
COCKTAIL
GRAPH
SPIDER
SQUID
COLORFUL
RESEARCH
LISTEN
SPRING
RESPOND
DEPRESS
EASE
THEIR
IRRITABLY
HEIGHT
STEAM
LOOSE
FENCING

```
S G F D E P R E S S H K L E M U G
S R A L O L I A T K C O C K A L A
Q A L O V S S R A J Q C J F E S L
P P I F S U P E R M Q P Z M T N E
R H S P H B R H E I R X I F S M S
E P T I Q S I A G L T G Z T Q G O
S I E O W T N E G Q P A F Y D Q O
E T N N S A G B U D T M B E D B L
A L Q U P N N R X V O L T L F R U
R W I G A C I E H E I G H T Y E F
C B T K C E C S D X A S P I D E R
H I C H E G N P I Y O D Z M I H O
N M P N E E E O X X C G L C U D L
L S M U K I F N G W S S Q P Q D O
V Y E I V I R D R O Y L S E S G C
```

Puzzle 697

```
E G F A C Q Q T A T G E S I Y G R
R A A I D C Y O T H R F P O P M U
X A Z U C X R W T O Z L D I Y V M
E K N U F T D E A U A E B Z B E E
A C G Y J T I L C S G S V O Z R E
L H Q S B L P O K A M R O F E R T
W E W U R O O H N N S E L E C T I
A A S O Q L D H A D I H U X T V N
Y P V D R A W Y A C C U S E Q I G
S W U R R R N O O N H O N G N B D
Z M S A G N I Y U B M F N V M M M
O T Z Z T K A E A N N U A L I Q X
L E F A D W G B D Y X A D I H T E
K X F H X I A O I F G P H A V V J
I D U P T X F X J C X Y W N Q T P
```

ACCUSE
ALWAYS
MEETING
HAZARDOUS
HERSELF
ANNUAL
SELECT
REFORM
WAR
WORRIED
NAIL
ATTACK
OBEY
FICTION
ANYBODY
BUYING
TOWEL
AGAIN
CHEAP
THOUSAND

Puzzle 698

REPRESENT
OWL
ENERGY
NOR
AFFORD
CORN
SHOP
ENGINE
INDICATE
SOCIETY
CHICKEN
POSTMAN
MIGRATE
QUANTITY
LADDER
ANYTIME
ROAD
GIRAFFE
HOUR
SELDOM

```
G S J F T R R X Z A N V M J S G M
I C H I C K E N E M O D L E S E X
R U P W J R N X M N R A W I L X I
A X H U N O I H I L E O O U J D T
F G T A G P G O T R J R E D D A L
F Y F X G K N G Y C E W G X B L X
E H U J Z S E G N H O Y B Y H L C
A E O V V D T C A I Q R C Y C A A
H O U R E T A C I D N I N K H K L
N T X F L L R F S O C I E T Y K B
O I H S H R G T F P P O S T M A N
U F F R I A I U Z O D H F V H Z S
W A O Q T S M F V H R S C L U O T
Q U A N T I T Y B S Y D V H I F U
R E P R E S E N T E P B L T U U Y
```

Puzzle 699

```
H D P P R O D U C E N A L P H W I
U T V Y F Z N K C V L K F W K W J
G S G A X Q I T S N I A T N U O M
G I F N R O K P P O L E E O H S P
E T H O E R Y W R I A P Z S Y J O
D T W I T L D H O S C A H J C U W
F I I A T P D A D I C O Y O T E D
D N T A U A O T U V F N O V L L E
W G C S B M N K C I J S G A G B R
G I H H Z L T M T D H E O B U A O
U W N A P B O P I T J E J E N T Q
W P Q D Y Q W U O Y U H D S H S O
H A Y N O B W Y N P M U H E R N H
X C X V X W C Q S O Q L X U V U C
S L J G B L J F W D Q S G C W Q M
```

PRODUCTION
KIND
PRODUCE
LILAC
UNSTABLE
POWDER
SHOE
HUGGED
SEAL
LENGTH
WINDOW
SITTING
PEA
DIVISION
COYOTE
BUTTER
MOUNTAINS
PLANE
WITCH
WHAT

Puzzle 700

WRAP
ANGRY
FAT
SUPPOSED
STRUCTURE
SON
SIGNAL
TASK
NATION
LUNAR
BUTTERFLY
REMAINDER
CONTROL
PARSNIP
FOOL
INDEED
BLEED
HALF
SUDDEN
CAME

```
S U D D E N B U T T E R F L Y Z Q
X T A F Z T W B S W L J I Y Q C J
P A R W T B L P K O J C B U Z M L
S S L D V C L R W R N I R E R M T
K K F O O L A C N M S O Y R G N A
P A R S N I P N G X Y C I U X T G
W P D Z H R K I L I O G N T Y F S
L K U D C E F C A M E Q Y C A C Y
I N D E E D L G N T X L N U C N E
T F E S R N A U K Z B F R R O K C
L Z E O S I H O N H Y T H T N N M
N H L P U A D I L A N G I S T U Q
W M B P O M N X X D R V A V R O G
R F S U K E A F Y J K Z O Z O P X
B R L S K R O C E K J E W O L N C
```

Puzzle 701

```
H T E S L I P T X Y D T Q O Z J C
I J H Z R K T C O A G V C I X V I
T D C A D Z R L A W V F W G P S C
J P A Y N L L S U V Q R N Q F J M
F M E M L K A D U U Q M E O T H Y
S T R A N G E S T C B M W K S D S
M C N N E P A H S M H W S X A W A
G E E W A M A N M M A N A G E L Y
L T J M T L U N C H S K I C L O S
Q O J S L G M X M W A Q N J H R E
E R D T N U R S E B O R D R A W M
O P I F I P N C H D B F R V W N W
U T C G A Z L Z G N I C A S V I H
G S P Z H D K V S J P I C V U U R
F O R W A R D W L X K C W S N D J
```

HIT
LUNCH
STRANGEST
NURSE
MANAGE
SUCH
WARDROBE
SKI
REACH
CARD
NEWS
SHAPE
EAT
SET
THANK
SAYS
FORWARD
PROTECT
LEAST
LAKE

Puzzle 702

SCHEDULE
WHO
MINORITY
MASK
CAVE
FOURTH
TENNIS
AMBITION
TELEPHONE
TOMATO
STEAL
PER
INDEPENDENCE
HURRICANE
SAFE
APPROACH
INTERVIEW
EMPTY
MODERN
RATE

```
Y U V D I Y Y T P M E F A S K A C
M L U P E R T C E N O H P E L E T
D A Q W O K I B R N T N C Y L X H
M O D E R N R A T E N O H A K O U
L H F I F Z O G Z H E I M B V G R
P W O V G O N H Q Q S T S A R E R
A G U R O B I G W N T I F A T Q I
P S R E Y C M L B N E B W N S O C
P C T T U N E B K S A M V M D Q A
R H H N B X K J Z C L A L A H F N
O E J I I N D E P E N D E N C E E
A D G E R X Z Y P A F T A T S T W
C U N C L Q K B X Q V P U R R W Q
H L K T H N G N D P F C G M Y W A
E E S Q D O J P Q V H J O V I F H
```

Puzzle 703

```
R Y B I O S O V A M T Z U C F M Z
X V K A E Q F R O Z I D T G I L V
J Y O N D S S C R O W N W E M J L
C T H F D M I B F D M V I Q N H L
C H U P S W E T K I L P C R A X M
L Q W O S A U H T I L A E D S O A
I M J J V W Y U F F Z M S I Z T D
M K G C L Y P C Y B P W A T K T K
A P I N C L U D E U U H E C X Q G
T W T M P A U T T I S Z L H X K T
E R A H S N N Q U L H J P S E A M
A X W L I I P J C D I E G R C W D
T Z T O Y F E Y I G M D Q U N D N
I N T E R A C T I O N N V O O H M
E V E R Y W H E R E Y S M H S V P
```

MAD
INTERACTION
FILM
CUTE
CLIMATE
CROWN
PLEASE
HOURS
BUILD
SHARE
SEA
FINAL
BAD
TWICE
EVERYWHERE
DITCH
PUSH
WET
INCLUDE
SAY

Puzzle 704

SUFFICIENT
CAMEL
BEAUTIFUL
ESSENTIAL
SURE
LEAVES
STOPPED
JOB
FUN
PARENTS
THEATRE
MIGHT
TRY
LAW
FEMALE
BECOME
FINANCIAL
TOUCH
TALLEST
THROUGHOUT

```
M J M E M O C E B W M O T Y G S N
E I Y H S T N E R A P F H C U O T
H T G I W S S S H L E E E M E Y S
T U G H G M E J D L P M A C J D E
F O K J T D W N C U G A T R W C L
W H Y X B X D U T F L L R X S M L
Z G M C R Q L F G I F E E C O C A
S U F F I C I E N T A C L S V U T
E O B W Y T W P M U B L N T P C B
V R V I E P G R S A J O B O K W E
A H T I S M Q X E E C C T P A L C
E T C A A E S B C B L M W P A P V
L A I C N A N I F X A N I E T R Y
K J B Y Q I O G S U R E G D S X
K W B Q S F E O B Z Q H K R X I D
```

Puzzle 705

```
G R O O K V Z C A S A G M E N M K
N E T R K I C A T I L E K Q F M K
M G M I B E H B T N T O P Q Q K N
R U Q Q E O I M A C E G G R L J X
D E V L O V N I C E R R Y K X W V
B J C Z J S P T H D N A D I E J X
S N D H W R I T J B A P U M Q D E
V U N V D L D E U E T H T J E E U
P G R O I Y L N O S I Y W L L O I
B A M V S B G S D I V X O I B T D
X F Q B I E M I T D E T T F A P E
S W E E T V M A P E T Y I E T V C
S H O C K O E W M S S Z O N I U A
Q U I T E D Y X Z I J H D R U G D
J I K K A G B Y X V C B U S S T E
```

SHOCK
ALTERNATIVE
INVOLVED
SINCE
ONLY
TIME
NOSE
SWEET
SURVIVE
TWO
ATTACH
BESIDES
SUITABLE
LIFE
DRUG
GEOGRAPHY
DECADE
UNIT
QUIT
MITTENS

Puzzle 706

CYCLING
EVERYTHING
LEAVE
DESCEND
FOUND
TEETH
DENSE
FAMILIAR
WILDCAT
PATH
CONFINE
SMELL
EXPLORE
VOLTS
TREATY
CHEESE
RUNNING
PLAYING
LOWER
BODY

```
O F W F M G U O Y P L A Y I N G V
D A C H E E S E L E A V E D S P M
H M Y T A E R T I E P Z I Y O C W
D I Y A C O N F I N E G Q I J B G
F L N P O F V B V G H V D C L C F
I I J C Y O Z I C F T N O D L R S
H A G Q M U F S P Y W I L D C A T
P R E V U N K M C W C U G W F M Z
R E V P O D D R I D A L N A M S Z
Z W R Q D L N A O N M Q I G K M P
S O G N I H T Y R E V E N N E E I
N L M F I T Z S R C J R N L G L Z
X R C Y D E E R D S Q F U C U L I
D E N S E E P W F E J R F P C C
K V D W V T S M H D E X P L O R E
```

Puzzle 707

```
U Q K P H C P O Q N Z Z D X A H V
T B T Z K P U R S Q W M S E Z K D
H T J Z S N W M M O F J E F D M T
O D N F M M H J A Q X P L S C Y I
L N E L B I X E L F Z O Z E Q I C
I E L S S E C C U S S O L G F V G
D I D N P T E A C H W K L N M I N
A R N I J E S F Z N F Y W K I R I
Y F A U S Y R L O C K U K T J T P
H W H J Q T L A C I P O R T F U Z
W E X I S T A W T H E A R T L A K
F E E T Z G F N U E M Q F K H L C
Y I K T J M P D T N O T I C E E T
H Z I H U M D G N B W H N N H U R
A G B U Y R O T S I H T B X R D J
```

FLEXIBLE
HEAR
DESPERATE
BUY
WHY
FURTHER
LOSS
DISTANT
TROPICAL
EXIST
NOTICE
HOLIDAY
TEACH
FEET
HANDLE
LOCK
HISTORY
SUCCESS
FRIEND
VIRTUAL

Puzzle 708

EYES
WORST
REMIND
LONG
DISPOSABLE
WITHIN
GENERATION
ALTITUDE
BOARD
DIVING
RESIST
VILLAGE
GOOSEBERRY
MOTHER
STUDY
QUEEN
ROUND
JUICE
COUNT
FARMER

```
R K C P B R F G F D V H O V S R Q
K N S H G E L B A S O P S I D E G
D O W O R S T X R W H O R P G M O
R I Z G H M T C M N X L I C S I O
A T V R N K D S E Y E C I U J N S
O A G I A D A K R M Z X R H B D E
B R E H N K V K C Z V S Y Z Q C B
F E A Y G G I H Z O P T N N S A E
N N Q N O N V E D U T I T L A R
H E J U U O L A J N Q N H S B M R
R G S W E L V S T U D Y T I M E Y
Q Y Y A M E F R P O R R I S I R P
M O T H E R N J I R W L W E Z E R
V I L L A G E Q V Q E Q I R F V Q
G T X A O K P P O J I P T C T R S
```

Puzzle 709

```
A G R E E N S W S E V Y S V F I B
D B C O N C L U S I O N A W R N R
S D S D N E I R F K N T D W H C I
L U G O G U D Q I C D Q I T Z L G
P J M J L R Z M X V N Z R H Q U H
L O V M W U T N Z F G Y L W O D T
I L W A A P T P O R T A B L E I O
S X A E Y R R E H C F D Q P C N R
T S O R R U I G W H T O S N A G R
H F A C T M O Z Z E I T U O P O A
M A C H I N E D E L B H D V Y C P
B L S S S E C O R P F X G C N J Y
O A V I M Y A L C C W Q S S K B A
O D S D C L O U D I A S Z T M V Q
L V N U W F M M V J G O T R N B W
```

POWER
BRIGHT
SUMMARIZE
MACHINE
DISH
TODAY
ABSOLUTE
CREAM
PORTABLE
CHERRY
LIST
PROCESS
FRIENDS
PARROT
GREEN
SAID
INCLUDING
CLOUD
PACE
CONCLUSION

Puzzle 710

CHANGE
BUSY
JOYFULLY
OUT
NICE
CORNER
CAMERA
SENSE
CLEAN
CATTLE
CALCULATOR
VOCABULARY
EMERGE
LOCATE
SELLER
WEEKEND
CONTRIBUTE
POINTLESS
NUMERATOR
ELEMENTARY

```
C H A N G E C A L C U L A T O R E
E L O V C C Y M A R L I N V W G W
S O M O O I N U M E R A T O R L M
B C A C N N V U M L Z K O U Q U Q
S A C A T H P O X L D N C I O E B
F T C B R U P S K E N O A V Z D Z
C E K U I M K E S S E L T N I O P
O R I L B I W N S E K E T K V F V
R P K A U N H S R Z E F L E H L V
N C Y R T B F E G R E M E C L P O
E N L Y E V F F S Q W B G F B V D
R A Q E K W Y Z Z A N H U D U G F
Y V K G A C A M E R A Q P S T O V
H K P K S N X B M Y K A H U Y L B
E L E M E N T A R Y L L U F Y O J
```

Puzzle 711

```
V I E W I U J Y R O F B K J P M A
O B N E X T E N D U V O D E I O J
D C G N K L S E E N C I X Y C M M
L A E R A L I M I S I G X S T E L
O U T S T A N D I N G W L O U N M
F R L D B B S I P Y D D E T R T N
K P E V P T S L G N W O K R E Z J
C T F N A O M A N U A L A E S L O
D A J O S O C X W E R T H T A U R
W P J I T F A A V N P U S O B M I
Q T O Y N R E C N O C A S O B D L
B L S S G P Y R Z B Q O C C Y C X
U J Y N G Z O P Y B C X K S M K V
W S F S I Z D J U V O L U M E J I
V M E X K N V U O U O X M M W T R
```

FELT
PAST
CONCERN
SIMILAR
EXTEND
MOMENT
SCOOTER
BASE
FOOTBALL
OUTSTANDING
MANUAL
CAN
VOLUME
TEDDY
PICTURE
ESCAPE
SHAKE
VIEW
MEN
REWIND

Puzzle 712

CRAB
TUBE
AFFECTION
TABLE
VALENTINE
AFFECT
DELICATE
HAND
WHOLE
PRACTICE
ASK
ANXIOUS
FIND
PEPPER
MONITOR
ESTIMATE
THREAT
GARDEN
NEWSPAPER
OLD

```
V F P E X A N D N A H A G O X C P
A J E L O H W X E W A F O A S E R
L Z P B M P R I W Z Y F C X M A A
E F P A T U B E S P M E R R J M C
N Y E T S Z M H P T H C A X R T T
T A R C H Q C X A T E B D S I I
I V S E M R I F P Z D I A G J I C
N P R F N J E B E V A O G W M G E
E G E F R Z A A R O D N I F O A Z
I U O A G B L N T U L I O U N R L
E S T I M A T E X K O U N E I D S
A O I A D I D S V I Y D X V T E C
R A M T S G Q I M A O I W V O N J
Z P Q K G K S R N D D U R K R R F
D E L I C A T E B T H Y S O Y G W
```

Puzzle 713

```
M S H M H A V C Z F G Y L Y V W I
M Y U A P T M W L Z F F A B D E N
E H N S I O K H B I H S O B M D T
A Z A K T N E M N R E V O G M D E
D T T K N A S L I P P Z F Y E I R
O V U V U O I N I R N R K W L N R
W E R O R N W N C H H Z I R T G U
V R A R D V R J Q O G L O V H R P
N C L A N I S S U E A Z G E A E T
P H O T O G R A P H G Q Z Q A T Z
L C X U Y T E Q H T T N H X T N E
H T K G E L K F Y X B G Z D I E B
O A N C B A R B C I S B W A Q C W
G M L V U Q A A D S U U F F G S P
A S A S X K M Y B W C V G G N G R
```

PRIVATE
BAY
CENTER
SIXTH
TEA
GOVERNMENT
RUN
WEDDING
KNOW
SLIP
INTERRUPT
MELT
SUSTAIN
BEYOND
PHOTOGRAPH
MATCH
ISSUE
MARKER
MEADOW
NATURAL

Puzzle 714

MODEST
TIGER
HOST
RESPONSIBILITY
BORED
SOLVE
IRIS
PARTICULARLY
BALCONY
COMMON
PIANO
HEDGE
EAGLE
KIDDING
EXPERIENCE
LASSO
MAN
TURNIP
ENVIRONMENT
AGENT

```
R U L P T K Y O P L T D P S V F J
E E U X N U Y E U A Q I H O S T S
S X Z Q E P R G D S K X G L W D O
P P A C G I T N C S K M N E N H L
O E L G A E P A I O N A I P R E V
N R B O R E D M G P O V D R M D E
S I I R I S Z Y M V M U D S E G Y
I E R X T I W F F L M Z I A D E T
B N B A O Q M L H J O K K K O O U
I C H A Y L R A L U C I T R A P D
L E Q I L R M O D E S T O D T S F
I J E P K C E N V I R O N M E N T
T G F H B P O G S Y M K H Z J M I
Y T N D J Y B N T P W U L W K A V
F L X B A E C I Y Y I B J Q F A R
```

Puzzle 715

```
P P D S E G U L Y J H Y W T V D K
V S N O I N I P O M W V Q L A R E
U F E N L S I M P L Y Y M U U A O
M D L G P W R U O M G X H S M G Z
R Q N L Y L N O I T I T E P M O C
D G F V Z G A O K K A I M M O N N
P J J P Z T A I S A F E L Y D F A
Q E R A H Y I T N O F D O Y H L N
O G R Q N J R E Q S D K E L O Y X
L A V I D Z I N S T E A D P T H A
N I S X M A G O X Q N Z F L G M J
Z R Y X T E L O I V Z Z S L I J P
Q R Z O S S T P L A S T I C M H M
P A P P V L O E G D E L S K V Q C
Q M M A D E H U R E D I S N O C U
```

OPINION
MADE
PLAINS
SLEDGE
VIOLET
PERIMETER
HARE
ELSE
SIMPLY
HOT
MARRIAGE
COMPETITION
CHILD
DRAGONFLY
LEND
SONG
SAFELY
PLASTIC
CONSIDER
INSTEAD

Puzzle 716

SWORD
EATING
BANK
WISE
COMBINATION
CAKE
ANEMONE
SHY
INCREASE
SHARPENER
FERRET
ELLIPTICAL
ONE
GALLOP
ADDRESS
COME
STRAWBERRY
STYLE
OWN
WESTERN

```
F W Z T S X N N R Q D B S S S P Y
H F C U Q S J S A K E C W H H H D
C E O E M K E W K N I O O Y A U S
Y R R E B W A R T S Z M R K R Y L
N R S W I S E E D V V E D C P C A
V E T E A T I N G D C A K E E P C
F T Y V W Y Z O B A A K W Z N A I
O V L Q J E S A E R C N I I E B T
H T E T O G S D O D K A E R R W P
N O W N E O C T E H N B I M P I I
N K H I M M U S E K O H E V O U L
O I J G I B G V P R O N E W L N L
F M R K Y K O D A A N N W L L K E
C O M B I N A T I O N B U I A W S
W K R S K A T V B F H C R V G L D
```

Puzzle 717

```
J A C A T N V T Z K M Y C C W K S
R K A Z W U H O X E E Z G N H Y H
Q F P G Q Z C A R E E R L N L F E
N H I R P G G S J V L U M P G X L
U H T P O S I T I O N B E U C V F
A O A N P G R O L L V S I V M W I
Z D L O O W D N O I G E R S Z U M
I M V P Y Q X K H N O I S E I L A
P L A A R S T K O Z M E I R W V G
R Y Y B N A E L R N A M E N X X I
X L N M H T D L S U O V M Y D Y N
S L D G A T A C E P H W Z R Q M E
D E D K L P U G N I V A E L F K O
R J N O M F K Q E H K N O C K Z F
X J W D T S T U V S L A U N D R Y
```

ADVANTAGE
LAUNDRY
LEAVING
IMAGINE
SHELF
NAME
HORSE
KNOCK
CAREER
REGION
SHIP
SEND
LOVE
VISIBLE
POSITION
KNOT
CAPITAL
WOOL
JELLY
NOISE

Puzzle 718

CLEAR
REQUIRE
KETTLE
ALONG
IDEA
NOTE
ZERO
WOKE
INVESTMENT
ARTIST
SOLO
WEATHER
CABIN
NEW
LATE
ANCIENT
MORAL
SEVEN
DIFFICULT
SHREW

```
L A I M D D E F I B I I Y O R Z K
O V T N E I C N A V T A B Q E W R
L V K L S F U I V H Z V I Q Q O T
A K N O Y F F Z J S D Z E T U K N
L L Z C S I D P U U I W Q S I E E
S N O N S C N S A Y T Q T E R H M
G V V N C U H H Z I W F S G E V T
F C E J G L A R A E L C N I N X S
S W R E H T A E W E N F S L Q F E
E C A L T M L W C R V V M H U S V
V N I T S A O O U N A G C A B I N
E S N T I K L R W O I D E A T C I
N L R E T O N K A S O L O R E Z K
Q C Q K R R T F V L U P A K Q W
P I A Z A Y C I F L S C U G L S Z
```

Puzzle 719

```
C D M R M O M X C F B L S C O V N
Y O B W O C X R C O F E N C E E A
T G N I L K C U D Q R F Y S Z R T
E G Z N K Y I O D U A R O K D Y U
N M S L E S P Q N A S P E R B Y R
T K P H D C O Q K L V E C C C L E
H H R L I B T S R I F A N G T E N
D B O W H G K I T F N R E D J T O
C T W T I Z Z M O Y A F U P S E J
K J W D D M N L I N F X Q Y P L C
R E S T A U R A N T K W E K D P H
Z N H G T O Q C Y L C F S Q Z M A
A D M I N I S T R A T I O N R O R
P O R T I O N V T Q N K G P B C G
P X F X W U T P C C W G B K D R E
```

TOPIC
NATURE
CHARGE
QUALIFY
COWBOY
ROW
VERY
FENCE
PORTION
COMPLETELY
PEAR
DUCKLING
CONNECTION
TENTH
ADMINISTRATION
RESTAURANT
CORRECT
FORCE
SEQUENCE
HIDE

Puzzle 720

HOSPITAL
STILL
SHOOK
BURNED
HIM
PLATE
ABBREVIATION
ACTIVITY
WIRE
RETURN
FAULT
POST
DISMISS
SLOW
CROCUS
NUTRIENTS
POLICEMAN
TECHNIQUE
DURING
IMPORTANT

```
O S O T N A T R O P M I A P R R N
D D Y E R I W O L S S I M S I D B
G A I C V P I X U U Z O Y T U B G
P L S H U E O A N C V N T N B R R
C Z L N A Y R L O O W L I E W R V
F Z T I Z D F A I R M R V I S E M
P J R Q T U A T T C D R I R H T K
X W M U S S U I A N E H T T Q U X
J O Y E O J L P I U N M C U K R F
Y N S Y P V T S V G R V A N S N S
P L A T E R R O E I U D A N H L I
D U R I N G A H R H B H T N O U Z
Z I H O P C J K B E D X I G O R V
Z W W I B O E E B U F E P L K B O
R B B W M L Y N A J K F D L I M O
```

Puzzle 721

```
B G M N T O P T N I M E K O M S H
M E T U N I M L I M M P M E U I X
A C H N A M T T A V T Y Y G L L A
L I P A O S R H T Y B O T H T V C
D O L T V R E I R E F O V A I E A
C V A L P E A S E J A U T D P R L
M X N G V W S O C K J H L X L O L
T N T G J O U U E G I G M F Y K E
Z E S Y L L R L K D X V X U X Z D
Y N C J V F E R H G F L A O R H G
I B T G Y C Y B X D Y Y D A S V T
J J W R E Y K V X D T T Y O W U D
T E A R X P P A R K C I P T V D N
Y R E V E A L X A M F G X S E E G
M P G F I L P D C J L B Y E I Y R
```

CERTAIN
SMOKE
MULTIPLY
SILVER
FLOWERS
CALLED
MINUTE
BEHAVE
PICK
VOICE
TREASURE
BOTH
THIS
REVEAL
PARK
PLAYFUL
PLANTS
TEAR
OVER
LAMB

Puzzle 722

ANYONE
FRUIT
FAST
THE
ASSUME
CHEERFUL
STOVE
PROJECT
REST
RULER
LOVING
TOO
CONDOR
NEARLY
EXPORT
HALL
HER
LARGE
MUST
DECEIVE

```
A E F K J E Z R E L U R R N T J H
J O A V W K U E H L Z I T K X D F
O H S Y I R R S T A G H S O R E H
A G T I U R F T Q H N T U R O C K
A R F C R E I Q U E R I M D R E P
T T S C E G R A L V P C K V H I A
H M S A H J J I E I Q D P I S V S
B G R E E E O A J C P B N G N E V
X R G O S M E R R Y S P Q K V N N
Z M N A L U C R P B Z G N I V O L
U J L G Q S O H F Q E W Q M D Y S
U I L Z X S N A P U B U I Q A N T
U I M J Q A D B B Y L R A E N A O
B F O B N F O A Y L A T V Y D H V
E X P O R T R B E N N Q A W Z F E
```

Puzzle 723

```
C I M E D A C A Q V F Q O J A I E
V C V S X X R O T C A F L I E N H
A G Z S T U M T P U R E V A G C P
C I R C U L A R I T Q C C B A H R
C R S Y Y V H E Y C C O M E S P Y
O A L U K U N B B P L M N M P U A
L I U V N D X B B M L E C R E S S
L S E Y Q G J U B S A Y O U B U A
E E Y Z Q B L R F S C N V A O X F
G S W D F E M A I A G W Y D U A T
E V U Q H B J C S M H O E O N N W
G A M E S O R E O S P I K P S A P
D E C R E A S E Z V E T I T V K F
P K A O E E Z W F K B S U T F V T
L H Q S H Y T S N V F B X C M V X
```

SUNGLASSES
COLLEGE
GAVE
FACTOR
ARTICLE
CIRCULAR
ERUPT
INCH
KEY
CRESS
YOU
RUBBER
ADOPT
DECREASE
COMES
ACADEMIC
MANY
SORE
RAISE
GAME

Puzzle 724

MODIFY
FIELD
HELICOPTER
COCOA
COMFORT
EQUAL
MEAT
FLOWER
FLOAT
ANGEL
SAND
TECHNOLOGY
CRITICAL
CLASS
HAPPY
DESTRUCTION
DROUGHT
DENTIST
DROP
CLEVER

```
W V J E X C H Y V C G M U M A K T
Y U T R D V W O P H C O A I P K W
F L Y R I C N X J C M D C N K X N
E Q U A L L E E C M B I M O G P T
C H I B Y E L V P Q A F Z I C E K
F A J N D V H A P P Y Y I B F O L
A K Q E R E S X C I K K E Q H C A
T H G U O R D U C I D E Q P J S I
T C N B P M M E A T T R O F M O C
T E C H N O L O G Y I I D V O D Z
D E N T I S T G P J M D R Q E Q L
L D E S T R U C T I O N E C L K R
E N H E L I C O P T E R E W O L F
I A F Q D X F X S S N S R O Q R K
F S S A L C F L O A T A G P P M I
```

Puzzle 725

```
Q S P I H C F E P S I S S H I J J
G N D G R B Z M H K F D S K N I P
C A D C B Z Y G L Y H I V B G E X
U K N E Y Z M T M Z X G N L R V G
R E T H G U A D P E A C H O E M I
W F R U E F P O B T B O I W D T G
C M W C L B L Y J O W N V N I H L
S O K F G I C F W V O D S U E I O
C K S C N D P Y I F L D K Q N S W
T G U T A Q X W U O D M J Y T L N
I Y B Z I K N O W N E G G U K A M
W F A T R A N S P A R E N T F N A
S U R Y T I Z O B Q U B R D Q D Y
D P E J B Z Q I O V O O B E D D X
T P X J L S O V G M P Y M O L T X
```

COST
KNOWN
CHIPS
TRIANGLE
PINK
EGG
MOON
TULIP
SKY
DAUGHTER
VOTE
GLOW
PEACH
POURED
BLOW
TRANSPARENT
INGREDIENT
SNAKE
BUS
ISLAND

Puzzle 726

IMAGE
MOSQUITO
GRAPES
AGE
FLYING
LAUGHED
ABSORB
JACKET
RISE
READING
LEADER
POSTPONE
FLY
TRAGIC
ARMCHAIR
REPEAT
CAT
BECAUSE
TEST
GENTLE

```
V N P F N E C B R O S B A J E P H
J T D O S L P Z E S I R O A B O K
I H T N G T E I H C O L A Z W S O
G Z M I C N E E H F A W Z H D T S
S H K T L E A D E R F U T A C P J
C X O R U G G O T I U Q S O M O C
Y I U A B P W A J U G A E E M N P
N G Y G N I D A E R W G T B B E W
N Y A I L P F L Y I N G P H B G V
Q U R C R A F J J T K R E P E A T
C R J N F B U A R M C H A I R M E
D G D T D G N G W W M X P Z H I K
F M I V O D M J H U J E W F L D C
J R F L Y J H X S E P A R G X J A
L O X O D X U F H U D J L F Q J J
```

Puzzle 727

```
C O N T E N T S E W T Q T E T R Y
L V R C S A V E B F O R H N P E T
A H W E E Y O L P M E D A T U C D
V K W J W R I A Y I J R N E M A F
A A Y E W O U I W F F A X R O N R
D B L R H T L R N P O G Q D N A C
U L L U E S Y T Q F O O G C E R O
G X H E E B T I R E D N X T Y Y U
E X A C T K M T P C P T E L R M N
K G B W Z L S U O D N E M E R T T
H N V G T N M K N T A J Q R P I R
Y A Y S N W L Z W V L S D Z O J Y
E R H R Z J M R E A X H E J P J O
U B E L G D E M A P V O Z U A J N
W J V S J Z Q Y R M I X V G R C J
```

ENTER
CANARY
TREMENDOUS
NUMBER
STORY
TIRED
WEAR
DRAGON
EMPLOYEE
VALUE
CONTENT
COUNTRY
THAN
MONEY
ABLE
REJECT
EXACT
TRIAL
WEST
SAVE

Puzzle 728

RHYME
UMBRELLA
BENEFIT
THINKING
SHE
AFRAID
FEELING
COLUMN
COOPERATE
WIN
CONSECUTIVE
LADY
LIKED
SEARCH
SUNSET
EVENT
PILL
CITIZEN
OFFICE
BEHIND

```
B E H I N D X B S J P U R E U S C
Y S P E K S N M U L O C H F M H O
T E X I Y H E U N F F V Y E B E N
F A U G L G Z X S E N X M E R T S
C R C Q P L I E E J X G E L E A E
R C J O W W T J T I B R O I L R C
D H Z F T S I L I K E D U N L E U
I U F F M H C Q H G G I Q G A P T
E E B I W C I W N Y D A L V N O I
K A S C P K I N J M X R E T P O V
S U F E V C T H K K C F O V B C E
B E N E F I T Q A I A A F S E U M
F E D S Q P R C T J N X D E K N N
Q Y K Y G T J O C S Y G I J S P T
F Q O Z R O L Z D W I N Q D Z A X
```

Puzzle 729

```
G I W S L F K I Y Q W X G A J H W
W M D X V D G B P L M R B R D J O
W Y X V P C N R K M M L B F Y A M
W W L S N Q I P E T A U C A V E E
J R E T P A H C C W R P L R D R N
G H H Z O S T I N J Q U G P A E Y
W O R K I E O R E H T O E T F H M
P R I Z E H N A L R W Q E A T W O
A Y I N A S O Z I E M A X I M U M
E J N G S I I V S D C N X R O D T
W Y V C O D T L C J A X S A Y G N
S Y E C E N T U R Y P V E P G G V
P C N M L J J M U F C A G W Q Y K
T P T I M B U S O C E A N L Q E Q
G T B H K P H V F O R T U N A T E
```

NOTHING
CHAPTER
CENTURY
MAXIMUM
GREW
ITS
WHERE
PLUM
INVENT
SUBMIT
WORK
WOMEN
OTHER
DISHES
EVACUATE
EXCEL
OCEAN
SILENCE
PRIZE
FORTUNATE

Puzzle 730

REQUIRED
CANDY
OFFEND
COMPLETE
PROFESSOR
POINTY
STAND
TIE
DISTRIBUTE
PREVENT
TOTAL
SKIN
PAINTS
GRANDMOTHER
NIGHT
COMPLEX
EXPEDITION
ENOUGH
GROWL
DESTROY

```
P I S X S J P L L Q X I C Y J S B
S R X N S M A B A Z I T A B N C T
K O E T U B I R T S I D N A T S I
I S L V N T N N O I T I D E P X E
N S P R E Z T L T T N K Y O D P Q
N E M G M N S W Z N W C P I P U Y
G F O R E H T O M D N A R G P M S
W O C D C G G R N I G H T P S E B
U R P J E O Z G R M W J Y O K N G
C P L A L S M A B L L Q M I F O M
S U L K H V T P N H W W P N T U R
O F F E N D C R L Z V J F T F G K
F O V U P B S V O E U U C Y O H P
D R F F C P O K C Y T J G W H T Y
B P C L G D E R I U Q E R V H D Y
```

Puzzle 731

```
S Y N T Q G W F J P K M G A E W J
D T O S A N D W I C H T S J X O Z
E I I Z R H Z U X A L P T V C O T
L V S B Z W K S B T U Q Y P E D Q
S A S E O B E H M R D L Q A P T R
R R E B A L A E C D K U G R T Y I
O G F W P S D T R O P E R T I U N
S G N L O W E L C P V L I I O I T
S N O W F L A K E H A P X E N T E
I D C B J M A M C U P U V S V B R
C N U T E A P O T L O O K I N G C
S U P W T A X U U Y B C D K S S E
P O P U L A R P E C K Q G N P H P
L R R D K B T X U U W B Z Z L K T
U G H O W V L N G Z R X Z T H W W
```

GRAVITY
COUPLE
SANDWICH
CONFESSION
SNOWFLAKE
POPULAR
EXCEPTION
SLED
GROUND
SCISSORS
WOOD
BOLD
PECK
REPORT
PARTIES
LOOKING
DISEASE
TEAPOT
INTERCEPT
BATCH

Puzzle 732

SEARCHING
PREFER
NOBLE
KISS
RABBIT
FISHING
PARTICIPATE
MOST
SKILL
VISIT
JOIN
SELL
CATKIN
EMOTIONAL
FIVE
START
BELOW
TREES
ELECTRIC
HAVE

```
B U E X N C D X M D G N E M R N D
P E P P N N E J O I N S D R L O T
R P L P C F L E Z B I M V M X B C
E Y K O M T E M W U H V O I J L X
F I R O W O C O B F S M J S S E O
E R Q Z Z X T T J K I H Y E T I Z
R S T A R T R I X X F K R E Q B T
R A B B I T I O O G R V T R T R I
G J S S I K C N U E B N X T S Q N
U H E D Y E T A P I C I T R A P N
C I L L I K S L O W V L A X F Z Y
M M L Z V N U Y Y Q T O P F I G K
C F G X W J X Q T O N E X V V W F
S E A R C H I N G L U G O A E Y W
C S W I N F Y C A T K I N H A V E
```

Puzzle 733

```
C R I S I S S J S S H X O T N C M
X G S R O N I O A C I L Y Q E A Y
A K P S R S G L F Z Z A Y A C E D
L A P K L U C G L F C M W G T R K
E L M E R O J T T U E Z C O A B Y
R M A T U R E P E E S R H E R N U
W H I T E U R L M I D T C S P G H
U C M G C T H Y P C L A R U A W P
H G O P E N E R E O T H U A S G Y
S E X B K E V E R C P T H U T Q X
Y W P J P V J L A R L H C M W E R
H Y S O G D O E T Q U E S T I O N
D R E C N A H C U P W F A T A L Q
O C X B G N I K R O W C K Z R I U
W B Z Z X Q E C E H Z M V N P D S
```

CHANCE
QUESTION
CRISIS
DECAY
WORKING
RELAX
THAT
CHURCH
MATURE
NECTAR
OFFER
ILLUSTRATE
CELERY
ALL
GOES
ADVENTUROUS
FATAL
TEMPERATURE
WHITE
OPENER

Puzzle 734

MAGAZINE
DELICIOUS
POLITE
ENTIRE
CITY
SPECIES
PLACE
CONTACT
ASKED
FROM
VEHICLE
COLD
TAKE
WARNING
ROBINS
SPELL
JUDGE
PAINT
CAGE
ATTITUDE

```
C I T Y M A O L E T L A J M R Y N
X T I N A C F O L R T J L X J L G
H A D Y G A T C R M O G P B H H N
X P G B A G N I N R A W V M P P Y
T D L Y Z E D U T I T T A U R C N
C A V I I F L T J I C O L D T E L
A G K H N T L C D E L I C I O U S
T H P E E N E T I L O P A E J F L
N P L A C E P W R H S H S P T R L
O F U I D X S U M S E U K T B O E
C P A I N T P W B P I V E P E W H
R O B I N S I Q H P C O D F R O M
F F W N S L J U D G E R I T N E B
X C Z W H I M G P V P U C U B W Z
P S A O U D X D B N S I P G W H A
```

Puzzle 735

```
E P F W C A D P Y H K A Q H K M D
N O S Q A Z G Y C A O A E L G B V
J I S P P M B I M S S I W J L A K
O N E Q T I B D C A R E F U L L Y
Y T S D U W W E C I L Z D N E M L
O P S I R V X N O O L L A B I A N
L A O R E T F T R O N J W O D S E
S X P T Y E P I S E W T U S D T D
G G O Y G O M T D R S S I R M E D
D O Q A Q E D Y H S O R R N Y R U
L A U G H A B L E W V E R B U D S
V N E Z J H K K J X I H R P U E Y
W C I N T E N D N O C E S A M Z C
T Z M S G U A H Z O P O R I C S Z
Z S I K B S E S R J M I I R V M F
```

PAIR
BIT
ENJOY
SEW
CONTINUE
JURY
MASTER
TOP
POINT
IDENTITY
BALLOON
LAUGHABLE
CAREFULLY
VERB
SUDDENLY
POSSESS
SECOND
INTEND
CAPTURE
DIRTY

Puzzle 736

OPPOSITE
PREDICT
MUDDY
PROFIT
ICICLES
GAS
THICK
DRESS
VARIOUS
CROSS
REGULATION
HERS
PROUD
ALONE
SOAPY
MEDIUM
ELECTION
RECOGNIZE
SOLDIER
GLASS

```
T S X U L S B C G G Q C A C Q O L
S I J T C L I F L H W I A R Q X U
G F N D I R T X A U Y H Q O U B X
E J Q P A N T O S A G T E S L M Q
E L E C T I O N S X D D S S L F M
M K W M M G U Z K Y R E I D L O S
S E T I S O P P O D E P V V V N I
O Z D H E J S Y S D S K A W G N C
A I R I I U Z X F U S D A R G V I
P N K I U C R A S M O A L O N E C
Y G R X J M K P R E D I C T V P L
N O I T A L U G E R B D R E T R E
X C P R O F I T H J X I G A E O S
E E H L J F W F R N J O V K V U X
O R A L F M J A A A F V D I X D X
```

Puzzle 737

```
R D I K W L S G G E B S Z E E M L
S E E H N V A W O J H E T R L B A
P I U T N J M C Y M O I R A T L N
R Z P S E V E T I K N R U X R K E
E C L T A R S B X R N E H S U E I
A N A U F B M D N O I T A U T I S
D A N N A V L I I W Q S R H I N O
E F E T E C W E N T S Y V C I K Y
Z L T S M N O R M E Q M N E H Y E
F A S E E Y U A D N V U A P S J O
D T X H V R L R Q R V B T E T O J
W G S C A A D V B E K Z F B O A H
H V F P Y K U R Z W O Q D C L A F
M T Z O I O A P P E A R S O M Y M
V L P B R N T Y F R E E Z E Y D Q
```

DETERMINE
RHINO
WOULD
MYSTERIES
SITUATION
KID
EGGS
FLAT
NETWORK
APPEAR
HURT
VAN
TURTLE
REUSABLE
SPREAD
PLANETS
CHESTNUTS
FREEZE
STARE
SAME

Puzzle 738

RAVEN
THINGS
PUBLIC
DOWN
ROYAL
CONSTANT
CLARIFY
TALKING
WORTH
CHALLENGE
COMMUNITY
PEACE
FOOT
GOODBYE
PAIN
STAGE
TOLERATE
GOT
OTTER
DEFINE

```
C P G V O J N W S N O T Y P A D M
W F A T C B T O I P T O G E P O S
P E Q I B D H R Z I T L W A P W G
Z I I H N K I T M U E Z Z C P N B
T A L K I N G H T O R U Q E R F Z
O G A C K Q R X C O M M U N I T Y
O I Y K K N L N E T W Q G L U C T
F J O A D U S P P H O I O N J H C
C D R Q G X I D P I R R K C X A O
L B E H O M L E D N R I I V X L N
A W G F Y C H R A G B A I Z V L S
R W A C I L B U P S E V V G G E T
I N T M Q N G O O D B Y E E T N A
F D S J G C E B N E D D K F N G N
Y F E N T O L E R A T E S K Y E T
```

Puzzle 739

```
X O S G B Y Y E O M G B H S V A N
W A N I M A L J K N X R O N I M Q
A L N C K E G M J X C H C T U H F
G W Y O O W O R L D Y U Y L T P A
O E R Y T A R O I L P K T U Y L U
N Y A D R E T S E Y P V C S O I E
L M S H B T B V L P G L N E U F D
M H S L P A E O Z L P O I R N I Q
G E O D K L N R O D X I T R G N N
Z A L Y R U X U L K Y L X U J G X
Z V G M A C O L L E C T E A U S T
W E E D P L T H P Z E A M V S F J
X N N E P A F R E Q U E N T E I N
W O R N L C R X T S P N M V U L O
T O Q B E I V N K N I N K Q S S W
```

MINOR
YOUNG
NOW
LEVEL
APPLE
WORN
RESULT
YESTERDAY
NOTEBOOK
WORLD
GLOSSARY
BOTTLE
LUXURY
WAGON
EXTINCT
ANIMAL
CALCULATE
COLLECT
HEAVEN
FREQUENT

Puzzle 740

ENORMOUS
FLOUR
ONION
TWELVE
LOYAL
BREATHE
STRONG
GREAT
EYE
THEN
ZOO
BEAN
TAKEN
VERSION
DINNER
LEAD
FURIOUS
LATELY
CALM
IMPROVE

```
E N O R M O U S Q L B M A P G C Q
I E O B R E A T H E Y B S S R P N
S H U I G G R L V B R U X Y E C A
F T C D N U K W X M W M H L A R B
F J J V O O F I M P R O V E T J R
Z O O B R W R U M F C F I T F O T
G O Y O T X O F R U O L F A D Q W
T V D R S F M O T I N P G L M S W
D A E L A Y O L W L O G A E O P X
S F K N S X D F E S I U S M I U D
S T V E G T A G L S S N S P C S W
X V I Y N K I Y V I R E N N I D K
L I D F A O A U E Y E V D Y R O D
R K U K E N J E F Q V K Z A F J K
U C Z W B V I I M D N C A L M M G
```

Puzzle 741

```
D E A J B P B K U P P O A P O Y M
H J Z P D A S I C A O Q P A S O J
X U Z Z D R A T Y R U K U R Z G B
G K Z W A T W T E E N E F D L F C
U V E J K I S E A N D Z F O R O N
R L Y U Z C X N R T S P I N W A G
K B J Q C U O N N T D R N Z Q C I
Y T M H U L O L E E V E I H C A N
Q Y C L L A T N B H H L H M K S V
Y L E M E R T X E A D I E V B U I
B A N A N A K E C V F G F N P G T
H I G H L I G H T X O I N F H A E
S C B R K I H P Y X O O G F M R R
O Q Z E T U T I T S B U S H I R T
T Y L W P M I L S O V S N E Z C Z
```

PARTICULAR
ADD
YEAR
BLOCK
WAS
PARENT
POUNDS
PARDON
PUFFIN
HIGHLIGHT
KITTEN
BANANA
EXTREMELY
SUGAR
SAD
SHIRT
SUBSTITUTE
ACHIEVE
INVITE
RELIGIOUS

Puzzle 742

SATISFIED
BAR
CURTAIN
PERHAPS
AGREEMENT
HOWEVER
PRECIOUS
SIX
GIFTS
GANDER
MAINTAIN
TRIP
TRANSFER
COACH
FOREST
TWENTY
BASEBALL
CRIED
RICH
BROTHER

```
F Z F K S T F I G U I D B H O S X
A S V Y F H W S G C P A S J K I E
E M T D X S N E Y B G F K O P X J
P L C L W K I G N X H V A O Q C L
M L X F H C A O C T H V A Q D R I
E A R F C R T R I P Y P S V T C X
N B I M O V R S U O I C E R P Y E
G E X N R S U R E H T O R B S O H
P S N E T P C B Y R E V E W O H O
O A Z F Y A U H E A O F E G R C R
F B U N F H I X K B Q F L X V D E
J F Z P P R J N S A T I S F I E D
Q O N O R E F S N A R T U H F I N
D R P R H P A G R E E M E N T R A
R T A Z F O N R I C H T T K P C G
```

Puzzle 743

```
Y M K P U E B F E S H Q Z L I I A
K M O D E E R F S A U O R F S Q A
E T L M U T O Z J E C O M C O R U
B H T D T I K O M P A H T E O F D
Z B T J Z D E D B X S M N V N A Y
E B Y V B L E V C A R A C E X V B
E S T A B L I S H T D R N H S O O
I N D E P E N D E N T G R P A R O
N E E D I B R D Z L Q O E L K A K
A J Z U G E L F Z G G R J R O B C
C V N R M U I F Q G F P N E M L A
R I O C O L B C A R R O T V J E S
V M O P N B U R E P Q C H E C K E
R U G R A N D F A T H E R N H B J
C N F V E V U U K G X O S Q R I Q
```

GRANDFATHER
FREEDOM
CARROT
BOOKCASE
EACH
CHECK
BADGER
NEED
PEAS
FAVORABLE
BROKE
SOON
RUDE
HOME
BLUEBELL
INDEPENDENT
NEVER
PROGRAM
RACE
ESTABLISH

Puzzle 744

SIDE
END
PIN
CLOCK
TALK
PILOT
LOW
TRUNK
CRAZY
SICK
CHOOSE
OIL
ALLOW
FIREPLACE
MUG
REACHED
BIOLOGY
SHOOT
CLOUDY
COLLAPSE

```
N V M Z E C A L P E R I F J N E Y
A L L O W T L E P D C A N M F D A
W J N J O P O O N T W E O U H F G
E S P A L L O C U S I C K G O T U
D N E S O O H C O D E H C A E R M
I I B I O L O G Y S Y B K K V N L
S P J L Z Q P A I D N L W D F X L
Q H R Z K M Z J O I T G Y S K Z L
Y R O W E F B U F P R N Z C S D T
X Q J O P G S K L U C R A Z Y A A
A L Z X T Q J Q H X N E B M E G L
B R K V L O K W N O K W Q L K P K
P D E N S O L F V I C L O C K S F
E D W Y F B Y I R L R S K H X V P
H A P N P I L F P T A E T Q I Y Z
```

Puzzle 745

```
T T J Q Q L L A B T E K S A B S C
S E E Y E E V E I H C A R C U Q O
W U A B L N D V N O G E B U S E N
B W C K B D Z T Z U Y Z G R G C V
Y T I V A R G H O S T A F L C H E
I X L Y R G E T E F F O S O X L R
Q V B N O W R J V W X F H O U R S
U U L E V I T A N R E T L A O K A
O B T Y A L N J H E Q X V E G G T
O U O K F L H S U D L I U B H U I
I R R I T A B L Y N L E E X L S O
M Y S T E R I E S U Y N B N D M N
C L I M A T E I N V A D E S E T R
P R O F I T E V U A N E A Y F H K
B O R E D U B H N N C R U Y J X W
```

UNDER
BASKETBALL
CONVERSATION
INVADE
WILL
IRRITABLY
HOUR
BUILD
CLIMATE
ALTERNATIVE
TEA
BORED
HOST
LEND
SHELF
GRAVITY
PROFIT
MYSTERIES
ACHIEVE
FAVORABLE

Puzzle 746

EVERYBODY
RUSH
HELPFULLY
SURPRISED
COMPARE
HEAVY
BUT
REQUEST
POPULATION
LORRY
TEAM
FAIL
MOTIVATION
PRESSURE
EXERCISE
HEIGHT
VISIBLE
BUS
GRANDMOTHER
PRECIOUS

```
G V X F Y C Z V J E M C S Q D F P
R B W M L K I W Y V O O H Z Q V R
K Y V A E H C M A E T M Q X Z I E
Y L I A F N N A K R I P X T L S C
S L Y G X O Q D A Y V A D M Y I I
S U R P R I S E D B A R B T K B O
Q F R U T T E Q K O T E I U V L U
J P O H O A S X X D I O O B S E S
A L L J X L J E E Y O T C D U T H
K E U E N U R S U R N X D N R Z H
L H W E J P N F F Q C A P F O E E
S S X G G O R J K V E I P W M I I
W U G U D P R K K K W R S O O N G
P R E S S U R E T A F W X E U D H
G R A N D M O T H E R C W Q L P T
```

Puzzle 747

```
N Z H D G F Z S I L K Y T Q X O C
A A H H R Q L Q P V R H U J T R U
F X A G L W F P P R V J P A C G R
U Z P A T C W C C B U G A H E A R
E L E C T R I C A X T M G E N N E
C R O W T N E R A P S N A R T I N
Y D I S C U S S J A A I Y N I Z T
E B U L R P T W G V Q B U W P A A
N B L A W N G A T I M I L D E T S
B E V O R P G X L C W W F E D I S
S S E L E S N E S L O Z K L E O I
K O I D P U L L W D R K Q R L N G
C G Z L L A C W R H N L K U L X N
O A E R C E X L Z D R L X C M T N
S T M M O O E G U P Q J V Y K J Y
```

CURRENT
ORGANIZATION
ASSIGN
CROW
NEEDLE
CURLED
PROVE
CENTIPEDE
TALL
SILKY
LAWN
SOCKS
LIMIT
CAPABLE
SENSELESS
DISCUSS
PULL
TRANSPARENT
ELECTRIC
WORN

Puzzle 748

REALITY
RANGE
MOVE
SNOW
STARTED
TENDERLY
PLAN
UNTIL
WIGGLE
SOMEWHERE
DIPLOMA
DISTRACT
IMITATE
MANUFACTURE
OWL
OUTSTANDING
WEAR
CONSECUTIVE
PARTICULAR
BAR

```
T M O R M C X K V D S T V Z O R W
E G C E A O Y G W O I T L J U Q I
N Y R A N N T S W J G S A N N I G
D S L L U S E G N A R Y T R Y S G
E N G I F E V T R B Y E A R T H L
R B M T A C O F A H I U I U A E E
L G I Y C U M Q E T L S Q N N C D
Y V V E T T O M W N I O H T D M T
F Z V E U I Z N I H K M L I I P P
P L A N R V R P H N O E I L P A M
S N O W E E E G Z C Z W H W L L X
P A R T I C U L A R R H C O O N L
O U T S T A N D I N G E R S M V W
M J D I G A Z Y E W A R A B A V F
O R Z L A C F F X V X E O Q Q F X
```

Puzzle 749

```
Y N J M M I S G M J T K A Z H I G
J E C N E R E F N O C N Y G E N T
Q S A T A B L E S P E E C H A S A
W E G R S A N D W I C H M A R T H
C E R T I L L U S T R A T E D A O
I H C U L C S L C D S C O R E N T
T C U O L Z B A B Y A Z B Y E T T
A A T B M V F R D P R V T Y G K E
M P A A W P R E L R S S Q C V B R
A G P Z D I L D O I E C H A I R L
R A Z E E L I E Y N A Y L W H P W
D R E M A S D F T Y L U N J H K V
J Z N V B R U A J E J T Y B Y R Y
E N G V J N Z J B N L L F Q O X R
R U Q Z Y Z C J B G G Y M Y F K T
```

CHAIR
ABOUT
SCORE
TRAM
DRAMATIC
SPEECH
FEDERAL
HOTTER
HEARD
CONFERENCE
INSTANT
BABY
SEAL
CHEESE
TABLE
COMPLETELY
SANDWICH
ILLUSTRATE
APPEAR
YEAR

Puzzle 750

LIVE
ALOUD
DESERT
CAVITY
HIS
MALE
DIRECTOR
PRACTICAL
FAMILY
WEEK
THANKFULLY
ADULT
SEE
INDICATE
CONTROL
NATION
BODY
RUN
NIGHT
BEAN

```
T R E S E D V L D S S C P J Z M P
H L O W E L A M I V Z P R Q Z A G
A D U D S G E Y R U R I A X T Y M
N U R D S J P G E B W Z C Z A L L
K E E W A O X L C M O E T H G I N
F I N A T I O N T L G Q I B T M A
U J N Q R L Q M O X L B C B U A L
L F A D X F H O R A I E A X S F Q
L Z A V I H P F V L V A L S J Q G
Y T I V A C I C G O E N R T R A Y
D P Q G M C A S Z U R C R L O J X
O W J X K T Z T O D B L P Y C H U
B R F N G G E J E Z G M D X B D M
C O N T R O L O J D A T K T I G Z
R M W D A H K V E Z X D F I F O W
```

Puzzle 751

```
F Z Y T C A U B C P A F U L O E C
A E J H A U I P I F J T P W U L R
V A C W G T X B T B O N O I A S J
O N Q N O H K M Y B J A N N Y U O
R C O V G O L R N A Y T M D K I V
I C B O N R G S E Z L S Y E O Y Q
T L A W V I P O V D S N D R E S S
E V X R V Z O V A L U O A W P L R
H E P M E E A P E Y O C E R W H O
Z C R G R F M D H S R A E Y C F T
J W Y G Q S U Z C S E R X L A E T
R H Y M E P O L A O G U Z P R Q E
N R R H S D I S O L N N J M R M N
U Z N P M O G J C G A L Q I O B E
Y Z S I Y O V Z P W D X R S T L K
```

FAVORITE
YEARS
REDUCE
DANGEROUSLY
DEGREE
UPON
GLOSSY
AGO
CAREFUL
ROTTEN
WIND
AUTHORIZE
SIMPLY
RHYME
CITY
DRESS
CONSTANT
HEAVEN
COACH
CARROT

Puzzle 752

THESE
LIBRARY
WATERMELON
STAY
SENTENCE
DESCRIBE
SPEAK
DOCTOR
REVERT
WOLF
AMOUNT
KNIGHT
ASSORTMENT
INTERNAL
LOOSE
BUSY
EGG
COLUMN
SUBMIT
GLOSSARY

```
F K R D S F L O W O O H N Y I Y N
R H I B W P U O Y W W B D S B X C
Q T G J F X E Z O O G Y E K L F O
U Z J W U H W A D S H N C F I M S
E G S U B M I T K Y E I B R B L Q
S E N T E N C E U E S N Y S R Q R
S B C R J S Y A T S H T C C A C T
K N I G H T R E V E R E O W R H P
D O C T O R A B G H N R L M Y S H
A K H N K A S A U T D N U S U X Z
H K D U D Q S D B S E A M V S M F
P B N O C T O C E D Y L N I Z R S
F K I M B C L A S S O R T M E N T
O Q Y A J C G G E D E S C R I B E
W A T E R M E L O N U I S D Y C L
```

Puzzle 753

```
E P W M G U X U C L V K R A E G H
D P M D D Y E K C O H O R S E D M
G Q L J A B W R P X M S P O N G E
G O O D N A H T S O M P I L T T B
R A P I D L Y T N E W T A V M B O
C O W B O Y O N I W D S J N K D L
Z L X H Z N Q O B D P R I S I W G
V K W T P E U O W U H U M R V O K
N O N E V Q R L B V P B D G E A N
G A Q Z S J E L E C T I O N F Q J
C Q K W X I K A Y L P I T R F I P
D R I P M L A B I W O G N M E P U
D W C Q V D R R L E V G Z N C W F
C T B Y U R D X P S A M X H T N N
K X J H E H T F D V E D Y V B Q Z
```

COMPANION
DRAKE
EFFECT
RAPIDLY
NONE
GLOBE
SIR
SPONGE
BURST
LIP
GOOD
HOCKEY
HAND
WOOL
HORSE
COWBOY
RAISE
BALLOON
ELECTION
TWENTY

Puzzle 754

WORM
RANDOM
TITLE
TRADITIONAL
RETAIN
HOMETOWN
ONCE
FEW
LYNX
TURKEY
SCHOOLBAG
SCHOOL
LISTEN
OFFEND
TALKING
WAGON
VERSION
RACE
FREEDOM
FIREPLACE

```
M Y S L F G U A X R Z O T H I F B
W A L C R U R M K M A U G B N Q Z
A O A A H F O P B O X N Y L F G F
H N U T Z O J P T F D O D M H S G
W C H N Z R O W R F Z I O O Z C K
N E T S I L A L A E T S M D M H G
A C O U T H D Q D N M R U E R O V
E A L N R W T K I D C E E E O O C
T R G N I K L A T H T V R R W L M
B W A G O N E J I I O A C F E B U
G M U N S L Q Y O T I T L E F A I
H O M E T O W N N I A T E R A G R
U B M J N D A G A D W G X Z F N J
B R Y U B L S A L Y Z S J A Y M W
C F I R E P L A C E C M R E C N F
```

Puzzle 755

```
W M B O E B L P G J B T W D G T I
C W C G F R P E P R O D U C E T D
O C L E O I V A R A B B I T C E
M G C E M D C A V V S P M S A O N
P W O E O G Z R B O E F M S R K T
L R N S T E D B E P Y S N Q E K I
E I T S M S B J B X A Z X D N U F
T N E H B L O O K E D T I G B R Y
E E N Y P R O G R T W L T W R A P
K C T N C U R V E A L I Y E X F Z
H K I G J M M Q A E D Q G O R O W
X Q L X C H X Y Q R D R Q Q F N H
Q V P O B A Y O M C T C U X I P F
E N V I R O N M E N T Z R G V X A
F A C T O R D H O N X A L W E P H
```

PATTERN
IDENTIFY
BRAVE
CURVE
BRIDGE
CREATE
LOOKED
NECK
PRODUCE
WRAP
RATE
LEAVES
DRUG
ENVIRONMENT
SHY
FACTOR
CONTENT
COMPLETE
FIVE
RABBIT

Puzzle 756

STOP
REPLY
ITEM
PAPER
THEIRS
HARD
MUSEUM
CATCH
LAZY
SIGN
MUSHROOM
ALERT
DESCEND
ROUND
ELLIPTICAL
MANY
ISLAND
WIN
RELIGIOUS
PARENT

```
C M J R Q W I N G I S K A N F R I
O S N E O R E P L Y O Y Y G J E S
X G W P M U E S U M P S T O P L L
Q L O A E Y N A M C D S H I D I A
E N N P T D Y D R A H C T A C G N
N Y C U I R W U K U T J Q A I D
F R I T R E L A V M K X R X H O N
D R T F H C K F A K Z L I G D U L
E E T V B E M U S H R O O M U S I
T B S H C L I E L L I P T I C A L
W S A C S B W R A V H D N Y Q S A
P T Y Q E P X K S F J I E R B P D
L A Z Y Y N T Q L C Q N R M Z R Y
O H L W I G D C D A E P A U L S F
B R I S B Z G W X N M M P O B M C
```

Puzzle 757

```
J F R S V L L N L X S C F S W K A
W F S E G A S U A S C O W H O L E
I Z P T S X T U U W I N Z C R L C
D M F A Y U X W G G S V J O E W B
T S D R D A L S H J S I S A F E E
H U I E E T T E L O N B W T L W
T B S P E A V S D B R C Z F K B I
R J C S G G C N G S S E Z G P A T
O E U E Z I M T E K R A M N W S H
P C S D W I X M I W A K O A S U O
I T S G J J G J G O S B H C S E U
C E I V E L G N I S N G W D D R T
A X O Q L N W I T D P T K Y O A X
L V N Y L G E Y U S A X H X L G F
M V N F Y J S Y S K Q N H H D M Y
```

WHOM
SINGLE
MARKET
SUBJECT
CONVINCE
DISCUSSION
WIDTH
REACTION
SAUSAGES
WITHOUT
SAFE
TROPICAL
DESPERATE
WHOLE
JELLY
LAUGHED
SCISSORS
SAME
REUSABLE
RESULT

Puzzle 758

CARPET
SPELLING
KIDS
CINNAMON
EXACTLY
THREE
SHOWED
KNOWLEDGE
LEFT
DEMAND
RESEARCH
ALWAYS
SURVIVE
VOLTS
MOTHER
FRIENDS
VOCABULARY
LOVE
APPLE
HOME

```
X T A C R G R J U R Y S T L O V D
J P R A O B Y I H M S U Q U J C E
Y U L E W O M I X W L R N U J O M
T M F Q I B I G E A Q V D R M S A
E H E C G T P I X X P I V K X G N
P Y R A L U B A C O V V T D C O D
R R E E Z T K Z N S E E L P P A M
A E A M E L S N L Y G X H U S Q O
C S L O L E H O O A N S A S W Z T
Q E T H O F O T E W I D U C E B H
Q A P P V T W V Y L L N E B T M E
K R A X E B E Z S A L E T S Q L R
I C C V L V D P H L E I D B C N Y
D H C I N N A M O N P R X G Q A K
S Y U Z X C K Y E N S F D T E F P
```

Puzzle 759

```
L R I L D R I W M C H Z T G P M E
L O O K I G N A K L A A J T S N R
P I N O S G V T A E S R D O A K O
B U Y L S L O C R L L G I K W Y H
P B U B I I L H K P Y C A B B A Q
J I I N M D V I Z P S B I Q O Q K
R M P N I E E N J A X G T T A U I
G U T J L N D G I E C E I P R I D
X D M I A T N E V N I L A L T A L
R Y X G R I B B L I T P P Q U G P
U Z N L D T E F Z P V M F W A Z A
Q W G S P Y F X B Y O A M R E S O
M E D P C N X P A F W X F T Q L B
T O N I G H T W G T C E T E D A K
P N X A O J T B Z Z L Z N L I B T
```

DISSIMILAR
DETECT
EXAMPLE
PINEAPPLE
SAW
LOOK
SEAT
TONIGHT
HAD
PARTICLE
PIECE
CARIBOU
WATCHING
INVOLVED
BUY
INVENT
IDENTITY
KID
WAS
PIN

Puzzle 760

FALL
LEG
PETS
AHEAD
WANTS
BAG
FLOOR
DEEP
SMALL
GUIDELINES
AUTOMATIC
MOM
INSTITUTION
DOMINANT
DISH
CLEAR
START
JUDGE
ANIMAL
INVITE

```
G P N G X D J D I D L H C Q V H K
E U O A H E A D O D I V T C H Z U
L O I B A J V Q J M T I L S D A R
L H T D D V N S Y O I O V G Z B N
A U U W E G D U J M U N R O O L F
F D T Y Y L L A M S Z I A R B W U
O R I T S A I I N V I T E N Y D R
Y S T W G M T N P E T S L W T E F
Z F S K A I I K E Z I B C I H E W
M Z N F M N T E S S S T A R T P Z
G G I B Y A T A U T O M A T I C A
F W W O A I G S A A P D S O Q X S
D I S H T U L G V H S T E E O O U
P Y X H J D N D T A Z B V L K C U
E N U H N M Q S E X D D K W U S G
```

Puzzle 761

```
P D K D P H L F M T N Q B G O N C
R S W Z Z L V S A F F E C T H I L
X E T A K S N H E J K P S A N G O
P L E S A E W T R G N B E G I N N
V L Z S V P D Q C X N W W V S R T
T E G Q U X U I V A R I A B L E O
H R E T A W L H V C V L Y F E T C
A T R E S P E C T I J U X R Y R O
N R U J D A J I F A S F G A T E N
K O N R X J D R Z T A I D C Q A S
S F K O T A S P R D Z T O S X S T
D M T V M Y I M C T L U M N Q U R
O O R W P E U W M V E A T H L R U
L C P I F I S Z A L C E G K A E C
Z B R W Z P Q A V X E B C L X H T
```

TRYING
RESPECT
VARIABLE
TRUTH
WATER
CONSTRUCT
ONTO
WEASEL
THANKS
SKATE
BEGIN
SCARF
DIVISION
BEAUTIFUL
CREAM
SELLER
AFFECT
TREASURE
COMFORT
RICH

Puzzle 762

PETROL
BORROW
LABOR
RICHEST
RAINBOW
STAR
HUNGRY
ATOMIC
CHOICE
ANSWER
LAUGH
SCARED
REMEMBER
SPORTS
WRONG
ANCESTOR
SIGHT
TOO
CENTURY
LATELY

```
K R P C E S O A R R Z P R X P C Q
T O E I J Z U H A A L A U G H H Z
X B C M T Q Y Y I L O O T A A D C
T A I O E D L T N N R M H A A E S
H L O T O M C B B Q T K W D L C U
Q T H A K S B K O D E B P C G E A
R Z C P O U V E W E P Y F A W N N
S I N N G Z W O R R O B C R A T S
G P C Q Y F R O X A H B E W R U W
I C O H L J O A N C E S T O R R E
A B D R E K N S Y S U F D S T Y R
G C L J T S G Z Q Y O R R E B F N
R U E V A S T H G I S S X M T O E
Z S C U L H U N G R Y H F X C Y L
H U W R E F S U L S W Z Y X A E P
```

Puzzle 763

```
T N I A P C S W W X V P S Q S B F
T U T E J Z E I T O B W R T H U Y
S X R F E E Z L U F S S E C C U S
R O E N X C R D Y Z N K N A A S U
O G L J S N V K E K E V Y P M M V
W U W O H A I D E M D D R M O G B
K D Z X O L X Q R D T R F I T R S
B K S V B G N I H S I F F S S G Q
D Y S I W F I Q U W V E L H R Q G
M D Y N H G I E W S K E T V E A D
S M O I E B M N V U A B E F Q D S
I B Z U T I B A H K M G T T U O L
I X H E H S U R B T N I A P I P N
F Z E X E F M V B L U I Q P R T N
Q F I Y R E V E L C G F R L E J J
```

IMPACT
JERKED
WEIGH
HABIT
MEDIA
WILD
WHETHER
SUCCESSFUL
STOMACH
PAINTBRUSH
FOX
TURN
GLANCE
WORST
SOLO
REQUIRE
ADOPT
CLEVER
FISHING
PAINT

Puzzle 764

DOOR
QUOTATION
SWIMMING
EXERT
QUAIL
MATERIAL
STAFF
PUPIL
LOT
PAINTING
WIFE
FORMULA
TOOTH
OKAY
WANT
PROCEED
INVESTMENT
GRAPES
REJECT
RECOGNIZE

```
O U H K O N T Z Z A O N N X L V F
Z E Z N A M G F E D T T A U I O V
R X H A X G D H Q R B R V R A W T
E E O K X H Y E Z F H T R H U S N
J R O O D M A T E R I A L J Q W A
E T K F H P K C H C V U I E F I W
C T E E S O O P H Q O F P O Q M X
T N E M T S E V N I I R U R U M I
Q R V R E C O G N I Z E P H O I V
G N I T N I A P T O T A E A T N R
M R A T O O T H Z B O T V B A G Y
R K A L U M R O F F A T S R T I R
S O B P F T Z R C P Q T V M I C G
Z E Z S E X C G Q D Z E M Q O J Y
G D Y D B S Z R V K A A K K N J H
```

Puzzle 765

```
J N R K C W P T K R O W T E N E J
O N U T D O O Z E U U G H L F S S
Z G T N S D R X N P M T Q I S M Q
E L L Q M N Z N M Y Y E O Z L P T
V O Z G X I Q D E I R C O B A E R
N M O K G W X X T R R N X V T K A
R A U C U E B Q S N E A Q J A I N
S E Q U E N C E Y U B H U T F L S
Y R E V B S T L S G W C E R D Y F
H C R V F L O F Y F A X N O T T E
R S H E M F O K U X R L K N E W R
Q O V T I U V W Z A T S F E S T X
K W I L D E R N E S S C G E N O P
W S I S V G A B K O Y B T R U X F
M Q D A L G K C G X U I Z G S T X
```

KNEW
LIKE
SYSTEM
SCREAM
WILDERNESS
WHILE
WINDOW
GREEN
CORNER
STRAWBERRY
SEQUENCE
VERY
BLOW
SUNSET
FATAL
CHANCE
NETWORK
ZOO
CRIED
TRANSFER

Puzzle 766

BLOOM
EVERYONE
GENERAL
BACK
DANCE
CEASE
COMMITTEE
SITTING
HALF
COUNT
SUMMARIZE
NUMERATOR
WEEKEND
TEDDY
COMMON
SOLVE
MUST
SOLDIER
TWELVE
ENORMOUS

```
W C O E M O C A F S B Q E K E T I
E O G B V W H S M T R N G O Z I M
E M P S T E K K T G I S C D E Q J
K M M U O M R H E F P J O R P H C
E O S H J L P Y D D E T M W Z H O
N N N B X G D L O W T Z M O L N U
D A O X R F Q I J N Z Z I F O G N
B J K Y U L A R E N E G T Z L L T
N U M E R A T O R R D N T S U M B
S O L V E H S D K Q A I E L T V Q
E N O R M O U S P L N T E G I S N
S U M M A R I Z E B C T E T B J D
A T W E L V E R P A E I B Y J Q R
E T G D R Y L L C B S W B X O V
C C B B X T Q Q S K W Q I P R H W
```

Puzzle 767

```
R I O L P X E M M G C M G I E H R
D B V I J C X A Y A L S F X H Z A
D A J L N X X H L E G G O I V Y H
U T L A C I T N E D I A S L E N N
C M L C W T R A V A Q A Z J F Q F
C O N N E C T I O N L I R I P F A
W O R R A N J G L S Y S I H N L L
X R C X N N O E C H T S O O O E L
S D E X P E R I E N C E H W I M B
T E N T H P G E N T L E K E T I N
N B G G S M L G X Y Y R Q F C G Q
E F S L N Y L E M E R T X E E H Z
R M V B E I Z G A D L L Y B S T M
A S I N G I N G I S H G K S C Z A
P L B O Z E H H W J E M R U T U F
```

LOVELY
SINGING
SECTION
IDENTICAL
BEDROOM
ALSO
HOW
RAINFALL
NARROW
LILAC
PLEASE
MIGHT
PARENTS
EXPERIENCE
TENTH
CONNECTION
GENTLE
TREES
MAGAZINE
EXTREMELY

Puzzle 768

NEAR
SQUARE
BRANCH
FEAR
FEATURE
FALSE
CULTURE
VEGETABLE
HAIL
SHADE
COURSE
SLIDE
WHO
SEA
SUSTAIN
GAME
PEACH
REGULATION
GANDER
PILOT

```
W I Y Y M Y G S O Q A Z D I J U C
F J T Q N F B A W S W B K M G F U
F J U J P V B Z N Q T D D W C T L
E L B A T E G E V D S Q U A R E T
A H A I L D I M M F E S R U O C U
T M N J X I Q A H N Y R V M G C R
U L O F I L K G R E T A T N S F E
R T Z M J S J F A L S E Z D K J V
E A P I L O T Y Y W I F S N W Q P
A P E T O I P X O R C D S M Y U E
E D Q N O I T A L U G E R U D P A
V I V S P H C N A R B S H A D E C
P H L B Y Q W X E C N D L E R X H
L V I B G Q I A S U S T A I N D R
E B T T B F G X W S Z Q C P D N V
```

Puzzle 769

```
Q U A L I F Y S B F G X G O T D F
W E F V S U Z T P W N E P L S J T
J O V N Y K B N S A O B L E G S O
M I G R A T E I A D R T I B T L V
A Y C P M B U A I A T K F R G K E
N E P O I I U P D Y S E L Y D R R
O F F I C I A L D K Q P E E L S D
I Q M J K I D S O C C C L M T J I
T R V X H Y Q P S E H L F I U P C
S P C J E E L B I X E L F T L B T
E X E C N A M R O F R E P E I I U
U K M T F S E Y B L C E H M P W Y
Q D D G R Y T M V Y M F F O X F S
N P F X B F D P H J E C A S U S N
H B D D I R M Z C N I K N R W Y H
```

PEN
FAR
OPEN
PERFORMANCE
SOMETIME
BIRDS
VERDICT
SPARKLE
SLEEP
OFFICIAL
EASY
LEGS
MIGRATE
FLEXIBLE
SAID
QUALIFY
TULIP
PAINTS
QUESTION
STRONG

Puzzle 770

ART
TELEVISION
RELATIONSHIP
ATTENTION
STOOD
RESIDENT
EMERGENCY
LEAK
POSITIVE
LIVING
CHAIN
LIGHT
OBEY
TALLEST
BALCONY
COME
IMAGINE
FLOWERS
TRIANGLE
PLACE

```
E Q W T N T N E D I S E R C E R J
P F H H H R E L G N A I R T I E Y
Z Z K O A A B L X J T J E Y L L Q
M D E U F H S L E C A L P X K A M
O Y Z I K X N I Z V F W E B C T I
J N G H C J E V I T I S O P I I E
S L E A K S C I A C C S N B A O F
F L O W E R S N B T H G I L O N X
A I C H A I N G B B T Y O O Y S W
V E M T P C O M E M L E A W N H L
R A L A T A L L E S T B N U B I D
K G G G G I U A X E D O O T S P R
C M F H H I L S I G N E L D I G R
B F C K Z Y N O C L A B U H N O T
P V V H Y C N E G R E M E Q B V N
```

Puzzle 771

```
H H F Q M H K Y R C P C J Q T G U
G A S I M I L A R V F G Z C I H P
R V L Z P I P Q J Q D Y E K P Y D
O E U L B K I M P A D C X H L Q U
W H E C W N L E J C N V X Z Y B Q
L O H E C A L P S I D T S E D O M
U T P S B H Y L F N O G A R D S Y
Y E K O M T I Q W S T R Y Z G N J
T L S N H J J V E O E H B K C A I
H I K L Q W M E U K C J Y I R M B
U E L N E F M P L Y P W T P O U T
S G Y Z L M N R X T Z D Y A S H Z
G P W O W W K Y I R E J Q J S S R
Q V L R B D F F V A R E T O N Y P
V H L B B M N F G P H E A S A N T
```

HOTEL
BLUE
HALLWAY
HUMAN
PHEASANT
INDEX
ARE
THUS
PARTY
DISPLACE
THANK
NOSE
SIMILAR
MODEST
DRAGONFLY
ELSE
NOTE
PILL
GROWL
CROSS

Puzzle 772

GRAND
HUNDRED
IMMEDIATELY
SKIING
EAGER
ATHLETICS
DEAL
VOID
PERSONALLY
MISERABLE
APPOINT
INVISIBLE
GLAD
HUNTING
GUYS
APPROACH
PRIVATE
VOICE
MOON
AFRAID

```
P I I A N G Z B X G O E H K P I L
E D M B F T H H G H R B R L R J I
R I M S M R C S G U P A G S I P C
S A E B G P A C F N M F N T V X N
O O D C R D O I N T I R J D A L G
N G I Q V F R T D I S K Z E T A R
A Z A A E N P E N N E M U R E E I
L I T M R H P L H G R O K D C D X
L M E N N C A H G N A O M N I D E
Y W L H I Q F T U I B N E U O V X
I Q Y X J O S A Y I L A K H V G P
E A G E R B P R S K E V O I D G C
F G P Z V G H P L S U C S T G V V
S J Y J R X Z S A O H P G Z R W M
I N V I S I B L E K F A Y P R Q K
```

Puzzle 773

```
M F M V V V Y V W L W O M A N Z T W
L A C V N E T A R T N E C N O C O
J Y N U A T H N I A T N U O M D C
B A Y Z B N M G J B U Y C I L O P
A L C O M P U T E R C A P T U R E
S Q E E O U D A R D F S X A G C B
Z U G E X K A E U H U R T C A V Z
N V N X D W N F D A X O I I S V Z
W V I F X M G M E N K O I L A E R
V X Y K L V E E C R V D V P B L A
B A A B O O R F O N Z T L I M G F
U C L H M S W U R H J U A T T N Q
O P P P P Y A E P P R O R L G A B
E W H R U Y L H R P J N A U B D E
N S P Y C J K L V I K M L M M Z H
```

FEAT
MOUNTAIN
PROCEDURE
COMPUTER
DANGLE
WOMAN
CONCENTRATE
SUNFLOWER
POLICY
MULTIPLICATION
ACT
DANGER
OUTDOORS
REAL
BLEED
LAW
PLAYING
MAN
CAPTURE
HURT

Puzzle 774

CUP
USED
SHAMPOO
VOLUNTARY
SHOULDER
FREE
VAST
INDIVIDUAL
CONDUCT
REMAINDER
MANAGE
SHARE
ATTACH
MACHINE
READING
SEW
STARE
DETERMINE
TOLERATE
TAKEN

```
T J A R S D D G T S X S X D I U C
H E I O T M E R A H S A W Z K I X
M M X X A S E T N H W X V J Z H L
T A C D R J R S E H E E H P O A R
B I O M E P F A Y R A T N U L O V
N N N A X S F V X E M K P C S M S
T D D C I G U T H D R I U A E A H
O I U H C A T T A N A E N R W N A
L V C I K W L W H I Y E A E A A M
E I T N D S Z N R A F D P D Y G P
R D L E T A K E N M G W C L I E O
A U Z J R A K U Q E B R M U G N O
T A J H U I W R T R S W O O K F G
E L F J T J E Q V N E Y H K N U
W W E O Z M F T D K L V T S G S N
```

Puzzle 775

```
S W E M R A F P A H E R S Z M L M
O R B I T G O L G P P U L L J T N
A R G U E E K A W V R G P J F Y E
D Z J D H I P T F D N O S S E L V
R K Q P P E C A Q I P T N S F Y L
P W Q P P O D M G K W N O C I H D
B O W L O C N R W O H Q Y S I X E
F C N B L J P Y Q P J H A D F V N
T S D E I Q A J C K A T R C C T T
S N Q S T E K H D O F C C R R I
N B U I I X L I O S N E T T I M S
Q V M D C Y P A O S G U Y D M I T
Z T Y E A H H I S I D D F A U Q B
A W E S L W P Z E T A L O C O H C
A D M I N I S T R A T I O N S C B
```

CRAYONS
WAKE
ARGUE
LESSON
POLITICAL
ORBIT
BOWL
PONY
SOIL
FUND
CHOCOLATE
APRON
MITTENS
BESIDES
ADMINISTRATION
DENTIST
AGE
SOAPY
HERS
CHOOSE

Puzzle 776

SOUTH
ASSESSMENT
HONORABLY
PURSUE
MENTION
LOST
DIGEST
KEPT
CANDLE
SOAP
IMPORT
FICTION
QUANTITY
SCHEDULE
PARTICULARLY
DUCKLING
DECEIVE
SAVE
ADVENTUROUS
NEED

```
Z Y D G W H G G Q Q T X R I W W Y
F N O J N A O G X K Q R T D Y N R
S O U T H D D N O I T N E M L Q D
S I M S Z V U A O T I M P O R T K
C T O E B E C S V R P I L V A P A
S C A G N N K S W F A W W E L E D
L I E I C T L E O N O B E D U K E
C F S D Z U I S S A Q E L F C I C
D L V R N R N S O N Y Y D Y I L E
P N P P Z O G M A S Q Q N L T T I
G U E O A U U E P Q W P A Z R Y V
S W R E J S L N E W M R C K A L E
J F J S D Q M T S O L G R Z P X P
K M B O U Q U A N T I T Y G K P E
O M P G S E V A S S C H E D U L E
```

Puzzle 777

```
Y N Y C B W C U T L C O B M Z R N
W Y Z A O R T H M L A Q G T O A D
X S B W R M W M A H M X X I I U E
Q Y V C W U F Z W R P W X H P A I
O J R O H E K O R U A M Q I H B R
E T W M O C U P R B I C T G A E R
E W T P Q S R W T E R T F P H O
G N I L E E F X F D A W D E I R W
U R A I F U R T H E R B D T R H U
D Z Y C A R M C H A I R L G I F Q
L H A A F U B B A D G E R E W E B
P Q E T L O U D E R A V B M Q Z D
U W J E V R E S E R Y I M T P X I
J M V D R A S P B E R R Y U Q J U
P A R S N I P G R O W D P N R Y Y
```

COMPLICATED
CHARACTER
ROB
GROW
CAMP
NUTMEG
RESERVE
TIED
DRIVER
RASPBERRY
LOUDER
TOAD
COMFORTABLE
WORRIED
PARSNIP
HIT
FURTHER
ARMCHAIR
FEELING
BADGER

Puzzle 778

SHORT
CUPID
SCARECROW
ROOSTER
MAGNIFICENT
RENT
PRIVILEGE
BIRD
TELL
EIGHT
OPERATION
LINE
SWEDE
GOAT
REACH
THROUGHOUT
PROCESS
PICTURE
HIDE
OVER

```
R A L L E T L S W E D E K V V A E
Z M I N H R M T R O H S S F R S I
D K N Y X E X H C A E R W H E S G
B O E O Y N O R E T S O O R N B H
U E U S S K W O G A Q J R C T W T
K T K R Y U S U E O R S C U S R N
P I C T U R E G L G T W E P J U E
S T J H B E G H I C M X R I L N C
N S Z N I V H O V G T P A D B U I
E X A C R O T U I W H U C W J A F
H K X Z D R M T R I C U S Y V Y I
E L C S E K L X P E V P H Q V S N
P R O C E S S H N J U S B I C M G
F H C N Q T L M G W I Z V R D R A
O P E R A T I O N E C J K L W E M
```

Puzzle 779

```
Y E N C B E Y O N D Q J D Y P S T
E A D Y A Q S P B W U T U P R I E
G J X L J L G X Q L I K R G O T X
T L D G N Q C F H H C U I V D B T
W X K S A G M U A R K R N P U I F
Q U A R T E R A L I M E G A C U H
D A U G H T E R L A I H H R T T U
K E E P J S N D F N T T I S I A T
W I L L O W T N M N O E W L O O I
W I L D C A T E L V R G F E N Q N
E C O T T O N I A Y R O F Y C L Y
G D X C A V X R V M A T Z M C G M
T G D Q A T G F M J P H S M M Y J
L G S D U L G O V E R N M E N T O
H T X M M M M K S E A R C H I N G
```

QUARTER
TOGETHER
COTTON
QUICK
TINY
WILLOW
TEXT
PARSLEY
STEAM
PRODUCTION
WILDCAT
FRIEND
PARROT
BEYOND
GOVERNMENT
DURING
DAUGHTER
SEARCHING
CALCULATE
CALM

Puzzle 780

IMPROPER
CONCEIVE
CONTRAST
PENCIL
NET
CUSTOM
CLOTHES
SAT
MAJOR
STEP
LOSE
SEEK
GRAPH
SPACE
FEET
CONTRIBUTE
ABSORB
POPULAR
FURIOUS
INDEPENDENT

```
N P J U A S N C G I L L C C C B A
T E E F S W B O R E P O R P M I B
A T T N K E T N A O C B L I O A S
S S S E C V O T P C J R J N T J O
U B A O J I A R H L Z A N D S Z R
O U R M W E L I H R R L M E U E B
I M T A H C P B F X A U W P C D A
R N N X H N E U F F Y P J E L D H
U W O C C O R T C O S O C N O P O
F M C K K C H E O E H P M D T E L
B R G A X L B F V P G X Y E H O J
H K Y P M O Q F Y H P O C N E N S
Z Q B Y L S E R G E V C T T S B E
J X M I Q E C A P S N W A A E F E
S Z N G C K Q L V O F E O I L U K
```

Puzzle 781

```
F U I F D H C X O C M H B D V A E
B I P I N K C O T S I T N E I C S
T J R K I C K O U F G I P S V Q C
W S R E F I F Y N R H W Y T A K A
T M O R F P G U X C T R S R M N P
I I M E O L A O C I E X A U P L E
N H P H Q W Y L T U R G C I K M
T B L T K X H C Q Z I I N T R Q P
E S S V A D D J A W B C I I E Y X
R J O F F E N C I N G O H O C B I
C N N E Z T H F I M U L T N K R M
E Z G L S I P T P T B S E X I N D
P C V S S C Z P R U C L M S K Q S
T R P O L X K M X C D M O Z I M P
L U G R U E B G Q C T L S C U E E
```

VAMPIRE
THERE
OFF
SCIENTIST
COURT
WITH
BITE
FIREFLY
COAL
EXCITED
SOMETHING
FENCING
ESCAPE
CONCERN
FIND
PICK
DESTRUCTION
PINK
INTERCEPT
FROM

Puzzle 782

WELL
ANNIVERSARY
SIMPLE
VISION
STOCKING
ANNOY
BAT
SPINACH
NEXT
PHONE
OBSERVING
USUAL
FIERCE
PRESS
PERIOD
GENERATION
OPINION
PREVENT
OIL
CRAZY

```
P O I U L I H T P E R I O D F P H
H G E N E R A T I O N I W E I R F
O X C L T Y G G T Q I N F W E E W
N O I S I V H T Q S L J D S R V E
E J Q G N E A V C S F K I H C E L
O S T P Q C T O D P R M O G E N L
B I U O O A N D O I X N A M O T I
S M L F G T F L R N K Y F X D X O
E P S D N N U Z W A F M G V K E L
R L A N N O Y S Y C P R E S S N Q
V E A H Y I Z R U H M V H G B F X
I M V X F N A U D A I P R K I K P
N O B H N I R G S A L T H C F E T
G T L K Q P C S T O C K I N G X Q
B A T Y Q O A N N I V E R S A R Y
```

Puzzle 783

```
T S W D B S U T K A Y X A C K C C
H H C Z W O T W O B F H G V Z O M
F Z I L B H T Y C C L A E T M O L
A U Y N N U S T R B F Y A L B P D
R M M Y G S G L O V C O T N P E U
E B Y W Y S N X Q M R T E M U R C
A I P R O V I D E S A A C I T A K
L A U X J R D K L P B S H J V T Q
I Y B K N E D A B O O T N I W E Y
Z K T M E M E S I R J E I V C F O
E P K B W O W H G T U N Q A I F S
M Y G E U C P O I X U W U N D A W
X A Y G T H V T L Z X X E G I R H
A L O N E I M G E W L B B B L N I X
S G Y K W L A F B M N E W Q O G U
```

TASTE
INTO
ELIGIBLE
SHOT
BOTTOM
PROVIDE
SUNNY
DUCK
HELP
REALIZE
SPORT
GIRAFFE
TWO
CRAB
WEDDING
TECHNIQUE
COOPERATE
ENJOY
ALONE
THINGS

Puzzle 784

SHOW
SISTER
BROUGHT
ZEBRA
OFTEN
RADISH
WELCOME
SIT
ADMIT
SIMPLIFY
PRIMARY
COIN
MEDICINE
COLLIDE
LAMP
SON
ABSOLUTE
FORCE
NOTHING
BIT

```
O K D S I I R L C R P T K P S M N
V K Y H I O W I U X R V M Z H E R
D B S J R M M O E Q I Z G R B D S
L A V F W K P X T O M S S H C I N
V U D M H V I L K U A Z O Q B C A
Y G Y M R U Z B I X R V N Q J I C
P H G N I H T O N F Y Q I O J N Y
O S I E K T I C H D Y Q O U S E I
S I S T E R S O D X G H C S U U F
X D E F Z C U L S A F F S F K J R
E A T O B W K L H R W Q T U B I T
B R O U G H T I A B S O L U T E P
L A M P D Y M D W E E Q H N X O H
K S K K V U Q E F Z B L L S K I Q
F O R C E M O C L E W Y D F K H N
```

Puzzle 785

```
G R A F E X J V A N T X D K H D S
A C O P Q I Y P E E Y Z X Y J Z E
X O C A B E K S U P P O R T B I T
B V H K P L P X Q C H R P R V H T
H X C S K A A Y J Y A R N O V J L
A T N E S U F F E R M J G F Z P E
A F O D R A Z I L V B B O O Z T R
O B J V R T S A E L U J C U G V S
D I G L T K A B I K R R X Q R N W
U B R P I N K I L C G V I O L E T
B P A Q T T M V N D E P A T K V G
M X D A D Z T D A T R C F G X E F
F Z E V W Y L L C W H E E L R L F
R Z N Z S Q U L E E N J H E I E D
O N R S E T U Q T N A Y J G M X V
```

LIE
WHEEL
FORTY
HAMBURGER
LITTLE
SUPPORT
ELEVEN
TAPE
SETTLERS
GRADE
LIZARD
SUFFER
SENT
OUR
LEAST
SET
CAN
VIOLET
NEW
CERTAIN

Puzzle 786

PERMISSION
GRASSHOPPER
DUPLICATE
FINISH
BASIC
BUSINESS
BARN
WIDE
BEHAVIOR
POTATO
QUALITY
MARRIED
RESPOND
STEAL
CAREER
TECHNOLOGY
THINKING
ROBINS
MUDDY
ADD

```
T P U O D D Q U A L I T Y W E C B
R E T A C I L P U D Q W K Q L A K
O M C I S A B Q G J T B V E C R B
B A I H G C U B E H A V I O R E U
I R Q S N W I D E L G W H D R E S
N R J I I O R E O L R P C I I R I
S I P N K O L I E P A E A W Z A N
M E O I N Z A O B G S R R X P T E
N D T F I M E M G I S M M K I T S
N F A A H Z T H V Y H I F D B K S
M M T A T M S H G V O S M U D D Y
P Y O W G X Z L B A P S K B Y Q Z
V D A K C V V Z S D P I Q U X E H
R E S P O N D K C D E O T A E F N
X M L N P F O X W U R N R A B H N
```

Puzzle 787

```
H M B X H D G U J O X W O T I F E
F O H Y R T S U D N I O M E Y B R
O R W R E P P E P A U K F L D D N
B Y R E W T N O I S E E T E P Z E
T L U V N T A Y M V G E S C N I
L W B O V E K C N R I N G C O S G
A C W C H M R Y O T O L S O C I H
I N T E R E S T I N G V U P O T B
C E C R H E C P T M V H O E A U O
E P T J L R H O I E T K V H J A U
P B H Q W G P A S L E M R G F T R
S A C Y G A U K O N C D S S O I M
G Q E L B A S O P S I D S Q P O S
S N O W D R O P S U U Z D P K N L
S W L L N M I Q I J J T H N A T T
```

BYE
RING
NEIGHBOUR
SPECIAL
TELESCOPE
RECOVERY
CLIPS
INDUSTRY
SNOWDROPS
INTERESTING
JUICE
DISPOSABLE
PEPPER
NOISE
POSITION
WOKE
COCOA
SITUATION
HOWEVER
AGREEMENT

Puzzle 788

YET
HAMMER
FLOOD
ORANGE
TROUBLE
STREAM
FOUR
MUMMY
INSPIRE
SOCIAL
EXPLAIN
PUPPY
YELLOW
SUCCESS
ALTITUDE
HEDGE
PORTION
DESTROY
SKILL
WHITE

```
M F N B Z E R K S P K E P G F O I
W H I T E D E T I S O O G X L R N
S N A Z M U M M Y I T R A C O A S
F F L Y A T Y J O X W E T N O N P
K P P M E I V J R C X M V I D G I
Q H X Y R T E E T T D M D T O E R
T A E Q T L Q F S J E A L A W N E
L R F T S A L V E R K H R J T G T
X V O V R J W S D A V W X M C V F
J G F U I B O K U A U M Q S B E M
G U N K B J L W A C P U P P Y C V
V N A D P L L I K S C S O C I A L
H E D G E E E Z Z D Y E G F O U R
L K E J H I Y F Y L F C S Q E N O
Y E T B K C S Z F G L K U S B G K
```

Puzzle 789

```
C M J B O N S H Y F I I S U J X A
G A A T O Z U J J H V T G I X Q C
Z E N C J E R R Z H Q V M K X T T
W V T A E Q P H Y L F S S C N K I
W A I P R R R M T M E T H O D D O
R Q U M F Y I Q I L R Z A S Y E N
A V C O H L S N N S E I T R A P R
F N O C O R E D U Z Q F E C O H P
J W Z B M D Y F T Y R R D F V T O
F M G U X Q G Y R O A D E I R D U
I I D S E Y P Z O N V D P L O K N
F R U I T S P H P A I Y I T G W D
A C I S V M Q S P S O W P H Z A S
S G I N G E R V O L A M B E O O Y
F O U N T A I N G E N T L E M A N
```

OPPORTUNITY
DAY
DRIED
FOUNTAIN
SUBCOMPACT
SURPRISE
GINGER
SOCK
ACTION
GENTLEMAN
METHOD
ROAD
FELT
LAMB
THE
FRUIT
FLY
CANARY
PARTIES
POUNDS

Puzzle 790

MORNING
LAND
HAMSTER
HEAT
DEBATE
MEASUREMENT
SOUND
SCRUB
ANTIQUE
TERRIBLE
CAP
TOUGH
PERFORM
PROTECT
EXPLORE
BOTH
HER
JOIN
FOREST
BLUEBELL

```
E U Q I T N A P R O T E C T P F T
K X S M A P Y A M M O R N I N G O
X J P N D S K C E L B I R R E T U
L Q Z L F W B V A P Z Z H I W S G
L A N Q O C F G S E H D Q L Y J H
E Q N B U R C S U R E F O R E S T
B J L D U I E Z R F N B B T J D
E H A M S T E R E O B M J S A Z J
U S M A H Q X C M R V U O M B Y V
L R C J T E N G E M L G I I E V K
B H M A O L A G N G M O N L D E J
G X K E B K H T T L O N R I K D V
S O U N D Z R W X P F J D Z L Z A
F R V I G A U L L E Z J V E U U I
T Z C W Q H O Q R V Z A C Y Z F J
```

Puzzle 791

```
C D N A S C K P J P M U M R Y F N
C E W E H E G A L L I V G I E B Z
U C Z Z L P R O U Q K T H D B K P
R R I H W I D I J K P L Y I F K E
T E R A L C E D O N I H R N Q O A
A A L I K E L Y O U H I M G X Y C
I S H R C O P D R Y S T S I X E A
N E S C E I T H E R M E W U T N M
S E T E O R E W I N D R N K N R E
P F P H N M Z D V Q N M B T A U R
I N P U T I E L Y G Q S W L V O A
D D X G T H O S T A U G H T V J H
O R H F S Z Q R A J L H I I C Q D
B U O A X O C I H R H K R Z W Z D
V G Z G W A A V X X F O C M B N U
```

DRY
TAUGHT
RIDING
CURTAINS
TERMS
DECLARE
JOURNEY
INPUT
SERIOUS
SENIOR
EITHER
LIKELY
EXIST
VILLAGE
CAMERA
REWIND
SHIP
COMES
DECREASE
RHINO

Puzzle 792

DRUM
ANYTHING
GLASSES
MUSICAL
FIX
RELATE
CARRIED
PAINFULLY
PULLED
GUST
SHINE
HESITATE
REMINDS
EASE
CAME
NEWS
ESTIMATE
DISEASE
WOOD
ASKED

```
G F W A M J D C V R Z P Z L W S W
D L A C I S U M N E P A X H M M O
W T A E X L V U Z M M I K N B S O
J H Y S H E T R M I R N M H R V D
H O N A S D Q D M N B F E A S E E
S S H E E E F I X D Y U J M Z P K
S R J S Q L S R I S Y L G U S T S
A H H I B L R P T V I L V L P A A
N E I D E U X E M A C Y P X I J A
Y J U N I P K F L I O V F E V H V
T P J X E Z N X W A Q T W G R E T
H E O K R N E W S E T A M I T S E
I H E S I T A T E I D E I R R A C
N A Q I N P W W G F A C R Q I E P
G V A P K K M K Q X C S A P J H V
```

Puzzle 793

```
O U Z C H T N E M T I M M O C G F
R N K A U Z Y S Y L K C I U Q R U
O B G N O H W R K O M K I N M E L
P U T D G R N F T Y L H Z C O A M
R S Y I G V G U K N E B E O L T L
E F V D R L D L O H Z V V M J E A
T H O A E U A L P H Y S I C A L S
E S F T P G B T G G Z G T M O T I
M X M E P U V J P W E D N Y F T H
O M H M O U N T A I N S E Y Z E T
M A W I C C T C D C Y Y T Z H K X
R Y F B B O N D L H E U T C X T B
E P Q G Q I E W R E I J A H U F G
H W E M X H T O O O A F W X D O H
T R Z R I D E A W B R N W C H V M
```

THERMOMETER
PHYSICAL
ATTENTIVE
COPPER
COMMITMENT
PUT
HOLD
CANDIDATE
EXHIBIT
FULL
QUICKLY
MOUNTAINS
BAD
CLEAN
IDEA
KETTLE
THIS
ICICLES
WORLD
GREAT

Puzzle 794

EXCEPT
DISCOVER
WATCHED
HATE
THROUGH
FLIPPER
ELK
MAP
FRONT
MARK
AUTHORITY
HURRY
HUSBAND
HILL
CULTURAL
FINANCIAL
UNIT
RESPONSIBILITY
KISS
LUXURY

```
T H R O U G H Y Y T X E I R R P N
O E K G S O Q T G F H Y X S A V K
Y N M X M L L I H F L Q I C H K I
O U D Y H A K L E K A Q A L E M S
H A U T H O R I T Y R U X L P S
K A J A V I A B C R U T P L A A T
N I T R C U M I K R T V T E I M J
X G W E A R X S L U L R Z E C X H
W A T C H E D N R H U P J O N D L
B E D X S T N O R F C W W F A D A
E X E Q L Q A P O G N J J X N X K
U N I T T L B S N G R C T F I G J
R Z G Z N A S E D M U K N B F A G
V A A C A U U R D I S C O V E R C
D H S D H I H F L I P P E R Q O B
```

Puzzle 795

```
M R L V R V W S T U N T S E H C A
S E F O R G O T C C A R R Y S I R
T J C R M K B M M O J F N O U M O
S L I H D B H A M G O C I M R O U
E M F Z A G T Y X D K T V O F N N
G T I E J N S D O W N K E A A O D
R R R L J I I H A S O K E R C C U
A A C D E F C A N G R Y U E E G
L N H S T U R R W C J Z O O O M K
N S J X P L E G R Q U A D L W A H
M M R S B C Q C H G I Y R O B P D
M I O S E N U F V E Y Q D C Z A R
U T X D L I E J F D W S J J L R R
M A S T E R N X M G G C P S W T M
U D Y P V I T S C R I S B H E E U
```

CARRY
ECONOMIC
TRANSMIT
MECHANIC
FORGOT
LARGEST
COLOUR
AROUND
PART
SURFACE
HAS
SMILE
MAY
ANGRY
INCLUDING
SCOOTER
MASTER
CHESTNUTS
DOWN
FREQUENT

Puzzle 796

RIGHT
NUMEROUS
APPLY
HEDGEHOG
PERSONAL
ACCOUNT
MOUTH
PHASE
POOL
SORRY
RELEASE
GUY
ACCOMPANY
ENGINE
FAMILIAR
PLASTIC
HOT
LADY
REPORT
EXTINCT

```
O I B W R H M E H L G Z A W U W Z
Y D A L E S A H P L Y V C R U C U
L S P C L M M T B O P E C B Q C A
P O U X E I K S G I F C O V Q P J
P R O I A A E K W C F U U T Y K V
A R T P S U O R E M U N N C T C V
C Y U G E X F S V F N P T H G I R
L Z N G U E P M R G V W J M T T P
R E P O R T N N K A U F E O N S E
W F B H Y O Y G O Y I D X U O A R
J A Y E L H X N I C M L T T O L S
Y W O G L F G R P N Z J I H I P O
F K H D R S W P E O E R N M W A N
K F F E M I Y N A P M O C C A J A
Z W R H B V V I Y L A U T G J F L
```

Puzzle 797

```
A Y S O Q G O B T P E B R R P Z S
S P H I F E T W I C E R I S E D W
K J S K J T S R H R J J T I T F N
G N F D A I Z P Y S T A R S A E L
K V S O X U D X E C E T L L U I Y
O Z D T O Q G P G C K J G L C S L
D J L O S T P U R E I P I J A B L
Y X S M N E B K P T E A P I V X W
P R N P U S H A A A T K L R E U B
E N I F E D E G L G K Z L L Z N Q
C Q E C B H T C I L F N O C Y M P
A C L U B W U E Q H D U P O R X N
E X P E R I M E N T C A P M O C V
P Y R H V I S I T J U M S B N W Y
O L F S N A I L E R R I U Q S W P
```

ESPECIALLY
QUITE
COMPACT
SNAIL
SQUIRREL
DESIRE
HIGHEST
STARS
CONFLICT
GATE
EXPERIMENT
PUSH
TWICE
FOOTBALL
ASK
ERUPT
EVACUATE
VISIT
DEFINE
PEACE

Puzzle 798

STONE
AREA
TERROR
CLASSROOM
PROFESSIONAL
DOLL
EFFORT
SHOUT
FIRM
TEN
SWEETS
THEIR
CHEERFUL
VOTE
COUNTRY
BEHIND
CATKIN
FOOT
GIFTS
CURTAIN

```
V U C L U F R E E H C J D Q J A T
W R J L A N O I S S E F O R P R G
M Q K H A P T O V U F N D K A E R
Z W A D I L X E T X P W H X W A C
C P M M D D F P R B U R D V R R U
O V P M G Z Z D Z E T O V O J X R
U T E R R O R I E H T S S V L N T
N B U I S H O U T I P W M T M L A
T R O F F E S D H N V E Z F O T I
R B Z G V B I B J D H E Q U G N N
Y C L A S S R O O M B T O R I Q E
X E Y M S Q Y C J P C S E C F N T
O W R Q W E Z S H Y B V M F T K Z
N Y V C G C S N M C C X X F S Z D
C A T K I N Z W T U C K R M Q E X
```

Puzzle 799

```
E M L V G M F E L T R U T X S J S
S B P S L X A R E V L I S B U X Y
V G I I Z Y M A E F A H D L M A I
E B A N B X I S S E R D D A Y J T
H A Y C U I L E N L N Q N U Q C S
N E S E N C I R X U H E I Q J U E
L J H T N C E Q D P B M K E F H L
F U Y I Y X S L R I G E H H S U F
E S S E N T I A L C G R E A Y T M
E N T I R E S L F Q F G L L U C H
T Y I P S T Y V I F R E S L A F T
R I F G M H L U B E V R W V X A Y
E L F X A A A Z H O Y Y U P O T A
N G S H S N N H Z F H U M S T N X
V X Y H H M A H V H S R I X R N J
```

ERASER
POT
BUNNY
FAMILIES
SUM
ANALYSIS
BUNS
EAST
GIRLS
ITSELF
KIND
ESSENTIAL
SINCE
EMERGE
ADDRESS
SILVER
HALL
EQUAL
ENTIRE
TURTLE

Puzzle 800

ACTUALLY
RISK
JUMPED
REVIEW
BRING
FELL
WAVE
ROCK
SEEM
APOLOGY
ELEPHANT
CHASE
FIGURE
SOCIETY
QUEEN
AGENT
KIDDING
KNOT
NOW
MAINTAIN

```
V V Q G Y U M F F W I T G W X Q A
M A I N T A I N E R U G I F Z U G
E E E I E U G Y L L A U T C A E E
E L C R I H I I L U S Z N T X E N
S E V B C M A C U K U U Y D B N T
J P N M O S O D V R E J Y J C R F
B H C P S A P O L O G Y N C W D A
O A K H J H R L L D E F R E S T V
Q N G O A D W P N K N O T W C Y L
P T J E G S V G Y J Z C I G M K F
R I S K B F E W E I V E R S S X Y
L F Z H C N S A O G K A N G J G V
C Y X K K O G V G N I D D I K J U
T H Z C T R R E J U M P E D O I E
K B M D D F Z H O R Y Y P B X G O
```

Puzzle 801

```
U V N N O N K C O L C T D G V K W
P A E H C I G O N Q M W Z Y A T B
E H V C Z C I U S Z E K G F R P L
S N O P Y E Y L V A T Z H I I L L
R O V T N L R D G A X O B U E N R
E R P I O Y O U C L C L D N T D I
V D E O R G O U E U Y I R P Y W S
E I V G P O R I R Q I L S I V L J
R N I T N M A A W E S T E R N T
R A E E E I X M P W B E V K Y N A
E R C S E U F H E H D Z C M F Y K
F Y E T S J E Q R N Z Z F E U A I
J D R I C U W X P Q T P O I N T N
T O O T H P A S T E X A T T M H G
B R E A K F A S T R J N L U A M J
```

REVERSE
BREAKFAST
ORDINARY
VARIETY
MET
NICELY
PREPARE
TOOTHPASTE
FINGER
TAKING
RECEIVE
ENVIRONMENTAL
COULD
SEEN
CHEAP
PHOTOGRAPH
WESTERN
TEST
POINT
CLOCK

Puzzle 802

GREY
INTELLIGENT
HAIR
AMONG
ARENA
STAMP
MOTH
OCCUR
TRAVEL
EAR
SUN
SHALL
NATIVE
CERTAINLY
SUCH
STRANGEST
POLICEMAN
THAN
BENEFIT
NOTEBOOK

```
H S T A M P O X B F B O F N T N D
P A H T O M G I W N U V S O R A V
H Z I V H C V W E M E Y E T A T R
X E U R A E C P V E I D Q E V I L
F F Y Y B L N U S U C H C B E V K
X Q Z J Q A T C R A T T E O L E A
I N T E L L I G E N T W R O S W P
B A M R C O F H N S Q N T K O E W
T H Q I W V E S C O H I A E I G D
R T O B L H N H Y O M Q I D M G Z
S T R A N G E S T X D A N E R A F
A M U L D I B J L W F D L Q P H X
D K Y W S Q E G H G I D Y E R G N
S H A L L P O L I C E M A N W P V
V Y C H R O V Z I F Q O B D H Y J
```

Puzzle 803

```
M U D E T A T S P L F N W U L J U
F T U L S C N R V L E Y H X R W F
K F J D R C A T W S W N Q C D C W
H Q I N I U L Q B B X Z G F M Z G
P V N A F R P U L T I A R T R O P
U N U H Q A A S C E N D P T H J W
U A C O T C E P S N I T S C R X C
J H F D I Y F V A C A D E M I C O
T H O X Z S Y F G T R U N K D D L
A O F P B I E N O I T A C U D E D
H P P H E A G S X C E X P R E S S
Y T H B V D K M U M U M I X A M X
C O M P A N Y O R M I S R D O R A
T P V D S Q A X N O K M J R Q H F
O Y U Y N M D J P M O X K B T Y G
```

FOCUS
PORTRAIT
ASCEND
DAISY
EDUCATION
HOPE
ACCURACY
INSPECT
PLANT
STATE
FIRST
EXPRESS
HOP
COMPANY
LENGTH
HANDLE
ACADEMIC
MAXIMUM
COLD
TRUNK

Puzzle 804

ACROSS
LANGUAGE
FAMOUS
COMING
TENT
AGREE
SCIENCE
CLUB
ROOM
THIRD
RADIO
OFFICER
LAKE
RUNNING
NEWSPAPER
GALLOP
SHREW
OCEAN
POINTY
TAKE

```
A L P S Z X V Z J R E C I F F O V
G A R S G B U X V F K P O L L A G
R K K O S H R E W L A K R M A Q U
E E H R O T H I R D T P U F I F M
E D D C M M W Q A E I O N A V N G
O C E A N T E N T C J I N M X A G
K R E P A P S W E N U N I O B V R
Q Q L A N G U A G E X T N U B K U
R T T G E R A X R I X Y G S D V T
I C T V Y G O N X C F A R I E Y D
R H K S J V D W U S L E E F M F C
G Y H N O X U Z V W G U U N T O V
M B T A P S C K N Z W B B U C I A
R A D I O R C T S B R K G X K I P V
C A P D F I R D T F M O V W Z P A
```

Puzzle 805

```
V W O M E N C Z Q Q M W T G J A A
U A K J Z R H U D E H V V O O M I
P C L B E E E L V A R I O U S L I
M E E U C T R E R U T I N R U F D
O L T P E F R O S L E D T H A T G
R M O L W A Y P P T P R O S X N R
E W M H V M T A O B K A O I E U A
N Q I X Y H Q R I J M C Z L Q A N
O E S N Q X K D N O I N Q B J F D
G Q Z Z E J V L T Y A X O A Q M F
W O R E U N H Q L X W Z D T D V A
H V Q I R I S W E G Q D E S L Q T
O H I R A Q O S S Z Q Q B E E J H
S T J O A J T H S K R W V N A U E
E B U G K M B Y J W C M Q C F W R
```

AFTER
WINE
MORE
BEE
WHOSE
GOLD
MOTEL
LEOPARD
FURNITURE
CARD
CHERRY
POINTLESS
IRIS
VALUE
WOMEN
SLED
THAT
VARIOUS
ESTABLISH
GRANDFATHER

Puzzle 806

ACCESS
CARE
LIVES
ALRIGHT
CONGRATULATE
HAT
CUSTOMER
MODEL
FOREIGN
MYSELF
SUBSTANCE
AGAIN
WAR
STRUCTURE
DIVING
PORTABLE
NATURAL
STYLE
SELL
NEVER

```
A C C E S S K W G N I V I D N J Z
G G U O A H C G H I Y R C I C F K
E F X C S D R N T A U T O S A O L
B H V E S J C N I G T H N M R R F
P V H V U X K D V A X E G A E E I
R S V V F L N C C Z E Z R G B I G
H G W W X K T H G I R L A X C G I
M K S Z X J P P D C U L T P U N W
M O A Q G S C W Z C T E U O N V H
P Y D T R C X Z A H C S L R Q K P
K L S E C N A T S B U S A T C G O
E N M E L Y T S L A R U T A N W W
L E F Q L Z E W A R T U E B B L U
N E V E R F P M D D S F F L G S Q
C U S T O M E R L I V E S E C V E
```

Puzzle 807

```
B Z N T Q Y W R Y Y B C P T D M O
A A A G I H W K L W M A R H K U C
M E T A R A P E S G S C E C C G C
E Z S C W F H D E E P S F U G O U
D M O D H Y P J O E K M E G P F P
T R C D O R N G Q U R M R W L R Y
J A I Z Q B I S F W B A K D A C D
W T N V L Y A S G K Z L L I F A D
W I T C E F R E P Y S I E W H A T
N S G O V X T R M V X V U Y Y I Y
V E H I C L E G U O L I W M F R Z
R Y T E T F M O H L Q C S F D H C
S E L E C T M R T I H E O O E E I
Z Z O N Q H V P N E R R F R Z B P
Z U N D E R S T A N D B T V P L J
```

SEPARATE
PROGRESS
ARM
SOFT
OCCUPY
TRAIN
THUMP
CIVIL
SPEED
DOUBLE
FILL
UNDERSTAND
PERFECT
DRIVE
SELECT
WHAT
COST
BATCH
PREFER
VEHICLE

Puzzle 808

WEIGHT
SCENE
DATA
PRICE
SLEEPY
SAIL
BEST
COAT
COMMERCIAL
STATION
STRANGE
HAPPIEST
CUTE
FOUND
EVERYTHING
CYCLING
TEACH
EXCEL
PARDON
BASEBALL

```
E K V B V K R B U S R C R H S I W
V W K V V N P I A R E S R A C I Q
E Y I U E J E E T F X A R P E N V
R Y H E G N I L C Y C I N P N I D
Y H Y T N O B M O I G L L I E X F
T E L U A D T J A D R Y L E X D C
H D A C R R S E T L X P A S I Y Y
I A D Z T A E T A F X E B T Z X G
N T K U S P B U A C R E E X C E L
G A O X S O P C L T H L S C X D W
Z H K N O P R V H C I S A B K U E
J A Q B H J X H Y B Z O B S P A I
C O M M E R C I A L L D N U O F G
N L Q J A E Y R T M R H I B Z I H
S G T N S Y N E S Z W A G K V Y T
```

Puzzle 809

```
R P C T P J A D N P M O N K E Y B
V D E V R E S B O W R S S Q G I E
D K N F L Y I N G L C I K M O W F
G X T A O B D D J A P M N L U K O
H N E G T T H E M N A S C C F B R
E Z R K X A V F Q O Q L E T E T E
N G D U T R N E H I S K D H D T N
S W F X L T Y G J T R C I H C E K
C O N F U S E G L A F Y S I C N Z
O L T Q C K P H K E W G N U U H I
N G R D I C D G P R D N I D W C R
Z L N O F O I O W C L W P I T W E
T V J D F L Y K V E U A N T D O K
P Q B G I B A Q K R O M Z C I P H
D A Z V D A J F B L W I Y H I T C
```

BOAT
OBSERVE
PRINCE
HEN
BLOCKS
CONFUSE
INSIDE
MONKEY
INCHES
LET
BEFORE
RECREATIONAL
THEM
TANGLED
DITCH
CENTER
DIFFICULT
GLOW
FLYING
WOULD

Puzzle 810

WISH
HOE
RESPONSIBLE
THESIS
SWAN
BEETLE
CONFIDENT
DECIMAL
MILE
SPRING
MODERN
CROCUS
PLANTS
GAVE
MODIFY
POURED
BECAUSE
SECOND
TRIP
LOW

```
I M Y W B L S T N A L P P I S V K
Z O E K D N D P Y P K M O M W S B
G D V O D D C Q R S F Y U W A Q C
A E Z L R A K P V I B M R P N Z U
M R G A V E F H W W N M E L I M R
T N E D I F N O C I L G D A F C E
H C C H Y I F F S S U G O M N K S
D O Y D T M C D G H E T R I P J P
Z E E I P K K I M L K Z X C X D O
C R O C U S T S T E K C H E G B N
L J B E C A U S E H J G D D D L S
A J S E C O N D C W E X T I T O I
Z P U H L U D C L F B S Z A T W B
X S D X D X S Y G D Y F I D O M L
H F M B E E T L E B I D A S E V E
```

Puzzle 811

```
I H I W S J L G O O S E B E R R Y
U A E J C L R E T S A S I D Y J E
R P X R P R P N M A I Z K X B N S U
G P C L E A R L Y V T R R I W J M
U E I G V F O S A O E F N J Y X M
I A T O O W C M O T O R C Y C L E
L R C H B F I S M A D I K W L V C
T A R F A Q A K R L C C Z R S L Y
Y N A A R W R A G V Q L L E A D C
Z C O Z E K O R B S S E S S O P L
W E M O J B Y E V V G D J U X V E
Y F D R N U K G O D W N L B M T I
S L L H F U N I W I M H H T P B X
Z W R I D E C O S E R V E B R Z X
F E L S P A X N W I B X W A I T K
```

ARCTIC
APPEARANCE
CLEARLY
BEAR
CYCLE
GUILTY
WAIT
MOTORCYCLE
ABOVE
DISASTER
SERVE
RIDE
CORN
LEAVE
GOOSEBERRY
REGION
PARK
POSSESS
LEAD
BROKE

Puzzle 812

DIRECTION
BELL
BETTER
POLITICS
LAWYER
ADVICE
FUNNY
SENDING
SODA
TRICK
BOOK
READY
AFFORD
INDEPENDENCE
ELEMENTARY
SHARPENER
ROW
SUDDENLY
MEDIUM
SOON

```
E K I N D E P E N D E N C E B C B
P V D O S K O O B F V G A M F J B
J O I O Z Q F M H E S O D A N T U
P T L S P V U E N C L L A W Y E R
L R L I K V N D M I P L E D V F E
M H P R T U N I X V G M X F L L T
T L I Q R I Y U G D T M I G I F T
U E U P Q S C M T A X R G M U A E
R E A D Y E Z S Y C G A I S M F B
D X H Z F S U D D E N L Y C R F Y
D I R E C T I O N N I V Y Y K O Q
R O W M Y E B V N Z D H Q T E R H
S H A R P E N E R F N Y Z H I D S
O F U W D Y R A T N E M E L E K Y
U Y C R C W U Z P A S V Z Y C O A
```

Puzzle 813

```
P V Q J N C T O U Z C J L M A Q L
U R R S A Y S F I Q A O Y Z W P E
T W O N K B H M Z D U O R P N G Q
P D Q M T H H K T M S X E T I U A
I T N A I N N W R N E X N E A Y X
S T Z S M S H O I D A A W W R L D
E P D C M C E R J G O W O F E F K
K M O S U P I Z Z A W R Z V S R C
F E R O S M U S I C O I H Y T E O
M T Q G N I X O B P D T R F A T L
R T P Z V C R O W N L E I X U T H
R A W E Q L I E G H L C F B R U A
T E A R W C X U S E L D O M A B W
B O M O A L W A U G T U C V N O H
Z A A C Y U F J E A L D R S T X X
```

PIZZA
ATTEMPT
BOXING
SUMMIT
WRITE
PROMISE
CAUSE
MUSIC
OWNER
SPOON
SELDOM
BUTTERFLY
SAYS
WET
CROWN
LOCK
RESTAURANT
TEAR
PROUD
TALK

Puzzle 814

FROST
CONDITION
THING
POISON
WERE
INSERT
DETAIL
HERON
PROPERTY
CURIOUS
IRREGULAR
USE
MYSTERY
BELT
HUGGED
OLD
SILENCE
TIE
CANDY
SUBSTITUTE

```
U U B F M T H H O N U S E C C M I
T S Y F N U Z T U Q P B H U A I O
E Y C D W R J A N G I W H R N R G
P I E Y E H E R O N G J K I D R S
O O V D R P J Q Q K S E F O Y E G
I Q D T E M T M N A N Q D U S G D
S X L E I E Y M V L V R Y S U U F
O P O A T K F S Y X N M K P B L P
N L N G Q A U G T R D O T U S A E
T H I N G K I T R E S N I S T R H
S I L E N C E L E U R J J I I E N
O Z S F D E W L P W F Y A D T K Y
R N O I T I D N O C E Q Q O U R O
F B E L T T S C R E K L Q R T X C
D C B K B M V B P M Q J G H E I T
```

Puzzle 815

```
C J S I T K E Z U P B M N W F Y X
A O Z K N P I O U P R W K Q B T O
E T M L E T U O E X O Y L N R A P
V P V P S H E L B A T I U S I V P
L A C P E X D R I I H F Y Z E F O
X A L E R T T C A X E R Q C F K N
R B X E P N I H U C R O L I F E E
E K U B N S D T R Z T G R I Z L N
P M Y U U T B S I J N I G M M M T
R L W U M E I P X O B M O W E N Z
E T V K M N U N H K N Q F N R U I
S X L E G A S S E M A K W B R R S
E B O X K L G E V E N T U H Y Z Y
N G R C B P L O N E L Y P W A D X
T N F Z K O Y C C Q H R D Y P J M
```

BRIEF
PAY
OPPONENT
MESSAGE
FROG
BOX
PRESENT
MERRY
LONELY
REPRESENT
INTERACTION
LIFE
SUITABLE
VALENTINE
COMPETITION
EXACT
EVENT
RELAX
PLANETS
BROTHER

Puzzle 816

EMPTIED
GET
NAVIGATE
FARM
DEVELOPMENT
FUNCTION
MIRROR
GRADUATE
BROKEN
STOCK
ENTERTAIN
DEMOCRATIC
HELD
EXPAND
FORM
SMELL
PIANO
TOPIC
CIRCULAR
CONTACT

```
M V G L O S U H I X J G Z R U U E
C I T A R C O M E D B R S K D X L
F D R F T Y B Z C L W A K N L H N
O E N R N E K O R B D D N A P X E
R V A Z O V D O O L H U V B Z I B
M E V H I R S M E L L A M K Q F R
M L I S T E G F K C S T P B H A J
O O G K C O T S P Y X E K I Y R S
D P A U N E N T E R T A I N A M Z
A M T N U D Y C I P O T W B J N F
K E E X F T M A C I R C U L A R O
S N G S B T B T E M P T I E D D X
C T B G E W R N X E P K I D S L P
E I T I I S N O R K P C W S F I F
Q A W W Z H Z C B E E E Q A O Q T
```

Puzzle 817

```
P M Q C J O C B B A S S I S T E T
P R O K R F A T H E A T R E C N E
P R E D U R L Q U I E T H E A E M
P R I S G B L N U O R O L X L R P
H N E Z I S E U W K E R P P C G E
O E W T E D D O O L B X I E U Y R
I M R Y T A E R T E M N U N L T A
P E A T K I R N H E Q W P S A I T
W X C I D N E E T C K O R I T S U
Q X W R V C B R R K S Y S V O O R
A D K U E A Q S A J R K R E R R E
U H B C S R B T E J E F C C M E W
Q X U E P R O F E S S O R B Z N Z
M S E S P S M X C W B O Y L T E T
E Z W Q U C L A Q I U M Y B Y G I
```

PRETTIER
GENEROSITY
RED
PRESIDENT
EARTH
ASSIST
SECURITY
QUIET
EXPENSIVE
BOY
BLOOD
ENERGY
THEATRE
TREATY
CALCULATOR
CALLED
PRIZE
PROFESSOR
TEMPERATURE
RUDE

Puzzle 818

FEED
COMPASSION
CARELESS
FORGIVE
SOMETIMES
DEFEND
SALT
SOFA
QUOTIENT
MEMORY
THERMAL
GLUE
GIFT
OUTCOME
SHOWER
HURRICANE
DENSE
HISTORY
MULTIPLY
STOVE

```
G Q N L S N J B C N L A M R E H T
I U G O X D S H O W E R E Z U S H
F O H F X N L H W L J V M H L J V
T T E L S M E I X G P N O A G B Y
D I K U Z A H S Y O Y T R T X M E
E E S F W U D T B B L E Y N S W Q
F N U U K A N O I S S A P M O C W
E T J E G G R S O F A D M T M V
N E L S L C H Y F E E D Z E O T Y
D S O M E T I M E S A M M L N Z Q
F O R G I V E N A C I R R U H S U
S M U L T I P L Y X X I G N O N E
B A J S G Y L C A R E L E S S T D
H H L X Q S S K P R O U T C O M E
F A L T A J X T G P M P V E P R W
```

Puzzle 819

```
D Y M T E T A C O L O E Q L N A T
M D U H F D L C O L Q X M A T C H
T O M R E Q U I R E D P J U F K Y
R B N B Z J F T X X B E C N F N A
E E H S V W E L I I E C P A L A B
M M V R T B S O D T X T E M G T A
E O Q E N E U B E H T W O R G I C
N S D A E P R L B I E A J T T O T
D Z A C I B D D V R N P L V S N O
O N D H D M J R F V D R E K O A R
U D D E E V R E F E R U U X T L S
S W Y D R S M Q D R X B D T L H L
I G E M G D I L S E R N J P E W Y
V P X F N D K K Y Y D U R A P R L
G L U F I T N E L P F X K W E J R
```

MONSTER
EXPECT
REFER
ACTOR
SOMEBODY
GROWTH
DADDY
PLENTIFUL
NATIONAL
USEFUL
LOCATE
MANUAL
EXTEND
MATCH
RETURN
INGREDIENT
TREMENDOUS
REQUIRED
ATTITUDE
REACHED

Puzzle 820

BED
WANTED
SPENT
WALKING
ERROR
POLICE
MILL
BLEND
SCENARIO
FRACTURE
RAINY
STRIP
DUST
TOLD
COFFEE
POSTMAN
VIEW
LASSO
EMPLOYEE
ITS

```
W H T D O I R A N E C S D M T F N
A Q N A M T S O P C C J S J G I D
L R E C P S T G A I Q J A C B D H
K V P O S S A L T L J B M I D P M
I N S F S S E R R O R L R C D I P
N Y F F B Z H R Q P C E C S E D P
G U X E C B K V U P X N S W M T X
M K G E R V P I R T S D P Y P W B
E I X I U C W E A D C A F R L H U
E N L T O L D W U P L A R H O B E
L M W L B V U I R L A D R F Y Q Z
S M D A B D U S T A E J M F E X M
E M C F E S W G E H I P Z Z E L V
Y B B F D E T N A W V N P E N B D
F V I L K M Y P G Y H J Y Y Q C L
```

Puzzle 821

```
H M K A Q C I A Y W S H Z Q C S O
W I N W O F Y J R A E H I B L J S
G Q M G V U F V J R L G O Y C Q C
M A D S Q Y A Z X N E H C T I K A
T G N N E P O W D E R S F A S L R
R U A I W L G A U G E D T E K C C
U B Z A F T F C I P X M T P E R E
C V S L G E O I H P T Y P E L O Z
K I J P D N U E E U V K P R E C T
L O F H F T T P T J N I I D T O M
E K N E M E F O R W A R D O O D Q
G W R E V R R B V A P H M F N I H
I S O L A T E D A T I H M Z D L S
V K A N Y R T K G S R F X Z T E Q
Q J W Y M P W B L N E T T U G W D
```

TRUCK
SKELETON
ISOLATED
SCARCE
CROCODILE
AND
HIMSELF
ARREST
KITCHEN
ANY
POWDER
FORWARD
MAD
TRY
HEAR
OUT
BASE
PLAINS
REPEAT
ENTER

Puzzle 822

STEEL
CRADLE
ECONOMY
LETTUCE
SOUP
CATEGORY
DEFENSE
BAKING
DREAM
REMOVE
FOR
BIKE
EVALUATE
TOWEL
SUDDEN
LARGE
PROJECT
YOU
SNAKE
STORY

```
F E E E K R I N S R G B F T R C P
O C V U M K G V E U L W Z D H A R
R O A Z L Y A V E X Y Y E O S T O
D N L M U N I I P I U Z J W E E J
Y O U K D K Q H E M G K J B T G E
Q M A S L W I V S A P Y S C I O C
S Y T K T L A R G E T O W E L R T
U H E D N E J V M R K Z C C C Y R
D V W E S N E F E D B A T T R N E
D S O U P H X L J L A T N D A S M
E T R X S Z Z H T X K M V S D C O
N T D N T V K X J Y I R B U L O V
C P I K S P H J F R N N Y I E L E
S T O R Y Q Q W M S G I O E K J A
R A J T D N A V T T E C U T T E L
```

Puzzle 823

```
X Z W H L M J T S E W N O Q I Y C
Z G S F A E J J E R S I X Z K B O
F R E S H P E J V W I N N D G W N
T A U N T L P K E M C E N A L P T
A C T I V E Q Y N P B V A M G P I
C H I L D R E N T Y U E Y V U X N
W W O R K E R S H R R I N B R Q U
E E N G E S P P L E N L W A N A E
D N A Z F H T E W A L E X Q D U E
W C C P T Y E C P L D B W U R D X
Z T Q H O U N I E L S A Y D B I Z
T O A A C N E F B Y N Z Q E B T Z
C O M P L E X I Q H G X R J W I C
G O D P Q J L C C I N E M A K O E
X Y A T F P P C T P P J Z C L N F
```

CHILDREN
TAUNT
WORKER
WEAPON
SEVENTH
AUDITION
REALLY
BELIEVE
SPECIFIC
NINE
ACTIVE
FRESH
LEEK
BURN
CINEMA
PLANE
HAPPY
WEST
COMPLEX
CONTINUE

Puzzle 824

BEAT
HERE
IGNORE
EVIDENCE
COUPE
RECOMMEND
ARRANGE
HOUSE
POSSIBLE
DAWN
BOARD
NICE
INTERRUPT
ONE
CAPITAL
DISMISS
KEY
MEAT
RAVEN
COLLAPSE

```
B Y S D T X G A V A E I U I Q C U
I E D A D T A D A R V N Q J Y A D
O W A M J P F D C R I T A Z E P P
V G X T S M C P K A D E R I Z I O
J T W J D L U D C N E R P T Z T S
F A T Q G P F N T G N R J Y F A S
C O L L A P S E B E C U X W H L I
H O U S E R S C Y O E P U O C B B
Y H V O N T I I M F A T B S I X L
X R P B G R M N O R S R L J V M E
U A M E A T S F A N W A D U R M H
D V D E B Q I M E Q E N A D A N M
F E R E H W D N E M M O C E R M I
D N Q I G N O R E E E Q Y M R K E Y
D U A J M Y V T T P E S W Y P B A
```

Puzzle 825

```
U  S  I  J  F  W  I  A  T  C  C  D  G  B  K  Q  A
O  L  Y  Y  G  F  N  L  I  R  S  L  B  R  L  K  C
X  X  S  Z  N  Q  T  S  G  Y  R  R  J  S  I  A  O
G  K  G  A  C  A  A  A  Z  O  E  X  D  X  Y  N  R
P  U  R  P  O  S  E  D  K  P  N  W  E  A  K  G  N
J  U  M  P  E  W  A  N  E  X  T  E  G  U  E  A  S
Y  C  Q  E  F  O  B  X  Z  V  R  N  A  N  V  R  A
H  P  O  W  H  B  B  Q  P  K  A  L  C  D  I  O  V
T  E  A  C  H  E  R  T  A  R  P  O  O  E  T  O  A
C  L  A  R  I  F  Y  W  O  A  Z  C  H  R  A  K  I
I  U  S  L  M  M  T  A  B  O  G  A  P  S  G  G  L
B  M  B  D  B  E  J  L  I  P  K  L  J  T  E  W  A
T  X  V  Z  W  P  M  K  G  X  L  B  E  O  N  F  B
R  A  I  N  G  R  O  F  C  C  U  D  U  O  Q  R  L
V  Z  E  O  H  Z  M  E  K  Q  K  R  K  D  Z  S  E
```

WALK
GONE
WEAK
JUMP
READ
ACORNS
UNDERSTOOD
KANGAROO
TEACHER
PARTNER
RAIN
BIG
AVAILABLE
PURPOSE
NEGATIVE
TOOK
LOCAL
CAGE
CLARIFY
SAD

Puzzle 826

DUSTY
MOOSE
BOIL
MEASURE
POND
SKATING
WASH
EDIT
MINUTES
PENNY
SHOP
SKI
NATURE
SUNGLASSES
MONEY
SKIN
EMOTIONAL
LAUGHABLE
OPPOSITE
ONION

```
P  S  S  O  M  V  D  I  K  D  W  B  F  A  S  F  M
L  E  A  Y  Z  O  M  U  I  N  C  B  M  S  K  N  I
A  E  N  O  I  N  O  F  Q  O  A  V  F  K  I  S  N
U  M  C  N  P  A  H  S  P  P  S  T  D  I  M  U  U
G  O  C  V  Y  I  P  F  E  G  K  I  U  N  O  N  T
H  T  R  I  T  W  A  S  H  O  A  D  E  R  N  G  E
A  I  D  S  S  K  N  Q  A  I  T  E  R  K  E  L  S
B  O  Y  F  U  S  H  O  P  N  I  R  X  A  X  A  G
L  N  V  D  U  P  W  S  X  N  U  D  Q  W  S  S  P
E  A  C  O  K  E  Y  A  C  S  G  S  N  S  C  S  J
G  L  H  M  C  L  E  P  V  S  F  A  I  H  W  E  L
O  P  P  O  S  I  T  E  M  O  N  E  Y  U  P  S  R
K  V  H  W  T  O  L  G  C  Z  U  M  H  M  V  H  K
O  T  N  N  H  B  K  Q  T  N  U  E  K  T  G  O  T
E  L  L  H  S  L  F  Q  V  B  J  C  J  I  J  W  X
```

Puzzle 827

```
M N A R I S K J F H D K M D A G B
P L E A S E D N I M U N S Q U B Y
B A Q F E H W R C F R O J P Q Q T
M E G D E S G W B K A W N D E T Q
O M I H I I U W Q A T L I O N L O
F W V C T D N P I U I Y W I I R L
O I E O D A S P P O O A W D E Q D
R Q N E K C I H C E N H I N I X L
M H S F R N O J H X R O H T U A E
E C T L R I Z V S C V V F N N P V
R S O H Q D K R E F E R R E T L E
Q W A A M L O K A R L R A U T U L
M D T I O E L O S H A K Y I V C U
P E R I M E T E R Z T F Z P N C R
W H G K E X L H B J D E T U U G E
```

FORMER
SHAKY
AUTHOR
PLEASED
STOAT
LION
MEAL
SUPPER
GIVEN
COVER
EDGE
MIND
DURATION
CHICKEN
KNOW
PERIMETER
FERRET
DISHES
SPELL
LEVEL

Puzzle 828

DUTY
ROCKET
TREAT
LEGAL
REFLECT
COMMUNICATE
TALKED
PUNISH
DEDICATE
SINK
GRAPE
FACT
EATING
IMPORTANT
HOSPITAL
REVEAL
PLUM
SPECIES
POLITE
PUBLIC

```
T K H C E T A C I D E D E K Q G S
R J S P A A I Q O S M M R B J K K
E T I L O P T K L W F F N M F E R
A N N A M N U I K V C I L B U P E
T R U G S M Y C N F O R N V X H F
I U P E P A R G I G M Y E C M F L
M I B L M H B A S Q M U H V F L E
P S G A D L M V D T U X L U E U C
O E C T H E W O N P N L H P K A T
R Z A I W L Z F S U I A L H N J L
T Z K P R O C K E T C K K M R D E
A F R S L D Z F C F A M D R T U E
N I G O D O A V X B T F A C T T C
T T I H X O X F L D E K L A T Y D
C C U C F H P S M U S P E C I E S
```

Puzzle 829

```
J L T J R F G D T J U H P Y M B W
W H G J U D T E R F N O A M Y Y S
C P Q U J E L S N M F X R N J N K
P U V T O C F P L V Y H T L A E H
I Z R J U I B I C A N R I U G D C
F V E R H D I T I O B U C F E R A
M N O A E E O E S K O Q I R K A E
T O A K E N W L S A L K P O Y G B
I B R C Q W T S U V L F A L V T I
Y V G A Z O C L E O E J T O C C O
A P B Q L T K H Y I H Y E C J Z B
W A R N I N G A R D C A M E L Q J
V V G M D E L I C A T E D E R I O
I T G S E A R C H E C S D Q H J Y
I Q V V X S R V R P J G T T S O Z
```

DESPITE
COOK
DECIDE
HELLO
TOWN
CRY
AVOID
CURRENTLY
BEACH
HEALTHY
COLORFUL
PEA
CAMEL
GARDEN
DELICATE
ISSUE
MORAL
SEARCH
PARTICIPATE
WARNING

Puzzle 830

WHALE
COLOR
GOAL
SILLY
BALLOONS
EVERY
MERE
SNOWMAN
REPAIR
PRODUCT
DIFFERENT
LUNCH
ONLY
CONDOR
ASSUME
FIELD
OFFICE
UMBRELLA
DISTRIBUTE
DIRTY

```
H D S I L L Y F W A X G S U X F B
G R I L B G J M V Y P H N M U M X
D J R F A S S U M E O Z O B M I A
L A P D F P D I R T Y E W R E T H
Q O P U Q E G F O K U Y M E R Y X
W T N E D C R O D N O C A L E H B
P H U L H O T E Q G S X N L X B A
U R A V Y L X R N F S N I A A N L
E F S L O O Y W P T O F F I C E L
B K H H E R W I N C F I E L D U O
W Z G R E P A I R U L U N C H R O
K W O E V E R Y W D T F K W P W N
H S A F F W D T L O P O F S J D S
V M L U E T U B I R T S I D N U M
K W I S W Y D Q K P A I R J A I J
```

Puzzle 831

```
Z M M W B S D Q B D O K G B U H U
N E E W T E B G E E S U O M L N F
Y E R O F E R E H T N E M O M J B
V I L O C C O R B T U C T V H Z C
D J A U M L O T W O T O U Y U U D
G H S D U W K I L P H L A Y O L V
G T T O S D L A I S W L V R Y K B
M P H J S T S H A R P E A J L Q P
K E F O V O I E C I T C A R P C P
B L O T S R C C Z F W T K I W O K
X C D V T E E U K O L I D K Z L A
V I R T U A L Q F W K O X P M L S
B L A C K V J C F S Z N N K M E I
R N A S N H J L Q T B P I E U G R
M T J M N T J R E V E R A T C E N
```

STICK
SHARP
THOSE
THEREFORE
CUT
COLLECTION
BETWEEN
BLACK
SPOTTED
MOUSE
EVER
BROCCOLI
LAST
VIRTUAL
MOMENT
PRACTICE
ZERO
COLLEGE
NECTAR
LOYAL

Puzzle 832

SECRETARY
OPERATE
RATHER
GIRL
ACCORDING
HOOF
SWING
NUT
INCLINE
SOME
ICE
LEAF
ARTICLES
EXTERNAL
COCKTAIL
SIGNAL
RESIST
CABIN
VERB
EACH

```
R A T H E R A E D W V L R I G I H
Y B C C M T U R F K E E E U A N O
E S E Y O C A Y T R R K S I C C O
E H K X S C J R K I B P I G C L F
J N P L T E K A E A C V S N O I Z
K V S A Q A S T E P P L T I R N W
U J M I W C B E A V O A E W D E O
C A B I N H U R P I Y N I S I U F
N N N M S G Q C Y L L R U I N T T
D U J R U P Z E S N C E Z X G H N
M T I C E T W S Y K W T Q Q Q E M
D A Y Y Y J O D L O C X Y M X A A
Y Q H C N P F E E U W E B M J L C
D N F E Q P B T A P T S I G N A L
L U S L N H Z Y F K Y Z J N Q X Y
```

Puzzle 833

```
G B Y N I Z U M E P L O M J Q E V
R O S M B O L G Z W P M O W K H T
O U N O I T I D E P X E N H G M T
U G J H R E N N I D Q C T E E W S
P H D P E E S A C V V I H B G T P
I T W Z B K B A D K W T H K U K S
G J A M M A P N T S W O K N E E I
Z U Z I U M N R X I F N S J Z F R
G G Q W N I D J L Z S H U M B L E
B Z Y P J U O J G N N F W H J W D
C B Z M O S Q U I T O W I T P O R
S H Z C S L L M A C K O P E H R O
K I I L J X U B T D X N I V D D S
M V L L J Z X O W P O Q L X J O I
N C J R D N E P E D D U Z D F L D
```

GROUP
MONTH
BOUGHT
DISORDER
WON
MAKE
CASE
WORD
DEPEND
HUMBLE
KNEE
SWEET
NOTICE
CHILD
SORE
MOSQUITO
NUMBER
EXPEDITION
DINNER
SATISFIED

Puzzle 834

FIGHT
PAGE
ALTHOUGH
HANG
FINALLY
GRANDMA
BIRTH
CLOTH
PASS
DENOMINATOR
DISCOVERY
TAXI
BUTTER
PATH
MONITOR
COMBINATION
CHURCH
THICK
SUGAR
BOOKCASE

```
O T Q L J H C S Z U P P J R L N L
D H A D Q R O T A N I M O N E D J
G H W X V C M N C P A T H O A E D
P J H G I T B C H U R C H B W M I
T F L O G M I T A F V F D Y G D S
X C J H U G N A H T O L C P H U C
Q K U K Z Z A K F I P A S S T A O
K H V K K S T E S A C K O O B L V
X S A J V U I G X M F K S X L T E
C Y L M E G O A W D L I G G E H R
B I R T H A N P Y N P A G T V O Y
N A V P L R Y L L A N I F H S U R
K T M E Q G L T K R B T Z S T G L
N N F I H E A Q L G V W Y F W H V
C C B U T T E R O T I N O M L S L
```

Puzzle 835

```
S U S M D Z W W P H L Y K S G S S
W P P O I N V L G E A O O P S A D
J C B T S H L A E J T I F U E J I
N D T H T S B E E A E A G N R O B
E M B E A I P W P Y R I A P U Y V
E M O R N X V C B S E J P T T A E
H V A I T I W G N J Y N H B U J B
A K B Y S I S I R C A H Z O F P L
R V B U B T F L I W L U C I E N F
E L L J L E U K J S P G N I K A M
D A Q S B P N R O T N E M E V O M
N N T F H M P W E T H E O R Y I U
O J Z A D F F Z B Q Y R Z Q Q V M
L E I T Q Y T I O P Z G T V O B R
W Z S D W L N B N X Q V O C O L A
```

AIR
MAYBE
LATER
THEORY
PLAYER
FUTURE
MOISTURE
MAKING
FIT
HUGE
BORN
MOVEMENT
YOUR
EAT
DISTANT
HARE
SKY
OTHER
CRISIS
SIX

Puzzle 836

THEMSELVES
RELIABLE
CAR
SANDCASTLE
MEDICAL
RESOURCE
WHICH
SUMMER
DONKEY
INTRODUCE
BADGE
PLENTY
MANAGEMENT
ANNUAL
HERSELF
TENNIS
FILM
REMIND
ALL
DELICIOUS

```
Q U R E M M U S T M O C D S A N S
Z J O E A W V I E L L A O A N V L
D Y X T S R Z R N I U R N N N P D
M T P H L O D X N F X C K D U U O
E N K O E W U I I F F A E C A Q F
M E D I C A L R S S B S Y A L W L
Q M P W S U O I C I L E D S H D D
D E Y L B A D G E E W V E T E L A
D G R X E D K D Z T O L G L R G S
J A S W I N W U M U Z E X E S U O
K N Z N A I T H T Y Q S Q I E F C
D A T Q H M U Y I W R M M E L U P
T M H D G E V J L C C E F O F G P
E C U D O R T N I H H H Y X C F U
R E L I A B L E X Q Y T M G P D R
```

Puzzle 837

```
A Y L D K X S A F T K F P L N P R
V A J K U N M G S R E A H I P P O
V V V E S U D A W E D C P I L S P
S D P N U W B I Z A U E T S A W A
I P D O G P X N P T S O M L A D U
A K E S G I M S E M T O E I U Q S
H O S R E T S T X E K A C B U G E
A V W E S O R E D N E P S F Y D I
K A F P T W O U D T S E T T L E D
P Y G S D J Y D S D R D O U L V G
T K B K N I I W U T H M F B A D T
B A T H S J H T E S C B W O U N D
R D J R H T J X O A Z O V I S G G
D O W N S T A I R S B M O K U R E
X Z J Y U G A Q O S O M L L E H S
```

TREATMENT
SUGGEST
DEW
DESIGN
PAUSE
DOWNSTAIRS
TRUST
SPEND
AGAINST
ALMOST
SHELL
BATH
SETTLED
COOL
WASTE
HIPPO
FACE
PERSON
USUALLY
CAKE

Puzzle 838

LADYBIRD
FORMALLY
MURAL
KITE
DRAWER
STRATEGY
DISAPPOINTED
THOUGH
GOING
MOVIE
HAZARDOUS
EAGLE
MADE
PEAR
ANYONE
POSTPONE
TIRED
BOLD
CONFESSION
INTEND

```
D M P E A R G P K I N T E N D H I
I Z O B O L D O I Z X G N S C A K
S C D V Q T K S T Q O X G O O Z D
A A Q O I S G T E D O Q M O N A F
P Y R F R E A P D I K A D F F R B
P Y Q W U L K O P M R J P O E D S
O Q T G S G T N S X G V W F S O Y
I N T Q K A O E W N T Z V O S U Q
N C A J R E W A R D J I E B I S A
T X W N S T R A T E G Y R I O M D
E M A G Y F O R M A L L Y E N A M
D X P Q I O L A D Y B I R D D D U
G Z G B K N G G Q Z B C N B O E R
X B D D J K O E V F X A X V B S A
G O I N G J N T H O U G H Y F F L
```

Puzzle 839

```
Y Y H Z B F K Z G C B M I L C D I
H G O B B W K H N I A M E R G I E
K S G G B L Y F F U L F I E E R E
N T N E M G A R F R L L I F O E G
G F D E I E V L O V N I Z R I C X
P A S T I H A J V Q O L R S N T C
F B S S Z T H D C E U C X H U I O
P V G W O M A P O D Y C D I A O V
D E F E R L V B T W R E D R O N E
E O X E B I V J N O Y S T G S R
I T U Z N N N G L B O J G R B X E
R T B B L W G F N M P H R A L M D
R N U V Q A R E C O R D Z E T K V
U J C M W Z B X Q C Q V R H R E C
H B P Y E A M Y C I N A S L U A K
```

COVERED
DEFER
HAVING
RECORD
CLIMB
ORDER
FRAGMENT
POOR
INVOLVE
HEART
DIRECTIONS
FLUFFY
REMAIN
BALL
HURRIED
LOSS
EYES
PAST
MEADOW
SHIRT

Puzzle 840

SHOES
FRIDGE
FUNDAMENTAL
MISERY
EMPLOY
MEAN
GHOST
TOWARD
MIDDLE
DECISION
CHILLY
TIMID
SUPPOSED
JOB
GEOGRAPHY
TODAY
SENSE
TIGER
SEVEN
EYE

```
S J O B N T C A N K E T I M I D A
N H L B S O H G D L M G J V T T W
O R O I Y W I B E A P W D A Y D G
F M R E V A L W C Q L K V I M K E
S D S X S R L A I L O W F X R A O
T I G E R D Y B S A Y E Q W E F G
G A K C M M E N I T M W H Z J W R
K V Z Z H I D K O N Y L Y F V Y A
S U P P O S E D N E T O D A Y Z P
X Z O Q N P W F E M Y H J Z R G H
F R V P A M I M V A E E S N E S Y
G H O S T B F J E D M O A V S B Y
E H R E F N P X T S N E L D I M J
W H O Q S Q H B Y U A T D W M X T
N M V V U F C M T F N U G D B I A
```

Puzzle 841

```
Y L O Y W L Q I B N C Z B V A P C
O U O H A X G R U S X N O I T P O
U F V W Y H D E Z H E D N D A A M
R Y C X E B O M G B L P T I C R M
A A Q M L R W B B R X Q C F C T U
Q L P Y C I Q M B G A S V F O I N
Y P D K N H H R A Y T W J E M C I
P I Y Y U I D E C A D E Y R P I T
D H W L U M C B R G I Z C E L P Y
M I F A N O O I L L G O D N I A Q
N O I T A I C N U N O R P C S N D
X S L E C A U T I O U S D E H T H
W N C A I N V E S T I G A T I O N
T R Y J C T D G P U O P E I V I V
I U A A N K N S O E F Q E I N Z L
```

PRONUNCIATION
TAX
PARTICIPANT
DIFFERENCE
WAY
OPTION
CAUTIOUS
ACCOMPLISH
HOBBY
INVESTIGATION
LACK
UNCLE
DECADE
LOWER
WHY
LATE
HIM
PLAYFUL
GAS
COMMUNITY

Puzzle 842

SUNSHINE
KEEP
COOKER
CRITICISM
AUTOMOBILE
SPELLING
ASSURE
SKIRT
CELL
ENEMY
FORGET
WRITER
ANIMALS
PROBLEM
OTHERS
FOLD
CLOUD
SHAKE
DROUGHT
IMPROVE

```
F G L T K R X O S E R V F L U A P
U U Q N M S I C I T I R C O Q Q M
O W K D C I L L M N K T N X P I O
Z K R Y E H T O W Y L E K A H S T
U E N I H S N U S N V R E H Q Q I
V L H V U M K D Q V G U G P J R M
S I H D Z L F Q D X R S N M P E P
V B A L S J O X R G C S I X R C R
I O N U Y M Z B C X Y A L B O T O
E M S R M C F A N I M A L S B H V
F O R G E T O O I T I H E E L G E
D T E T N Y I O L C A U P A E U S
H U H C E L L H K D I R S L M O P
J A T R I K S B R E W R I T E R Y
L D O E W O P G T V R U K P F D Q
```

Puzzle 843

```
P P E E A S F L A G U Q J N S Z W
G R C I S D T U I A M F W X H R M
Z I N G V M V U K N A B N E A T W
L R E H B B R A D O M Y K C C X D
C H L T Y A O F N I C O N T A I N
A M O Y I M P T M T E N O M E N A
T G I D L H R T D A A S P L V N W
R G V L I U E Z F C W G Y X K U I
L I S T I S P I Q I Y U E Z I T X
D Z K Y P T K V E L G N Q B B R H
Q R S U A I A G S B A W A Y E I U
O W V T R I C R E U U L M Z L E O
G X W O P K R S Y P K T H L O N Z
R E X C E P T I O N Y H E Y W T E
A G G R E S S I V E S A N D U S Q
```

EIGHTY
HEY
AWAY
VIOLENCE
AGGRESSIVE
FLAG
NEAT
STUDIES
MILITARY
CONTAIN
PUBLICATION
LIST
ANEMONE
BANK
ADVANTAGE
NUTRIENTS
SAND
CAT
EXCEPTION
BELOW

Puzzle 844

BORDER
NEGOTIATE
ELF
CUPCAKE
FOLLOW
NORTH
TYPE
PROHIBIT
RIVER
AVERAGE
BUYING
INTERVIEW
SUFFICIENT
SAFELY
FENCE
RULER
IMAGE
OPENER
SPREAD
COLLECT

```
T N E I C I F F U S D L F E G S F
I E P Y T R I V E R E N E P O A E
M G N I Y U B F O L L O W T Y F N
A O U R C T H O Z O J X J B Q E C
G T E L F S J D T C E L L O C L E
E I L G B O R D E R U D T A N Y I
A A R O A I V X N A V P F I D V N
Y T X U J R S P R E A D C W U L T
Z E W W L W E Q H U F G U A I U E
A M T K T E C V T X K A Y T K D R
T I B I H O R P A O G F R U Z E V
G R S T T E R E X B A R H F N L I
I Q C O R E G D W B Z X D T C A E
O N L U O B D I S O S O E R X S W
S S F R N G P C D Q T D U Q T G O
```

Puzzle 845

```
B E L O N G D P A Y C H I P S L G
Y R R A M W B I B D G B F N X T F
B I Q O E S L R S A S U R W W C O
F F J G S R O C W A R T H C N S T
X M W Z A N M U E F P K I U P X H
D U K Z Z P I B S Z V P G F C F X
S I X T H H N E H T C F E S X V H
V X W P T W O L L A N A D A D X X
C Q V S Z W R D N D O R E K R A M
S F N A T U K P W G I U Y A A G P
W A M V Z N C K V E T L A R O P B
X D P H G R O U N D A E M T B X K
L O O K I N G Z R O L R F I P Q U
S U P P L I E S F E E L Y S U U D
C E E U E R I F P I R W A T C J A
```

DISAPPEAR
MARRY
SUPPLIES
RULE
CUPBOARD
BARK
WEARY
FEEL
BELONG
FIRE
RELATION
MARKER
SIXTH
ARTIST
CHIPS
LOOKING
GROUND
MINOR
THEN
ALLOW

Puzzle 846

COMPLIMENTARY
FOLKLORE
LEMONADE
FISH
SOMEONE
PRETTY
SEVERAL
DOLPHIN
WITHDRAW
DEMONSTRATE
DESK
FREESIA
BRUSH
SHADOW
LAY
WONDER
MEETING
ACCUSE
OFFER
CLOUDY

```
F U C C K Z D C H P T B G U F F S
R W W O T P W E S U C C A Y O A E
E S I M Z D Q R M K Z C G N L X V
E U T P J G L I N O J V G P K G E
S C H L R T Q D N O N R N V L X R
I W D I B R U S H Y H S I F O P A
A O R M E B J K D L Y T T E R P L
L N A E D O L P H I N A E R E A Z
E D W N B C W G X O T O E E A G F
M E B T I K W T P H K C M F A T N
O R X A L S O M E O N E L F L K E
N P Y R F E D F E C Y J Y O U P H
A B P Y W D A J F Y U C P R U X G
D K L C A A H D X C O N Q M X D B
E R J R Q L S X H G T M N S N Q Y
```

Puzzle 847

```
I A L J T N A V U G K T P A I R B
S N C O R E W O P S T A I R S P U
S T C X E Z O S H M E E T E G E I
E A I I E Y C H E I G R M D I A L
R L Q L D O H O E F N H C I Y S D
P F D C L E D O Y Q E T S S Y O I
M T F I B B N T C S L V P N Z P N
I I R X P I J T U K L L E O N U G
D V F H X S R D G E A X E C A T M
L E A R N O S W G K H P V Z I P W
K A K N T N J N F O C K T Q J C U
E B R O I U R D Q E C Q Y D B O S
U V G J M W X D K X Q R Q Q Z W J
T M F O E S R N X S U V L D L K E
Z S Z U D T Y H X G K E Z N A F F
```

IMPRESS
INCIDENT
ANT
BISON
BUILDING
MEET
COW
LEARN
TREE
STAIRS
POWER
THREAT
CONSIDER
STILL
SMOKE
PAIR
FLAT
CHALLENGE
PEAS
SHOOT

Puzzle 848

HIGHWAY
SITE
FRIENDLY
ASSEMBLY
FORMAT
EXPERT
SNIFF
STATEMENT
AIRPLANE
GUN
PREVIOUS
TASK
BECOME
FEMALE
SLEDGE
ANGEL
SNOWFLAKE
JURY
GOT
MUG

```
H P A E C T B C H Y O X R P C L J
I R S L X C O I Z Y V G O S L M O
G E S A F P N U U M F I H I R Z Z
H V E M F Y E G W U J T E Z X L A
W I M E C I K R A G E L K M J H P
A O B F N B K T T F R I E N D L Y
Y U L D M G V C O N S N I F F R R
D S Y P D B R Y G F E W V O M P U
S N O W F L A K E C O M F L L K J
E E S L E D G E S W X R E F K P R
A N G E L Q K E I L P Q M T S R S
B U I I Z T H Z T N M N O A A R U
U G Z L W Z I S E H C Y C E T T M
A I R P L A N E N X N Q E M N H S
E W U N T W L R D F R K B K N U X
```

Puzzle 849

```
O P I P T S Y T W Z Q V I W F S I
N B J R M P I N R P Q B D W N Q K
C N Y I R F U N E F I N A L X T L
M R U S E P D R G R L U R A R F W
P E R O E T I A P J U Y Z T E G P
B F F N V P O N H L K F A O X O L
C U R R A N T Y A B E U Q T P W V
T M A A C M N T E K C A J M O K S
C W Y E F U A I F U P I L F R X M
W L L O P T I M A V H G T C T G K
F X N Q H U L E X M V W Y I H K J
N U W P I A L N R D A R K H U K J
E X A R G N I T T E G D M I U R U
Z X C S D H R K R Z H M D F O R K
H F R I M J B E T T D W H E N L M
```

DARK
GETTING
FORK
BRILLIANT
PRISON
CURRANT
PURPLE
EARN
WHEN
AUTUMN
SING
ANYTIME
PER
CAVE
FINAL
BAY
EXPORT
JACKET
WHERE
TOTAL

Puzzle 850

EDIBLE
AUNT
SHEET
RARELY
SWEATER
CENTRAL
GOBLIN
STUDENT
GONNA
POLECAT
RESPONSE
NOR
UNSTABLE
TELEPHONE
KNOCK
PLATE
INCH
FREEZE
OTTER
BANANA

```
F R E E Z E W D F S G Q N R S F F
R P V N J L V S S L O U F O W G G
O E S O C B U W R N B A P O E E B
K L S H E I V X R V L N E J A C U
P B R P S D Z U M X I A I Z T T P
R A I E O E H A K A N N O G E C Y
T T W L E N P R U L U A Y R R X U
T S Y E A E S H C N I B D L E Y B
L N K T U C K E E Q T N O R T G P
A U K E L T V N S T U D E N T N N
R A R E L Y O X O L N X F Y O F X
T A D H P C P T A C E L O P A T L
N N X S J J S D Q S K O I C A I F
E V J H F B O P L A T E R G G A V
C M U Z O O R O Q A F Y E D W U V
```

Puzzle 851

```
D L M R V B M B O H U E N O D A C
P H V V C P U X R E T X M W E R U
S H O U L D Y R D N U A L G K R C
J K L H G B B B S N M L I I I U
G R A D U A L I Q E N I F C L V M
Z E I E L K O K R Y D N P T R E B
O B D P C S O J X T H E X X E W E
E B N P C M T O P K H A H E V N R
C U U O G O S G A H U D I G E R D
S R S T E A R L Y W Q F A N T C P
Q T N S B O T T L E S J C Y A N J
K W E A X T F C R G H D B I H C L
O O A F E Z O W Z M Z U H T W V A
S E V D C T L N L Q E J X J A H N
I Y U B I E L I I B K T L U Y L G
```

BOTTLES
EARLY
ARRIVE
STOOL
YES
CUCUMBER
GRADUAL
EXAMINE
WHATEVER
TEND
SHOULD
SUNDIAL
DONE
BIRTHDAY
FINE
STOPPED
LAUNDRY
BURNED
RUBBER
LIKED

Puzzle 852

PERISH
DAD
STUFF
ATTEND
POCKET
MEASURING
PRESERVE
LETTER
KING
TIDY
TENSE
COYOTE
NAME
SHOOK
MINUTE
TRAGIC
ABLE
STAND
COUPLE
PAIN

```
Z Q N I X C A X M N C Y R C I M Z
P R E S E R V E O A I Q K O R L V
G R E L P O H L C M G A U U I M J
O J H T M E A B Z E A Q P P X C A
F O H J T Z X A M P R Y S L P F O
N H E Y T E C O Y O T E T E P A F
P E R I S H L O Z P D T U Y F N T
K J P K B N S F M W H U F T F I E
O I D N A T S E H T N N F I T I N
O V N T E A C G A X X I P D A D S
H M E G N I R U S A E M O Y F Z E
S E T K T K D Z O N R W C H V I R
O G T V X U L V U D L I K J N E B
P U A T G X D U P T E U E Z G R Z
L J R L S T C Z R U E J T H H C T
```

Puzzle 853

```
Y I N T E R N A T I O N A L P G F
L M E J F P S D A R M Y I Y Z X I
Q L M A B S G O Z K C W T S Z A J
E U D B R C O N F I N E S H N F I
M L I X O R J T T N B H W T P I Z
M C U T W E F N F X E Z O C T Z K
W A Q R N W H C U H Q L R G O E S
E A S R N O I T U L O S D A E R B
Z G R Z I L G C C A M P A I G N B
D J G M H F H E N U L J V D E J Z
N G Y S T I S J O C Q B J J S X Y
S C L H A L T B C R O L E Y A R D
D R A M B U U O B D R C S Q H P V
B B D V V A D T O V P Q P I F L V
R I C E S C Y A B V A A R Z A F W
```

INTERNATIONAL
SOLUTION
OBJECT
YARD
BROWN
BREAD
CAMPAIGN
THIN
RICE
ROLE
CAULIFLOWER
HIGH
WARM
SQUID
QUIT
CONFINE
STUDY
SWORD
GOES
EGGS

Puzzle 854

ORGANIZE
NEITHER
BONE
BUFFALO
PENNIES
KIWI
ANOTHER
CRASH
LUCK
DEAR
NAIL
INDEED
JOYFULLY
AFFECTION
FLOWER
FORTUNATE
WORK
WORKING
GOODBYE
KITTEN

```
B G M T N V L H Z C Q W L O N F S
O A P E N N I E S H K O A T I L S
N F P J Q X A Y E M I R T I Z O R
E F M K A W N H Z K T K C A C W N
H E T A N U T R O F T I I R T E D
J C O I N D E E D K E N K U A R L
O T L R D Y G N Y L N G I W J S O
Y I A E G O B C Y Z K D A O Q N H
F O F H L A I K I W I D Q S F E G
U N F T E I N A W T N U E S H I O
L L U O E B K I Z M O O K A Q T O
L U B N V M B L Z I J J A J R H D
Y C W A D A V I O E H T D H Z E B
P K R O W B U I U U Y Z D O Z R Y
B A R U G D S Z R N T D Y O H J E
```

Puzzle 855

```
A U L F F D E V O T E W V Z Y Q V
P N B Y Q R D H L W H P J H M R T
Q O X P R T Q E B N R Y W D D X K
F G Z I D E G W O L S W W U H C S
F A U N O L O E C N A T S I D L A
X R L R D U T N N C E R O H S O B
F D H U F E S T A Q X O N G R S I
U A E T E G R A H C E N M C P E L
C F D V V X V J C C B K J P Z I
T H N S E K P Y L L U F E R A C T
V E E X R V D N R I T M P D M S Y
R B H C Z T L H F A I N S F K W X
C Q H Z K L I M O M V E C Q O I S
H E U B P E N M H R E W K J C M Q
N M H S W M D X P U Z L A D D E R
```

MILK
DISTANCE
DEVOTE
SHORE
MUCH
ABILITY
CLOSE
EXECUTIVE
CHECKED
FEVER
WENT
SWIM
LADDER
ANXIOUS
MELT
TURNIP
CHARGE
SLOW
DRAGON
CAREFULLY

Puzzle 856

IRON
TRANSPORT
PURCHASE
DISTURB
TROUSERS
HOLLY
CHORE
ARMY
SIDES
BEER
RECENT
THINK
DEPRESS
TEETH
PACE
WEATHER
KNOWN
CITIZEN
CELERY
PROGRAM

```
C B D M Q T T R O P S N A R T P R
Z E C Z L E R D B D X U C L L U E
V L L M Z E O L I X T W W N X R C
U C V E M T U W P S X J Y W K C E
V X L Z R H S D Y A T I R O N H N
R J C C E Y E T C F C U M N I A T
K F S P E L R K P K Q E R K H S C
I H P S B L S E Z D Z E F B T E H
O V H O A O S W I N I B U Q C U O
S Y I S P H E U H N T O F P E J R
K M A R G O R P T S I D E S R G E
D R Y O O J P F W F W G W H J V R
F A U A W H E N F X C I T I Z E N
R U H C Y W D M X T Q V R S O G I
C W E A T H E R V K X A R L F J Y
```

Puzzle 857

```
W N E C E S S A R Y W D M O S T E
M I O E W M I N E S I R E M B P X
L D S Z O G P Z Z D P Q M C Q V P
G N Q D O Y A H I N P J Z H A Y E
X E K F O H R G S I O X S A F Y C
F Q Q F E M A Q H F Y V I T A I T
V A F P Y L G G I L L V B T L Q E
P E O P L E R B G O Y O H C E J D
V I C T I M A E H C Y O U A M N K
I I R I L T P B L M Q E E R O C J
H A T P L M H P I Y L R A E N K E
P R O B A B L Y G A O Q F T I P Q
G V M V L R X X H P A N K N E V E
I L M X M O A I T K M N B I X A D
I C T H E Y W A T C H S F K L V J
```

WISDOM
EVEN
VICTIM
PARAGRAPH
LEMON
NECESSARY
PROBABLY
EXPECTED
INTERACT
MINE
PEOPLE
WATCH
THEY
SIZE
NEARLY
RISE
MOST
DECAY
FLOUR
HIGHLIGHT

Puzzle 858

OBVIOUS
MANAGER
HERD
GIGANTIC
DEPRIVE
STUPID
COMB
HEAD
BREAK
GIVE
REFORM
SHAPE
FARMER
SLIP
ALONG
CORRECT
MATURE
GLASS
WORTH
CHECK

```
C O S U O I V B O P R E M R A F O
P G H S L I P M A G E V I R P E D
M X A Q W D D G T I F N A I C Q R
H F P W Y X B A S V O S S A L G E
M K E R U T A M Y E R Z T N U R H
W A P F Q O K X O K M D U U W B X
X V N U I F F Q E C H V J T P C Q
S G T A P O X C B E L G Q O W I L
Y F M N G I U A A H E C Y C S T D
A L O N G E U W P C K O B G M N A
A W D D N G R Z Y V L R O D U A E
I T S Z U I W O R T H R B Y P G H
S C U N V D G M B F K E B W P I U
B R E A K B Z G I W E C O P V G H
K A E Q P T E N K E A T I Z L W S
```

Puzzle 859

```
N E F U W Z N Q W G U W S S V Q W
Y O F X Y N E E P H W K G U T S I
W P B P J D C B M I S S I O N G T
I O P L Q B O V R O I P J R U R C
S V R Q E M E H T I N N K E O E H
E E E R N G G A Z F G P T G S W O
V R D X B X C R L S T H Y N H X Q
A T I T I C I T A R E H T A F C D
H Y C Q O P R J E N K N B D U L W
E P T G L L C P J Y D N W J Z X Q
B W W P O V L J Q W R P W L X K C
J K V L G J E E N D L P A C S N M
R N S G Y N A R R A T O R G U K D
A M B I T I O N G Z S M D P R P E
L X U K S W J F M A T T E R E Z C
```

CIRCLE
DANGEROUS
MISSION
MATTER
FATHER
THEME
GRANDPA
NARRATOR
DRAW
POVERTY
WITCH
AMBITION
SURE
BRIGHT
WISE
BEHAVE
GREW
NOBLE
PREDICT
BIOLOGY

Puzzle 860

MISS
SHEEP
DOG
PUSHED
FLUID
WINTER
NEST
NOUN
SNOWBALL
MIX
TYPICAL
CHICK
FOOL
HOURS
FUN
SHOCK
HOLIDAY
CHANGE
SEND
PECK

```
H S H O C K D T X J T B P F G N P
B L Z M P Y O Y D S K P I A Z G E
A R C O C R K P D O G O K K G O C
I M O C D R T I E R T H U D Z H K
Q K O D H V M C H Z C Y D S W O K
M Q D W R A W A S R U O H P I L B
J J F R E H N L U Y O J F Y N I G
N N D Y S C U G P H S S I M T D T
X E K D P F F T E E N U O N E A Q
A Q S V B L E B E Q O G F X R Y Y
O O F T L T S E H F W M W J S L T
K D O S R X F U S L B Z Y A Q X S
X O O E C H I C K U A N B M M R E
M F L I E I Y M K I L W A G H H N
H F B Q H M J L M D L F Z Y X Q D
```

Puzzle 861

```
T S Q T H S P W N I T Y T N P B K
I T S D A V E M I T N B R P I K F
L R U Y A D R E T S E Y A A C O M
Y E U Q X O M F P S J S D T K O V
L E Y I Z D I G I R X K E I E A J
N T S E R E T N I W J X Q E D S E
O P M T O E Y T A F X T R N W J I
O L R Y Z O T F J C P S L T H A T
N E P B E E N H G N I N E V E P W
R E C E N T L Y I Z E R E P O R P
E B S K P C Z V G R N P E B F A P
T E I H B B S Y F R T K X M B M U
F I C A T H G E F P A Y Q I A W S
A N K R Z S J S D M Y S E D O D E
G G Z C I R C U L A T E S B G K F
```

RECENTLY
BEING
AMERICAN
GRASS
CIRCULATE
INTEREST
PROPER
EVENING
AFTERNOON
PATIENT
PICKED
PERMIT
THIRTY
RIGID
TRADE
BEEN
STREET
TIME
YESTERDAY
SICK

Puzzle 862

COWARD
MAIN
TALENT
FOOD
INVITATION
UPDATE
CABBAGE
ADJUST
GOOSE
SORT
DOES
GUESS
VOLE
ACCEPT
SIGNIFICANT
ANYBODY
ATTACK
FAT
EMPTY
PUFFIN

```
I E S O O G K C L I X S A P H G I
X L W I T X F Z M B B R V N I N C
J O H A G Y T T A L E N T A N B M
V V T W D N Q I O N B R A N A B H
L V V L R J I C X W F Q P Y P C V
U I T R A N U F S G L A A B A O R
Y N A S W A V S I N H F R O N L M
Q S D O O Q F T T C G F E D H O M
T S O R C E H A P M A H U Y W K V
V E O T W K Y I E E Q N U E B V P
P U F F I N A T T A C K T T D V I
E G A B B A C E W B M C F A T B E
I N V I T A T I O N A V A D V S A
E E I T Z I F M I G I S P P P F R
D O E S E M P T Y W N C O U J F T
```

Puzzle 863

```
C K X U L H I Z U L S P C U D Y V
L J G O E A R E X Y O F F Y Y I R
A T Q S A B N L A I N F X E Y E M
S I B F D I W K L A G R K P Q G A
S L D A E T S N I A R A N U L E S
I E N H R A G I D L C T O N L Z K
T L A C I T I R C L Q H I G E T C
C O E V E R Y W H E R E A C M X A
R H M P E A C E F U L K B P L F Q
R B U O U N O I S K I P N E T E M
A Y L U R C A T T L E S L M F E W
K Z O R R R E T R A M S O O I D R
S G V T P D O D X Q E I N Y X Q S
G X O G Y P L W Y F Y Y G W I G S
J C Y G F A E O A K B P K U L U P
```

WRINKLE
NOT
PEACEFUL
HOLE
SMARTER
HABITAT
TOMORROW
LUNAR
MASK
EVERYWHERE
LONG
CATTLE
VOLUME
INSTEAD
SONG
ARTICLE
CLASS
CRITICAL
LEADER
CHAPTER

Puzzle 864

EXAMINATION
POUR
HAPPEN
DRINK
MAJORITY
JUST
COMBINE
ENTRANCE
DEER
COMMENTARY
TRUE
SOURCE
TOMATO
MINORITY
SAY
INCLUDE
TOUCH
MEN
MARRIAGE
BOTTLE

```
M A R R I A G E C E D U L C N I L
H E F K G M L X J U N R Y U D K R
U G T E N I B M O C O T T R U E U
M B O R X D R I N K A S R I A U E
A G M A M A U D A Y E U L A R H F
J Y A S I C M P O U R J O P N Q T
O W T Q N O B I U G U W Z A K C Y
R H O K O M Q D N X J L I E W O E
I Q R A R M Q S S A K P S D Y D C
T H U K I E G H G N T J J E A T R
Y S C Q T N T U A V N I K E V D U
H L W H Y T O Z K P U Q O R C D O
P L S Z D A U C V T P Q D N X Y S
V V U Y P R C J V X F E L T T O B
Z T O R S Y H L M K W L N E M X H
```

Puzzle 865

```
N V T S C M V A N W D C G B E A D
I O Q H A U D H S T Y K V B X T R
H W X X L L E S Z S B Q F G R T Y
F A S T L E V Y D B W J Y A X R J
R O Y A L S E M A N C I E N T A T
S R F M I S L U I I C A B W S C R
V V P G F F O I I S N F U O O T K
G X K B D L P J U Q T C T X P I N
L D W T X E D F G M E A R M K V H
O E E D I S T U O O K W K E C E J
X V N A S R P R R L S I R E A N W
R E I G N U S S I W A P O O Y S B
M I L L I O N R C A B A C V S A E
Z J G M H Y G L S B L Z K L G C M
V N S F L O A T P U R L Y P A X A
```

ATTRACTIVE
CALL
BASKET
MISTAKE
OUTSIDE
REIGN
LESS
YOURSELF
DEVELOP
MILLION
TUBE
OWN
INCREASE
ANCIENT
POST
FAST
FLOAT
TRIAL
VAN
ROYAL

Puzzle 866

PLAY
REASON
TOE
PIG
TERM
VITAMINS
MEMBER
ALREADY
KNIFE
MOCK
SERIES
WARDROBE
FOURTH
LEAVING
FAULT
WIRE
ACTIVITY
CRESS
TEAPOT
PERHAPS

```
T D C P F D U V R J Q E F R T V Q
Y A R E B O R D R A W O X T B G P
S C Y F U Q U U Z V R Y N G A U D
A T P I Z Y G R P L A Y N P A M F
L I U N I J T Q T O P A E T D X P
R V S K W N X F Z H E M E M B E R
E I W J U C N G E N V V R V C P Y
A T M O R O R F S A G I P E I L G
D Y F N B X O E D H N F J Z T T K
Y N D U N G B G S N I M A T I V M
N O Y O O Y D E E S V O F Z S M Y
W S K D O Z F G I Z A C T R O P S
F A U L T P F B R K E K O W A Z R
T E R I W V Y I E R L Z E C U K X
H R N X A X Z A S P E R H A P S F
```

Puzzle 867

```
H I H K D R M R L Z Y S F G H Y A
A O J J S S P I D E R T H B A S B
W O R H T U M W H S R O O D V D B
K C O L B R C G T R O R K Q E T R
S S T I L S C I R U W E A D V P E
S H S A X E S Y X N K G W F O G V
H S E M O A R F M A A A W Z N V I
O D R P F S F U P M F T W Y E H A
E K R S P O A P Z E X S Z P N P T
G T V O T N W R N R R C B M O Y I
B M S N P O H F K I R Y I S U O O
X X E Q S Y R S I F N K G T G U N
A S N S C N E M K Z F X X M H H T
N I R H O F X T R A I N I N G Y N
W Z D I D L Q G Y S H N W Y V V N
```

SEASON
MAIL
THROW
FIREMAN
STORE
TRAINING
STORM
WORRY
HAWK
SPIDER
SHOE
NURSE
ABBREVIATION
REST
DROP
SHE
ENOUGH
HAVE
STAGE
BLOCK

Puzzle 868

CRIME
WHEAT
TOOTHBRUSH
MENTAL
HEALTH
WALL
SOUTHERN
BLOUSE
THOUGHT
INFORMATION
SERVICE
TOOL
PAN
THOUSAND
CONCLUSION
LOVING
HELICOPTER
TOP
BREATHE
END

```
P P H E F S J P R F G L U Y O M Q
F A W E Q P F G J P D N E A O E K
E X N P A X Z B R G E M I R C N T
W H E A T L U L D T C L B V N T H
R K M C T E T V N T I S R C O A O
E P E W X O D H A P V O E O I L U
T O O T H B R U S H R U A N T L G
P B L O U S E R U N E T T C A A H
O X H J P V N O L S H H L M W T
C Z U F J D S T H E L E E U R L T
I G C D N E T G T Z F R I S O A O
L O O T B K K D I N N C I F E P
E V O Y R T K Q K L M C T O N D S
H I P K J C P I P P F L Y N I B U
Y Z J G C G Q R D L T U D W N S G
```

Puzzle 869

```
S V E G E T A B L E R E C C S R S
S U R X T Q L Y L J C N P K O E U
P J R I E H T Z U I K N Y Y C S F
H N V V J J J X F G W V C H I E Y
T K U N I X Y F O O D D O E A R A
T G N E Y V I N D I C A T E L V P
W H I T E C E D R A M A T I C E O
H C K A K H R E N T I R E J T R P
P A E T R A I T M E K J X G C O U
P O M I U L F W R U A I N R P L L
O R N S T L W P A V R S C N B K A
D P W E B E M C X D F Y E N L L T
J P B H W N H V O J Q S N G L O I
S A W S W G V X A M E Y V H W F O
V C F N Z E Z O O K B A F F N Q N
```

POPULATION
DRAMATIC
INDICATE
TURKEY
SURVIVE
VEGETABLE
APPROACH
RESERVE
WHITE
SOCIAL
EASE
HESITATE
FULL
THEIR
ENTIRE
FIRE
FOLKLORE
CHALLENGE
COMB
FOOD

Puzzle 870

LORRY
NEEDLE
WATERMELON
IMMEDIATELY
NET
ELEVEN
CANDIDATE
INTELLIGENT
GAVE
INTERACTION
FEED
WASH
DONKEY
SING
YARD
SOLUTION
SICK
BEING
CLASS
TRAINING

```
S P E L O O I A Y U S G I T Z E L
O P H F P W H N W J I R N U C R M
L T R A I N I N G N N E T I B N D
U D I R F W D I J D G N E V E L E
T H Q T H O Y N S L P D R A Y B T
I S S Q T Q H E V G S S A L C G A
O A I N R L X T K W M U C T F W D
N W A C D X C J M N O Y T J G Q I
K F K G K X V O H X O V I H B L D
T N E G I L L E T N I D O R E R N
L M Q V A O B E L D E E N S R I A
N O L E M R E T A W S E P G H B C
J L A V Q R C M B Q Z F R G L H A
T B L A K Y L E T A I D E M M I F
U C L G T K Q I M T X F F H A V M
```

Puzzle 871

```
E J I D E C E I V E S R O T C J S
M X A E M S P B D S P H T O H D U
L G T B K M O D S I W P H P E L R
R V K E M X H O N R Z S E I S Y E
R E A C R X K Z G Z U U R C T P W
E W L E E N T L R N X D L D N F O
R Y A U T W A L F S K D A U U V M
Y G E I D Q R L O K P E R F T Q G
T L W L B O Y M L Y K N G F S F X
D R M L Q J R S U T F M E F T N O
A G J U D N A W S I H J G X A N
F R I E N D L Y H O G O A L U D Y
S F I N E L T T A C R N W Y D P H
O Y F O J F H A K L E D P P B S U
D I F N C J L R H Y S C V V B D H
```

NONE
DECEIVE
CHESTNUTS
HOP
COST
TOPIC
BED
LARGE
SUDDEN
GOAL
EXTERNAL
OTHER
FRIENDLY
FINE
SWORD
RISE
WISDOM
SURE
GOOSE
CATTLE

Puzzle 872

DISTRACT
CONTROL
COLUMN
HARD
INVENT
PAINTBRUSH
EMERGENCY
HUNDRED
ATTACH
INDEPENDENT
FEET
LUXURY
KISS
TALK
CROWN
TEMPERATURE
CROCODILE
DEW
JACKET
TOMATO

```
L H D H E J V C A F M M T E E F I
S S I K U O W H C A T T A G I D N
R U S Y C N E G R E M E L I K X D
J R T Z N W D S D U W U K A I C E
O B R S A O R R P N I A L C V Y P
L T A Q Q R A C E I S N N V A K E
U N C R C C H D U D K V V J I J N
X I T T C R O C O D I L E E U H D
U A I O J N A B R C X U N Q N U E
R P D M T E M P E R A T U R E T N
Y G M A L G S W E A P Z L D Y F T
I E W T C O N T R O L R H T T C M
L Q O O K F U T H U W Y X H Y O Q
L P G C O L U M N S J C X C M U S
X W I B J D A Z Q E M Y F V S Q G
```

Puzzle 873

```
N S J M O P A R A I W I O S X U Z
C M K N C R L W W C X G T H Y G M
X L C S S O D I S C U S S O R A U
W R F S M F B M R H R L F U G E L
P E Q W H I P I H S U W Y T X M F
B H C S E T A R E P O O C N C L T
V W S K L S V P V F Y B O N E A Y
C N B G O T A A I P A U S E C T P
M N C V H T E H E O K N Y V I O E
P C P F W C P K C A L B D A O T C
N Q P B T L G A E R J J E S V F S
Q F X Z U R Z M R O P P O S I T E
J B U N S R S H A R P E N E R N Z
K J U U T A N A W T H I S M J Y S
D K T B V U B V E F H F Z X R F K
```

PROFIT
DISCUSS
WHOLE
VOICE
ACT
SAVE
COOPERATE
THIS
SHOUT
BUNS
CHASE
RECEIVE
SHARPENER
BURN
OPPOSITE
BLACK
PAUSE
TYPE
TOTAL
BONE

Puzzle 874

MOVE
SPEAK
COMPANION
LAUGHED
MULTIPLICATION
SUFFER
SPECIAL
EXPLAIN
FOUR
TRANSMIT
SPEED
SOON
BIKE
FERRET
SPECIES
FACT
HEALTHY
PARTICIPANT
CONFINE
EXECUTIVE

```
S G H W G V V F E N I F N O C E I
U U E M Z X K J V X Q P X Y G B Z
F L A E X I A D O R P F U B T N A
F A L X O L E V M N F L S P E E D
E U T T N A P I C I T R A P V Q M
R G H I F H S P E C I A L I Y V L
U H Y M P E V I T U C E X E N E L
O E M S G S R U O X Y C I O O D D
F D Q N K D P R G M B I X V O B R
C P P A R F C W E O M U I V S B T
L Z P R J N Z B S T A B B E J O Y
N W N T R E A R Z C S E I C E P S
C O M P A N I O N A I H W K F R O
R V C H O N A C S F O H B P E K O
M U L T I P L I C A T I O N N N V
```

Puzzle 875

```
L O W N E L P P A E N I P C T H S
A V R Q I H Q D U L M O E I R A F
N W R V D G F Y T E I R A V A B D
O W K P F Z H B H N U R M C D S L
S T H A N K S T O K J D I U I O X
R L D O N S F O R U D N Z P T R S
E X G J Z W A Z I Q O N E C I B T
P S H A K E F W Z D U P R A O O O
C R O C U S T V E M Z I B K N D M
S T R U C T U R E U E E T E A W A
Y G T H E R O N R O S I L E L Q C
W U C I M C Q O H M O G K K X M H
U V M A G T W T P T Z H T U A H D
S M O K E E I H H N P T A J N E L
D H E M M S R J H K E K E O Y O W
```

NIGHT
AUTHORIZE
TRADITIONAL
PINEAPPLE
THANKS
STOMACH
EIGHT
ABSORB
PERSONAL
QUITE
VARIETY
STRUCTURE
LOW
CROCUS
HERON
ONE
TIGER
SHAKE
CUPCAKE
SMOKE

Puzzle 876

WEAR
THREE
SCARED
CHANCE
USED
THROUGHOUT
ELIGIBLE
RESPOND
GATE
SECOND
DEFEND
OUT
CRADLE
INTERRUPT
DISTANT
COW
WARM
PENNIES
TURNIP
TERM

```
S E C O N D K Q X N C I R F F W O
T A T M N S I Y Z X R N A B F Q M
N H A C D E R A C S A T E K A H K
A M R A W L K E O H D E L I L U E
T R A O Q B G A T E L R C W N T S
S E E D U I U S E D E R A N U R X
I T W Q X G S L I F U U E X A K M
D C O W U I H F O E Q P O Y G H H
A N F S K L R O F R O T W U W S C
C J S C R E M E U S U T H R E E T
D E F E N D G C S T T T U R N I P
Q E O J R V R Y P P B P C O J N X
D S Z B D N X J A I O D C C X N R
Y V R E Q W Y V A O N N T G T E G
Z V J F N T S R C O T U D N A P O
```

Puzzle 877

```
E X T E N D D Y R I G E X U W E C
C R Z L F A R M E R N Z U R A X A
C D B G B P O X N O I T T O N P V
P H B P M P I Y J A R Y E P T O I
V W U J T I V S G V T Z M N S R T
Y B J R G M A F V F N G B Q D T Y
D J J C C D H H H N E S P S A W V
K A E V H H E S N T M X R S P H A
Q O R J Z K B D T E N U W Y S N E
Z Q F L Z L A S T O R C S H G W H
M E A S U R I N G N E A W A F K F
E M O T I O N A L M V N A I L J K
Y O B S O L Y H D P O D N L Q D F
S I X T H D T S W N G Y F R O M L
R K I L D N M Z U X U S K M A D L
```

HEAVY
CAVITY
SAW
WANTS
GOVERNMENT
FROM
BEHAVIOR
RING
SWAN
CANDY
EXTEND
EMOTIONAL
LAST
CHURCH
INTEND
SIXTH
EXPORT
MEASURING
FARMER
TOE

Puzzle 878

SCHOOLBAG
WHILE
PILOT
CULTURE
DRIVER
CUPID
ERASER
FELL
ARENA
POSSESS
DEVELOPMENT
THEATRE
EXPENSIVE
KEY
ASSUME
SORE
PLAYFUL
EIGHTY
HAPPEN
LESS

```
F T M S Z P P A C M P R M E T C N
Y E K W H I L E S Y H L Y I H W P
N Q L R K A U X S S U R E G E B W
W G R L S R F J E T U K Y H A S C
D P L G Y E Y V S N V M Z T T O A
B Q T N G N A X S J C B E Y R R V
F X K A L A L T O L I P Q T E E K
V K D F X E P R P C U L T U R E C
M W S Z C K S E X P E N S I V E U
T P K Z R E A S F D S L V A Q I P
D X F F L Q G A B L O O H C S E I
L D R I V E R R H A P P E N S L D
W V D E W T N E M P O L E V E D U
G U Y J M L F G G Z K Q R J P D O
P J Y N U R U O D R N V I W B G Y
```

Puzzle 879

```
F W H S I L P M O C C A X X L P W
A M H A L H Q J M N W S E E L O V
L E C A Z C H S C V C X O E P L I
S X U L T A E T O M O R R O W I E
E A S U R E R E D R O J E I I T W
V M D U O B V D P L A N E T S I C
O P B X P W Q E O X M U G O S C W
L L P H M R O F R U I F B R D A I
O E Y F I D O M F P S W C J T L E
V K I R H F E F T X B D A C T O R
O K B E J W J R O I C C C F W T D
N X Z R D B G O U Z I S K N K A O
K N E W P Y N A G Z T S E M I G O
B J K B F A B M K J V P O X A Y E
U S C O P X G C H X G Y Z O Y I G
```

LOVE
EXAMPLE
KNEW
FALSE
POLITICAL
IMPORT
EAST
SUCH
MODIFY
PLANETS
FORM
ACTOR
VIEW
BEACH
HAZARDOUS
ORDER
ACCOMPLISH
WHATEVER
FUN
TOMORROW

Puzzle 880

PROVE
SHOWED
JUDGE
NUMERATOR
LIGHT
SOAPY
SOAP
KEPT
INTO
TASTE
SHOW
COMES
ITSELF
ACCURACY
DIVING
BALLOONS
SOMEONE
THINK
NEST
YOURSELF

```
Z C Z G K R S N O O L L A B O N P
H I F W Q K H V T D N Z N D Y U Q
L C F I O L O E N J I E Z Q L M N
L A J Z K S W J I U S V K Y L E L
S O A P Y O M I S V R U I M U R T
E M S N Z A U Y V O F K G N C A H
M I O L D P Z U D A M C T E G T I
O A C C U R A C Y Y B E E U X O N
C J U D G E V O R P B D O I R R K
Y O U R S E L F F K N V Y N U S K
X A P B P E J L H L I G H T E H E
P W Z J I A N U J B E H U M V O P
Z N E S T A T B B O S S V S M W T
I C U O Y N P U M T P X T X S E U
H E Q E U Q A K T A S T E I F D P
```

Puzzle 881

```
C O F R F B D T K G X X T W F Y P
S P A C E R R Z S R E H T O C A R
N A R R A T O R C A O U O T O G O
E X C E P T I O N P F N F F M A V
K U C Y I D S S D E K S A O P T I
N Z A G R F O R M U L A S Q A A D
H E N W B F X E V W N H F O R B E
Z L F Q J I Z T P Q Y R E L E C E
C O M B I N A T I O N M E J X D Z
S Z W X B X M O Y B N O S T W A N
H H L M A S N N V P H K R L T Q Z
A A M E T B C X V Z J E Q O A A K
D R B Q H L Y A B I T A I F Q M P
O E G P E R F A S W O M E N H B M
W B O U M C R H B E M O C E B I J
```

COMPARE
PATTERN
FORMULA
SPACE
PROVIDE
ASKED
WOMEN
THEM
GRAPE
CASE
COMBINATION
OTHERS
EXCEPTION
SHADOW
GOT
BECOME
OTTER
CELERY
NARRATOR
FAST

Puzzle 882

CAPABLE
LIP
WEASEL
LABOR
DOOR
SUNNY
PEPPER
NEIGHBOUR
SENIOR
PRINCE
SUDDENLY
SODA
HELD
MIRROR
REQUIRED
DEFENSE
POSSIBLE
UNSTABLE
RIGID
PAN

```
S I A K H I A F R O R R I M T D V
R U Y T W E N Z W E M Z L U H I X
O X D L I H L U E D Q U C U X Y H
D U U D C M Y D A V C U U F E X D
O S B W E L B I S S O P I P O K K
M M L I P N A P E E X S Y R O O D
L A B O R Y L A L N B O E W E Y F
V D I G I R R Y U I E J I J N D U
U O S G L D G K N O C A P A B L E
S S F E J N W Q S R D E F E N S E
S U N N Y I W K T O Z U B F A H Z
X S A X N H E X A P S T R G U R P
J J Z N K R U O B H G I E N J E J
P E P P E R H Y L P R I N C E U J
S T O R Y L G O E K V R X E Q G Y
```

Puzzle 883

```
R I C T X S C H B J E T J K V S T
E O O Q D S U L I A T K C O C T C
S Y N S Y Y R A E W V R C X D U T
U Z T O E M V E B S T A E R G D L
L A A C R N E T Q Q S P C D L I F
T Z I M O E D S L V Q O J U X E S
M Q N S L E W I F V U Z N I M S P
X H D H J I D C N Y O Z G W Z A O
M E G X L H C P U G O P U E G G T
H I Q G U I D E L I N E S N T K T
H G J C M W M O L W C N N G W I E
M H K M R A W M R Q I J M X S S D
I T O N C A R Q J N H Q R A T E U
Z M X U A J B P R O B A B L Y U O
J Y G C K L E W D C X W P D U F X
```

HEIGHT
EGG
RATE
CURVE
RESULT
GUIDELINES
LESSON
CRAB
STEAL
GREAT
ARM
PARK
SENDING
SPOTTED
COCKTAIL
GAS
CONTAIN
STUDIES
WEARY
PROBABLY

Puzzle 884

GRAVITY
JELLY
AUTOMATIC
DIVISION
PERFORMANCE
LOST
SEARCHING
FRIEND
SKILL
FLOOD
DRIED
HEAT
JOURNEY
EAR
CHERRY
SHARP
COMMUNITY
PREVIOUS
BOTTLES
NEARLY

```
D N N Q I X R N T J M G U F L P S
C R E T L S D J E L L Y H R O E P
U Z I A D S U O I V E R P I S R G
W G F E R E C H E R R Y E E T F T
I N L H D L E A R H P I C N G O L
M A O E P T Y B Y T A D Y D R R B
V E O C I T A M O T U A E E A M W
L N D R N O I S I V I D N E V A T
O T V D H B T B S X F N R G I N C
X X R G Q K N O G W U V U B T C L
R C H I U W C V U I P P O M Y E J
T K N J V U X Z Y H R M J Q M V C
D Q N R Z A B W B Z A L O K J O Z
B C J Q G R C A W B H Z Y B N K C
Q R G N I H C R A E S K I L L N S
```

Puzzle 885

```
G V J C H E P S U M M I T V V S F
A U Z T R C Z W K L A N I F D E U
J F W H O A D E P I B P R F X N N
J N F P U E M A V F X G I T G S C
T E X E P Q X B S M S M D A L E T
T Z L R C V F Y W E E E E R D L I
E D U T I T L A I D S B R A Q E O
X L M D F X I X N I S E A I W S N
N V P F I D D O G C A L A U O S W
G O Y D C N S X N I L O Y T L U P
I N R V E X F C T N G N Q W L S S
L L T A P O R D O E N G R K E F P
W L W Y S Z J T A M U X Z N Y S O
C O N T I N U E O J S W A S A A K
C R I T I C A L S O U T H E R N J
```

SENSELESS
ARE
MEDICINE
ALTITUDE
YELLOW
SERIOUS
RIDE
SUMMIT
FUNCTION
CONTINUE
SPECIFIC
SUNGLASSES
SWING
FILM
BELONG
FINAL
AFFECTION
CRITICAL
DROP
SOUTHERN

Puzzle 886

WRAP
DESPERATE
BLOOM
PEN
CAPTURE
BESIDES
PRIVILEGE
CULTURAL
EXCEPT
LANGUAGE
OWNER
SALT
ISOLATED
DISORDER
SANDCASTLE
LIST
CHECKED
DISTURB
SHOCK
FOOL

```
S B S M D P R R M V D T Y U B C P
J L H Q R E D R O S I D W C E U R
W O O W G G S I S O L A T E D L I
E O C V R L O P F T M J J D F T V
Y M K E B A R R E V R C A A O U I
T B H S I X P F T R E N W O O R L
W S B E S I D E S Q A L I P L A E
D I S T U R B X W A B T L A S L G
S A N D C A S T L E M S E X Z L E
U Q A E R U T P A C Q I Z S Y A K
B V F N P C O E T G H L N T N Q M
M V M U V U Q C Q D A H H R R R X
N U V I O P D X C H E C K E D B U
L A N G U A G E I H U E J G Y D D
N V N Y D G U L S F F V W B O K A
```

Puzzle 887

```
L Z D E I R R A C S S E R P Z Z H
C E G N I V O L D E C D X B H A I
H C G T J L Y K G W L I E M R V K
K F V E L J N J O U V S U R H B D
X I Y R O M E M S C Q T Y I C W H
I C R T M V M P H T S X A C P X M
H Z S A U A N X I O U S H L O T D
C I T I R E V O Y J E O L L E H G
U E G N A Q U O T I E N T E R N Y
O S T H L D E C A D E L X A H S T
T P B F L G X Z I C M Y P V I D B
H K F D Y I R U J S O J T I N M O
I R L E A D G P A F T E R N O Z G
A J A V H T U H H F R Q U G I G D
Y T T O V U C J T W N V N K K A L
```

LEG
SEW
OVER
PRESS
RHINO
CARRIED
AFTER
LEAD
ENTERTAIN
MEMORY
QUOTIENT
HELLO
MURAL
DECADE
ANXIOUS
HIGHLIGHT
TALENT
TOUCH
LEAVING
LOVING

Puzzle 888

LAWN
RANGE
VERSION
ALSO
GUYS
PLAYING
HOLD
HUSBAND
NATIVE
CYCLE
BUTTERFLY
DUSTY
MORAL
FACE
NORTH
MINOR
ORGANIZE
FEVER
FLOUR
MISSION

```
M H W R Y H B W L J W V N V S P O
R O U G T M S D K Y U K E N O L Q
Q N R S Y U G W A G U N M O P J T
N C R A B W N Q Y Y O J W R L J A
J Z B M L A S E X W I A T T A G I
R V L V B E N X R A N G E H Y F A
A L S O Y Q L D O N L D L M I L G
V E R S I O N Z N B U H C N N O M
B C E E D H U I I M W F Y B G U Y
Q A V E L U Z D M M T I C R L R A
K F E N O I S S I M J Q Y G A K Q
I Z F Y H Z U T E U H N G V K D T
L A W N O N X G Y L F R E T T U B
E J T G S C V M O R G A N I Z E C
N A T I V E R O J N I B G W C Z Q
```

Puzzle 889

```
G M D Z E F P H T O B F Y X H G H
H I W A Y A T S O W D O U A C I A
O S E Y W I D E J U T E N U I I M
N E I R E P L Y Y K S C S B T N S
Z R Q R U F A R T G L E F P Y Q T
S A W P E K W P H N C O V F I V E
W B L V S P O V I J B C U I Y T R
P L B T D N W R N R Z H M N Z R E
K E J D I M L A Y Z X Y G A F A Z
D O G P S G U T L E J K S N D P V
V H I X O V B H V K M H N C G W J
E E O S Q Y F E W Y Z S M I B V B
C A P I T A L R Y L E Q D A R P A
S K X H D T H E A X B W O L S Z E
W Z N X P L J Y V J A A J N W I P
```

OWL
CITY
STAY
REPLY
FAR
MISERABLE
WIDE
BOTH
HAMSTER
FINANCIAL
PART
CAPITAL
HOUSE
DESPITE
RATHER
WAY
YES
PERISH
THIN
SLOW

Puzzle 890

CONSECUTIVE
MIGRATE
DECREASE
EXPERIMENT
GIFTS
VEHICLE
COMPASSION
INGREDIENT
SEVENTH
HERE
GIVEN
AIR
SENSE
DEMONSTRATE
AUTUMN
STOPPED
SWIM
FAT
SORT
OUTSIDE

```
S C H A E D N X M S W I M C S Q S
T F H I T E D I S T U O A O M V O
O R O G A C T N C F T Y F M I E K
P Z O X R R N B M I V A N P E H F
P X S S T E E M T G R O E A X I J
E S N E S A I C U H G E V S P C W
D F A T N S D X M T Z K I S E L P
G Y T X O E E E A N U Y T I R E T
I I W Z M T R Q O E Z A U O I L G
U S V R E A G B K V I I C N M S W
A X L E D R N W P E E R E H E B I
V K P I N G I C S S Y W S M N G D
K X S Y U I C U X C F V N Y T Z H
F W W G P M C E G O D F O Z R I N
W V E U G X V D C D J B C R Y C A
```

Puzzle 891

```
Z Y W F R I K A Y J B A E P E M S
X R K X Y A V N G A H R A B T E E
R Y U B V W O L E B R A I T K E T
S L H U C A L P L X N E C N W T T
B A S E E L U T P X T B E A G I L
L Q P Y S T I B O D S Y P R M N E
P U P P Y E A J E Q S Z C R S G D
C B P L S R E X P C P N Y U H L Y
O E Z B E N G O W N M D E C I U J
L T L W C A P A R T I E S T Z C Q
L W I O U T T E N D E R L Y T W N
I E Z P R I D L W C C D L Z O I O
D E A Z I V M O T O R C Y C L E M
E N K W T E D D Q R A P N X N O F
S N U W Y I G C Z R I M C Z D K K
```

ALTERNATIVE
BAR
TENDERLY
MITTENS
NEXT
COLLIDE
JUICE
PUPPY
PARTIES
BRING
MOTORCYCLE
BEAR
SECURITY
BASE
BETWEEN
SETTLED
BELOW
MEETING
CURRANT
PEOPLE

Puzzle 892

REVERT
APPLE
QUARTER
FORGOT
SUM
NOTEBOOK
NATURAL
WHAT
HAPPIEST
CONFIDENT
STOCK
TRUCK
PROJECT
GIRL
OPERATE
LATER
FOLLOW
WORKING
PUFFIN
INSTEAD

```
I I H X B A N L A F E F J S R V J
N O A Q K X N T P J W C O G Q Q Q
G J P W S E O M P Q U O L L P X S
N P P X R E T A L W O W E S L C U
I R I H H Z E N E T A R E P O O M
K V E Q K W B L E S L F R L P J W
R W S B I M O A F D G A B V U B Z
O S T C E J O R P U I Z W V F A Y
W H A T N N K U Y I C F X X F N B
S T O C K U B T G I R L N C I R F
Y O M G C B V A F K Z M B O N E Q
M G G Z U D V N L Z X L H D C V X
K R N Z R I N S T E A D L O R E E
G O R E T R A U Q A S V B F O R X
A F P P Y B M I W V X U R Q U T D
```

Puzzle 893

```
V E E T G C Q L D K M E C D Y Z R
J V J Z M T R E E O E I K A U D O
E L L I P T I C A L L L S G C O O
G N I O G U E H M N U P G E S E S
G R P D R P T Y M K R J H C R S T
V U A Q Y N P E R M I T C I G Y E
L C G N G I B R I B E O O M N F R
I C B T D X Q E C V E D N Y I E M
N O V N U M I U Q W W E F P L D I
O E D N B V A S W Y F L E D L M B
S D U J L U P A A A V I R I E N X
R A I N E X L B M P S C E L P T R
E E H Z E J X L E X G A N C S U D
P Q A M D D I E B E Z T C S Q V B
G Q K G S G A L L O P E E B G D M
```

CONFERENCE
ELLIPTICAL
REUSABLE
BLEED
ROOSTER
INPUT
OCCUR
GALLOP
RAIN
DELICATE
GRANDMA
PERSON
GOING
MISERY
SPELLING
RULE
DOLPHIN
TREE
PERMIT
DOES

Puzzle 894

VISIBLE
TALL
LEFT
DEEP
NETWORK
COME
OBEY
NOSE
ADDRESS
NICELY
PERFECT
STORY
YOU
TODAY
HIM
HOBBY
SNOWFLAKE
UPDATE
POUR
TOOL

```
S B F V F K H U D E L R P D F P U
T X E O S J V N V P E Y J M S E R
O G D F E B Q R Q S Z V Y R T R K
R Q E R U E G F K I M Q N O J F D
Y F B E M Y Y A D O T F E L U E E
I K N K E O L K D Y D E G L N C E
W S O A E Y E B O D H I M A U T P
T O O L L Z C N Z K R O W T E N H
P H M F L V I U O S O E O G L L P
G B N W H F N F C S U T S S B R A
Z S O O C O M E Q Y E A L S I S Y
G C E N I H O B B Y A D X B S J T
R K P S X U X Q Q A X P P F I W E
P O U R O X H M S H D U T C V V I
E N B S M J E W I C H C C F V X Z
```

Puzzle 895

```
J F G N P P K A L P C O D V C X S
G R A S S H O P P E R P E N R R Y
P Y W Z Y O Z M L P L E X T T E B
E R C B K S C Y A M A N R R E M W
L G M R Y U Z J Y N T T G J L O Q
B K P Z R R I T L E A Y I U L Y G
Q C D Y A O A R A E H G T E D H E
M C C T T Y U U C U D R E T N E S
U U D K N K E S I Q E S K R N T T
C O P P E R R T P T V W C Q R J R
M Z J O M B U M O Z I V O O R B E
V X Q Z E E P B R O R Z P U R Q A
F O O D L R T O T C R E S S L V M
X P J I E U Q I T N A X R R H D V
A T T I T U D E Y A P T D F M S Z
```

TROPICAL
OPEN
TELL
GRASSHOPPER
STREAM
ANTIQUE
COPPER
ERUPT
QUEEN
WOULD
ELEMENTARY
ATTITUDE
ENTER
HEAR
TRUST
ARRIVE
POCKET
MANAGER
PATIENT
CRESS

Puzzle 896

HAD
SOMETIME
FLOWERS
ALONE
GRADE
DRUM
HOT
SHALL
POINTY
BROTHER
REMOVE
BELIEVE
SKIN
PLAYER
SUNSHINE
PAIR
DECAY
WITCH
DRAW
COWARD

```
H X D Y F R Y D D R A W O C I M R
R E M O V E C R E N I H S N U S F
Q Y Q T P X U U C E G E Y E P G Q
Y C Z J F E W M A Q N M W M M H S
J F D T R S D X Y T N I O P E A U
W O F M B D O R I A P T O H I D T
F L O W E R S P A O S E A L O N E
O T W J C M X J L W Z M L B T I H
D G R A D E E K Y A C O F E N K W
I M E D G K D S D T Y S C L E S D
X U H S W I T C H D Q E J I U Q F
U O T E H I C H B I Q E R E L D F
S J O C P A Q Y Z T U Q X V H P J
J A R U P H L P I B U I V E D D C
K M B O Q B X L F L B A S W R L A
```

Puzzle 897

```
C A D G G R A N D P A D L F R D R
H V B R I D N A L S I G M A E T S
I A H A Q V Q S R R E Y V M H S X
P I N D X D E V O E A I R O T O E
S L N U L J U B W S K H Q U A L P
E A Y A X P C I B U F A O S F O P
O B E T A O G W R O C N P L J P M
L L U E H D D M N R O W X N L O K
Z E C S R Z Z Y I T K O C C Z Y V
L U M H E L P R U P W J V L E S V
E E X U V F R I D G E U C O P U E
R E A L I T Y H M L A E F T U S C
P H Y A R K M L S J E Z F H S N B
I V P U Y B F D F V U E X E R I K
Q G N D H G X U U T R M K S B L D
```

REALITY
ISLAND
SOLO
GOAT
STEAM
CLOTHES
WORLD
FAMOUS
USE
GRADUATE
LEEK
AVAILABLE
FRIDGE
RIVER
CHIPS
PURPLE
HOLLY
TROUSERS
GRANDPA
FATHER

Puzzle 898

EXERCISE
BODY
DESCEND
MARKET
FATAL
RELATIONSHIP
ARMCHAIR
TROUBLE
THE
SURFACE
PUSH
INSERT
PLAINS
TAUNT
COLLAPSE
WARNING
PRACTICE
STICK
FRAGMENT
RECORD

```
S T B B Y M Q T F I C X U Y C R N
U R O J F I A P Y N P W J E O O P
R O D N I P A R Y P J G U Y L E I
F U Y J I Z P I K S N S U B L W H
A B T R M X K A S E T N P K A B S
C L A T A F H H L O T I B X P J N
E E D N L Q I C D I K A C S S T O
X P F E D W A M Q I Z L V K E A I
U N L M X E H R B K F P H J E U T
I Z J G J C S A I N S E R T M N A
Y V E A X T U C R E C O R D L T L
X N I R Y H P P E E X E R C I S E
I F W F P E U S G N I N R A W H R
P R A C T I C E Q T D O L M C A L
B U E C S N F C J C U E C J X Z C
```

Puzzle 899

```
J K R U V Y W Z M L S L B E U M V
U W H Q S V W N D Q U L K Z T A J
W Q Y W T D Y X O J R C O L D S Z
W S G X Q H T T T T P J W D L K P
N U M B E R R C R A R E E M H I A
C O M P A C T J A C I K Z C P Q P
C H I L D R E N N V S C O Y O T E
M F L Q X W L O S N E H U L Z P G
Z M J R R P D I P V D X F E G Y N
G A R D E N D T A W E R P V Q R A
X Z P W Q Q I C R H V R V O O I H
T Z H C W J M A E F A S B L H F C
P N U R E S T J N M U S H R O O M
F J J W L Q N W T A F Z N S X I Y
S R O D L J W X Y E P O M Z C W F
```

SURPRISED
TRANSPARENT
MUSHROOM
SAFE
LOVELY
PILL
WELL
ACTION
COMPACT
COLD
CHILDREN
GARDEN
VERB
NUMBER
MIDDLE
CAT
COYOTE
CHANGE
MASK
NOT

Puzzle 900

EVERYBODY
DIPLOMA
RHYME
MOTHER
LAUGH
PROCEDURE
WAKE
HIT
OPERATION
CALM
REALIZE
APOLOGY
NEWSPAPER
SELL
SUBSTANCE
TOWEL
SKY
ALMOST
VOLUME
THOUGHT

```
Y O G Q T R S E Z I L A E R G H N
O A B W S E Z M V Y H P K O V I P
Z P P D O D R Y Q E Q S A B L T P
H J E O M O B H X R R D W X A C E
R U D R L Z U R T U S Y K S U V E
I H U O A O I M O D K Y B U G O S
G X Q X P T G C W E Y D M O H U G
C A L M W B I Y E C E K W B D L A
J M L W L H L O L O H B Z W T Y E
C O V O L U M E N R D O E W H H B
X L O W L V O J J P B L T K G Y Q
I P N T E N E W S P A P E R U F H
K I M I S S U B S T A N C E O L H
B D Z H H S D H W I D M O T H E R
V E X D N W N B G Z O R A G T W P
```

Puzzle 901

```
G Y W V V G F H V M T E R E G U H
S M E H I D B Y J V N A P F O O B
E R Z S O O W B C C X Y Y F I H A
M A C K X M L L N O Q X L E C Z Y
O E T C L P S E Z S S E C C A Z L
S P A I C M W T N S T G N T N L T
K Q E U N H T A T C W W E A G V L
J A M Q Y G R R C Z E A L U E K M
J D Y N W L E I J Q Y F B L V G
G R D I F C P L O W O P Y K A H S
N A I L K P O O E P G E T U I G T
A E G A N J G T X A K S M V D K Y
Q F R K Z Q U R V X M P I C N G H
G S O J E B A N Y T H I N G U O G
S U C H B E W K S E M Z W U S Q E
```

EFFECT
WHOM
FEAR
TOLERATE
QUICK
ANYTHING
ACCESS
GET
SHAKY
EATING
PEA
SOME
EAT
HUGE
VIOLENCE
ELF
ANGEL
SUNDIAL
NAIL
ARMY

Puzzle 902

RUSH
SIMPLY
GENTLE
HOW
OFTEN
PULLED
ESSENTIAL
AGENT
ALRIGHT
INSIDE
MAD
JUMP
CHILD
FUNDAMENTAL
RESPONSE
STOOL
EGGS
MELT
ACCEPT
COMBINE

```
Y L C O M B I N E J W A J Z I R F
F S X R K M R H C L K A W A W K U
X Y E P X L F S H X S L O O T S N
U E S S E N T I A L C R H P B G D
L L D A M P U L L E D I O F R G A
F T J I O F T E N U Q G T P P E M
R N A E S N O P S E R H S U R N E
G E R C V N K B M A L T Y W U C N
X G M N C L I A Y U A G E N T P T
K B F R X E F I R D J A D I K Z A
H T R M Q B P H T L B D O U D L
U S W I Q V Z T S I M P L Y F P I
O U Q B J A I Q M H U U D U A U Y
R W I Y C C C B O C Y E M E L T U
R P A B D J X W L F J B U N C A J
```

Puzzle 903

```
C N L M M E L F Z V U Y T C Y C S
A O R E G N A D N E M M O C E R E
U I M O L A T E L Y E T O Q Q O C
T T C P C U P T B M Y C B B Z J R
O S E O E K H N L D R T Y Q Z I E
M E G G J T E S O M E W H E R E T
O U B W L S I T S E V E N H W U A
B Q N N Q I D T Z Y Q X H T S C R
I Z C X T S O U I O P C A A N R Y
L O T P V I S N A O O O I E U O I
E J Z P G R H N M T N U R R A O I
W O L Q Z C N B O L S R U B N F H
E R R O R B Y S Y D K S R U O H D
B I R T H D A Y C P J E D J W Q F
I V O Z S C I S S O R S I S E E E
```

SOMEWHERE
SCISSORS
LATELY
VERY
COURSE
QUESTION
DANGER
HAIR
COMPETITION
ERROR
RECOMMEND
LION
ROCKET
SECRETARY
CRISIS
SEVEN
AUTOMOBILE
BIRTHDAY
HOURS
BREATHE

Puzzle 904

RABBIT
SHY
PAINT
MUST
COUNT
TINY
ENJOY
ZEBRA
BUSINESS
STARS
DOLL
STRANGEST
FROST
PLUM
NECTAR
COLLEGE
BIRTH
KITE
PROBLEM
MAJORITY

```
B J D R H D D P S K Y K F R V H T
U Y F D D K O K A K O C I R I J I
S J J A M U L P R I J S E T O Y N
I V A G A W L W B H N K V N E S Y
N H R K F W M V E W E T N U G R T
E Z K C C X X I Z K D I A O E A S
S D Z D Z C F X J K U B L C L T E
S M U S T B X T B H C B S A L S G
M A J O R I T Y I W M A X O O M N
P R O B L E M N R T U R V S C D A
N E C T A R J R T L S G G W D S R
H Z Z C K C B Y H S X M J U U F T
I N R D P N Q F I K E G B C Z J S
R N L Y Z S X N U D K L V H M Y J
E J Y B C Q I N M Z P U W J Z B O
```

Puzzle 905

```
L Q U A N T I T Y P F J B P G S X
A K T T Y B X W I E K P O N H T Y
N J G Y M F I O H N L D A Z Y A G
D V Y U I L J K M C R G J O G N N
M H T R I L M E H I A A G Y X D T
S I I G W G X T V L G Z P I T A J
U H S U R F R U I T G D Z I W R Z
G C O D S R F B T A L K E D D D V
T R R O U X R I S I M P L E W L U
W A E A T B A R N B S N O L E M Y
Q D N O M E C T S U A M A B I M H
S W E E T S T S A S I U W T A A Q
K D G P C E U I R Y D J E X J B T
T E S P N N R D E V U M Z E E L R
B F U V O T E I A O F E H M W E D
```

STANDARD
BUS
WIGGLE
RAPIDLY
SAID
QUANTITY
PENCIL
SIMPLE
SENT
WOKE
FRUIT
LAND
AREA
GENEROSITY
FRACTURE
TALKED
DISTRIBUTE
SWEET
SHOOT
ABLE

Puzzle 906

SOCKS
HAND
ADOPT
INDEX
PRIVATE
COURT
LITTLE
DAY
ANGRY
GIRLS
CUSTOMER
MERRY
EVALUATE
ONLY
TAXI
THEMSELVES
TIRED
DROUGHT
TRAGIC
SONG

```
R K R B M M A D B L H T R U O C T
J E R E M O T S U C A R G O O W H
N D E T A U L A V E N A G Q C M E
Q E O A N X S C Y N D G W A F Z M
O P H V G H G D O R E I K C O M S
Z G M I R R Z N A L R C I F N L E
E T N R Y M P T X E I X A T L N L
M S O P J Z G Z Z P T T F W Y C V
E C O L C O D R P Q G K T Z Z W E
R R Z C O K V R U U R K Q L X N S
R W N D K Z Z M O S K I D F E C L
Y A B F W S X Y M U N F N S D R R
D A Y A D O P T Z S G P S O N G I
D U L E S M X F B N P H Q U I S G
O R S L W O I Q Y X S Y T C H I U
```

Puzzle 907

```
U M Q D C S Q L D X L A E W I W M
I L J F C S U W P I S O V E G M O
Y I S V O W M Y X G S C C W S O T
V L E Y N V E I X Z Z O E K Z O I
S V I V C W M O Q X G C C N E S V
C E R E L E T A K I N G A Y E E A
A C E D U I O U Z W U I P R U N T
U N T N S G R Q G B I G K R G Y I
T A S C I H R D M T O T T O Y S O
I T Y H O L A W E G D N I W H V N
O S M A N R C B O T X W P E N N B
U I M T A W R I T A X D H M W S Y
S D U P Q V I Z R A S P B E R R Y
I N C I D E N T S E H G I H O F H
B P T V S E O L E G Y C D K L E O
```

MYSTERIES
MOTIVATION
RUN
CARROT
WEIGH
RASPBERRY
COCOA
HIGHEST
SEEN
TAKING
SCENE
LOCK
BIG
MOOSE
CAUTIOUS
INCIDENT
DISTANCE
PACE
WORRY
CONCLUSION

Puzzle 908

HOST
SKATE
CHOICE
WHETHER
QUALIFY
THANK
CHARACTER
BIRD
DOWN
RUNNING
DETAIL
RUDE
EMPLOYEE
SIX
DELICIOUS
ANNUAL
SNIFF
MARRIAGE
ANCIENT
ALREADY

```
M W E T T X M Q J Y K D E O Q S D
T A H L B G N A X G N I N N U R O
D V R E T C A R A H C T Y S A I W
P U S R T N E I C N A A R N L V N
Q I K E I H A L R E A D Y I I Z D
Q H A A W A E U S N N C R F F P U
W Z T J L B G R K X A I Z F Y V O
X W E I G O M E W K T P U U G Q G
F P H L C H O I C E R U D E R G T
U X X I S A I J O X H Z U R L L Z
X J L A U N N A H Y Q V E B G F O
F L D T R L B I O V D Z H Y F Y Y
C U U E S U O I C I L E D C I U R
B I R D J O T H A N K V I I B K O
S Q V T D D H E M P L O Y E E T P
```

Puzzle 909

```
P K Q S G V K T T I S N H X C V P
P O W E N C E J T J S J G P X S R
A A T V Y U O B T G N I K O O L E
I C T A C Q N U K Y O D J H G S S
N L M E T C O M P L I C A T E D I
T L E L I O E V P L S H T H Q E D
S A P O E C A K E U S D S R D B E
J H C J P U Z T Q F U U C E I E N
D C A E O A J Z P Y C E R V Z P T
L A C O C O R N F O S X U I J M H
L E O N P Z N D M J I A B D L H T
T R E M E N D O U S D C P E H N B
R O E B V K S Y Q O P T T N A P Y
U M A M B I T I O N O E L C M M F
G R O A R C X R W K D P M E K K M
```

LEAVES
DISCUSSION
PAINTS
COMPLICATED
NEW
POTATO
SCRUB
HALL
LEOPARD
MORE
TRIP
EXACT
PRESIDENT
TREMENDOUS
EVIDENCE
EACH
CAKE
LOOKING
JOYFULLY
AMBITION

Puzzle 910

TEA
SEAL
NATION
FREEDOM
ADVENTUROUS
TERMS
WAVE
VARIOUS
PIZZA
MEASURE
SUPPER
THICK
FIGHT
YOUR
EYES
FLAG
COLLECT
POLECAT
ATTEND
ANYBODY

```
S J U O X O S U P P E R Z A H Z Q
I S A N Y B O D Y I M Z D D W F G
A Y K G N T N A T Y K H C V F H A
U J C K W V L U A M O D E E R F T
F Y B C A F I G H T J U I N E J T
O M V J V M T A H D G V R T J O E
S E A L E F X L R O C K N U N D N
E C X T A T M F Z S M E L R A J D
Y E O V K V U G W V P A B O T Y D
E A C L F U I G N K Z I Y U I V B
M V L C L X M B U C Y V Z S O L E
T E R M S E V A R I O U S Z N S V
C W H G P M C E B H Y P A R A G F
M E A S U R E T K T A C E L O P G
R M L J U Y A J E Z I Z G A I O X
```

Puzzle 911

```
Z L G D N W Q M Z W C D A T F E E
Q I L E S O L L S Q O T R U E X U
F G E P A M F C M G M L V C X H U
C Y C L I N G F F U F A L X H C E
I S T M E L B V M Y O Y O A Z O N
P U B O D N U O F L R F U Y Y H Y
J B C I S A I T Q Z T M U K O K O
S N M S M C N E L B A S O P S I D
D O J T P W C L N I B H C W S J U
N M F U L A L C D U L O F E E B Y
I A U R I L U I G Z E Q M A R E B
F N T E N L D T M L E D L T P T D
Y N X U E P I R Z D R P I H X T T
Q I C Z R T N A N I M O D E E E I
G C L W S E G F F Q C T M R M R V
```

BUSY
CINNAMON
DOMINANT
TULIP
COMFORTABLE
LINE
DISPOSABLE
MAP
INCLUDING
EXPRESS
CYCLING
FOUND
BETTER
NATURE
MOISTURE
ALLOW
WEATHER
ARTICLE
TRUE
WALL

Puzzle 912

ACHIEVE
CHEESE
PRODUCE
SWIMMING
EAGER
PARSLEY
WELCOME
BAD
MAY
EVACUATE
RISK
LIVES
CURIOUS
BOY
TOLD
BOARD
BOLD
COVERED
RULER
SHEET

```
C L R M G Q Y K O P B C W S I U A
H B J G Q W S I R H P O I R A H C
E T P R O D U C E M A Y A V H T H
E O H X J O C B O Y E L S R A P I
S L E A G E R O E C L K L E D R E
E D M F N Z R E V A V H G R I I V
Y A O L I W J S L E T U K W X S E
Z B C I M B O L D U R Y C S I K T
I P L V M U Z F X G R E V G K O A
C S E E I S H E E T Q P D M K T U
Q M W S W J W Y E Q U U G N L N C
B N R I S U O I R U C L B H A T A
C C Q Y E R C T H L P E M F Y L V
Q P J L D A I U X M P A H D L C E
T W K G G Z A Z S A Y B W I P H S
```

Puzzle 913

```
E Y B D O O G N E E L C O O M T D
M F S Q U A R E E R E T O O C S E
O F E V P B H A Y U E M M V G B S
P U V H J U R T E V H C P I Y T I
S L T F V B U R S T W O O T G P R
S F R S X Y F Y X W E N I B I Z E
C S X S T Z E L O J U N E W U E V
B A H E J A V W V I B E F J O O D
O X C C O L N I A R T C E K W R K
A M Q C I S E D S Q B T P K H E K
T Q L U U B C V I W R I P E W W C
D B B S W G H V P N O O V E U O U
P G T H E Y A E M J G N S P E P D
M I D Q E U I F A L T P M B F X O
N T J L T C N W P E V H A A L Y L
```

OUTSTANDING
BURST
LAZY
CONNECTION
SQUARE
CHAIN
DUCK
WHEEL
SUCCESS
SCOOTER
DESIRE
TRAIN
BOAT
EMPTIED
FLUFFY
KEEP
POWER
GOODBYE
WORK
THEY

Puzzle 914

CURLED
MANUFACTURE
LOOSE
GLANCE
ATTENTION
TAPE
FOREST
THROUGH
FOOTBALL
WHOSE
WEAPON
POLITE
COLLECTION
KNEE
TOWARD
SHOES
BRILLIANT
PLATE
TUBE
PLAY

```
E N Y D W P T F K D F H C Z P M M
T A E L H F O U S U B A U J L P I
O T Y C O E V L B B B C H Y A L P
W T K F S U I Z I E T L G K T W W
A E N D E L R U C T J B U R E F S
R N E H S H C L P H E F O R E S T
D T E L O X W O F M V X R P F F C
F I I E O F A T L S E E H S U O H
Y O F R L S R J E L Q R T U T O G
G N O P A E W T P Q E F J P V T L
E V B R I L L I A N T C V F T B A
Q M A N U F A C T U R E T A X A N
L F Y P D S H O E S H W N I D L C
Z Q N U E N Z O I M C K O V O L E
K C I A X Y C F P Q U F E S B N Q
```

Puzzle 915

```
P M F N X J M H I N G P G C L P O
U A A Y Z W E W U R R E D V F C G
S B R R Y B I F F G N R V R Y L F
E R E S R Y S U N W M S Y J X X I
T G D I N I A T R E C O B U N N Y
S A N N L I E T R N V N A U O H A
A N A N A B P D E C M A B H E U K
G J G E I H D R E W O L F N U S O
I Y S T B O U G H T Q L O C T V R
L I M I T L H E X U G Y A O X M H
O S R A C Q G D E Q R S C O P O O
B D J C S C O U A D C Z Z E S B C
D W T V Y O U N G P O V E R T Y K
Q Q C G H M N X C D Z J T Q W R E
K N O W N W Y E K Z X Q X Z R G Y
```

YOUNG
LIMIT
BABY
HOCKEY
OKAY
GANDER
PERSONALLY
SUNFLOWER
PARSNIP
CERTAIN
SET
MARRIED
POOL
BUNNY
SUN
BOUGHT
TENNIS
BANANA
KNOWN
POVERTY

Puzzle 916

INVADE
BRIDGE
REACTION
ENORMOUS
CONCENTRATE
SOMETHING
LIE
IDEA
MASTER
TURTLE
ASCEND
ADVICE
PURPOSE
READ
DISHES
CURRENTLY
DESIGN
AVERAGE
RELATION
ENTRANCE

```
G N W N R R C U R R E N T L Y A S
M P R I Z V E L T R U T A K P V O
P A J H Q P B L H V Y B D Q U E M
X A S O Z H R T A E D I V O U R E
I Y Z T F M I K W T O U I C W A T
Z X J Z E X D K E A I H C M N G H
R E A D O R G G L R P O E I L E I
T S N G I S E D Y T N D N Q J P N
R E A C T I O N E N T R A N C E G
L H S B B R P E I E V G S S A V
F S R O X O B C N C Q O D M B G T
R I O P P S L S V N J L E S H N W
I D H H G R I A A O B U U O K F X
E N O R M O U S D C W K L M B G C
J U H A A O C P E U I H V C Y E A
```

Puzzle 917

```
C X E A C P J F Z D N E P S G B P
O Y Q B Z Z M Q D R E L D N A H L
N O G A W P I G D Y D D S N W D E
T B F B R E A K F A S T I J G N A
R I N S T A N T M K M F Q C I M S
A E A D V A N T A G E E P H A R E
S P B P Q F M O E Q V G O C X T D
T O R M U D E C L A R E L A E R E
Q S E B U R B Z E G A M I X T V I
W I M F W C C O K N N N C P A Z L
N T E T I C U H D O Z L Y H G Y F
Z I M O R M F C A L Y G I J I V J
K V B P G S M E H S B V C V V Z A
P E E Q K T U U A R E P U B A S W
R J R Z X H B E S G P F U W N Y W
```

INSTANT
WAGON
REMEMBER
PLEASE
POSITIVE
REAL
POLICY
CONTRAST
DECLARE
BREAKFAST
HANDLE
NAVIGATE
DEDICATE
SPEND
ADVANTAGE
IMAGE
CUCUMBER
PURCHASE
LONG
TOP

Puzzle 918

PRACTICAL
VOLTS
SELLER
TALLEST
HOTEL
READING
WEDDING
SEEM
DAISY
DECIMAL
BEETLE
SHOWER
STRIP
MOUSE
SATISFIED
MEAN
DEVOTE
DEPRESS
DOG
GRASS

```
Z Q R G D F S G O D C D T R W D C
C V U P M S K M N E D U W I E E G
Y V Q L D Y N Y Z I D T M X Z P Z
I R L Q T M T B G R D E P W P R F
M E A N H V M W J U E A C P A E L
S E C H O C G T E M V P E I X S V
A V I A T V K M W O O M E R M S D
T W T S E L L A T U T L B T F A R
I Y C D L B O O S S E S E S L C L
S S A R G N I D D E W K E T S W O
F I R E W O H S V A P J T L Z I E
I A P L D L W P B E S T L O Y A S
E D F L X P G N E B S E E V F L W
D M S E K H Y W R V X U E D O G B
F H M S N J Z T L K E U H M I H W
```

Puzzle 919

```
R T G E U N G R P Z Q S K A Z K P
E E T C A T N O C M D M T M K M I
T J C I M O T A V K T N J K M J Y
R G D R I H T E M R N O O T Q D U
A W N P E C H W X A K E X X W R H
M X K R V A X B P P G F A B T Y P
S X Y P X Z T X E T A W H S M V O
S D X N Z F A I P M C N A H T O U
E U D W T W O S O O E N D N Q M N
B N Y D L P C P A N G R A N D X D
Z H A P P Y K O P O A P I N K L S
O Z R Z O Q A R Q S N L O Y E T D
V M E D I U M T T I A D A D I T E
W I Q P Y J N S Q O M O P O D D O
B A S I C I O X C P W Z W M C Z Y
```

SPORTS
ATOMIC
GRAND
MANAGE
TEXT
PINK
COAL
BASIC
POUNDS
THAN
THIRD
COAT
PRICE
RECREATIONAL
MEDIUM
POISON
CONTACT
EXPAND
HAPPY
SMARTER

Puzzle 920

TWENTY
PARTICLE
COMFORT
CONSTRUCT
EXCITED
ANNOY
GIRAFFE
BROUGHT
ENGINE
RELEASE
VOTE
STOVE
MOMENT
WON
MOVIE
HURRIED
UNCLE
MARRY
EDIBLE
ENOUGH

```
E A I V R G M R E L E A S E M D J
C N S Y K W P O O D G D Q V Q L G
R N F D Z C A A M C X A G K Z W V
K O U E V O T S R E I W G X C S B
F Y W I U N Q K M T N O H X O U I
J R C R X S Q E Q O I T S F M J F
J R V R T T H L D V Z C N A F D I
Y A G U H R J C D I X Y L K O B V
K M I H G U O N E Q B P I E R S J
Q Q M T U C N U T D S L E I T B O
M R J O O T V C I J I G E V W J Q
E F F A R I G L C L L R V O O V G
J O U X B R M R X J A H Q M N E F
T W E N T Y C I E N I G N E J L S
S G O G H G C I S F E B B S I M U
```

Puzzle 921

```
Y S C W O R M P G Q K X G Z F Y H
T R T I V I N L A T E G B L R M D
I E H R E Z K L F Y T I R O N I M
E G O X A Z V J T U H E A O I P O
Q I R C N W K X Y A G Z V H P V P
E O A O F B B S A F I R E C E M P
T N D U D E V E K V M Z H S D W O
F M I E G R K S R H O E H E E Q R
F X O B Y E A N E R Z Q C R P U T
H K V N S Y S Z B Y Y T W L Z I U
Z B B U I W B U F F A L O U U T N
B Q M K H P E H M P Z Y X F K B I
H U I N E P F D T K D M A E H M T
G N I E G W Y T E D I E H S A W Y
A Z Y F O Z U O U D L I U U K V I
```

HIS
SCHOOL
WORM
BRAVE
PIN
WAS
STRAWBERRY
MIGHT
SWEDE
BYE
OPPORTUNITY
RADIO
CLUB
REGION
TIE
USEFUL
LATE
QUIT
BUFFALO
MINORITY

Puzzle 922

WITHIN
CARIBOU
SCREAM
BACK
ORBIT
CUSTOM
HAMMER
AUTHORITY
HATE
COMING
SLEEPY
APPEARANCE
DADDY
PERIMETER
MERE
INTRODUCE
TASK
MILK
ACTIVITY
SERIES

```
I F C T R W M H M D R L Z F X A D
O F T A W C U O E Y Q Q X S I C J
H A T E R K U Z C Q X O D S N T F
F H A G N I M O C A M R J N T I V
S E R I E S B U F D B I F S R V E
N U B U A F M O T S U C L P O I P
C Y T I R O H T U A O S X K D T L
A P P E A R A N C E B R X P U Y S
Z E P L N O H R V M A U B O C D C
M E O D U D A N G E C J O I E D R
G L Y C D N M I S R K S A T T A E
Z S Q R X H M U X E P G U P R D A
W I T H I N E P E R I M E T E R M
O R B I T F R O G W L M C W J J F
Z N V C C U O B D W H S Q N O I X
```

Puzzle 923

```
D P J H N C F S H N F W M L L K F
N E C J E E I H E K T E A A O I V
E H N A W L G R R B X I T K N A A
T A G O S Q P P C O B G T E E E U
N P J V M D W F I U P H E E L H F
E V H M F I T K U L L T R S Y M Y
R E M A I N N Q T L D A M A J O R
R X E Z N L A A N F L R R H Y O H
U N T T Q O S H T A N Y U P E R K
C N S R L S A H Z O W B T A A D O
V V Y G S Y E U H R V C P R E X
I Y S F B B H N O H Z M R E S B Q
B K Z I L P P Z Q K U Q V R T L G
B L O O D B R T J S S S N E I S G
Q F M H U T C E F F H Z M N R V L
```

HELPFULLY
CURRENT
YEARS
PAPER
SYSTEM
BEDROOM
PHEASANT
MAJOR
HER
PHASE
LAKE
WEIGHT
LONELY
CIRCULAR
BLOOD
ITS
DENOMINATOR
REMAIN
TEND
MATTER

Puzzle 924

STARTED
IDENTIFY
FOX
TOOTH
FUND
BAT
AGREE
WINE
PORTABLE
COMMERCIAL
BLEND
HIMSELF
ECONOMY
NICE
POSTPONE
MUG
SQUID
TEETH
SIDES
SHOE

```
H T O O T N V E V B J A D K O R P
A I W L Y X Q R D R I P O E G B O
D Y M O N O C E W B A Z H M W C R
N I Z S V F G Q P B D F T A B Y T
S H O E E M I P Z W I N E C I N A
M M U P E L V O V G U M E B Z L B
Z R Y T R A F S S Y Q M T L Y D L
L B V X G I J T I I S C Y U B K E
N C H K A C P P D S D X C R K H L
D R U C C R J O E I N E X N R C C
C N K M B E C N S J U W N U L I Z
S A J Z A M Q E G C F R R T I K A
V H T P X M S T A R T E D X I V Z
E I C I K O B O A K R S J V J F B
Z J W W L C A L K F Z M G V Q G Y
```

Puzzle 925

```
Z M M H B F Z F E Y F P Z R N R J
N E V D H A C B G R I R P J B P S
C X J A F Z J T N N T O H W Y J K
W L R N F K K E U Y U F O W L N H
I R R E G U L A R R D E W L G Q M
G W X H P L E T O M N S M V B I N
M O J W E R H F T Y E S P G P O M
E E B D U D G M I G S O W S I O C
W B B L L V K Q N Q O R W X S O Q
C X O F I O R Q O V R E S T O P A
H E H S T N U I M P P L S U D U N
O E M P T Y L E R A R B U G E M D
O M A G N I F I C E N T U V Z Y P
S H L O U E F R G H A S T L S U J
E S D N A M E D A C B A L C P U O
```

STOP
DEMAND
TURN
WHO
CHOOSE
MAGNIFICENT
ELK
MOTEL
IRREGULAR
PROFESSOR
AND
MONITOR
FIT
WHEN
GOBLIN
RARELY
AUNT
GOES
SEND
EMPTY

Puzzle 926

CONVINCE
SINGLE
BEGIN
PROCEED
FLEXIBLE
CROSS
TOGETHER
FIND
ICICLES
ENVIRONMENTAL
PROGRESS
SEPARATE
MONSTER
SAD
CHICKEN
EVER
DRAWER
BANK
GETTING
SHAPE

```
X K K C N B T T N N D A I F B B Y
K L Z O R E W A R D E E C O R P R
T E S N U G P T A A H W I Q T P S
Z L G V O I G A O S Q Y M S H Y E
S Z H I K N A B H G B E H H K J P
D N M N L E Y F S S E R G O R P A
P K F C W K L W U O S T A W Y M R
V H S E L C I C I L Y O H G J U A
M T M G N I T T E G Y D R E O A T
F J L M Z H V Q B A O H W C R W E
C Y L H F C F V M C X E G C Q L L
E N V I R O N M E N T A L D L C H
S I N G L E L B I X E L F K Q K C
O M O N S T E R F I N D W C V T H
E V E R X R K N S O I F T X T O D
```

Puzzle 927

```
H Z Q B A V Y V S E T T L E R S V
E T R B A N O I P L U E X Q D F X
R M E C M L I A Z O C Y E U O M Y
S Q H C T A C M T H Y K P J M P F
E Y T I N J X O A M I L I T A R Y
L J O N E W Z I N L Z I Z N M O Z
F T M A S A V H M Y F E P E S R Z
Y P D H E S Q M U U F B I U N R A
F B N C R T U Q Z Y M D H Q O E K
E V A E P E R U S S E R P E W T N
M C R M E R Z S U U R Q K R M P I
L R G D R I B Y D A L U V F A D K
S H A Z U G E V A U R Z V Z N T L
S H O R T L N Y N C L G R J U M M
F I E H E Z M O N N I L U X U Z Z
```

GRANDMOTHER
PRESSURE
CATCH
ANIMAL
BALCONY
SHORT
SETTLERS
YET
FREQUENT
MECHANIC
TERROR
MAXIMUM
REPRESENT
SNOWMAN
CUT
HERSELF
WASTE
LADYBIRD
MILITARY
HOLE

Puzzle 928

SILKY
HEARD
RESPECT
IMAGINE
FIREFLY
INSPIRE
RELATE
HURRICANE
KITCHEN
LOCAL
BORN
STUDENT
BROWN
LUCK
INTERACT
EXPECTED
GIGANTIC
VOLE
PERHAPS
HELICOPTER

```
I B I X N T T S B J Y D U O D W M
R N Q N H E A R D E T C E P X E B
E W S A T B W C M L X C E W U N H
S O U P D E G N L O A X I E G O E
P R O P I Q R P Y V X V R E A K L
E B L Q E R E A D N W B O A L I I
C P X Y N R E O C P V W G C C T C
T Z E M I V H L M T G N N Z G C O
Y N R T G B D A S T U D E N T H P
L Z D Z A P Z I P I L O C A L E T
F T Y R M R Q C Z S B O R N C N E
E A K P I G I G A N T I C P B B R
R E L A T E G E I R B Q N A A E B
I F I E M M W T G M D L U C K R W
F T S H U R R I C A N E E U V D O
```

Puzzle 929

```
P T Y N X W X A E V G J Q E C T C
C O P O B J S I U K D I T I G O A
F C S U O I V B O D E L L A C U L
C T D T G R E E N C I E O R B G C
Q P N X M R O C K A U T D B O H U
A R V B G A C A T R R A I J R T L
F A C T O R N Z J R Q M Q O T N A
B A S E B A L L O Y Q I S C N O T
E C O N O M I C S M F T C M B M E
B M A B E O O O H W C S Q Y G Z C
R E M M U S B B J B U E W S S A Y
U I H T R U O F D I F F E R E N T
D L Y I V N M S P F P A R N U D S
N N A G N I V I L U I Q P A J K L
F U J M B D G W K D I A P E F Q U
```

FACTOR
GREEN
LIVING
CALCULATE
TOUGH
ESTIMATE
ECONOMIC
CARRY
BEHIND
ROCK
BASEBALL
CALLED
POSTMAN
AUDITION
BOIL
DIFFERENT
MONTH
SUMMER
OBVIOUS
FOURTH

Puzzle 930

UNDER
AGO
HORSE
CENTURY
SUMMARIZE
REACH
CURTAINS
INSPECT
BATCH
ARCTIC
EDGE
REFLECT
PRONUNCIATION
PRETTY
SIGNIFICANT
REIGN
CALL
MEMBER
STAGE
THOUSAND

```
R D E K X U J Q P T N S I Y C N L
B P Y H X E W D U R O S U F U X N
N V O K S Z F X D Q I K R T R A J
Q P Z J T I G A C N T Q I V T Q O
M E M B E R C A L L A N Y I A M R
C O L C C A I X E X I S R F I I N
K F G O X M T N N F C R U J N P A
Z W L X M M C T T E N R T O S R P
D R E D N U R S P F U P N G H E N
R O G A V S A L O Y N N E R L T C
H B A T C H T A A D O V C I C T P
O R T C E L F E R F R E K K E Y B
Q X S I N S P E C T P D R E A C H
H M R I H G Z N V X N G I E R M A
S I G N I F I C A N T E S R O H J
```

Puzzle 931

```
D D F W B X I T S A E L G I S D I
B I J N D M P R I H I T D A D E L
I U R M C W L A N O I T A N F C L
O H Z E E L H D N I N E N T R I U
L V C U C D B E M U C H L F S D S
O J R U H T L X Y O U D N T H E T
G T X C U P I F O R M A L L Y O R
Y D Y Y X W M O B S Q G N I H T A
S U I T A B L E N W H S A K U E T
R E Q U I R E C E Y R Z E A Q B E
Z H S E R R Z T X T T I F F P X M
H L U R A L U C I T R A P F I G S
G B G C M I D R S Z L U K O X E R
F S F U B Z X D T Z M L M R R V M
W R Y X S F C O F F E E L D C E I
```

BUILD
PARTICULAR
ILLUSTRATE
REQUIRE
LEAST
EXIST
STATE
AFFORD
DIRECTION
THING
SUITABLE
NATIONAL
COFFEE
NINE
DECIDE
FORMALLY
DAD
MUCH
BIOLOGY
TRADE

Puzzle 932

ORGANIZATION
THANKFULLY
DANGEROUSLY
TALKING
PIECE
LOSE
QUALITY
ROAD
LARGEST
HOPE
FOCUS
TANGLED
NOTICE
WHY
WONDER
FORMAT
ANYTIME
NOR
THROW
END

```
T T J D X D U Z K D W E Z W F W K
S A H T W X E C V H O P E O O H R
E M N A A Z X C X L R M P N C Y B
G R O G N L Z V R H H N I D U C C
R O R D L K K D G R T R E E S W H
A F G A Z E F I F D I K C R H T B
L N A N S M D U N K H T E V A G E
L X N G Q I N W L G E Y I C P C X
G Q I E G T E S O L N G O S U T U
M E Z R T Y C Z M D Y T I L A U Q
H D A O R N I A U H B X C G T F L
U N T U G A T V F U F W U X L X B
F O I S C G O M J Y T X W R U A C
V R O L V V N J N A T A C X N X O
S Z N Y X E P R J Y P E V K S I A
```

Puzzle 933

```
I D W C T A D I S A P P E A R A F
U N M O O H A Z Y G S H O T L L I
I K V P E L R P L E A S E D G E C
Y D Q I B O X E F N D F A E R R T
Z G E E T K S S A O I G N J F T I
A L O N G A I T Z T R H O W W Q O
R O Y A L H T L Q Z E F T H V F N
C P Z P X P I I X H V U H E W S R
Q U W H X B B V O X C W E D Q Q E
H P P W F P F A Y N I A R G A E T
X M Y J O I N F H O M E J E R L S
Q Z V R V M A F Z D Z K D H T X E
C K Y D S I Y E E Q A L R O S Q W
U R V D X Y G C R Q L V B G L B D
Q D P L C W I T O X T Z J G A S V
```

ALERT
HOME
AFFECT
CUP
FICTION
CRAZY
SHOT
FLY
JOIN
HEDGEHOG
WESTERN
RAINY
PLEASED
ZERO
DISAPPEAR
THREAT
ANOTHER
ALONG
INVITATION
ROYAL

Puzzle 934

TEAM
WATER
TWELVE
ELSE
PARTICULARLY
WILDCAT
PHONE
TECHNIQUE
PLASTIC
VISIT
THAT
PIANO
ENERGY
MATCH
SHOP
GONNA
PAIN
COUPLE
GREW
OWN

```
I U H P G D U P N A N J S E Y B G
A V T N L G U A N N O G F M H A G
Q M M W E A W I E M N T E W J L R
X U F M V W S N U T A C D L I W E
O U A S H O P T Q R I T I S I V W
F I G P L J M A I E P E C F C I A
F N H A E I Y H N C N L Z H Z C S
U C A N A K G T H Y R S O W N R G
J K D G M H R T C M G E L P U O C
Z Q G W A T E R E D X V N P S E V
R F H B E R N D T Q L L M O K V L
T H L Q T T E V C D U E X P H A S
A L L R E K V V P H L W K F S P H
N U U Y L R A L U C I T R A P I R
U G J V N E U Q A A U P G I Q S E
```

Puzzle 935

```
I H H R F I H J E L O H Y N B Y F
S N R R J P M D R I V E A X T N M
O U V Y J U D P A E C N E T N E S
M G N E H T D I R J I A M E G R S
E A C C S G I U F O D L H Q P I V
B G G I T T U N O F P P D O U P P
O E L L I H I A K L E E I T Q M O
D T Y O P G X G F M C R R X Z A R
Y V M P E I S L A R E N E G R V T
Q T F E A N H O F T Z U N N H T I
X R Q R Y K C O L C I O D J C J O
G E N T L E M A N A W O R C R E N
Q T D V L C A M E R A O N I C P M
T S H E I G H T H E R E F O R E M
C N Y V W S T O A T J X T F F J E
```

WILL
CROW
KNIGHT
SENTENCE
GENERAL
IMPROPER
VAMPIRE
PORTION
GENTLEMAN
CAMERA
CLOCK
DRIVE
SOMEBODY
POLICE
PLANE
STOAT
THEREFORE
NUT
INVESTIGATION
DIFFERENCE

Puzzle 936

ALOUD
RANDOM
TIED
NUTMEG
DURING
INTERCEPT
BIT
SURPRISE
MOUNTAINS
PROFESSIONAL
MAINTAIN
ROW
SPOON
EXPECT
CATEGORY
DURATION
MIND
PEAR
COMPLIMENTARY
EARN

```
D U O L A P W O P M Q V G S R H C
E U A N R A E P R U I M J U A K A
I G R H C O Q B O E E N D R N E T
T D V A C T W I F R S R D P D X E
I Y Y X T Q W T E E A A V R O P G
N Q L F N I V Z S C E E B I M E O
T W N L X O O Z S C V L V S S C R
E L W N I A T N I A M T U E N T Y
R V Z C H I C X O X S D U R I N G
C I I P P W X D N J P F A Y A T F
E G F U J Y V U A L O I P Y T W R
P J N S R U B E L Z O E D I N Y D
T E S B Q G E M T U N L X A U O P
C O M P L I M E N T A R Y U O I Y
K H C M Z T Q T F N P R N G M X O
```

Puzzle 937

```
A P S W E N O O M T N W C O U M X
A G E H N F O T F Z C S G X J I C
D W T D O U E N I M R E T E D T Y
Y B A A I U Y O A Z F I R A E L C
P Z B I T N L I A F A T V R F R S
V R E I A T P D N X B H Q Q O M M
B R D A R P P W U T Y E E N U C M
Y Z Z F E R A E G B Y R E V E D R
K I E V N M I N E B G B P W K J N
M E Y Z E D U L C N I T R M F C H
M E A F G B O R E D K T N O U R K
N U M E R O U S L K L J K U G H S
K B T M X I D L Y L V A G T Y N T
A Z V E F H Y K H S J M Y H Y C D
T R G I Q M P K E B O H Z Y M L L
```

BORED
FAIL
CLEAR
ONTO
MOON
DETERMINE
AGE
GENERATION
DEBATE
EITHER
NEWS
MOUTH
APPLY
NUMEROUS
THUMP
EVERY
SHOULD
MINE
CORRECT
INCLUDE

Puzzle 938

UNTIL
HUMAN
LAW
REMAINDER
ORANGE
DIFFICULT
MILE
SILENCE
ARREST
WALK
ALTHOUGH
LOSS
CLIMB
BORDER
PEAS
CONSIDER
BAY
HERD
PUSHED
STREET

```
U E X R Y Q S H K P V L R C Z R A
E N O R A N G E K A J H E O Z E G
T A T V B M I L C Q Q G M N S I E
L M M I K X M I V L S U A S D Q X
U U I L L C Z M E U A O I I D U U
T H Q Y A B O R D E R H N D A H Z
L A W L W G S T R E E T D E J H B
U Y J D E Y C A Y Z D L E R F H B
C T C P C Q T E E U Q A R V Q P N
I J V O N W F W Z P L T J W V Y I
F L D H E R D W G V W X M T W V L
F Q O F L H M A R R E S T S L K J
I V T S I C N B U G F V I K G T S
D K A X S K A T R B Q Z T L O Q S
Z B X L M C P B I P U S H E D E B
```

Puzzle 939

```
M A W C K D E X C F W F D W Q Y M
I R R O Q R X O S S A L P B R W K
N T Y L V A A A Q O Y E M B U U V G
U I D O P G M D X T I L I T T N G
T S J R T O I O Y M V I N L Y C H
E T D F E N N C Y D T S N Y I D H
S V S U A F A W I B Y A G K S E D
T F R L C L T D F W B K M W A J S
U F L E H Y I F Z N R D E D L D B
S V N Q S G O O N G W M A N U A L
T O V C T E N T E N S E T I Y B G
A B O R X R R E G N I F E W D X W
R F O R K M W P U J U V U E Q E I
A S G U V K I D D I N G Z R Q D U
W Y D S L B M L C Q U F J Q J T K
```

BUT
STAR
DRAGONFLY
REWIND
FAMILIES
KIDDING
FINGER
WAR
TEACH
MANUAL
LASSO
MINUTES
COLORFUL
ARTIST
DESK
FORK
DARK
TENSE
PRESERVE
EXAMINATION

Puzzle 940

HOMETOWN
FALL
SKIING
PONY
NEED
HILL
TENT
CUTE
HEN
SERVE
PRIZE
QUIET
COLOR
HAVING
FORGET
SEVERAL
FREEZE
FAULT
HAWK
FIREMAN

```
V H D V R N E L V F R V N C W F S
Q U Z K G W C V Y I O Y Q A O Y A
Y T E Q L W H W K R F I X V E H A
N A Z X D J G Z F E Z I R P I W C
O O K H T V P J H M Q S O H T N C
A A D N E A U H A A U F O R G E T
H O M E T O W N V N I F X C A T S
S P B T E X L L I H E O R M E E E
L E D U Z N L F N Y T H W E U N R
B D V C A E A O G N I I K S E T V
X I Z E T H F F J O A J W F L Z E
B I C V R R L K R P S Y A B X N E
D D U H U A D G M A A F H J P C G
K R W F H T L U A F T J X K Q K
J J L C O L O R B N A V V P K C G
```

Puzzle 941

```
V H A V E V W C G Z Z F C S F F O
O L P A L I I O I V O Z W I B S F
J B R R Q R S V R L C K P B Q H F
O U K F T T L E F D A N B T Z O I
T K O E I U E R X G N I K U B U C
M G M L Z A L M V P D R I I M L I
L E G X E L P M O C L L E C D D A
V K A E R B N J X N E Y Q D U E L
L O T D W J H H K H D M I W R K
U R J J O N E G A T I V E A P O F
O I O Q K W U A P M W X W R E G P
U Y E G K C D S B N H F W F C R P
T M Y E I F K A J C J R U A O J K
Y F P V N D Y M B W H A I F X Y Y
J U R Y R C X C L Y Z Y P O E W H
```

LOT
OFFICIAL
AFRAID
SHOULDER
CANDLE
OFF
FELT
MET
POWDER
COMPLEX
NEGATIVE
COVER
CRY
VIRTUAL
MEADOW
CELL
JURY
KING
BREAK
HAVE

Puzzle 942

LEND
MANY
SAUSAGES
KIDS
FLOOR
IMPACT
EVERYONE
ABSOLUTE
FINISH
WOOD
AROUND
PHOTOGRAPH
STYLE
POURED
KANGAROO
PLENTY
SUGGEST
WINTER
LEADER
MOCK

```
E O K C Z B I Z W T I I M Q B D S
V C Q T P W G H I J M V N F Q F A
E K D O O R A G N A K O O T T L U
R X P M E S J D T Q G K C E N O S
Y R R V R Z T W E U W Z J K A O A
O V A F L P O Y R H S I N I F R G
N T L R E D A E L X D V E P P P E
E A O Z N W B S P E I M A N Y N S
D I M C D O S T L R K M D R O Q N
I R T J W O O D E R U O P U L Y U
O X V M I D L J N C C G Q A K X C
J W B O T H U O T M X E U J C M M
V G T G C B T X Y Y F N Z T J T P
A R O U N D E S U G G E S T B L Y
P H O T O G R A P H G Q G I X I H
```

Puzzle 943

```
X K E K Q B O O C W X X S U N C D
B M R K I I S L N O W J K I K O E
C E O Z J M M N B I F A I O T M N
H B N S K C M V P N S B N B I P T
O R I H L N N M W Q A I Q T K U I
R E H S I L B A T S E L B O N T S
E F O Z O P O R T R A I T D N E T
K O T L H N L E U L A V T H D R C
R R T R E X E N V P I R O B H J N
A M E S E U U N G I S S A R T S I
C N R Q B M A I Y Z P L O N R K T
W I K Y Z K I D D G H I T F O Q X
Q Y F D W Y G N O X H M N L W K E
N H W H T Q G Y D H X K B H Q O K
U T L L J A U M P S Q G W Z A X L
```

ASSIGN
HOTTER
WANT
EXERT
ART
COMPUTER
DENTIST
ROB
REMINDS
EXTINCT
PORTRAIT
ESTABLISH
VALUE
SKI
DINNER
BISON
CHORE
WORTH
REFORM
NOBLE

Puzzle 944

SCORE
COACH
FIREPLACE
EXACTLY
CEASE
SOUTH
SNAIL
GRANDFATHER
SELECT
SPENT
SCARCE
REPAIR
BOOKCASE
COOL
LADDER
PICKED
CHAPTER
INCREASE
WARDROBE
BLOUSE

```
A Q F G B K Z Z T O L O Y D Y K I
J C H Y G R A N D F A T H E R Z Q
E D U L S C O R E K Z R Z P H N Q
S O U T H N I U G W I A O U E B S
U I K C L R U T F Q Y Z G J N L I
O V B A T A K M R B U A Q I R N N
L A I X N N U P L I L A D D E R C
B T N E P S L A C O A C H N Z E R
F I R E P L A C E S V P C W R N E
S C L T K M Z V T U C P E R N J A
V E S A C K O O B J C A F R E H S
K M L I A N S C E A S E R L U C E
Z V O E B O R D R A W N T C V O J
E D O N C N P I C K E D X Y E D N
J S C T A T C H A P T E R Z T X Q
```

Puzzle 945

```
N B R E F U E J S W E J M B C L G
V Q E X M P P L R V T R E A T D F
Y C I R C L E D R Y H S N E G I D
P R H U J P K U E S G K D I E D P
H A B I T N A N O I N I P O P A Y
M C T O Y G B R E Z I E T T N K E
I O G A L I N A X E K M W O D E R
C L O T H A G B P E A U F H N E T
V H B E Y M U E V B V N U A S S
B C M E U M F B R N M M E A T L O
B W E M G A L Q T E D U A S S P E
J V R X Y C H W C K Y Y A E P M Q
M E O S S T A I R S G B T Q R T I
Q B Q I P S A U F J W K F O N D I
K C Q C W O T U D A O C L N P E Y
```

HABIT
OPINION
BARN
LAMB
TEN
PAY
RED
DREAM
BAKING
MEAT
TREAT
WHALE
CLOTH
STAIRS
MEET
EXPERT
STAND
CAMPAIGN
SIZE
CIRCLE

Puzzle 946

ABOUT
CAREFUL
PETS
TEDDY
NEAR
FEELING
CLIPS
MODERN
HOE
MUSIC
PROPERTY
VALENTINE
HISTORY
DENSE
TOWN
THEORY
INVOLVE
SKIRT
PUBLICATION
WITHDRAW

```
H Z R T N G X Y P P B R B G H T D
H T G L H I V K U H R B I D Q X P
Z O E Q W U J C J X M O V O Y W P
T W H M M I G X B S P Y P D R L P
W N M U O L N X Y D D E T E U I R
V M S S D X I V R Q K S Z U R E W
O A V I E N L H O L Y N R W I T B
F P L C R A E N E L F E A I Z A Y
B Y L E N E E O H U V D B T M Q R
Y Z S N N W F L T F C E O H D S O
C W Y G O T T K I E L E U D E D T
Y U D W O T I M M R I P T R S W S
R Z U I N Y O N C A P E A A L Z I
S K I R T U Z F E C S T E W G I H
P U B L I C A T I O N S Q G P S T
```

Puzzle 947

```
C H P N T N C M Y F L Q D F A Y R
H U L A U Q E R I C H E S T B M U
A S L Q I M E A S U R E M E N T B
I O O Q U N Y Y B T Q A T Y F W B
R V C D Z C T O V E W A C E U D E
V M P O O H E I T H E R E T D H R
B U A O N E I I N V U E J A I I P
F S W T Z E C P B G S V B C S V H
H R G S U R O I D A S E U I J Y E
D A E R B F S X Q S I W S N R M T
T B Y E A U F V T R W O Y U S O H
Z T E D K L V Z F G Y H B M V O E
G V G N M U L T I P L Y Z M H S N
V D W U P D V W R V T U H O B L J
O F I J Q O Z R J T Q R E C V F Z
```

CHAIR
SUBJECT
RICHEST
PAINTING
FREE
THERE
HOWEVER
MEASUREMENT
CHEERFUL
EQUAL
SOCIETY
MULTIPLY
ACTIVE
UNDERSTOOD
COMMUNICATE
ISSUE
EYE
THEN
RUBBER
BREAD

Puzzle 948

HOUR
AHEAD
TRANSFER
PERIOD
LIZARD
RECOVERY
GUST
REVIEW
BLOCKS
MYSTERY
SMELL
OUTCOME
ENEMY
SPREAD
MARKER
ANT
SITE
TELEPHONE
LIKED
AFTERNOON

```
A V T K N U D A E R P S B A Q T R
K C V D G E H N O C C E L F N E T
V F V I T K H T S U G G O T R L L
C B Y O T S M O A I B N C E E E W
A L H I Z Y M T U R T G K R C P J
H L Q A E P W D X R B E S N O H U
T R A N S F E R E K R A M O V O J
J F H A X O I A H E A D M O E N M
U O A P H Y V Z M N I O E N R E S
O U T C O M E I Y O W I V K Y K M
G R P E S E R L S U M R X S I N E
X C Z S M N Q G T Z I E C K A L L
G W S I R E E C E S Q P S C R N L
S T A P G K Q T R Y X L A W V X B
O O T Z G K T M Y J C I V A X E A
```

Puzzle 949

```
K S D D D V E T A C I L P U D L N
Z O U A E I Y P H Q D G L B S F E
N V O R C S S E J U Q A Z D T P I
U B G X A T T A Q W S M A W A N T
P N P O E R N R P Y M E E Y R D H
Y S A P P A C J U P R J H S T W E
A S C E R W E N O C O D F Z U C R
O E P O N O I T A U T I S Q Z F Z
I N D I V I D U A L C I N Z Q L S
R R E V O C S I D A O D O T V F T
A E P F B E O K J E D E N E V R
N D K K W S K E Z M V H F E E D O
E L X A M F U R T H E R I L J D N
C I S A N D W I C H H S V F P Z G
S W J M H Z M J O V P Q E Z T D F
```

SANDWICH
DOCTOR
FIVE
START
WILDERNESS
GAME
STRONG
THUS
INDIVIDUAL
FURTHER
DESTRUCTION
DUPLICATE
SITUATION
DRY
DISCOVER
PEACE
SCENARIO
MEAL
DISAPPOINTED
NEITHER

Puzzle 950

KID
TENTH
REGULATION
LEAK
SHARE
VOLUNTARY
DUCKLING
FRONT
SILVER
NOW
BOX
EDIT
FORMER
GROUP
MAYBE
KNOCK
CRASH
IRON
EVEN
MIX

```
D J O K Z O Y Q A Q E I K N L C Q
P S I I C I B Z H N W E O S E R K
N M P R N O I T A L U G E R A A X
M A Y B E S H A R E V A M E K S G
I U Q G V J N Z Y D G K C V T H N
T G B J E G W C J K X P C L R S T
Q U O F B A H S V P T O Y I A H I
F H T Z V K W L T P D H K S Z K T
R R F G V E N M V X T C X R N L
O O G O U N I D K J C N O R I P G
N B H J R S W J T I D E N O W M R
T O T I U M Q Y A X D T K Z D I O
Y X H T M V E D U C K L I N G M U
K B L J V Q Y R A T N U L O V R P
G H A P H D J X D K V U D A H T M
```

Puzzle 951

```
T R E A T Y S L L Y V F R H L I Z
F A M I L Y P B K H I N C H E S J
Z X U R I R O C L X L P G T R G P
M Q E P O Y N D M M C Z L L R N Z
O B H P S E G F L Z A C D A I I W
W N O U N H E R C R C Q R E U H O
F R Z V R F S B C S B Y Y H Q T R
O E I U G Z M V C P U V T G S E S
U W H T I N S T I T U T I O N P T
N O J O E N H P A R G X Y V L J W
T L K R Z P C S E T R E A S U R E
A I I R I G A M A C L E N B F W D
I U W A Z B E H U I K Y T R K Q J
N O F P U F P M O Y L V A W M U G
O I H C Q F J M J C C W K C B M F
```

FAMILY
SPONGE
INSTITUTION
TREASURE
WORST
PEACH
SOIL
PARROT
GRAPH
THINGS
FOUNTAIN
SQUIRREL
SAIL
INCHES
WRITE
TREATY
LOWER
PECK
NOUN
HEALTH

Puzzle 952

DESERT
UPON
HUNGRY
SIMILAR
APPOINT
PROCESS
SMILE
CIVIL
CORN
FUNNY
BOXING
TRY
GONE
UMBRELLA
RESIST
ACCORDING
CUPBOARD
PROGRAM
GLASS
ATTRACTIVE

```
F Y Q E I U Z I G J E Q V P H W U
U Q W D F H M U B R U P O N R O C
N Q Z Z A W R B B U T P B Z A X G
N C I V I L E D R A O B P U C V S
Y N B N K T S G D E L I M S O B T
D H T O Z A I C E M L K N W Y H R
O I A I X K S H S J X L F O H U Y
W X K A L I T S E T J I A L B N Y
V T C C U Q N C R A L I M I S G P
A P P O I N T G T R L D A Y R R R
G N I D R O C C A M R F R D D Y O
K L A T T R A C T I V E G I J M C
V K A G O N E W O Z Q U O Q E O E
M N K S E P H F P H D X R V S Y S
S O U N S Q G X D S M A P I F N S
```

Puzzle 953

```
U J N W S H Q H U D P G W A H P U
W I N A V R U B Y D U O L C L O X
Y T M T O P A E T E P L B J R S Q
E Y Z C T H A Q M J V D W Y Y I W
U I C H Q X Y T I T Q I G K Y T S
E V O I B W Y Q Y Y R Q E E Q I U
A C I N O I S S E F N O C C T O F
C D N G G E I H X D N A D K N N F
A V J R D P J X O S O V C E D O I
M D O U P L G A Z F E D A U R F C
E M E D S T N E I R T U N K U I I
L I H A K T S I T N E I C S G E E
R Q Y O L P M E D E F E R B G M N
B A D G E R A S S E S S M E N T T
I P U C M B H Q C P S W R C N U Z
```

DRUG
WIN
WATCHING
DEAL
ASSESSMENT
BADGER
CONCEIVE
SCIENTIST
COIN
POSITION
GOLD
CAMEL
CONFESSION
DEFER
EMPLOY
NUTRIENTS
SUFFICIENT
CLOUDY
ADJUST
TEAPOT

Puzzle 954

BASKETBALL
DESCRIBE
OFFEND
BUY
DISH
VARIABLE
QUOTATION
WINDOW
LILAC
RAINFALL
GLAD
PICTURE
SEEK
FORTY
TECHNOLOGY
QUICKLY
ANALYSIS
STATION
CHARGE
RECENTLY

```
D N L G L V O D L N V U V S R E G
M G D M J M N O I T A T S I E X A
C C H A R G E O L A L R F S P E R
D Z N W Q W I H A D W Z O Y I T K
J Y X P X W U U C V F B R L C W C
T E C H N O L O G Y A X T A T A F
M J R L J W L L J V H R Y N U Z B
H X Y B F D G M A P C Y I A R C N
Q D L U R X M C C F L Y P A E R V
X L T Y L K C I U Q N L Q W B Y P
W I N D O W B H Y V M I W Z X L Q
Q I E A O F F E N D Y H A K V A E
H S C L Z D E S C R I B E R Y H T
W A E G Q U O T A T I O N D I S H
L Q R B A S K E T B A L L B H S U
```

Puzzle 955

```
E P F E C C L L M Q F R P Q V Y S
I C D L X A O C A M E K A M S D U
Z M H E K F L D L C F V D O N E C
S P J C Y X Z C Y D I U L F M F C
I I S T E F W E U N Z S Z V E L E
I J T R P A R V I L U W U I A K S
J Z A I H S W I B I A E R M R G S
S K L C V H O T M L X T F D Q B F
O B I R D S K N O J F P O I W I U
L P R E P A R E T H P S I R Z N L
V H H T S U F T H B R O K E N D V
E G C I C X M T A U Q D J D F E K
X X R R A E K A J Y Q U R O F E B
O Y J W R G B A G C D A B P R D D
G D A Q F S C C I R C U L A T E F
```

ELECTRIC
BAG
SCARF
SUCCESSFUL
SOLVE
BIRDS
SON
CAME
MUSICAL
ATTENTIVE
PREPARE
MOTH
BROKEN
CALCULATOR
MAKE
WRITER
DONE
INDEED
FLUID
CIRCULATE

Puzzle 956

THEIRS
EXTREMELY
MAGAZINE
EXPERIENCE
SHAMPOO
PICK
UNIT
REVERSE
COMPANY
CARE
OBSERVE
LEAVE
RESTAURANT
SEARCH
DIRTY
ANYONE
COOKER
NAME
ROLE
BRIGHT

```
E T P S F H Y Q R Z H C R A E S Y
I X Q E X N N S N E X F O L L C Z
Z P P M A G A Z I N E W M O D J K
S M X E S H A M P O O X P F K Z Q
R E E T R C A R E Y V P J Z C E Q
I E P E E I O K J N D K S I I L R
E N V S F S E B E A N Q O W P O S
H G I E I O T N A R U A T S E R C
T J T L R P W C C S A J Z S B I P
Y A I N F S H O R E G K L C R P I
Y V N A M E E M C L E A V E I Y J
O B S E R V E P U N I T W V G A I
A J Y C L V S A W D I R T Y H T J
W Y S N N F A N A Q H R X Q T W H
Y W X K Q V M Y L E M E R T X E P
```

Puzzle 957

```
G M G S W V G V V O R N L N S T O
H D O X T G P H Y S I C A L A O F
K O R S Q I Y D T W G E S O Y F F
F F F F T E L F R J K Z H S S F I
Q M H S N V V L T H O U G H K E C
G W E R E I D L O S O O S T H R E
L R L V M H M Z P C C C E S O L C
H I M H E T O O H I C H A Y D Q O
U C I F V H Y M A I N S T N Z M Y
T M T V O B N I D N J E Z I P E R
K J N D M X T G L D S R Q A W P C
Q C O N D U C T Z O N F O T U P I
W N O U P H W Q H L G T I S V Y K
J D O H O I F D X Q F C Z U V O T
R E A C H E D U R N V Z I S I M K
```

SEAT
TOO
SOLDIER
SUSTAIN
CONDUCT
WITH
PHYSICAL
SAYS
FROG
REACHED
FRESH
COOK
OFFICE
MOVEMENT
THOUGH
OFFER
STILL
PER
CLOSE
MOST

Puzzle 958

TABLE
DIRECTOR
IDENTITY
INVOLVED
BEAUTIFUL
IDENTICAL
USUAL
HAS
FAMILIAR
TAKE
PROMISE
FIELD
AGAINST
FOLD
CRITICISM
INTERVIEW
WHERE
SLIP
SHEEP
DEER

```
X B C P U P E H Z I I R K W D H K
Z H K O E N N L A D D R P H I A Z
I D P V T A B L E E E O C E R S L
P U Z D L E I F K N N D E R E N D
I N T E R V I E W T T B F E C H T
L P Q V H A A S B I I J Z V T L S
S C B L W B I D C C T L H G O B N
T L E O F U Q L E A Y N X U R L I
A V A V D X K O I L E D H S X V A
S Q U N H G U F P M K Z D U A P G
S X T I Z V X M J P A A V A A D A
N U I Q J D S O R T T F U L E Q O
P T F D E E R C R I T I C I S M N
R P U V M D Y E N A P R O M I S E
A F L L A N G C U P C M Q K M H P
```

Puzzle 959

```
C L P C H N N L V Q A D Y K G O M
O A U E T U B I R T N O C D R O J
C G N K W Y W A Y N M N C E H T L
O Z O A O L Q U R F T N A M A B Q
F J S T R H L Q E V A C V O L E O
V U A S G Y E S V D Y C S C L Y L
Z Q E I N S R H O O F O B R W O Z
P S S M W P P T C Z Z Q I A A N T
M I N U T E A I S U B I A T Y D V
A U D I S R J A I U K P M I L G Z
L Q P F U L P W D F D Q K C W F P
V E W Y D D D R A K E N B J L E V
K K V K G L O W Q I H C I F A R M
D S A Z S O G I M D J L X X T X M
N M M I K X O M T V K Q E N E C K
```

DRAKE
NECK
QUAIL
HALLWAY
BEYOND
CONTRIBUTE
LAMP
INDUSTRY
CANARY
GLOW
WAIT
DEMOCRATIC
FARM
GROWTH
HOOF
DISCOVERY
CAVE
MINUTE
MISTAKE
SEASON

Puzzle 960

PULL
LOOKED
RESEARCH
RICH
PARTY
ADD
SWEETS
ACTUALLY
MYSELF
FLYING
WET
LIFE
BRIEF
EARTH
PARTICIPATE
FUTURE
ALL
HEART
DRINK
MAIL

```
I X W F P X R O E P S A G M L P R
H D V O A L Y I V A U P W Y O A E
I Q X G R I I X C J R X F S O R S
S I C C T E W F T H A T R E K T E
F J G A I S T E E W S G H L E Y A
L I A M C K N I R D E K N F D H R
Y A Y V I T X R U F N V S A L L C
I C W F P C P B T K R N I O L R H
N T J A A R E E U K U X P P U T I
G U R X T C P H F N D A D D P L S
R A W Q E G W Q H E A R T L G R S
S L R N A N Q U Q J C H Y G Z O O
E L M V J Z E D Y R D B X I T J Q
X Y W B Q D W P Y N X U I K T Q Q
S H L Y L H T N O P J J O W I P T
```

Puzzle 961

```
L P J C K C R Y E S A U U G K Z M
J L B N I O M B T E I R G I O Z S
N T E N W M A A U I W E S T G F M
G R S E A P S V K L E T N L N I A
T D T J K L K S V P Y T U I I V K
S J K W A E A H V P B U G C H Z I
L P C N B T T R T U Q B S N T S N
R A E D Z E I E I S H E L L O L G
F O H L G L N W M V V P G I N B Y
O Y C V L Y G A E V V Z R D I J O
R B Q E U J F P T S N U E U S U U
W S F D P Z J N I X C Z Y A H D M
A J S H D M E N V I R O N M E N T
R I H T W Q G W P N D D D G A D U
D A T J F S L I D E N I G S K E H
```

COMPLETELY
ENVIRONMENT
SLIDE
NOTHING
SHINE
GREY
SHREW
LET
FORWARD
WEST
SKATING
SPELL
BUTTER
MAKING
SHELL
SUPPLIES
GUN
DEAR
CHECK
TIME

Puzzle 962

GLOSSY
GLOBE
HAIL
CRAYONS
OIL
FORCE
SNOWDROPS
WATCHED
TRAVEL
FOREIGN
INDEPENDENCE
SELDOM
CONDITION
LEGAL
THOSE
DOWNSTAIRS
DECISION
NEAT
BRUSH
LEMONADE

```
N I R D K U B F D V B L Y M Q X B
T E F R O X P K W M C H S O Q F R
H B A S C W R Q V X E A I O L X U
O O G T O S N W T F A I N F A X S
S L L M N E K S A F O R E I G N H
E G O R D L Q N T T F O R C E O S
J O S E I D Z O E A C R R G L I N
K R S G T O L Y A K I H E K I S O
P A Y H I M Q A P R T R E E A I W
K J N Z O W J R G D Y O S D H C D
J C M W N T N C L E M O N A D E R
T R A V E L O I L I B D G M U D O
I N D E P E N D E N C E Z X I U P
H M C B A S V A P V D R K A L D S
M M B C Y T H U H O N N R P J Q Q
```

Puzzle 963

```
N I A U W I U H M W J V O A R E A
Y N I A G Y T U D I T D S C T I R
P T L U D A B W E G J U Q R O U R
N E A J B W W V O L R O U O G B T
V R I O A H I M P R O V E S A R J
X N R F T G W N J H B N Q S R A F
P A E H C I P R E C I O U S T N F
Q L T L S H S E Q U E N C E I C C
M U A A K T Q R W M E S W C C H P
X M M P Y R A L U B A C O V L V B
A M G B P O A X W C D B A I E E T
J F B W S P U P I Z V X J M S L W
A B A L U P K O S S W E A T E R I
Y U E E C U T T E L F E L B X X C
X M P W D S Z J R A T F S P A D E
```

PRECIOUS
ADULT
INTERNAL
VOCABULARY
MATERIAL
SEQUENCE
BRANCH
SPARKLE
OUR
SUPPORT
TWICE
CHEAP
ACROSS
LETTUCE
DUTY
ARTICLES
IMPROVE
HIGHWAY
SWEATER
WISE

Puzzle 964

SPEECH
LIBRARY
SIGN
ALWAYS
SPELLING
GRAPES
DANCE
VERDICT
ESCAPE
MUMMY
ACCOMPANY
AGAIN
BECAUSE
SPRING
WEAK
ONION
HARE
MADE
ASSEMBLY
WRINKLE

```
A C C O M P A N Y J B A Y H Z T W
A F W Y H Q K B H K F K Y C Q D E
S W Q E V X H D G X H A R E P H A
S M C F Z U B R S E Q S A E F Y K
E U Y I C Y A I V R N V R P U H T
M M E F D R W M H G R F B S K L G
B M F T N N F O N I O N I Z K Q R
L Y F N U G N I R P S A L W A Y S
Y E L K N I R W J C X B X T H K R
B E C A U S E A E D A M A W L P M
T T C I D R E V P A F X R H D R M
T D C N E H V J A E G R B Z S J I
T P F I A X X A C T S A G I H Y S
G F S Z Y D J C S W I U I Z T M M
S P E L L I N G E B A Y X N T F E
```

Puzzle 965

```
M E I P O I N T S B S X O A P C D
W J V M R B J R Z Q N P U H L H I
M X U E P F I E O D X A W P A J R
N R E C N O C N H C A B I N N J E
L D C B Q T R T P E M B Z T T Y C
J J U E Y R Q T X T C O Y V S J T
J K D C W O R D A Y S A E A U H I
U Z N N L O D S L N E E B D Z N O
S W V M J F U D E H T V S X X O N
H T T N H X F H R U R G E S A I S
E R S I T K A E L R M E N T A L E
L I K W G T N E M T I M M O C L T
F C K N X P C S C J Z D Q A H I G
C K X O G R Q I D W W O C P V M R
A F U Y W B N J V X E E C X R D O
```

SHELF
EASY
HURT
RENT
CONCERN
SIT
GLASSES
COMMITMENT
POINT
PLANTS
TRICK
RELAX
EVENT
IMPORTANT
CABIN
WORD
DIRECTIONS
BEEN
MILLION
MENTAL

Puzzle 966

CENTIPEDE
BEAN
ITEM
SITTING
LEGS
PLACE
INVISIBLE
NOISE
RIDING
PUT
COULD
CONGRATULATE
WERE
RETURN
SINK
GROUND
DRAGON
THEME
MISS
TOOTHBRUSH

```
S B N B B A M G W X X H J L Y H I
I E S I O N C R K E M E H T J H T
T A H J C M B O G C R R B U E P Q
T N R U T E R U J A C E F P T K T
I O Y J K T T N E L B I S I V N I
N G X V L I D D E P N Y H Y X I C
G A N O Z V W L Y M V J L V K S E
Y R H I H H S U R B H T O O T S N
G D Y H D G E O O L J T A Q J I T
X V F Y N I H C J C E G A R N M I
G G G Y P Y R O I Z O G D X F G P
C O N G R A T U L A T E S S C K E
N V Y F M B Q P L X N A V B G O D
K A A X P U U L H K J S I T G O E
H S T E S I T E Q J E A B H D M W
```

Puzzle 967

```
A S G L B T Y W J H M M Y Y N Z V
N V T N E N O P P O Y N U V I B P
S F N U Y R A S S O L G W X W R P
H L E C P B S T I F E N E B Z Y Z
T A W M C I M A Q S P T H G J A M
I H M M O M D M A T J N F X K L A
B Z N B P X K P M R E T H G U A D
W F O A U K W T O A U J W A E F O
T A E P E R T I N T S D E G R E E
I P J W L A G N G E R D E B P R E
M R U A P M H E L G U A I N D Z W
I I X K D M L L R Y P T F G Q J J
D S Z J Q C R F N Z L V U F E B T
A O H L X V M A G S V Y F J Z S B
L N A E C O M A I N W Z H V U R T
```

DEGREE
GLOSSARY
HALF
DIGEST
PURSUE
DAUGHTER
HAMBURGER
MARK
BENEFIT
STAMP
AMONG
OCEAN
OPPONENT
REPEAT
STRATEGY
TIMID
PRISON
WENT
STUPID
MAIN

Puzzle 968

FAVORABLE
PLAN
YEAR
DRESS
SIR
LISTEN
COMPLETE
ANCESTOR
WRONG
SOCK
RESPONSIBILITY
ESPECIALLY
STEEL
MONEY
USUALLY
CENTRAL
KIWI
GIVE
SAY
INFORMATION

```
T X F L Q B E Q B K J M R H J A Z
T H A A W U L G J I I Z S S M X F
Z T V R N B A H A W W R O N G C G
J W O T K C O S E I F B Q A I H M
I S R N Y Y E N O M D B A J T X B
L X A E Y J S S S V J R L T Q H B
Z X B C M Y A P T G F S E V I G C
H Y L L A U S U R O L G E S D F O
G Y E L I S T E N S R S T S S H M
I N F O R M A T I O N I S J Y R P
I L N M M F G H S Z K R I V L P L
D A T S M S I D F N C O N P L L E
A Y A S A A F E M Y E A R N D A T
T Z M A Z Y L L A I C E P S E N E
R E S P O N S I B I L I T Y L V V
```

Puzzle 969

```
L R P V Q R S J G P K C R E N S M
A I Y K J A T I B Y V X E O E T A
M H K Y U I E B G N I G N I S U C
E T A E E S X N Z H B P T J E D H
R A Y Y L E F A S T T T R F H Y I
I F R F B Y W M B G E M A K T R N
C R D C Z Q H E G A L J P P C R E
A G N T U Q P C Q G O K M D E E C
N Y U D P J P I A V I S P W J B S
P E A C E F U L F R V H T J E E Q
B O L Q R G S O B F T U A Y R S O
Q O V M U P G P C J M C T J Q O L
O K N X T A B U M X G A E W W O K
B S T R A N G E H S W P P B G G C
A A G Q M S T A T E M E N T P Y H
```

THESE
RAISE
SIGHT
REJECT
SINGING
MACHINE
VIOLET
LIKELY
POLICEMAN
STRANGE
GOOSEBERRY
HUGGED
PARTNER
SAFELY
STATEMENT
LAUNDRY
STUDY
MATURE
AMERICAN
PEACEFUL

Puzzle 970

MOM
VOID
TOAD
POPULAR
ASK
ASSIST
FORGIVE
LEVEL
AVOID
ICE
MOSQUITO
TREATMENT
ASSURE
HEY
ACCUSE
LEARN
PREDICT
EVERYWHERE
LUNAR
REST

```
P T S E R T C A S O S G F O K G N
B O O J M N K S A T I J O W G J E
E G P A X E A S X Y Q F R D D M P
J F P U D M J U W V T G G F N U S
J X R G L T X R S D X L I C M W C
L E V E L A F E I C E U V S Q U Q
J T C I D E R P G C A N E L A G E
A Y M O M R M A N C Y A R M E Q Z
S G J H K T A V O I D R A P M W J
S M E V H E Y E F Y Q A C C U S E
I W G S O T I U Q S O M S Y X L B
S Y G C J I E V E R Y W H E R E A
T O F Q A B D Q O G B W C K Z E X
S T H V O M B K T M S C V H J E X
L E A R N G M H E V E D O J K V K
```

Puzzle 971

```
F B T H B I D G J A Y K C R N A U
L E E B R E G N I G C R M M R J B
A F B G N L L J Z J E N O M E N A
T O E C U B J T O Z N W V A W U R
H R A F F U T S C Z T A I E V X E
O E T E L O W I S H E D Q R W K L
G X F Z F D Y A G X R I T C E O Q
K K G V T J N O D R A P N P M D V
L X R I X I N U R J H D Q T V R W
R A E Q O Q J O O E U K E T T L E
H O N O R A B L Y S N U F V D B Y
R L C D T A I Y Z Z T G N E M T R
L E W R M K X W O F I C J N O S N
U N D E R S T A N D N K P L M F R
R X V I C E R I T D G E B K C T Q
```

CREAM
HUNTING
HONORABLY
GINGER
SOUND
KETTLE
BEE
UNDERSTAND
DOUBLE
PARDON
CENTER
BEFORE
WISH
BELT
DAWN
BEAT
TAX
ANEMONE
FLAT
STUFF

Puzzle 972

TITLE
CREATE
PARENTS
STARE
STEP
EXPLORE
FLIPPER
DEFINE
EFFORT
TRUNK
LENGTH
LAWYER
BELL
ANY
TOOK
PUBLIC
INCLINE
NECESSARY
CHICK
SERVICE

```
I P J I I O Z J F Y W I J V N Q P
P V G E P H D K M A U Z H I E Q P
U M K F E A Z Q B A G D K N C C A
B T Z B T F R E Y W A L A C E M E
L W T K S N E E L T I T N L S Q C
I K E C O X D J N H O R Y I S I H
C J U I T O S O R T I O S N A U Q
I S V H C H T J K G S F L E R U H
U K W C L B A I E N I F E D Y T D
P M D W X L R O C E R E P P I L F
C R E A T E E R O L P X E T U Q Y
G M O D M C D B E M U Z C R V N S
P S E R V I C E H N X N S U K U N
T G Q T L D T H R K E Y F N D I I
S W V Z D M R Q E H H P X K C G V
```

Puzzle 973

```
Q F C C U J I O U F Y R E C E N T
B P J A N Q X H I N A M H F O C T
C U S R E T S A S I D V A R G U E
K D K E R B S Q W H D W O L L I W
T B O L C F V G T J I S J R X U D
D T O E K D Y C D I S O Q U I D R
A E D S O J O Q W U Q D P O F T M
C A N S X E Z S V A T M Z L B I E
O R E R O H S G D Q O S U O D V G
R B P C U N Y Z O G W F S C L Y I
N T E R O B M E T H O D O C M Z F
S Y D J I R J U M P E D I Y C Q T
C J I G X C N T E L E S C O P E E
Z M I O Z Z P E E L S F L L Z U A
A B H R R A D Y R A T N E M M O C
```

FAVORITE
CORNER
SLEEP
ARGUE
WILLOW
TELESCOPE
METHOD
FIX
COLOUR
JUMPED
DISASTER
TEAR
GIFT
CARELESS
ACORNS
DEPEND
BURNED
SHORE
RECENT
COMMENTARY

Puzzle 974

WORN
CONSTANT
DETECT
RECOGNIZE
SUNSET
NARROW
SAT
BITE
STOCKING
TWO
BLUEBELL
SINCE
SLED
THERMAL
GEOGRAPHY
LACK
AGGRESSIVE
RICE
WATCH
ABBREVIATION

```
G V V N B I B Q E S D K V C S H N
N R O W N M B H U B E P N F Q H A
I F I W R P P F K E T C O Y E Q R
K Z A S T E S N U S E C I M J O R
C D Z K A B G N Y R C O T R C A O
O I Z W S Z B O P E T N A E L G W
T Y L F S W Z J B C P S I N A G Z
S H L R L B I T E O D T V N C R Q
N P E L E J U K M G M A E F K E G
G A B R D Y V T N N H N R F O S F
W R E Q M A U U S I V T B M Z S N
O G U M K A K C I Z Z H B O W I Q
C O L O P C L K N E Y Z A X E V Q
O E B H H L L G C X Q S Q N H E L
Y G Y W A T C H E S V V W V M Y K
```

Puzzle 975

```
P W B K J M X P A C L V R W O C G
G U B L G K A R E K R O W D I A S
W O O L O E J E U P H L Y L J R U
R U I Z J C X S N I M A T I V D P
B A R K V H K E Z O A T I O F Y P
E L G G N I C N E F E I L U P M O
S W N N G K N T A S F P I I F C S
U C B A O U A J I W E S B I L U E
M G F H C Y W Y F D Z O A D O P D
L W K S A M O U N T J H U Y R R M
I T M I F C W P R O D U C T I O N
K Q R D F U X H J K S U E I Y T J
E K A A C R N M S J Q P Y N S E E
R Z A R A A C F I E T K C V E E D
Q F L Z X I C T J N P K Y I P F Y
```

SEE
AMOUNT
WOOL
LIKE
PRODUCTION
FENCING
RADISH
CAP
POT
CARD
DITCH
PRESENT
WORKER
HOSPITAL
HANG
SUPPOSED
BARK
ABILITY
VITAMINS
BLOCK

Puzzle 976

FEDERAL
TRAM
TONIGHT
WIFE
COMMITTEE
TRIANGLE
TAKEN
WORRIED
FURIOUS
CAN
COUNTRY
POINTLESS
PROUD
PAST
BALL
OPTION
SAND
FEMALE
EARLY
HEAD

```
P V O R X J G P C C R P I F K Y M
W H H U I B Z A G U L U Z E A N T
S U V U P S Q G Y F O Y C D C Y R
U K P J W S I B Y Z C Q O E V N I
W E L A M E F N K C X L M R P C A
O Y V N S L L A B P I V M A T Q N
O C J B F T H G I N O T I L R J G
F P A Z A N E K A T F W T W A L L
U O T N M I D A E H X O T C M N E
R Q E I C O U N T R Y R E S A N D
I Z H E O P O T D V V R E I C I A
O J W A P N R W H Z F I W H Q A K
U L O R V H P O R J Z E I R A A H
S Q N L I P R V N T D D F B Z Q J
G O H Y M S U W Q U O T E X V G D
```

Puzzle 977

```
M A N N I V E R S A R Y G Q K A N
F W A V D Z U P U T U S E P M L K
E V C S J M I O Y P C I W L P C B
L H V B P N M L G H L X S C B H M
B C J D Q I B E N G C L N A N E G
A H X N G O D V I G E R R N W C B
H Z E Z X K H E V L R N O T E B M
G N T F G J I D R E T A T I M I Z
U Q U T S E U Q E R B V D U O L C
A B N J I G A N S K O M O U W P U
L A I R T D P M B A W O B C A D O
E S C T B C Y T O U L E H Z E L V
E K S B S B A C C O U N T P R T D
F E C U D E R L M Y S B O T T L E
P T I M B U S M R T H I N K I N G
```

REQUEST
IMITATE
REDUCE
SUBMIT
NOTE
BOWL
OBSERVING
ANNIVERSARY
THINKING
ACCOUNT
LAUGHABLE
CLOUD
FEEL
GRADUAL
TIDY
BOTTLE
TRIAL
DEVELOP
BASKET
SPIDER

Puzzle 978

CONTENT
TRUTH
RAINBOW
SECTION
TELEVISION
HERS
SCARECROW
FIERCE
PRIMARY
CAREER
THERMOMETER
CLEARLY
POLITICS
OLD
CINEMA
AUTHOR
CONDOR
CAULIFLOWER
TYPICAL
HABITAT

```
C F O Z D X H K T C R S X R D A H
T A P R U Y E X Y L P C G J F X U
E G U Z T B R T B E R A B M N R C
L E Y L N Y S G G A I R O H T U A
E I Z G I X P Q G R M E E R D N M
V P W N R F W I Q L A C H E A R E
I F W X J Z L N C Y R R Q V R F N
S T Q I F L S O G A Y O R Q O A I
I A Q H D I G I W N L W O V D N C
O T T R U T H T N E T N O C N E F
N I O V R B U C E H R I J J O Z Z
Q B B K Q J Y E F I E R C E C B W
R A I N B O W S P O L I T I C S P
T H E R M O M E T E R V A O L D F
J E S K R H B V V K H J Z H L H L
```

Puzzle 979

```
S T I W J Y H E M N G N D X G C O
C E U L G L G G W T W I E H L Y A
H R Z P D N I W I O X D M Z K T V
E R T B M I H K J Y C S H B X W J
D I W W R A T T A C K L S V X H N
U B I F O T C S I S E D E K O R B
L L L Q T R O U D H J V K V W X P
E E D D S E F B E E C A D N E N G
U E M K X C F S M A Q A X G O R C
Q R E A D Y I T D V P S T A V Z T
R P S C S O C I Y E C U R K O O L
X W S W I L E T B N S U D I I C H
X C H F H G R U M E N T I O N N E
P H B K V V Y O T S M Y L U V F I S
K U U D R I B E V K P I V A L I R
```

HEAVEN
WIND
LOOK
CLEVER
WILD
MEDIA
SCHEDULE
MENTION
CAMP
TERRIBLE
CATKIN
CERTAINLY
OFFICER
BROKE
READY
SUBSTITUTE
GLUE
HIGH
ATTACK
STORM

Puzzle 980

ROTTEN
COWBOY
JERKED
PREFER
SOFT
RAVEN
DISMISS
COUPE
RELIABLE
EAGLE
CHILLY
FENCE
BUYING
IMPRESS
AIRPLANE
EXAMINE
FORTUNATE
BEER
CABBAGE
KNIFE

```
E G R E M Q G F W U B W I Q S Z M
A I R P L A N E F I N K V R O K U
R R K Y O B W O C R M M F L F E S
W O X Q P B X K L N E V A R T K S
M T U Z R D X M A C E L E A G L E
A T D D E K R E J A T F I U U B R
A E B W F M G Q F B A E T A T E P
S N G Z E A M B J B N E H F B S M
E S N L R X F E N A U X S W N L I
C H I L L Y M E I G T A R K J S E
K K Y M D V B R E E R M U G F H P
R S U Q S Z D K C S O I U K Q I U
E V B N E I P T E X F N N I K L O
P Q J N G A D X X G Q E O U C W C
K B F Y Q Y C B G H H W P B C I U
```

Puzzle 981

```
G E G M N M G T S M I H I L B N W
H O O M Q I R W T S E D O M O M O
O O P M F R O B I N S R E J T C M
S P R E V E N T O N A B O L T M A
T S A V K G M D B W S L I U O L N
A X U P A R E N T L I V P Z M O E
W Y R B E G A P U D S D R R X Y Z
F C L A S S R O O M E A T H O A I
P I J J U U T G X C H C S H D L T
G E G F A P O S N S T S E T W F I
N E X U C C O N F L I C T M H L C
T U N G R E O M Y L G D O O T X S
S N W F O E C N O Z E E I O R K V
E X H Z L I H Q A Z Q C P G H O E
E D I U L J Q C W T Q I Y P X C C
```

ONCE
PARENT
WIDTH
MODEST
WOMAN
VAST
PREVENT
BOTTOM
ROBINS
CONFLICT
CLASSROOM
FIGURE
TEST
PLANT
THESIS
CAUSE
LOYAL
PAGE
GHOST
CITIZEN

Puzzle 982

RACE
SAME
WITHOUT
KNOWLEDGE
ADMINISTRATION
GROW
HIDE
HEDGE
ROOM
EVERYTHING
PRETTIER
ARRANGE
SILLY
SIGNAL
PASS
MEDICAL
BATH
POOR
DANGEROUS
HOLIDAY

```
S Z X A C W K Q D I V O R U U G V
P I K U M W N G D A L D A N G Y K
R G L V Y M O O R V N E C B A T H
E I I L F D W Y P C X G E J T P V
T D F C Y G L A N G I S E H Y O T
T F T M P D E D V A G K S R M O R
I C R E P V D I J Z J L L A O R A
E S U D S P G L N N I H Y L P U Z
R R M I M Q E O H I D E F G W B S
M I Z C G N I H T Y R E V E I S D
K U R A G R O W S A M E D A T T G
S U V L X B K B A Q I S Y M H A R
A D M I N I S T R A T I O N O L F
A R R A N G E D F E T I Z D U B Z
R H U V J H E D G E H O S S T E V
```

Puzzle 983

```
D S L H R Z R G W Q X N T R L L J
M I X W N V B P T H H S F H A T U
L A S W V K O D I S P L A C E G S
G V L E U L B M N I S E I N G U T
A V B E A H T O F F I C S N A Y L
Y N L D P S U N R Z D X X B S B I
Z S I E O L E K R R E E N U S L K
T C C M C E K E Q X P I S I E O T
T I W N A P F Y U J O Q V L M W B
D E K R X L P R O T E C T D V J T
B N E J U I S L P K G N V I F A L
Z C M A N F D P M L O J R N H C X
P E S Z S M N O M M O C N G U O V
G O J Y N C T N E M T R O S S A Z
U N W T K V Q D D E O K K U K K W
```

SIDE
MALE
ASSORTMENT
BLOW
COMMON
DISPLACE
BLUE
MAN
PROTECT
DISEASE
GUY
SCIENCE
EXCEL
MONKEY
MESSAGE
POND
ANIMALS
FISH
BUILDING
JUST

Puzzle 984

RELIGIOUS
DISSIMILAR
SMALL
TRYING
STAFF
TREES
DANGLE
SPINACH
SIMPLIFY
MUDDY
PERMISSION
ORDINARY
BOOK
WANTED
REALLY
CAGE
TEACHER
PARAGRAPH
DEPRIVE
POST

```
S R E H C A E T S O P F S C R M Y
D I E P X U Q R A L I M I S S I D
E E M L P E R E S P I N A C H U P
T M P P I T X E O R D I N A R Y E
N U L R L G C S Z W G I Z A R B R
A D T B I I I D A N G L E V X E M
W D J P B V F O J D A S M A L L I
R Y P J B P E Y U I X P A L M L S
F E B I S R U L W S S B Z K E O S
C X M F T O Q L K Q X T N P V Q I
A C L R A H P A R G A R A P Q H O
P Q S C F B Y E G N K Y S E E M N
N K K J F L U R B O O K C A G E B
V I K N S V D V P Q I U X Z M E J
E Q T R Y I N G J X F Y B I K I D
```

Puzzle 985

```
C I V Z L Y I H K W X M D P Y M A
E C Y N E X U L G G N I N R O M C
V J Y V T O B J E C T L A W A Y A
B K C G T N C J J L S L M C E J D
E I W N E O E Z A R H T A O H F E
S G G U R C V D N I K C N T Q E M
T Q T R I H S N I E Q U A T J T I
P W M S L A I C L S Y D G O F E C
M T N E T E S F O C E O E N W G K
E N X C E Y T P C D V R M A T X Q
T P F S B Z E K C N V P E K N X C
T M D O T M R Y O P O I N J C Q T
A G O X X H F B R O E H T N D H B
C G P A V X Q U B P H B J V R X K
F O I R R I T A B L Y S G M P Z U
```

IRRITABLY
FEW
RESIDENT
COTTON
SISTER
MORNING
KIND
ACADEMIC
BEST
ATTEMPT
MILL
PRODUCT
BROCCOLI
MANAGEMENT
SHIRT
AWAY
SHOOK
LETTER
OBJECT
NURSE

Puzzle 986

SNOW
APPEAR
CRIED
ATHLETICS
OUTDOORS
ADMIT
DESTROY
FOOT
EMERGE
IRIS
CONFUSE
RESPONSIBLE
SOMETIMES
REVEAL
LUNCH
OPENER
INTERNATIONAL
CAREFULLY
VAN
WHEAT

```
L I L N E A R H D I F N F B K N R
U T A E X T E B I Y O R T S E D E
N B J Q S H S G M N O V L I G E V
C M G G A L P D C A T Q A R O I E
H N Y Q E E O A K V D M N I M R A
E W O N S T N F E Q O M O M V C L
M M H K B I S W M A P N I Z B Q F
B J E E B C I R C P E H T T F X I
W E M R A S B F G P N X A H Q X E
N B V I G T L K A E E V N E E Q O
R N W S P E E U Z A R T R K F A G
C A R E F U L L Y R I P E R Z F U
C O N F U S E Z F W C W T D E F A
O U T D O O R S R R G C N A H T F
S O M E T I M E S R Q M I R C H X
```

Puzzle 987

```
E M O U N T A I N Z O O T A B A N
H X J F W E U K P J P E K J W H A
F E P P J P S O U P P L M C K L Q
H C O E Q H W O O T H E E V Y B S
C C C R D W D A A I A P N I A F P
L S L Y E I Y Y F O R H T C G X S
S T O O D V T Y E C T A W T S U D
N V C Z B E M I N S H N N I Y F H
O E R E A S O N O K T T P M Y B N
O L V K R L W C U N R E C A H L E
L B J E G S W T K E O F R F B Z B
L M D Y R K I X A Z P R F D J R Y
A U Q H O K R I Z S S H I W A B W
B H A I X H E F L W F J L T A Y O
T H I R T Y J O N M F U L E D O M
```

BALLOON
ZOO
STOOD
MOUNTAIN
SPORT
ELEPHANT
NEVER
MODEL
FILL
DUST
FOR
SOUP
EXPEDITION
HUMBLE
VICTIM
YESTERDAY
THIRTY
MEN
WIRE
REASON

Puzzle 988

ELECTION
LYNX
ROUND
FRIENDS
INVITE
ANSWER
BORROW
FISHING
PUPIL
FEAT
SHIP
EDUCATION
LOCATE
SKELETON
KNOW
PATH
BADGE
RESOURCE
PROHIBIT
TRANSPORT

```
O E S E W T A E F J M G T R U Y N
Q J F C F A Y N I N V I T E A T C
G D U R T H I O S P I H S T P P Q
R T T U O Y U T D W R W I D S U K
N C G O O L S E N T E O X S C P T
F M G S R L T L E R G R H V H I A
I Y C E B Y E E I A D R T I N L D
S B C R F N U K R N A O A B B L L
H X X F O X P S F S B B P F A I Z
I P I A J U P Q W P E K B Z T Q T
N T K A Q G N Z N O I T A C U D E
G L O C A T E D Z R E L G Y W K H
R W O B C N V H K T P B S O W N H
X S D U H U R N X O J F B U E O C
E L E C T I O N C M I Z Z P J W Z
```

Puzzle 989

```
L O R T E P K I T T E N S G B P A
N A E L C C G I N W Q B S N O I J
D T Y P T I B I H X E K U D A G U
O A N H N E T S P M N G G D O K G
C D Q R E P R O P E R B A R K S E
C H T U M F E A T U R E R E N N T
U S U L E A F P P X Y O S F O O O
P U D R E Q Y N K E X B H E T W O
Y E J J R M R I N L O P E R A B T
E Z P Z G Y J M Q J X V O X P A H
S J P C A Q Y D B F N C H H P L P
C L E D B I Y J V N Q P B T U L A
A F P M U T H S L U P M Y Z M M S
S B X O Y S S N P Q I O C L B X T
J H F H M U N V U S S J L W Z K E
```

PETROL
FEATURE
AGREEMENT
CLEAN
EXHIBIT
HURRY
KNOT
TOOTHPASTE
OCCUPY
DATA
REFER
SNAKE
LEAF
SUGAR
LAY
KITTEN
SNOWBALL
PROPER
PIG
SHE

Puzzle 990

WEEK
LIVE
RETAIN
INVESTMENT
GROWL
SUBCOMPACT
PERFORM
SORRY
STONE
HAT
WALKING
IGNORE
PUNISH
CAR
JOB
INCH
BEHAVE
SOURCE
FLOAT
STORE

```
F H S I N U P Z R A C K N Q F S J
U A O N W E E K E S T O N E D U X
R T R V B J N Z T N J T X H X B Q
I R R E R O T S A H T T O B D C R
F X Y S H F J F I M M H E Q E O I
S M F T E L R G N I K L A W P M G
L H P M L O Q D A X H W D U W P Q
H Q M E V A H E B R T O C I N A B
B P G N R T C O H X V R M C B C E
I Q V T S O U R C E L G B T H T D
E P E E K T N O N B C I A N K P G
S K G A E N O G I D B V V A S S H
Q U K Y M Y E Y I W X E N E O N Z
U Y R M X P F P A O T P B N J D R
P E R F O R M B G K H Q P Y Q C U
```

Puzzle 991

```
A Q A X M F O Z F N P S X A C V Q
T E M H G N I T S E R E T N I W Z
D F W G A T R R P L E N T I F U L
A V Z E B I F I S W H I C H B X F
G F I R M N A R G T H G U A T E L
U X Z B U T P F E H D N H U E V O
E R Y B J E R Z T E T O E W P E W
S P U W K R O L A Q S A L E R N E
S N U A G E N O M E L I P E A I R
O G F S Q S O P I V Z F A K C N X
R S K G E T I P L F L H V E W G A
F K B C T Q K I C W K E B N N R W
H B B K F J U H Q Y B M E D G H V
B N E J N B U R N U F O I N M Q W
O H A D S E A K W Q N G O M Z Q P
```

CLIMATE
CARPET
WEEKEND
SEA
APRON
HELP
INTERESTING
TAUGHT
RIGHT
FIRM
FIRST
PLENTIFUL
WHICH
HIPPO
FREESIA
FLOWER
LEMON
EVENING
INTEREST
GUESS

Puzzle 992

CONVERSATION
GOOD
MUSEUM
SHADE
CHOCOLATE
LOUDER
VISION
VILLAGE
PAINFULLY
REPORT
CURTAIN
FURNITURE
ABOVE
GUILTY
SOFA
CLARIFY
PENNY
FINALLY
REMIND
NEGOTIATE

```
B B J V Y Z L I E M U N G S O P M
Z P V E W T V A P X E F D H F N U
N O I T A S R E V N O C E A Q G S
F D L R E D U O L H G F G D Q U E
R M L O F N E T A I T O G E N I U
V Q A P I E F Q F I N A L L Y L M
S N G E E Z J G O O D A J L L T V
D O E R U T I N R U F B O B L Y I
L L F C Q T A V F U A O W O U N S
J Y I A L J S L Z M J V N I F N I
F Z P Z Z A N S O O U E G U N E O
Z T F U V Z R X Q C A S V T I P N
C U R T A I N I T U O H I D A H K
R E M I N D W B F Q F H V M P W Q
T I N F F P T K E Y C P C W Z O S
```

Puzzle 993

```
S Y O O L U F K P T W P B S S I M
B H P B O N Q V D B C A J K W W A
V Q O C C M H C K U Q N I A L H K
V A Y U K P O N X K F N O H S E I
W O C Y L F E R I F W I N E U E N
M O I D R D X J T N N G R E A D G
U O T D N R E G Y N O Y D F P K N
R W A B D L L R V S T N E R A P I
A X R Z M Q G D N R I N T E P Y H
L N C A L Y G K E E C U C I N Y C
M O O N G L I I N S E B E Z Z G T
E G M Z I S W H H U V Q P S T G A
S L E T Q Z B Z P O R D X F N O W
B H D W A R W Y U R S T E D V X T
H J D F M H Q S J T S F Y Q C E Q
```

MURAL
TROUSERS
WIGGLE
LOCK
BUNNY
READ
WINE
EXPECTED
FIREFLY
NOTICE
MOON
WAR
SHOULDER
WATCHING
DEMOCRATIC
MAKING
MISS
VOID
TRUNK
PARENTS

Puzzle 994

SMOKE
FUN
UNSTABLE
SEARCHING
WARNING
RUSH
COUNT
RABBIT
DROUGHT
ATTEND
BOLD
PARTICLE
SEND
BROWN
MINUTES
THINGS
CONCEIVE
YEAR
FIX
CONFLICT

```
B P D J S E N D K P U P C T X S M
A T T E N D J W S W Y M U P N E M
V F L T B T Z P O F F A D Y K T G
W P A R T I C L E R A Q R T F U N
Y E C H N B L K J G B C O C B N I
W I C X M B F X Z G J R U I G I H
R U S H P A I C O U N T G L N M C
Q E K X S R Y C M S F A H F I X R
H R H Z C O N C E I V E T N N B A
L W E R A D S G N I H T G O R D E
H O S M W U H M G P U R J C A B S
U N S T A B L E O N B R H A W O E
D B Q V X Y X U M K M O Y I N X G
P D F P Q X Y T S X E Q L Q A Y F
Y E A R X R L Y D B R S V D O Z Z
```

Puzzle 995

```
P Q L R Q Y V F D Q V G G G M M J
F P Y P A T I E N T N O G V A E H
N K G R T D J E H P Q H Z F S C N
T Q B X E G N I H T E M O S K H X
O C O I W V W D P X C S A S R A O
S P I D E R O J H D A L U W U N M
B V B E Z H T C B V L Y L D Q I J
S G E Y C K E Q S N M B H W D C Y
P S N Q X K M Y T I L A E R T E F
E E G C E R O F E B D L L E G S N
L N I H N D H W K W O C R L R B G
L A E F C T C U R T S N O C D H F
I G R A D U A L A X B G G Y Z Z T
N O O H O O F E M G G A O C O C Q
G D F L R T H O X T X K Z N U Z K
```

SUDDEN
THREE
CYCLE
PATIENT
REALITY
MARKET
MASK
COCOA
SOMETHING
CONSTRUCT
MECHANIC
HOMETOWN
DISCOVERY
HOOF
FOREIGN
SPELLING
LEGS
BEFORE
SPIDER
GRADUAL

Puzzle 996

PRESS
RECORD
ALRIGHT
FIGHT
PARSNIP
ANNOY
TWENTY
SCREAM
HIMSELF
WHO
TURN
PROCEED
LOSE
INTERCEPT
MODERN
SOIL
LOOKED
FLIPPER
TITLE
HANG

```
I M F L E S M I H F I J P M C T A
J N N L U G J A L Q R J H S T I N
T I Y E I S O I L C W B Y J X T P
V B M U H P X I T M A E R C S L R
J O E N B I P G L O S L L V B E E
D P T R P N A E D D H Q H A E H S
O D X K H S O Q R E I A U A N Y S
J E J F G R R T O R J L N R U T Q
C I U G I A U D C N F G G G A N A
T F H P A P K E E E W E E V C E L
B A P G O N I E R K U Y O Q S W R
R M V C E Z N C U L K C N Z T T I
E X U D E K O O L O W V C V O F G
Q N A H E A U R Y S H L V M H M H
I N T E R C E P T E O F I G H T T
```

Puzzle 997

```
A L B I M P S B I S S E R P M I W
S N B U W H W O Y R Y O N T O L H
U O T M K G R T K E S J H N A L E
B I W I B D O T U M T J Y H D U R
J T X M Q V R L U I E N E C S S E
E A T A D U R E I N M C V Z W T V
C L I C E O E S H D Z S X W N R R
T U M L W P T N K W K O Z N C A Q
K G D E D H A E N D Y I C E O T K
L E R I M X E T R U L E J X N E L
P R R M S Q C T S O C I E T Y F J
W Q P J P E N I B M O C T I L R K
S R K S P J A M K G H F Z F X R Q
Q O F V N R H S R V E H H T S P V
B Z A B F S C N E V W G G F I Z J
```

CHANCE
BOTTLES
MITTENS
RULE
ANTIQUE
COMBINE
SCENE
SYSTEM
TERROR
ILLUSTRATE
ONTO
HERD
SOCIETY
SUBJECT
REGULATION
WHERE
ICE
IMPRESS
DISEASE
REMIND

Puzzle 998

YARD
GRAPE
SUNGLASSES
ARE
COPPER
TINY
TULIP
SAD
REWIND
GAME
CIVIL
DEFER
INVISIBLE
INCLINE
KNOWLEDGE
MAN
EXPEDITION
SPORT
SKELETON
PUPIL

```
I V P G I T X L M A N C C A I X R
A D E N N V Z J E Z H L I R R I P
Y F S P O R T X N O U L J V H E I
P D E I I E P A R G M R P M I T N
R W S L T F T C O P P E R N G L V
B F S U I E M A G O B N Z J G I I
C A A T D D J X X T U I R N S P S
P T L D E A N F R V O L K I K U I
H T G S P S T I N Y G C Q O E P B
Y U N I X X Z I W M P N L F L G L
H G U F E P Y V U E F I C D E P E
H P S G R E S S P O R W K V T Z C
K X S E C E R A K O I F T J O Y X
B N L I M T R H E T Y A R D N W V
K N O W L E D G E Q K W K F M N X
```

Puzzle 999

```
W G O A L G N I K I E C J B W Y S
O E B E S G I A S K K I T U H Q U
L S A H G H A V R W M S M K E C F
B C U R D E T Z E R D R A W E R F
R F L B W T E H G U O H T L A I E
S U X A L E R P A E Y W Q T N G R
L T Y Z S U F E N M T G B C X O G
E U M O D S M R A A Q M O F L O Q
E R R Y N I R C M C I R B J O D T
P E S E A P A O X D W W U V J B E
Y E D N X A H G O Y O S O D O Y F
Y K E Y U F O E C M R A K U N E A
T E A P O T P A M R S C O V W O J
E Z P K Q V E K V E T U L O S B A
F O Q U Q Q E N J O Y S F C O Q G
```

GOAL
SUFFER
WEAR
MANAGER
ENJOY
GOODBYE
SLEEPY
DRAWER
HOPE
ALTHOUGH
KING
ABSOLUTE
WORST
TEAPOT
FUTURE
RELAX
NARROW
CLASSROOM
BLOW
RETAIN

Puzzle 1000

NEEDLE
AUTOMATIC
BLOOM
INSTEAD
GOING
HEAR
MOTHER
CONCLUSION
ANYBODY
PLATE
KNOWN
IMAGE
CROSS
STAR
GOLD
INDEED
SUCCESSFUL
SUBSTITUTE
EXCEL
FOR

```
V W U Y T D Q I Z P M C S S O S O
L U F S S E C C U S O R O F A U F
I M A G E L J U K R T O V N N B B
I N D E E D G X A V H S O O Y S P
Z V K T O E R O F K E S G I B T F
B I N S T E A D I S R T Q S O I N
T L J U O N I H A N M N A U D T L
J E O W W A L E Y W G Z K L Y U E
E C U O X G A B N D I G A C P T S
R X D W M Y L H J R N O N N D E T
L E A U T O M A T I C L K O B X A
S Q U G I I S G J O O D W C I I R
G N K N O W N J F K R S Z C Z X A
O E M W A T K W J I K S X A R Z E
W N J X L A J H Z U G Z J E S N H
```

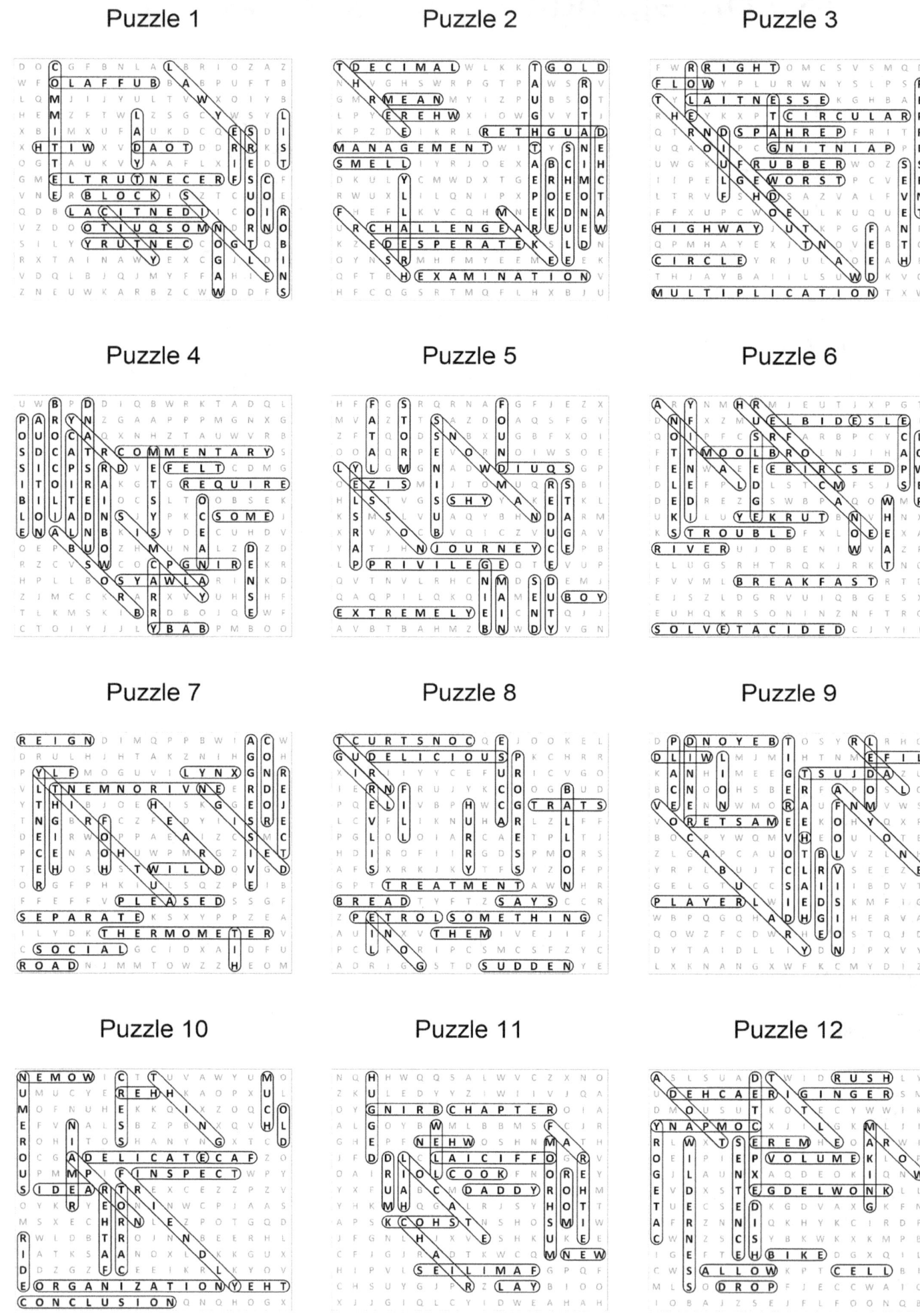

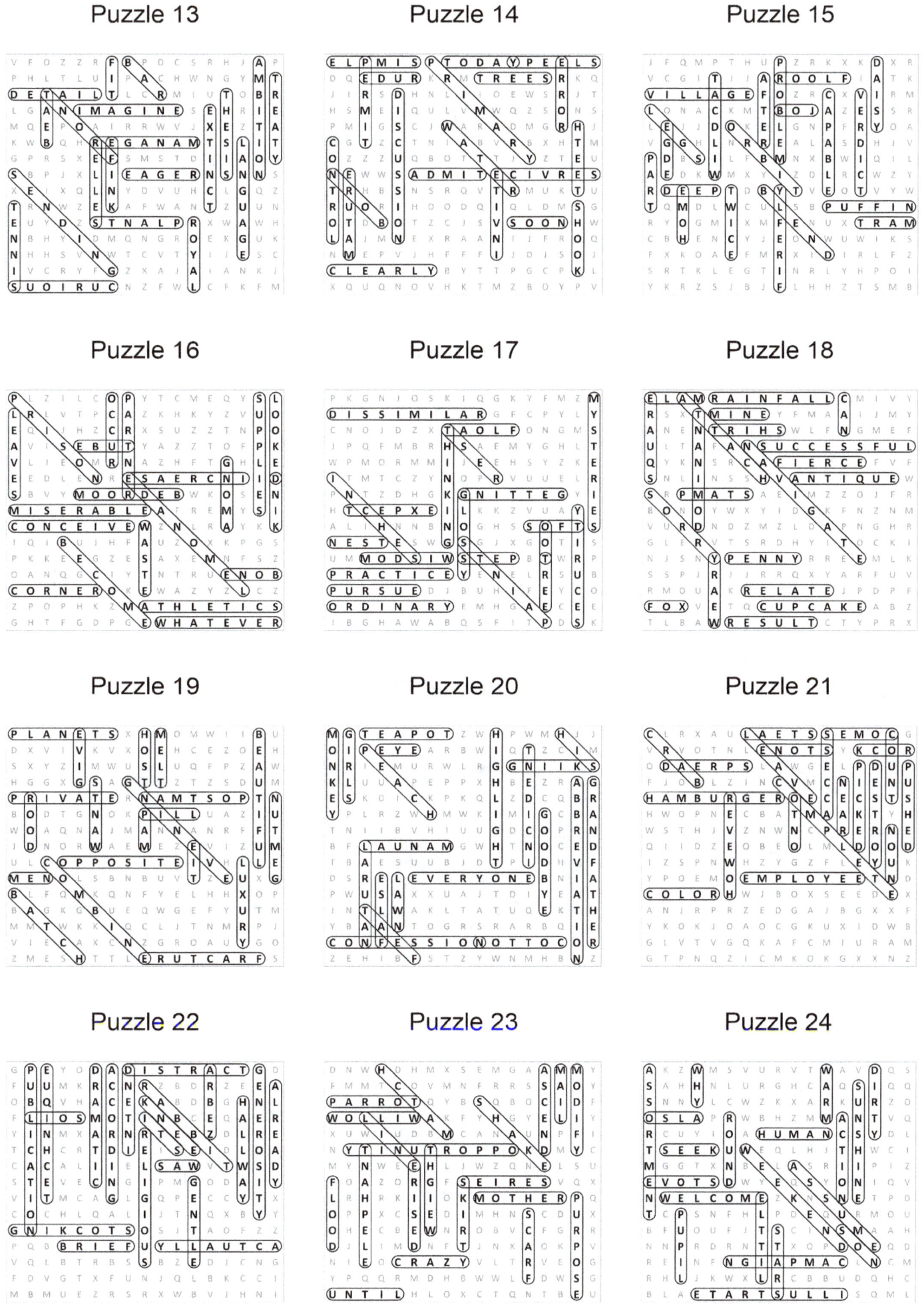

Puzzle 25

Puzzle 26

Puzzle 27

Puzzle 28

Puzzle 29

Puzzle 30

Puzzle 31

Puzzle 32

Puzzle 33

Puzzle 34

Puzzle 35

Puzzle 36

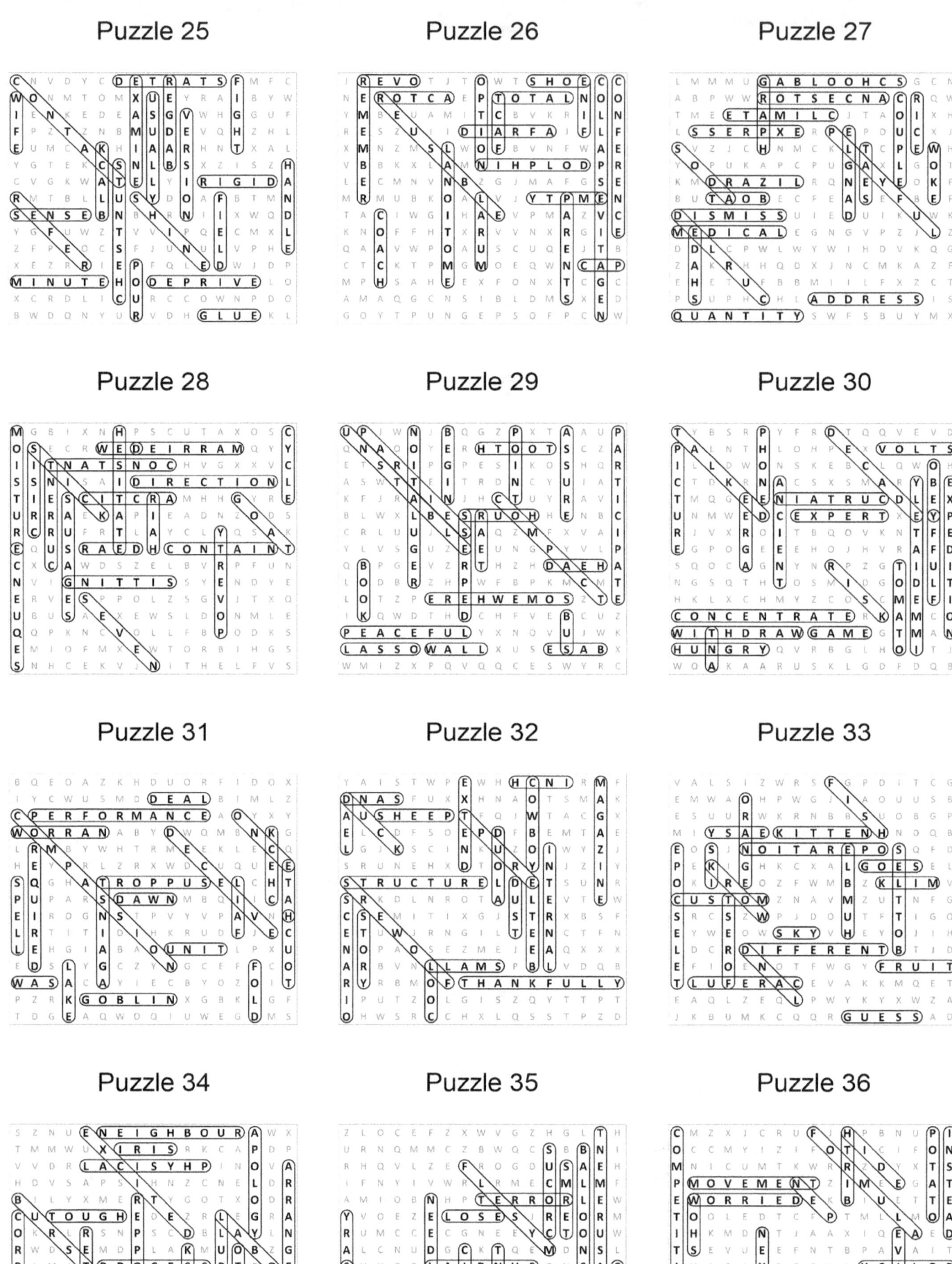

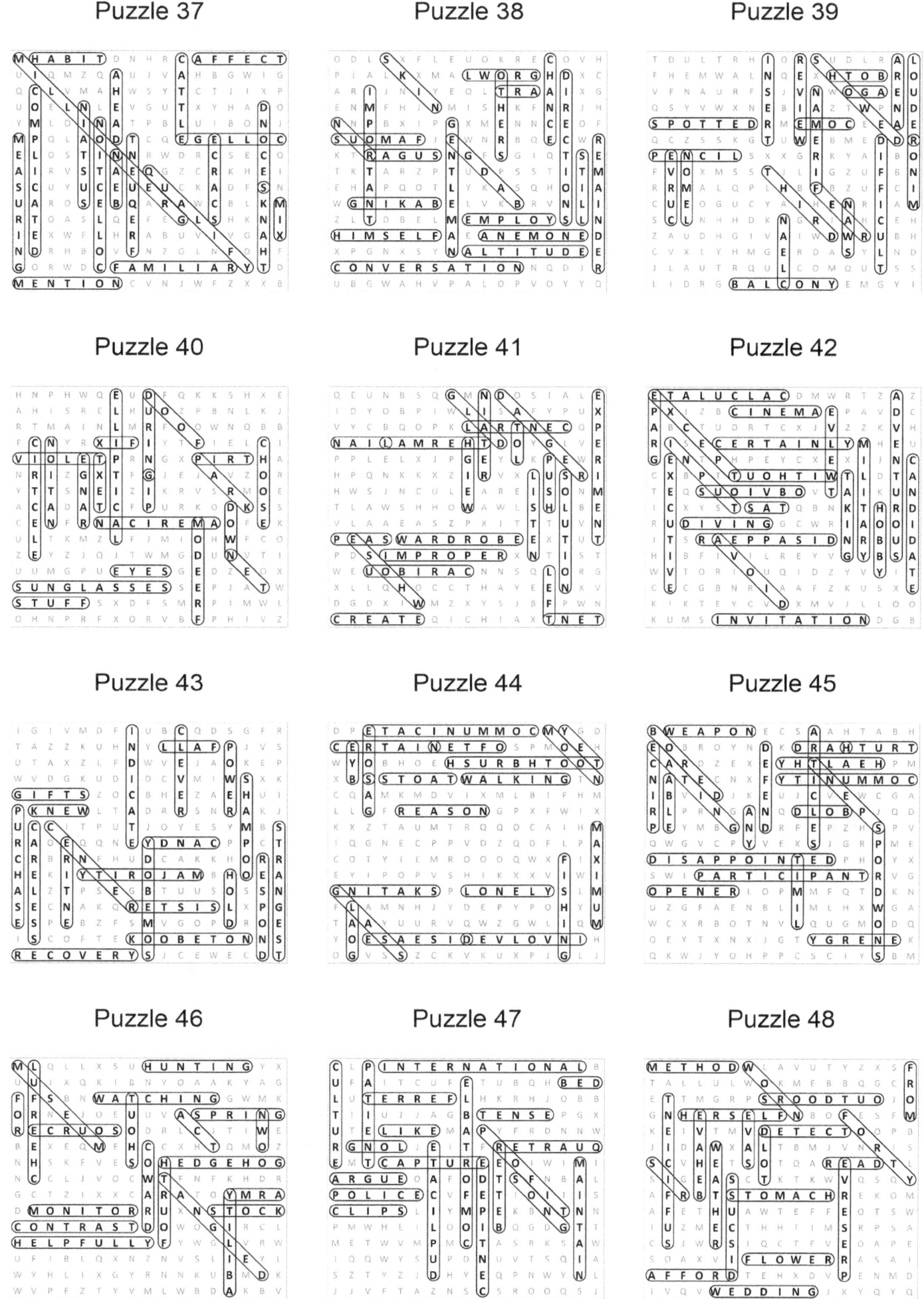

Puzzle 37

Puzzle 38

Puzzle 39

Puzzle 40

Puzzle 41

Puzzle 42

Puzzle 43

Puzzle 44

Puzzle 45

Puzzle 46

Puzzle 47

Puzzle 48

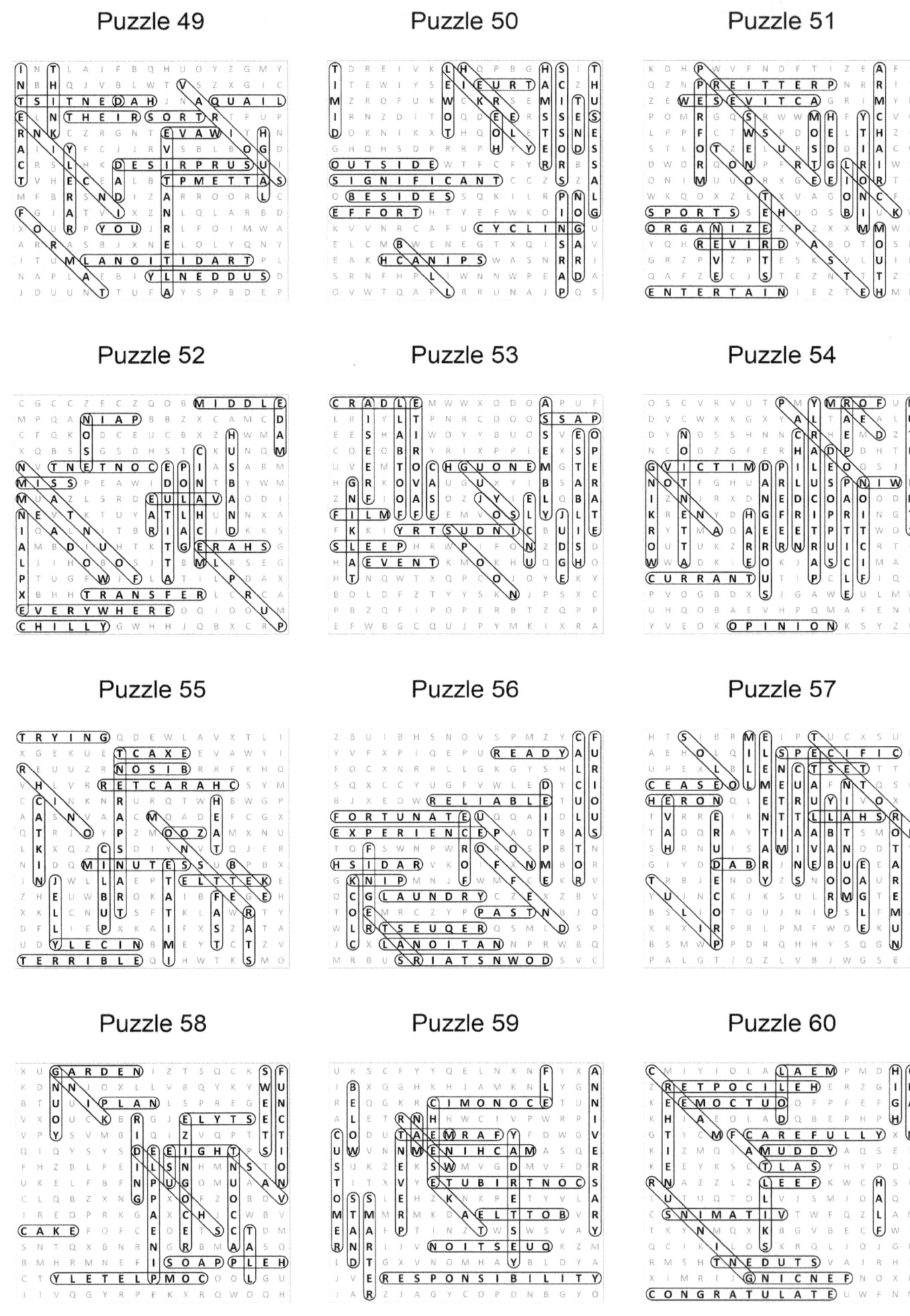

Puzzle 49

Puzzle 50

Puzzle 51

Puzzle 52

Puzzle 53

Puzzle 54

Puzzle 55

Puzzle 56

Puzzle 57

Puzzle 58

Puzzle 59

Puzzle 60

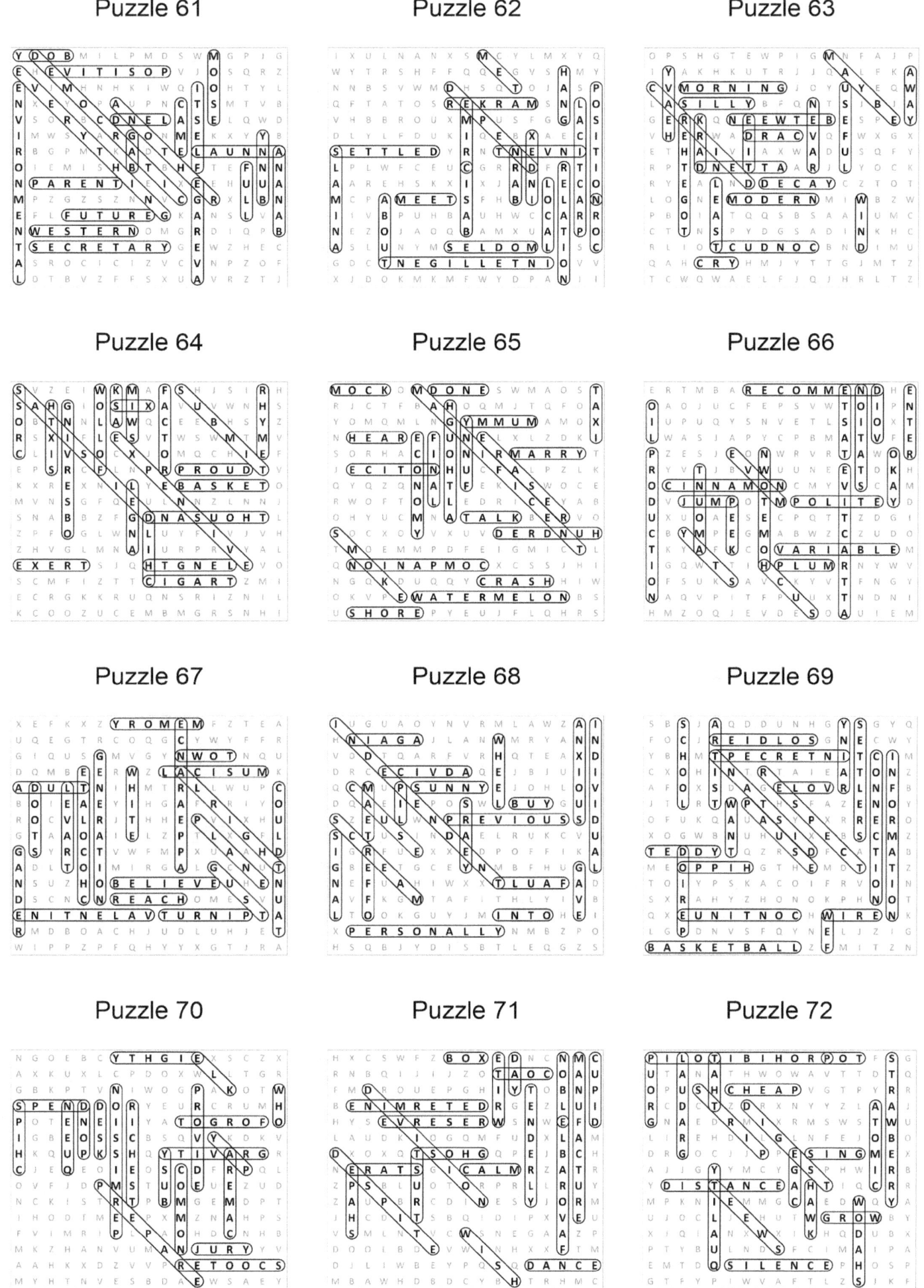

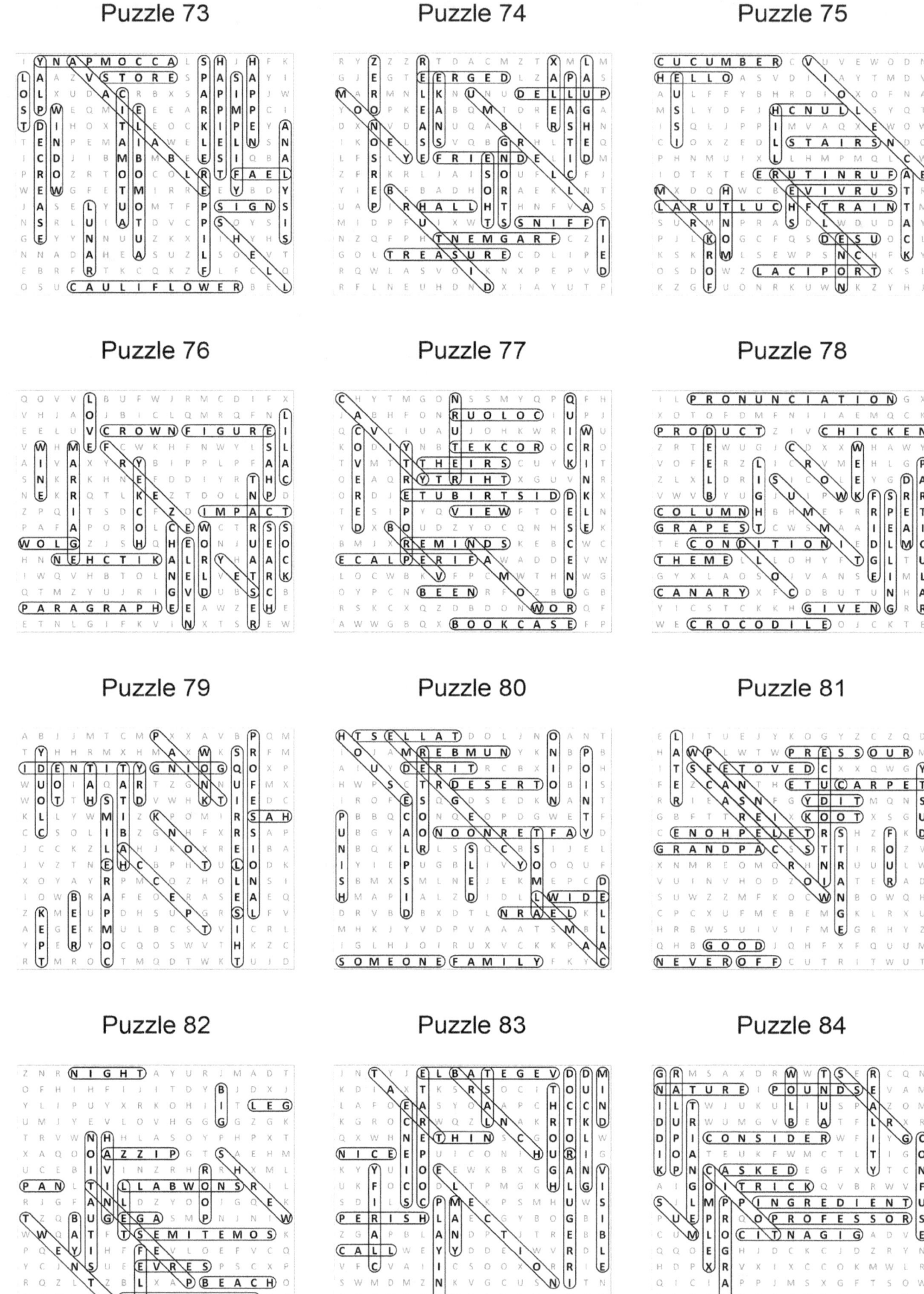

Puzzle 73
Puzzle 74
Puzzle 75
Puzzle 76
Puzzle 77
Puzzle 78
Puzzle 79
Puzzle 80
Puzzle 81
Puzzle 82
Puzzle 83
Puzzle 84

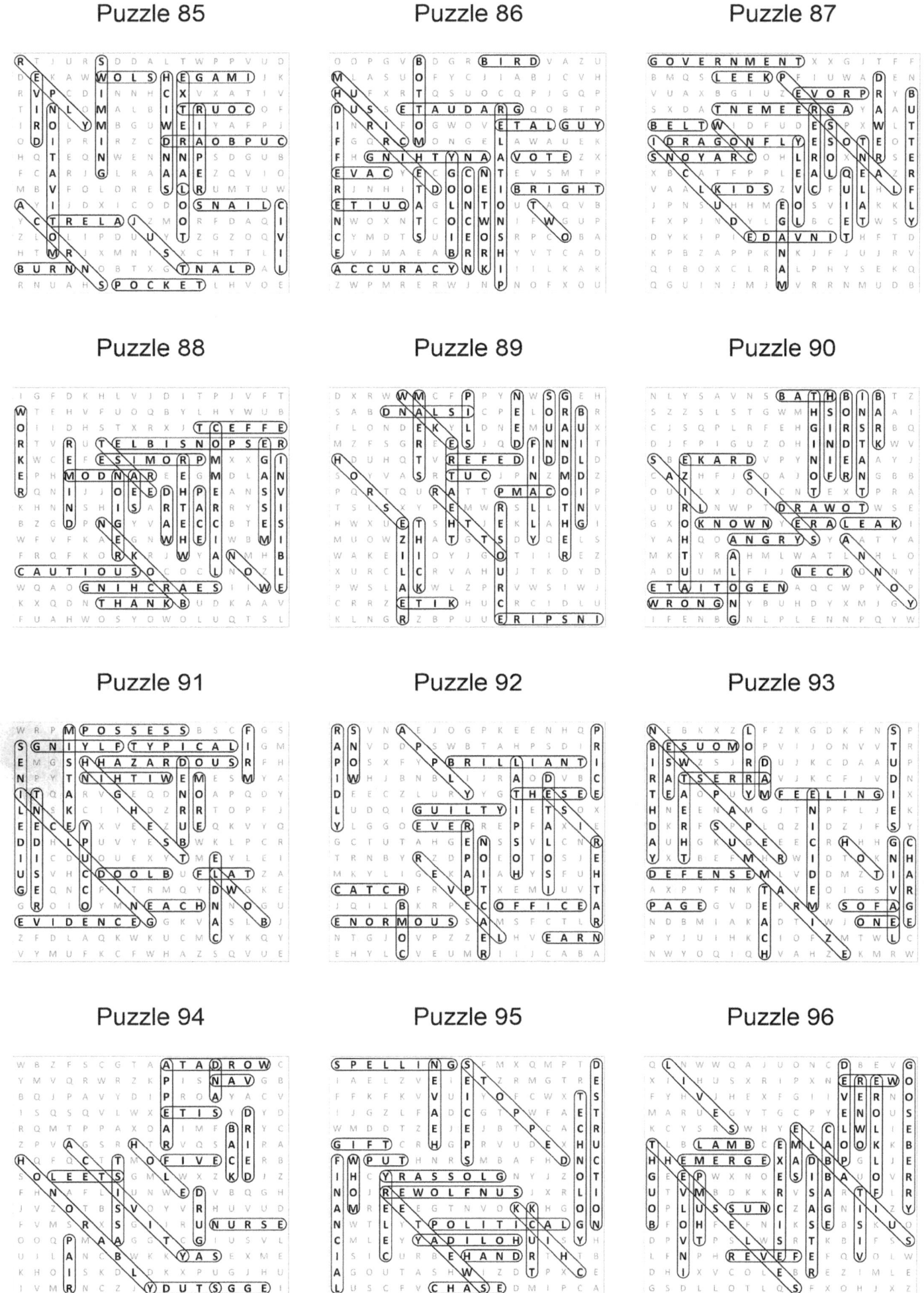

Puzzle 85

Puzzle 86

Puzzle 87

Puzzle 88

Puzzle 89

Puzzle 90

Puzzle 91

Puzzle 92

Puzzle 93

Puzzle 94

Puzzle 95

Puzzle 96

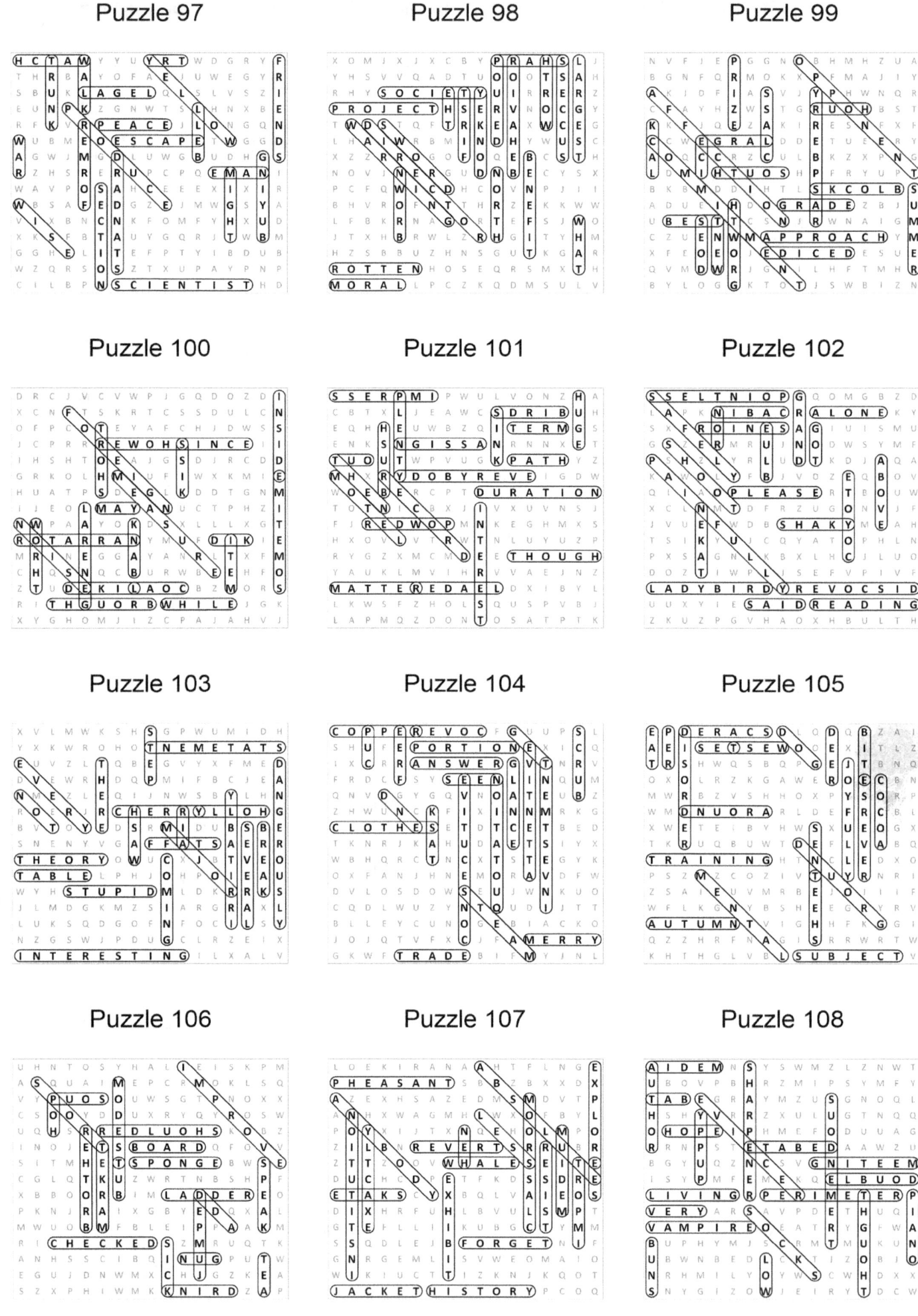

Puzzle 97

Puzzle 98

Puzzle 99

Puzzle 100

Puzzle 101

Puzzle 102

Puzzle 103

Puzzle 104

Puzzle 105

Puzzle 106

Puzzle 107

Puzzle 108

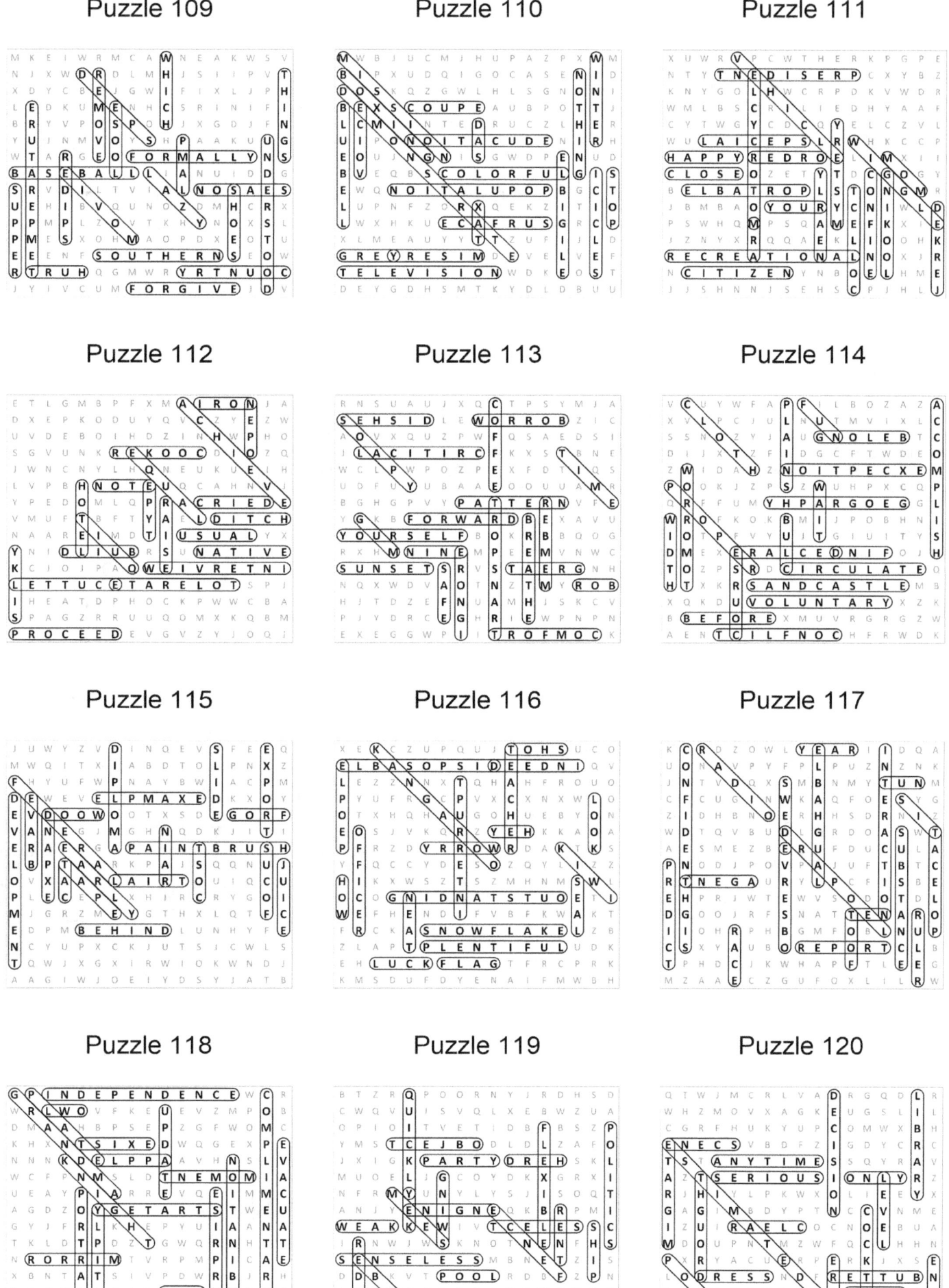

Puzzle 109 Puzzle 110 Puzzle 111

Puzzle 112 Puzzle 113 Puzzle 114

Puzzle 115 Puzzle 116 Puzzle 117

Puzzle 118 Puzzle 119 Puzzle 120

Puzzle 121

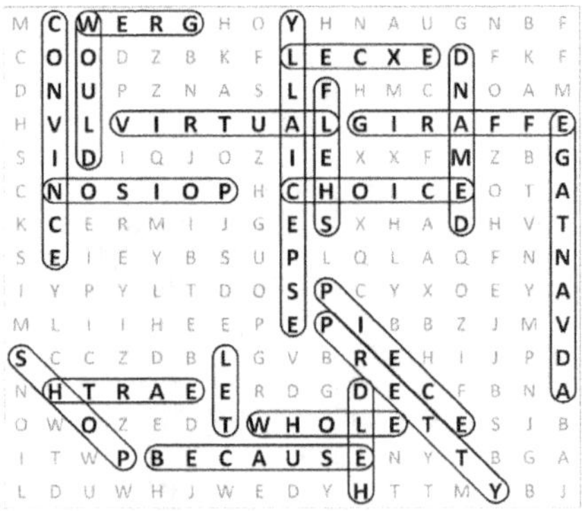

Puzzle 122

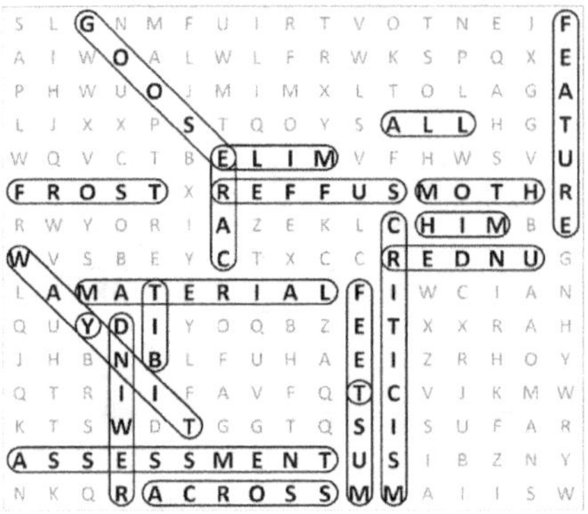

Puzzle 123

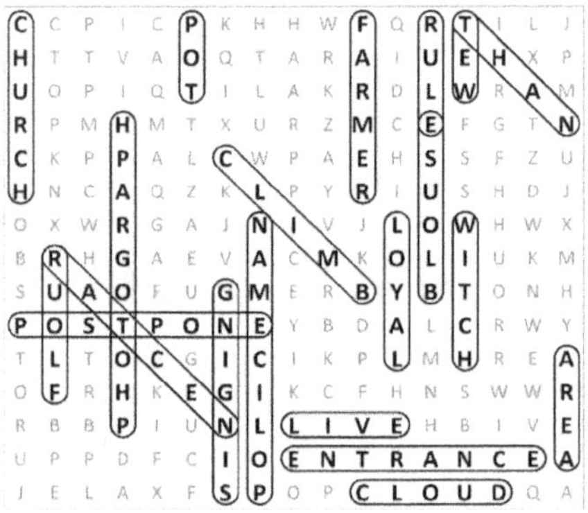

Puzzle 124

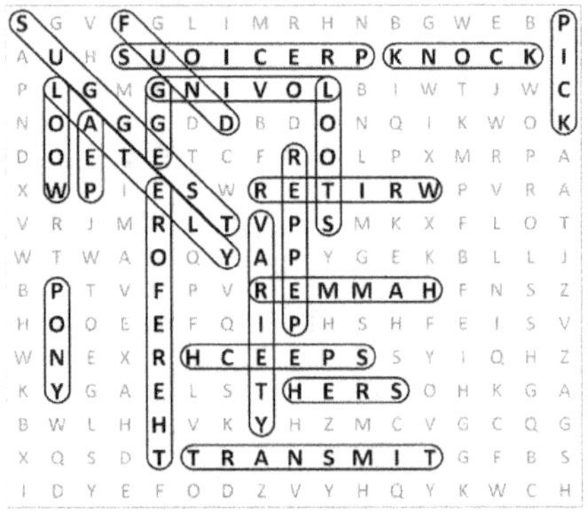

Puzzle 125

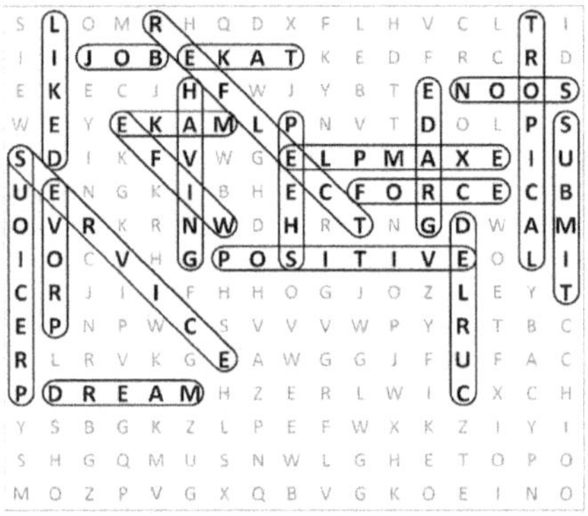

Puzzle 126

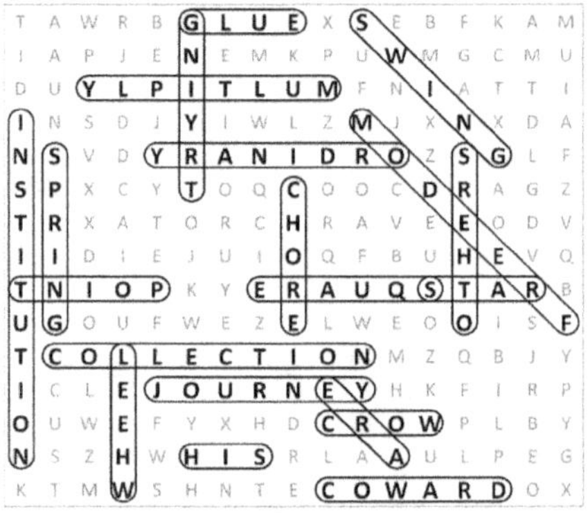

Puzzle 127

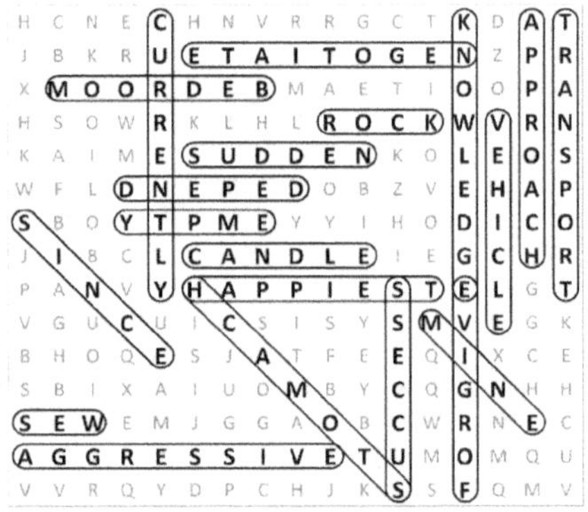

Puzzle 128

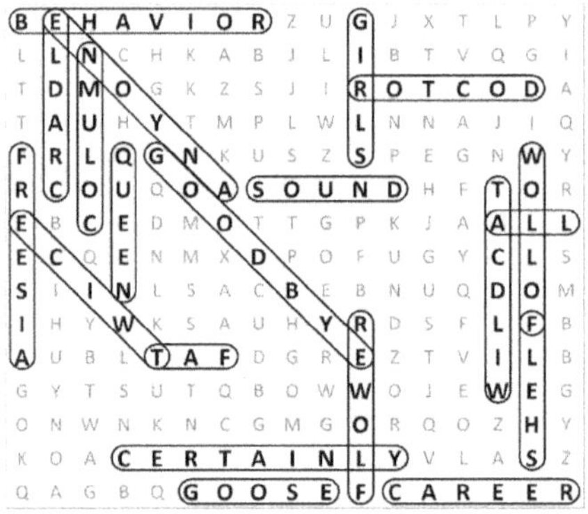

Puzzle 129

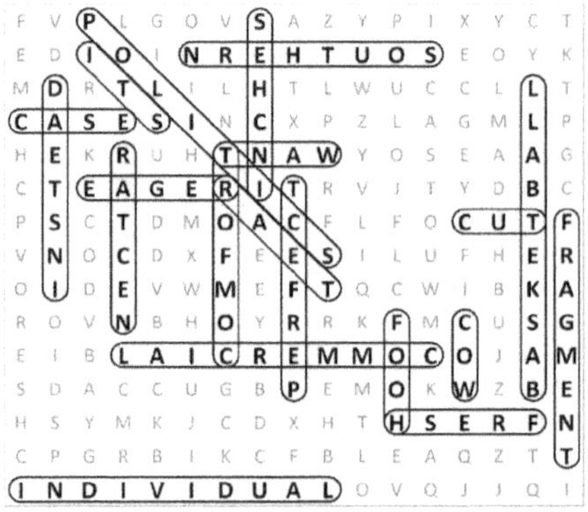

Puzzle 130

Puzzle 131

Puzzle 132

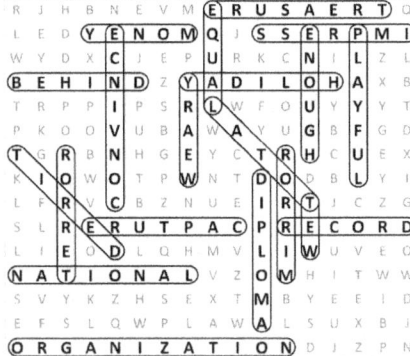
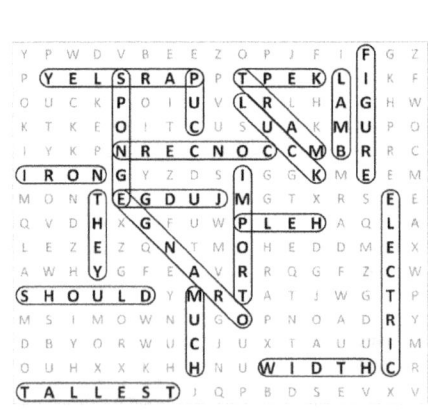
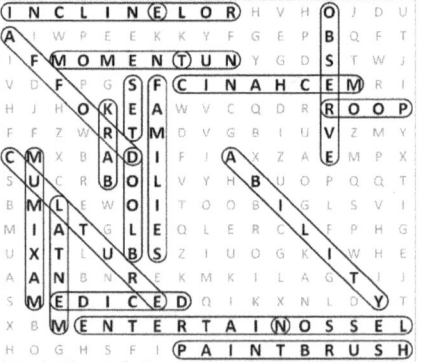

Puzzle 133

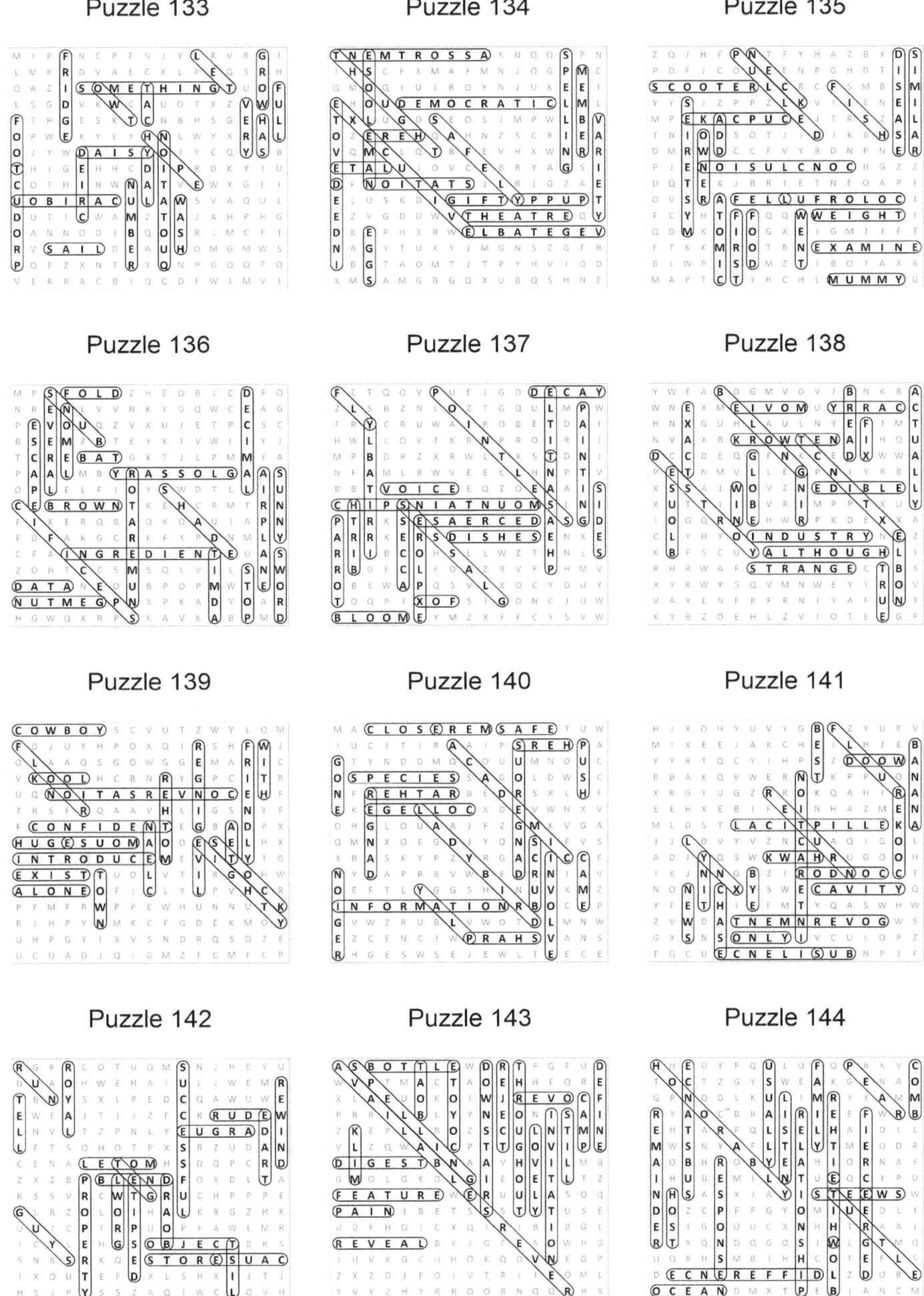

Puzzle 134

Puzzle 135

Puzzle 136

Puzzle 137

Puzzle 138

Puzzle 139

Puzzle 140

Puzzle 141

Puzzle 142

Puzzle 143

Puzzle 144

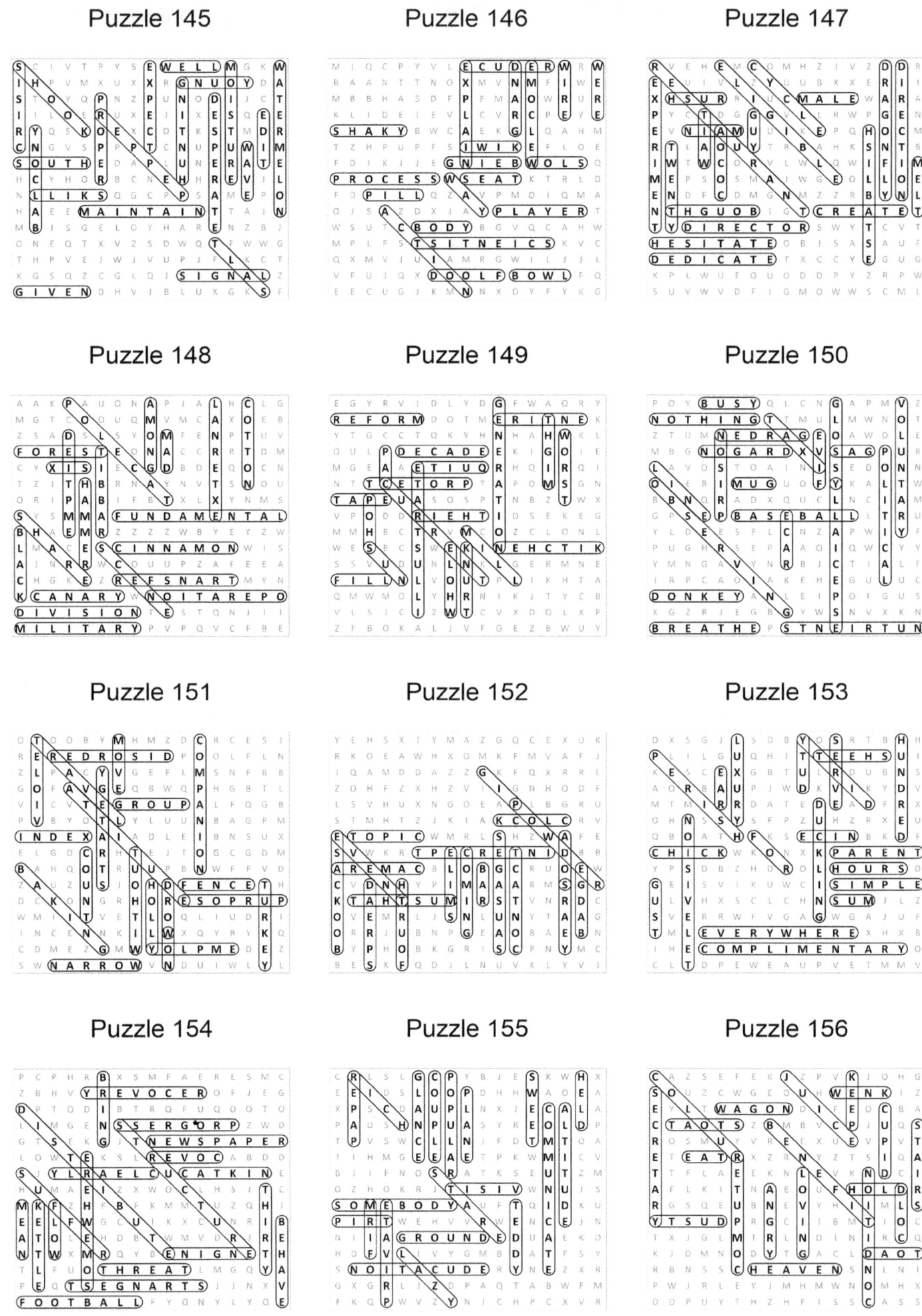

Puzzle 145

Puzzle 146

Puzzle 147

Puzzle 148

Puzzle 149

Puzzle 150

Puzzle 151

Puzzle 152

Puzzle 153

Puzzle 154

Puzzle 155

Puzzle 156

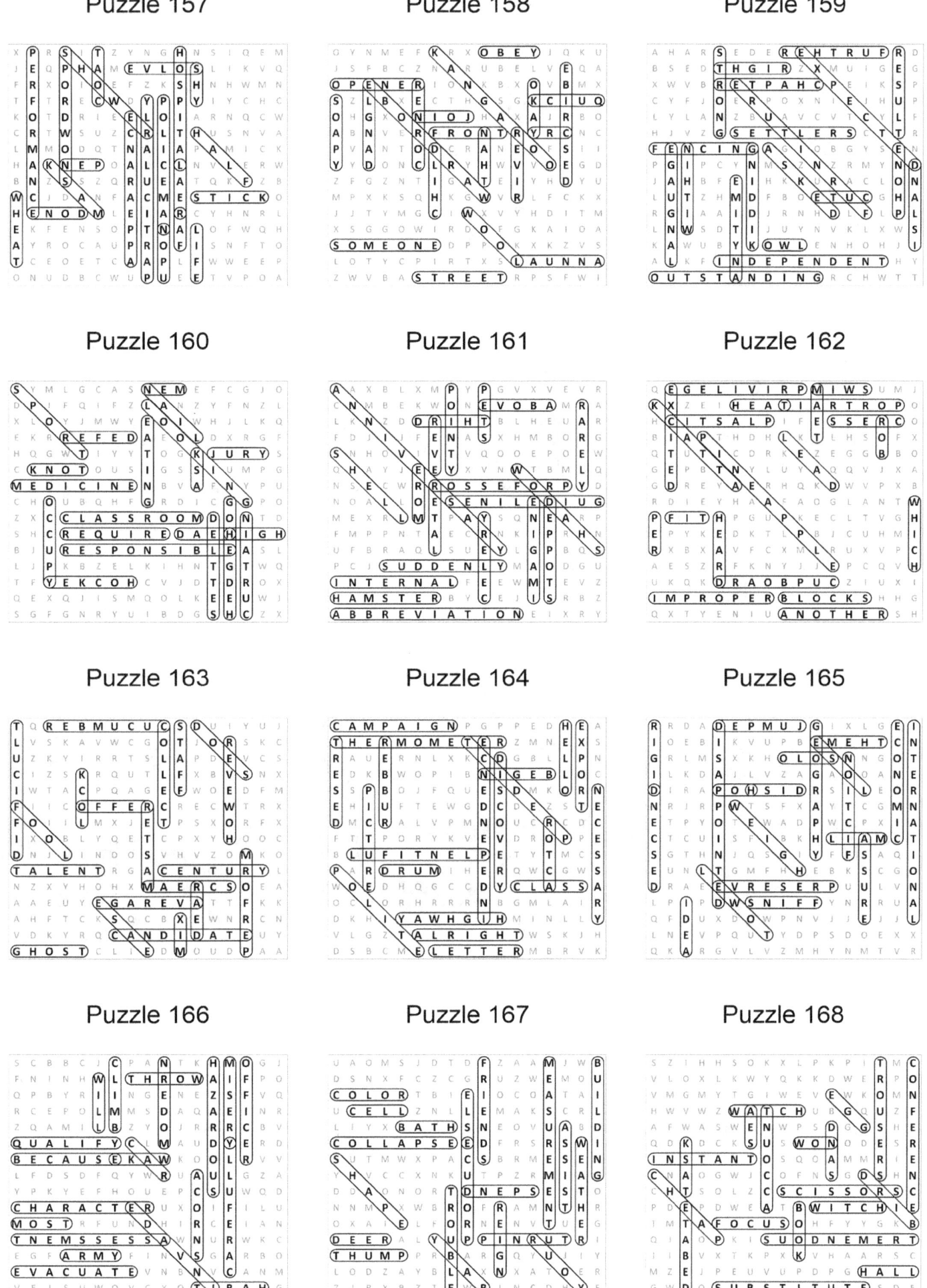

Puzzle 157

Puzzle 158

Puzzle 159

Puzzle 160

Puzzle 161

Puzzle 162

Puzzle 163

Puzzle 164

Puzzle 165

Puzzle 166

Puzzle 167

Puzzle 168

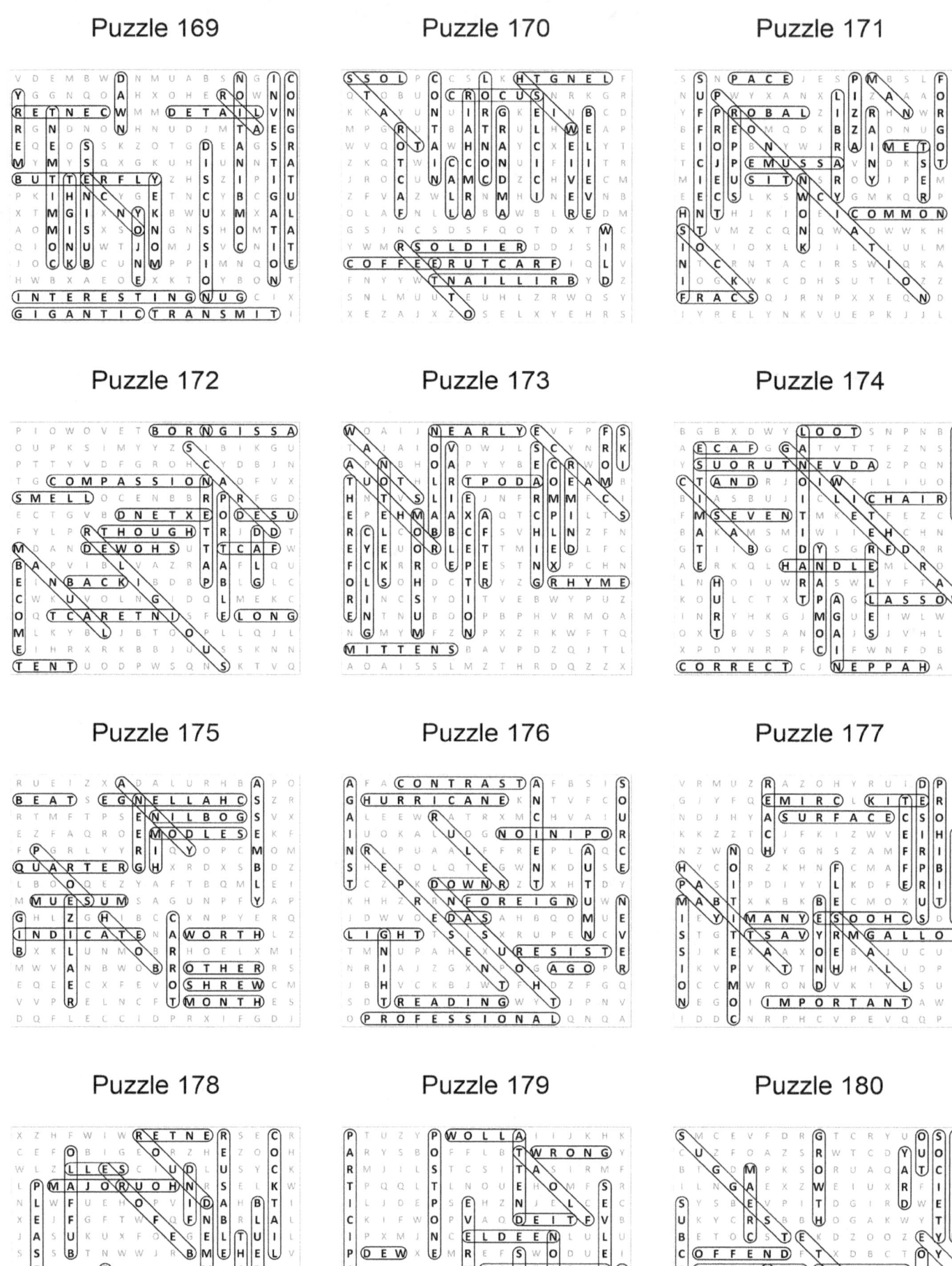

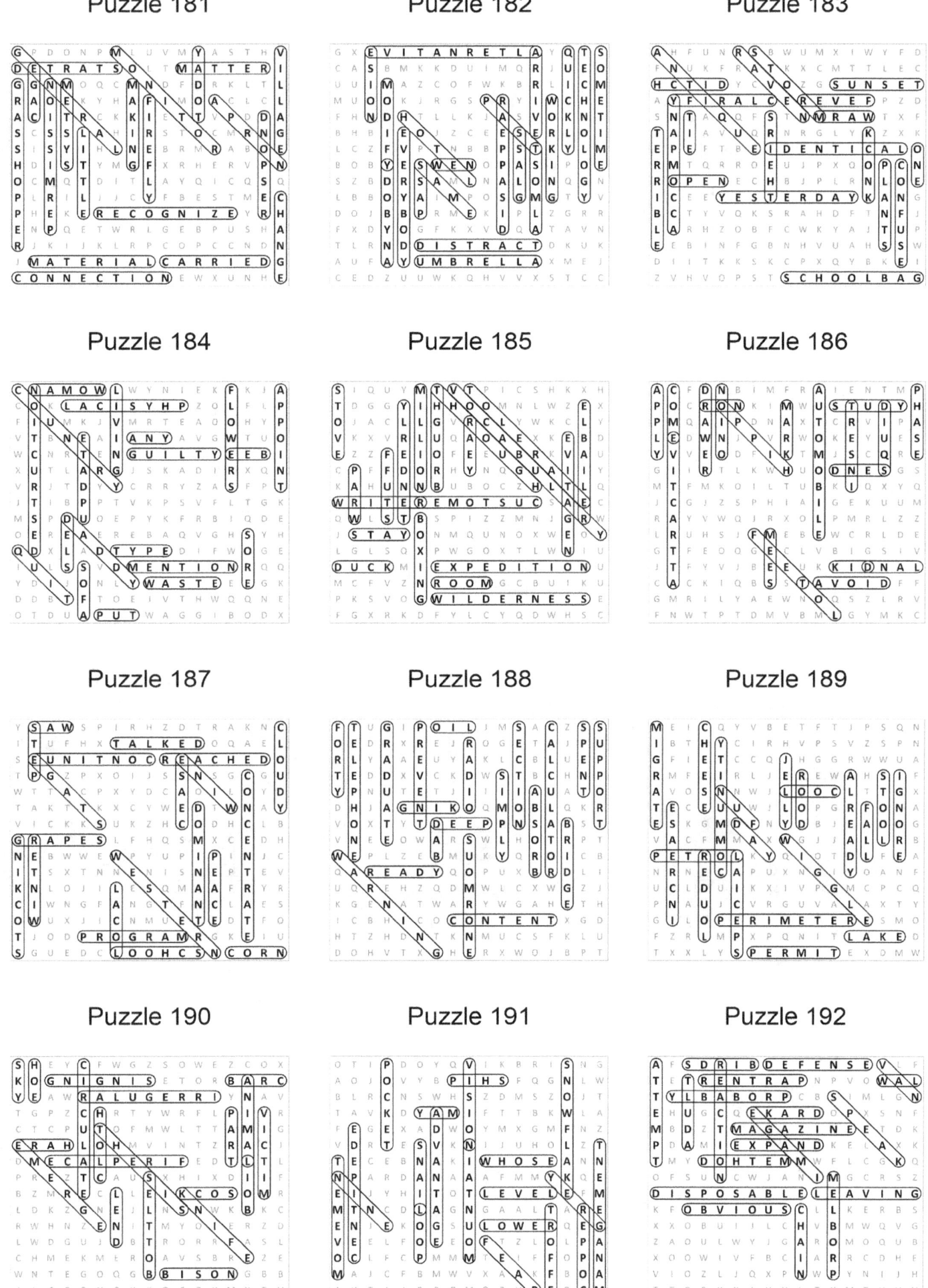

Puzzle 181

Puzzle 182

Puzzle 183

Puzzle 184

Puzzle 185

Puzzle 186

Puzzle 187

Puzzle 188

Puzzle 189

Puzzle 190

Puzzle 191

Puzzle 192

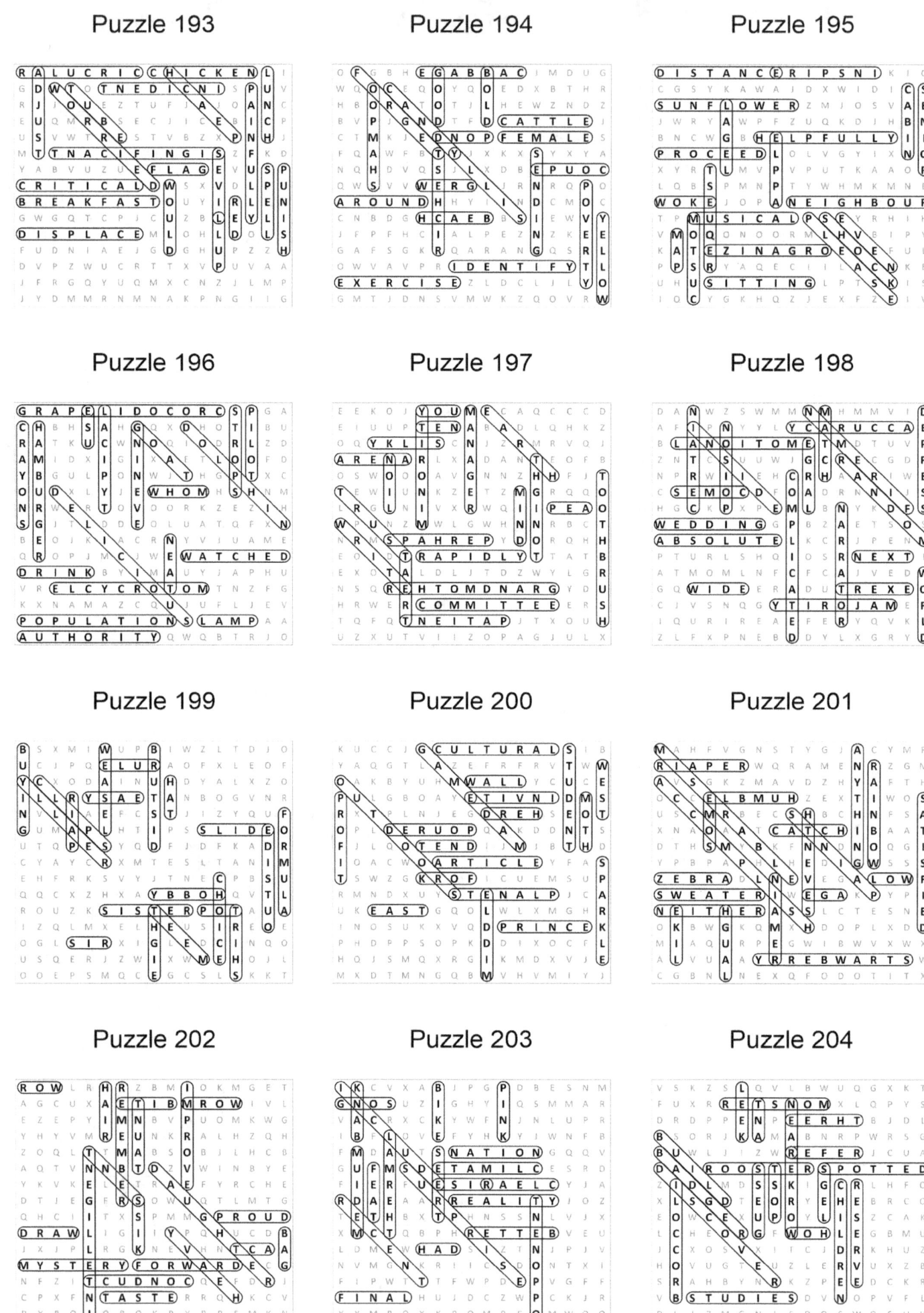

Puzzle 193

Puzzle 194

Puzzle 195

Puzzle 196

Puzzle 197

Puzzle 198

Puzzle 199

Puzzle 200

Puzzle 201

Puzzle 202

Puzzle 203

Puzzle 204

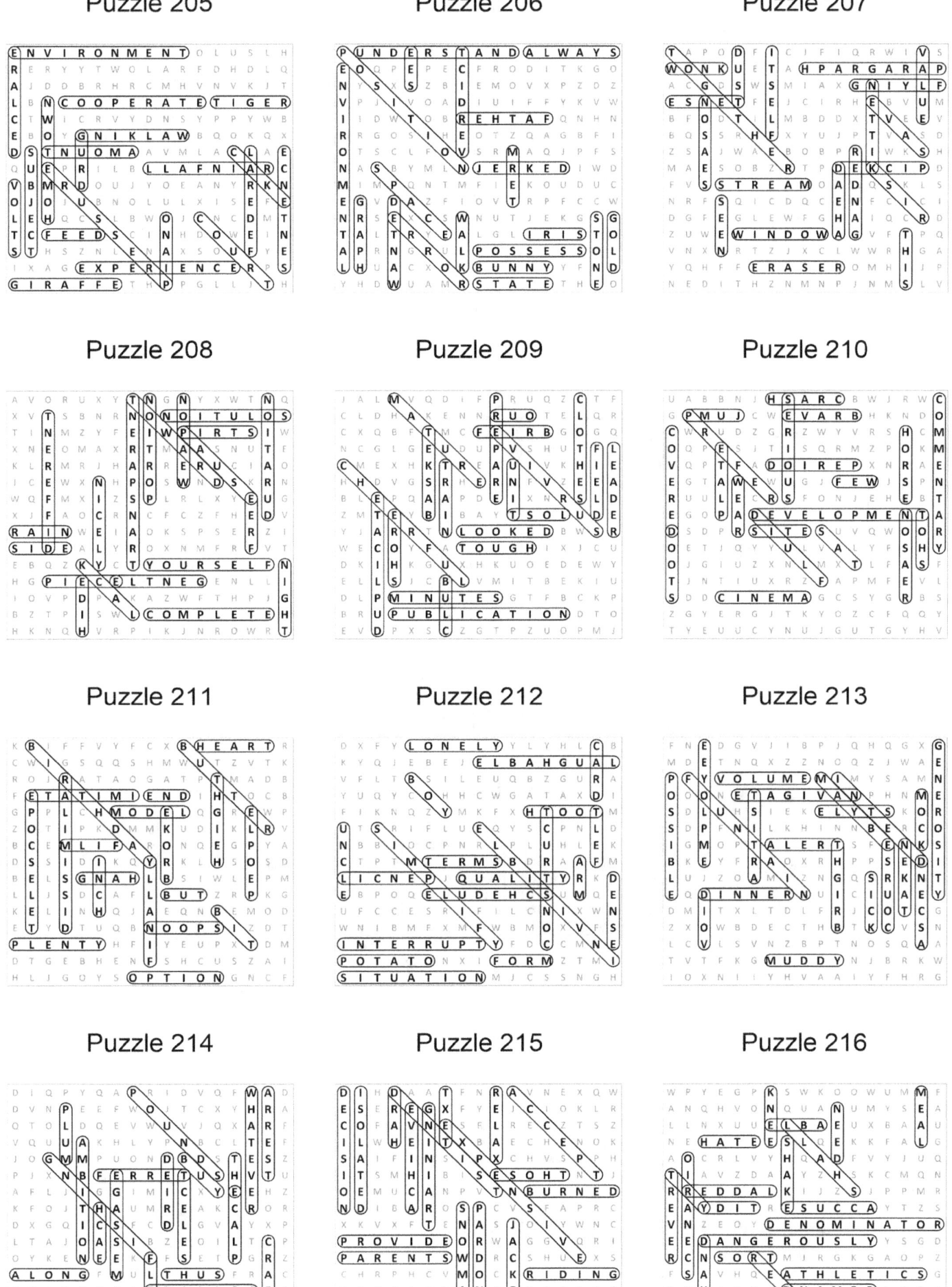

Puzzle 205

Puzzle 206

Puzzle 207

Puzzle 208

Puzzle 209

Puzzle 210

Puzzle 211

Puzzle 212

Puzzle 213

Puzzle 214

Puzzle 215

Puzzle 216

Puzzle 217

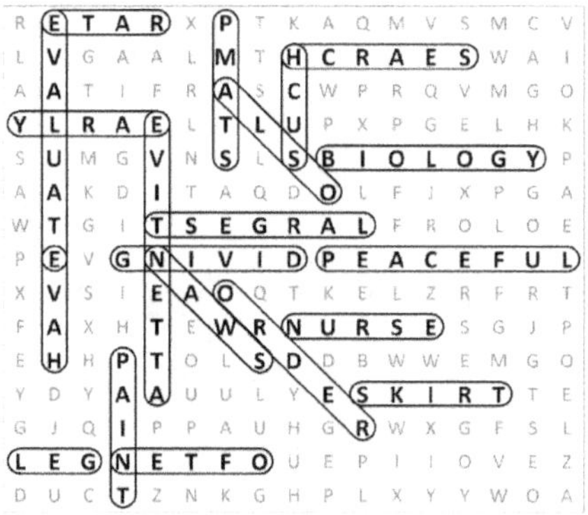

Puzzle 218

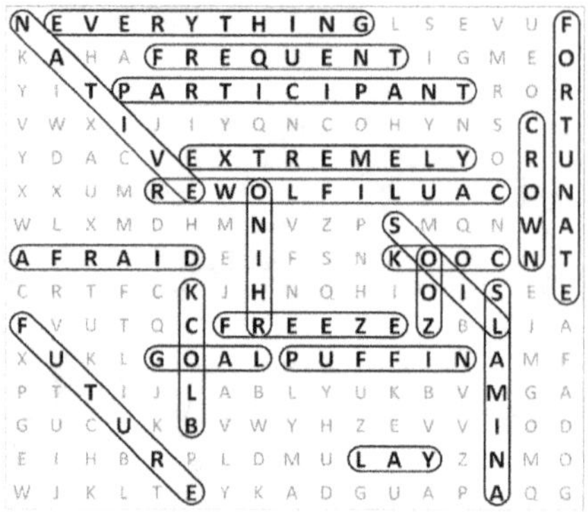

Puzzle 219

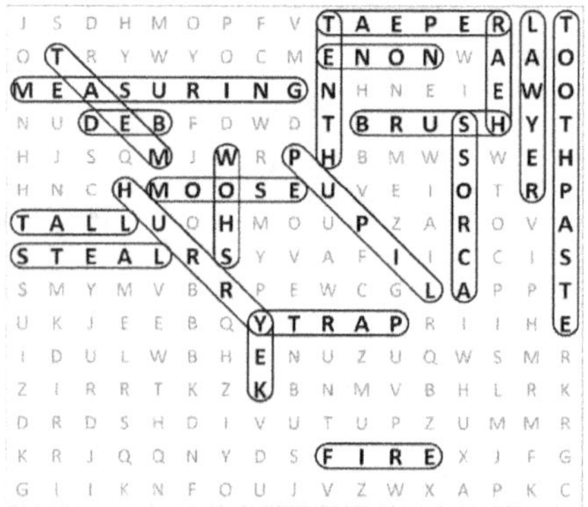

Puzzle 220

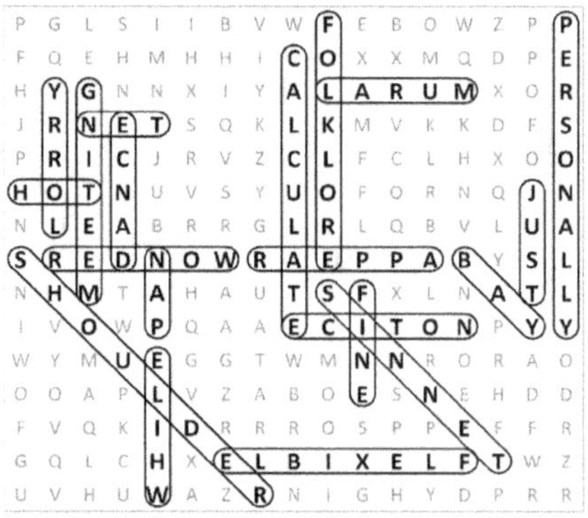

Puzzle 221

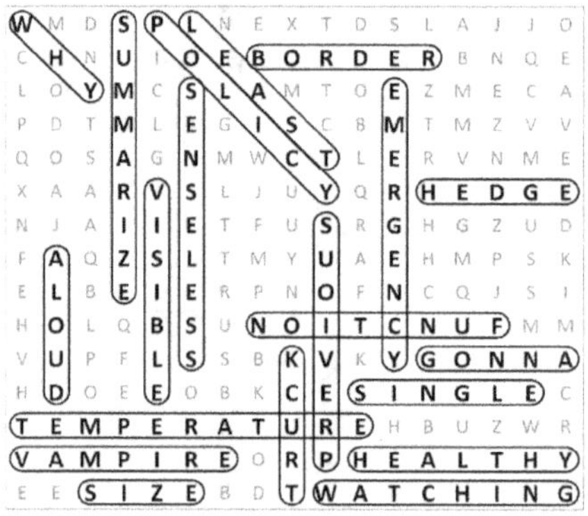

Puzzle 222

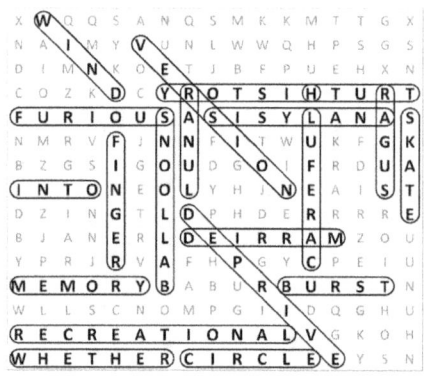
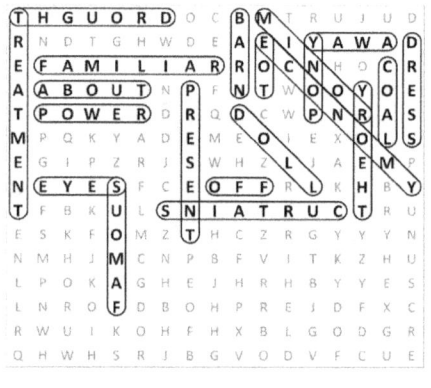

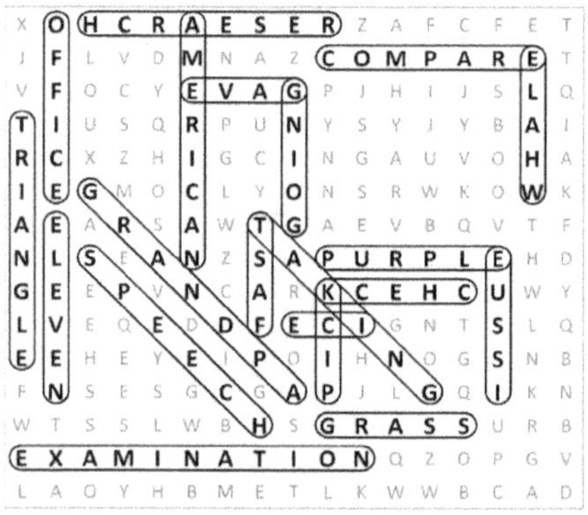

Puzzle 223

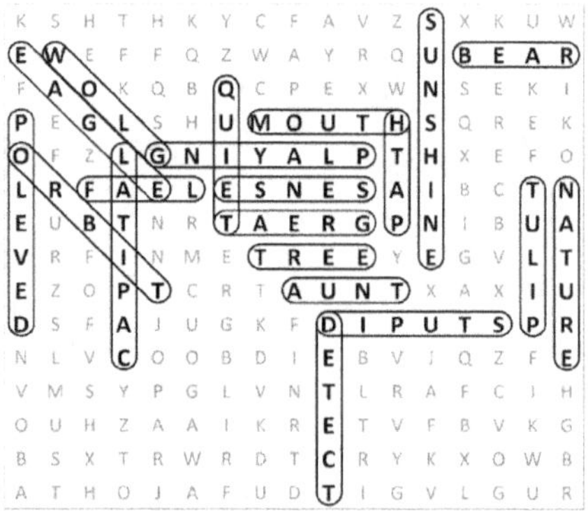

Puzzle 224

Puzzle 225

Puzzle 226

Puzzle 227

Puzzle 228

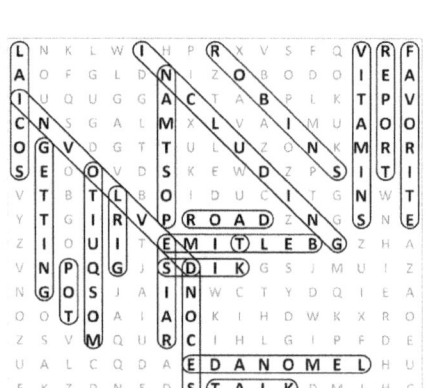
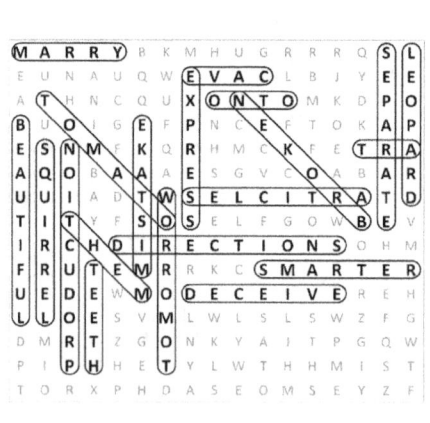
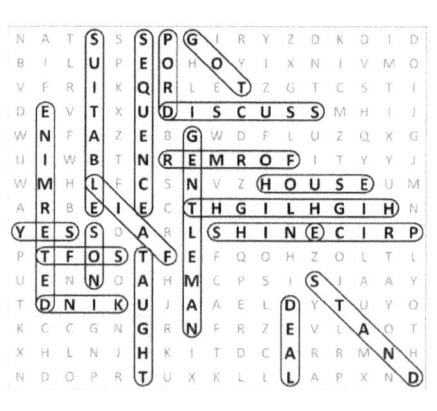

Puzzle 229

Puzzle 230

Puzzle 231

Puzzle 232

Puzzle 233

Puzzle 234

Puzzle 235

Puzzle 236

Puzzle 237

Puzzle 238

Puzzle 239

Puzzle 240

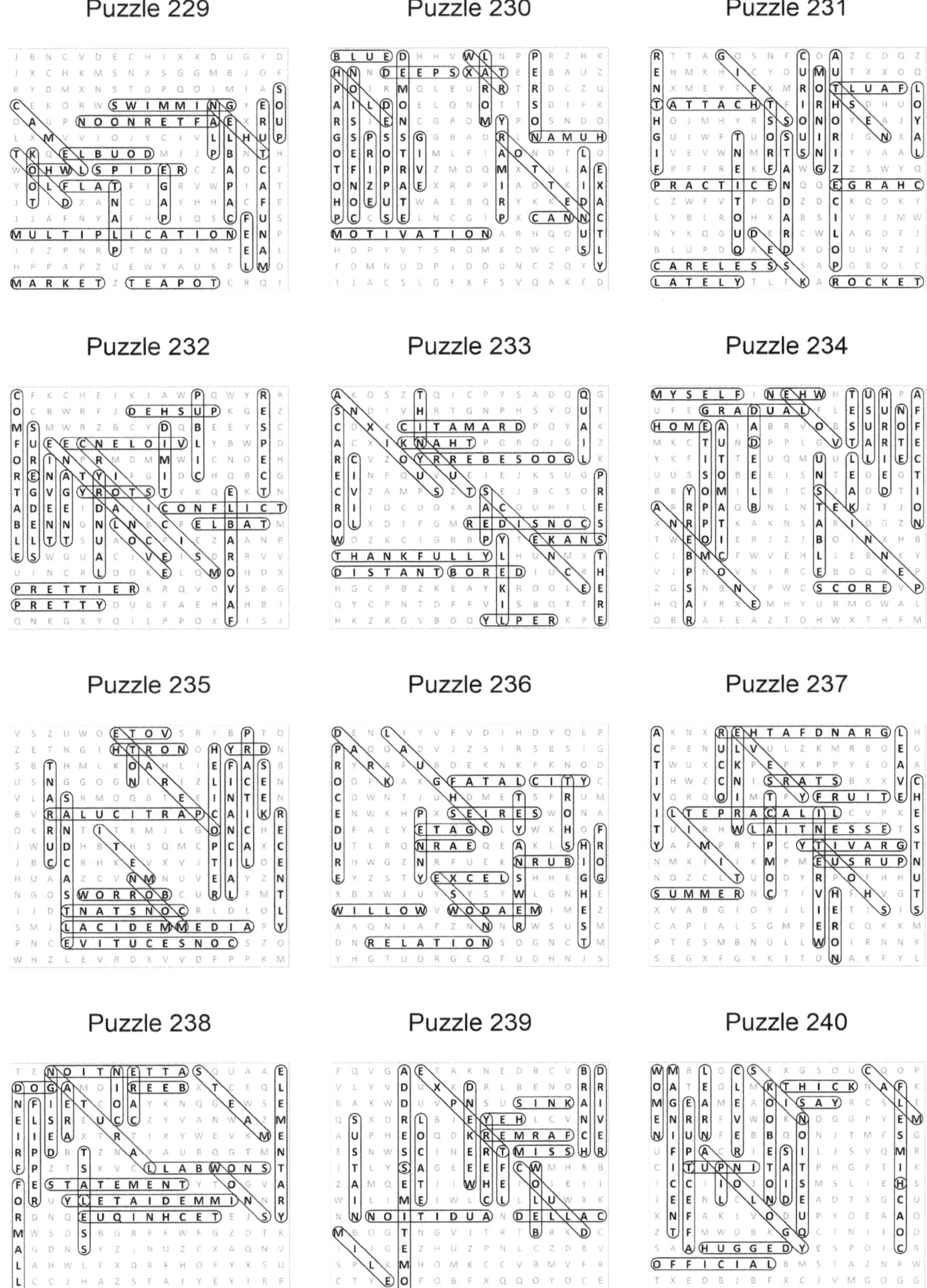

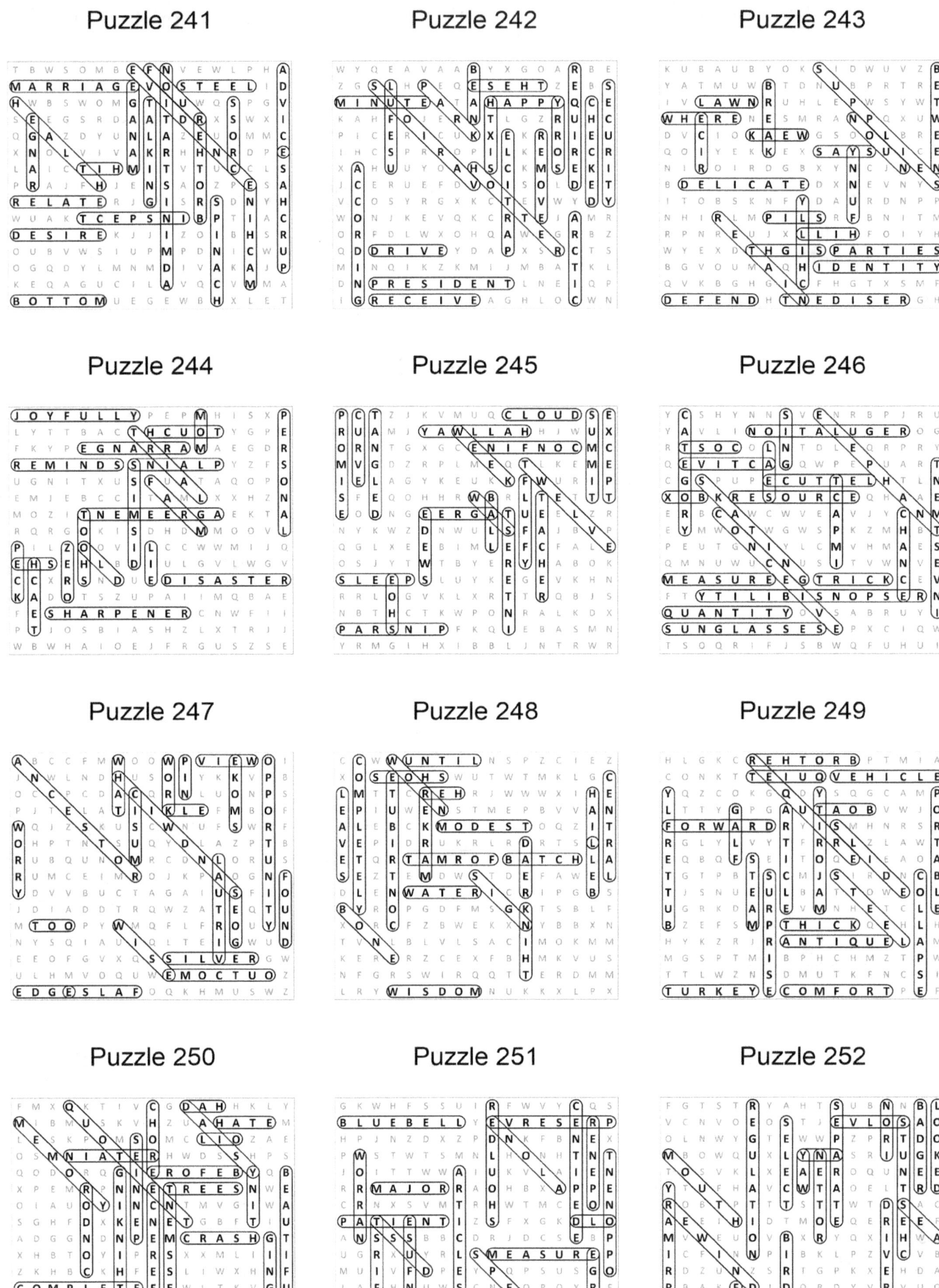

Puzzle 241

Puzzle 242

Puzzle 243

Puzzle 244

Puzzle 245

Puzzle 246

Puzzle 247

Puzzle 248

Puzzle 249

Puzzle 250

Puzzle 251

Puzzle 252

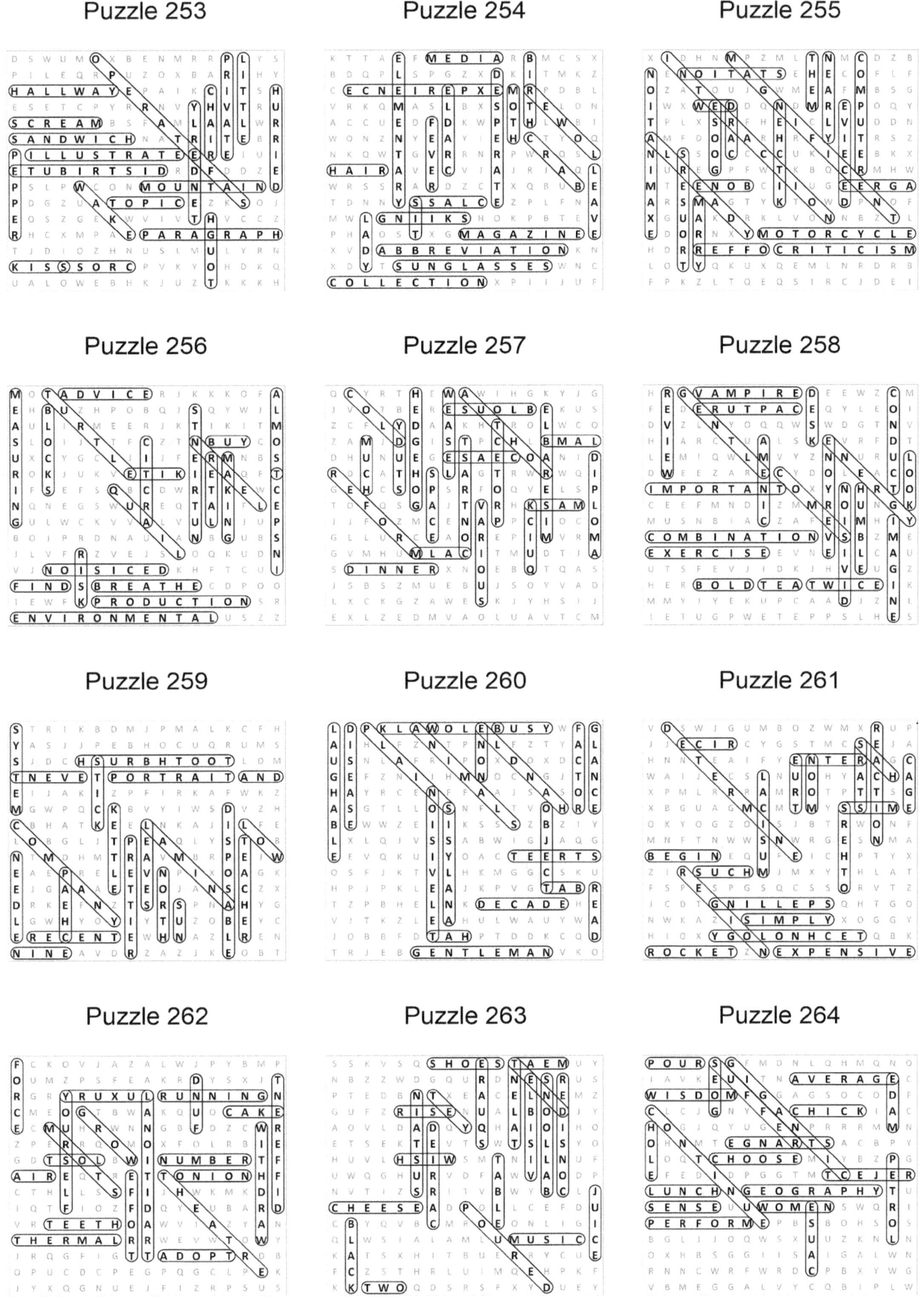

Puzzle 253

Puzzle 254

Puzzle 255

Puzzle 256

Puzzle 257

Puzzle 258

Puzzle 259

Puzzle 260

Puzzle 261

Puzzle 262

Puzzle 263

Puzzle 264

Puzzle 265

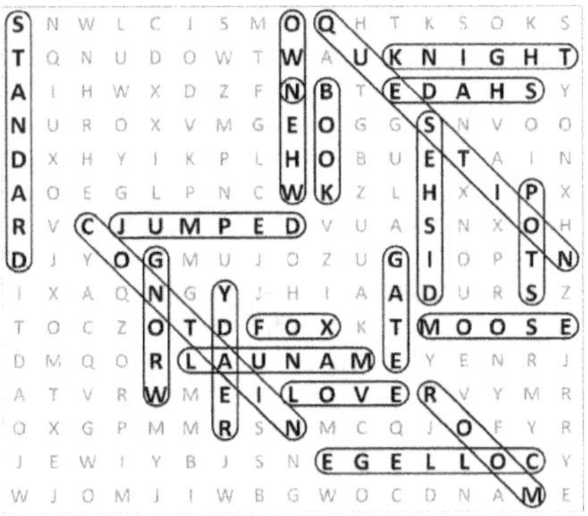

Puzzle 266

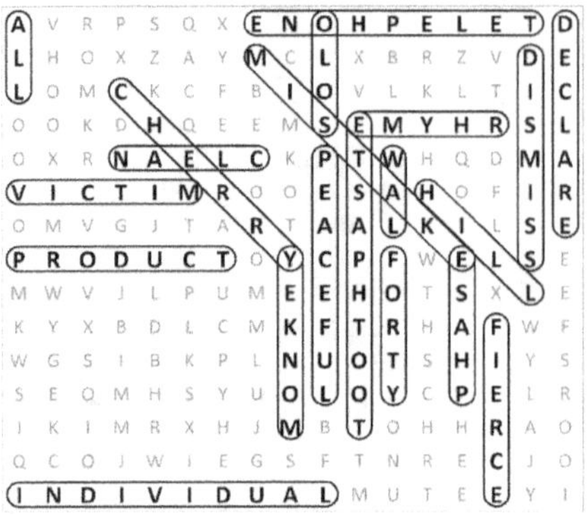

Puzzle 267

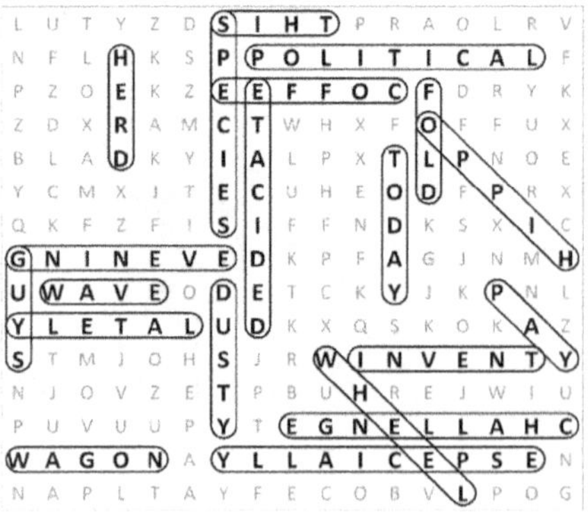

Puzzle 268

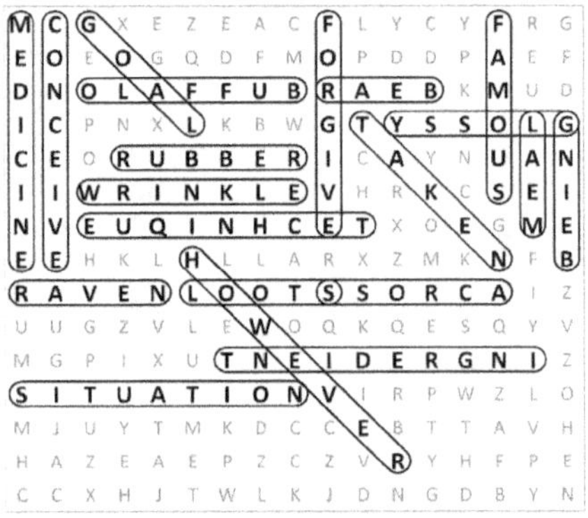

Puzzle 269

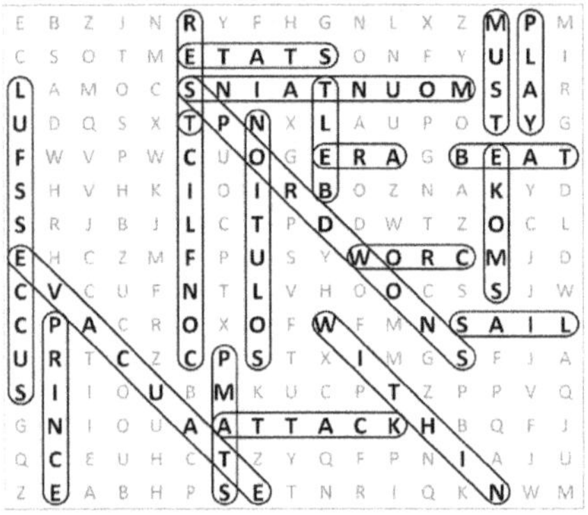

Puzzle 270

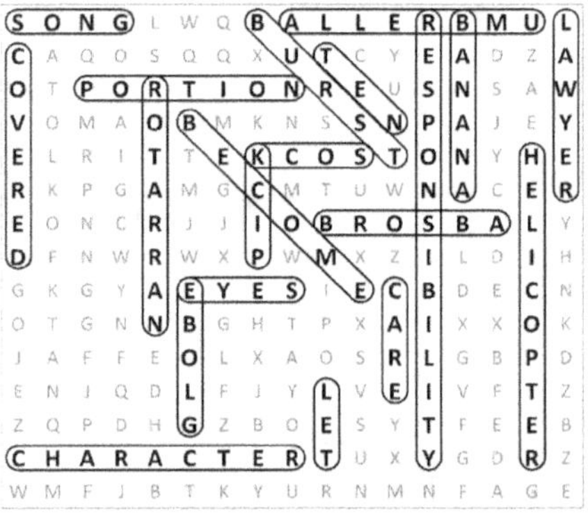

Puzzle 271

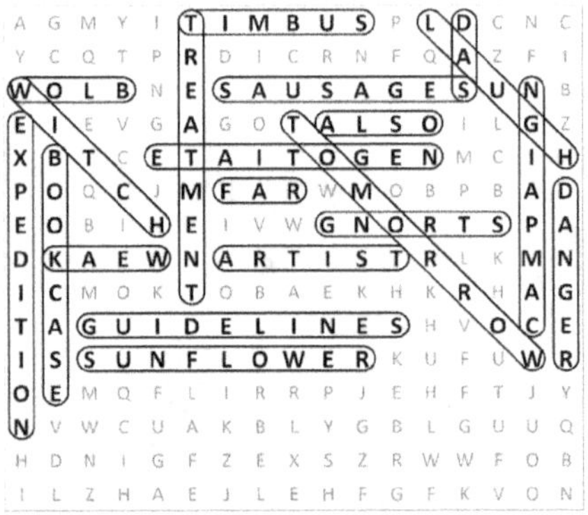

Puzzle 272

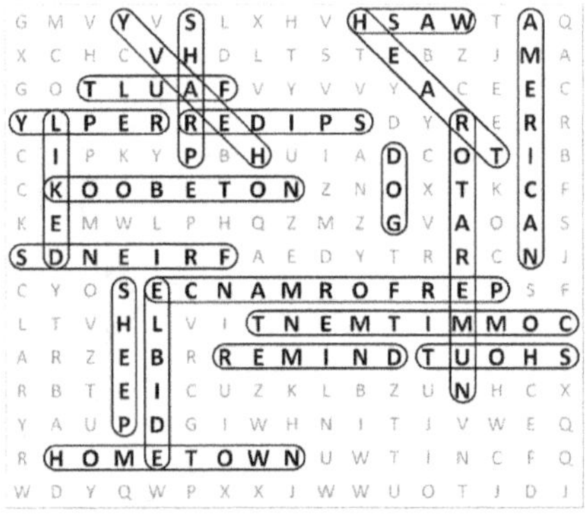

Puzzle 273

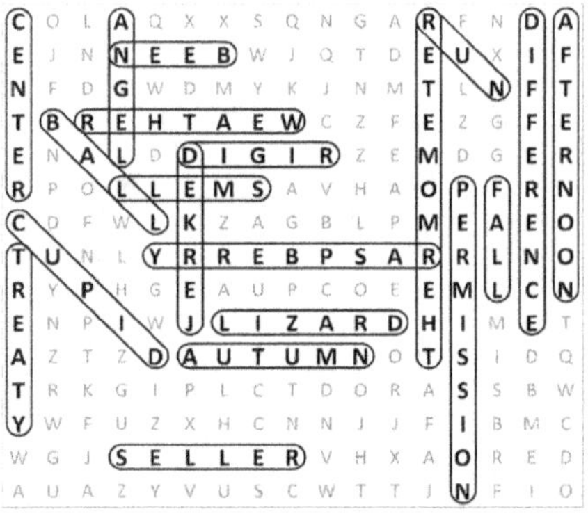

Puzzle 274

Puzzle 275

Puzzle 276

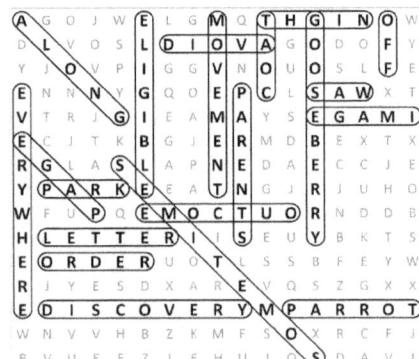

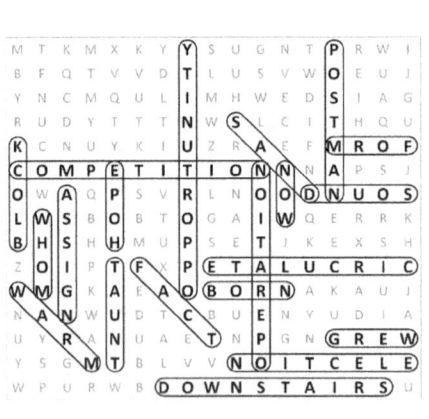

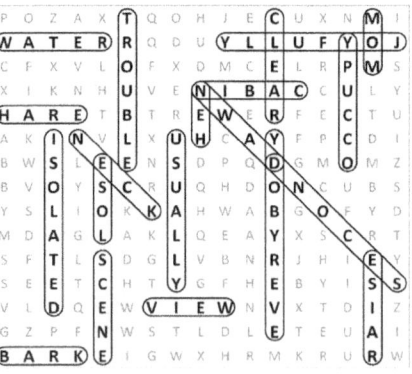

Puzzle 277

Puzzle 278

Puzzle 279

Puzzle 280

Puzzle 281

Puzzle 282

Puzzle 283

Puzzle 284

Puzzle 285

Puzzle 286

Puzzle 287

Puzzle 288

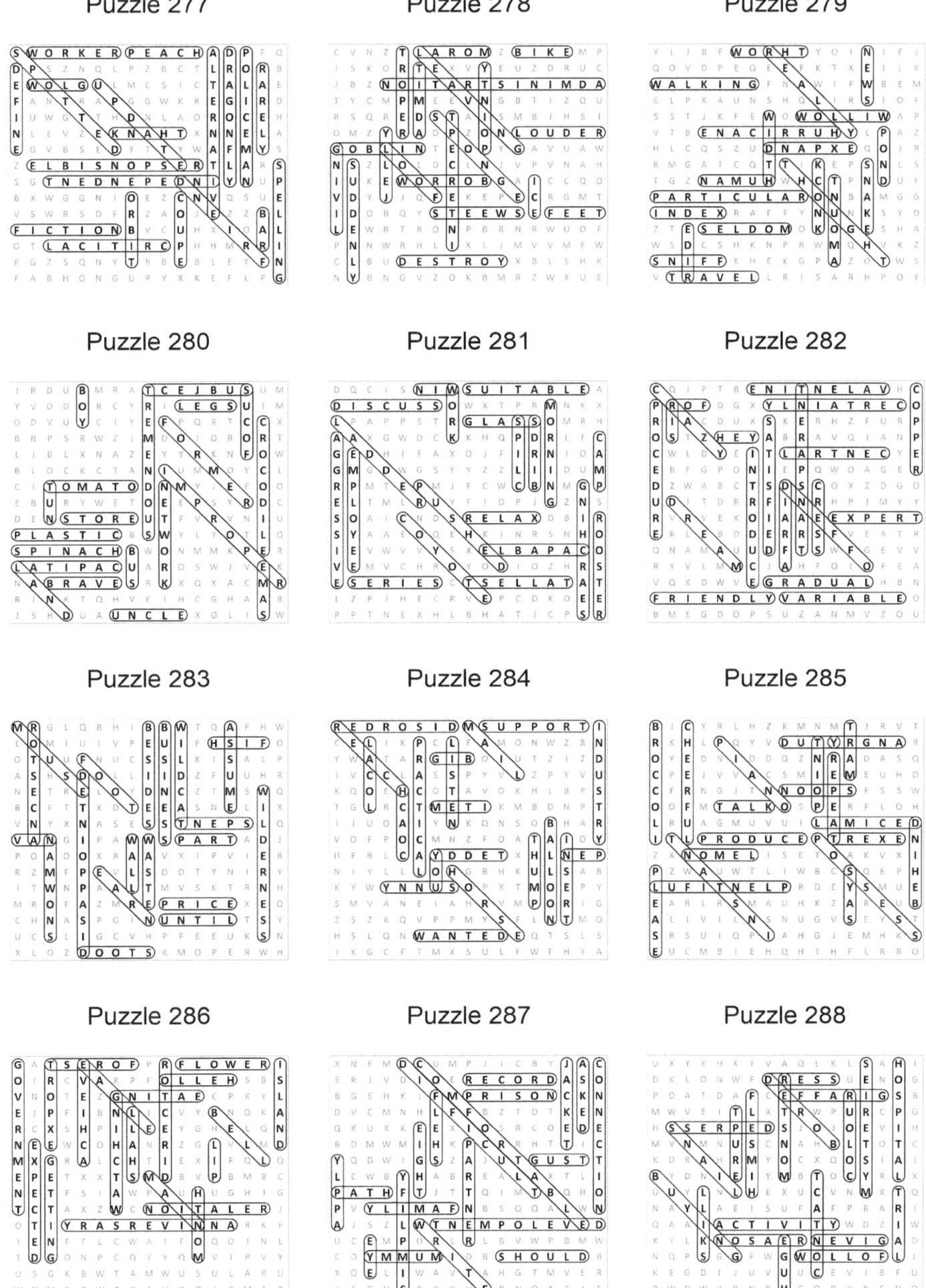

Puzzle 289

Puzzle 290

Puzzle 291

Puzzle 292

Puzzle 293

Puzzle 294

Puzzle 295

Puzzle 296

Puzzle 297

Puzzle 298

Puzzle 299

Puzzle 300

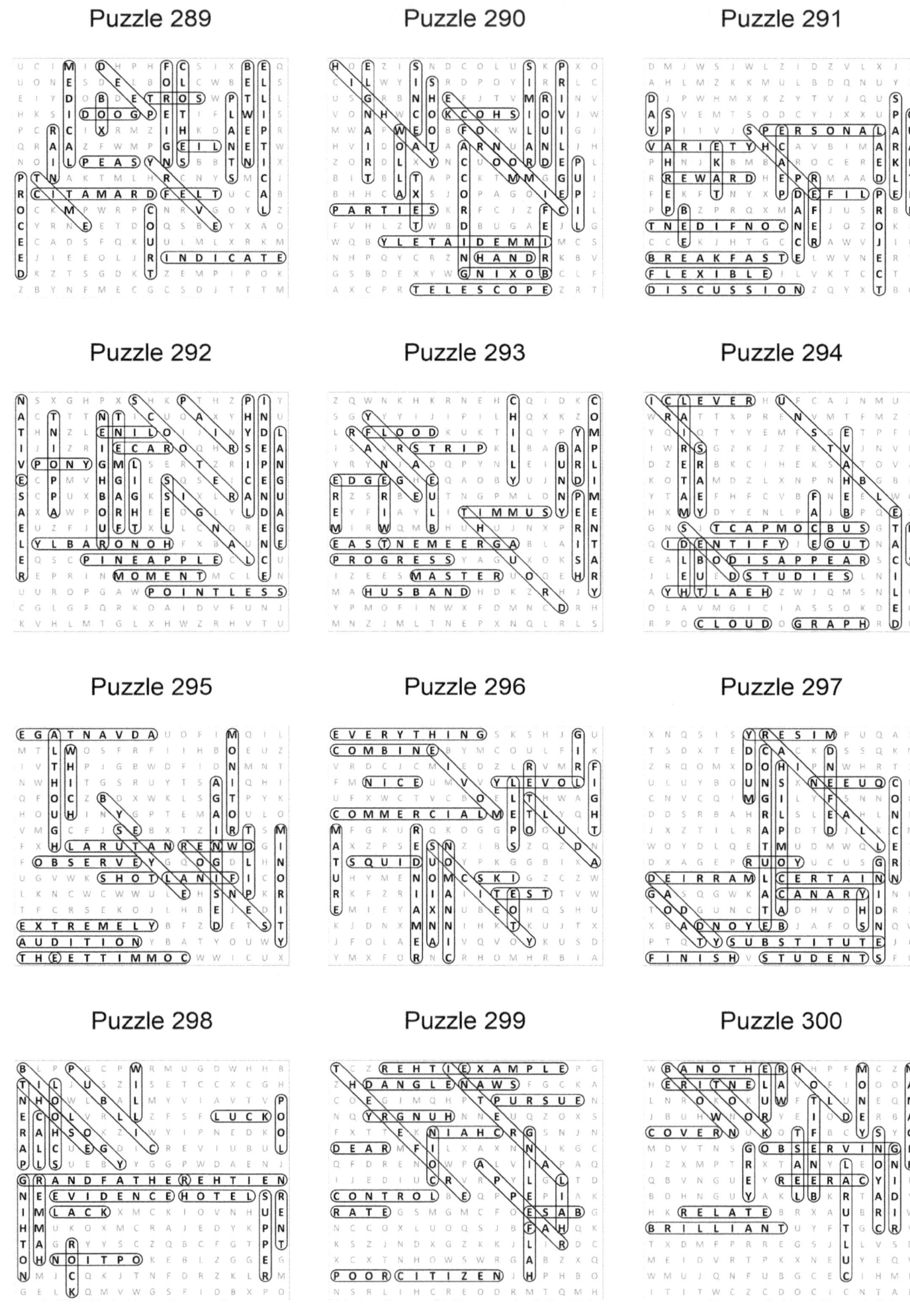

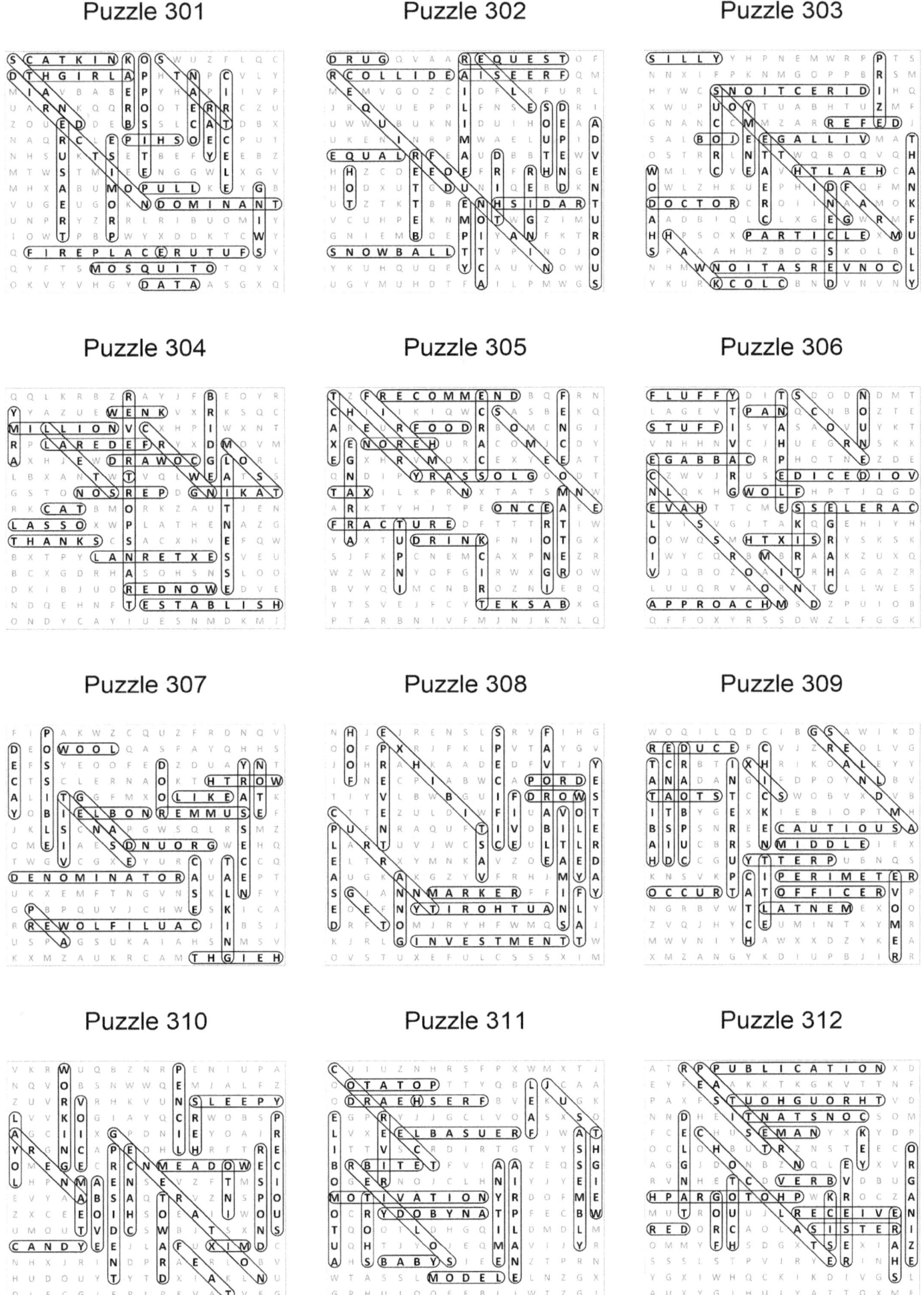

Puzzle 313

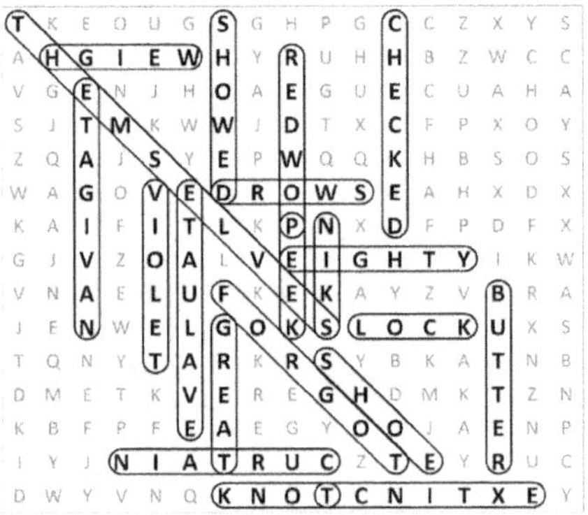

Puzzle 314

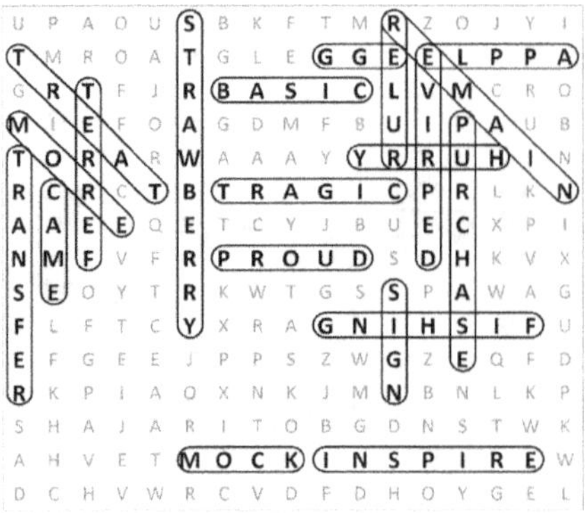

Puzzle 315

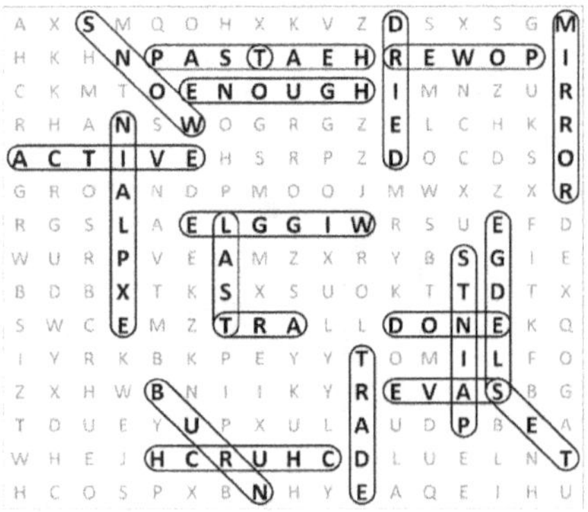

Puzzle 316

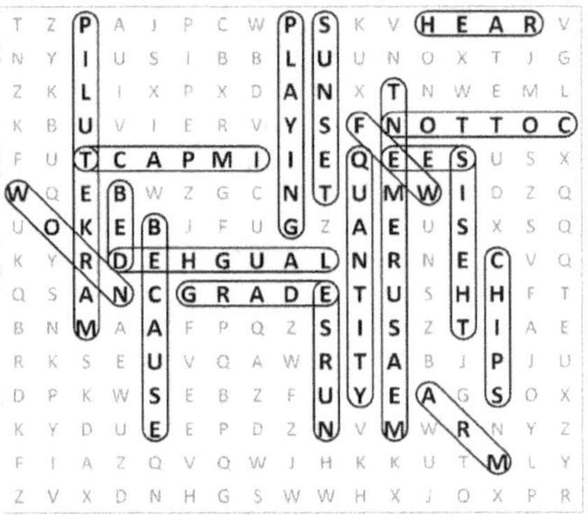

Puzzle 317

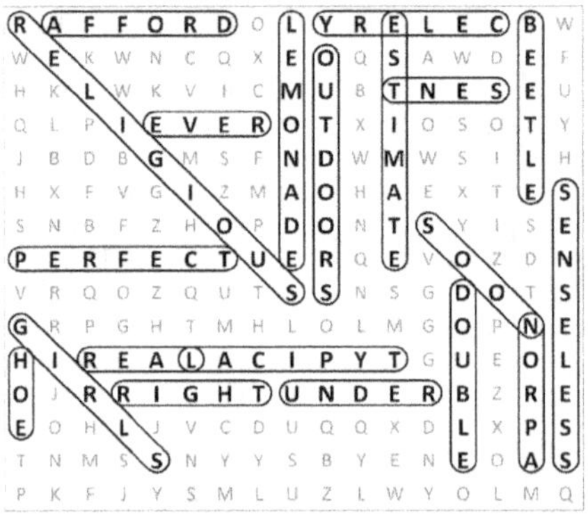

Puzzle 318

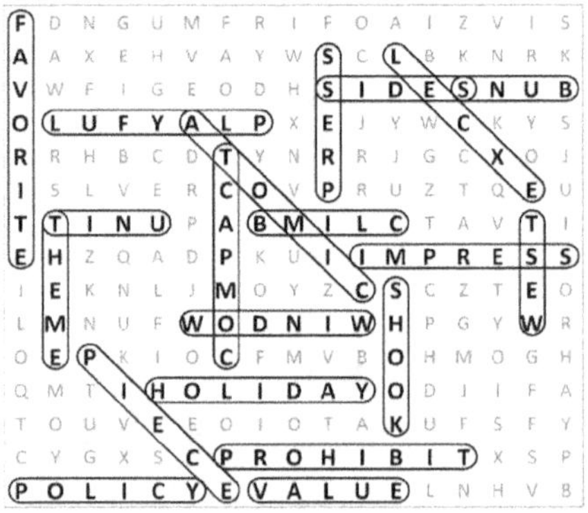

Puzzle 319

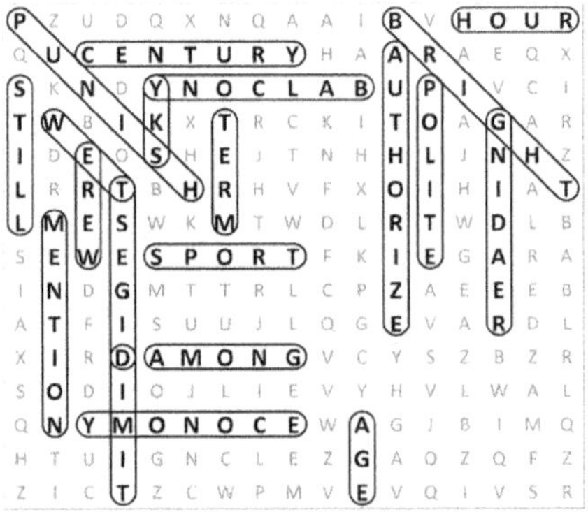

Puzzle 320

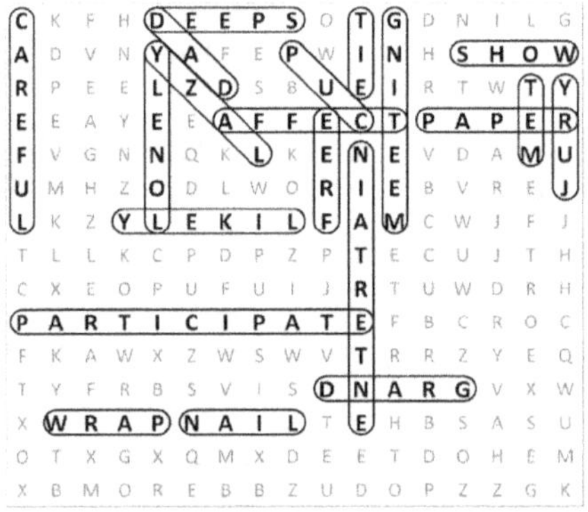

Puzzle 321

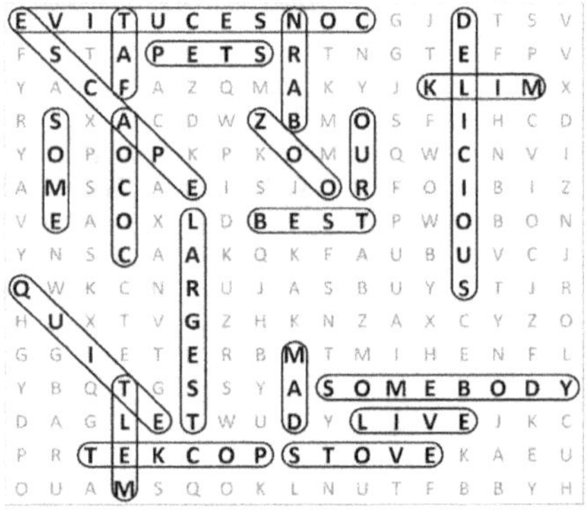

Puzzle 322

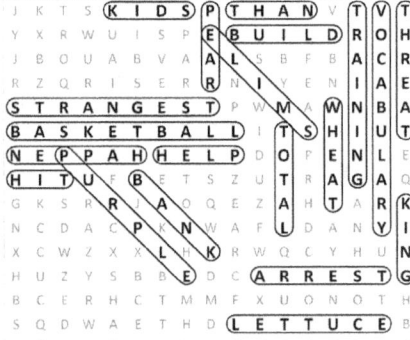

Puzzle 323

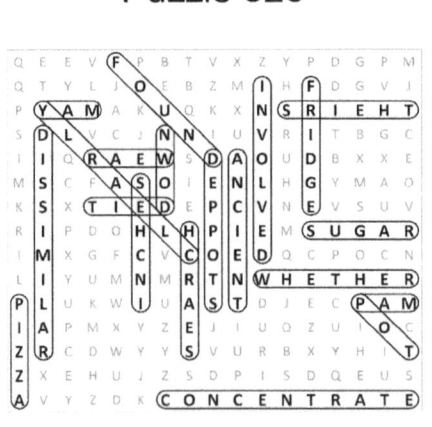

Puzzle 324

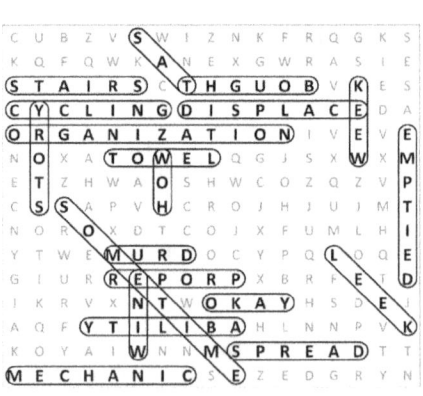

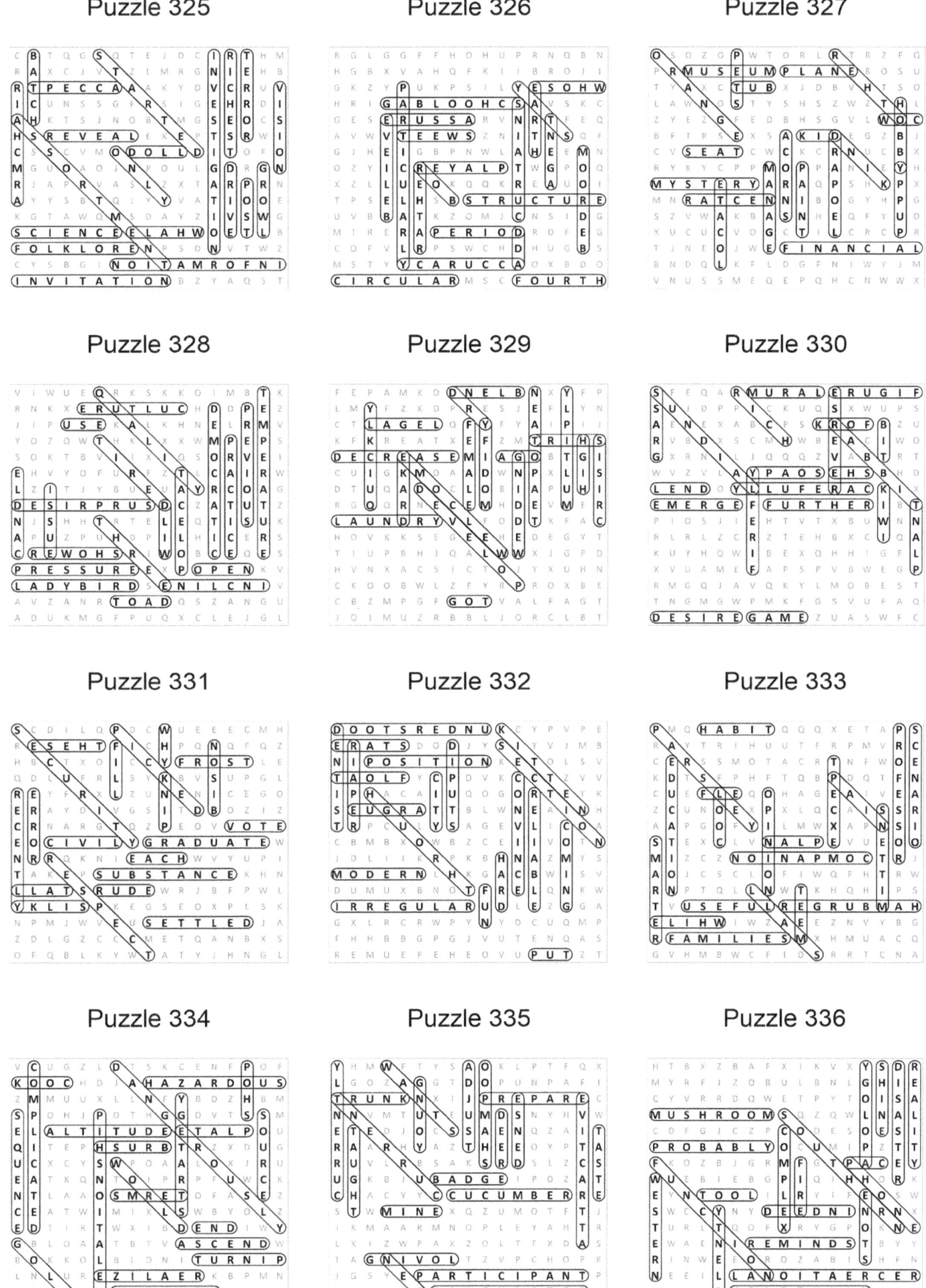

Puzzle 325

Puzzle 326

Puzzle 327

Puzzle 328

Puzzle 329

Puzzle 330

Puzzle 331

Puzzle 332

Puzzle 333

Puzzle 334

Puzzle 335

Puzzle 336

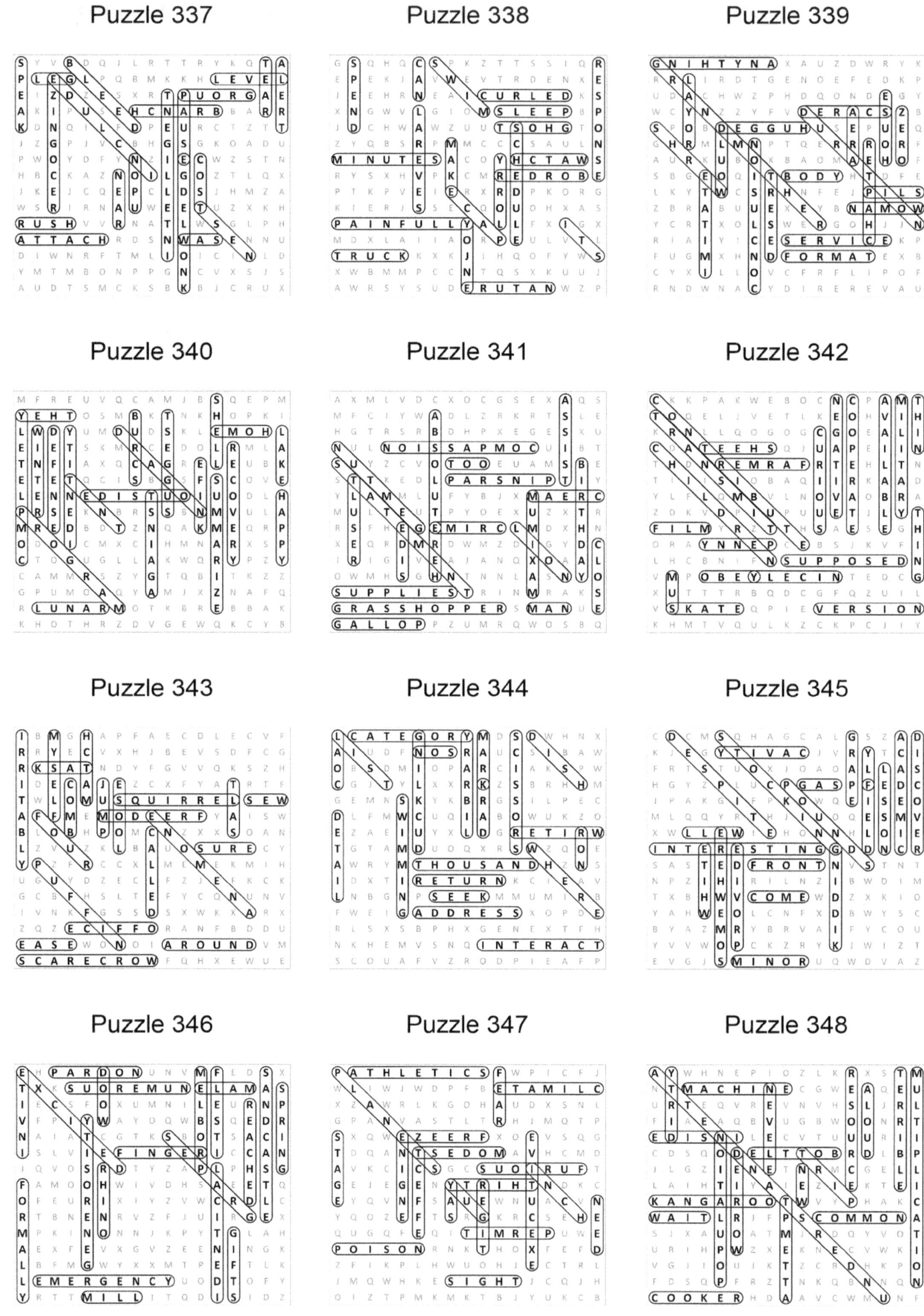

Puzzle 337

Puzzle 338

Puzzle 339

Puzzle 340

Puzzle 341

Puzzle 342

Puzzle 343

Puzzle 344

Puzzle 345

Puzzle 346

Puzzle 347

Puzzle 348

Puzzle 349

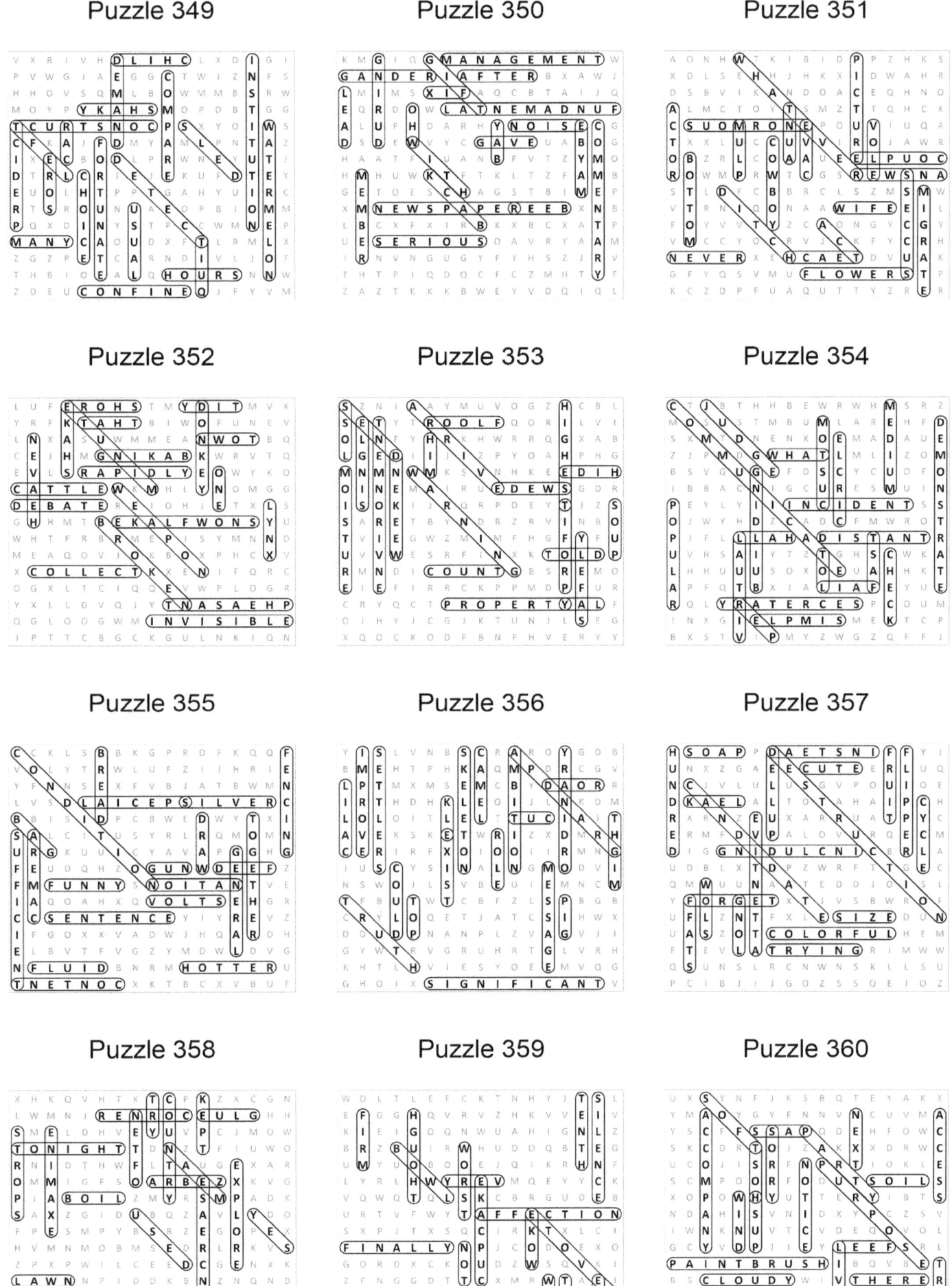

Puzzle 350

Puzzle 351

Puzzle 352

Puzzle 353

Puzzle 354

Puzzle 355

Puzzle 356

Puzzle 357

Puzzle 358

Puzzle 359

Puzzle 360

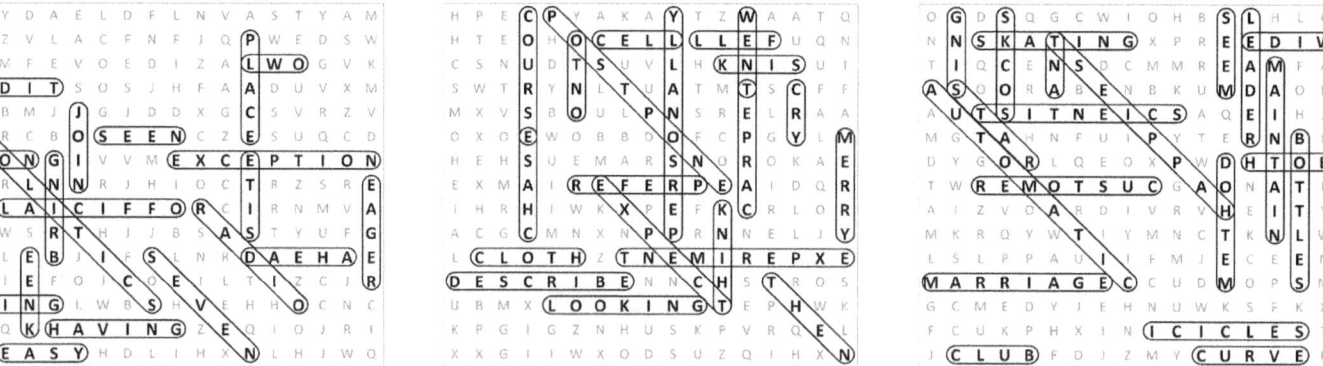

Puzzle 361

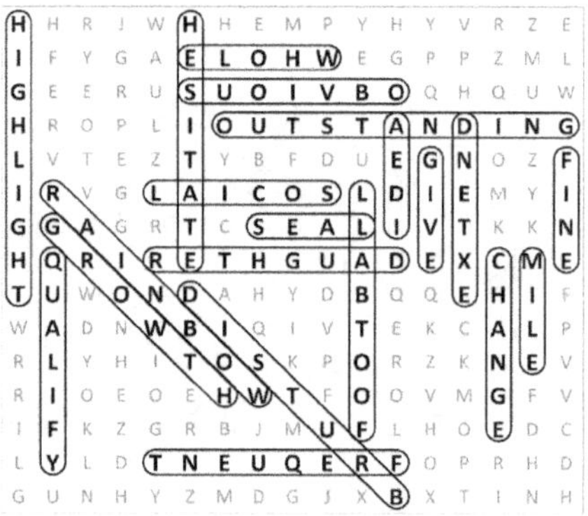

Puzzle 362

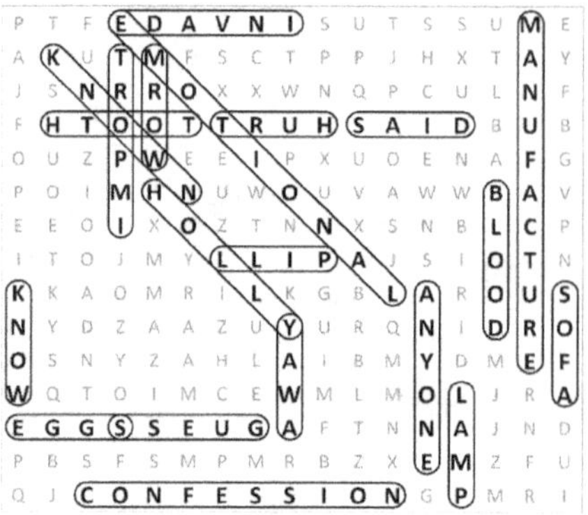

Puzzle 363

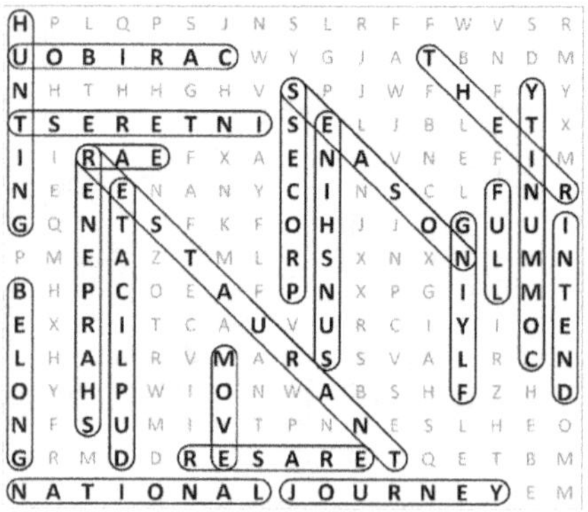

Puzzle 364

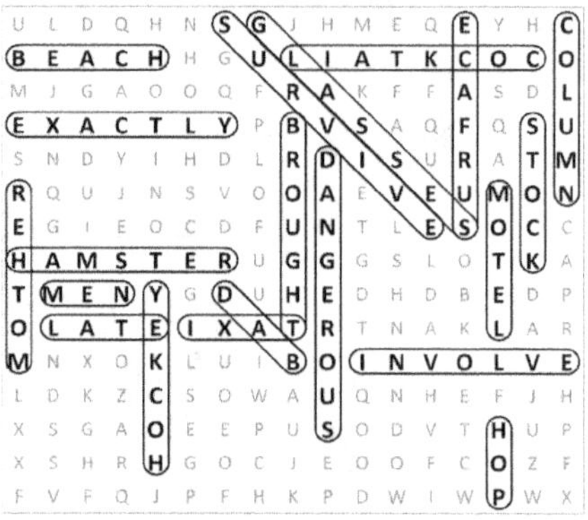

Puzzle 365

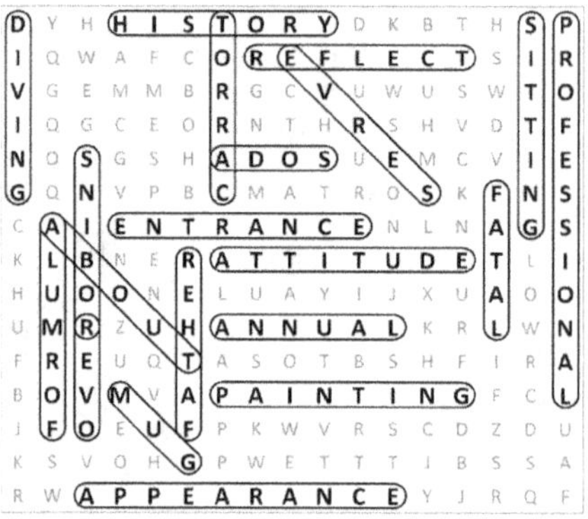

Puzzle 366

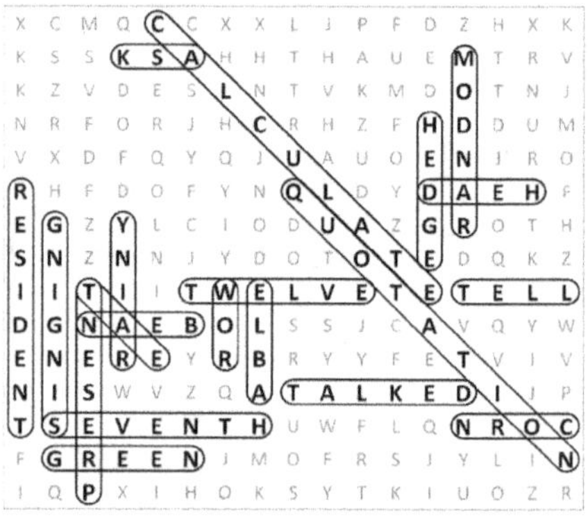

Puzzle 367

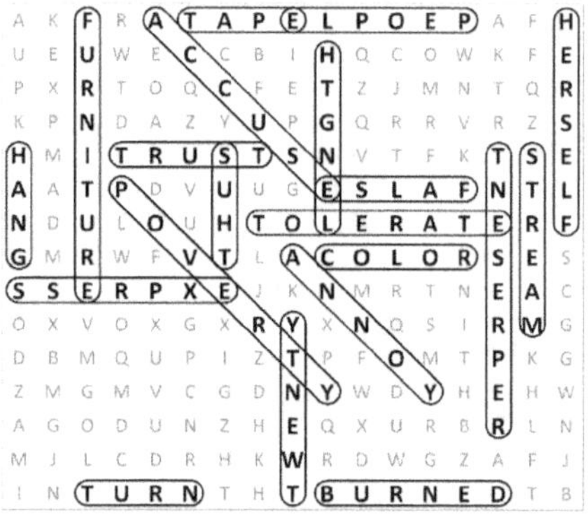

Puzzle 368

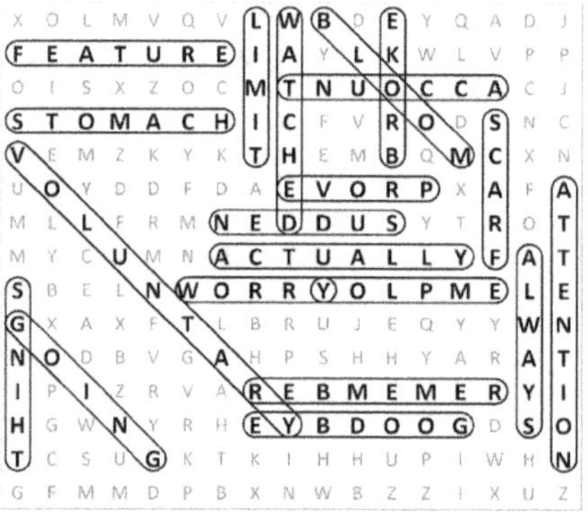

Puzzle 369

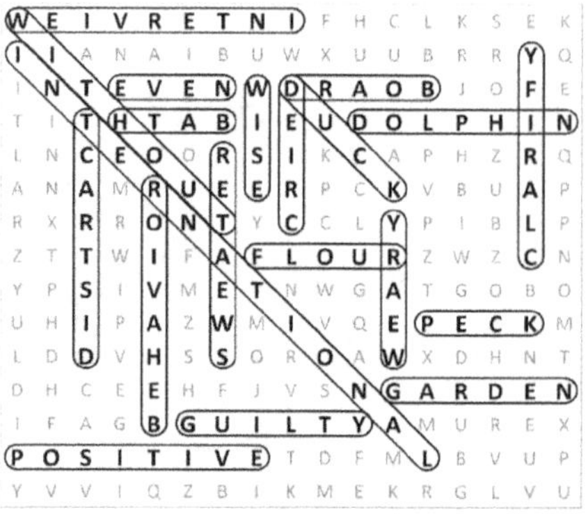

Puzzle 370

Puzzle 371

Puzzle 372

Puzzle 373

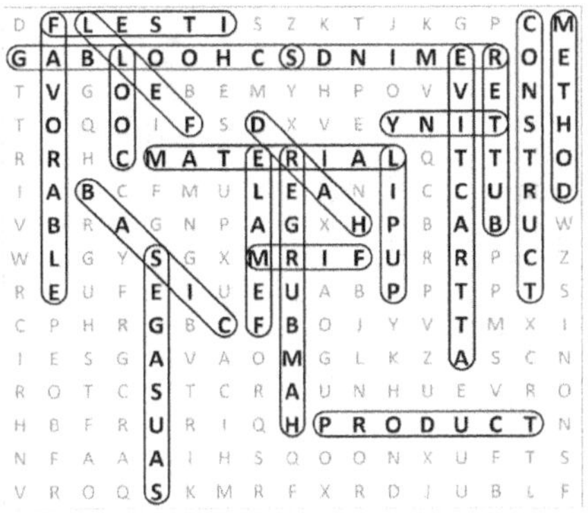

Puzzle 374

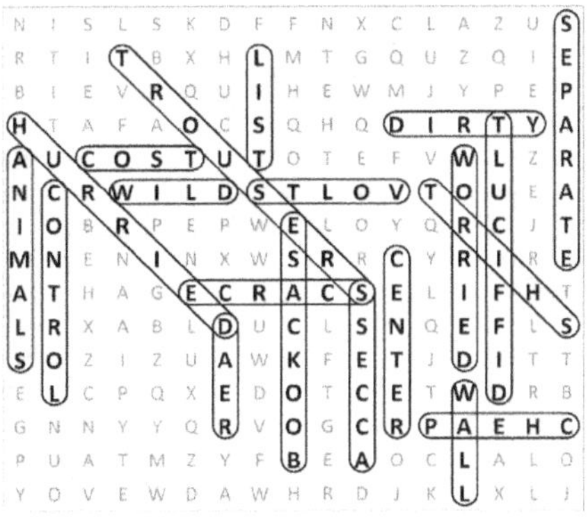

Puzzle 375

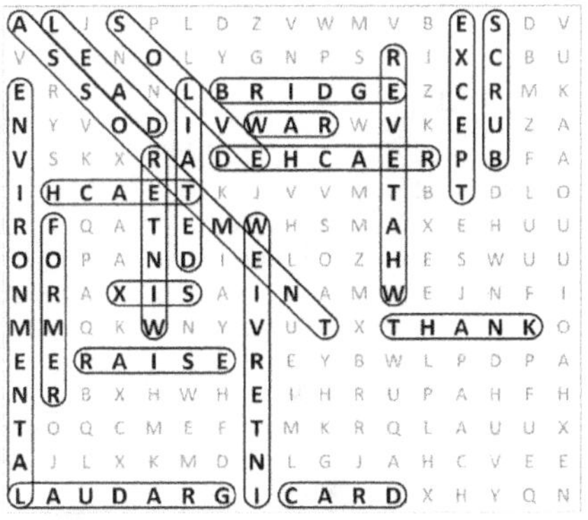

Puzzle 376

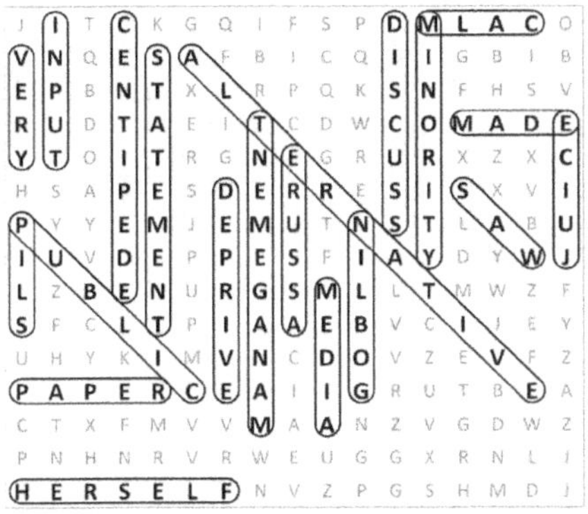

Puzzle 377

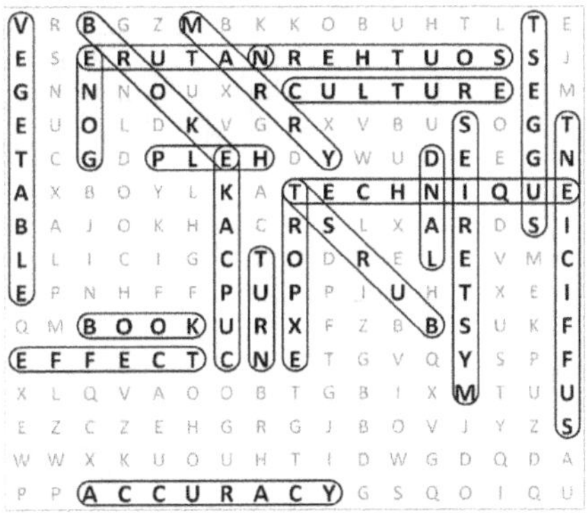

Puzzle 378

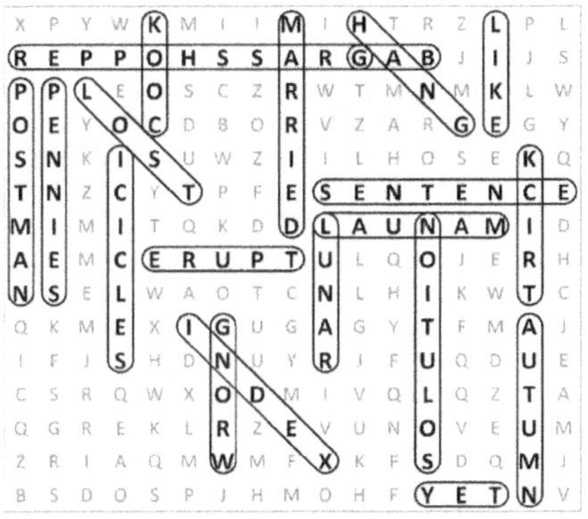

Puzzle 379

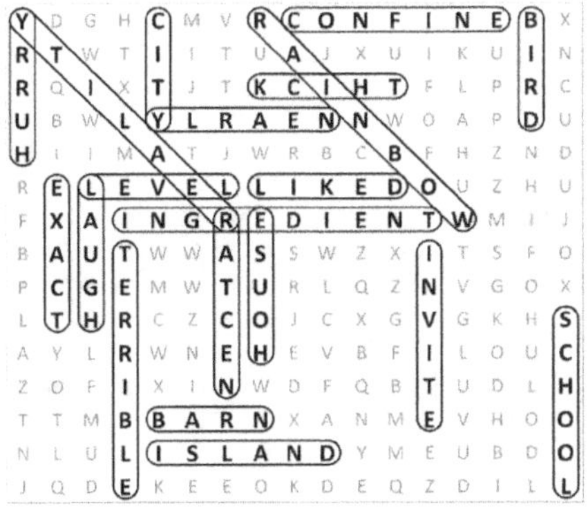

Puzzle 380

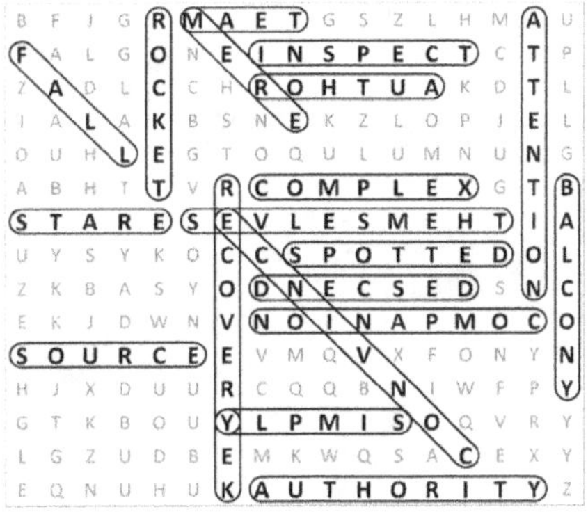

Puzzle 381

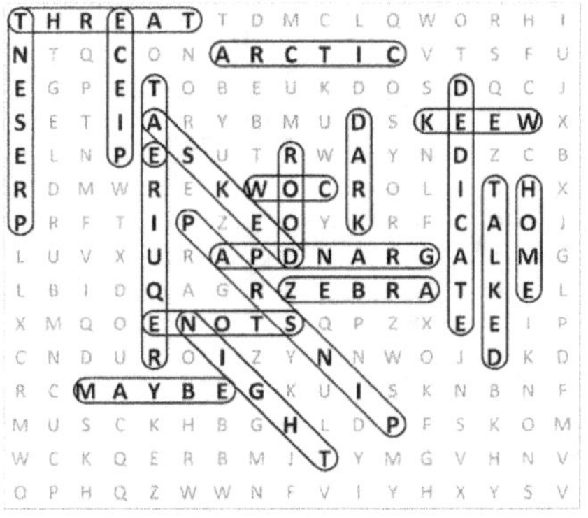

Puzzle 382

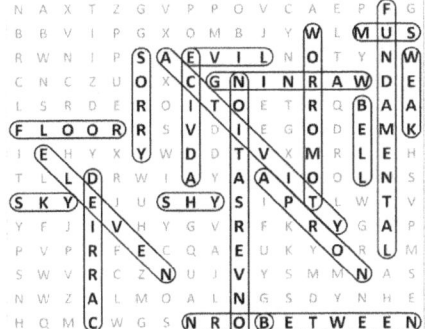

Puzzle 383

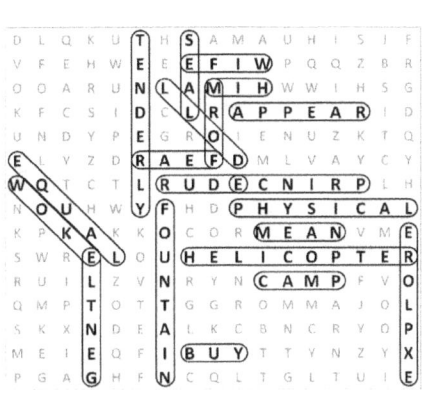

Puzzle 384

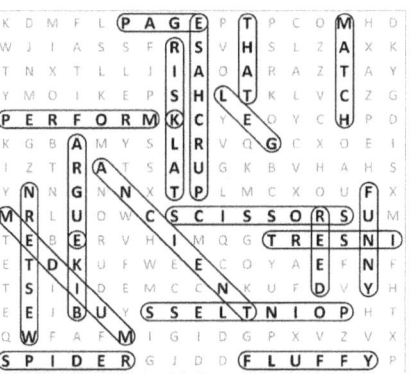

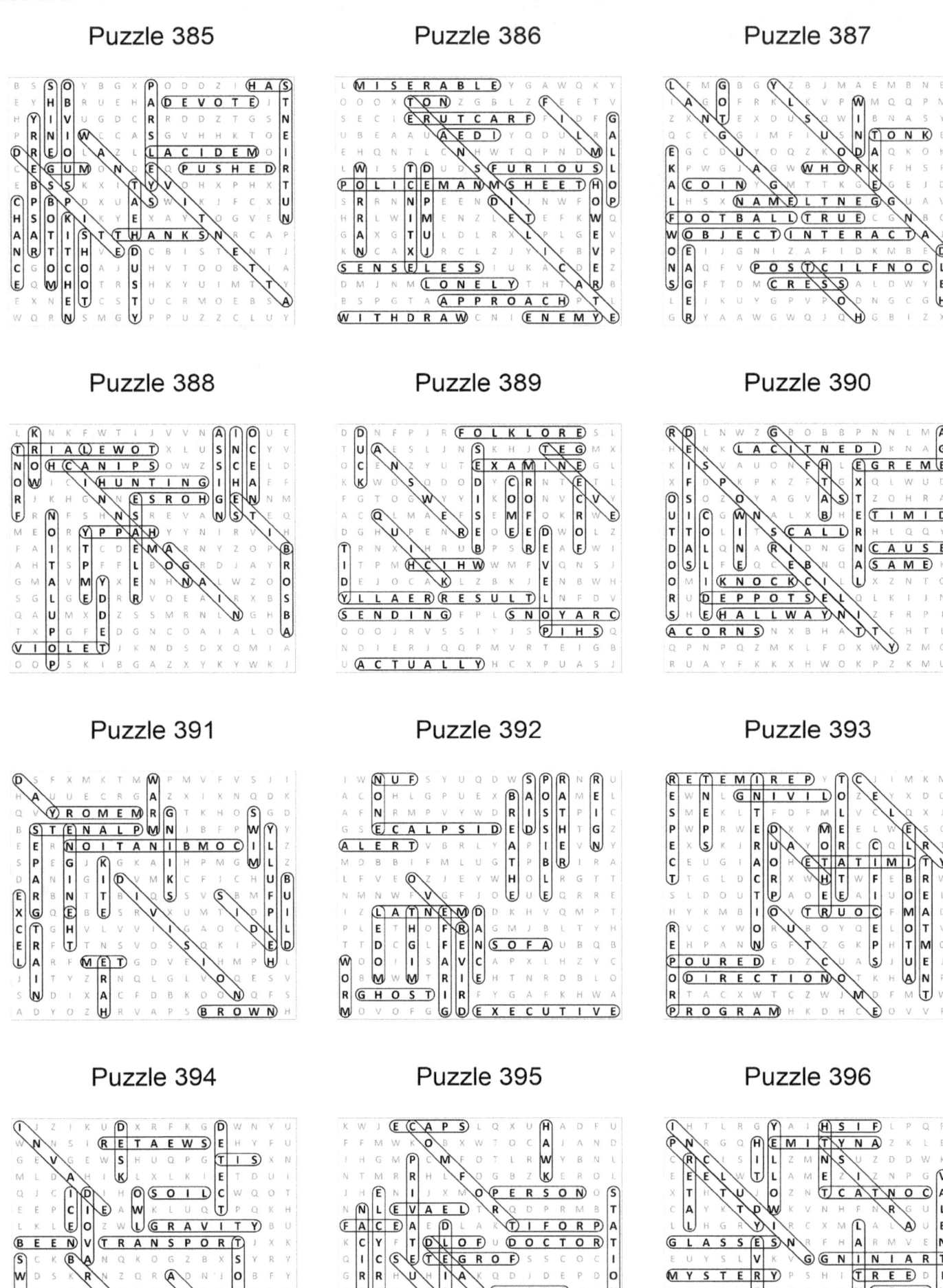

Puzzle 385

Puzzle 386

Puzzle 387

Puzzle 388

Puzzle 389

Puzzle 390

Puzzle 391

Puzzle 392

Puzzle 393

Puzzle 394

Puzzle 395

Puzzle 396

Puzzle 397

Puzzle 398

Puzzle 399

Puzzle 400

Puzzle 401

Puzzle 402

Puzzle 403

Puzzle 404

Puzzle 405

Puzzle 406

Puzzle 407

Puzzle 408

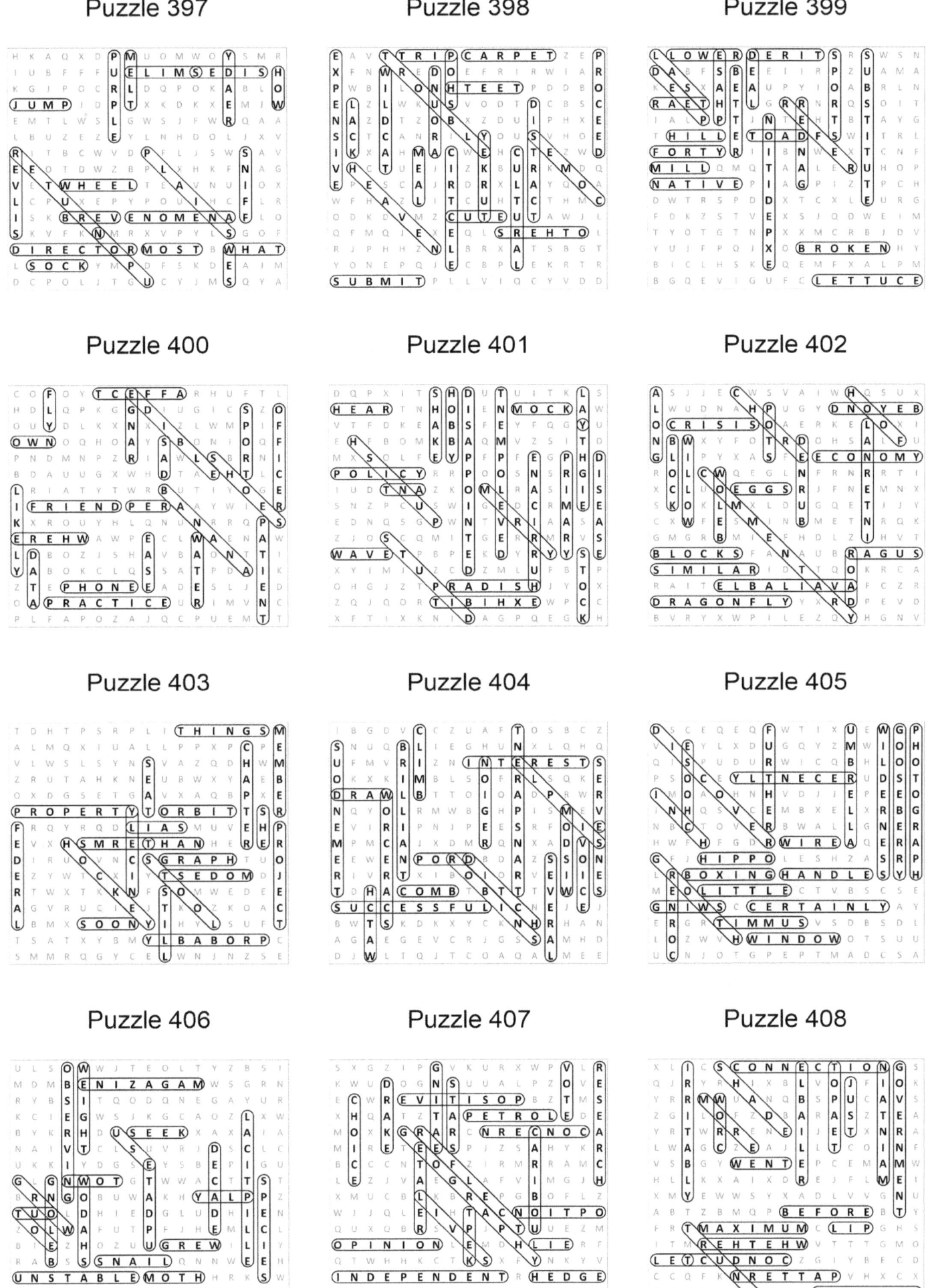

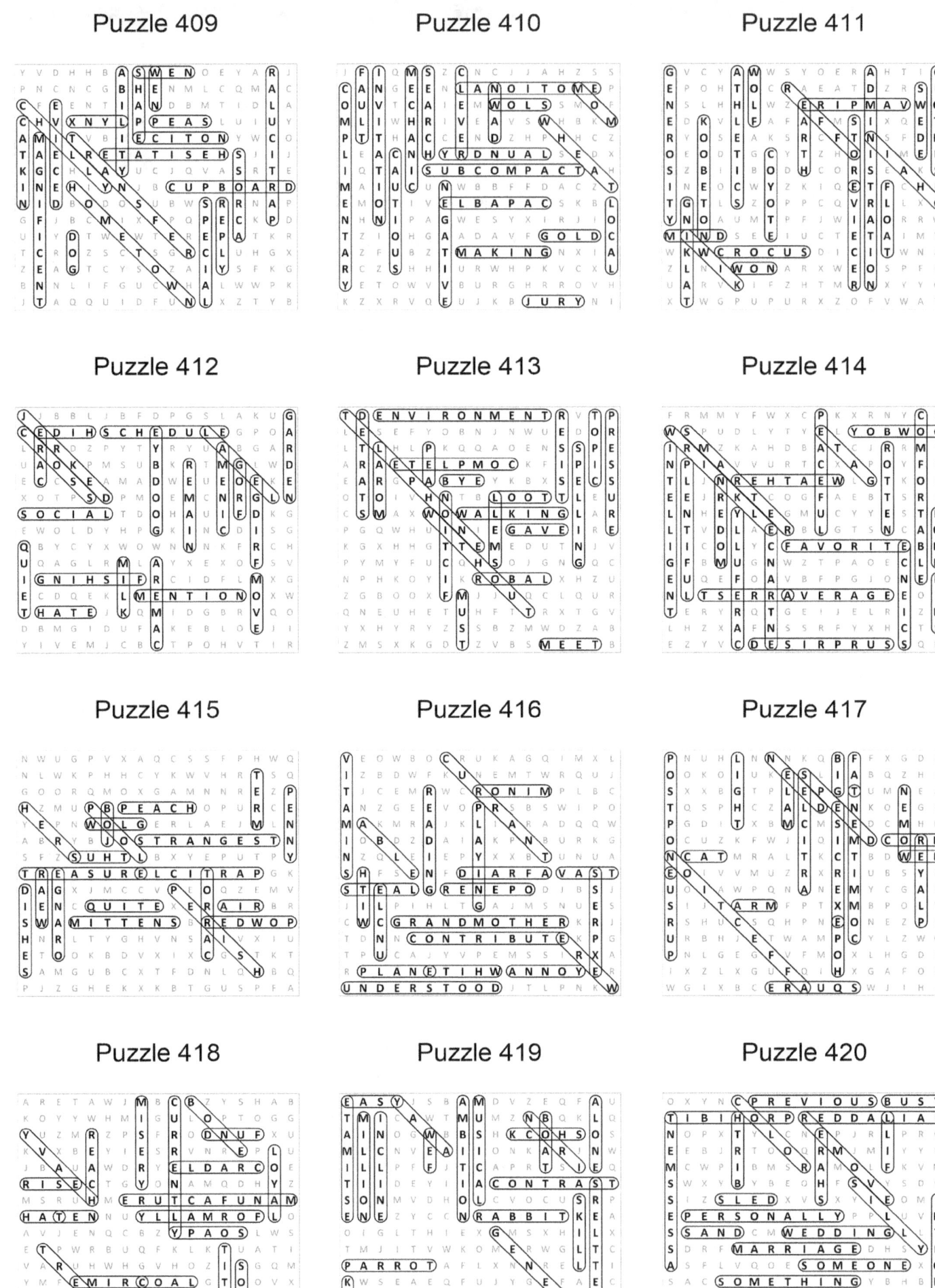

Puzzle 421

Puzzle 422

Puzzle 423

Puzzle 424

Puzzle 425

Puzzle 426

Puzzle 427

Puzzle 428

Puzzle 429

Puzzle 430

Puzzle 431

Puzzle 432

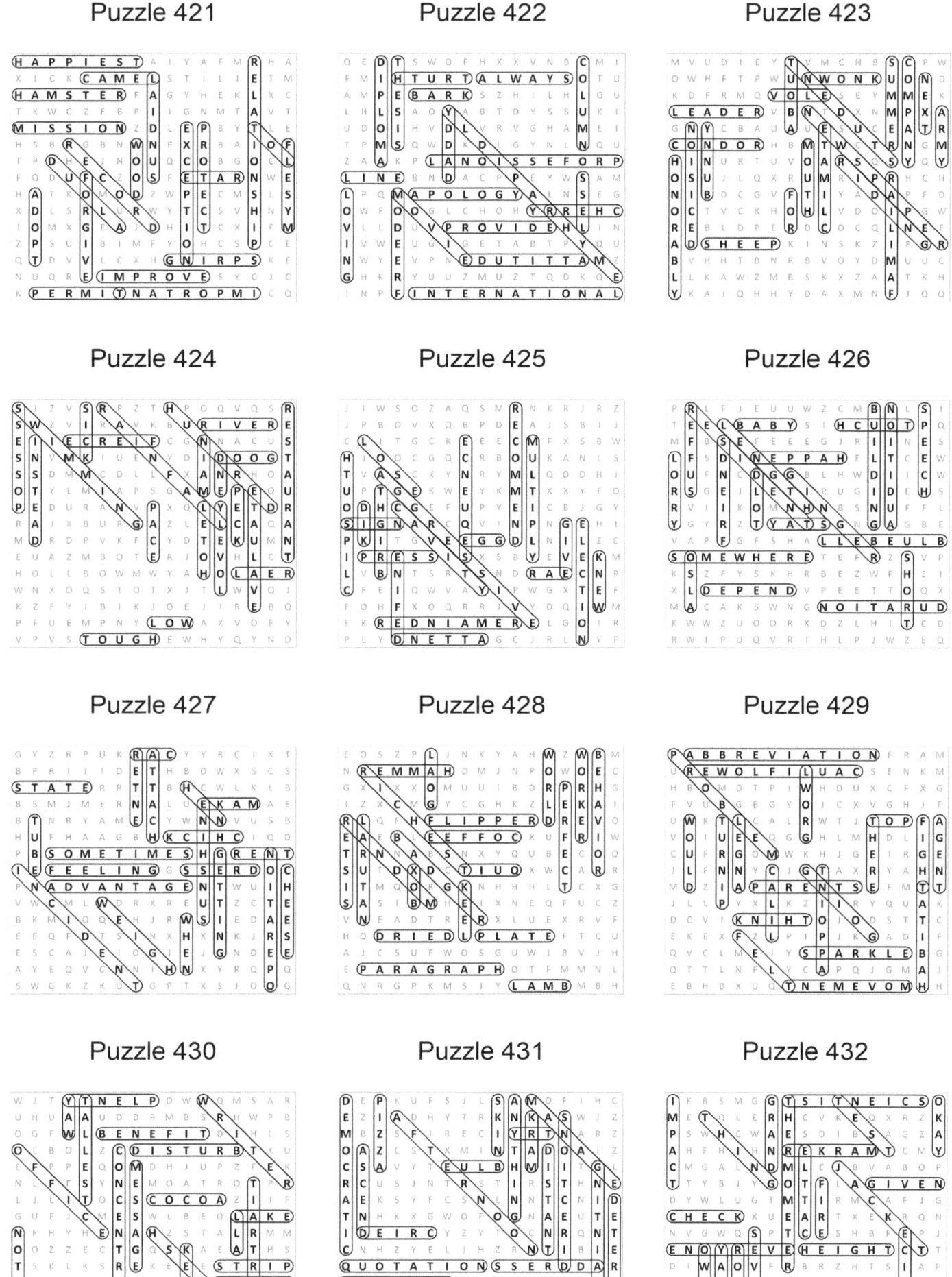

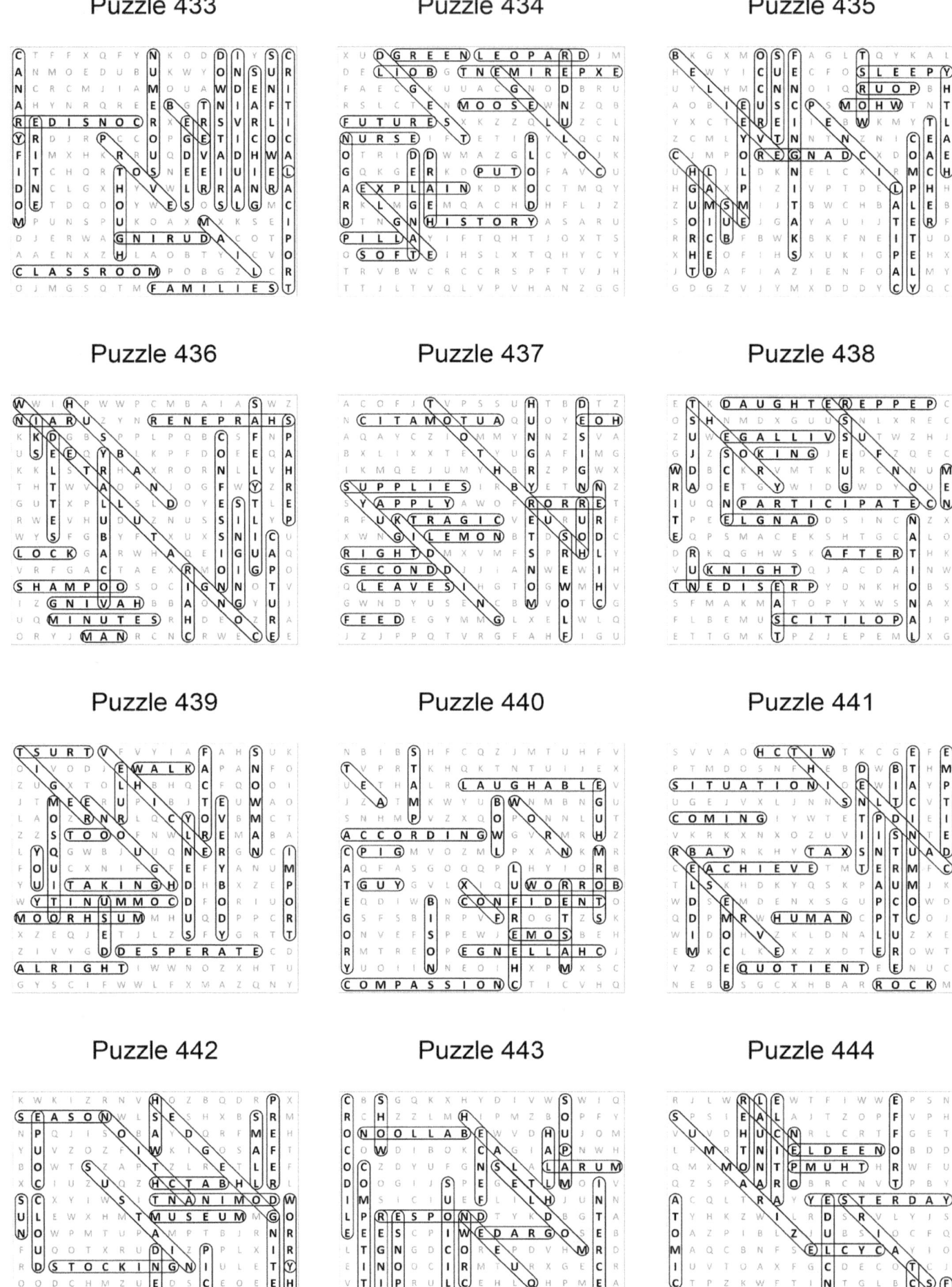

Puzzle 433

Puzzle 434

Puzzle 435

Puzzle 436

Puzzle 437

Puzzle 438

Puzzle 439

Puzzle 440

Puzzle 441

Puzzle 442

Puzzle 443

Puzzle 444

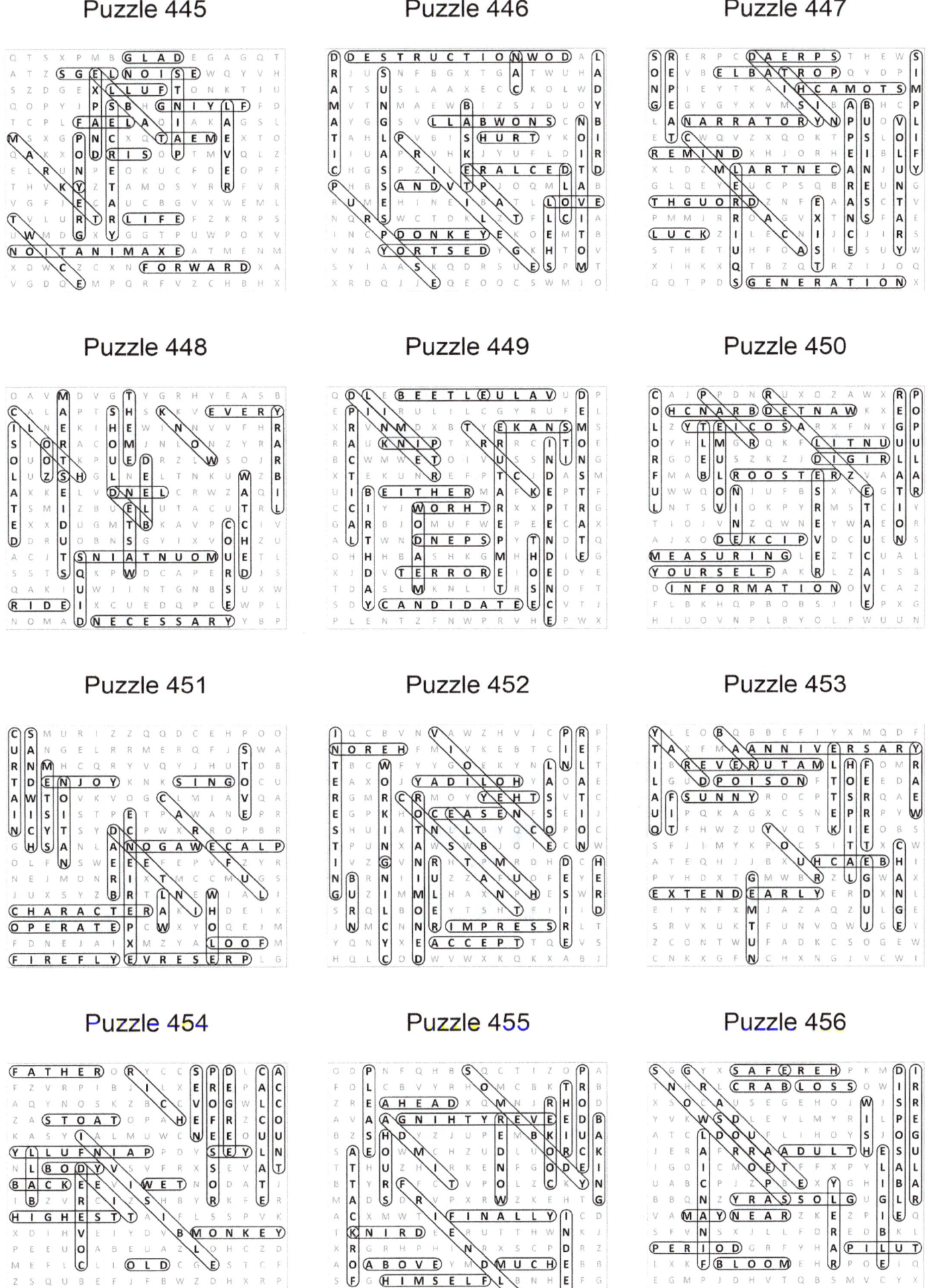

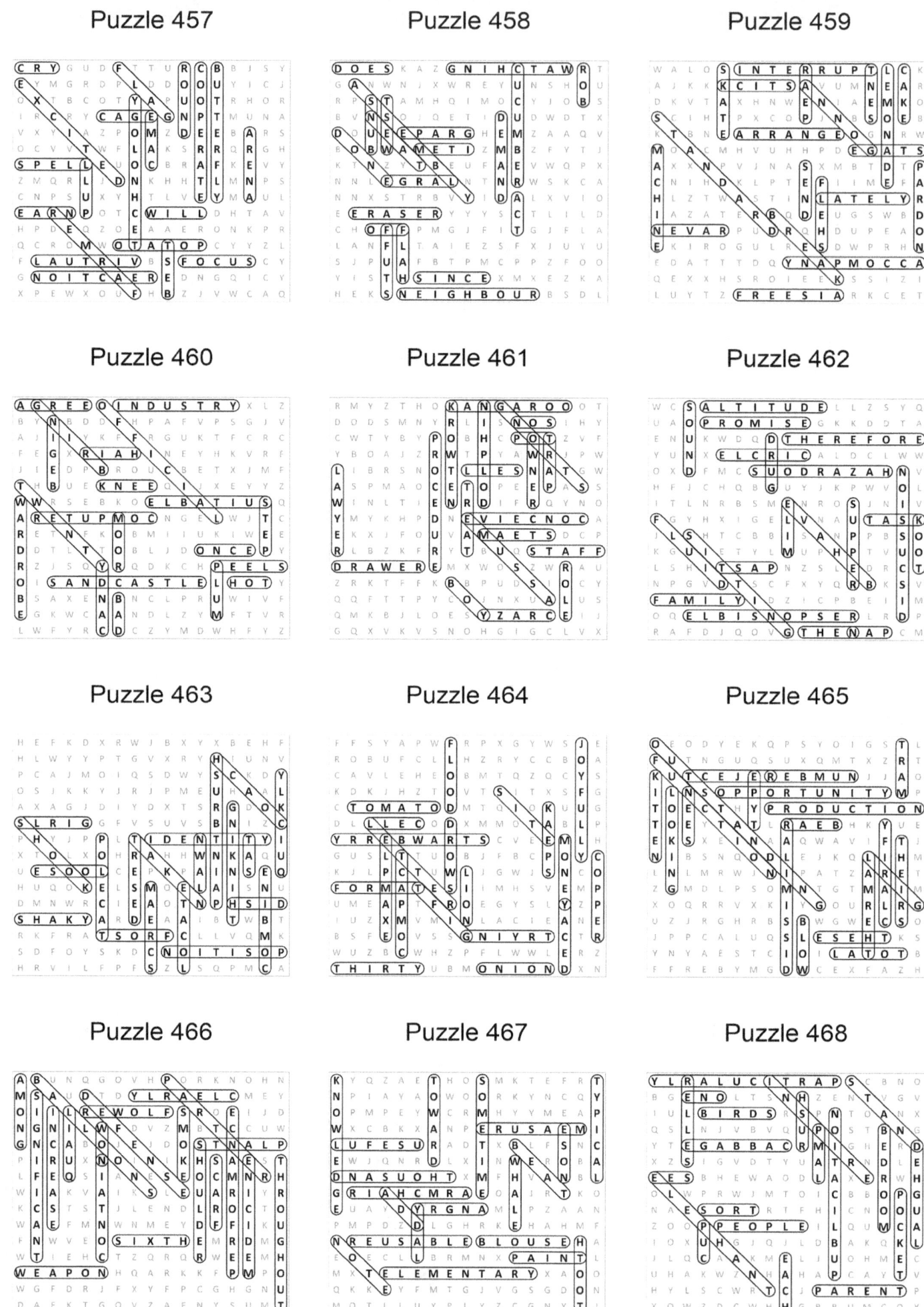

Puzzle 457

Puzzle 458

Puzzle 459

Puzzle 460

Puzzle 461

Puzzle 462

Puzzle 463

Puzzle 464

Puzzle 465

Puzzle 466

Puzzle 467

Puzzle 468

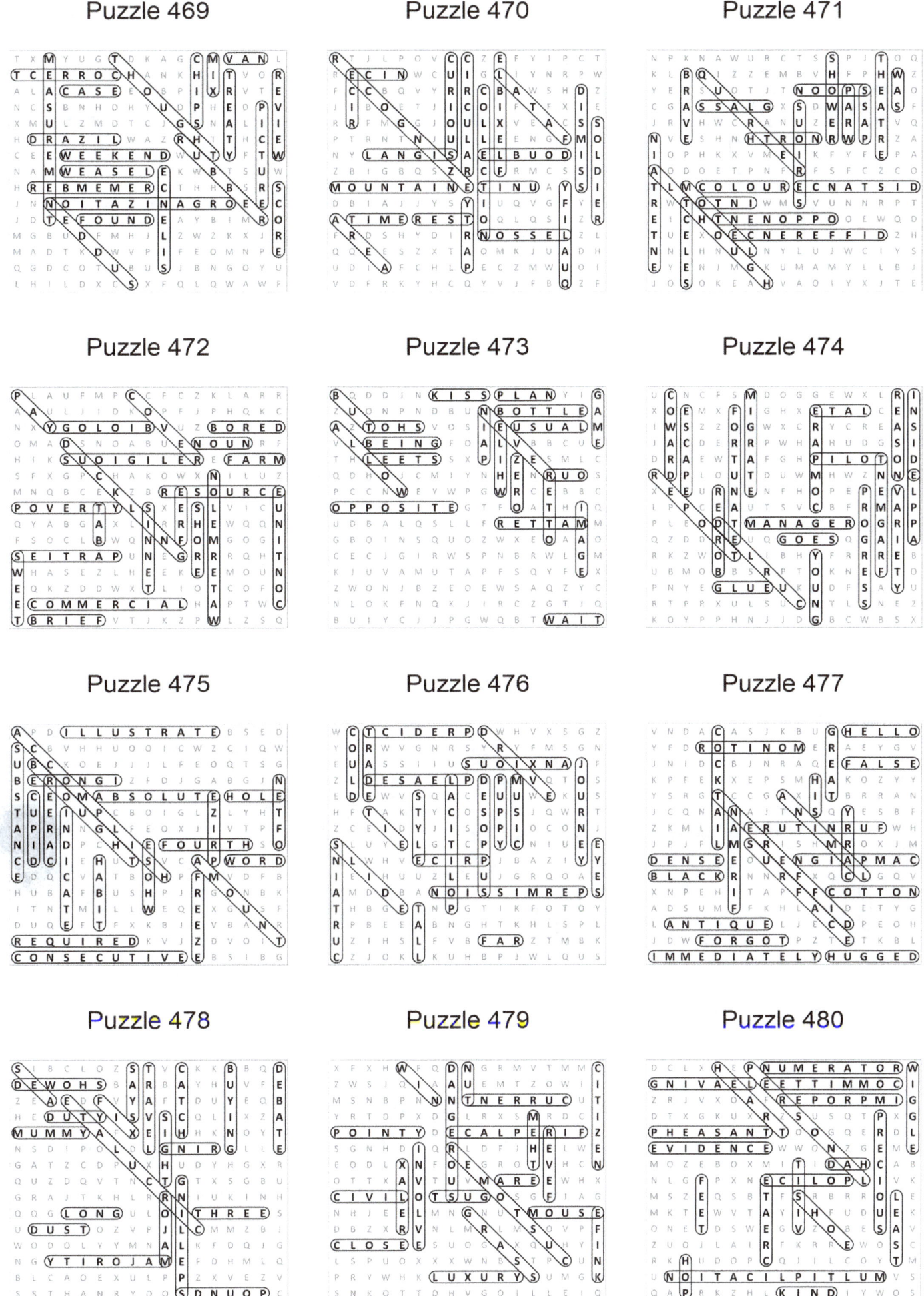

Puzzle 469

Puzzle 470

Puzzle 471

Puzzle 472

Puzzle 473

Puzzle 474

Puzzle 475

Puzzle 476

Puzzle 477

Puzzle 478

Puzzle 479

Puzzle 480

Puzzle 481

Puzzle 482

Puzzle 483

Puzzle 484

Puzzle 485

Puzzle 486

Puzzle 487

Puzzle 488

Puzzle 489

Puzzle 490

Puzzle 491

Puzzle 492

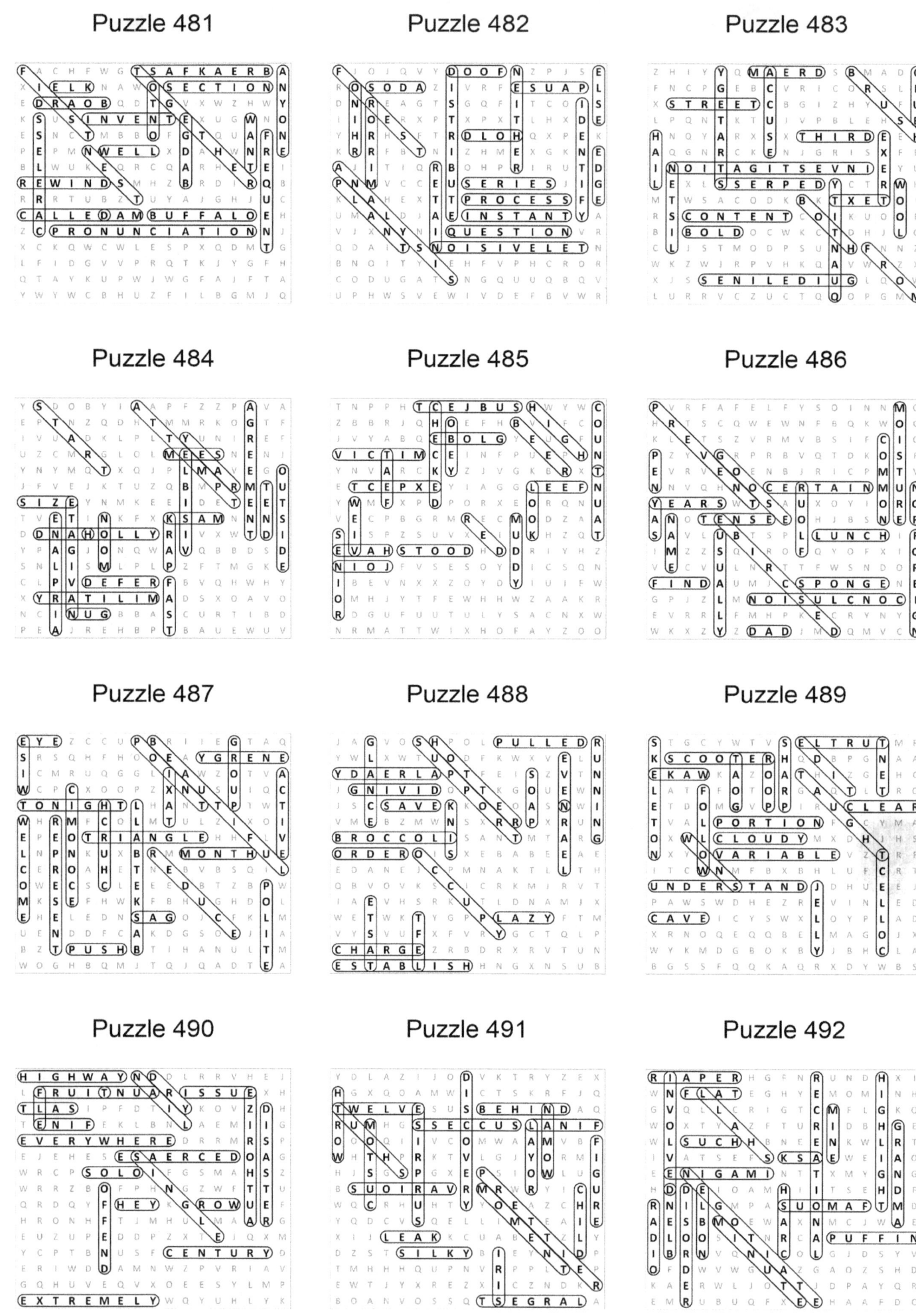

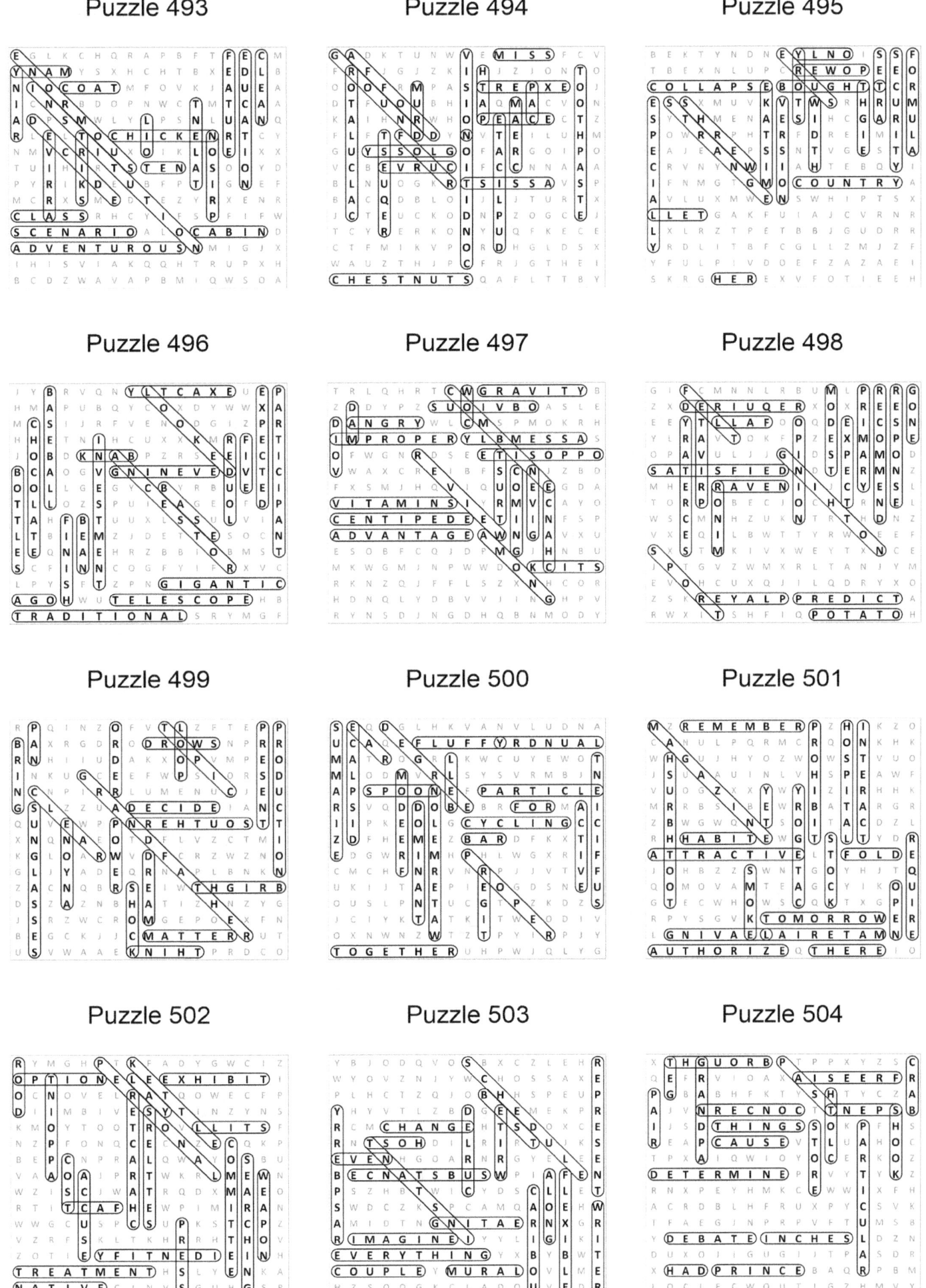

Puzzle 493

Puzzle 494

Puzzle 495

Puzzle 496

Puzzle 497

Puzzle 498

Puzzle 499

Puzzle 500

Puzzle 501

Puzzle 502

Puzzle 503

Puzzle 504

Puzzle 505

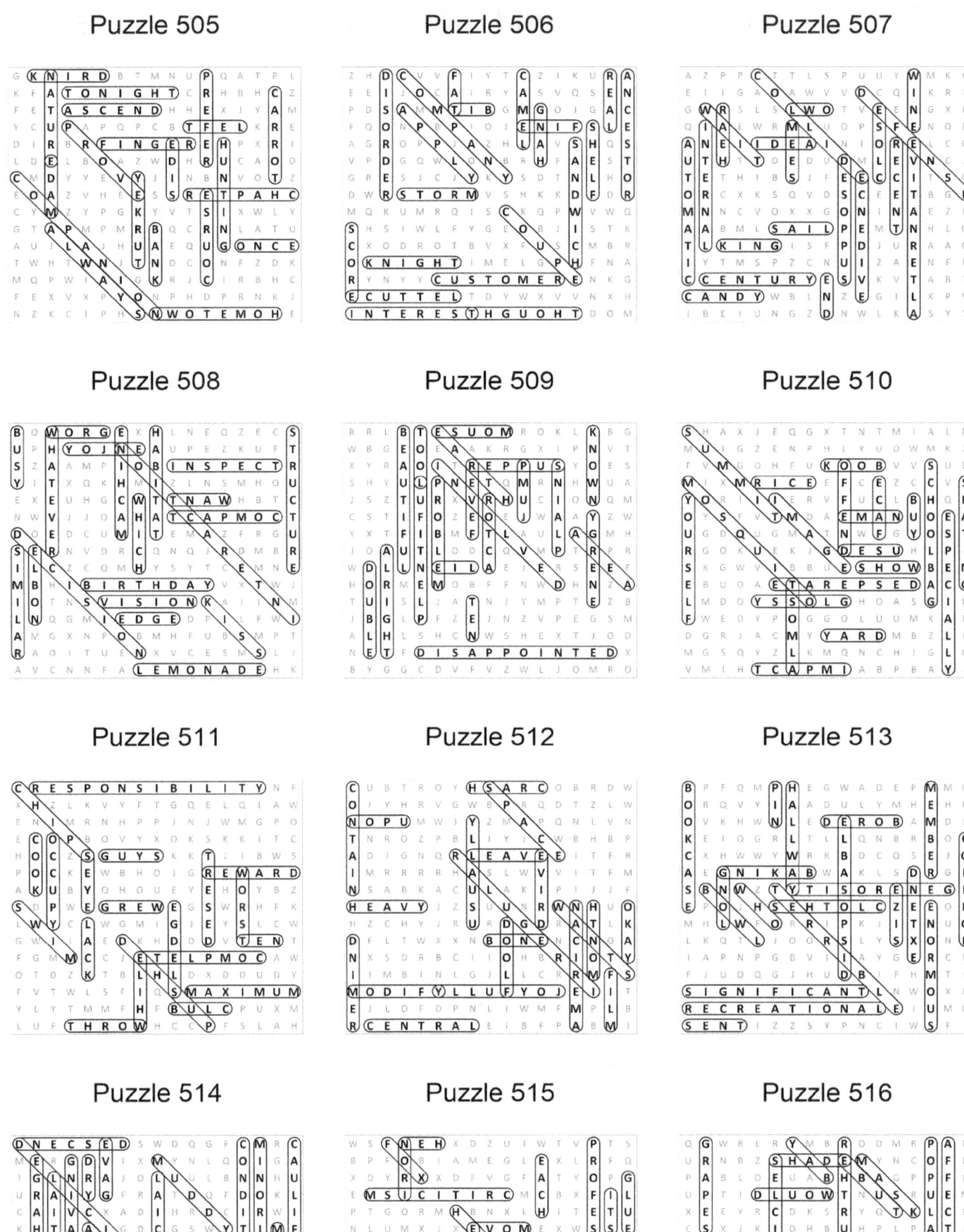

Puzzle 506

Puzzle 507

Puzzle 508

Puzzle 509

Puzzle 510

Puzzle 511

Puzzle 512

Puzzle 513

Puzzle 514

Puzzle 515

Puzzle 516

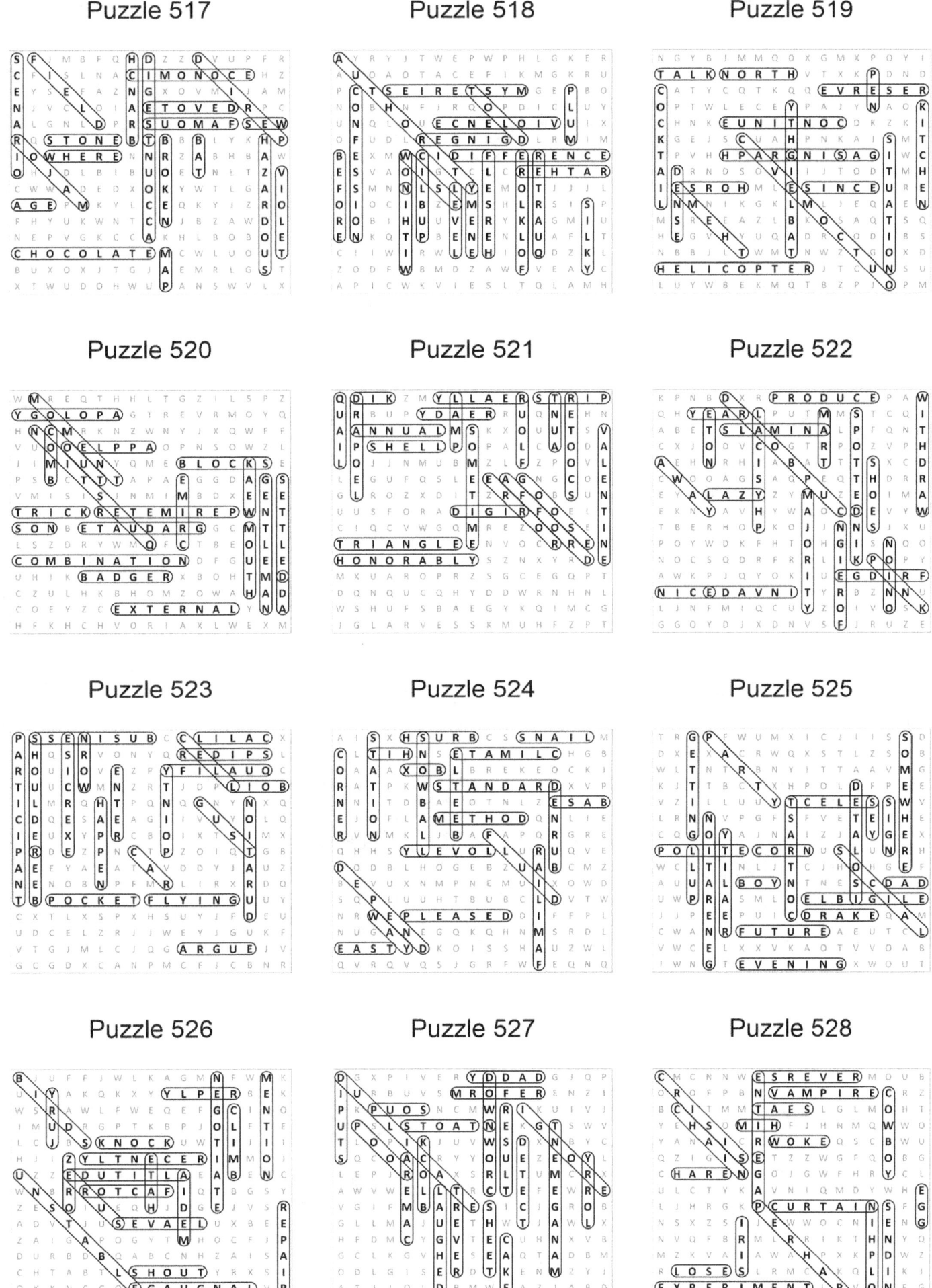

Puzzle 517

Puzzle 518

Puzzle 519

Puzzle 520

Puzzle 521

Puzzle 522

Puzzle 523

Puzzle 524

Puzzle 525

Puzzle 526

Puzzle 527

Puzzle 528

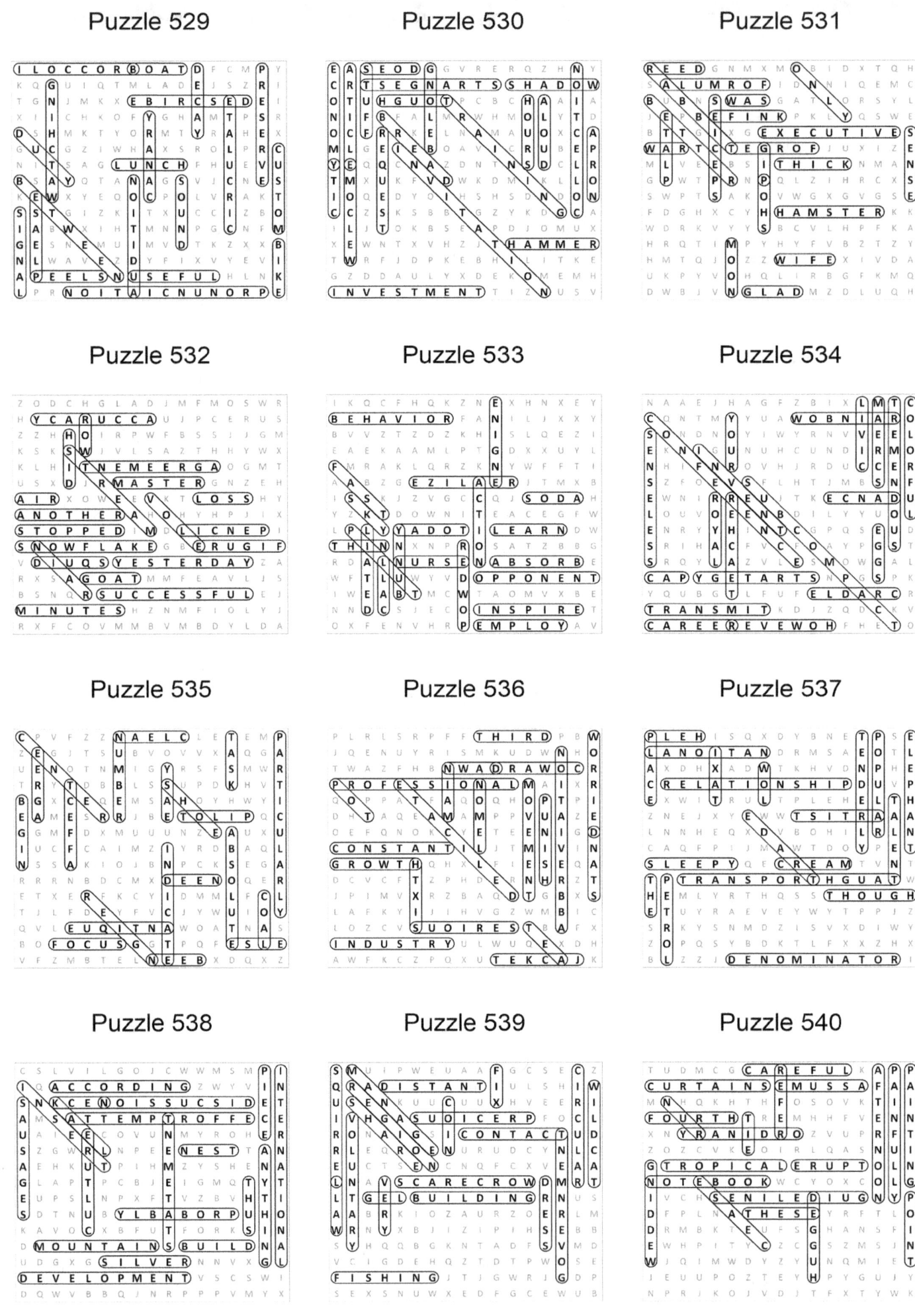

Puzzle 529

Puzzle 530

Puzzle 531

Puzzle 532

Puzzle 533

Puzzle 534

Puzzle 535

Puzzle 536

Puzzle 537

Puzzle 538

Puzzle 539

Puzzle 540

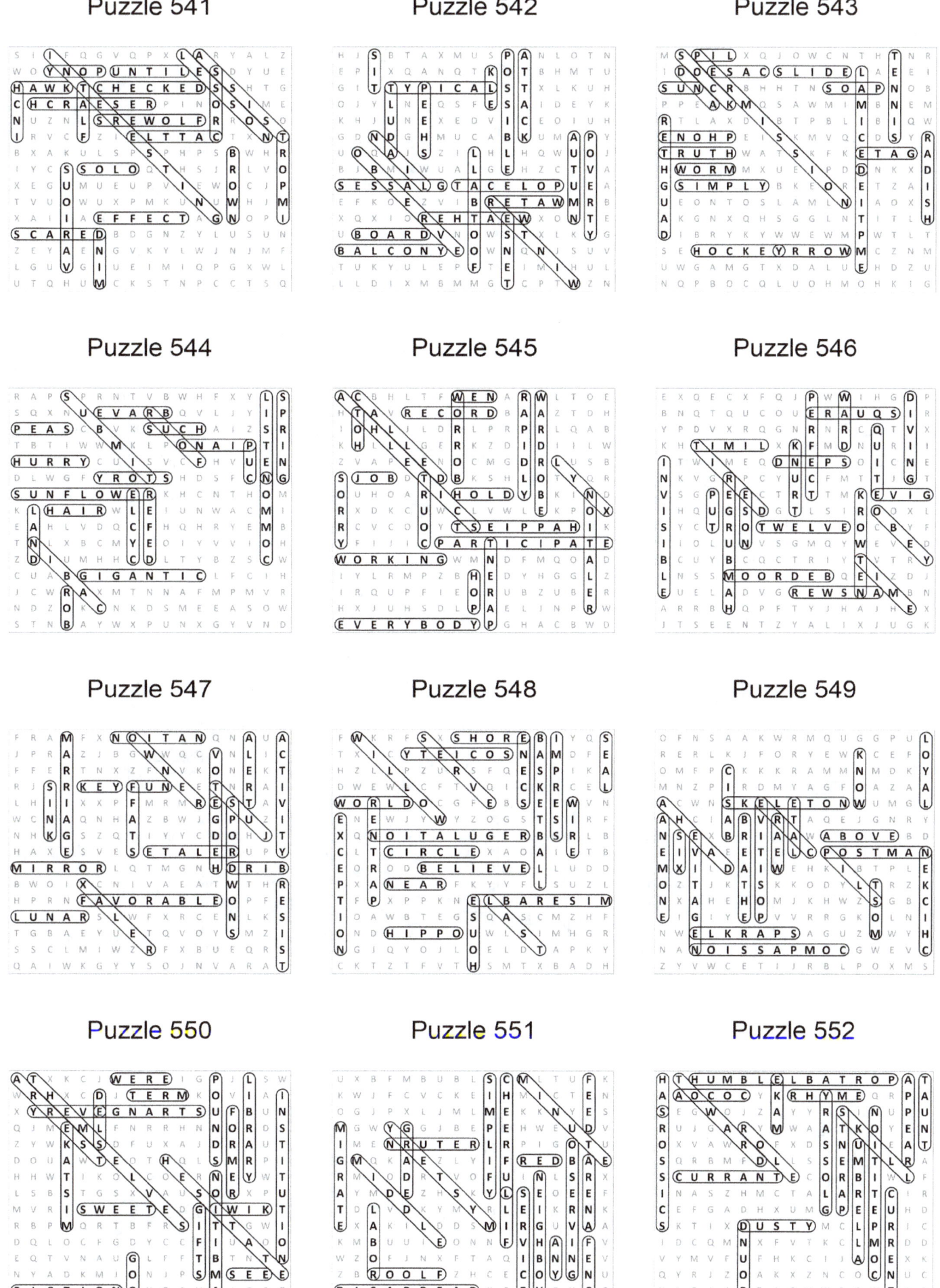

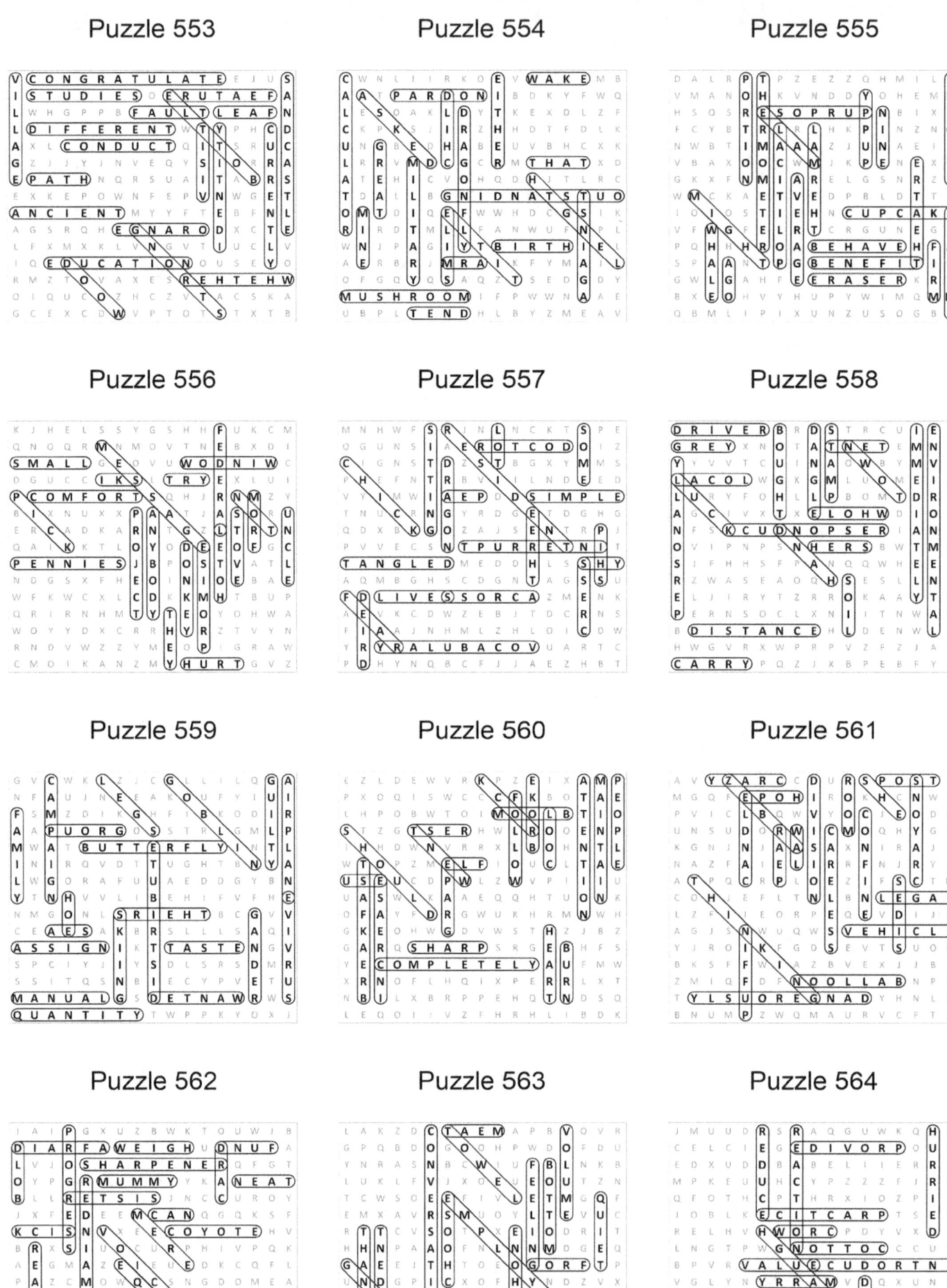

Puzzle 553

Puzzle 554

Puzzle 555

Puzzle 556

Puzzle 557

Puzzle 558

Puzzle 559

Puzzle 560

Puzzle 561

Puzzle 562

Puzzle 563

Puzzle 564

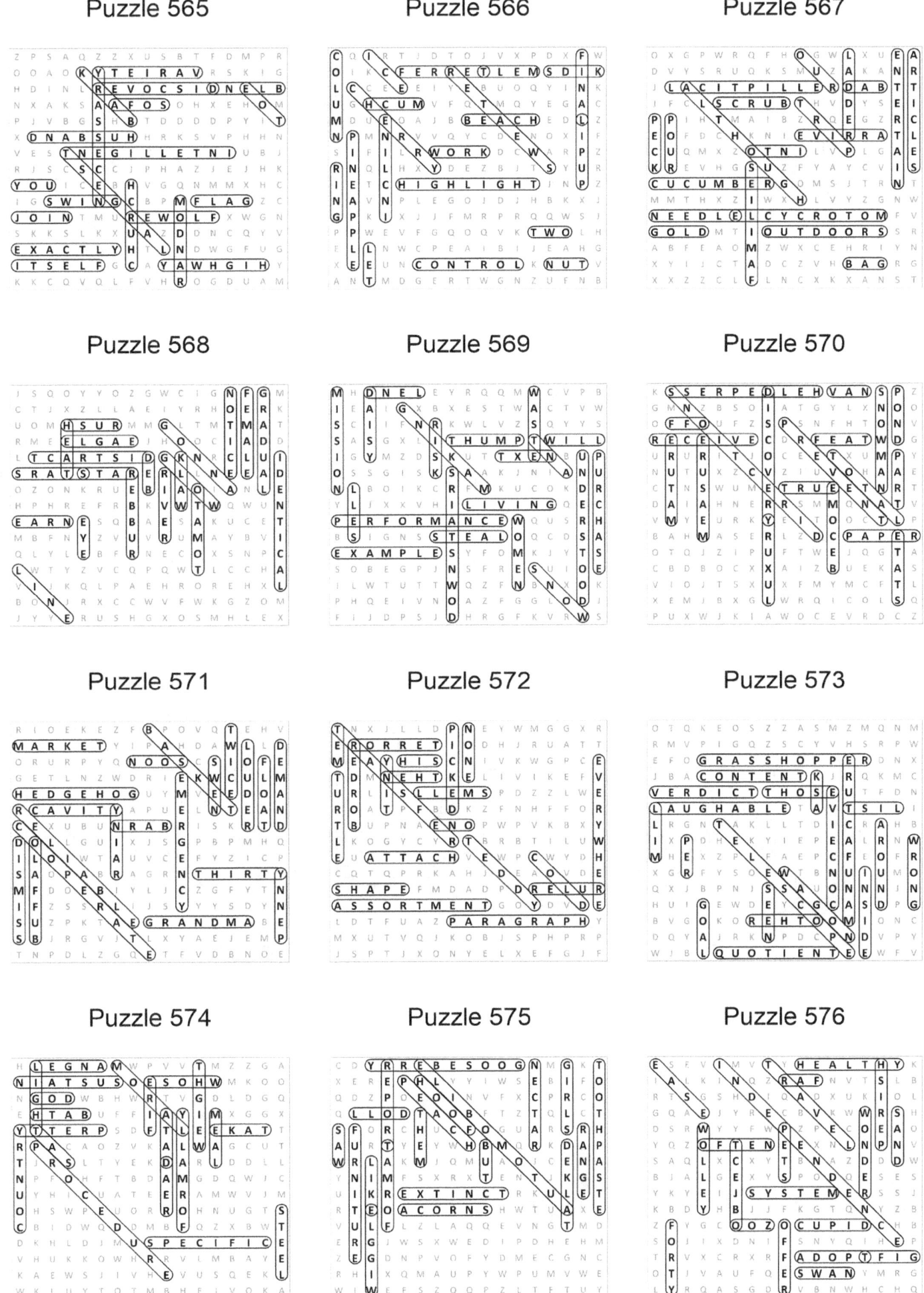

Puzzle 565

Puzzle 566

Puzzle 567

Puzzle 568

Puzzle 569

Puzzle 570

Puzzle 571

Puzzle 572

Puzzle 573

Puzzle 574

Puzzle 575

Puzzle 576

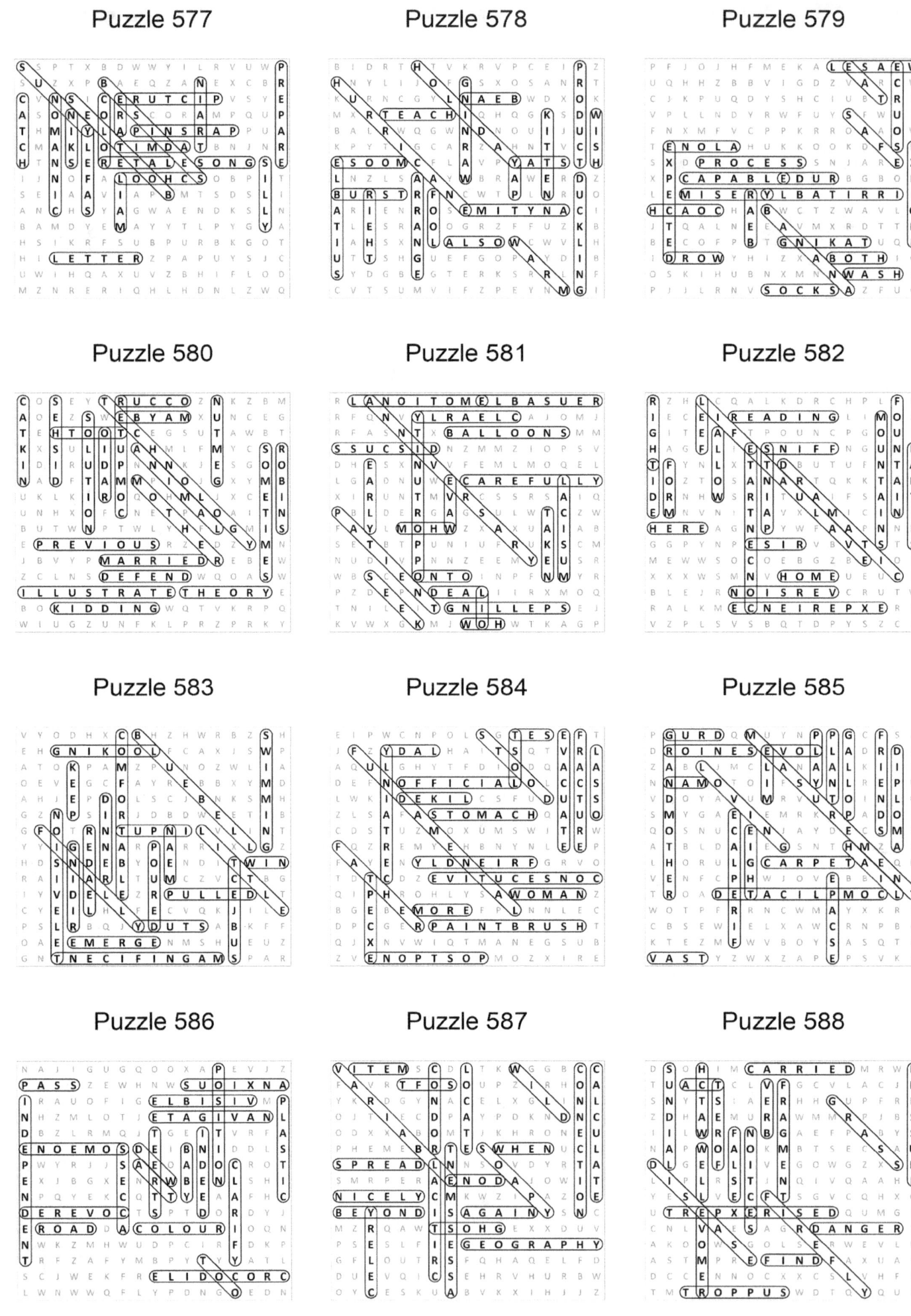

Puzzle 577

Puzzle 578

Puzzle 579

Puzzle 580

Puzzle 581

Puzzle 582

Puzzle 583

Puzzle 584

Puzzle 585

Puzzle 586

Puzzle 587

Puzzle 588

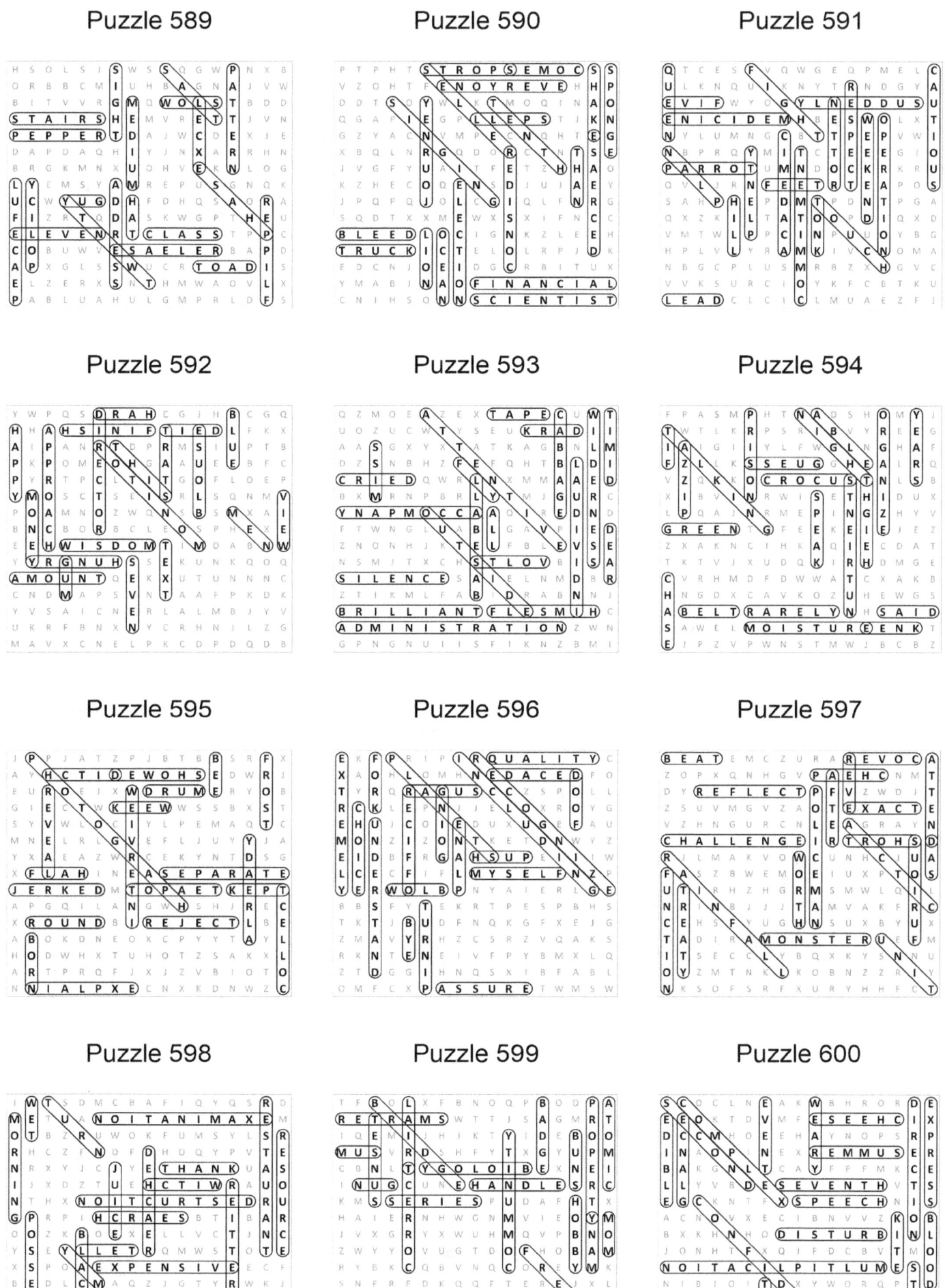

Puzzle 589

Puzzle 590

Puzzle 591

Puzzle 592

Puzzle 593

Puzzle 594

Puzzle 595

Puzzle 596

Puzzle 597

Puzzle 598

Puzzle 599

Puzzle 600

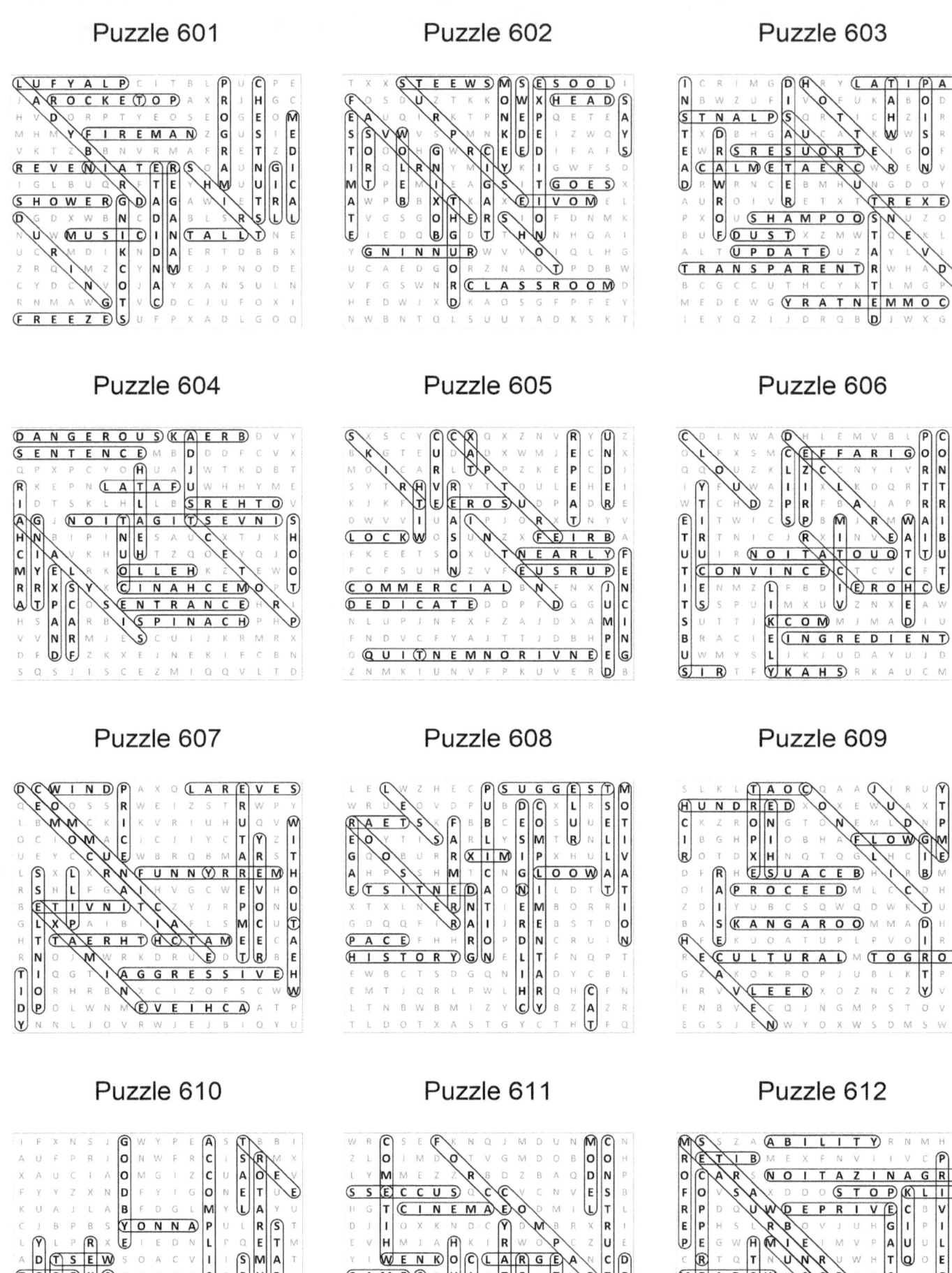

Puzzle 601

Puzzle 602

Puzzle 603

Puzzle 604

Puzzle 605

Puzzle 606

Puzzle 607

Puzzle 608

Puzzle 609

Puzzle 610

Puzzle 611

Puzzle 612

Puzzle 613

Puzzle 614

Puzzle 615

Puzzle 616

Puzzle 617

Puzzle 618

Puzzle 619

Puzzle 620

Puzzle 621

Puzzle 622

Puzzle 623

Puzzle 624

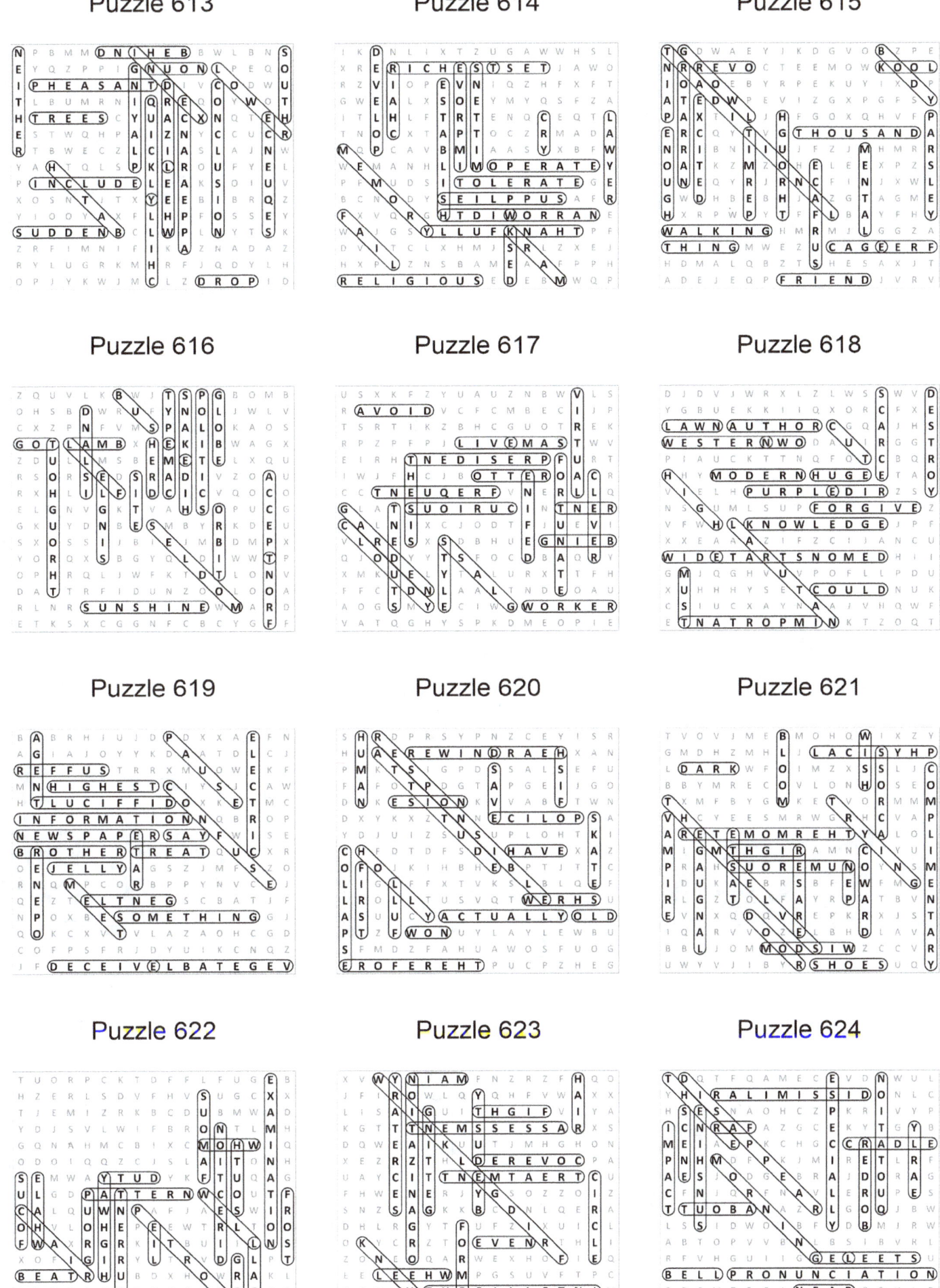

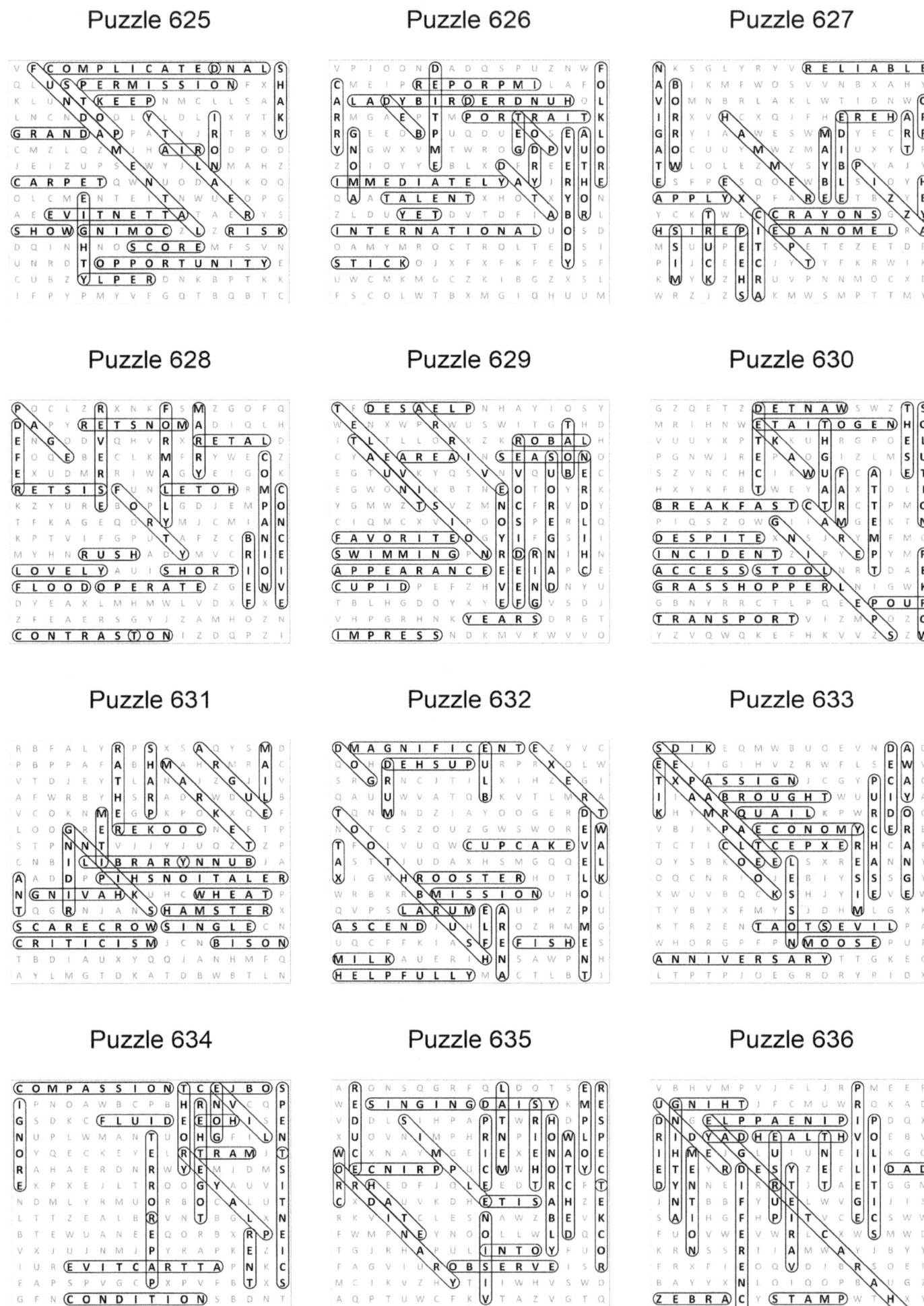

Puzzle 625

Puzzle 626

Puzzle 627

Puzzle 628

Puzzle 629

Puzzle 630

Puzzle 631

Puzzle 632

Puzzle 633

Puzzle 634

Puzzle 635

Puzzle 636

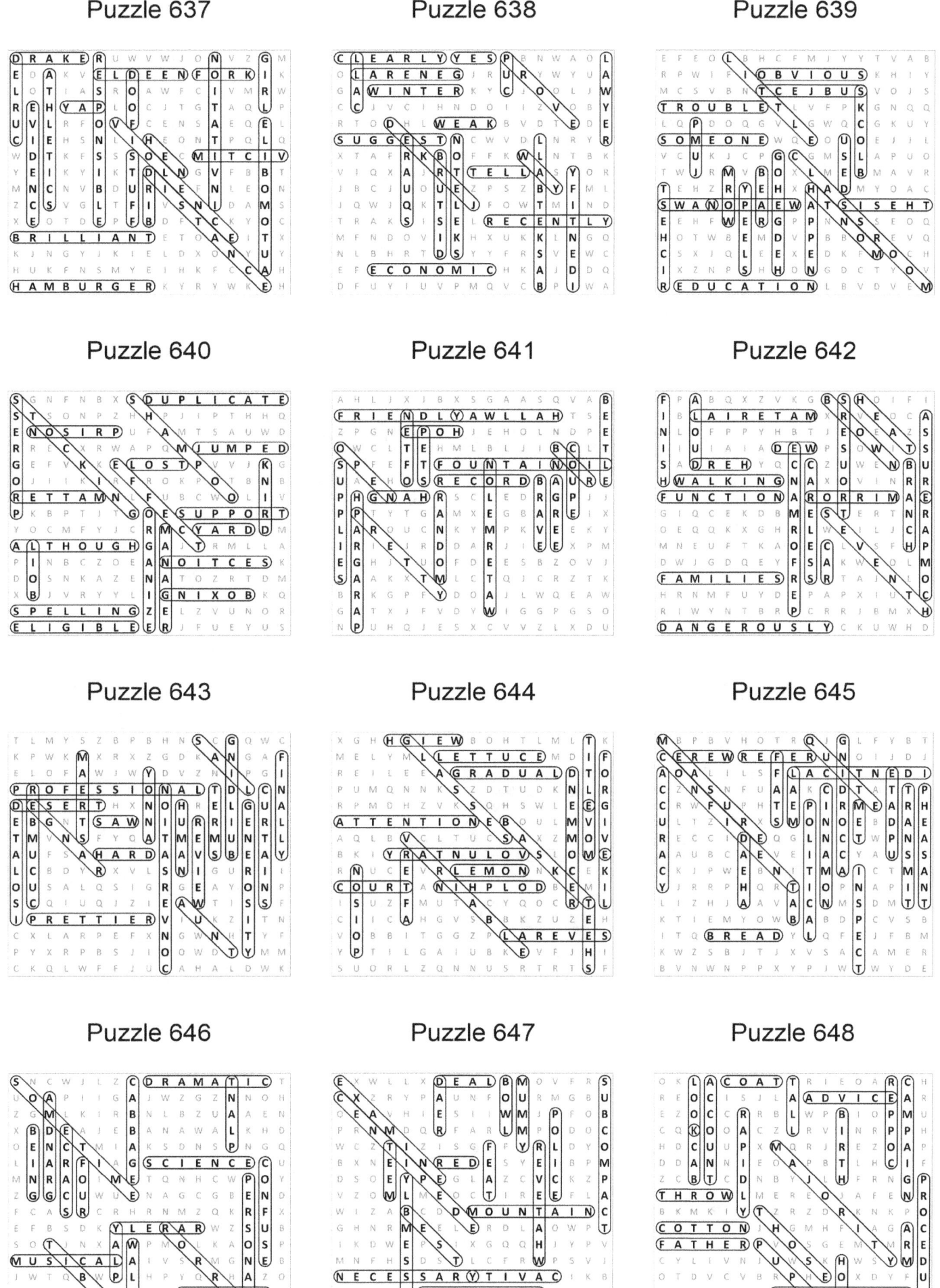

Puzzle 637

Puzzle 638

Puzzle 639

Puzzle 640

Puzzle 641

Puzzle 642

Puzzle 643

Puzzle 644

Puzzle 645

Puzzle 646

Puzzle 647

Puzzle 648

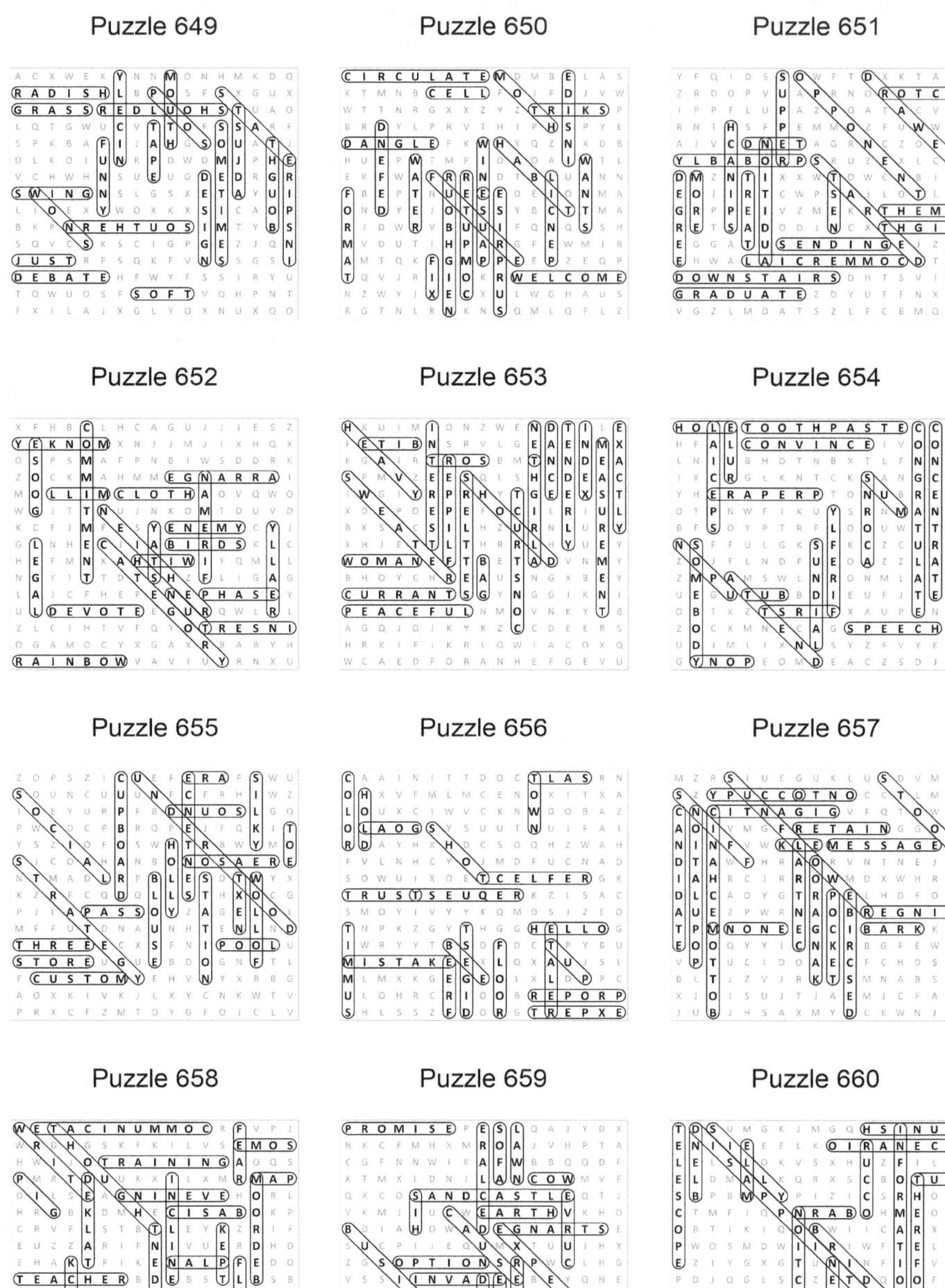

Puzzle 649

Puzzle 650

Puzzle 651

Puzzle 652

Puzzle 653

Puzzle 654

Puzzle 655

Puzzle 656

Puzzle 657

Puzzle 658

Puzzle 659

Puzzle 660

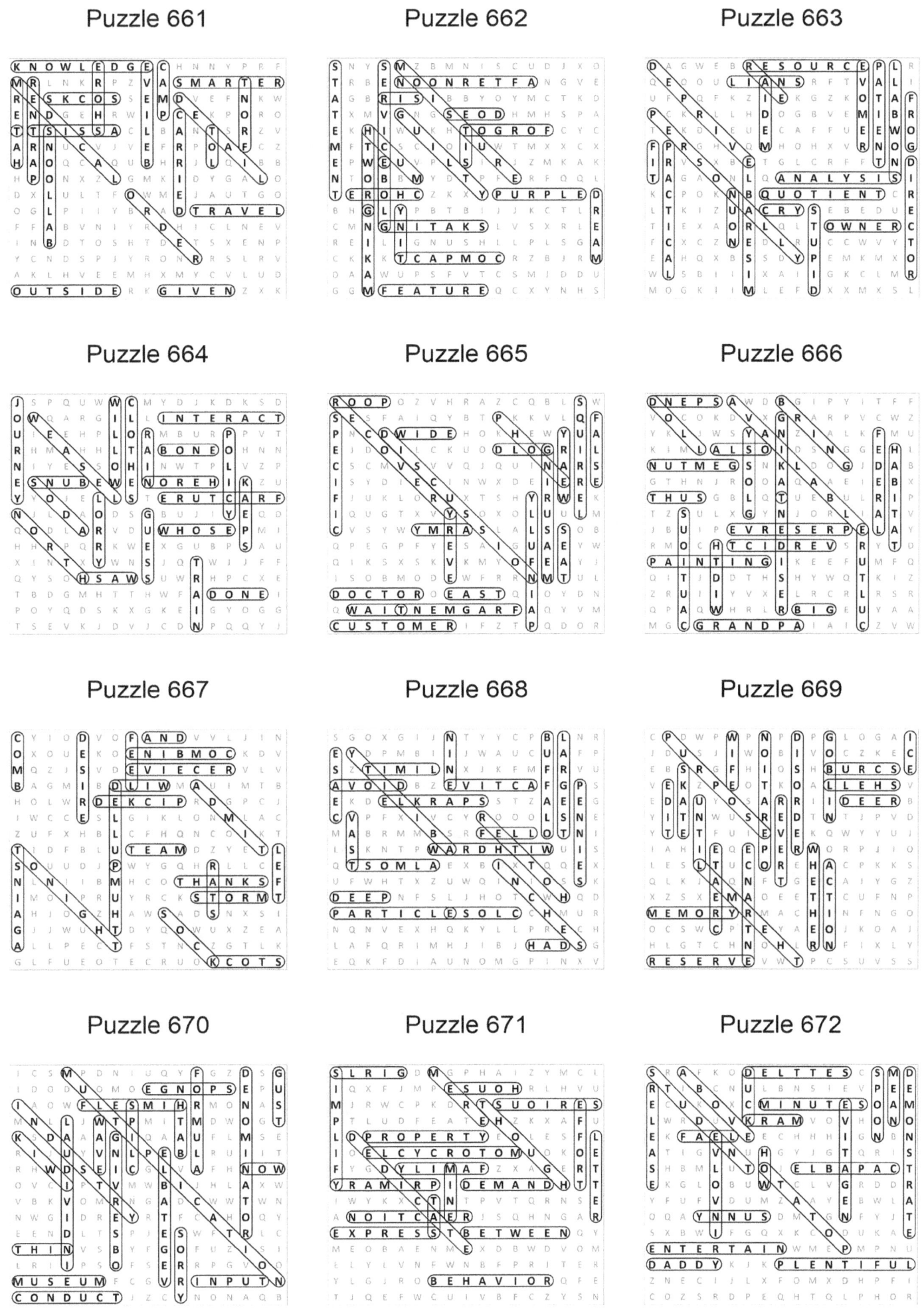

Puzzle 661

Puzzle 662

Puzzle 663

Puzzle 664

Puzzle 665

Puzzle 666

Puzzle 667

Puzzle 668

Puzzle 669

Puzzle 670

Puzzle 671

Puzzle 672

Puzzle 673

Puzzle 674

Puzzle 675

Puzzle 676

Puzzle 677

Puzzle 678

Puzzle 679

Puzzle 680

Puzzle 681

Puzzle 682

Puzzle 683

Puzzle 684

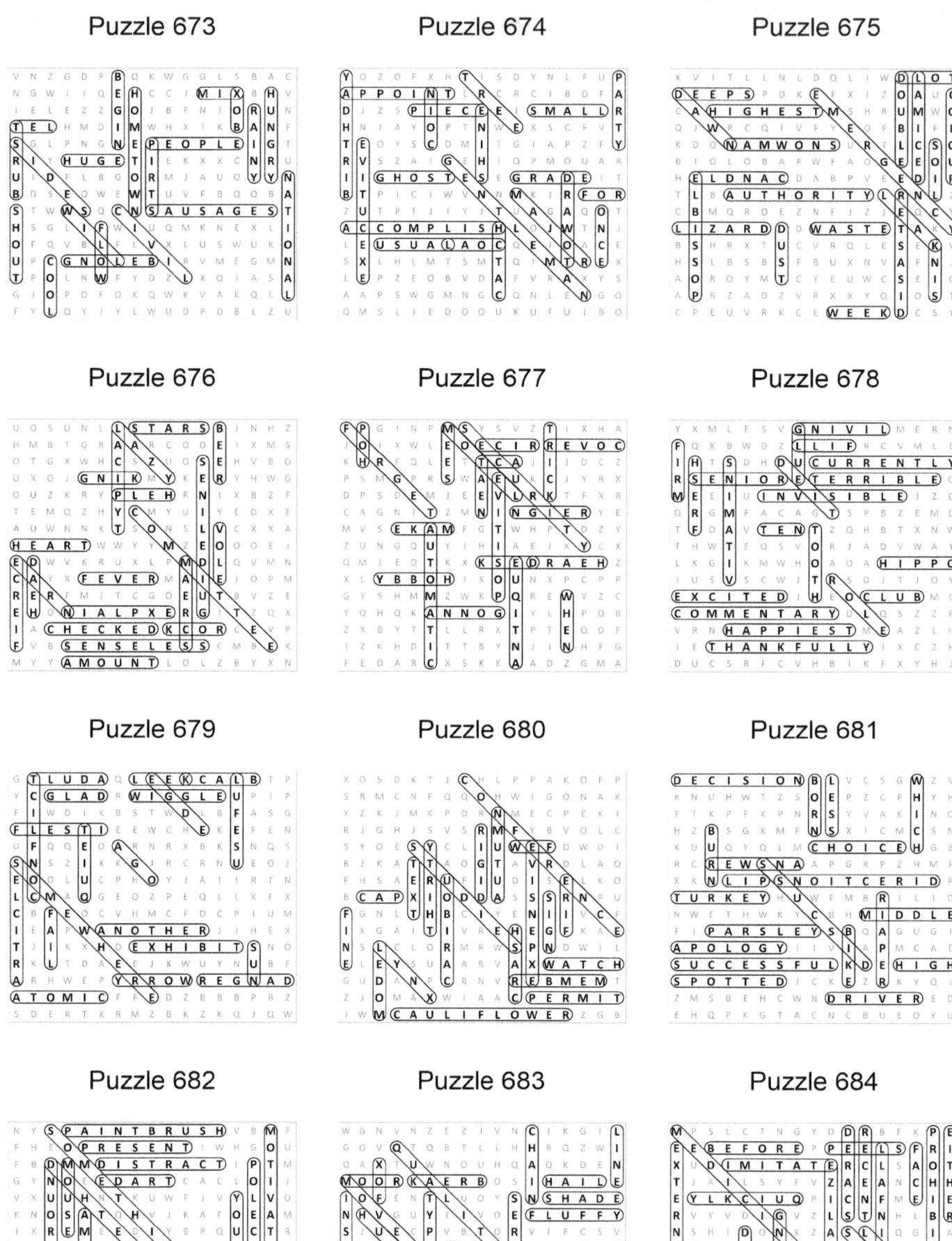

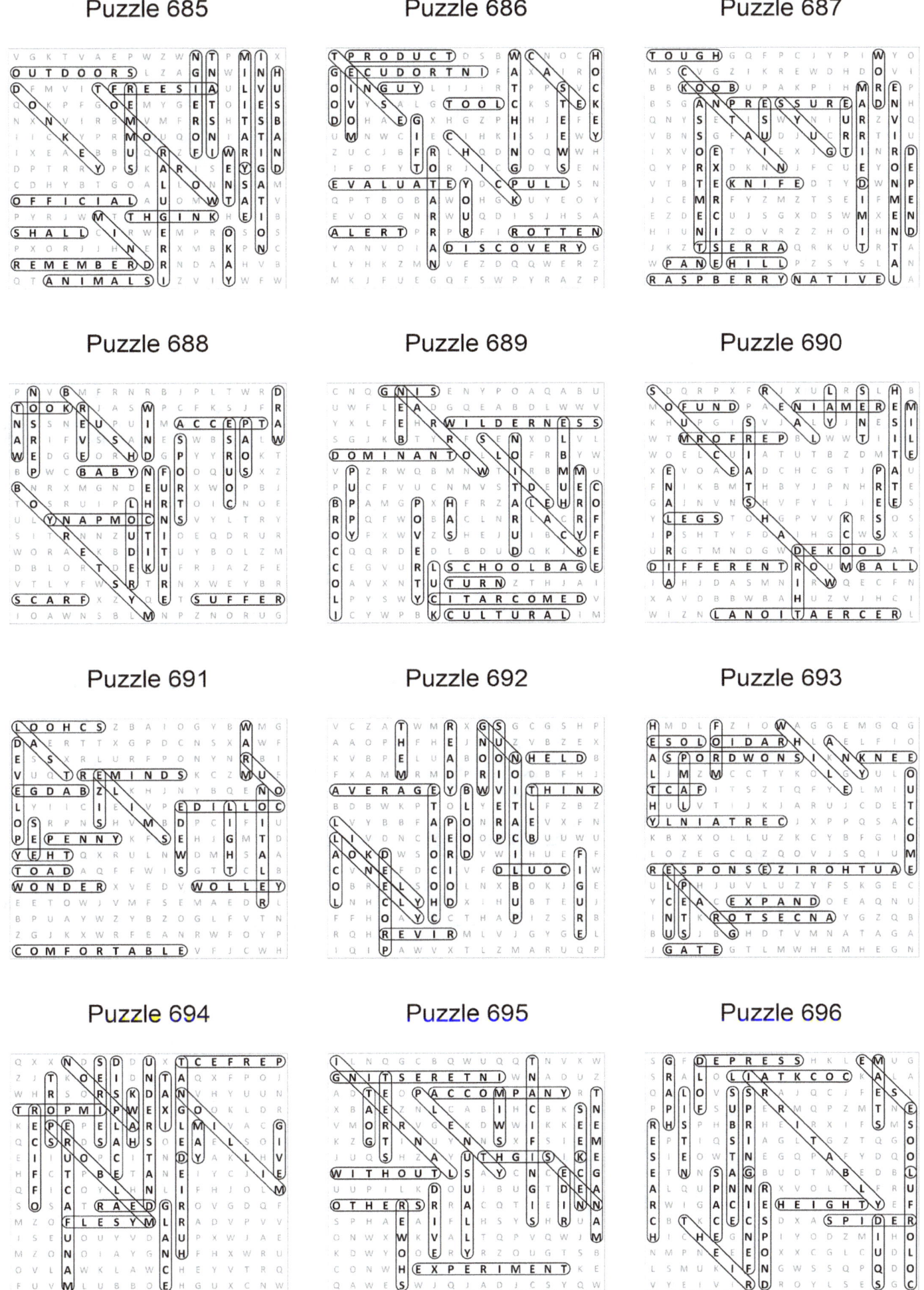

Puzzle 685

Puzzle 686

Puzzle 687

Puzzle 688

Puzzle 689

Puzzle 690

Puzzle 691

Puzzle 692

Puzzle 693

Puzzle 694

Puzzle 695

Puzzle 696

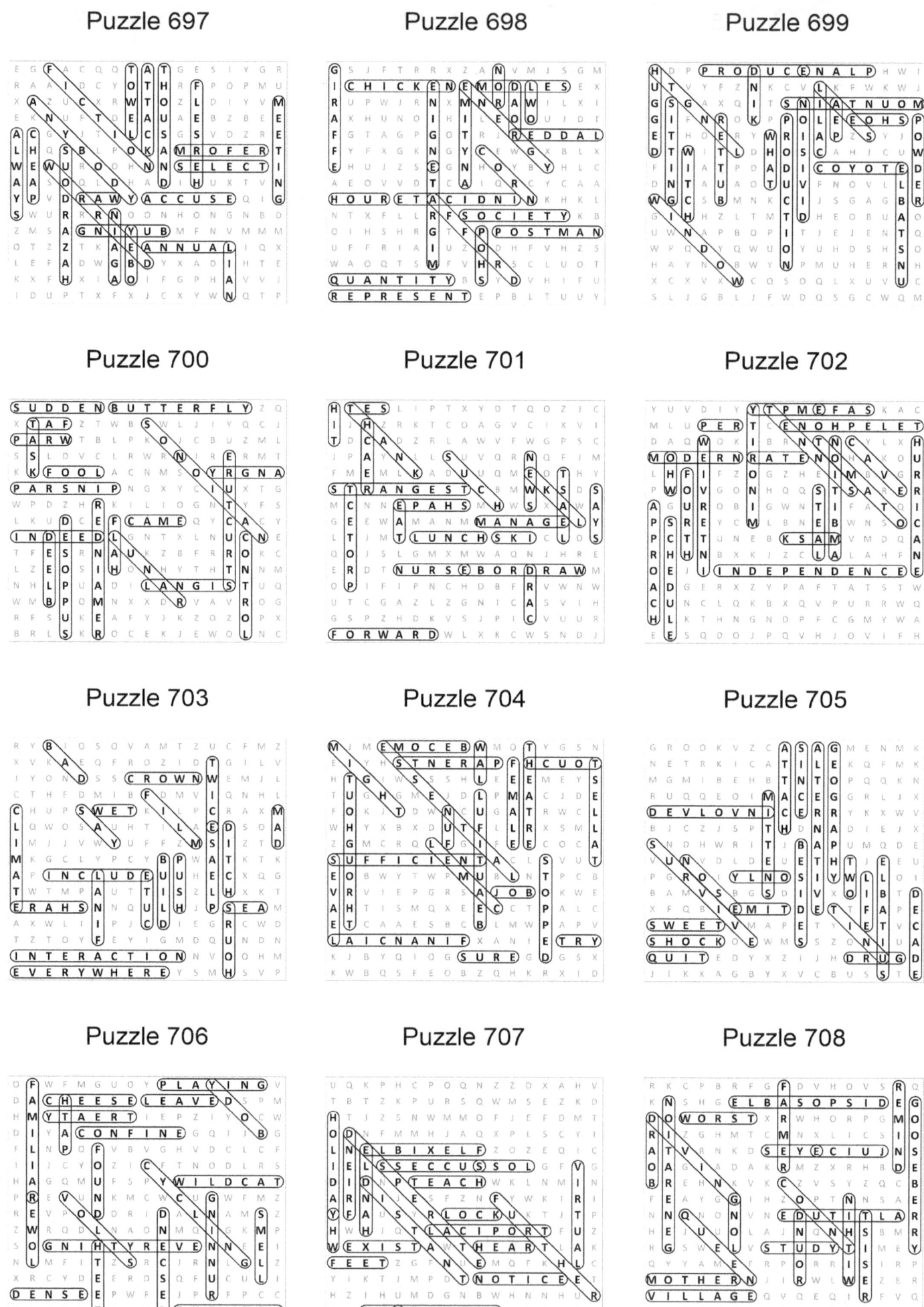

Puzzle 697

Puzzle 698

Puzzle 699

Puzzle 700

Puzzle 701

Puzzle 702

Puzzle 703

Puzzle 704

Puzzle 705

Puzzle 706

Puzzle 707

Puzzle 708

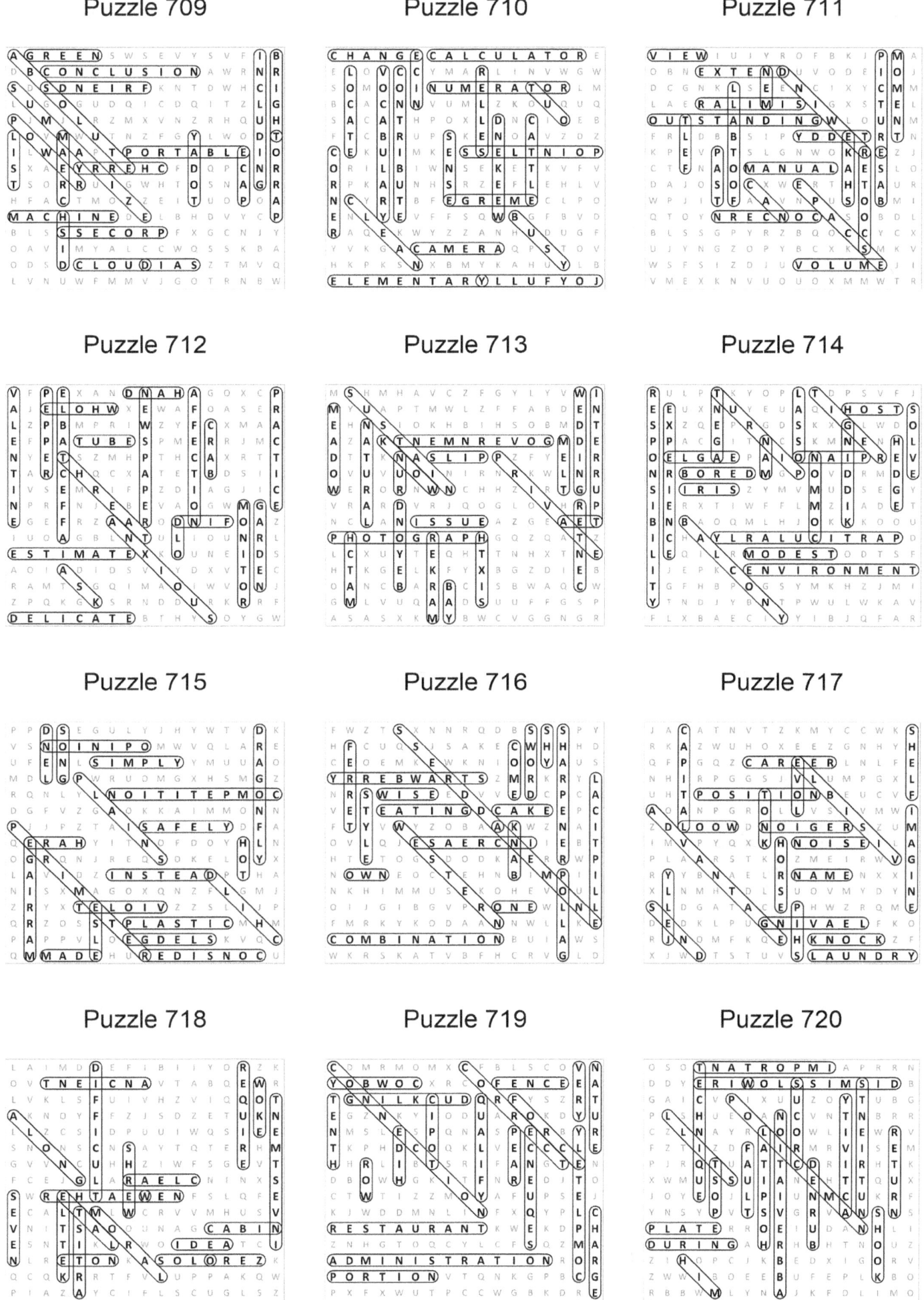

Puzzle 709

Puzzle 710

Puzzle 711

Puzzle 712

Puzzle 713

Puzzle 714

Puzzle 715

Puzzle 716

Puzzle 717

Puzzle 718

Puzzle 719

Puzzle 720

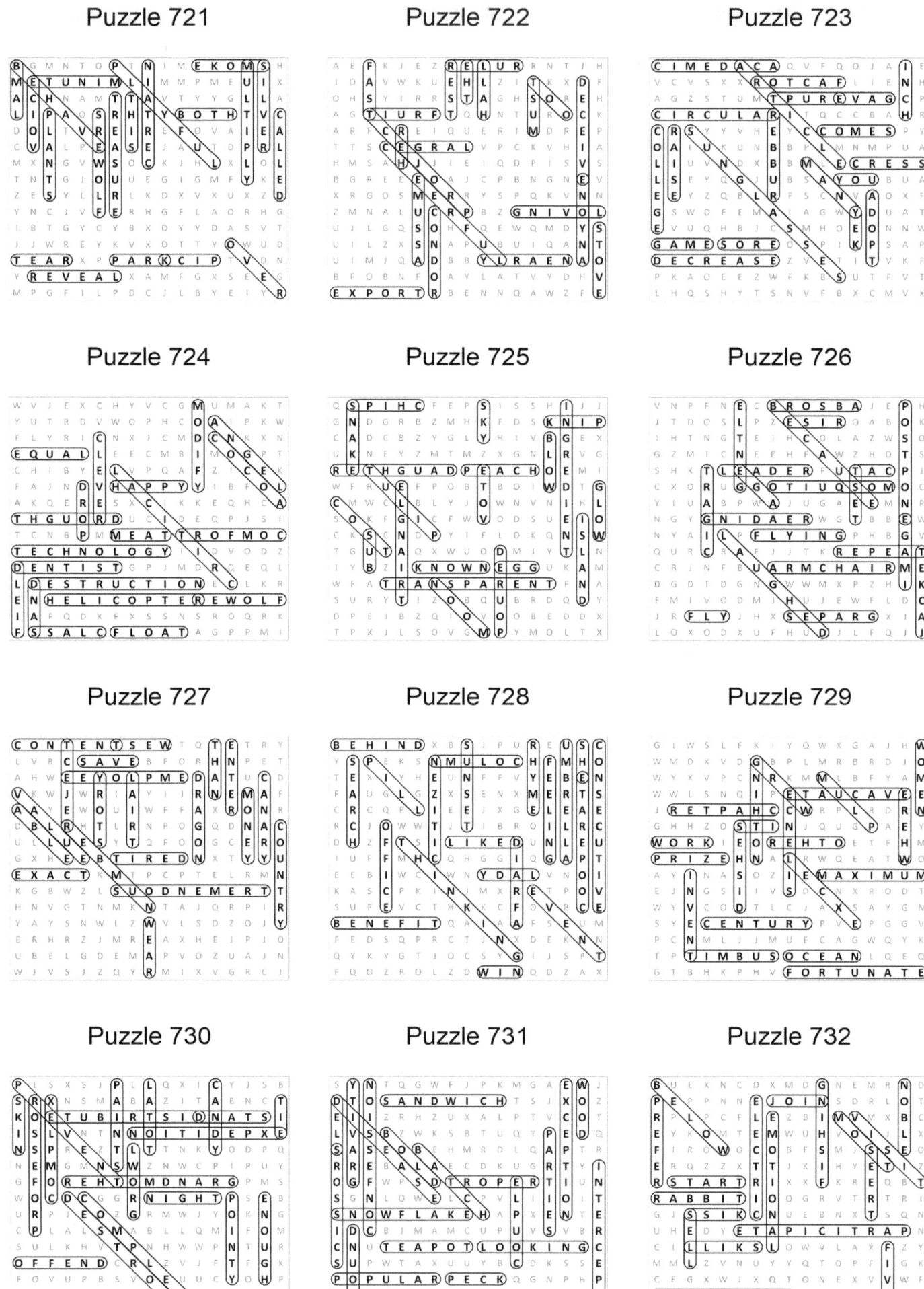

Puzzle 721

Puzzle 722

Puzzle 723

Puzzle 724

Puzzle 725

Puzzle 726

Puzzle 727

Puzzle 728

Puzzle 729

Puzzle 730

Puzzle 731

Puzzle 732

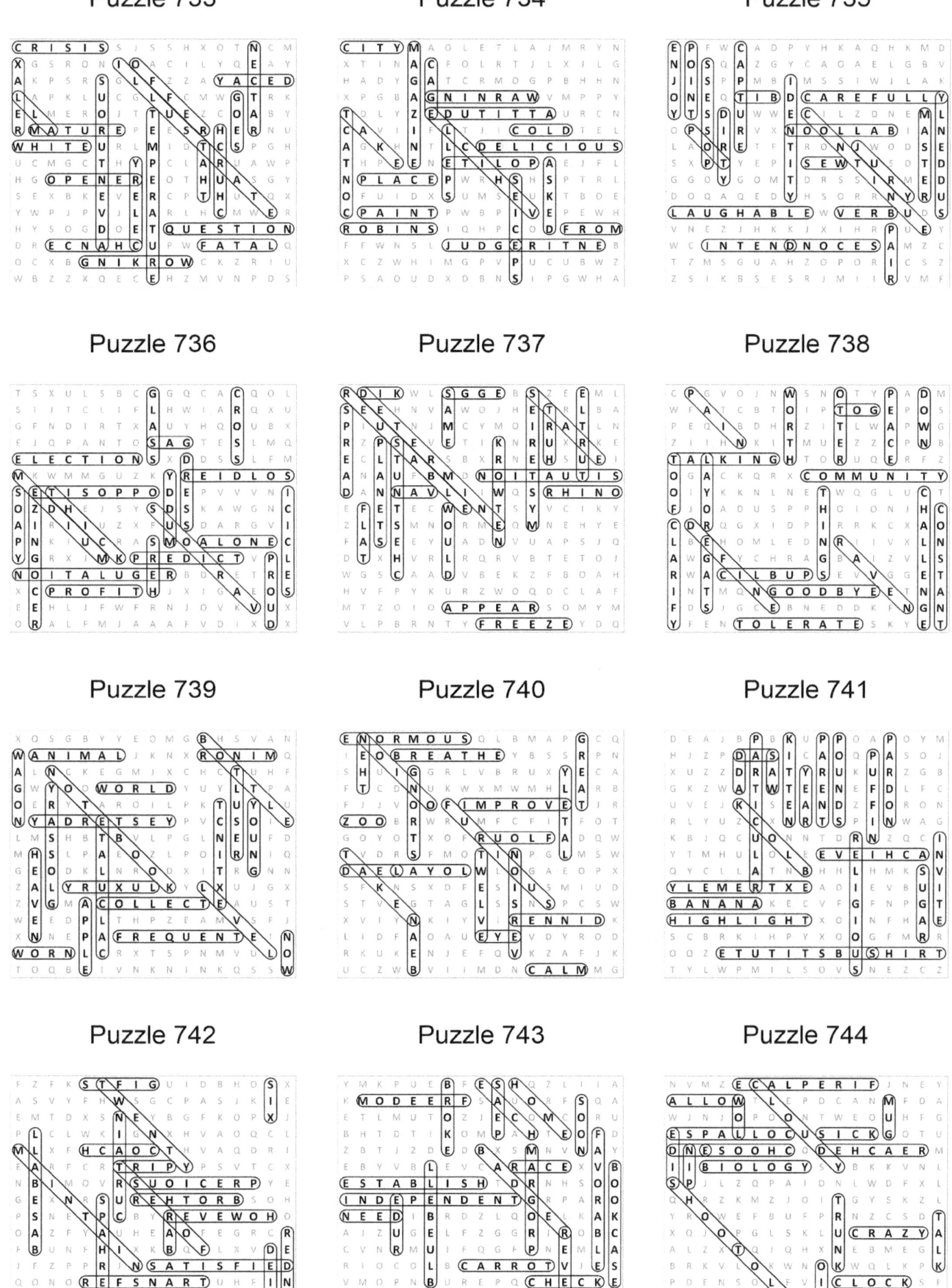

Puzzle 733

Puzzle 734

Puzzle 735

Puzzle 736

Puzzle 737

Puzzle 738

Puzzle 739

Puzzle 740

Puzzle 741

Puzzle 742

Puzzle 743

Puzzle 744

Puzzle 745

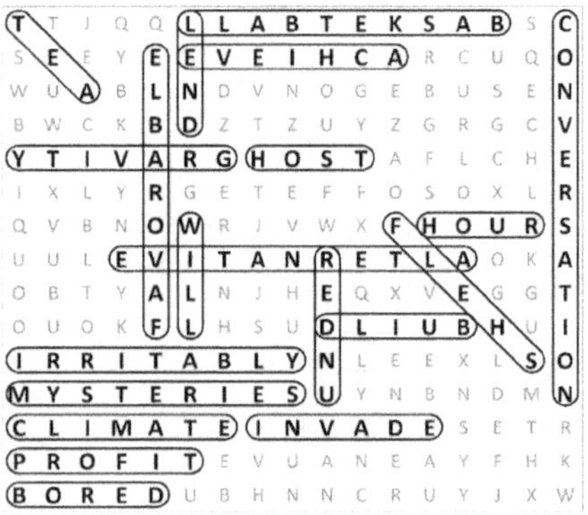

Puzzle 746

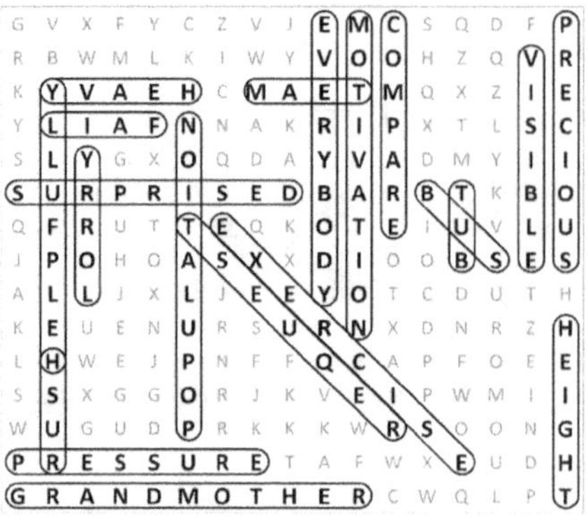

Puzzle 747

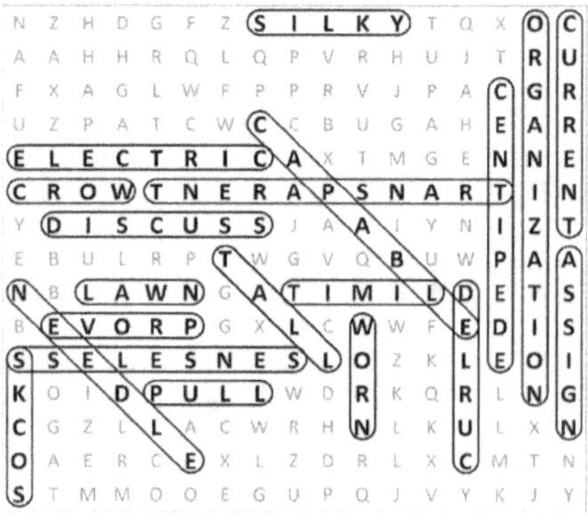

Puzzle 748

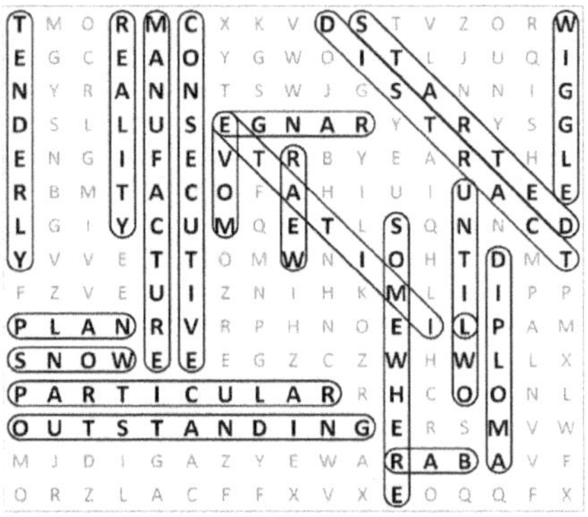

Puzzle 749

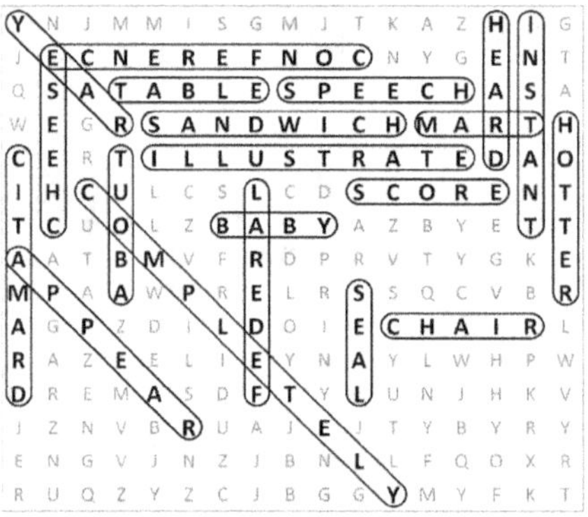

Puzzle 750

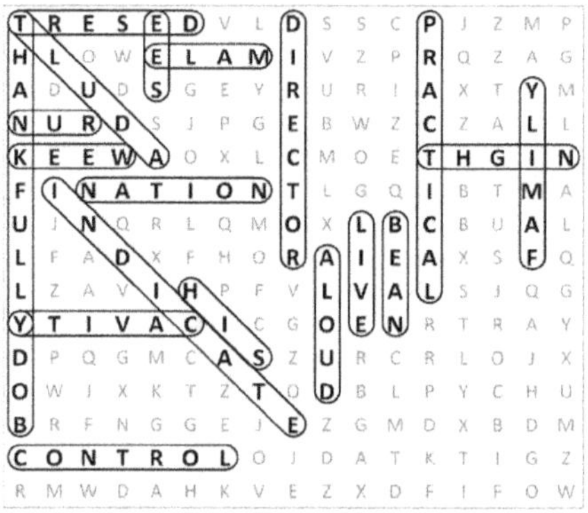

Puzzle 751

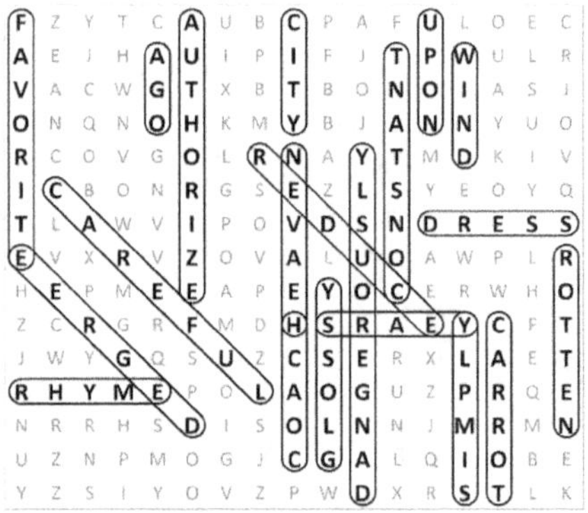

Puzzle 752

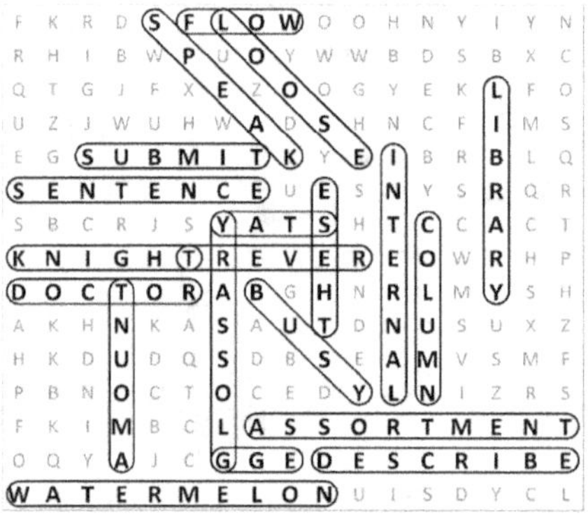

Puzzle 753

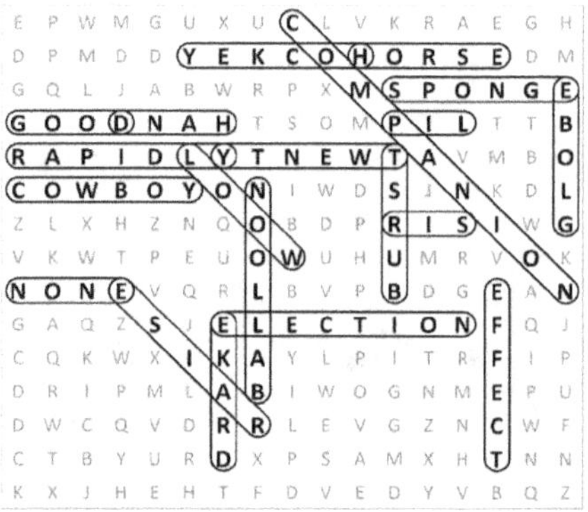

Puzzle 754

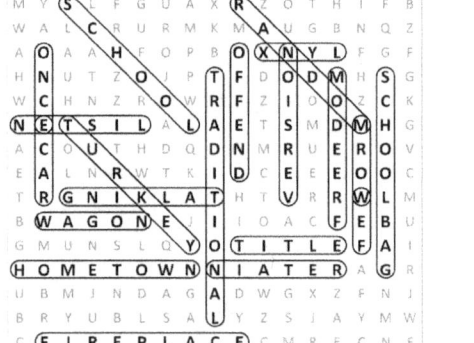

Puzzle 755

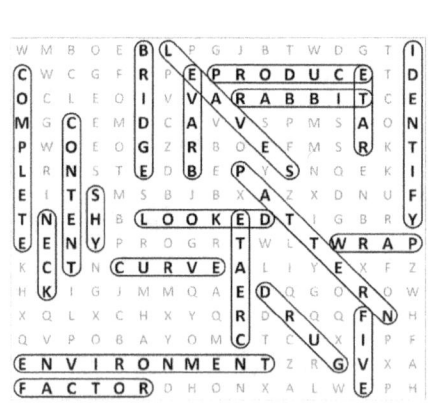

Puzzle 756

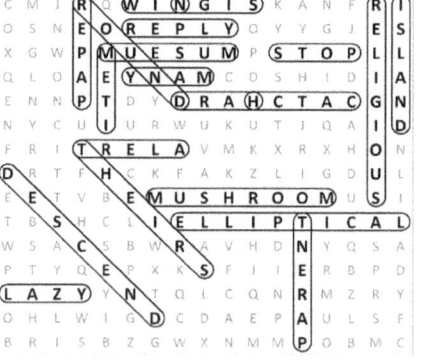

Puzzle 757

Puzzle 758

Puzzle 759

Puzzle 760

Puzzle 761

Puzzle 762

Puzzle 763

Puzzle 764

Puzzle 765

Puzzle 766

Puzzle 767

Puzzle 768

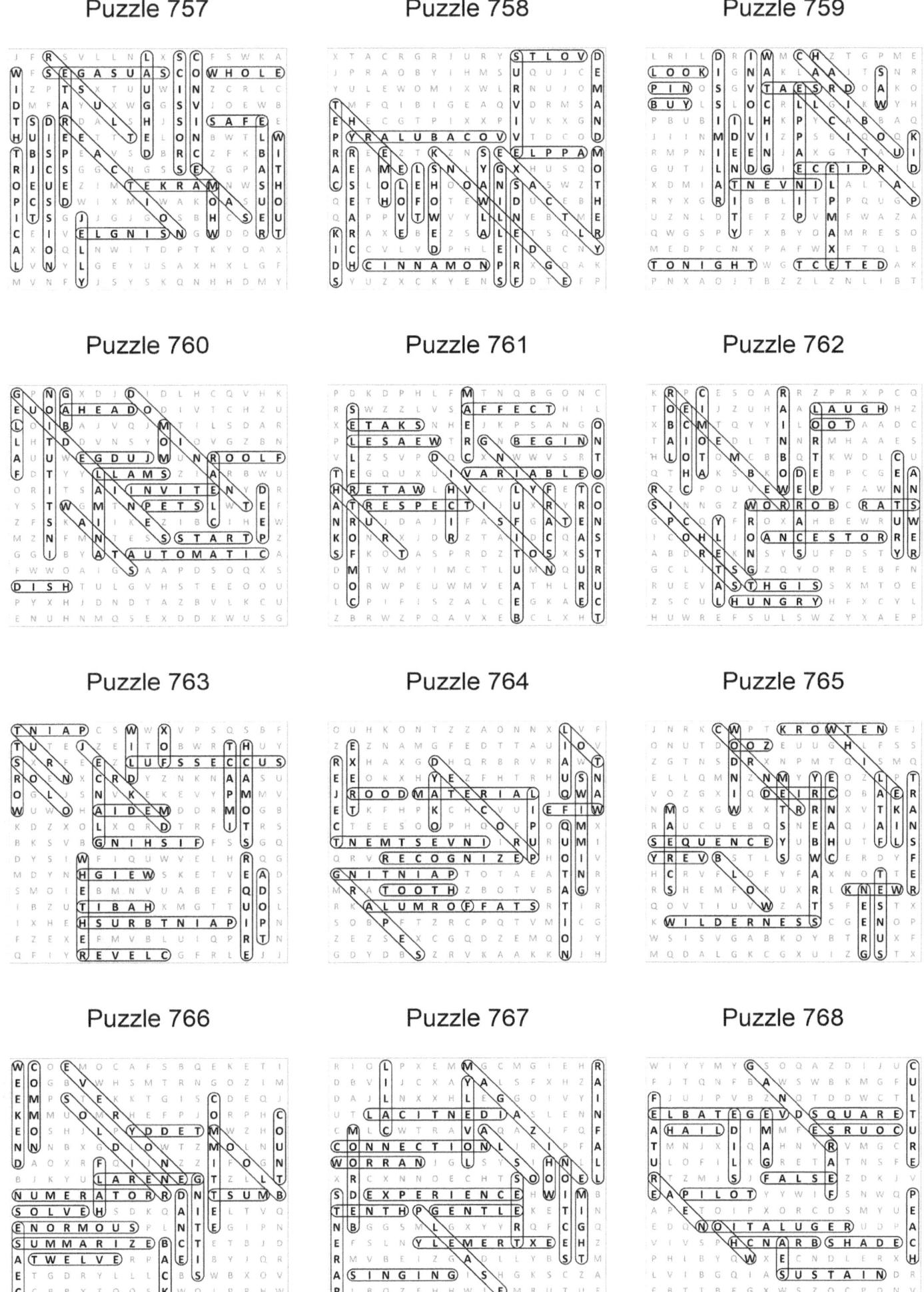

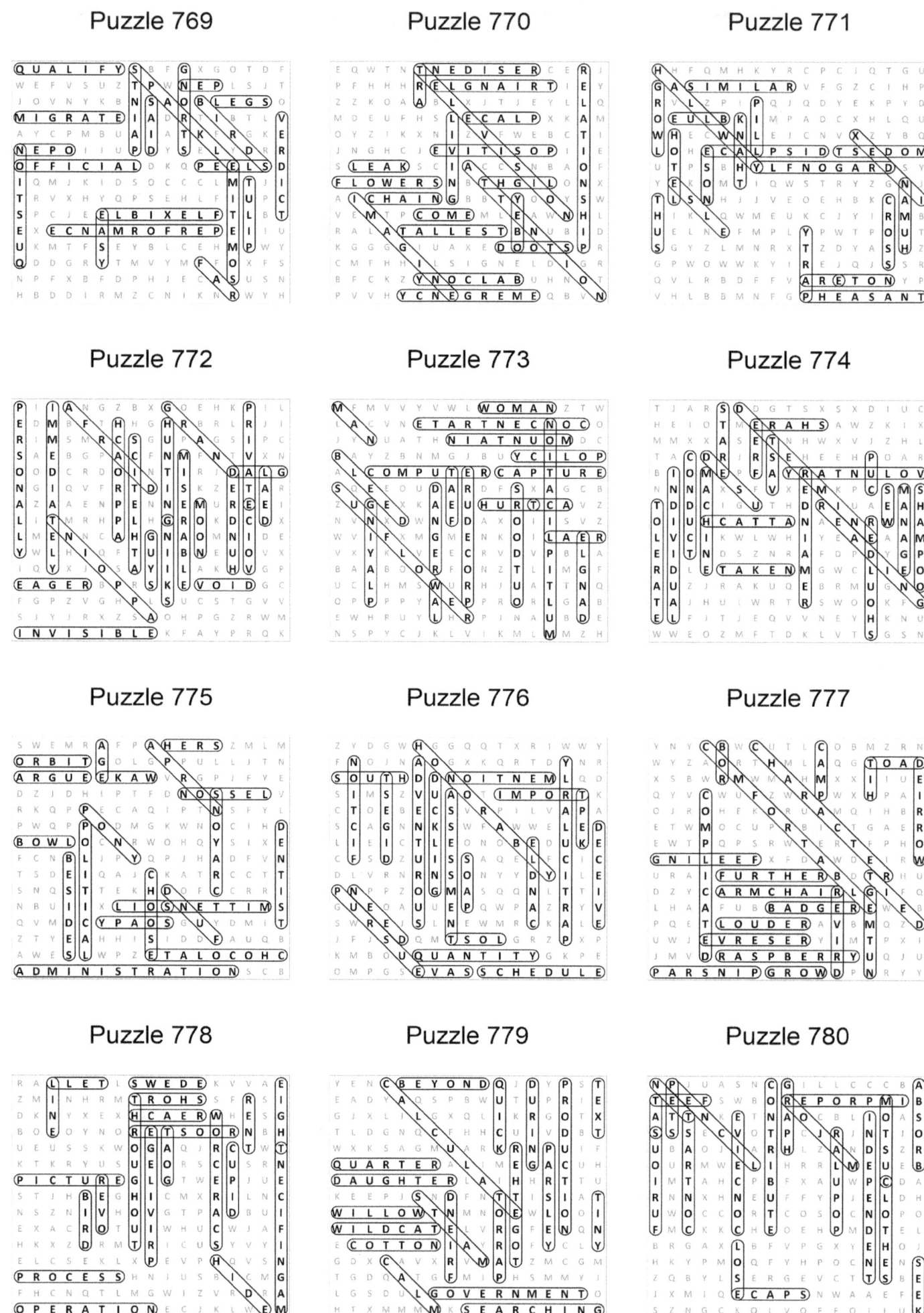

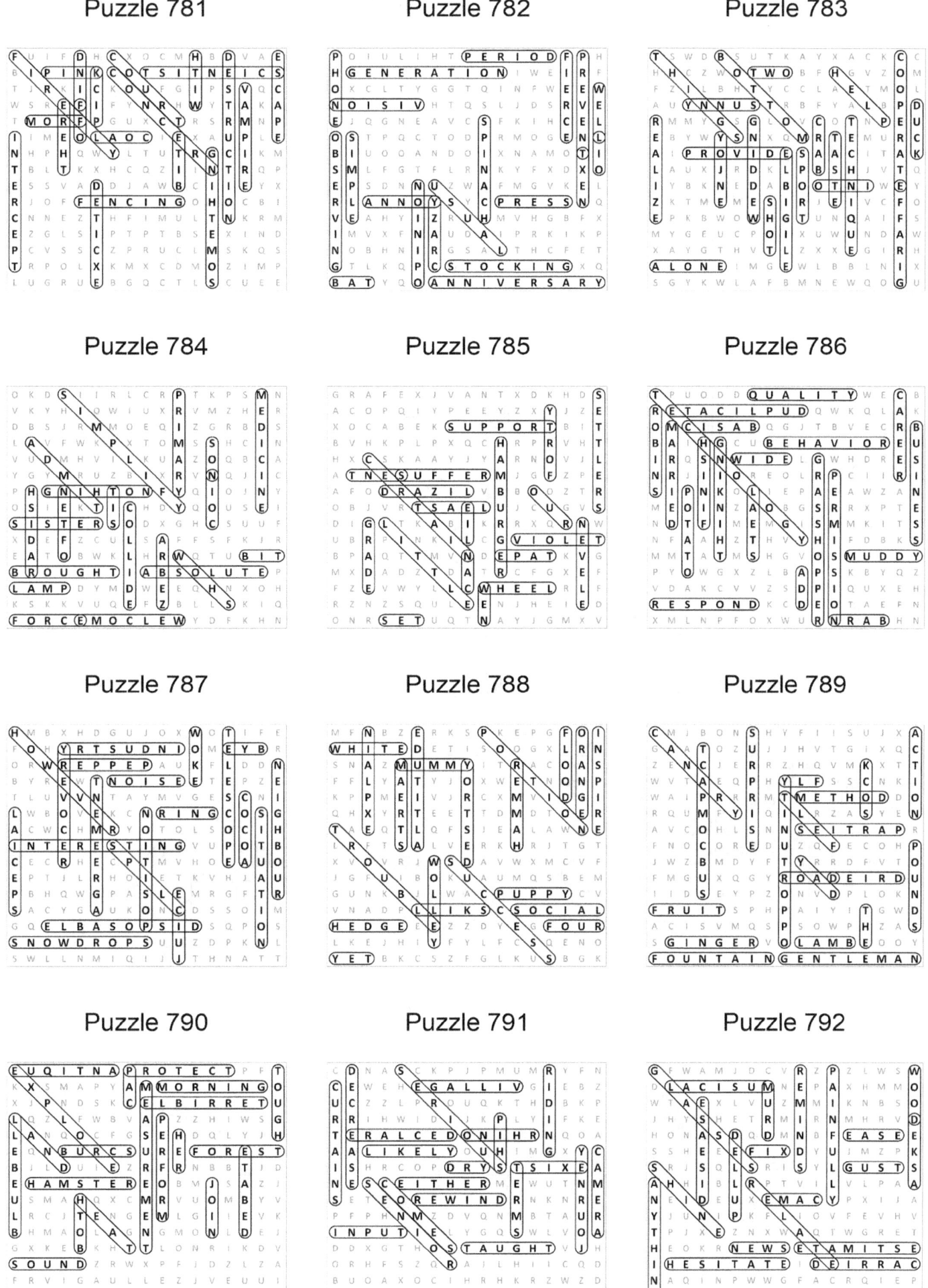

Puzzle 781

Puzzle 782

Puzzle 783

Puzzle 784

Puzzle 785

Puzzle 786

Puzzle 787

Puzzle 788

Puzzle 789

Puzzle 790

Puzzle 791

Puzzle 792

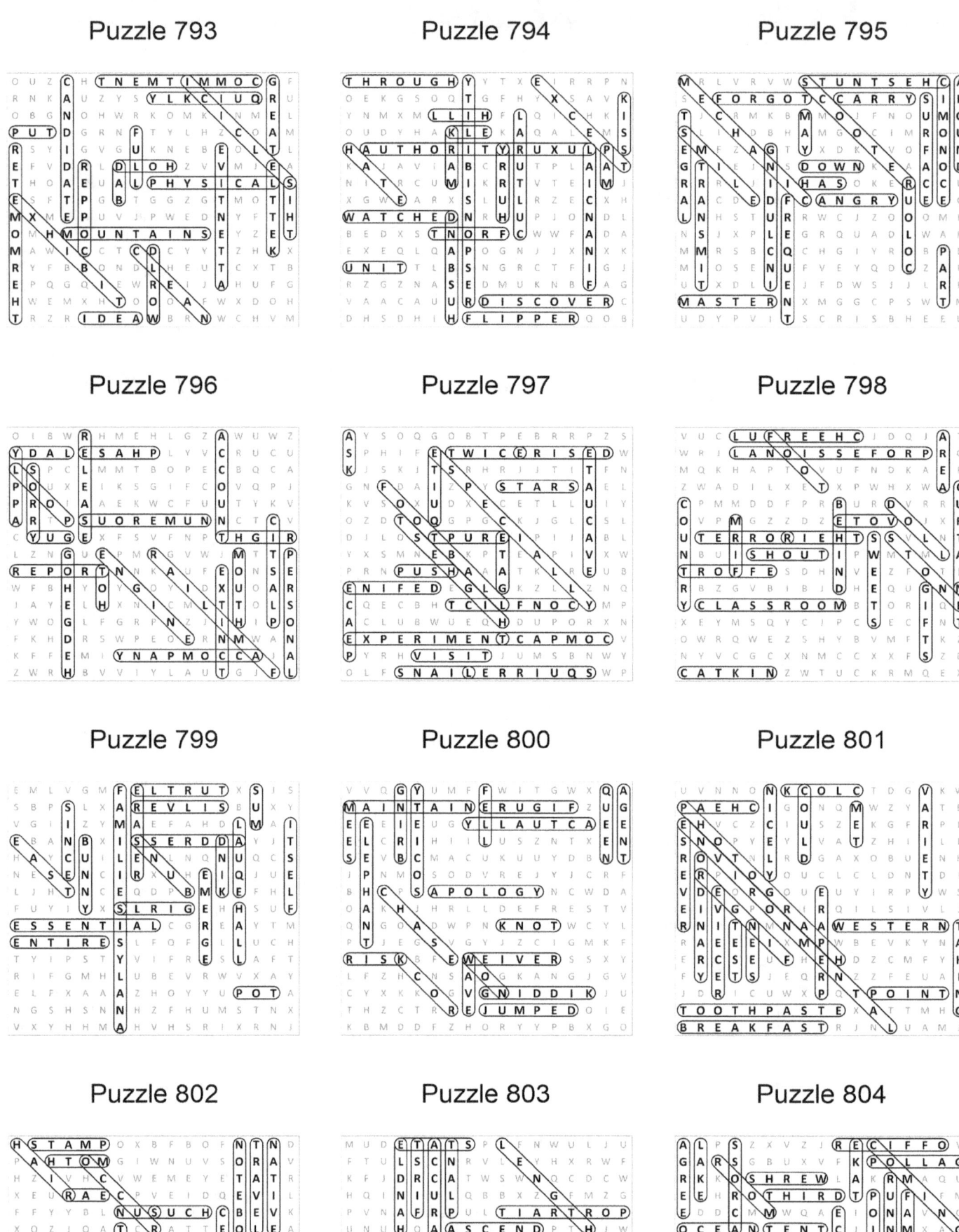

Puzzle 793

Puzzle 794

Puzzle 795

Puzzle 796

Puzzle 797

Puzzle 798

Puzzle 799

Puzzle 800

Puzzle 801

Puzzle 802

Puzzle 803

Puzzle 804

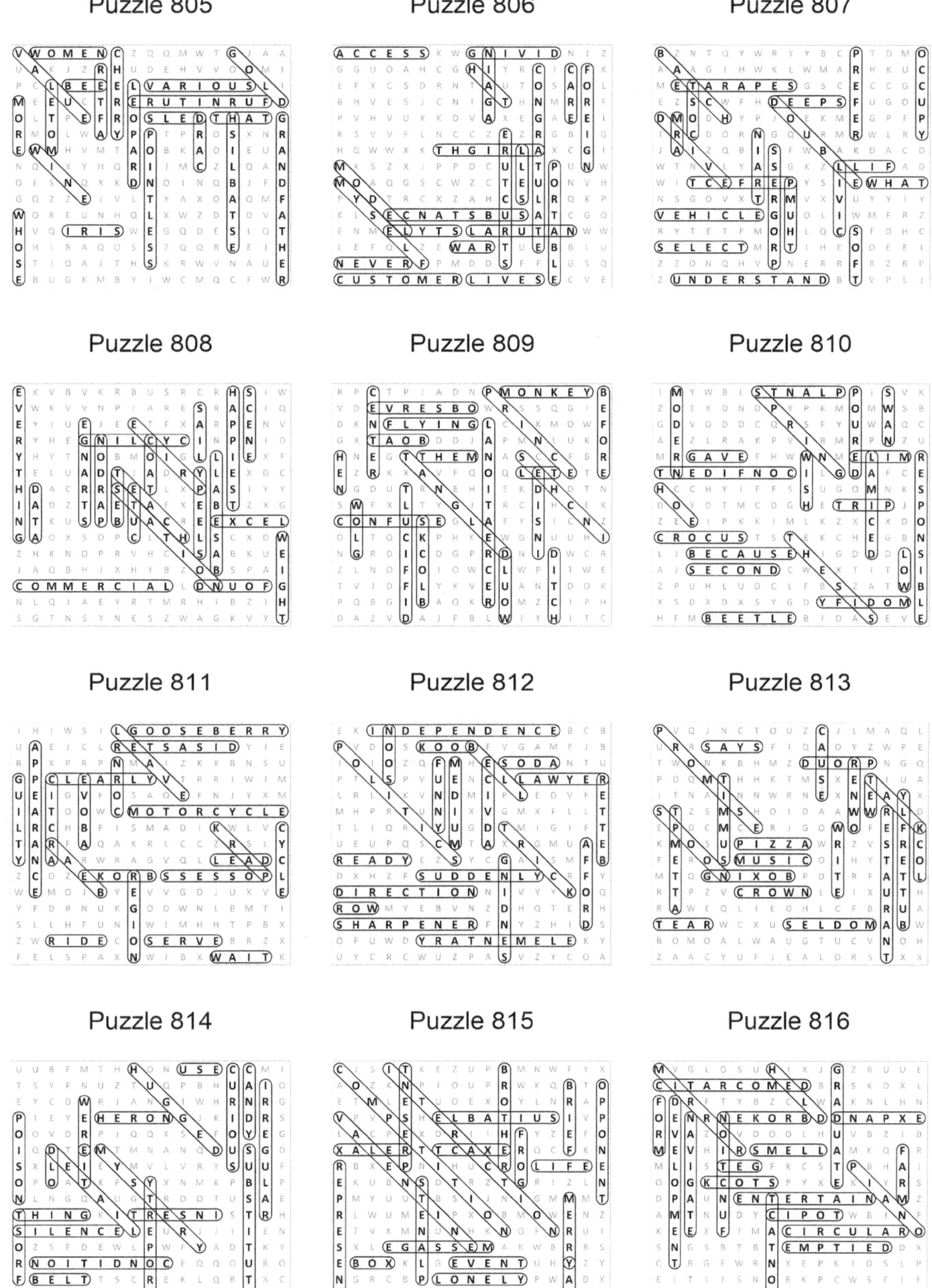

Puzzle 805
Puzzle 806
Puzzle 807
Puzzle 808
Puzzle 809
Puzzle 810
Puzzle 811
Puzzle 812
Puzzle 813
Puzzle 814
Puzzle 815
Puzzle 816

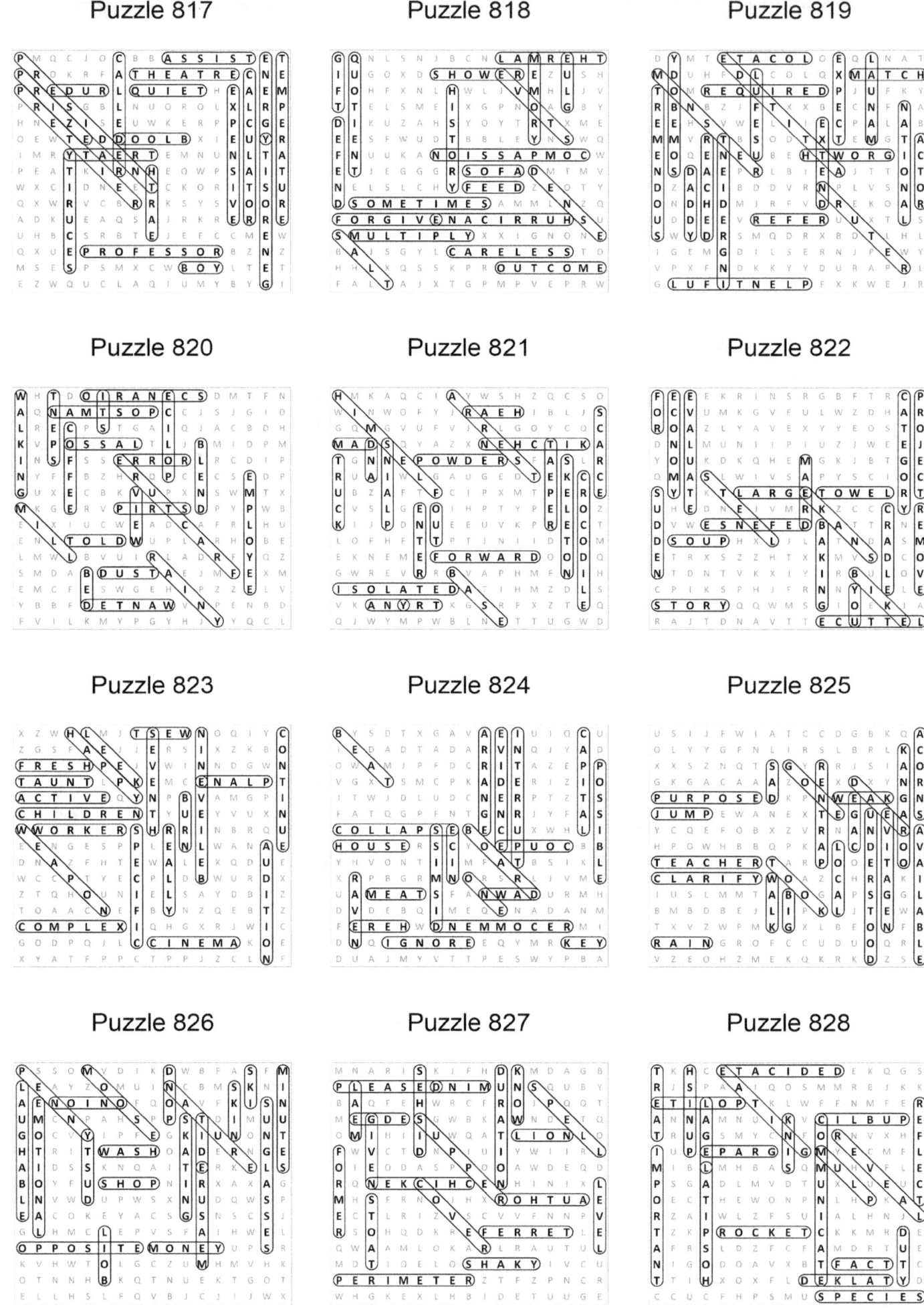

Puzzle 817

Puzzle 818

Puzzle 819

Puzzle 820

Puzzle 821

Puzzle 822

Puzzle 823

Puzzle 824

Puzzle 825

Puzzle 826

Puzzle 827

Puzzle 828

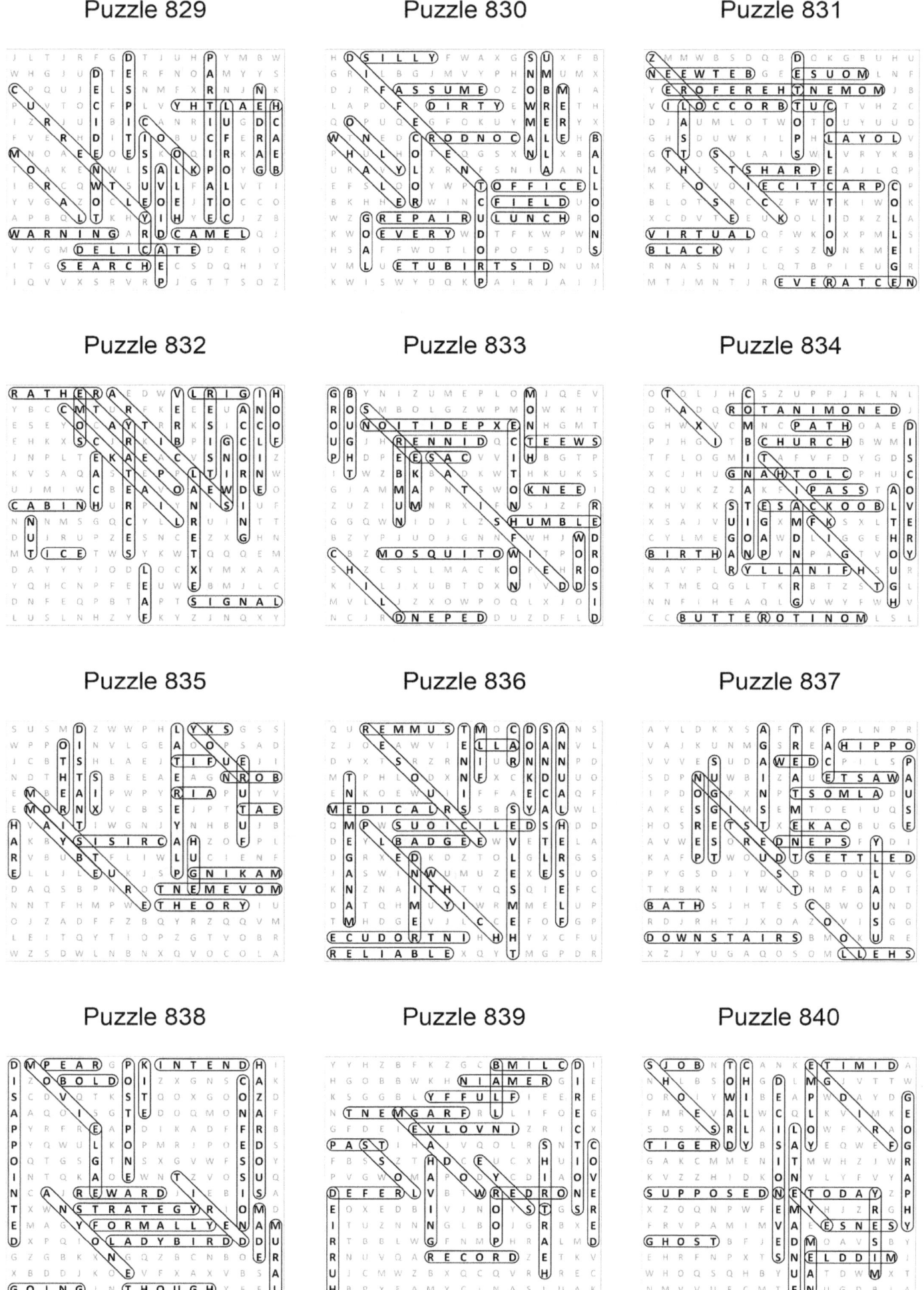

Puzzle 829

Puzzle 830

Puzzle 831

Puzzle 832

Puzzle 833

Puzzle 834

Puzzle 835

Puzzle 836

Puzzle 837

Puzzle 838

Puzzle 839

Puzzle 840

Puzzle 841

Puzzle 842

Puzzle 843

Puzzle 844

Puzzle 845

Puzzle 846

Puzzle 847

Puzzle 848

Puzzle 849

Puzzle 850

Puzzle 851

Puzzle 852

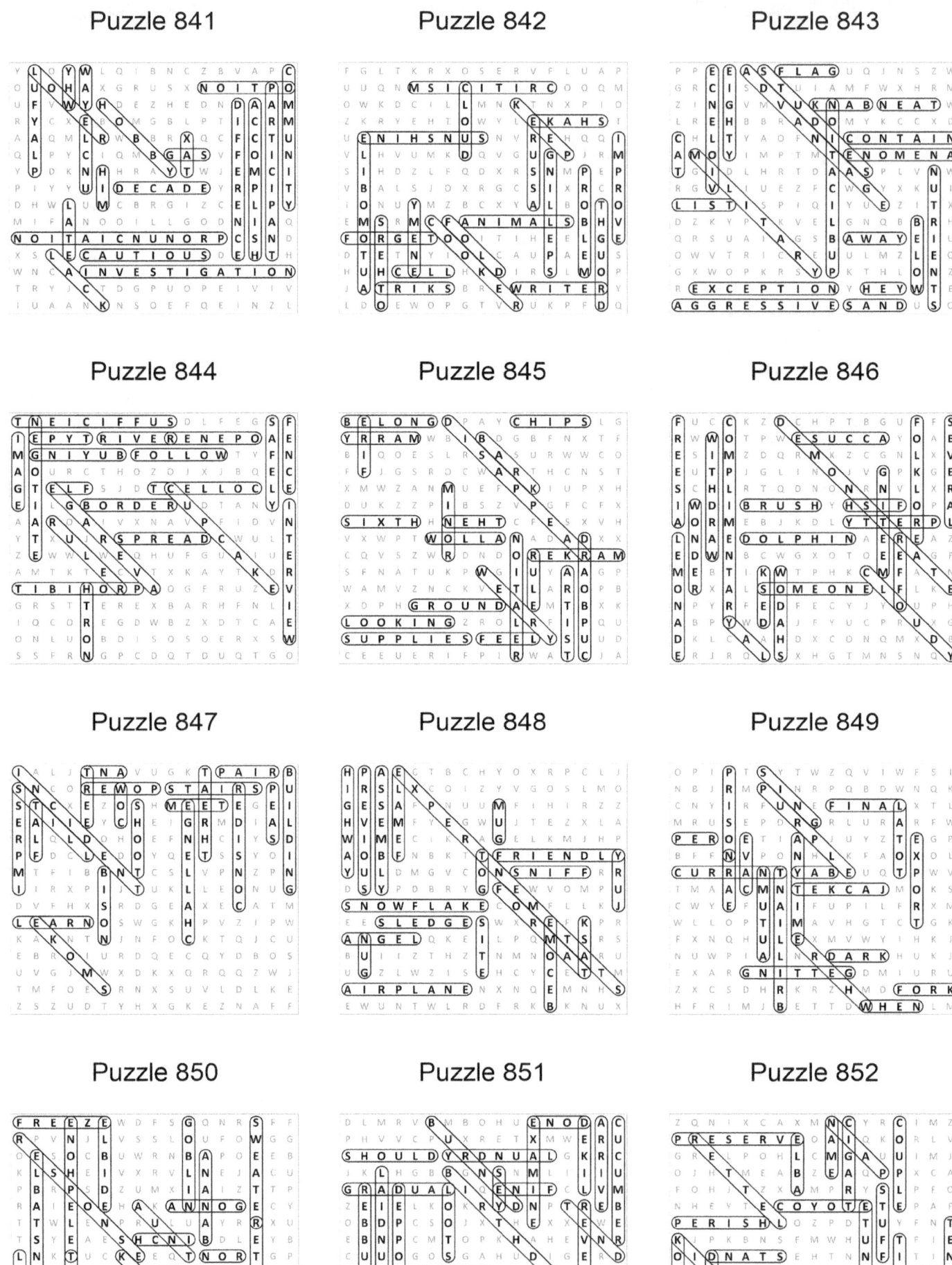

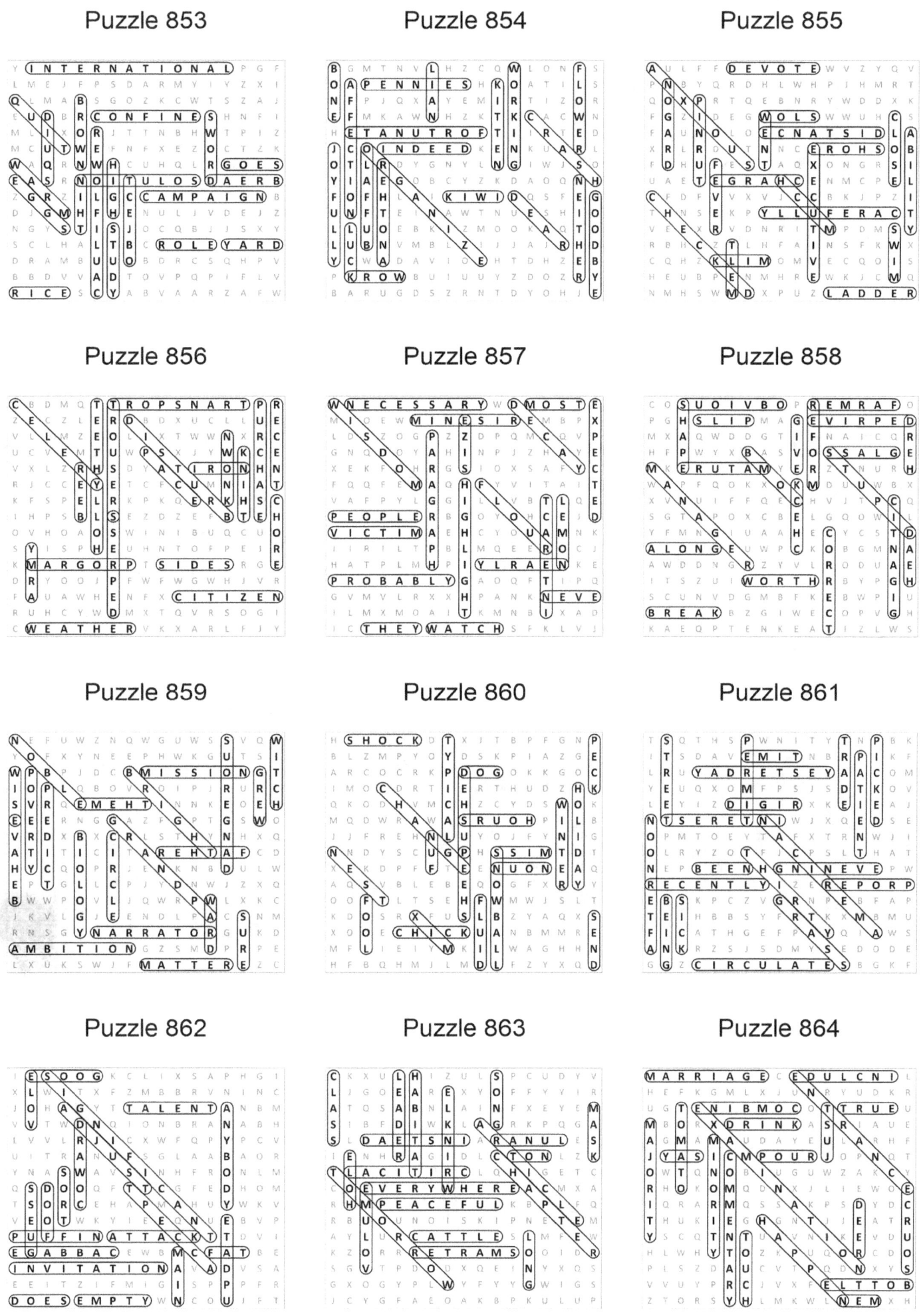

Puzzle 853

Puzzle 854

Puzzle 855

Puzzle 856

Puzzle 857

Puzzle 858

Puzzle 859

Puzzle 860

Puzzle 861

Puzzle 862

Puzzle 863

Puzzle 864

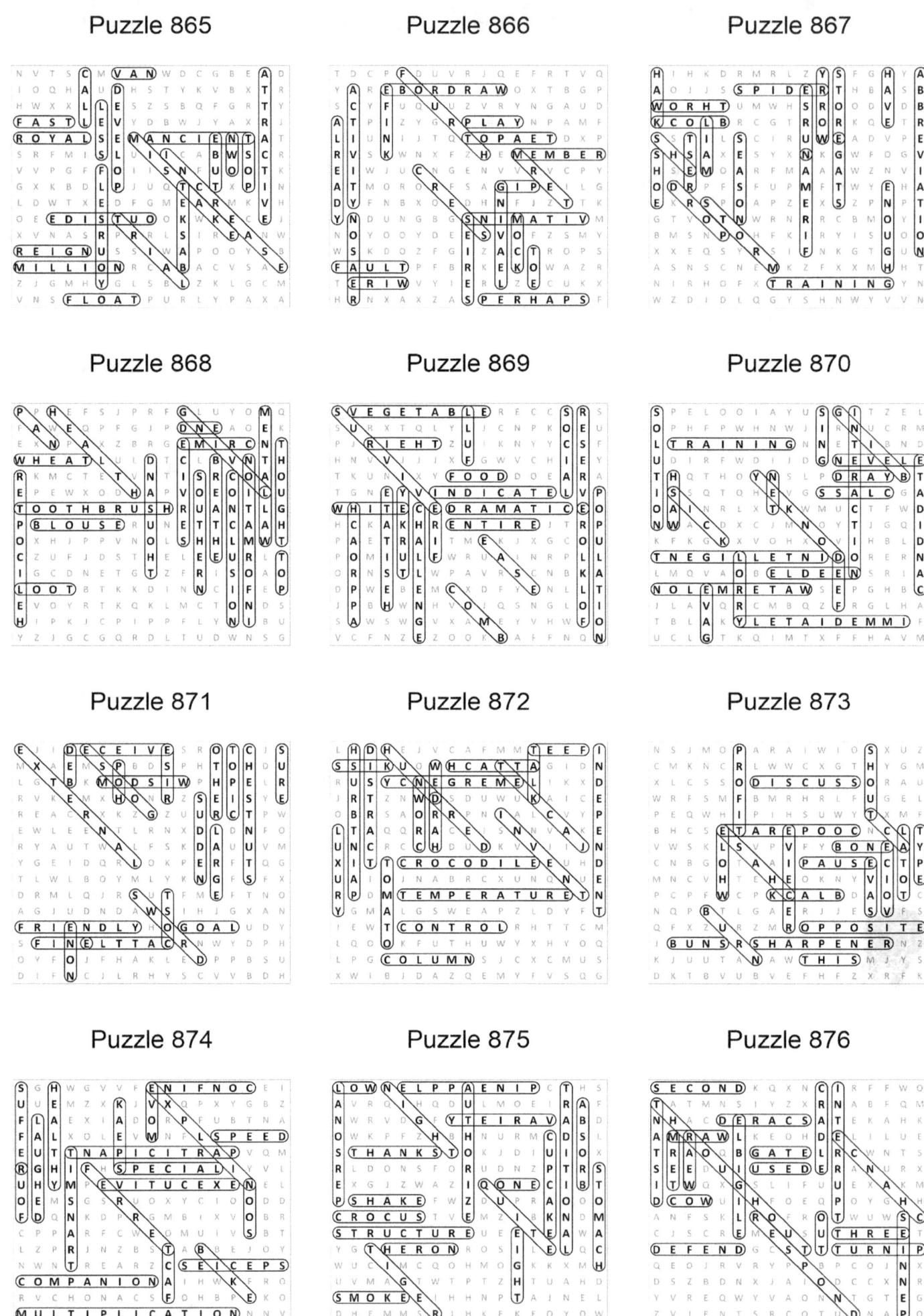

Puzzle 865

Puzzle 866

Puzzle 867

Puzzle 868

Puzzle 869

Puzzle 870

Puzzle 871

Puzzle 872

Puzzle 873

Puzzle 874

Puzzle 875

Puzzle 876

Puzzle 877

Puzzle 878

Puzzle 879

Puzzle 880

Puzzle 881

Puzzle 882

Puzzle 883

Puzzle 884

Puzzle 885

Puzzle 886

Puzzle 887

Puzzle 888

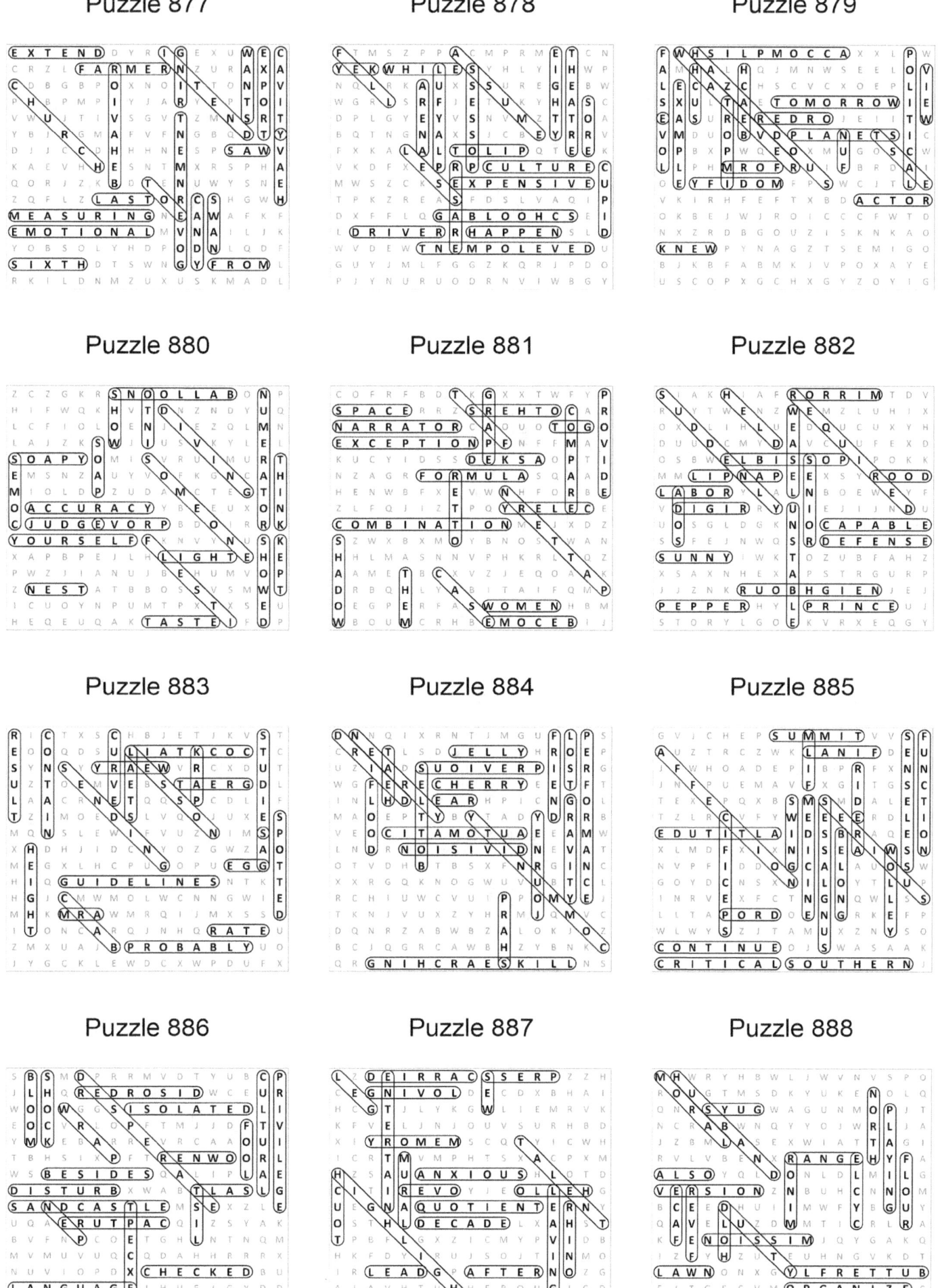

Puzzle 889

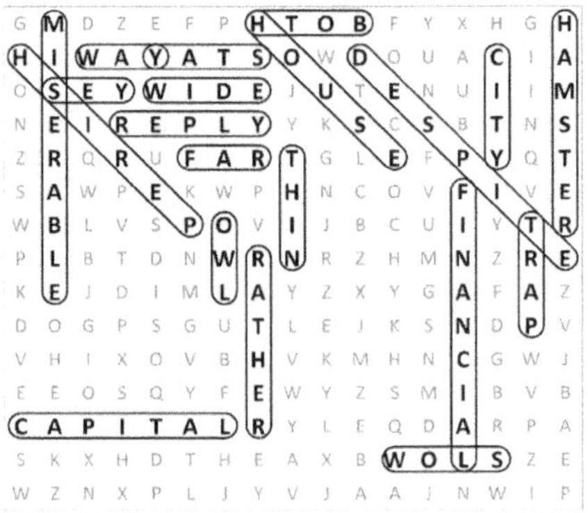

Puzzle 890

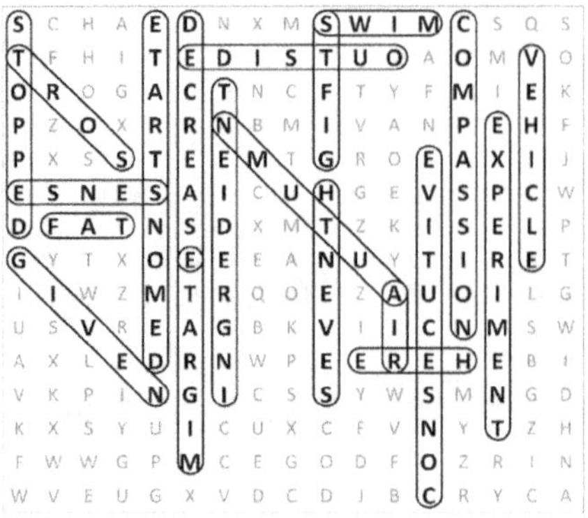

Puzzle 891

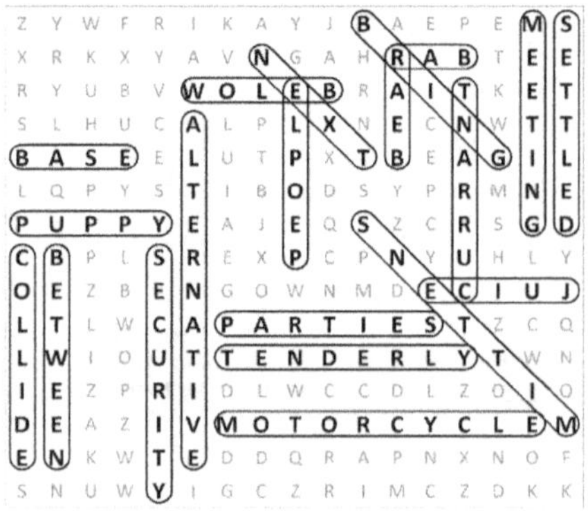

Puzzle 892

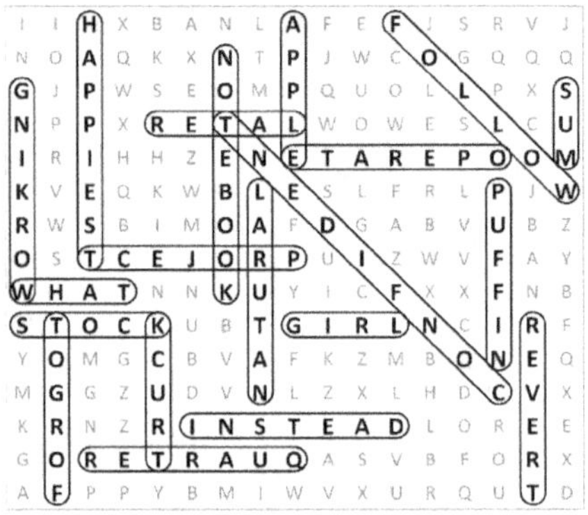

Puzzle 893

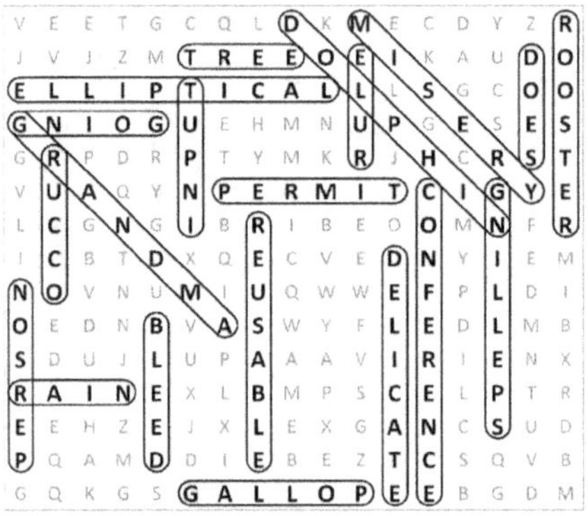

Puzzle 894

Puzzle 895

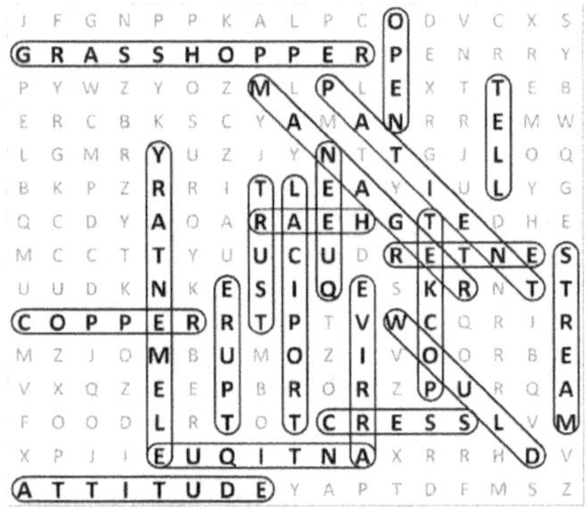

Puzzle 896

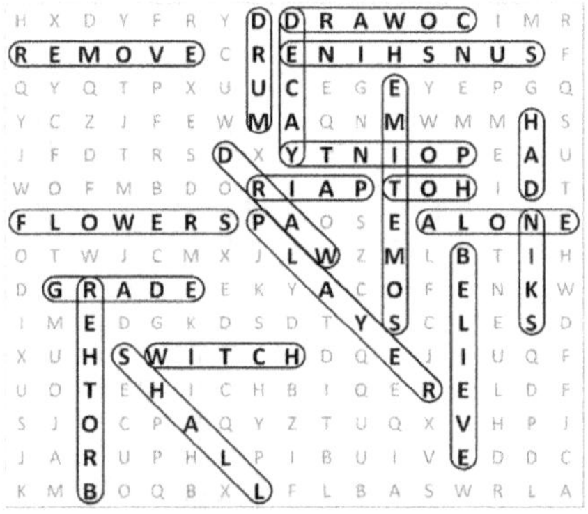

Puzzle 897

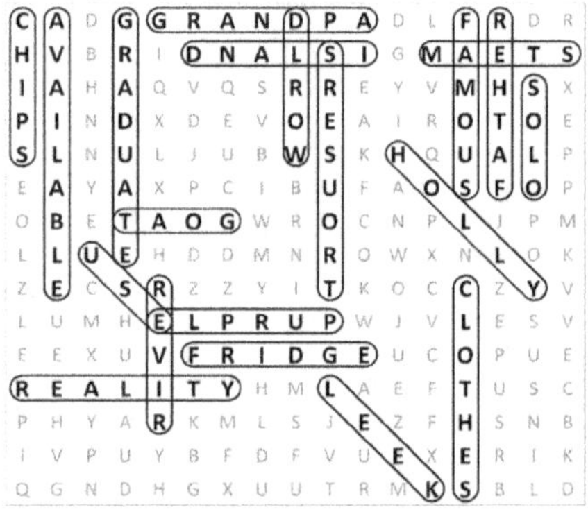

Puzzle 898

Puzzle 899

Puzzle 900

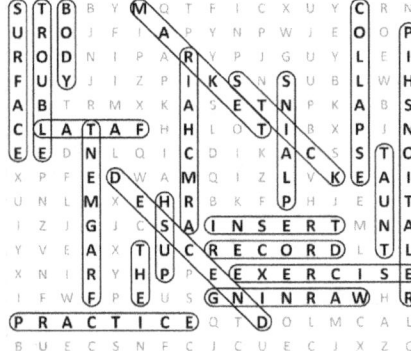

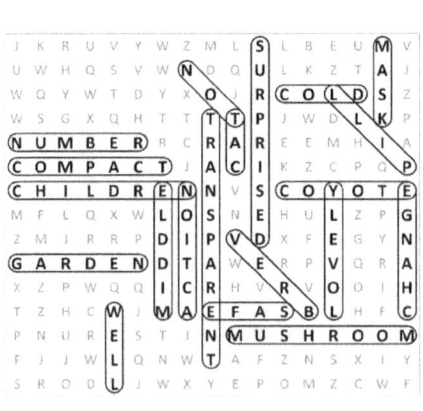

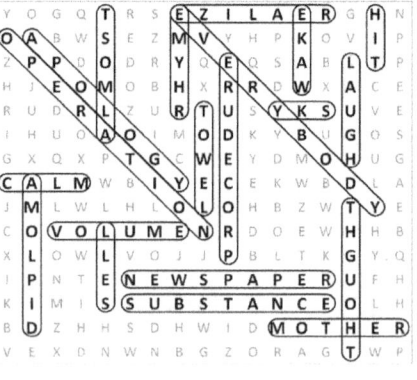

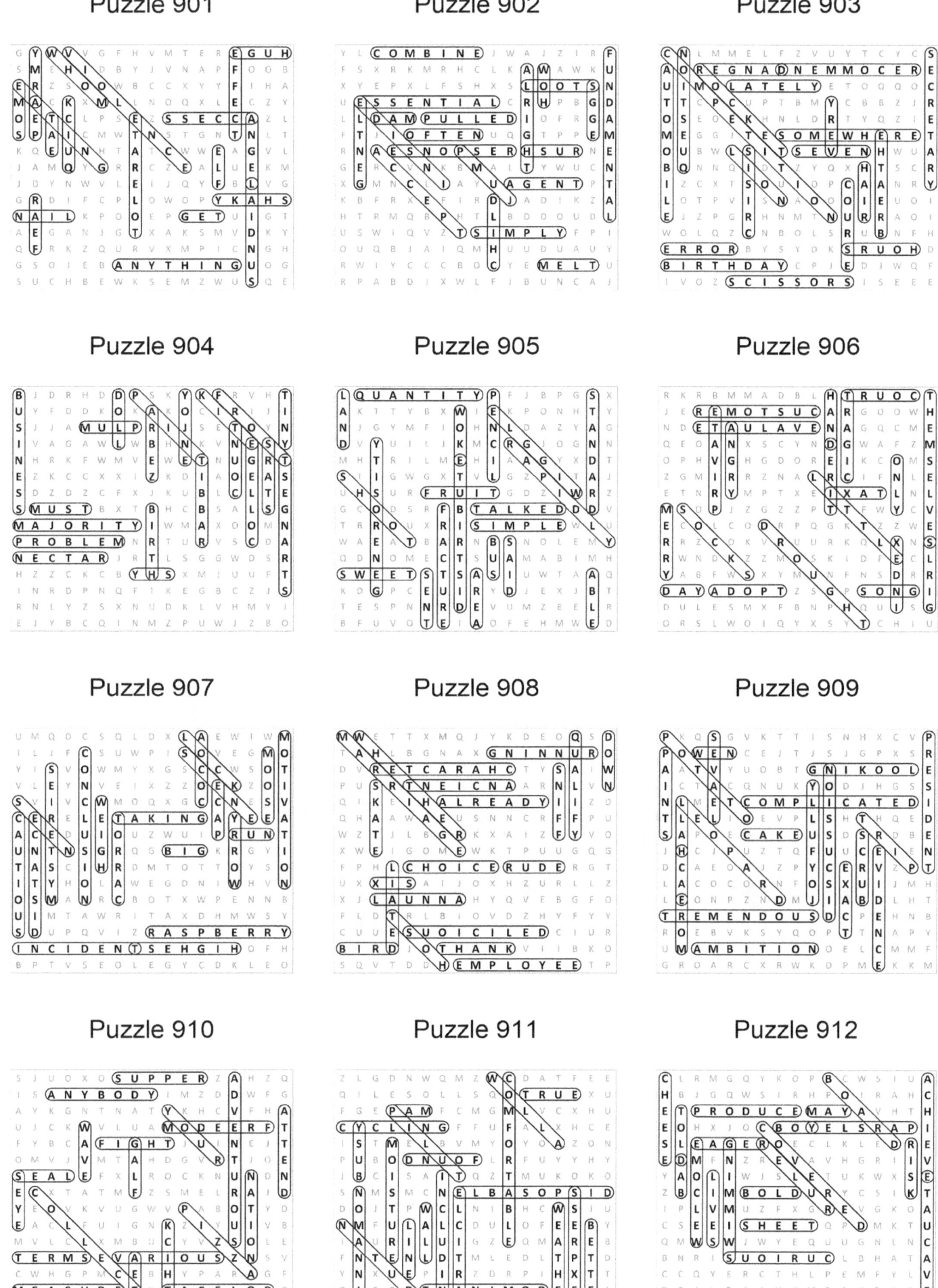

Puzzle 901

Puzzle 902

Puzzle 903

Puzzle 904

Puzzle 905

Puzzle 906

Puzzle 907

Puzzle 908

Puzzle 909

Puzzle 910

Puzzle 911

Puzzle 912

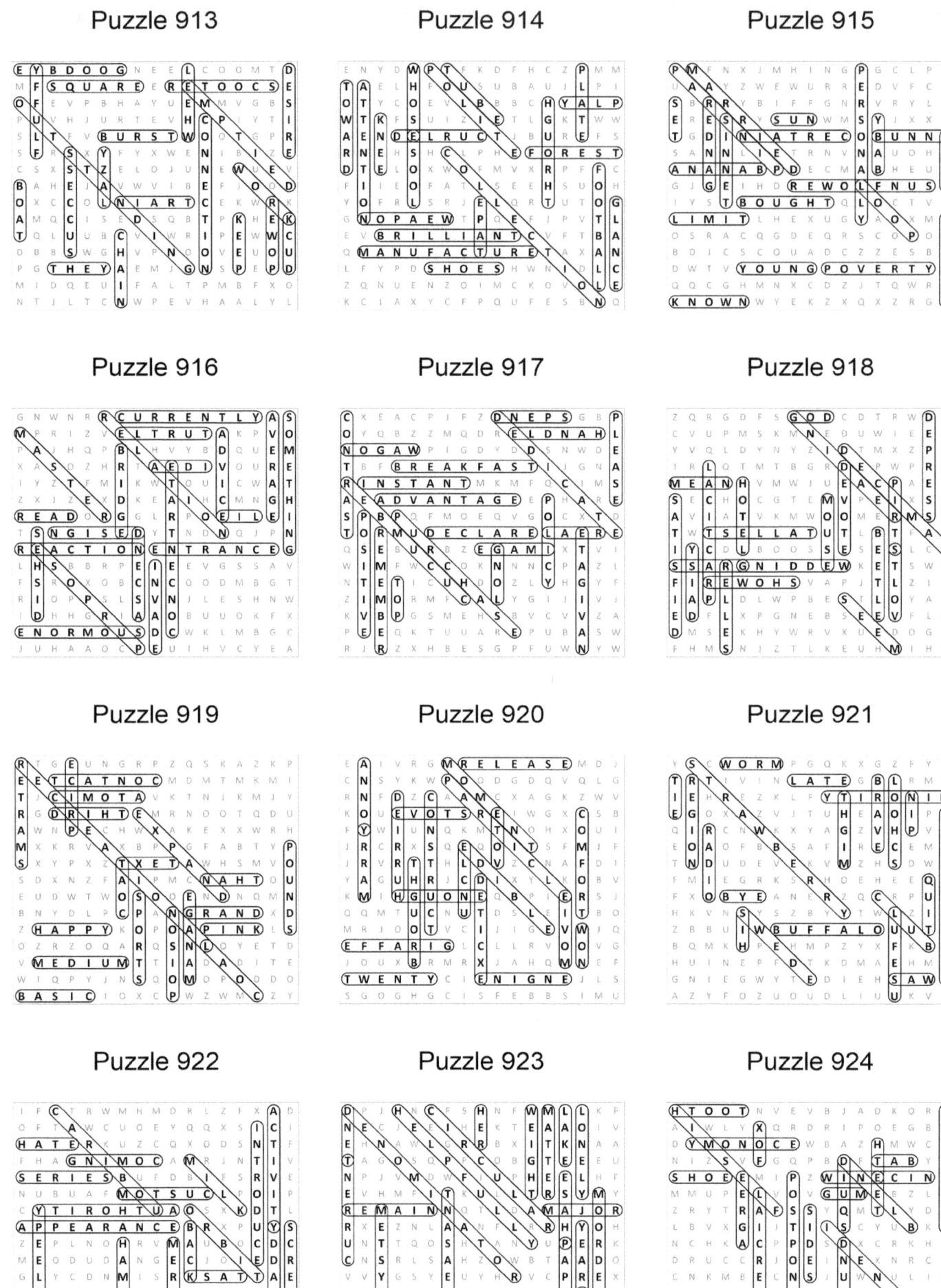

Puzzle 913

Puzzle 914

Puzzle 915

Puzzle 916

Puzzle 917

Puzzle 918

Puzzle 919

Puzzle 920

Puzzle 921

Puzzle 922

Puzzle 923

Puzzle 924

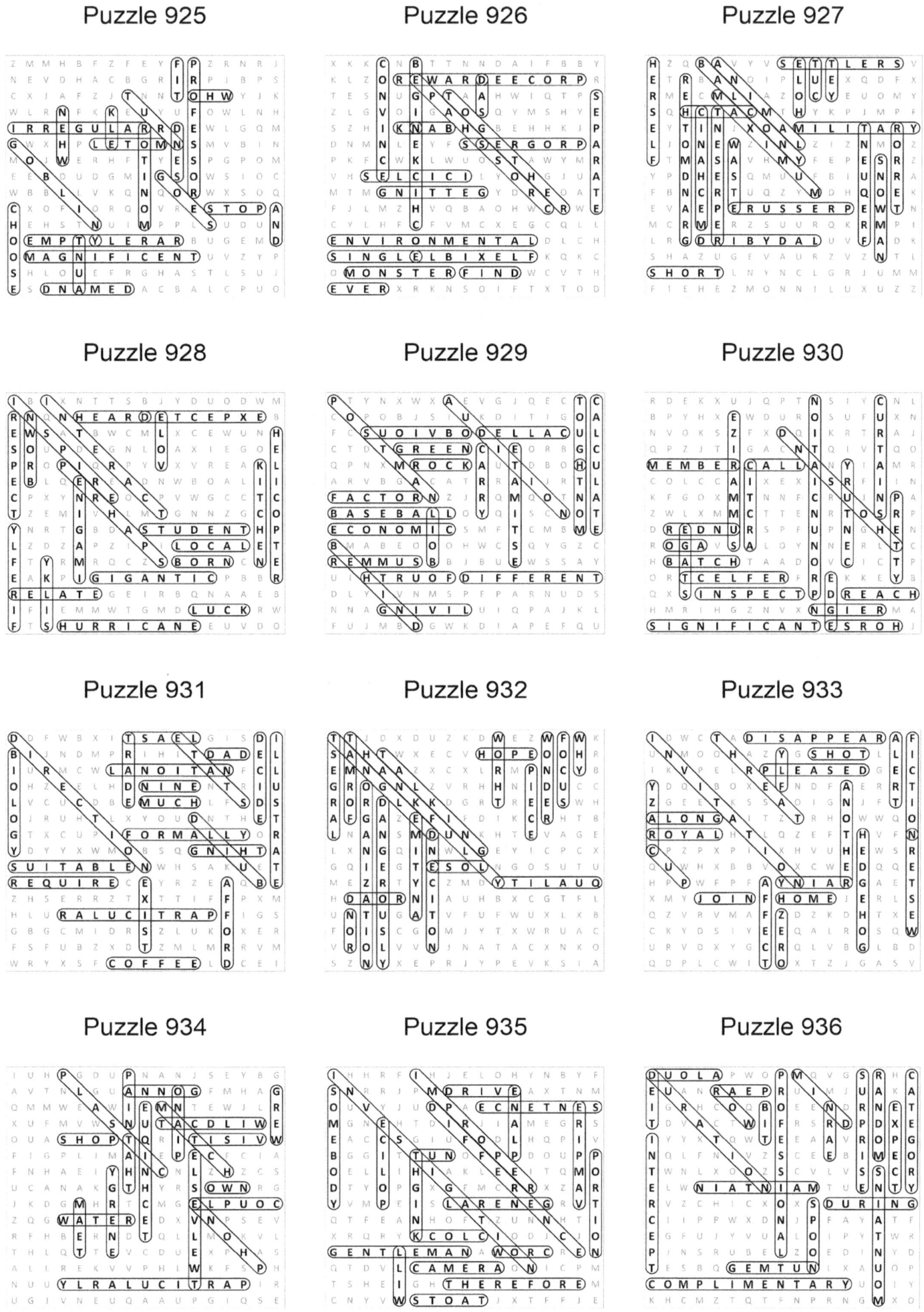

Puzzle 925
Puzzle 926
Puzzle 927
Puzzle 928
Puzzle 929
Puzzle 930
Puzzle 931
Puzzle 932
Puzzle 933
Puzzle 934
Puzzle 935
Puzzle 936

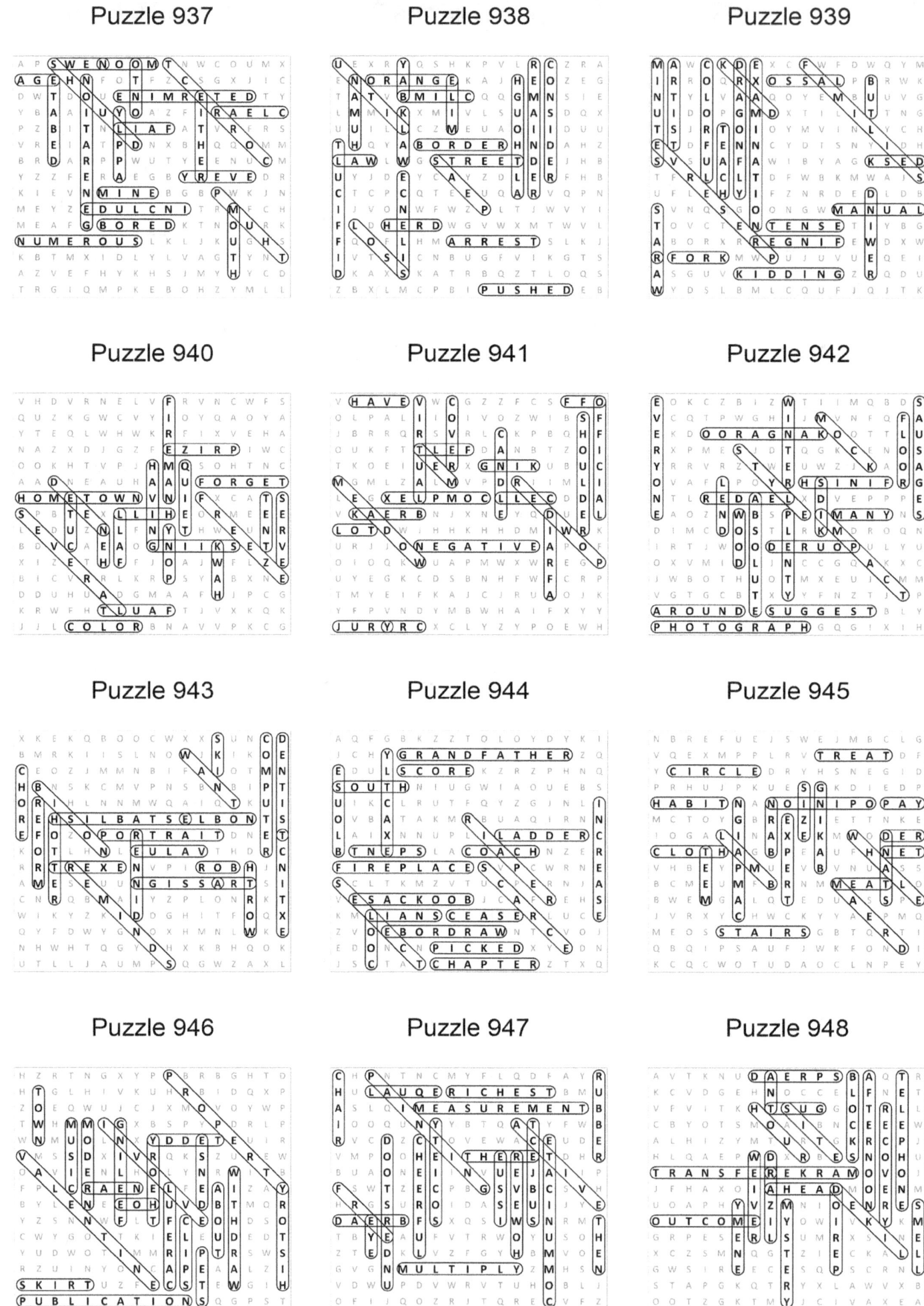

Puzzle 937

Puzzle 938

Puzzle 939

Puzzle 940

Puzzle 941

Puzzle 942

Puzzle 943

Puzzle 944

Puzzle 945

Puzzle 946

Puzzle 947

Puzzle 948

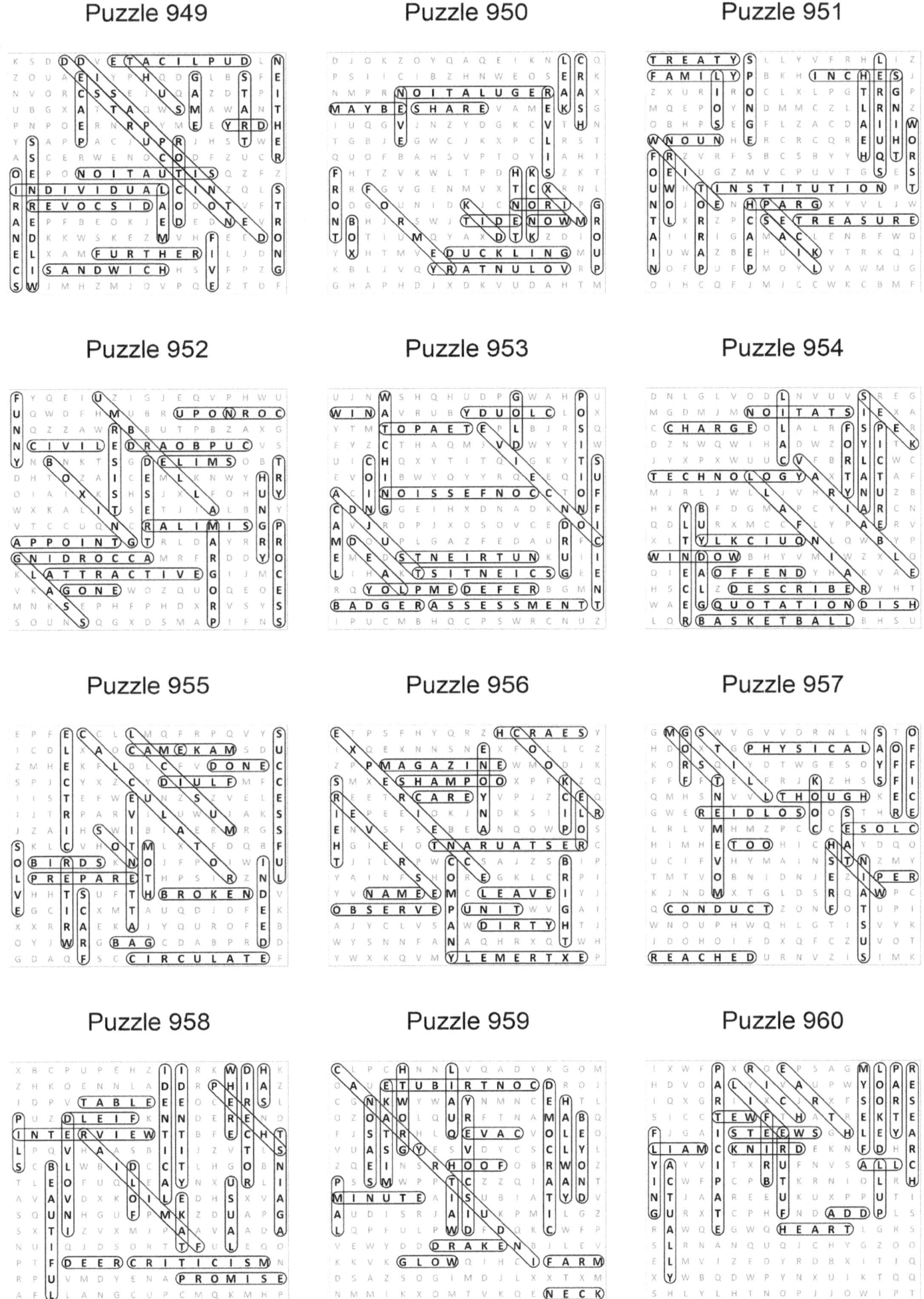

Puzzle 949

Puzzle 950

Puzzle 951

Puzzle 952

Puzzle 953

Puzzle 954

Puzzle 955

Puzzle 956

Puzzle 957

Puzzle 958

Puzzle 959

Puzzle 960

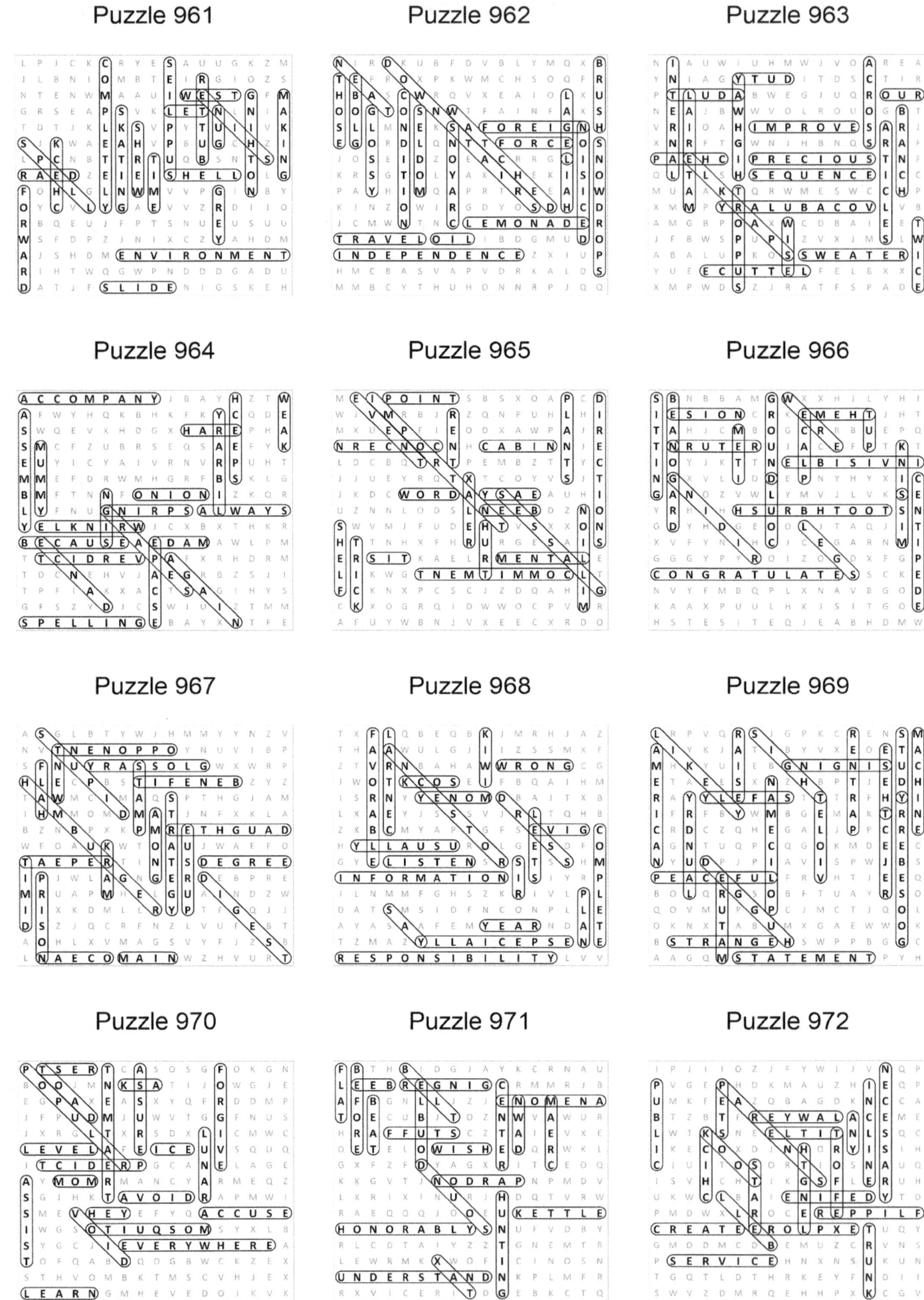

Puzzle 961

Puzzle 962

Puzzle 963

Puzzle 964

Puzzle 965

Puzzle 966

Puzzle 967

Puzzle 968

Puzzle 969

Puzzle 970

Puzzle 971

Puzzle 972

Puzzle 973

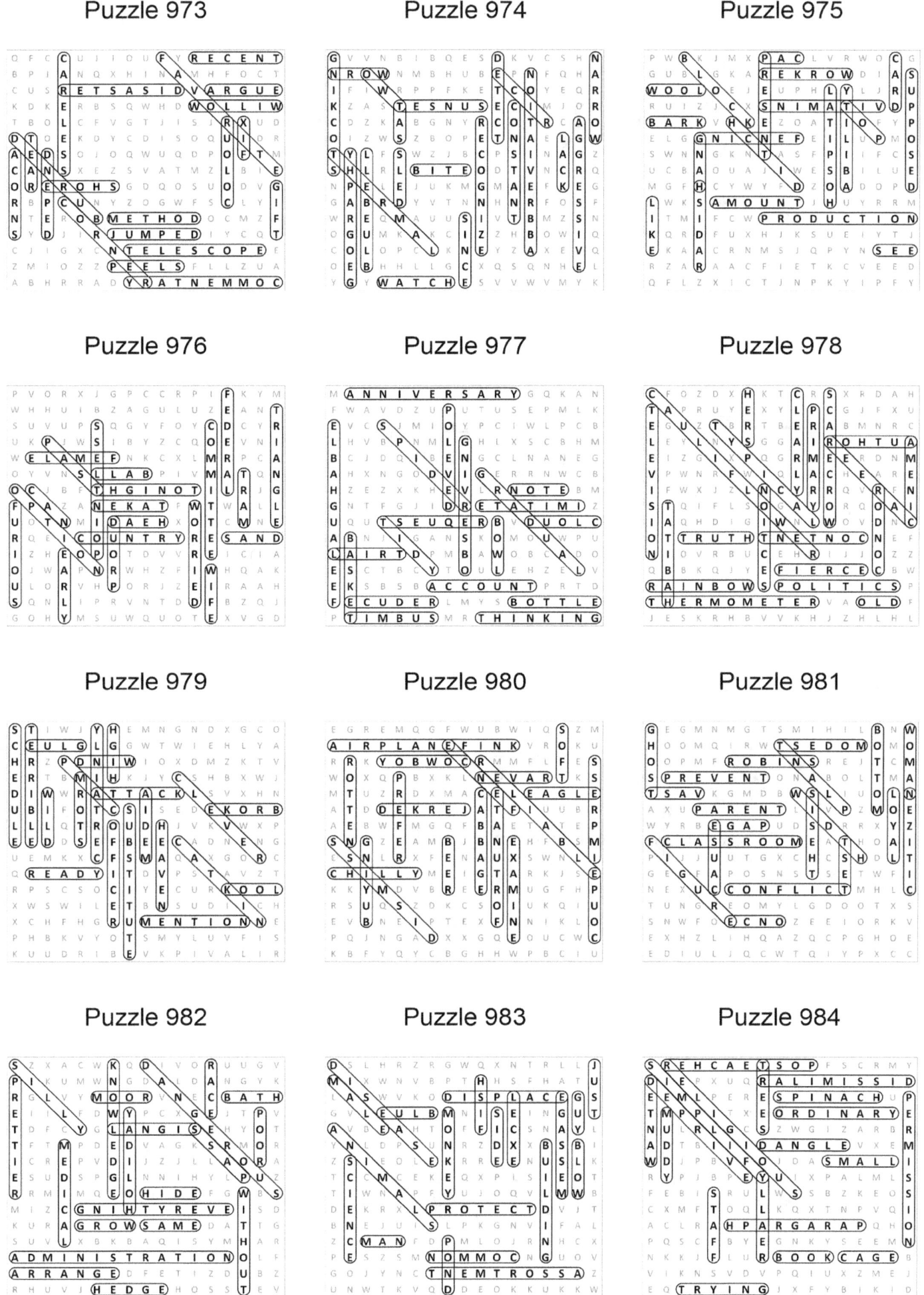

Puzzle 974

Puzzle 975

Puzzle 976

Puzzle 977

Puzzle 978

Puzzle 979

Puzzle 980

Puzzle 981

Puzzle 982

Puzzle 983

Puzzle 984

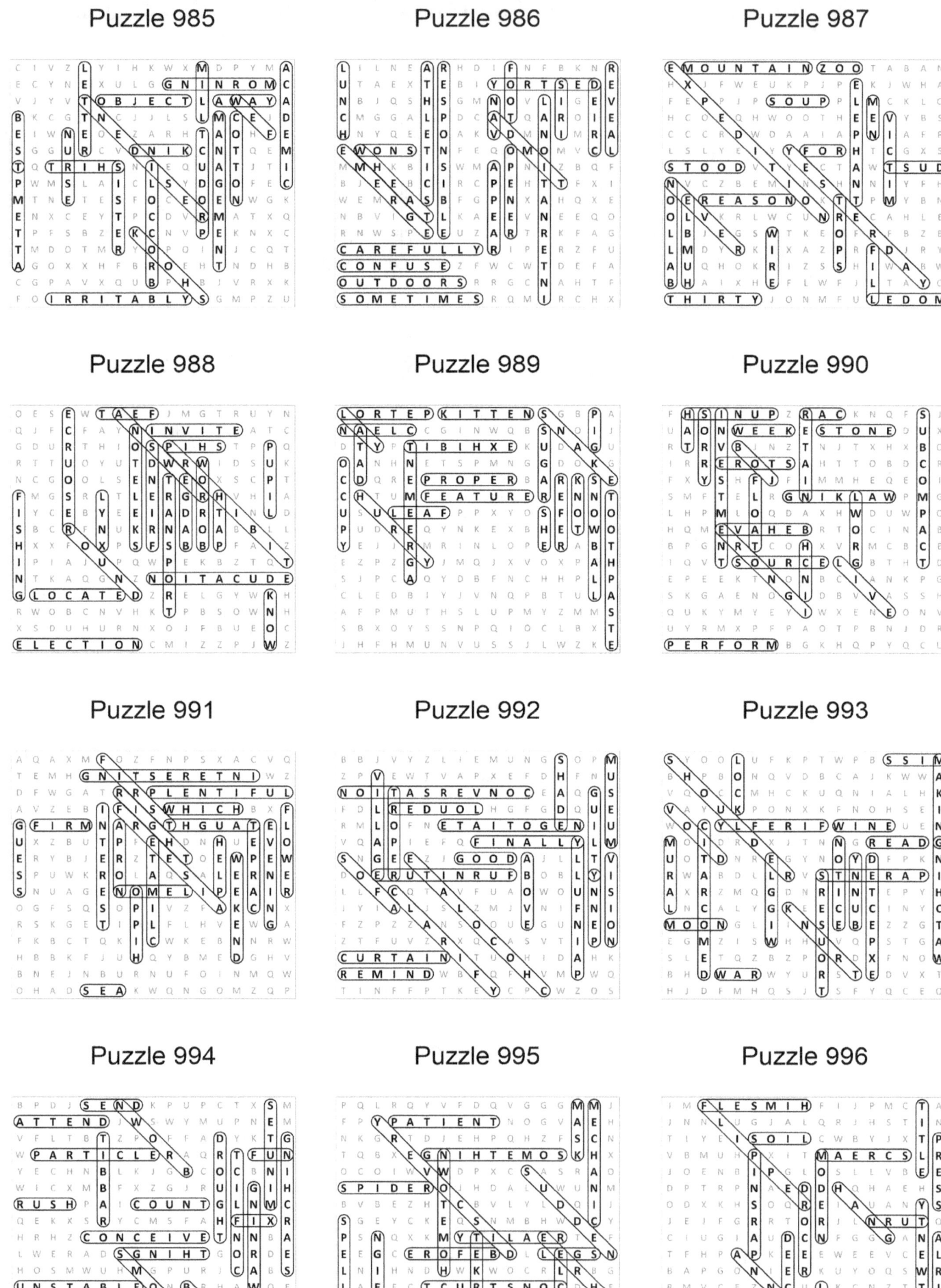

Puzzle 985

Puzzle 986

Puzzle 987

Puzzle 988

Puzzle 989

Puzzle 990

Puzzle 991

Puzzle 992

Puzzle 993

Puzzle 994

Puzzle 995

Puzzle 996

Puzzle 997

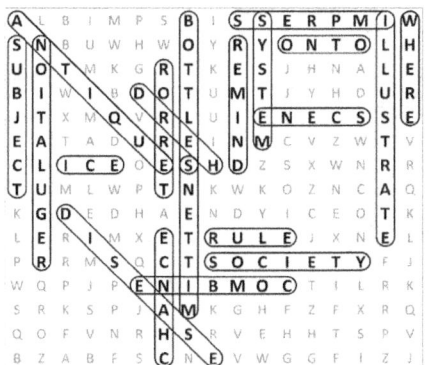

Puzzle 998

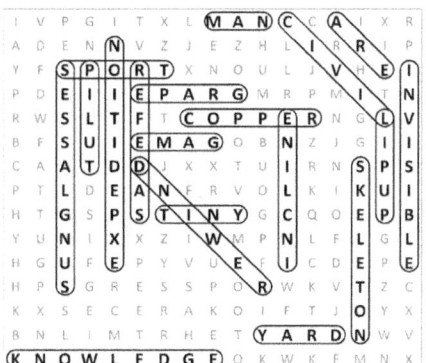

Puzzle 999

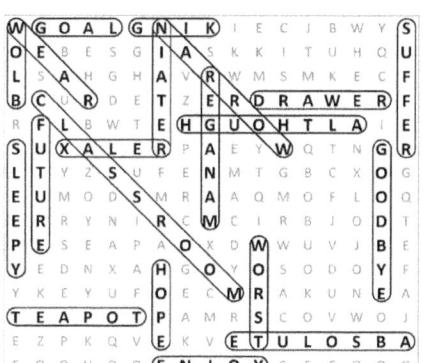

Puzzle 1000

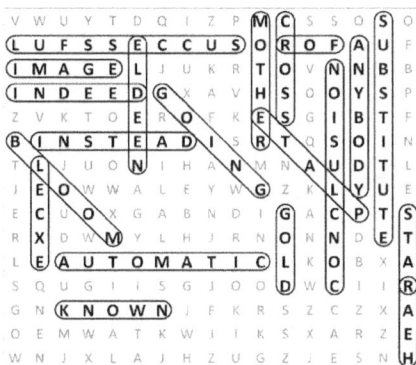

Congratulations

You made it!

We hope you enjoyed this book as much as we enjoyed making it. We do our best to make high quality games.

These puzzles are designed in a clever way to actively spark the brain and make it sharp and quick!
Did you love them?

A Simple Request

Our books exist thanks to the reviews you post on Amazon. Could you help us by leaving a review now?

Here is a short link which will take you to your Amazon orders review page.

BestBooksActivity.com/Review50

SEE YOU SOON!

Delta Classics Team

BESTACTIVITYBOOKS.COM/FREEGAMES